现代审计基础与实务

（第二版）

主 编 陈力生 肖伟根 陈 皓

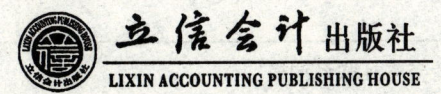
立信会计出版社
LIXIN ACCOUNTING PUBLISHING HOUSE

图书在版编目(CIP)数据

现代审计基础与实务 / 陈力生,肖伟根,陈皓主编.
—2 版.—上海:立信会计出版社,2016.11
ISBN 978 - 7 - 5429 - 5193 - 9

Ⅰ.①现… Ⅱ.①陈…②肖…③陈… Ⅲ.①审计学
Ⅳ.①F239.0

中国版本图书馆 CIP 数据核字(2016)第 275155 号

策划编辑　　　徐小霞
责任编辑　　　徐小霞

现代审计基础与实务(第二版)
Xiandai Shenji Jichu yu Shiwu

出版发行	立信会计出版社			
地　　址	上海市中山西路 2230 号	邮政编码	200235	
电　　话	(021)64411389	传　　真	(021)64411325	
网　　址	www.lixinaph.com	电子邮箱	lxaph@sh163.net	
网上书店	www.shlx.net	电　　话	(021)64411071	
经　　销	各地新华书店			

印　　刷	常熟市梅李印刷有限公司		
开　　本	710 毫米×1 000 毫米		1/16
印　　张	33.5		
字　　数	650 千字		
版　　次	2016 年 11 月第 2 版		
印　　次	2016 年 11 月第 1 次		
印　　数	1—3 100		
书　　号	ISBN 978 - 7 - 5429 - 5193 - 9/F		
定　　价	60.00 元		

前　言

随着中国注册会计师职业准则和新会计准则体系的发布,以及《中华人民共和国审计法》《注册会计师法》《中华人民共和国证券法》《中华人民共和国公司法》经修订后施行,我们根据新法规提出的新要求,对《现代审计基础与实务》教材进行了广泛的修订。我们要求在审计全过程中贯彻现代风险导向审计的理念,围绕重大错报风险的识别、评估和应对,计划和实施审计工作。

本教材立足于体现立信教材的优良传统和重实务、接地气的特色,满足我校及兄弟院校会计、审计、财务、工商、资产评估等专业专业课使用以及旁专业选修课使用。强化专业素质和专业技能打造,更偏重实务、动手能力,多介绍有效的审计方法和技能,力争在经管类图书市场中具有一定的影响力和占有一席之地。

本次修订由陈力生教授担任主编,负责拟订修改大纲、设计体例和确定内容结构,并负责总纂、修改和定稿,肖伟根、陈皓担任副主编,协助主编承担相应的工作。本教材的第一章、第六至第十八章由肖伟根执笔,第二章由陈力生执笔,第三章至第五章由陈皓执笔。

本教材的修订和出版得到立信会计出版社的大力支持和帮助,责任编辑徐小霞老师投入了大量心血和精力,陈皓也为本教材文字图表规范化校对、修改与制作教学用 PPT 做了大量的工作,在此一并表示感谢!

陈力生

2016 年 10 月

目　录

第一章　审计概论

────────学习目的与要求────────

　　本章旨在阐述审计的基本理论和基本概念。通过本章学习,学生可以了解我国和西方国家的审计的起源和发展过程;了解审计的基本概念;了解审计的基本职能,熟悉审计的分类方法;了解国家审计、民间审计和内部审计各自的特点;掌握审计目标和审计对象的概念和内容。

第一节　审计的产生和发展

　　审计是商品经济发展到一定时期的产物。人类社会发展到一定历史阶段,生产发展了,有了剩余物品。随着社会的分工,商品经济的发展,尤其是当财产的所有权与经营权分离后,审计作为一项独立的社会经济监督工作就有了产生和发展的客观基础。

　　审计的基本职能就是查账,古今中外,上下几千年,无不如此。早期传统的审计,就是审查会计,简称"查账",也称财务审计。"审计"一词是从拉丁语"ALLDIVE"而来,意思是"听"。在古代,无论是东方还是西方,审计的含义都是"听""听其会计",即那些具体掌管钱财账目的人向主人逐笔汇报账目,主人听取汇报。所以审计刚产生就是一种经济监督行为,它是由于经济监督的需要而产生和发展起来的。

一、我国审计的产生与发展

　　我国古代审计始于夏朝,国家审计的萌芽期应定为夏禹时期,即公元前21世纪,其主要标志是"会稽"的产生。从当时社会生产力发展水平来看,禹晚期已具备审计产生的条件和保护对象——私有财产,于是人们就开始指定由原来的管账、管物的人以外的第三者来进行审查,这就是我国最初的审计萌芽。

　　1. 古代审计的产生

　　我国国家审计的古代审计主要经历了夏禹审计萌芽时期、西周审计初步形成时期、秦汉审计最终确立时期、隋唐至宋审计日臻健全时期、元明清审计停滞不前时期。

（1）夏禹审计萌芽时期。审计历史源远流长，最早的官厅审计产生于奴隶社会。国家审计的萌芽是夏禹时期，其主要标志是"会稽"的出现。"会稽"即会聚考核验证，即对诸侯王的治水及政绩考核和交纳贡赋的稽验。

（2）西周审计初步形成时期。早在3 000多年前的西周时期（公元前11世纪至公元前771年），当时国家财政会计机构分为地官大司徒系统（掌管财政收入）和天官冢宰系统（掌管财政支出）。天官所属中大夫司会，总司审计监督大权，进行财政收支的审核和监督，凡帝王所用开支，也都要受司会的检查。西周时期就已设立了专门负责审计的官员——下大夫，称为宰夫。宰夫是独立于财政会计部门之外的官员，其职责是旬终、月终、年终稽核财政会计报告，监督官府的财物收支，对掌管财物的官吏视其业绩给予奖罚，发现违法乱纪者可越级向天官、冢宰或周王报告，加以处罚，这便是我国官厅审计的形成。在春秋战国时期，我国就已形成一套完整的审计监督制度——上计制度。所谓上计制度，就是帝王亲自听取和审核各级地方官吏财政会计报告，以决定赏罚的制度。

（3）秦汉审计最终确立时期。秦汉时期是我国审计的确立时期。由于封建社会的建立和发展，使封建社会的经济也获得较大发展，从而促进了审计的发展。其主要表现在以下三个方面：一是初步形成了统一的审计模式；二是上计制度日臻完善；三是审计地位提高，职权扩大。

① 在秦朝，中央设立"三公"，御史大夫与丞相、太尉三公并列，御史大夫掌管政治、经济监察事项，专司监察全国的民政、财政以及财物审计事项。

② 在汉朝，汉承秦制，中央仍设"三公"，御史大夫仍掌管监察审计大权。

西汉时期还制定了"上计律"，这实际上是一种定期的报表审核制度，即要求每年由负责审计的官员向皇帝汇报各地提交的税赋收入和财政开支数据，从而使审计制度与经济立法联系起来。

（4）隋唐至宋审计日臻健全时期。隋唐至宋朝，中央集权不断加强，封建官僚体系日臻完善，是我国审计的日臻健全时期。

① 隋朝在刑部之下设比部，掌管国家财政审计，不论军政内外，都由比部掌管监督，行使审计职权。

② 唐代随隋例，在刑部之下设比部，但唐代比部审计之权通达国家财经各领域，一直下伸到州、县，具有较强的独立性和较高的权威性，凡属国家的财政会计事项，无论军政，均要审查。

③ 宋代审计一度并无发展，但元丰改制后，审计重现生机。宋代设有审计司，隶属于太府寺，北宋改称审计院。

隋唐的比部审计具有很强的独立性和较高的权威性，开司法审计之先河。宋代专门设置"审计司",是对我国"审计"的正式命名,从此,"审计"一词便成为财政财务收支监督的专用名词,对后世中外审计建制具有深远的影响。

(5) 元明清审计停滞不前时期。元明清三代是我国审计的停滞时期。

① 元代取消比部,没有独立的审计机构,由户部兼管会计报告的审核。

② 明初设比部,不久即取消。洪武十五年设置都察院,以左右都御史为长官,审查中央财政会计是其职责之一。

③ 清继承明制,设置都察院,其职权之一是审查中央财政会计,在户部下按行政区划分省设置清吏司,审查各省财政收支。

由于元明清取消比部,没有独立的审计机构,审计职能严重减弱,审计工作与隋唐至宋相比,后退了一大步。

2. 近代审计的演进

我国近代的国家审计主要体现在"中华民国"时期国家审计的不断演进。

1912年,北洋军阀控制下的北京政府,在国务院下设"中央审计处",各省设"审计分处",并颁布了有关审计法规。1914年,北洋政府将审计处改为审计院,同年颁布了《审计法》及实施规则。

国民党的国民政府根据孙中山先生五权分立的理论,设立司法、立法、行政、考试、监察五院,在监察院下设审计部,各省(市)设审计处,分别对中央和地方各级行政机关以及企事业单位的财政和财务收支实行审计监督。国民政府也于1928年颁布《审计院组织法》和实施细则,审计人员有审计、协审、稽查等职称。

与此同时,随着我国资本主义民族工商业的发展,民间审计也应运而生。1918年9月,北洋政府农商部颁布了中国第一部注册会计师法规——《会计师暂行章程》,标志着我国民间审计的诞生,并于9月7日批准谢霖为中国的第一位注册会计师。20世纪20年代以后,在一些大城市中相继成立了会计师事务所,其中,谢霖创办的正则会计师事务所(1921年,北京),潘序伦创办的立信会计师事务所(1927年,上海),奚玉书创办的公信会计师事务所(1927年,北京)和徐永祚创办的徐永祚会计师事务所(1927年,上海),被誉为旧中国"四大"会计师事务所。国民政府又先后颁布了《会计师注册章程》《会计师复验章程》《会计师章程》等,规范了注册会计师的业务范围及要求。1925年3月,我国最早的民间审计职业组织——上海会计师公会成立。随后,全国各地建立了一大批会计师事务所和会计师公会,到1947年,全国领有注册会计师执照的达2619人。

3. 现代审计的不断振兴

1978年以前,学习前苏联财审合一的制度,我国没有设置独立的国家审计机关。审计监督是分别由财政、税务等专业部门执行,对企事业的财税监督和货币管理是通过不定期的会计检查进行的。

事实上,早在第一次国内革命战争时期,1925年7月,省港罢工委员会就设有审计局;第二次国内革命战争时期,1932年,中华苏维埃政府就设立了中华苏维埃政府审计委员会,审计委员会主席是阮啸仙;1934年,中华苏维埃政府就颁布了《中华苏维埃共和国中央政府执行委员会审计条例》。红军长征到达延安之后就成立了边区政府的审计委员会,当时的主席是延安五老之一的谢觉哉。在中国共产党领导的其他革命根据地,如山东、晋绥等也建有审计机构、颁布审计法规、实施审计监督。

我国审计工作的振兴实际上是在中共十一届三中全会以后,党和政府将工作的重点转移到经济建设上来,并实施了一系列改革开放的方针政策,明确了我国实行社会主义市场经济,为了适应这一改革开放和社会经济发展的客观需要,我国各类审计工作蓬勃发展。

在政府审计方面,我国对审计工作高度重视,1982年修改的《中华人民共和国宪法》明确规定:在国务院和县级以上人民政府设立审计机构,按照法律规定独立行使审计监督权,不受其他行政机关、社会团体和个人干涉。1983年9月18日,成立了我国国家审计的最高机关——审计署,在县级以上人民政府设置各级审计机关。1984年12月17日,中国审计学会成立。1985年8月,发布了《国务院关于审计工作的暂行规定》,10月公布了《审计工作试行程序》。1988年11月30日,颁布了《中华人民共和国审计条例》。1994年8月31日,《中华人民共和国审计法》颁布,自1995年1月1日开始实施,在法律上确立了政府审计的地位;以后国家审计署制定的38个审计规范于1997年1月1日开始贯彻执行。1997年,国务院发布了《中华人民共和国审计法实施条例》。2000年1月,审计署发布《中华人民共和国国家审计基本准则》。2000年8月,审计署发布《审计机关审计方案准则》等五项具体准则。2003年12月,审计署发布《审计机关审计重要性与审计风险评价准则》等五项具体准则。2004年2月,审计署发布《审计机关审计项目质量控制办法(试行)准则》。2006年2月28日,第八届全国人民代表大会九次会议通过了修正的《中华人民共和国审计法》并予以发布,于2006年6月1日起实施,审计法规实施和审计机关设立,标志着我国政府审计有了法律保障和组织保障,确立了政府审计工作的地位,为政府审计进一步发展奠定了良好基础。

在民间审计方面,建国后很长时间取消了社会审计,1979年开始陆续设立会计顾问处。1980年12月23日,财政部颁布了《关于成立会计顾问处的暂行规定》,重建和恢复了注册会计师制度。同年5月,开始筹备上海公证会计师事务所。1981年1月1日,在上海成立了第一家会计师事务所——上海公证会计师事务所。1986年7月3日,国务院颁布了《中华人民共和国注册会计师条例》。1988年11月15日,注册会计师的全国职业组织——中国注册会计师协会成立。1991年,恢复全国注册会计师统一考试。1993 年 10 月 31 日,我国颁布了《中华人民共和国注册会计师法》,于 1994 年 1 月 1 日实施。经财政部批准,中国注册会计师协会第一、第二、第三批拟订的《中国注册会计师独立审计基本准则》分别于 1996 年 1 月 1 日、1997 年 7 月 1 日和 2001 年 7 月 1 日颁布并实施。1996 年,中国注册会计师协会加入亚太会计师联合会;1997 年 5 月 8 日,国际会计师联合会(IFAC)接纳中国注册会计师协会为正式会员,并同时成为国际会计准则委员会的正式会员。2006 年 2 月 15 日,财政部发布《中国注册会计师鉴证业务基本准则》《中国注册会计师审计准则第 1101 号——财务报表审计的目标和一般原则》等 48 项审计准则(其中 22 项为新发布,26 项为修订),并于 2007 年 1 月 1 日正式执行。2010 年起,为了适应国际国内审计环境的变化,又对这 48 项审计准则进行了修订和补充。中国注册会计师协会修订了《中国注册会计师审计准则第 1101 号——注册会计师的总体目标和审计工作的基本要求》等 38 项准则,自 2012 年 1 月 1 日起施行。同时对原有的《中国注册会计师审计准则第 1101 号——财务报表审计的目标和一般原则》等 35 项准则予以废止。2013 年,发布了中国注册会计师审计准则问题解答第 1 至第 6 号;2015 年,发布了中国注册会计师审计准则问题解答第 7 至第 13 号。我国民间审计准则体系已经基本建立,从而使我国注册会计师审计步入了法制化、规范化的发展时期。

在内部审计方面,解放初期大、中型企业中设有内审部门与专职内审人员。为了全面开展审计工作,完善审计监督体系,加强部门、单位内部经济监督和管理,真正意义上的内部审计 1983 年才开始建立,我国于 1984 年在部门、单位内部成立了审计机构,实行内部审计监督。1985 年 10 月,发布了《审计署关于内部审计工作的若干规定》。1989 年 12 月,发布的《审计署关于内部审计工作的规定》,使内部审计工作的开展有了法规性依据。1995 年 7 月,审计署发布了对 1989 年颁布的《审计署关于内部审计工作的规定》的修订本。1996 年 12 月,审计署发布了《审计机关指导监督内部审计业务的规定》。2000 年至 2003 年 4 月,中国内部审计协会组织了对内部审计基本准则、职业道德规范及 10 个具体准则进行制订,并予发布。2003 年 5 月,审计署颁布修订后的《审计署关于内部审计工作的规定》。

2003 年 6 月 1 日起施行中国内部审计协会制定的《内部审计基本准则》《内部审计人员职业道德规范》和第一批 10 个内部审计具体准则。2004 年 5 月 1 日起施行第二批 5 个内部审计具体准则。2005 年 5 月 1 日起施行第三批 5 个内部审计具体准则。中国内部审计协会于 2013 年 8 月 20 日发布了《中国内部审计协会公告 2013 年第 1 号》,公布《第 1101 号——内部审计基本准则》《第 1201 号——内部审计人员职业道德规范》等 22 个内部审计审计准则,自 2014 年 1 月 1 日起施行。现行的《内部审计基本准则》《内部审计人员职业道德规范》以及第 1 至第 29 号具体准则同时废止。在各级审计机关、各级主管部门的积极推动下和各类内部审计人员的勤奋努力下,我国内部审计蓬勃发展。

目前,我国已经形成了国家审计、民间审计和内部审计三位一体的审计监督体系,它们既互相联系、依存、促进、渗透,又各司其职,分别在不同的领域内实施审计。它们各有特点、各施其能、各展其才,相互不可替代。

二、西方审计的产生和发展

在西方国家,随着生产力的发展和经济关系的变革,审计也经历了一个漫长的发展过程。在西方,同样是政府审计早于民间审计和内部审计。

1. 西方国家审计

据考证,早在奴隶制度下的古罗马、古埃及和古希腊时代,已有官厅审计机构。审计人员以"听证"(audit)方式,对掌管国家财物和赋税的官吏进行审查和考核,成为具有审计性质的经济监督工作。在历代封建王朝中,也设有审计机构和人员,对国家的财政收支进行监督。

在资本主义时期,随着经济的发展和资产阶级国家政权组织形式的完善,国家审计也有了进一步的发展。在现代资本主义国家中,大多实行立法、行政、司法三权分立,分别由议会(国会)、内阁(或总统)和法院掌握,议会为国家的最高立法机关,并对政府行使包括财政监督在内的监督权。为了监督政府的财政收支,切实执行财政预算法案,以维护统治阶级的利益。西方国家大多在议会下设有专门的审计机构,由议会或国会授权,对政府及国有企事业单位的财政财务收支进行独立的审计监督,以维护统治阶级的利益。

2. 西方民间审计

注册会计师审计产生于意大利合伙企业制度,形成于英国股份制企业制度,发展和完善于美国的资本市场。它是伴随着商品经济的发展而产生和发展起来的。

(1) 注册会计师审计的起源——意大利合伙企业制度。注册会计师起源于意大利的威尼斯。16 世纪末,地中海沿岸国家的商品贸易得到了发展,出现了为筹集大量资金进行贸易活动的合伙经营方式,这样,财产的所有权和经营权分离了,对经营管理者进行监督成为必要,财产的所有者便聘请会计工作者来承担这项工作。于是在那时就出现了一批从事查账和公证工作的专业人员。他们于 1581 年,在威尼斯创立了威尼斯会计协会,成为世界上第一个会计职业团体。

虽然注册会计师审计起源于意大利,但它对后来注册会计师审计事业的发展影响不大。

(2) 注册会计师审计的形成——英国股份制企业制度。英国在创立和传播注册会计师审计职业的过程中发挥了重要作用。

1721年,南海公司以欺骗手段虚构经营业绩和发展前景,吸引了大量投资,最后经营失败,导致破产,使成千上万人遭受损失。英国议会聘请查尔斯·斯内尔(Charles Snell)对南海公司诈骗案进行审计。受英国议会委托,负责清查南海公司破产事件的查尔斯·斯内尔以"会计师"名义提交的"查账报告"成为独立审计的标志,南海公司破产案是注册会计师审计产生的"催化剂",它促成了独立会计师——注册会计师的诞生,查尔斯·斯内尔也成为世界上第一位注册会计师。

为了监督经理人员,保护投资者利益。1844年,英国颁布了《公司法》,规定股份公司必须设监察人,负责审查公司账目。

1845年修订的《公司法》增设了股份公司监事必要时可要求公司支付聘请外部会计师协助查账费用的条款,这标明可以聘请执业会计师协助办理此项查账业务。这对发展民间审计起了推动作用,使审计业务得到了迅速发展,会计师人数越来越多。于是,1853年,在苏格兰的爱丁堡成立了"爱丁堡会计师协会",这是世界上第一个职业会计师的专业团体。该协会的创立,标志着注册会计师作为一种职业正式得到确认。

1862年,《公司法》确定注册会计师为法定的破产清算人,从而奠定了注册会计师审计的法律地位。

1879年,《公司法》要求银行接受特许会计师的独立审计。

1885年,《公司法》要求全部有限公司年度会计报告必须经过审计师的审查。

(3)注册会计师审计的发展——美国的资本市场。19世纪末、20世纪初,世界经济的中心从英国转到美国,美国的民间审计得到了迅猛发展,很快成为世界注册会计师发展的火车头。

1887年,美国会计师公会成立,1916年该公会改组为美国会计师协会,后来发展为美国注册会计师协会,成为世界上最大的民间审计专业团体。

1886年,美国通过了《注册会计师法案》,标志着经济立法的开端;1917年,美国公共会计师协会编制了《关于资产负债表的备忘录》,从而开创了信用审计的时代。

1908年,美国银行协会正式批准了其信贷信息委员会提出的"应向资产负债表经过注册会计师审计的借款人提供优惠贷款"的建议,从而以保护债权人利益为导向的资产负债表审计流行于美国,审计目标由查错防弊转向验证企业资产负债表的公允性,审计的方法由英国式的详细审计初步转化为判断抽样审计,审计的受益者也从单一的股东扩大到包括债权人在内的多元利害关系人。

1929年,在美国爆发持续4年的经济危机。为加强证券市场的监督,维护投资者和社会公共利益,美国在1933年颁布了《证券法》和1934年颁布了《证券交易法》。其明确规定:公开发行和在交易所上市交易证券的公司,必须向证券交易委员会报送并向公众披露经注册会计师审计的资产负债表和损益表,从此,上市公司财务报表需经注册会计师审计作为一种法定审计制度在美国得以确立,并逐步被其他国家借鉴,这标志着法定审计的出台,使美国审计进入会计报表审计时代。

20世纪40年代以后,国际会计公司出现,这些国际会计师事务所包括普华永道、德勤、安永、毕马威等,其机构庞大,人员众多,有统一的工作程序和质量要求,能够适应不同国家和地区的业务环境。它们不但为跨国公司的各个企业服务,而且也为当地的公司企业服务,它们通过遍设于世界各地的事务所,在国际经济活动中起着重要作用。

审计技术得到不断完善。抽样审计方法普遍运用,制度基础审计方法得到推广,审计准则逐步完善,审计理论体系开始建立。注册会计师从适应公司管理手段的改变和改进经营管理的需要出发,开发了电子数据处理系统审计和计算机辅助审计技术,并把业务范围从主要执行审计职能迅速向管理咨询领域扩展,涉及提供经济和财务信息、电子数据处理、存货管理,直至人事管理和个人财务管理等。这增加了注册会计师在经济生活中的重要性。

21世纪初,随着美国安然公司等一大批美国公司财务丑闻的揭露及安达信国际会计公司的崩溃,美国实施了《萨班斯法案》,强化了对公司内部控制的要求和外部注册会计师的监督。国际审计和保证委员会及美国等发达国家的职业会计师组织修改相关的审计准则,推行适合于揭露财务报表重大错报的经营风险导向审计。

3. 西方内部审计的起源

西方内部审计起始于奴隶主、贵族及寺院对财产的监督,进入中世纪后,西欧各国先后出现庄园审计、寺院审计、城市审计、行会审计、银行审计等内部审计形式,并有独立的内部审计人员的产生。

1941年,J·B·舍斯顿的《内部审计的基本原理和技术》一书为内部审计理论体系奠定了理论基础。同年,美国内部审计师协会正式成立。

现代内部审计,是西方资本主义企业为加强内部经济监督和经营管理的需要,随着社会经济的发展逐步发展起来的。

现代西方国家内部审计涉及的领域非常广泛,内容相当深入。从美国来看,内审部门已广泛开展了企业发展战略和经营决策审计、投资效益审计、市场景气状况审计、物资采购审计、生产工艺审计、产品推销(包括广告促销效果)审计、研究与开发审计、人力资源管理审计、后勤服务系统效率审计、信息系统设计与运行审计等。

内部审计内容从财务审计转向经营审计,以经营审计(经营活动的评价和改进)为主导,这是西方企业现代内部审计理念的最显著特点。

第二节 审计的基本概念与分类

一、审计的概念

审计作为一种监督机制,历史悠久,但人们对审计的定义却众说纷纭,至今尚无一个举世公认的定义,审计的概念随着审计的发展而不断更新着。关于审计定义的代表性观点如下。

1. 美国会计学会的观点

美国会计学会(AAA)在 1972 年给审计下了一个广义的定义:"审计是一个客观地获取并评价与各种经济活动及事项的申明有关的系统过程,以便查明这些申明与既定标准之间的符合程度,并将其结果传达给各有关利害关系人。"

美国会计学会又在颁布的"基本审计概念说明"的公告中把审计描述为:"为确定关于经济行为及经济现象的结论和所制定的标准之间的一致程度,而对与这些结论有关的证据进行客观收集、评定,并将结果传达给利害关系人的有组织的过程。"

美国注册会计师协会(AICPA)在《审计准则公告第一号》中,给审计下了一个较为狭义的定义:"独立人员对财务报表加以检查,搜集必要证据。其目的是对这些报表是否按照公认会计原则公允地反映财务状况、经营成果和财务状况变化情况表示意见。"

2. 国际会计师联合会的观点

国际会计师联合会(IFAC)的审计实务委员会在《国际审计准则》中,将审计定义为:"审计人员对已编制完成的会计报表是否在所有重要方面遵循了特定财务报告框架发表意见。"

3. 中国审计学会的观点

中国审计学会 1989 年对审计的定义:"审计是由专职机构和人员,依法对被审单位的财政、财务收支及其有关经济活动的真实性、合法性和效益性进行审查,评价经济责任,用于维护财经法纪、改善经营管理、提高经济效益、促进宏观调控的独立性经济监督活动。"

中国审计学会 1995 年对审计的定义:"审计是独立检查会计账目,监督财政、财务收支真实、合法、效益的行为。"

由上述定义可看出:

(1)性质——审计的性质,即审计究竟是干什么。审计就是对特定对象特定时期的经济监督、鉴证和评价业务。

(2)主体——审计的主体,即由谁来进行审计。审计是由专职机构和人员来进行的,因此审计的主体由三部分组成:政府审计机构和人员、内部审计机构和人员以及民间审计机构和人员。

(3) 方法——收集和评价证据,对证据"审查",即进行审核检查,这是审计的一般方法。如图 1-1 所示。

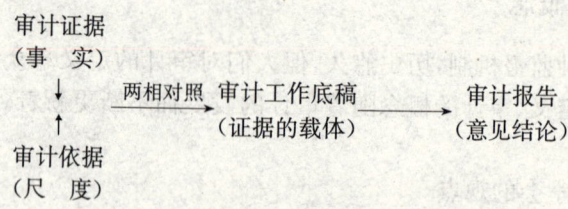

图 1-1　收集和评价证据的一般方法

将已查实的事实所提供的审计证据与已形成的评价尺度规定的审计依据进行比较,将比较结果记录在审计工作底稿中,汇总分析审计工作底稿,形成审计意见,完成审计报告。

(4) 依据——审计的依据,即按什么来进行审计。审计依据是指实施审计时,据以判断是非、评价优劣的准绳及提出审计意见、作出审计结论的根据,包括外部制定的审计依据,如国家制定的法律、法规、条例、政策、制度;地方政府、上级主管部门颁发的规章制度和下达的通知、指示文件等;涉外被审事项,所引用的国际惯例、条约等;内部制定的审计依据,如被审单位制定的经营方针、任务目标、计划预算、各种定额、经济合同、各项指标和各项规章制度等。

(5) 客体——审计的客体,即对谁进行审计,也就是谁是被审计单位。依据《宪法》和《审计法》的规定,必须接受国家审计的部门和单位包括:国务院各部门、地方人民政府及其各部门;国有的金融机构;国有企业和国有资产占控股地位或者主导地位的企业;国家事业组织,如全国社保基金;其他应当接受审计的部门和单位,以及上述部门和单位的有关人员。

(6) 对象——审计的具体内容,即"特定经济实体的各种会计资料和其他资料及所反映的财务收支和其他有关经营管理活动"。

二、审计的分类

按照一定的标准,将性质相同或相近的审计活动归属于一种审计类型的做法,即为审计分类。审计的分类并没有一个统一的标准,根据国际惯例,并结合我国的特点,可进行如下分类。

1. 按审计主体分类

审计按其主体不同,可分为政府审计、民间审计和内部审计三类。

（1）政府审计。政府审计又称国家审计,是由政府审计机关代表国家所实施的审计。我国国务院审计署及派出机构和地方各级人民政府审计厅(局)所组织和实施的审计,均属于国家审计。政府审计是法定审计,政府审计具有以下特点:

① 强制性。政府审计是强制审计,是依法进行的审计,无论被审计单位愿意接受与否,都必须接受政府审计机关依法对其进行的审计。

② 无偿性。政府审计是无偿的,不需要被审计单位支付任何费用。

③ 权威性。政府审计是依据国家的法律、法规,主要是宪法和审计法来判断被审计单位经济活动的合法性、有效性及真实性,是衡量经济活动是否合法、合规的依据,它具有很高的权威性,全国都公认它,依据它提出审计意见,作出审计决定一般是正确无误的。

④ 移送性。国家审计机关对审计中查出的问题,必须依法对自己法定职权范围内的被审计单位违反财经法规的事项进行处理和处罚,不能姑息;而对不属于自己职权范围内的被审计单位违规事项不能直接处理和处罚,而应移送相关有权部门进行处理。国家审计机关没有移送,而是越权处理处罚,政府审计机关应当承担处理、处罚失当的法律责任。

（2）民间审计即社会审计,也称注册会计师审计。民间审计是指经财政部门及注册会计师协会审核批准成立的会计师事务所,在接受委托人的委托后,根据审计业务约定书对被审计单位进行的审计。

民间审计有如下特点:

① 审计的独立性。审计的独立性包括实质上的独立性和形式上的独立性,即要求注册会计师在执行审计业务、出具审计报告时应当在实质上和形式上都独立于委托单位和其他机构。

② 审计的委托性。民间审计的特点是受托审计,它们无权自行对企事业单位进行审计,只有在接受委托后,才能对被审计单位进行审计。

③ 审计的有偿性。民间审计是有偿的,也就是要收费的。

（3）内部审计。内部审计是指由本部门和本单位内部独立于财会部门以外专职的审计机构所实施的审计。

内部审计具有以下特点:

① 审计范围的广泛性。内部审计主要是为单位经营管理服务的,这就决定了内部审计的范围必然要涉及单位经济活动的方方面面。一般应做到,本部门、本单位的领导要求审查什么,内部审计人员就应审查什么。

② 审计机构的相对独立性。内部审计同外部审计一样,都必须具有独立性,但由于内部审计机构是部门、单位内设的机构,内部审计机构的独立决策可能会受到本单位利益的限制。

③ 审计目的的内向服务性。

④ 审计时间的经常性和及时性。

2. 按审计内容和目的分类

审计按其内容和目的不同,可分为财政财务审计、财经法纪审计和经济效益审计三类。

(1) 财政财务审计。财政财务审计是指审计机构对国家机关、国家金融机构、企事业单位的财政、财务收支活动合法性、合规性和反映其经济活动的会计资料的正确性、真实性进行的审计。财政审计主要针对国家机关,而财务审计则是针对企事业单位。

(2) 财经法纪审计。财经法纪审计是指国家审计机关和内部审计部门以被审计单位和个人严重违反财经法纪的行为为审查内容,维护国家、集体的经济利益,为保障财产的安全完整,维护国家财经法纪进行的专项审计。

(3) 经济效益审计。经济效益审计是指针对被审计单位经济效益的实际情况,包括财政财务收支活动及经营管理活动的经济性、效率性和效果性,通过对经营活动和管理活动的审查,以期改善经营管理水平,提高经济效益为目的所进行的审计。

目前,我国的经济效益审计主要分为:企业经营效果审计、资金使用效益审计、经济责任审计。

3. 按审计模式分类

审计按其模式不同,可分为账项基础审计、制度基础审计和风险导向审计三类。

(1) 账项基础审计(古代至 20 世纪 30 年代末)。账项基础审计以凭单核对为重心,以审查账目有无舞弊为目标,以数据可信性为着眼点,以会计科目为着手点,以审查账目为主进行的审计。

(2) 制度基础审计(20 世纪 40 年代初至 80 年代末)。制度基础审计是从审查被审计单位内部控制制度着手而进行的审计。它通过确定被审计单位内部控制制度的缺陷,进而判断财产保护和会计记录真实性上可能存在的缺陷,并对此进行详细考证、分析,以查明错弊。

(3) 风险导向审计(20 世纪 90 年代初至今)。风险导向审计是建立在企业经营风险和审计风险要素评价基础上进行的审计。它立足于对审计风险进行系统的分析和评价,并以此作为出发点,制订审计战略,制订与企业状况相适应的多样化审计计划,以达到审计工作的效率性和效果性。

审计还有一些其他的分类方法,按审计范围分类,可分为全部审计、局部审计和专项审计三类;按审计实施时间分类,可分为事前审计、事中审计和事后审计三类;按审计执行地点分类,可分为报送审计和就地审计两类;按审计动机分类,可分为强制审计和任意审计两类;按审计是否通知被审计单位分类,可分为预告审计和突击审计两类;按审计是否定期实施分类,可分为定期审计和不定期审计两类;按审计证据的检查范围或数量分类,可分为详细审计和抽样审计两类等。

第三节 审计的目标和对象

一、审计的目的

审计的目的是指在一定的社会环境下,人们期望通过审计实践活动所要达到的境地或最终结果。它包括最终审计目的和直接审计目的两个层次。审计的直接目的就是降低信息风险,其最终目的就是维持经济秩序。

1. 审计的最终目的

伴随着社会分工的出现,社会经济结构构成了由不同的委托受托关系组成的经济管理责任网络。经济秩序的稳定取决于不同经济管理责任的有序联结,任一环节的故障都将导致整个经济秩序的紊乱。审计作为委托受托关系的产物,通过审计,降低信息风险,不仅可以使某一具体的委托受托关系得以正常维系,而且还可以使不同的委托受托关系之间按既定规则有序运行。

无论是法定审计还是受托审计,都是代表资产的所有者对资产的经营者进行经济监督,评价经营管理业绩,是否守法经营,是否有经济效益或社会效益。非法经营、弄虚作假,就是要破坏经济秩序,古今中外无一例外。我国银广厦案对股市的严重危害,2008 年发生的全球金融危机对经济秩序的破坏,无不是审计不力的缘故。要维持经济秩序,就要加强审计,审计的最终目的就是维持经济秩序。

2. 审计的直接目的

审计的直接目的就是要降低信息风险,不同审计信息使用者有不同的审计需求。

(1) 资产的所有者审计需求。自审计产生以来,在相当长的发展时期内,对审计的需求源于资产所有者。政府审计和民间审计的产生都是资产所有权与经营权相分离产生的。资产所有者利用经理人提供的会计信息,评价经理人受托责任履行情况,就是要通过一定的方式来降低、甚至消除会计信息中所存在的风险,以便正确评价经理人受托责任,目的是确保资产的保值升值,以降低资产贬值的风险。

(2) 债权人的审计需求。在企业的经营过程中,生产经营所需要的资金最初主要是由资产所有者提供的。为满足企业经营的需要,向银行借贷成为企业主要的资金来源。银行为了确保贷款决策的准确性,需要通过审计揭露企业会计信息中存在的错误和舞弊,以降低或消除银行贷款无法及时全额追回的风险,确保银行借贷的安全性。

(3) 经营管理者的审计需求。经营管理者作为委托受托关系中的受托方,是被审计的对象。为了表明自身的清白,取信于委托方,一方面,经营管理者存在主动需求审计的愿望,希望通过审计来证明其遵守了与委托方之间既定的会计规范,不存在错误和舞弊;另一方面,随着资本市场的发展,为满足企业扩大经营规模的需要,经理人需表明自身的经营能力和较高的投资回报率,以便从证券市场上直接融资,吸引投资者手中的资金,经营管理者也产生了对审计的需求,要求审计验证其提供的会计信息不存在错误和舞弊,以减少与投资者之间的信息不对称,即降低信息风险。

(4) 投资者的审计需求。投资者进行决策所依据的信息是由企业提供的,本身无法实施对信息的验证,为减少信息风险、提高决策的准确性,就需依靠审计对信息进行验证,以降低信息风险。

(5) 政府的审计需求。对于政府而言,无论是作为所有者,还是作为社会管理者,其对审计需求的动机都是为了降低信息风险;所不同的是:作为所有者是为了维护自身的利益,而作为社会管理者则是为了整个社会经济秩序的稳定。

根据上述分析,可以看出,不同的审计信息使用者对审计需求的动机均是为了降低信息风险,因此,将其定义为审计的直接目的。

二、审计目标

1. 审计目标的定义

用于指导审计主体的工作要求称为审计目标。审计目标的研究领域应限制在审计主体的范围内,它回答的是"审计应做什么"的问题。

审计目标是实现审计直接目的所确定的审计工作目标,是对审计事项与设立标准或一定要求相符程度进行的确定,是审计目的的具体形式。

2. 审计目的与审计目标的关系

审计目的和审计目标是两个不同的概念,两者各自涉及的领域不同。审计目的涉及的是审计信息使用者的需求问题,而审计目标回答的是审计主体为满足审计信息使用者的要求应做什么的问题,两者是既有联系又有区别的。

审计目的是长期的,而审计目标是阶段性的。审计发展到今天,审计目的始终未发生变化,而审计目标却经历了不断变化的过程。

对于不同类型的审计,审计目的是相同的,审计目标却是变化的。审计目的回答的是"要审计来做什么",审计目标回答的是则是"审计应做什么"。为了更好地实现审计目的,针对不同种类的审计,需要设定不同的审计目标。如财务报表的审计目标是合法性、公允性,而管理审计、经营审计的审计目标则是经济性、效率性和效果性。

审计目的的特征决定了审计目的是不可分的,而审计目标则是可分的。由于审计所处理的直接对象是财务信息,它是由不同项目构成的综合信息,各项目具有不同的特征,为了便于审计,必须在不违背审计目的总体要求的前提下,根据不同项目的不同特征,为财务信息的各部分分别设定具体的审计目标,如财务报表审计的目标就分为总目标和具体目标两个层次,每个项目的具体目标也是不相同的。

三、审计总目标

审计总目标是在一定历史环境下,审计主体通过实践活动达到的期望境地或最终结果。

1. 审计目标的确立

审计目标的确立是由审计环境决定的,不是一成不变的,但在一定时期内又具有相对的稳定性。

在详细审计阶段,审计总目标是查错防弊。当时企业中内部牵制制度尚不完善,技术错误和舞弊行为经常发生。为了发现会计记录的差错和察觉营私舞弊,保证会计记录的正确和财产的安全,必须采取详细的审计方法,对检查期内所有会计资料逐一查明,以获取充分的证据,得出无错误和舞弊的结论。

在资产负债表审计阶段,审计总目标是判断企业的财务状况和偿债能力。当时的企业能够依靠内部牵制制度来控制和防止各种弊端和错误,使审计人员有可能摆脱账簿的束缚;加上发展银行信贷的需要,须对企业进行信用调查,通过对被审计单位一定时期内资产负债表全部项目余额的真实性、可靠性和是否实际存在的审查,判断企业的偿债能力,防止信用危机和维护银行的权益。

在财务报表审计阶段,审计总目标是判定被审计单位在被审期内的财务报表的合法性、公允性、一贯性,即判定被审计单位在被审期内的财务报表是否公允地反映了其财务状况和经营成果,被审计单位所采用的会计政策和会计处理方法是否符合公认的会计准则,是否一贯执行。

在现代审计阶段,审计总目标是公允性和检查、揭露舞弊。现代审计目标在新的审计环境中,除了传统的财务审计目标、5E(即效率性〈efficiency〉、效果性〈effectiveness〉、经济性〈economy〉、公平性〈equity〉、环保性〈environment〉)审计目标外还应增加风险性、创新性、可持续性、宏观经济管理效益性、无形资产效益性、人力资源开发效益性等审计。

2. 我国各层次审计的总目标

(1)我国国家审计的总目标。我国国家审计的总目标,根据《审计法》第2条第3

款的规定,我国国家审计的总目标是对财政收支和财务收支的真实、合法和效益进行审查和评价。

"真实"是指财政收支、财务收支及其有关的经济活动的发生是否真实存在,在会计资料及其他有关资料中的反映是否符合客观实际,有无任意增加、减少、隐瞒等虚假行为。

"合法"是指财政收支、财务收支及其有关的经济活动是否遵循法律、法规和有关规章制度的规定。

"效益"是指财政收支、财务收支及其有关的经济活动的经济效益和效果。这里所讲的效益,不仅是指用于经营资金所产生的经济效益,还包括资金投入是否节约;资金利用是否合理;资金使用是否达到预期的目标。有些资金使用并不能产生经济效益,但会产生相应的社会效果。

(2)我国内部审计总目标。《第 1101 号——内部审计基本准则》(2014 年)第 2 条规定:"内部审计,是一种独立、客观的确认和咨询活动,它通过运用系统、规范的方法,审查和评价组织的业务活动、内部控制和风险管理的适当性和有效性,以促进组织完善治理、增加价值和实现目标。"

(3)注册会计师审计总目标。《中国注册会计师审计准则第 1101 号——注册会计师的总体目标和审计工作的基本要求》规定:注册会计师对被审计单位的财务报表进行审计,"注册会计师针对财务报表是否在所有重大方面按照财务报告编制基础编制并实现公允反映发表审计意见。"

适用的财务报告编制基础是指法律、法规要求采用的财务报告编制基础;或者管理层和治理层(如适用)在编制财务报表时,就被审计单位性质和财务报表目标而言,采用的可接受的财务报告编制基础。

公允性是指被审计单位财务报表在符合国家颁布的企业会计准则和相关会计制度的规定的前提下,在所有重大方面公允地反映了被审计单位的财务状况、经营成果和现金流量。

四、审计具体目标

审计具体目标是对审计总体目标的进一步具体化。根据具体化的不同程度,审计具体目标又分为一般审计目标和项目审计目标两个层次。

一般审计目标是实施项目审计时均应达到的目标,一般审计目标适用于所有项目的审计,是项目审计目标的共性概括。

项目审计目标则是按每个项目具体内容分别确定的目标,只适用于某一特定项目的审计,表现的是项目审计的个性特征,也具有一般审计的共性特征。

无论是一般审计目标还是项目审计目标,都必须根据审计总目标要求和被审计单位的需要来确定。

1. 一般审计目标

一般审计目标可从风险导向审计程序来分析,包括风险评估、控制测试和实质性程序三方面。风险评估的目标是通过了解被审计单位及其环境,识别、评估重大错报风险,将审计风险降低到可接受的低水平;控制测试的目标是通过实施控制测试,确定内部控制设计和运行的有效性;实质性程序的目标是通过实施实质性程序,发现认定层次的重大错报。

审计具体目标必须根据被审计单位管理当局的认定和审计总目标来确定。

(1) 被审计单位管理当局对财务报表的认定。所谓认定,是指被审计单位管理当局对财务报表组成要素的确认、计量、披露作出的明确或隐含的表达。

管理层在财务报表上的认定有些是明确表达的,有些则是隐含表达的。例如,管理当局在其资产负债表中报告货币资金的金额为 3 000 万元,这意味着管理当局作出了以下认定:(a)货币资金这项资产是存在的。(b)货币资金的余额为 3 000 万元。同时,管理层也作出下列隐含的认定:(a)所应报告的货币资金均已包括在内。(b)被审计单位对这些货币资金都拥有所有权。(c)货币资金的使用不存在任何限制。

(2) 总的来说,管理当局对会计账项的认定可划分为以下五类具体认定:

① 存在或发生的认定。存在或发生的认定是指:列示于资产负债表的各项资产、负债、所有者权益在资产负债表日是否存在,列示于损益表各项收入和费用涉及的交易在会计期间内是否确实发生。判断管理当局是否把那些不存在的项目或不曾发生的交易结果纳入财务报表(高估)。

② 完整性的认定。完整性的认定是指:列示于在财务报表中的交易和项目是否完整,是否存在应列示而未列示的交易或项目。判断管理当局是否遗漏了有关交易或项目(低估)。

③ 权利和义务的认定。权利和义务的认定是指:在资产负债表日,对于列示于资产负债表上的各项资产,被审计单位是否拥有所有权;对于列示于资产负债表上的各项负债,被审计单位是否应履行偿还的义务。就是要判断资产、负债是否确实归属被审计单位。

④ 估价或分摊的认定。估价或分摊认定是指:列示于报表上各项资产、负债、所有者权益、收入和费用等会计账项的金额是否恰当。

⑤ 表达与披露的认定。表达与披露的认定是指:财务报表上各账项的核算内容和范围是否正确,是否对有关账项的内容进行了恰当披露。

(3) 管理当局对会计账项的认定包括:

① 与所审计期间各类交易和事项相关的认定及具体审计目标如表 1-1 所示。

表 1-1

与各类交易和事项相关的认定及具体审计目标

认定	各类认定的含义	各类认定对应的具体审计目标
发生	记录的交易和事项已发生,且与被审计单位有关	已记录的交易是真实的
完整性	所有应当记录的交易和事项均已记录,无一遗漏	已发生的交易确实已经记录
准确性	与交易和事项有关的金额及其他数据已恰当记录	已记录的交易是按正确金额反映的
截止	交易和事项已记录于正确的会计期间	接近于资产负债表日的交易记录于恰当的期间
分类	交易和事项已记录于恰当的账户	被审计单位记录的交易经过适当分类

② 与期末账户余额相关的认定及具体审计目标如表 1-2 所示。

表 1-2

与期末账户余额相关的认定及具体审计目标

认定	各类认定的含义	各类认定对应的具体审计目标
存在	记录的资产、负债和所有者权益是存在的	记录的金额确实存在
权利和义务	记录的资产由被审计单位拥有或控制,记录的负债是被审计单位应当履行的偿还义务	资产归属于被审计单位,负债属于被审计单位的义务
完整性	所有应当记录的资产、负债和所有者权益均已记录	已存在的金额均已全部记录
计价和分摊	资产、负债和所有者权益以恰当的金额包括在财务报表中,与之相关的计价或分摊调整已恰当记录	资产、负债和所有者权益以恰当的金额包括在财务报表中,与之相关的计价或分摊调整已恰当记录

③ 与列报相关的认定及具体审计目标如表 1-3 所示。

表 1-3

与列报相关的认定及具体审计目标

认定	各类认定的含义	各类认定对应的具体审计目标
发生及权利和义务	披露的交易、事项和其他情况是真实发生的,且与被审计单位有关	发生的交易、事项,或与被审计单位有关的交易和事项包括在财务报表中
完整性	所有应当包括在财务报表中的披露均已包括	应当披露的事项均已包括在财务报表中
分类和可理解性	财务信息已被恰当地披露和描述,且披露内容表述清楚	财务信息已被恰当地披露和描述,且披露内容表述清楚
准确性和计价	财务信息和其他信息已公允披露,且金额恰当	财务信息和其他信息已公允披露,且金额恰当

2. 项目审计目标

项目审计目标是指财务报表具体项目审计所要达到的目标。一般审计目标是进行所有项目审计均必须达到的目标,适用于所有项目的审计;项目审计目标则是按每个项目分别确定的目标,只适用于某一特定项目的审计。

在一般情况下,一个一般审计目标至少有一个项目审计目标与之相对应。项目审计目标是具体账户或具体业务的审计目标;其内容视项目大小而定,而且有一定的层次性。

如果把货币资金作为被审计项目,那么不仅要确定货币资金审计目标,而且还要分别确定现金项目审计目标、银行存款项目审计目标和其他货币资金项目审计目标。现金(包括银行存款)项目审计目标:

(1) 有关现金的内容控制制度是否存在和有效。

(2) 现金收支业务是否完整地入账,有无遗漏。

(3) 记录在账的现金是否确实存在,有无挪用现象,是否属于被审计单位所有。

(4) 现金的会计记录是否正确无误。

(5) 有关现金的计价,如外币汇兑损益的计算等是否正确,有无虚增或虚减现金的可能。

(6) 现金收支业务的发生是否符合有关法律、法规的规定。

(7) 财务报表对现金余额的反映是否恰当等。

有价证券常常作为现金的替代品而为单位所持有,其审计目标与审计现金的目标大致相同。

五、审计对象

1. 审计对象的概念

审计对象就是审计工作的对象,是审计所要考察的客体。通常审计对象可概括为被审计单位的经济活动,具体地说,包括以下两个方面的内容:

(1) 被审计单位的财务收支及其有关的经营管理活动。

(2) 被审计单位的会计资料和其他资料。

2. 传统审计对象和现代审计对象

综观中外审计史,传统审计对象和现代审计对象是不同的。

(1) 传统审计的对象主要是被审计单位的财政财务收支。

(2) 现代审计的对象主要是被审计单位的财政财务收支及其有关经济活动。

现代审计的对象既包括会计资料及其所反映的财务收支活动,也包括其他经济资料及其所反映的各项生产经营管理活动,对被审计事项已实现和预计实现的经济效益进行事前事后的审计和评价。

根据我国干部制度改革需要,把经济审计方法引入对干部考核管理,建立任期经济责任审计,提拔前和离任时均要进行审计。特别是对经济部门、金融机构、企事业单位的领导干部必须进行审计,这就使我国审计范围更加扩大了。

3. 我国各类审计的审计对象

(1)国家审计的审计对象。根据我国《宪法》第 91 条和第 109 条,以及《中华人民共和国审计法》的具体规定,我国国家审计对象是指所有作为会计单位的中央和地方的各级财政部门、中央银行和国有金融机构、行政机关、国家的事业组织、国有企业、基本建设单位等。审计对象的主要内容包括上述部门的财政预算、信贷、财务收支(负债、资产、损益)和决算,以及与财政财务收支有关的经济活动及其经济效益。

(2)内部审计的审计对象。根据《审计署关于内部审计工作的规定》,我国内部审计的对象是本部门、本单位及其所属单位的会计账目、相关资产,以及所反映的财政收支和财务收支活动。同时还包括本部门、本单位与境内外经济组织兴办合资、合作经营企业以及合作项目等的合同执行情况,投入资金、财产的经营状况及其效益。

(3)民间审计的审计对象。根据《中华人民共和国注册会计师法》及有关规章的规定,我国社会审计的对象主要是社会审计组织(会计师事务所、审计事务所),接受国家审计机关、企事业单位和个人的委托,可承办财务收支的审计查证事项,经济案件的鉴定事项,注册资金的验证和年检,以及会计、财务、税务和经济管理的咨询服务等。

4. 审计对象的具体表述

审计对象具体表述为:被审计单位的会计资料和其他经济资料所反映的财政、财务收支及其有关经济活动。

(1)被审计单位的财务收支活动及其有关经营管理活动——本质。审计主体不同,审计对象的内容也不尽相同,不论是国家审计、民间审计还是内部审计,都要求以被审计单位的财政财务收支及有关经济活动为审计对象,对其真实性、合法性、效益性进行审查和评价。

三种审计,其对象都是被审计单位的财政、财务收支及其有关经济活动,不过各有侧重。

(2)记录上述经济活动的载体:被审计单位的各种会计资料和其他资料——现象。由于财政财务收支状况及有关经济活动总要以一定的载体来反映,一般是通过会计、统计和业务核算记录及预算计划、方案、合同、会计记录、分析等的文本,或者电子计算机的磁带、磁盘等来体现,所以各单位的会计资料及其他有关经济资料就成为审计的主要具体对象。

当然,会计资料和其他有关经济资料是审计对象的现象,其反映的被审计单位的财政财务收支及有关经济活动是审计对象的本质。

综上所述,审计对象是指被审计单位的财务收支及其有关的经营管理活动,以及提供这些经济活动的信息载体——会计资料和其他资料。

关键术语

审计的概念 国家审计 民间审计 内部审计 账项基础审计
制度基础审计 风险导向审计 审计目的 审计目标 审计总目标
审计具体目标 审计对象

案例剖析题

【案例剖析题1-1】

下表列示了投资、应收账款和固定资产项目的若干具体审计目标及可能实施的主要审计程序。请针对每一审计目标,在相应的审计项目内选出能够实现该审计目标的一项最佳审计程序,将其相应的英文大写字母编号填列在题后表格内,每一项审计程序最多只能被选择一次。

审计项目、审计目标及主要审计程序表

审计项目	审计目标	审计程序
投资	(1) 在资产负债表日,投资项目的分类反映恰当 (2) 投资的存在性 (3) 投资的计价准确	A. 抽查投资交易记录原始凭证,证实有关凭证是否已预先连续编号 B. 将投资项目各明细账期初余额与上年度审计工作底稿核对 C. 检查长期投资与短期投资在分类上相互划转是否已进行正确的会计处理 D. 函证资产负债表日被托管的所有有价证券 E. 确定投资价格的任何波动已进行恰当的会计处理 F. 确定负责转让有价证券的职员没有接触现金、银行存款记录
应收账款	(4) 在资产负债表日,被审计单位对所有应收账款均具有法定收款权 (5) 财务报表中应收账款分类反映恰当 (6) 资产负债表日应收账款余额正确 (7) 在资产负债表日,应收账款记录完整	A. 抽查被审计单位职员及有关部门的暂借款项的记录,确定已记入正确的账户 B. 检查销售退回和折让是否附有预先按顺序连续编号并经主管人员核准的贷项通知单 C. 分析应收账款同销售的比率关系,并同前期比较 D. 按计提坏账准备的范围、标准测算已提坏账准备是否充分,并提请调整大额差异 E. 检查货运文件是否预先连续编号,作废的文件是否盖章注销 F. 复核所有贷款协议,确定应收账款是否已作抵押 G. 实施销售截止测试,确定销售业务和相应的存货及销售成本记录在恰当的会计期间

(续表)

审计项目	审计目标	审计程序
固定资产	(8) 在资产负债表日,所有在册固定资产均存在 (9) 在资产负债表日,所有固定资产的净值均已正确计量 (10) 被审计单位对所审会计期间内所增固定资产享有所有权	A. 将固定资产明细账期初余额与上年度审计工作底稿核对 B. 审查固定资产契约和保险单据 C. 实地检查所有主要的机器设备 D. 复核折旧费用的计提,并确定固定资产有效使用年限及折旧方法同以前年度一致 E. 确定固定资产记录部门与保管使用部门的职责相分离 F. 确定所有机器设备均已保险 G. 实施截止测试,证实固定资产维修费用已计入恰当的会计期间

(1)	(2)	(3)	(4)	(5)	(6)	(7)	(8)	(9)	(10)

【题解】

(1)	(2)	(3)	(4)	(5)	(6)	(7)	(8)	(9)	(10)
C	D	E	F	A	D	E	C	D	B

【案例剖析题 1-2】

假定下列具体审计目标已被审计人员选定,审计人员应当确定的与各具体审计目标最相关的认定和最恰当的审计程序分别是什么? 将认定和审计程序分别填入表中。

序号	认定	具体审计目标	审计程序
(1)		销售收入的分类正确	
(2)		销售收入的入账时间正确	
(3)		销售收入确实已经发生	
(4)		销售收入没有隐瞒	

【题解】

序号	认定	具体审计目标	审计程序
(1)	分类	销售收入的分类正确	检查证明销售交易分类正确的原始凭证
(2)	截止	销售收入的入账时间正确	将销售交易登记入账的日期与发运凭证的日期比较核对
(3)	发生	销售收入确实已经发生	追查主营业务收入明细账中的分录至销售单、销售发票副联及发运凭证
(4)	完整性	销售收入没有隐瞒	将发运凭证与相关的销售发票和主营业务收入明细账及应收账款明细账中的分录进行核对

本章要点概览

本章的主要内容是审计的基本理论和基本概念。本章的重点是审计的目标和对象。

本章在审计的产生和发展中介绍了我国国家审计的起源与发展,西方审计的产生和发展。

在审计的概念中,介绍了关于审计定义的代表性观点;在审计的分类中,介绍了审计的基本分类,包括按审计主体分类、按审计内容和目的分类、按审计模式分类和审计的其他分类方法。

在审计的目标和对象中阐述了审计的目的、审计目标、审计总目标、审计具体目标、审计对象。

本章提供了两个案例分析。

第二章 审计规范体系

────────── 学习目的与要求 ──────────

　　本章旨在阐述审计规范体系的含义及种类、审计法律、各类审计主体准则、会计师事务所质量控制准则、审计职业道德规范以及职业后续教育准则。通过本章的学习,学生能了解审计规范体系;着重把握注册会计师执业准则体系,主要包括鉴证业务准则;熟悉会计师事务所业务质量控制准则;了解政府审计准则及内部审计准则;掌握审计职业道德规范。

第一节　审计规范体系的含义及种类

一、审计规范体系的含义和内容

　　审计规范是审计主体在审计工作中应当遵循的业务标准和行为准则。从内容上看,它既包括对审计主体、审计业务方面的法律、法规,也包括审计主体本身执行审计业务应当遵循的各类准则、规则。审计规范体系则是各种有关审计的法律、法规,准则及规则的总称,它是由审计法规体系、审计执业规范体系和审计标准体系等相互联系而构成的一个有机整体。

　　审计规范体系应该包括以下几方面内容。

　　(一)审计法规

　　审计法规通常是对审计组织的设置和职权、审计范围、审计行为、审计责任等作出的原则性规定。审计法规由国家权力机构和行政机构制定。我国的审计法规包括《中华人民共和国审计法》《中华人民共和国注册会计师法》等。

　　(二)审计职业道德规范

　　审计职业道德规范主要规范审计主体的职业道德行为,为审计人员履行职业责任提供进一步指导。审计职业道德准则通常由审计主管部门或职业团体制定。我国审计职业道德包括《审计机关审计人员职业道德准则》(2011年归并入国家审计准则)《中国注册会计师职业道德守则》《中国注册会计师协会非执业会员职业道德守则》《内部审计人员职业道德规范》等。

（三）审计准则

审计准则主要规范审计人员在具体审计工作中应遵守的技术操作规范，为审计人员如何进行审计提供技术指导。审计准则通常也是由审计主管部门或职业团体制定。我国审计准则包括《中华人民共和国国家审计准则》《中国注册会计师执业准则》《中国注册会计师执业准则指南》《内部审计基本准则》《内部审计具体准则》等。

（四）审计质量控制

审计质量控制主要规范审计组织(审计机构和会计师事务所)的质量控制行为，为保证审计工作的质量提供指导性意见并采取相应的具体管理措施。审计质量控制准则通常也是由审计主管部门或职业团体制定。如《审计机关审计项目质量控制办法》(2011 年归并入国家审计准则)、《中国注册会计师质量控制准则 5101 号》、《对财务报表审计实施的质量控制》等。

（五）其他审计规范

其他审计规范是指上述审计规范以外的审计规范。其他审计规范的内容比较多，包括一些"实施办法"和"暂行规定"，如《注册会计师注册审批暂行办法》《会计师事务所业务检查办法》等。

二、审计规范体系的种类

审计规范体系可以按照各种不同的标志来进行划分。

(1) 审计规范体系按规范实施范围划分，可分为国际审计规范、中国审计规范、主要发达国家审计规范和其他主要国家审计规范。

(2) 审计规范体系按规范实施主体划分，可分为国家审计规范、注册会计师审计规范和内部审计规范。

(3) 审计规范体系按规范内容性质划分，可分为审计法律、法规，企事业单位审计制度和职业道德规范。其中审计法律、法规又可进一步细分为国家宪法、审计法律、审计行政法规、审计地方性法规、自治条例、单行条例和审计规章等要素。在审计法规体系中还包括其他法律、法规中有关审计的法规。

第二节　审计法律

一、中华人民共和国审计法

《中华人民共和国审计法》(以下简称《审计法》)于 1994 年 8 月 31 日第八届全国

人民代表大会常务委员会第九次会议通过,自 1995 年 1 月 1 日起施行。该法包括第一章总则、第二章审计机关和审计人员、第三章审计机关职责、第四章审计机关权限、第五章审计程序、第六章法律责任、第七章附则共 7 章 51 条。该法明确规定:国家实行审计监督制度,审计机关依照法律规定的职权和程序,进行审计监督,并对审计机关和审计人员的职责、权限、审计程序和法律责任作出规定。

《审计法》已于 2006 年 2 月 28 日经第十届全国人民代表大会常务委员会第二十次会议修订通过,国家主席胡锦涛签署第 48 号主席令予以公布,自 2006 年 6 月 1 日起施行。此次修订中,修改 29 条,增加 5 条(第 25 条、第 37 条、第 42 条、第 47 条和第 48 条),删去 1 条(第 21 条),合并 1 条(第 42 条、第 43 条合并为一条,作为第 44 条),修订后共 54 条。这次主要在健全审计监督机制、完善审计监督职责、加强审计监督手段、规范审计监督行为四个方面作了重大修订。《审计法》的修订和颁布施行,是加强我国审计法制建设的一项重要举措。修正后的《审计法》,对审计监督的基本原则、审计机关和审计人员、审计机关职责、审计机关权限、审计程序、法律责任等作了全面规定,为规范审计行为,为审计机关全面履行职责、加强审计监督提供了更完备的法律手段,为促进依法行政、建设法治政府提供了更有力的法律保障,为规范审计行为、坚持依法审计奠定了更坚实的法律基础,为推动审计事业的长远发展创造了更好的法律环境。

二、中华人民共和国注册会计师法

《中华人民共和国注册会计师法》在 1993 年 10 月 31 日经第八届全国人民代表大会常务委员会第四次会议通过,于 1994 年 1 月 1 日起施行。《中华人民共和国注册会计师法》是规范注册会计师执业行为,保障社会主义市场经济的健康发展,规范注册会计师工作的根本大法,也是其他一切注册会计师法规制度的"母法"。因此,《中华人民共和国注册会计师法》是制定所有注册会计师执业规范的依据,该法共 7 章 46 条。2014 年 8 月 31 日又印发了新《中华人民共和国注册会计师法》(修正案),内容涉及第一章总则、第二章注册会计师、第三章会计师事务所、第四章注册会计师协会、第五章涉外管理、第六章法律责任、第七章附则等方面共 76 条,重点规范了注册会计师、会计师事务和注册会计师协会的性质、业务范围和规则及法律责任。

第三节　注册会计师审计准则

审计准则是审计理论的重要组成部分,是审计规范体系的核心。它对审计主体职业责任进行规范,是引导、控制、评价和考核审计行为活动的一把内在尺度。它反映了审计工作的客观规律和基本要求,成为指导审计工作的原则和规范。

一、审计准则的概念

审计准则是专业审计人员在实施审计工作时，必须恪守的最高行为准则，它是审计工作质量的判断标准。审计准则包含如下两层基本含义：①审计准则是对审计主体的规范和要求，它规定了审计人员应有的素质和专业资格，并对审计人员的审计行为予以规范和指导。②审计准则同时提出了审计工作应达到的质量要求，是审计人员签署最终审计意见时的客观保证。

在西方国家，审计准则是 20 世纪 40 年代才开始出现的。美国率先于 1947 年开始研究和制定审计准则；日本在 1964 年也制定了审计准则；国际会计师联合会下设的国际审计事务委员会于 1980 年颁布了《国际审计准则》。我国在 1996 年开始制定和形成独立审计准则体系。

二、审计准则的作用

审计准则的实施，使审计人员在从事审计工作时有了规范和指南，便于考核审计工作的质量，推动了审计事业的发展。

审计准则的主要作用有：实施审计准则，可以赢得社会公众的信任；实施审计准则，可以提高审计工作质量；实施审计准则，可以维护审计组织和人员的合法权益；实施审计准则，可以促进国际审计交流。

三、美国的公认审计准则

1938 年，正当财务报表审计盛行之时，美国发生了杰克逊·罗宾斯公司股票在纽约股票交易所上市而发生倒闭的案件。该公司 10 余年来一直由美国著名的普米斯·沃特豪斯会计公司进行审计，证明该公司 1937 年年底合并资产负债表总额为 8 700 万美元，但后来查明其中的 1 907.5 万美元是虚假资产。而会计公司由于审计时未对应收账款进行函证，也没有对存货进行实地盘点，却错误发表了"正确、适当"的观点，严重损害了执业会计师的声誉，执业会计师协会意识到亟须一套审计准则。1947 年，美国注册会计师协会的审计程序委员会发表了《审计准则试行方案——公认的重要性和范围》文件。它包括　般准则、现场工作准则和提出报告准则，共 9 条；1954 年修订增加第 10 条，于 1972 年正式颁布；1988 年又修订了第 5 条和第 8 条。

美国一般公认审计准则规定了民间审计人员的资格和执业的基本要求。其具体内容如下。

（一）一般准则

（1）审计工作应由经过充分专业训练并精通审计实务的人员担任。

（2）审计人员执行审计工作时，必须保持独立的意志和态度。

（3）在执行审计工作及撰拟审计报告时，应保持职业人员应有的严谨态度。

（二）现场工作准则

（1）审计工作必须妥善地进行计划安排，若存在助理人员，必须加以监督和指导。

（2）应适当地研究和评价现行的内部控制系统，以确定可资信赖的程度，并以此作为决定审计程序和测试范围的依据。

（3）运用检查、观察、查询和函证等方法，以获取充分而确切的证据，作为对所审核的财务报表发表意见的合理根据。

（三）报告准则

（1）审计报告应说明财务报表是否按照一般公认的会计原则编制。

（2）审计报告应说明本期所使用的会计准则是否与上期一致。

（3）除非报告中另有说明，财务报表中所提供的资料应被视为是合理和充分的。

（4）审计报告应就整个财务报表发表意见，或断然表明不能发表意见。如属后者，应说明理由。在任何情况下，财务报表一经审计人员签署，即应在审计报告中明确表示审核的性质，与其所负责任的程度。

美国的民间审计准则体系由一般公认审计准则、审计准则说明书、审计指南和审计解释三个层次组成。除了发布《一般公认审计准则》外，审计准则说明是 10 条《一般公认审计准则》的阐明和引申，是对实务中如何贯彻《一般公认审计准则》所作的具体解释说明。它和《一般公认审计准则》一起构成了美国民间审计准则的实质性内容。到 2002 年年底，美国注册会计师协会的审计准则执行委员会和审计准则委员会共发表了 99 号《审计准则说明书》（Statement on Auditing Standards），每一号审计准则说明均集中解决某一个或几个领域的问题。《审计指南》和《审计解释》是美国民间审计准则的第三个层次。《审计指南》是对特殊行业和特殊审计领域提出的最佳审计工作要求；《审计解释》是用来指导如何应有《审计准则说明》的文件，它实现了《审计准则说明》与审计实践的结合。《审计指南》和《审计解释》不具有强制性，只是一个指导性和建议性的文件。

综观审计准则在世界范围的演进过程，有两条比较清晰的主线：一是审计准则从美国的私营部门向美国的公营部门和内部审计领域扩展；二是审计准则从美国向世界各国及国际组织扩展。因此，研究民间审计准则的产生与发展，最重要的就是研究美国民间审计准则的产生与发展。

四、国际审计准则（ISA）

国际审计准则是在 1991 年 7 月 10 日，由过去的国际审计指南易名得来的。已发布的国际审计准则包括基本原则和必要程序以及以解释性资料和其他资料的形式表述的相关指南。国际审计与鉴证准则理事会(IAASB)隶属于国际会计师联合会理事会,负责制定国际审计与鉴证准则。近几年,国际审计与鉴证准则理事会着手开展国际审计准则明晰项目,并于 2009 年 2 月 27 日正式完成该项目。明晰化后的国际审计准则进一步明确了准则要求,提高了准则质量。国际鉴证业务准则具体包括1 项国际鉴证业务框架,36 项审计准则(ISA),6 个审计实务公告(IAPS),2 项审阅准则(ISRE),3 项其他鉴证业务准则(ISAE),2 项相关服务准则(ISRS)和 1 项会计师事务所质量控制准则(ISQC),即(36+1)。如表 2-1 所示。

表 2-1

国际审计准则与中国注册会计师执业准则项目的对比

No.	ISA	CSA	CSA 修改情况
1	国际鉴证业务框架	1. 中国注册会计师鉴证业务基本准则	未修改(2006 年版)
2	ISA210"商定审计业务约定书"	2. CSA1111——就审计业务约定条件达成一致意见	格式重排
3	ISA220"财务报表审计的质量控制"	3. CSA1121——对财务报表审计实施的质量控制	格式重排
4	ISA230"审计工作底稿"	4. CSA1131——审计工作底稿	格式重排
5	ISA240"审计师在财务报表审计中对舞弊的责任"	5. CSA1141——财务报表审计中与舞弊相关的责任	格式重排
6	ISA250"财务报表审计中对法律、法规的考虑"	6. CSA1142——财务报表审计中对法律、法规的考虑	格式重排
7	ISA300"计划财务报表审计"	7. CSA1201——计划审计工作	格式重排
8	ISA315"了解被审计单位及其环境以识别和评估重大错报风险"	8. CSA1211——通过了解被审计单位及其环境识别和评估重大错报风险	格式重排
9	ISA330"审计师对已评估风险的应对"	9. CSA1231——针对评估的重大错报风险采取的应对措施	格式重排
10	ISA500"审计证据"	10. CSA1301——审计证据	格式重排
11	ISA501"审计证据——对选定项目的特殊考虑"	11. CSA1311——对存货等特定项目获取审计证据的具体考虑	格式重排
12	ISA510"首次审计业务——期初余额"	12. CSA1331——首次审计业务涉及的期初余额	格式重排
13	ISA520"分析程序"	13. CSA1313——分析程序	格式重排
14	ISA530"审计抽样"	14. CSA1314——审计抽样	格式重排

（续表）

No.	ISA	CSA	CSA 修改情况
15	ISA560"期后事项"	15. CSA1332——期后事项	格式重排
16	ISA570"持续经营"	16. CSA1324——持续经营	格式重排
17	ISA610"利用内部审计师的工作"	17. CSA1411——利用内部审计师的工作	格式重排
18	ISA700"对财务报表形成审计意见和出具审计报告"	18. CSA1501——对财务报表形成审计意见和出具审计报告	格式重排
19	ISA710"比较信息——对应数和可比财务报表"	19. CSA1511——比较数据	格式重排
20	ISA720"审计师对含有已审计财务报表的文件中其他信息的责任"	20. CSA1521——注册会计师对含有已审计财务报表的文件中的其他信息的责任	格式重排
21	ISA265"内部控制缺陷的沟通"	21. CSA1153——向治理层和管理层通报内部控制缺陷	新准则
22	ISA200"独立审计师的总体目标及根据国际审计准则执行审计"	22. CSA1101——注册会计师的总体目标和按照审计准则执行审计工作的要求	修改并格式重排
23	ISA260"与治理层的沟通"	23. CSA1151——与治理层的沟通	格式重排
24	ISA320"计划和执行审计中的重要性"	24. CSA1221——计划和执行审计工作中的重要性	修改并格式重排
25	ISA402"对被审计单位使用第三方服务机构的审计考虑"	25. CSA1212——对被审计单位使用服务机构的考虑	修改并格式重排
26	ISA450"评价在审计中识别的错报"	26. CSA1241——评估审计过程中识别出的错报	修改并格式重排
27	ISA505"外部函证"	27. CSA1312——外部函证	修改并格式重排
28	ISA540"审计会计估计和相关披露，包括公允价值会计估计"	28. CSA1321——审计会计估计(包括公允价值会计估计和相关披露)	修改并格式重排
29	ISA550"关联方"	29. CSA1323——关联方	修改并格式重排
30	ISA580"书面声明书"	30. CSA1341——书面声明	修改并格式重排
31	ISA600"对集团财务报表审计的特殊考虑，包括组成部分审计师的工作"	31. CSA1401——对集团财务报表审计的特殊考虑	修改并格式重排
32	ISA620"利用审计师的专家的工作"	32. CSA1421——利用专家的工作	修改并格式重排
33	ISA705"对独立审计报告意见的修改"	33. CSA1502——在审计报告中发表非无保留意见	修改并格式重排

（续表）

No.	ISA	CSA	CSA 修改情况
34	ISA706"独立审计报告中的强调事项段和其他事项段"	34. CSA1503——在审计报告中增加强调事项段和其他事项段	修改并格式重排
35	ISA800"对按照特殊目的框架编制的财务报表审计的特殊考虑"	35. CSA1601——对按照特殊目的框架编制的财务报表审计的特殊考虑	修改并格式重排
36	ISA805"对单个财务报表和财务报表的特定要素、账户或项目审计的特殊考虑"	36. CSA1603——对单一财务报表和财务报表的特定要素、账户或项目审计的特殊考虑	修改并格式重排
37	ISA81"对简要财务报表出具报告"	37. CSA1604——对简要财务报表出具报告的业务	修改并格式重排
	无	38. CSA1152——前后任注册会计师的沟通	格式重排
	无	39. CSA1602——验资	未修改（2006年版）
38	IAPS1000 银行间函证程序	40. CSA1612——银行间函证程序	未修改（2006年版）
39	IAPS1004 银行监管机构与银行外部审计师的关系	41. CSA1613——与银行监管机构的关系	未修改（2006年版）
40	IAPS1006 银行财务报表审计	42. CSA1611——商业银行财务报表审计	未修改（2006年版）
41	IAPS1010 财务报表审计中对环境的考虑	43. CSA1631——财务报表审计中对环境事项的考虑	未修改（2006年版）
42	IAPS1012 衍生金融工具审计	44. CSA1632——衍生金融工具的审计	未修改（2006年版）
43	IAPS1013 电子商务对财务报表审计的影响	45. CSA1633——电子商务对财务报表审计的影响	未修改（2006年版）
44	ISRE2400 财务报表审阅	46. CSA210——财务报表审阅	未修改（2006年版）
45	ISRE2410 由被审计单位独立审计师执行的中期财务信息审阅	无	
46	ISAE3000 历史财务信息审计或审阅以外的鉴证业务	47. CSA3101——历史财务信息审计或审阅以外的鉴证业务	未修改（2006年版）
47	ISAE3400 预测性财务信息的审核	48. CSA3111——预测性财务信息的审核	未修改（2006年版）
48	ISAE3402 对第三方服务机构的控制提供鉴证报告	无	

（续表）

No.	ISA	CSA	CSA 修改情况
49	ISRS4400 对财务信息执行商定程序	49. CSA4101——对财务信息执行商定程序	未修改（2006 年版）
50	ISRS4410 代编财务信息	50. CSA4111——代编财务信息	未修改（2006 年版）
51	ISQC1"会计师事务所执行财务报表审计和审阅,其他鉴证业务和相关服务的质量控制"	51. CSA5101——会计师事务所对执行财务报表审计和审阅,其他鉴证业务和相关服务业务实施的质量控制	格式重排

从表 2-1 可以看出,中国注册会计师职业准则体系按照国际趋同的要求,根据注册会计师提供服务的不同性质,实现了与国际准则体系的完全一致。当然国际趋同是尽力趋同,允许差异和积极创新。国际审计准则与中国注册会计师执业准则的差异主要表现在两个项目上:一是中国公司设立或变更注册资本需要验资,我国审计准则体系中有验资项目,而国际审计准则中没有;二是为了防止客户通过更换事务所来收买审计意见,我国专门制定了前后任注册会计师沟通准则,国际审计准则体系没有此专门项目,但相关规定散见于其他准则。

五、中国注册会计师执业准则体系框架

为完善我国注册会计师审计准则体系,加速实现与国际准则的趋同,中国注册会计师协会拟订了 22 项准则,并对 26 项准则进行了必要的修订和完善,已于 2006 年 2 月 15 日由财政部发布,共计 48 个准则,自 2007 年 1 月 1 日起在所有会计师事务所施行。这标志着我国已经建立起一套既适应市场经济发展要求,又顺应国际趋同大势的审计准则体系。由于中国注册会计师职业道德准则和中国注册会计师职业后续教育准则不属于行业技术性规范,因此没有纳入执业准则体系。职业道德准则和职业后续教育准则,为注册会计师更好地执行执业准则提供支持。这套 48 个准则实施 4 年来,总体运行良好,在提高审计工作质量、降低市场风险、维护资本市场秩序、保护公共利益等方面发挥了重要作用。世界银行、国际会计师联合会等国际组织对我国审计准则建设的成就和国际趋势都给予了高度评价。

2011 年 10 月 31 日,中国审计准则委员会会议在北京举行。会议审议原则通过了中国注册会计师协会修改的 38 项审计准则,经进一步修改后财政部于 11 月 1 日正式发布,并于 2012 年 1 月 1 日起施行。新审计准则实现了与国际审计准则的持续全面趋同,是注册会计师行业实施国际趋同战略取得的又一项重大成果,为加快推进行业国际化发展提供了重要的技术支撑。这次修改的审计准则体系,吸收借鉴了国际审计准则的最新成果,并充分考虑了我国审计实务中面临的一些新的需要解决的

问题。修改后的新审计准则体系共 51 项:38 项新准则和 13 项未作修改的准则,结构更加科学,内容更加全面,语言更加明晰,更加注重风险识别和应对,适用范围更加广泛,实现了国际审计准则的持续全面趋同。中国注册会计师执业准则体系包括鉴证业务准则、相关服务准则和会计师事务所质量控制准则,如图 2-1 所示。

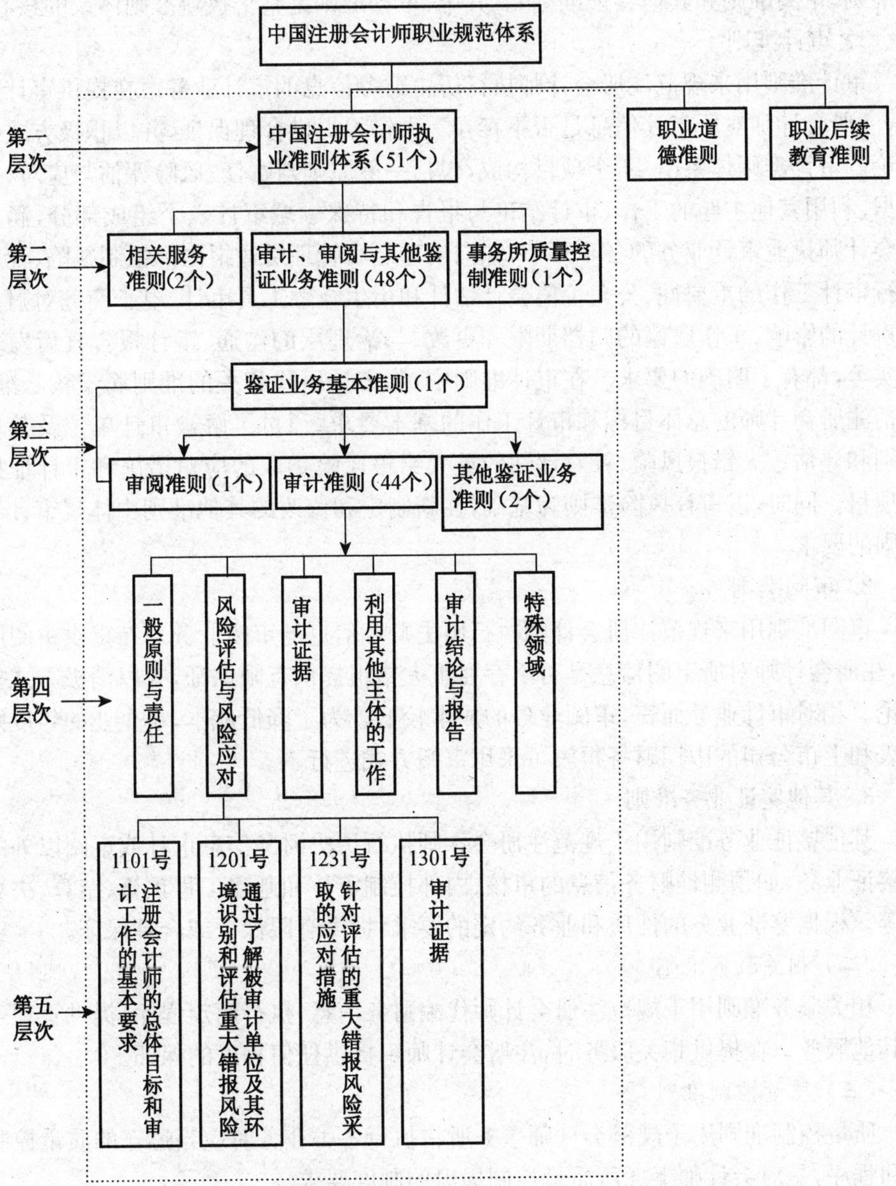

中国注册会计师职业规范体系

第一层次 → 中国注册会计师执业准则体系(51个) | 职业道德准则 | 职业后续教育准则

第二层次 → 相关服务准则(2个) | 审计、审阅与其他鉴证业务准则(48个) | 事务所质量控制准则(1个)

鉴证业务基本准则(1个)

第三层次 → 审阅准则(1个) | 审计准则(44个) | 其他鉴证业务准则(2个)

第四层次 → 一般原则与责任 | 风险评估与风险应对 | 审计证据 | 利用其他主体的工作 | 审计结论与报告 | 特殊领域

第五层次 → 1101号 注册会计师审计工作的总体目标和审计工作的基本要求 | 1201号 通过了解被审计单位及其环境识别和评估重大错报风险 | 1231号 针对评估的重大错报风险采取的应对措施 | 1301号 审计证据

图 2-1 中国注册会计师职业规范体系

（一）鉴证业务准则

鉴证业务准则由鉴证业务基本准则统领，类似于国际财务报告准则的"概念框架"，按照鉴证业务提供的保证程度和鉴证对象的不同，分为中国注册会计师审计准则、中国注册会计师审阅准则和中国注册会计师其他鉴证业务准则（以下分别简称审计准则、审阅准则和其他鉴证准则）。其中，审计准则是整个执业准则体系的核心。

1. 审计准则

审计准则用来规范注册会计师执行历史财务信息的审计业务。在提供审计服务时，注册会计师对所审计信息是否不存在重大错报提供合理保证，并以积极方式提出结论。审计准则体系由44个项目构成，包括一般原则与责任、风险评估与应对、审计证据、利用其他主题的工作、审计结论与报告和特殊领域审计六个组成部分，涵盖注册会计师执业审计业务的各个环节，如向治理层和管理层通报内部控制缺陷、计划和执行审计工作的重要性、公允价值会计估计和衍生金融工具审计、电子商务对财务报告审计的影响、工作底稿的归档期限和更改、与治理层的沟通、审计报告日后发现的事实等，都有了明确的要求。在审计准则中，与审计风险相关的准则属于核心准则，包括注册会计师的总体目标和审计工作的基本要求、通过了解被审计单位及其环境识别和评估重大错报风险、针对评估的重大错报风险采取的应对措施和审计证据四个项目。同时，以审计风险准则为基础，在新制定和修改的其他准则中体现审计风险准则的要求。

2. 审阅准则

审阅准则用来规范注册会计师执行历史财务信息的审阅业务。在提供审阅服务时，注册会计师对所审阅信息是否不存在重大错报提供有限保证，并以消极方式提出结论。相对审计业务而言，审阅业务的成本较低。为了降低成本，小企业的年度财务报表和上市公司的中期财务报表可采用审阅方式进行。

3. 其他鉴证业务准则

其他鉴证业务准则用丁规范注册会计师执行历史财务信息审计或审阅以外的其他鉴证业务，如预测性财务信息的审核、内部控制审核和基建工程预算、结算、决算审核等。根据鉴证业务的性质和业务约定的要求，提供有限保证或合理保证。

（二）相关服务准则

相关服务准则用于规范注册会计师代编财务信息、执行商定程序，提供管理咨询等其他服务。在提供相关服务时，注册会计师不提供任何程度的保证。

（三）质量控制准则

质量控制准则用于规范会计师事务所在执行各类业务时应当遵守的质量控制政策和程序，是对会计师事务所质量控制提出的制度要求。

本章重点介绍鉴证业务的基本准则和质量控制准则，至于审计准则、审阅准则、其他鉴证业务准则和相关服务准则的内容在以后相关章节中予以介绍。

六、中国注册会计师鉴证业务基本准则

在注册会计师执业准则体系中，鉴证业务基本准则是鉴证业务准则概念框架。可以说，鉴证业务基本准则是鉴证业务的理论概括和高度提炼，成为审计准则、审阅准则和其他鉴证业务准则的基石。

基本准则的主要内容由鉴证业务的定义、要素和目标，业务承接，鉴证业务涉及的三方关系，鉴证对象，标准，证据、鉴证报告等构成。

（一）鉴证业务的定义、要素和目标

1. 鉴证业务的定义

鉴证业务是指注册会计师对鉴证对象信息提出结论，以增强除责任方之外的预期使用者对鉴证对象信息信任程度的业务。鉴证对象信息是按照标准对鉴证对象进行评价和计量的结果。如责任方按照会计准则和相关会计制度（标准）对其财务状况、经营成果和现金流量（鉴证对象）进行确认、计量和列报（包括披露）而形成的财务报表（鉴证对象信息）。

上述鉴证业务定义的概念可以从以下几个方面加以理解：

（1）鉴证业务的"用户"是"预期使用者"，即鉴证业务可以用来有效地满足预期使用者的需求。

（2）鉴证业务的"目的"是改善信息的质量或内涵，增强除责任方之外的预期使用者对鉴证对象信息的信任程度，即以适当保证或提高鉴证对象信息的质量为主要目的，而不涉及为如何利用信息提供建议。

（3）鉴证业务的"基础"是独立性和专业性，通常由具备胜任能力和独立性的注册会计师来执行，注册会计师应当独立于责任方和预期使用者。

（4）鉴证业务的"产品"是鉴证结论，注册会计师应当对鉴证对象信息提出结论，该结论应当以书面报告的形式予以传达。

鉴证业务包括历史财务信息审计业务、历史财务信息审阅业务和其他鉴证业务。注册会计师执行历史财务信息审计业务、历史财务信息审阅业务和其他鉴证业务时，应当遵守鉴证业务基本准则以及依据该准则制定的审计准则、审阅准则和其他鉴证业务准则。

2. 鉴证业务的要素

鉴证业务的要素是指鉴证业务的三方关系、鉴证对象、标准、证据和鉴证报告。

（1）三方关系。三方关系人分别是注册会计师、责任方和预期使用者。注册会计师对由责任方负责的鉴证对象或鉴证对象信息提出结论，以增强除责任方之外的预期使用者对鉴证对象信息的信任程度。

（2）鉴证对象。鉴证对象具有多种不同的表现形式，如财务或非财务的业绩状况、物理特征、系统和过程、行为等。不同的鉴证对象具有不同的特征。

（3）标准。标准即用于对鉴证对象评价或计量鉴证对象的基准，当涉及列报时，还包括列报的基准。

（4）证据。获取充分、适当的证据是注册会计师提出鉴证结论的基础。

（5）鉴证报告。注册会计师应当针对鉴证对象或鉴证对象信息（或鉴证对象）在所有重大方面是否符合适当的标准，以书面报告的形式发表能够提供一定保证程度的结论。

3. 基于责任方认定的业务和直接报告业务

所谓对责任方认定的业务，即为注册会计师对预财务报告出具审计报告。这是因为，在财务报告审计中，被审计单位管理层（责任方）对财务状况、经营成果和现金流量（鉴证对象）进行确认、计量和列报（评价或计量）而形成的财务报表即为责任方认定，而这种业务属于基于责任方认定的业务。所谓直接报告业务，即为注册会计师对一些鉴证对象直接出具报告。比如，在 IT 系统鉴证业务中，可能不存在责任方认定（公司管理层关于 IT 系统可应用性、安全性、完整性和可维护性等方面控制有效性的评价报告）或虽然存在，但该认定无法为预期使用者获取，预期使用者只能通过阅读鉴证报告获取上述信息，这种业务属于直接报告业务。

基于责任方认定的业务和直接报告业务的区别主要表现在四个方面，如表 2-2 所示。

表 2-2

基于责任方认定的业务和直接报告业务的区别

业务 类别区别点	基于责任方认定的业务	直接报告业务
预期使用者获取鉴证对象信息的方式不同	直接获取鉴证对象信息	通过阅读鉴证报告获取有关的鉴证对象信息
注册会计师提出结论的对象不同	结论的对象可能是责任方认定，也可能是鉴证对象	直接对鉴证对象提出结论
责任方的责任不同	对鉴证对象信息负责，可能同时也要对鉴证对象负责	仅需对鉴证对象负责
鉴证报告的内容和格式不同	引言段通常会提供责任方认定的相关信息，说明所执行的鉴证程序并提出鉴证结论	直接说明鉴证对象、执行的鉴证程序并提出鉴证结论

4. 鉴证业务的目标

鉴证业务的保证程度可分为合理保证和有限保证，审计的目标也由此而形成区别。合理保证的鉴证业务的目标是注册会计师将鉴证业务风险降至该业务环境下可接受的低水平，以此作为以积极方式提出结论的基础（如在历史财务信息审计中）。有限保证的鉴证业务的目标是注册会计师将鉴证业务风险降至该业务环境下可接受的水平，以此作为以消极方式提出结论的基础（如历史财务信息审阅业务）。

（二）业务承接

在接受委托前，注册会计师应当初步了解业务环境。在此之后，只有认为符合独立性和专业胜任能力等相关职业道德规范的要求，并且拟承接的业务具备下列所有特征，注册会计师才能将其作为鉴证业务予以承接：

（1）鉴证对象适当。

（2）使用的标准适当且预期使用者能够获取该标准。

（3）注册会计师能够获取充分、适当的证据以支持其结论。

（4）注册会计师的结论以书面报告形式表述，且表述形式与所提供的保证程度相适应。

（5）该业务具有合理的目的。如果鉴证业务的工作范围受到重大限制，或委托人试图将注册会计师的名字和鉴证对象不适当地联系在一起，则该业务可能不具有合理的目的。

当拟承接的业务不具备上述鉴证业务的所有特征，不能将其作为鉴证业务予以承接时，注册会计师可以提请委托人将其作为非鉴证业务（如商定程序、代编财务信息、管理咨询、税务服务等相关服务业务），以满足预期使用者的需要。

（三）鉴证业务的三方关系

1. 三方关系概述

鉴证业务涉及的三方关系人包括注册会计师、责任方和预期使用者。责任方与预期使用者可能是同一方，也可能不是同一方。

鉴证业务以提高鉴证对象信息的可信性为主要目的。由于鉴证对象信息（或鉴证对象）是由责任方负责的，因此，注册会计师的鉴证结论主要向除责任方之外的预期使用者提供。在某些情况下，责任方和预期使用者可能来自同一企业，但并不意味着两者就是同一方。是否存在三方关系人是判断某项业务是否属于鉴证业务的重要标准之一。如果某项业务不存在除责任方之外的其他预期使用者，那么该业务不构成一项鉴证业务。

鉴证业务还会涉及委托人，但委托人不是单独存在的一方，委托人通常是预期使用者之一，委托人也可由责任方担任。

2. 注册会计师

注册会计师是指取得注册会计师证书并在会计师事务所执业的人员，有时也指其所在的会计师事务所。

3. 责任方

责任方是指下列组织或人员：

（1）在直接报告业务中，对鉴证对象负责的组织或人员。

（2）在基于责任方认定的业务中，对鉴证对象信息负责并可能同时对鉴证对象负责的组织或人员。

责任方可能是鉴证业务的委托人，也可能不是委托人。

4. 预期使用者

预期使用者是指预期使用鉴证报告的组织或人员。责任方可能是预期使用者，但不是唯一的预期使用者。鉴证报告的收件人应当明确为所有的预期使用者。

（四）鉴证对象

1. 鉴证对象与鉴证对象信息的形式

鉴证对象与鉴证对象信息具有多种形式，主要包括：

（1）当鉴证对象为财务业绩或状况时，鉴证对象信息是财务报表。

（2）当鉴证对象为非财务业绩或状况时，鉴证对象信息可能是反映效率或效果的关键指标。

（3）当鉴证对象为物理特征时，鉴证对象信息可能是有关鉴证对象物理特征的说明文件。

（4）当鉴证对象为某种系统和过程时，鉴证对象信息可能是关于其有效性的认定。

（5）当鉴证对象为一种行为时，鉴证对象信息可能是对法律、法规遵守情况或执行效果的声明。

2. 鉴证对象的特征

鉴证对象具有不同特征，可能表现为定性或定量、客观或主观、历史或预测、时点或期间。

3. 适当的鉴证对象应当同时具备下列条件

（1）鉴证对象可以识别。

（2）不同的组织或人员对鉴证对象按照既定标准进行评价或计量的结果合理一致。

（3）注册会计师能够收集与鉴证对象有关的信息，获取充分、适当的证据，以支持其提出适当的鉴证结论。

不适当的鉴证对象可能会误导预期使用者。如果注册会计师在承接业务时发现鉴证对象不适当，应视其重大与广泛程度，出具保留结论或否定结论的报告。不适当的鉴证对象还可能造成工作范围受到限制。如果注册会计师在承接业务后发现鉴证对象不适当，应当视工作范围受到限制的重大与广泛程度，出具保留结论或无法表示结论的报告。

（五）标准

标准是指用于评价或计量鉴证对象的基准，当涉及列报时，还包括列报的基准。标准可以是正式的规定，如编制财务报表所使用的会计准则和相关会计制度；也可以是某些非正式的规定，如单位内部制定的行为准则或确定的绩效水平。适当的标准应当具备下列所有特征：

（1）相关性：相关的标准有助于得出结论，便于预期使用者作出决策。

（2）完整性：完整的标准不应忽略业务环境中可能影响得出结论的相关因素，当涉及列报时，还包括列报的基准。

（3）可靠性：可靠的标准能够使能力相近的注册会计师在相似的业务环境中，对鉴证对象作出合理一致的评价或计量。

（4）中立性：中立的标准有助于得出无偏向的结论。

（5）可理解性：可理解的标准有助于得出清晰、易于理解、不会产生重大歧义的结论。

（六）证据

注册会计师应当以职业怀疑态度计划和执行鉴证业务，获取有关鉴证对象信息是否不存在重大错报的充分、适当的证据。证据的充分性是对证据数量的衡量，主要与注册会计师确定的样本量有关。所需证据的数量受鉴证对象信息重大错报风险的影响，风险越大，可能需要的证据数量越多；所需证据的数量也受证据质量的影响，证据质量越高，可能需要的证据数量越少。证据的适当性是对证据质量的衡量，即证据的相关性和可靠性。证据的可靠性受其来源和性质的影响，并取决于获取证据的具体环境。

注册会计师应当记录重大事项，以提供证据支持鉴证报告，并证明已按照鉴证业务准则的规定执行业务。注册会计师应当将鉴证过程中考虑的所有重大事项记录于工作底稿。

（七）鉴证报告

注册会计师应当出具含有鉴证结论的书面报告，该鉴证结论应当说明注册会计师就鉴证对象信息获取的保证。提出鉴证结论的方式有两种——积极方式和消极方式，它们分别适用于合理保证的鉴证业务和有限保证的鉴证业务。区分两种鉴证结论提出方式，有助于向预期使用者传达不同业务的保证程度存在差异这一事实，以积极方式提出结论提供的保证水平高于以消极方式提出结论提供的保证水平。在合理保证的鉴证业务中，注册会计师应当以积极方式提出结论；在有限保证的鉴证业务中，注册会计师应当以消极方式提出结论。

第四节 质量控制准则

质量控制准则旨在规范会计师事务所建立并保持有关财务报表审计和审阅、其他鉴证和相关业务的质量控制制度。

一、质量控制制度的目的和要素

（一）事务所实施质量控制的目标

（1）合理保证事务所及其人员遵守职业准则和使用的法律、法规的规定。

（2）合理保证事务所和项目合伙人出具适合具体情况的报告。

项目合伙人是指会计师事务所中负责某项目业务及其执行，并代表会计师事务所在业务报告上签字的合伙人。

（二）事务所质量控制的要素

根据事务所质量控制准则，事务所应当从以下六个方面建立质量控制：

（1）对业务质量承担的领导责任。

（2）相关职业道德要求。

（3）客户关系和具体业务的接受与保持。

（4）人力资源。

（5）业务执行。

（6）监控。

二、对业务质量承担的领导责任

（一）对主任会计师的总体要求

主任会计师对质量控制制度承担最终责任。

（二）行动示范和信息传达

会计师事务所的领导层及其作出的示范对会计师事务所的内部文化有重大影响。会计师事务所各级管理层应当通过清晰、一致及经常的行动示范和信息传达，强调质量控制政策和程序的重要性以及下列要求：

（1）按照法律、法规、职业道德规范和业务准则的规定执行工作。

（2）根据具体情况出具恰当的报告。

（三）树立质量至上的意识

会计师事务所的领导层应当树立质量至上的意识。

（四）委派质量控制制度运作人员

会计师事务所主任会计师对质量控制制度承担最终责任，为保证质量控制制度的具体运作效果,主任会计师必须委派适当的人员并授予其必要的权限,以帮助主任会计师正确履行其职责。

三、职业道德规范

(一)遵守相关职业道德要求

会计师事务所及其人员执行任何类型的业务,都应当遵守相关职业道德要求。值得说明的是,执行鉴证业务还应当遵守独立性要求。

(二)满足独立性要求

1. 总体要求

事务所应当制定政策和程序,以合理保证事务所及其人员,包括雇佣的专家和其他需要满足独立性要求的人员,遵守相关职业道德要求。

2. 具体要求

(1)项目合伙人应向事务所提供与客户委托业务相关的信息,以使事务所能够评价这些信息对保持独立性的总体影响。

(2)事务所人员应及时向事务所报告对独立性造成不利影响的情况和关系,以便事务所采取适当行动。

(3)事务所收集相关信息,并向适当人员传达。

3. 获知违反独立性的应对措施

(1)所有应当保持独立性的人员,将注意到违反独立性的情况立即告知事务所。

(2)事务所将已识别的违反独立性政策和程序的情况,立即传达给需要与事务所共同处理这些情况的项目合伙人,以及需要采取适当行动的事务所内部其他人员和受独立性约束的人员。

(3)项目合伙人、事务所内部的其他相关人员,以及需要保持独立性的其他人员,在必要时立即向事务所告知他们解决有关问题所采取的行动,以便事务所能够决定是否应当采取进一步的行动。

4. 获取书面确认函

(1)事务所应当每年至少一次向所有受独立性约束的人员获取其遵守独立性政策和程序的书面确认函。当其他事务所参与执行部分业务时,事务所也可以考虑向其他事务所获取有关独立性的书面确认函。

(2)书面确认函既可以是纸质的,也可以是电子形式的。

5. 事务所应对密切关系不利影响的防范措施

如果事务所长期由同一个高级人员执行某项鉴证业务,则可能导致亲密关系对独立性产生不利影响。为此,事务所应当制定下列政策和程序,以降低对独立性造成的不利影响：

（1）明确标准，确定是否需要采取防范措施，将因密切关系产生的不利影响降至可接受的水平。

（2）对所有上市实体财务报表审计，在规定期限届满时轮换合伙人、项目质量控制复核人员，以及受轮换要求约束的其他人员。

四、客户关系和具体业务的接受与保持

（一）接受与保持客户关系和具体业务的总体要求

事务所应当制定有关客户关系和具体业务接受与保持的政策和程序，以合理保证只有在下列情况下，才能接受或保持客户关系和具体业务：

（1）能够胜任该项业务，并具有执行该项业务必要的素质、时间和资源。

（2）能够遵守相关职业道德准则。

（3）已考虑客户的诚信，没有信息表明客户缺乏诚信。

（二）事务所评价专业胜任能力时应当考虑的事项

事务所在承接新业务前应当评价专业胜任能力，具体的事项包括：

（1）事务所人员是否熟悉相关行业或业务对象。

（2）事务所人员是否了解相关监管要求或报告要求，或具备有效获取必要技能和知识的能力。

（3）事务所是否拥有足够的具有必要胜任能力和素质的人员。

（4）需要时是否能够得到专家的帮助。

（5）如果需要项目质量控制复核，是否具备符合标准和资格要求的项目质量控制复核人员。

（6）事务所是否能够在提交报告的最后期限内完成业务。

（三）考虑其他事项的影响

1. 考虑本期或以前业务执行过程中发现的重大事项的影响

在确定是否保持客户关系时，会计师事务所应当考虑在本期或以前业务执行过程中发现的重大事项，及其对保持客户关系可能造成的影响。

如果在本期或以前业务执行过程中发现客户守法经营意识淡薄或内部控制环境恶劣，或者对业务范围施加重大限制，或者存在其他严重影响业务执行的情况等，会计师事务所应当考虑其对保持客户关系可能造成的影响。必要时，可以考虑终止该客户关系。

2. 考虑接受业务后获知重要信息的影响

会计师事务所在接受业务后可能获知了某项信息，而该信息若在接受业务前获知，可能导致会计师事务所拒绝该项业务。在这种情况下，会计师事务所应当按照规

定,制定相应的政策和程序,具体包括下列内容:

(1) 适用于该业务环境的法律责任,包括是否要求会计师事务所想委托人报告或在某些情况下向监管机构报告。

(2) 接触该项业务约定,或同事接触该项业务约定及其客户关系的可能性。

五、人力资源

会计师事务所制定的人力资源政策和程序应当解决下列人事问题:

(1) 招聘。

(2) 业绩评价。

(3) 人员素质和专业胜任能力,包括完成所分派任务的时间是否足够。

(4) 职业发展。

(5) 晋升。

(6) 薪酬。

(7) 人员需求预测。

解决人员需求预测问题有助于会计师事务所确定完成其业务所需要人员的数量和素质。

六、业务执行

（一）指导、监督与复核

1. 应当考虑的事项

会计师事务所在制定指导、监督与复核政策和程序时,应当考虑下列事项:

(1) 如何将业务情况简要告知项目组,使项目组了解工作目标。

(2) 保证适用的业务准则得以遵守的程序。

(3) 业务监督、员工培训和辅导的程序。

(4) 对已实施的工作、作出的重大判断以及拟出具的报告进行复核的方法。

(5) 对已实施的工作及其复核的时间和范围作出适当记录。

(6) 保证所有的政策和程序是合时宜的。

2. 指导的具体要求

(1) 使项目组了解工作目标。

(2) 提供适当的团队工作和培训。

3. 监督的具体要求

(1) 追踪业务进程。

(2) 考虑项目组各成员的素质和专业胜任能力。

(3) 解决在执行业务过程中发现的重大问题,考虑其重要程度并适当修改原计划的方案。

（4）识别在执行业务过程中需要咨询的事项，或需要由经验较丰富的项目组成员考虑的事项。

4. 复核的具体要求

复合范围可能对业务的不同而不同。在复核项目组成员已执行的工作时，复核人员应当考虑：

（1）工作是否已按照法律、法规，职业道德规范和业务准则的规定执行。

（2）重大事项是否已提请进一步考虑。

（3）相关事项是否已进行适当咨询，由此形成的结论是否得到记录和执行。

（4）是否需要修改已执行工作的性质、时间和范围。

（5）已执行的工作是否支持形成的结论，并得以适当记录。

（6）获取的证据是否充分、适当。

（7）业务程序的目标是否实现。

（二）咨询

1. 咨询的总体要求

项目组在业务执行中时常会遇到各种各样的疑难问题或者争议事项。当这些问题和事项在项目组内不能得到解决时，有必要向项目组之外的适当人员咨询。

2. 咨询的具体要求

（1）形成良好咨询文化。

（2）合理确定咨询事项。

（3）适当确定被咨询者。

（4）充分提供相关事实。

（5）考虑利用外部咨询。

（6）完整记录咨询情况。

（三）意见分歧

1. 处理意见分歧的总体要求

注册会计师处理意见分歧应当符合下列两点要求：

（1）会计师事务所应当制定政策和程序，以处理和解决项目组内部、项目组与被咨询者之间以及项目合伙人与项目质量控制复核人员之间的意见分歧。

（2）形成的结论应当得以记录和执行。

2. 对出具报告的影响

只有意见分歧问题得到解决，项目合伙人才能出具报告。如果在意见分歧问题得到解决前，项目负责人就出具报告，不仅有失应有的谨慎，而且容易导致出具不恰当的报告，难以合理保证实现质量控制的目标。

（四）项目质量控制复核（独立复核）

1. 项目质量控制复核的总体要求

会计师事务所对应当实施项目质量控制复核的特定业务，如没有完成项目质量控制复核，就不得出具报告。

项目质量控制复核是指会计师事务所挑选不参与该项业务的人员，在出具报告前，对项目组作出的重大判断和在准备报告时形成的结论作出客观评价的过程。

2. 项目质量控制复核对象的确定

会计师事务所应当制定的项目质量控制复核政策和程序应当包括下列要求：

（1）对所有上市公司财务报表审计实施项目质量控制复核。

（2）规定适当的标准，据此评价上市公司财务报表审计以外的历史财务信息审计和审阅、其他鉴证业务及相关服务业务，以确定是否应当实施项目质量控制复核。

（3）对符合适当标准的所有业务实施项目质量控制复核。

在实务中，会计师事务所除对上市实体财务报表审计业务必须实施项目质量控制复核外，还可以自行建立判断标准，确定对那些涉及公众利益的范围较大，或已识别出存在重大异常情况或较高风险的特定业务，实施项目质量控制复核。

3. 项目质量控制复核的具体要求

如果会计师事务所对项目质量控制复核的性质、时间或范围设计不当，或虽设计得当，但委派的项目质量控制复核人员的技术资格和客观性存在问题，就无法实现预期的复核目的。确定复核的性质是决定采用怎样的方法实施复核。会计师事务所通常采用的项目质量控制复核方法包括如下：

（1）与项目合伙人进行讨论。

（2）复核财务报表或其他业务对象信息及报告，尤其考虑报告是否适当。

（3）选取与项目组作出重大判断及形成结论有关的工作底稿进行复核。

项目质量控制复核的范围取决于业务的复杂程度和出具不恰当报告的风险。

项目质量控制复核的时间应当要求在出具报告前完成项目质量控制复核。项目质量控制复核人员应当在业务过程中的适当阶段及时实施复核，以使重大事项在出具报告前得到满意解决。

如果项目合伙人不接受项目质量控制复核人员的建议，并且重大事项未得到满意解决，项目合伙人不应当出具报告。只有在按照会计师事务所处理意见分歧的程序解决重大事项后，项目合伙人才能出具报告。

七、业务工作底稿

（一）业务工作底稿的归档要求

（1）遵守及时性原则。

（2）确定适当的归档期限。鉴证业务的工作底稿的归档期限为业务报告日后60天内。

（二）业务工作底稿的管理要求

（1）安全保管业务工作底稿并对业务工作底稿保密。

（2）保证业务工作底稿的完整性。

（3）便于使用和检索业务工作底稿。

（4）按照规定的期限保存业务工作底稿。

（三）业务工作底稿的保密

除特定情况外，会计师事务所应当对业务工作底稿包含的信息予以保密。这些特定情况有：

（1）取得客户的授权。

（2）根据法律、法规的规定，会计师事务所为法律诉讼准备文件或提供证据，以及向监管机构报告发现的违反法规行为。

（3）接受注册会计师协会和监管机构依法进行的质量检查。

（四）业务工作底稿的完整性、使用和检索

无论业务工作底稿存在于纸质、电子还是其他介质，会计师事务所都应当针对业务工作底稿设计和实施适当的控制。

（五）业务工作底稿的保存期限

对鉴证业务，会计师事务所应当自业务报告日起，对业务工作底稿至少保存10年。如果法律、法规有更高的要求，还应保存更长时间。

（六）业务工作底稿的所有权

业务工作底稿的所有权属于会计师事务所。

八、监控

（一）监控的总体要求

对质量控制政策和程序遵守情况实施监控的目的，是为了评价：

（1）遵守法律、法规，职业道德规范和业务准则的情况。

（2）质量控制制度设计是否适当，运行是否有效。

（3）质量控制政策和程序应用是否得当，以便会计师事务所和项目负责人能够根据具体情况出具恰当的业务报告。

（二）监控人员

对会计师事务所质量控制制度的监控应当由具有专业胜任能力的人员实施。会计师事务所可以委派主任会计师、副主任会计师或具有足够、适当经验和权限的其他人员履行监控责任。

（三）监控内容

对会计师事务所质量控制制度实施监控的内容，包括：

（1）质量控制制度设计的适当性。

（2）质量控制制度运行的有效性。

（四）实施检查

（1）检查的周期。会计师事务所应当周期性地选取已完成的业务进行检查，周期最长不得超过 3 年。在每个周期内，应对每个项目负责人的业务至少选取一项进行检查。

（2）检查的组织方式。会计师事务所应当根据具体情况确定周期性检查的组织方式。

（3）确定检查的时间、人员与范围。会计师事务所在选取单项业务进行检查时，可以不事先告知相关项目组。

参与业务执行或项目质量控制复核的人员不应承担该项业务的检查工作。

在确定检查的范围时，会计师事务所可以考虑外部独立检查的范围或结论，但这些检查并不能替代自身的内部监控。

（五）监控结果的处理

（1）确定所发现缺陷的影响与性质。

（2）适时将缺陷及补救措施告知相关人员。

（3）提出补救措施。

（4）监控结果表明出具的报告可能不适当时的处理。

（5）定期告知监控结果。

（六）监控的记录

会计师事务所应当适当记录下列监控事项：

（1）制定的监控程序，包括选取已完成的业务进行检查的程序。

（2）对监控程序实施情况的评价。

（3）识别出的缺陷，对其影响的评价，是否采取行动及采取何种行动的依据。

（七）投诉和指控的处理

会计师事务所应当设立方便可行的投诉和指控渠道，包括明确指出向谁投诉，并制定相关制度，保护信息提供者的正当权益。对于来自会计师事务所外部的投诉和指控，由于他们不必担心会因此而失去工作，也不涉及明显的个人利益或动机，会计师事务所通常可以认为，他们的投诉和指控具有较高的真实性。

如果收到匿名的投诉和指控，会计师事务所应当以适当的方式向全体人员表明，与实名的投诉和指控相比，匿名的投诉和指控更难调查与反馈，鼓励用实名的投诉和指控。

会计师事务所还应当表明所有的投诉和指控都将得到记录、调查并会将结果反馈给投诉和指控人。反馈调查结果通常采用书面形式。

会计师事务所应当按照既定的政策和程序调查投诉和指控事项，并对投诉和指控及其处理情况予以记录。

会计师事务所应当委派本所内部不参与该项业务的具有足够、适当经验和权限的人员负责对调查的监督。必要时，聘请法律专家参与调查工作。如果调查结果表明质量控制政策和程序在设计或运行方面存在缺陷，或者存在违反质量控制制度的情况，会计师事务所应当采取适当行动。

第五节　政府审计准则

2010年9月1日，审计署8号令公布了修订后的《中华人民共和国国家审计准则》（以下简称《国家审计准则》），自2011年1月1日起施行。新《国家审计准则》进一步细化了政府审计流程、统一了政府审计标准、规范了政府审计行为，把依法审计贯穿到政府审计工作的全过程，落实到每个审计机关及审计人员的行动上。《国家审计准则》的修订和颁布，对促进政府审计工作的法制化、规范化和科学化，具有十分重大的意义。

一、政府审计准则含义

我国政府审计准则是由中华人民共和国审计署颁布的，对政府审计机关及其政府审计人员具有约束力的、规范审计业务工作的行为规范，是用来衡量审计业务的质量标准，是政府审计机关及其政府审计人员实施审计工作时应遵循的行为规则的总和。

二、政府审计准则的作用

（1）政府审计准则有利于提高审计工作的质量和效率，保证政府审计的实施。

（2）政府审计准则有利于社会了解政府审计，正确使用政府审计结果。

（3）政府审计准则有利于促进整个审计规范体系的建立健全。

（4）政府审计准则有利于科学界定政府审计责任和权限。

三、《国家审计准则》在审计规范体系中的地位

我国政府审计规范体系主要由《宪法》《中华人民共和国审计法》《中华人民共和国审计法实施条例》（以下简称《审计法实施条例》）和国家审计署颁布的国家审计准则、审计指南和经济责任审计规定等不同级次组成，《国家审计准则》是政府审计规范

体系中重要的组成部分。《国家审计准则》是一部完整单一的审计准则。在国家审计准则的下一层次国家审计署将研究开发审计指南,进一步细化审计业务操作。同时根据《审计法实施条例》附则第 57 条"实施经济责任审计的规定,另行制定经济责任审计的相关规定"。

《国家审计准则》在吸收原有审计准则和相关规定中能够继续适用的内容后,废止了审计署以前发布的 28 项审计准则和相关规定。但是,《审计署关于内部审计工作的规定》《审计机关审计听证的规定》《审计机关审计复议的规定》《审计机关审计项目质量检查的规定》《审计机关审计档案工作规定》《审计机关监督社会审计组织审计业务质量的暂行规定》等仍然有效。

四、国家审计准则的内容

与修订前的审计准则体系由一个审计基本准则、若干单项通用审计准则和专业审计准则、若干审计指南三层次组成不同,此次国家审计准则修订参照美国等国审计机关的做法,制定单一的国家审计准则,并在国家审计准则之下开发若干审计指南或者审计手册,这种体系结构可以克服制定多个单项审计准则容易出现的体系庞杂、单项准则间内在关系不够清晰、内容重复交叉多等缺陷。

修订后的《国家审计准则》共七章,200 条,包括总则、审计机关和审计人员、审计计划、审计实施、审计报告、审计业务质量控制与责任和附则。

第一章总则,规定了审计准则的制定依据,适用范围,审计机关与被审计单位的责任划分,审计目标,审计业务分类及审计业务流程等。

第二章审计机关和审计人员,规定了审计机关及其审计人员执行审计业务的基本条件和要求,基本审计职业道德原则,审计独立性,职业胜任能力,与被审计单位的职业关系等。

第三章审计计划,规定了年度审计项目计划的主要内容和编制程序,审计工作方案的主要内容和编制要求,对年度审计项目计划执行情况及执行结果的跟踪、检查和统计等。

第四章审计实施共分四节。第一节"审计实施方案",规定了审计实施方案的编制程序和主要内容等。第二节"审计证据",规定了审计证据的含义,审计证据适当性和充分性的质量要求,获取审计证据的模式、方法和要求,利用专家意见和其他机构工作结果的要求等。第三节"审计记录",规定了作出审计记录、编制审计工作底稿的事项范围、目标和质量要求,审计工作底稿的分类和内容,审计工作底稿的复核,审计工作底稿的利用等。第四节"重大违法行为检查",规定重大违法行为的特征,检查重大违法行为的特殊程序和应对措施等。

第五章审计报告共分五节。第一节"审计报告的形式和内容",规定了审计报告、专项审计调查报告的基本要素和主要内容,经济责任审计报告的特殊要素和内容,审计决定书、审计移送处理书的主要内容等。第二节"审计报告的编审",规定了审计报告等文书的起草、征求意见、复核、审理、审定、签发等编审环节的要求,专项审计调查中发现重大违法违规问题的处置方式等。第三节"专项报告与综合报告",规定了编写审计专项报告、信息简报、综合报告、经济责任审计结果报告、本级预算执行和其他财政收支情况审计结果报告和审计工作报告等基本要求。第四节"审计结果公布",规定了审计机关公布审计结果的信息范围、质量要求和审核批准程序等。第五节"审计结果跟踪检查",规定了跟踪检查的事项,检查的时间、方式,检查结果的报告和处理措施等。

第六章审计质量控制与责任,规定了建立审计质量控制制度的目标,审计质量控制要素,针对"质量责任"要素确定的各级质量控制环节的职责和责任,审计档案的质量控制责任及归档材料的内容,针对"质量监控"要素建立的审计业务质量检查、年度业务考核和优秀审计项目评选制度等。

第七章附则。

五、美国政府审计准则体系

(一)美国政府审计准则的产生

美国的最高审计机关是美国审计总署(GAO),它是 1921 年根据《预算和会计法案》设立的。起初,其主要目的是协助国会加强预算和会计管理,后来由于国会需要加强对政府的经济监督,才使会计总署改名为美国审计总署。

1972 年,美国审计总署历时两年研发出版了第一部美国政府审计准则——《政府组织、项目、行为和职能审计准则》,内容包括目的、范围、一般准则、检查及评价准则和报告准则。1988 年改名为《政府审计准则》(GAS,或 GAGAS,俗称"黄皮书"),是审计总署开展项目评估后制定的一部政府审计准则,后经 5 次修订,并为许多其他国家所采用,目前使用的是 2007 版审计准则。

(二)政府审计准则与注册会计师审计准则的区别

注册会计师审计准则一般仅涉及财务报表审计;政府审计准则不仅涉及财务报表审计,还包括财政审计、经济责任审计和绩效审计。

(三)美国政府审计准则的内容

美国政府审计准则包括要求和指南,通常称作公认政府审计准则(GAS),政府审计准则在胜任能力、正直诚实、客观公正和独立性等方面为实施高质量的审计和鉴证业务提供了框架。法律、制度、合同、拨款协议和政策经常要求按照政府审计准则审计,许多审计师和审计组织也自愿根据政府审计准则实施审计。美国审计总署于2006 年 6 月发布了政府审计准则修订草案;2007 年 7 月发布了正式修订后的美国政府审计准则。2007 年版的《政府审计准则》强调了审计在提高政府工作和保证政府责任方面的关键作用,通过更加规范的语言进一步明确审计人员的职责水平,并协调了与公共公司会计监督委员会、国际审计和鉴证委员会、国际内部审计师协会制定的准则的联系。主要内容包括:

1. 准则的适应性和应用方法

准则适用于对政府机构、项目、活动和功能,以及对接受政府资助的承包人,非盈利组织和其他非政府组织的审计和鉴证业务。在应用方法上,准则包括专业要求和指南。与旧准则相比,新准则根据审计师和审计组织承担责任的程度,将要求分为无条件要求和推定授权要求两种类型。

2. 政府审计道德原则

与旧准则相比,这是新增加的内容,道德原则为实施一般准则、现场工作准则和报告准则提供总的框架。道德原则包括公众利益,正直诚实,客观,合理使用政府信息、资源和职权,职业行为等方面。

3. 一般准则

一般准则为实施财务审计、鉴证业务和绩效审计提供指导,一般准则和道德准则为审计工作的可信性奠定了基础。一般准则涵盖了独立性、专业判断、胜任能力以及质量控制和保证。与旧准则相比,新准则的变化为:在独立性方面,根据对独立性的影响,定义了三种非审计服务类型:不损害审计人员独立性的非审计服务,如果得到保证的情况下不损害审计人员独立性的非审计服务、损害审计人员独立性的非审计服务;在专业判断方面,强调专业判断在实施政府审计准则时的关键作用;在胜任能力方面扩充了职业能力的内容,将职业能力的要求贯穿于整个审计过程,并将2005年修订的职业后续教育并入准则,对职业后续教育的对象、内容和时间提出了具体要求;在质量控制和保证方面,增加了整体目标和质量控制要素,质量控制要素包括:质量控制的领导责任,独立性、公正、客观以及其他法律和道德要求,审计、鉴证业务开始、接受和继续,人力资源,计划、记录和报告,质量监控。

4. 财务审计准则

其分别是财务审计现场工作准则和财务审计报告准则。财务审计准则认可了美国注册会计师协会的现场工作准则和报告准则,并规定了附加的政府审计准则。与旧准则相比,新准则强调审计师必须运用专业判断,计划和实施审计工作以获取充分、适当的审计证据,并合理发表意见,从而将审计风险限定在低水平。

5. 鉴证业务一般准则、现场工作准则和报告准则

鉴证业务准则认可了美国注册会计师协会关于标准的一般准则、现场工作准则和报告准则,并规定了附加的政府审计准则。

6. 绩效审计准则

其分别是绩效审计现场工作准则和绩效审计报告准则。与旧准则相比,新准则

中的绩效审计规定中界定了合理保证、重要性、审计风险等基本概念要素,并贯穿于整个绩效审计准则,为实施高质量的绩效审计提供了框架。

六、国际政府审计准则

1977 年,在联合国的支持下,最高审计机关国际组织在秘鲁首都利马举行的会议上,通过了《利马宣言——审计规则指南》(以下简称《利马宣言》)。《利马宣言》包括序言和正文两个部分。正文共七章 25 节,其主要内容包括:第一章总则,第二章独立性,第三章与议会、政府和行政机构的关系,第四章最高审计组织的职权,第五章审计方法、审计人员和国际知识交流,第六章报告,第七章最高审计组织的审计职权。这是最高审计机关国际组织制定和颁布的第一份国际政府审计准则。

最高审计机关国际组织是联合国经济和社会理事会下的一个非政府间组织,主要为联合国提供咨询。国际组织依据《利马宣言》构建审计准则体系,其体系包括两个层次,第一个层次审计准则,是指导审计人员日常工作的价值和原则的说明;第二个层次指南资料,是帮助最高审计机关在各项工作中运用审计准则。这两个层次逐步从抽象、综合走向具体、可操作性。它们都只起建议和指导作用,对各国的政府审计机关不具有强制的约束力。

为交流各国审计准则建设经验,国际组织于 1992 年制定了审计准则(Auditing Standards),并于 1995 年进行了修订。截至目前,已形成了体系完整的准则框架。国际组织审计准则凝聚着英国、美国、瑞典、日本、中国香港等的成功经验,反映了政府审计工作的共同特征。这些经验能够反映国家审计在审计方法和审计实践方面的发展趋向、关注的问题和焦点,为我国政府审计准则建设提供启示。

第六节　内部审计准则

我国政府部门及企事业内部审计,是从 20 世纪 80 年代中期开始建立,经历了一段艰苦的发展历史。2003 年 3 月 4 日,审计署发布 4 号令《关于内部审计工作的规定》,内部审计才基本有法可依。中国内部审计协会一直致力于制定一套既符合国际惯例,又适合我国国情的内部审计准则,用于指导和规范我国内部审计的实践。这个准则体系,要以内部控制和风险管理为导向,融财务审计和管理审计于一体,视防弊、兴利、增值为内部审计三大统一共存的目标,融合了国际内部审计发展的最新成果,把握了内部审计的发展趋势。同时,这个准则体系既要体现准则建设必须高于实践的原则,又要充分考虑到我国内部审计发展的实际情况。我国内部审计准则体系的建立和不断完善,既为内部审计的法制化、规范化和科学化发展奠定了基础、指明了航向,又为更好地贯彻修订后的《审计法》《审计署关于内部审计工作的规定》等相关法律、法规提供了具体操作和执行的规范。

一、内部审计准则体系

中国内部审计准则是中国内部审计工作规范体系的重要组成部分,由内部审计基本准则、内部审计具体准则、内部审计实务指南三个层次组成。

（一）内部审计基本准则

内部审计基本准则是内部审计准则的总纲,是内部审计机构和人员进行内部审计时应遵循的基本规范,是制定内部审计具体准则、内部审计实务指南的基本依据。该基本准则按照一般准则、作业准则、报告准则、内部管理准则等内容,分别对审计机构、审计人员、独立性、重要性和审计风险、审计前的工作、审计方法、审计证据、工作底稿、审计报告的撰写、审计报告的复核、后续审计以及审计计划、对审计人员的管理、内部审计与外部审计的协调等,进行了规范。

（二）内部审计具体准则

内部审计具体准则以内部审计基本准则为依据编制,是执行内部审计工作的行为规范。到目前为止,中国内部审计协会共颁布了20个具体审计准则。

（三）内部审计实务指南

内部审计实务指南是依据内部审计基本准则、内部审计具体准则制定的,为内部审计机构和人员进行内部审计提供的具有可操作性的指导意见。中国内部审计协会颁布了《建设项目内部审计》《物资采购》两个审计实务指南,以有利于内部审计工作的进一步开展。

二、中国内部审计准则的制定情况

中国内部审计协会于2003年4月12日发布了内部审计基本准则、内部审计人员职业道德规范和第1至第10号内部审计具体准则(第1号——审计计划,第2号——审计通知书,第3号——审计证据,第4号——审计工作底稿,第5号——内部控制审计,第6号——舞弊的预防、检查与报告,第7号——审计报告,第8号——后续审计,第9号——内部审计督导,第10号——内部审计与外部审计的协调)。

2004年5月,中国内部审计协会又先后发布第11至第15号内部审计具体准则(第11号——结果沟通、第12号——遵循性审计、第13号——评价外部审计工作质量、第14号——利用外部专家服务、第15号——分析性复核)。

2005年5月,中国内部审计协会又发布第16至第20号内部审计具体准则(第16号——风险管理审计、第17号——重要性与审计风险、第18号——审计抽样、第19号——内部审计质量控制、第20号——人际关系)。

2006年5月9日以后,又陆续发布第21至第29号内部审计具体准则(第21

号——内部审计的控制自我评估法、第22号——内部审计的独立性与客观性、第23号——内部审计机构与董事会或最高管理层的关系、第24号——内部审计机构的管理、第25号——经济性审计、第26号——效果性审计、第27号——效率性审计、第28号——信息系统审计、第29号——内部审计人员后续教育)。

2005年起,中国内部审计协会相继发布了内部审计实务指南(第1号——《建设项目内部审计》、第2号——《物资采购内部审计》、第3号——《审计报告》、第4号——《高校内部审计》、第5号——《企业内部经济责任审计指南》)。迄今,中国内部审计准则体系已经基本形成。

三、国际内部审计准则

1974年,国际内部审计师协会(IIA)建立了职业准则和责任委员会,专门负责起草制定国际内部审计准则。1978年,国际内部审计师协会(IIA)正式批准了《内部审计实务标准》。根据国际内部审计协会(IIA)的要求,国际内部审计准则要达到:对应该能够代表内部审计实务的基本原则进行表述;为开展并促进广义范围的价值增值型的内部审计活动提供框架;为内部审计工作业绩的评定确立基础;扶持经改进的组织流程和业务。国际内部审计师协会(IIA)1999年通过内部审计的新定义非常重要,它反映了国际内部审计实务的重大变革,预示着内部审计职业进一步扩大其职能,它明确了内部审计的服务目标、工作范围及定位、工作条件和人员品质。

(一)国际内部审计师协会(IIA)规定的内部审计准则框架

IIA的职业实务框架(PPF)于1999年6月经IIA董事会正式批准。PPF主要由三部分构成:强制性指南、实务咨询和发展与实务支持。

1. 强制性指南

强制性指南,是指在不同的国家或地区、不同的环境下,内部审计人员都必须使用的准则,它包括内部审计定义、内部审计人员的职业道德规范、内部审计职业实务准则。这是内部审计的职业基础。

2. 实务咨询

实务咨询,是内部审计准则的第二个层次,为内部审计人员提供一个建设性的条款,目的是对新准则的解释和运用提供详细的建议;同时还包括一些新的信息,像IIA发布的内部审计准则公告(SIAS)和新近流行的职业道德规范的关注项目、风险管理的细则、咨询性服务准则、信息的安全性服务准则等。

3. 发展与实务支持

发展与实务支持,是指那些最近发展的实务,IIA往往以专题报告、研究报告、参考书籍、研讨会文集、教育培训项目等方式来推荐这些参考性意见。

(二)国际内部审计准则的内容

国际内部审计师协会颁布的内部审计准则,主要有内部审计师职责说明、内部审

计实务准则、内部审计师职业道德准则

（三）国际内部审计协会（IIA）的内部审计职业实务框架分为六个层次：

（1）内部审计定义："内部审计是一种独立、客观的保证与咨询活动，旨在增加价值和改善组织的运营。它通过应用系统的、规范化的方法，来评价和改善风险管理、控制及治理过程的效果，帮助组织实现其目标。"

（2）内部审计师职业道德规范。正直、客观性、保密性、胜任能力。

（3）属性标准：属性标准说明了内部审计活动的机构及人员的特点。

（4）工作标准：工作标准描述了内部审计活动的性质并提出了衡量内部审计活动开展的质量准绳。

（5）实施标准：是属性标准和工作标准在特定类型的审计活动中的具体体现。属性标准和工作标准只有一套，实施标准有很多套。

广泛地引用与借鉴，并在其成员组织中已成为具有一定约束力的规程，每种主要类型的内部审计活动都有一套实施标准。

（6）指南：实务公告、实务公告开发和目标。

其中第（1）至第（5）层次是强制性的，第（6）层次是非强制性的。

国际内部审计师协会要求所有已拥有或准备建立内部审计机构的组织来支持和运用它所颁布的准则，以此作为指导和衡量内部审计活动的基础。它是当今世界有关内部审计影响最广、最具有权威的一份准则，更被广泛地引用与借鉴，并在其成员组织中已成为具有一定约束力的规程。

第七节　审计人员职业道德规范

职业道德是指某一职业组织以公约、守则等形式公布的，其会员自愿接受的职业行为标准。审计人员职业道德是审计人员在审计工作过程中形成的、具有审计职业特征的道德准则和行为规范。

一、中国注册会计师职业道德准则

在我国，注册会计师职业道德是指注册会计师职业品德、职业纪律、专业胜任能力及职业责任等的总称。其中，职业品德是指注册会计师应具备的职业品格和道德行为，它是职业道德规范的核心部分，其基本要求是诚信、独立、客观和公正；职业纪律是指约束注册会计师职业行为的法纪和戒律，尤指注册会计师应当遵循职业准则及国家其他相关法规；专业胜任能力是指注册会计师应当具有专业知识、技能或经验，能够胜任承接的工作；职业责任是指注册会计师对客户、同行及社会公众所应履行的责任。中国注册会计师协会会员职业道德守则规定了职业道德基本原则和职业道德框架。

（一）注册会计师职业道德基本原则

1. 诚信

诚信原则要求会员应当在所有的职业关系和商业关系中保持正直和诚实，秉公处事、实事求是。

会员如果认为业务报告、申报资料或其他信息存在下列问题，则不得与这些有问题的信息发生牵连：

（1）含有严重虚假或误导性陈述。

（2）含有缺乏充分根据的陈述或信息。

（3）存在遗漏或含糊其词的信息。

注册会计师如果注意到已与有问题的信息发生牵连，应当采取措施消除牵连。在鉴证业务中，如果注册会计师依据执业准则出具了恰当的非标准业务报告，不被视为违反上述要求。简言之，不能出具虚假报告。

2. 独立性

独立原则通常是对注册会计师而非非执业会员提出的要求。在执行鉴证业务时，注册会计师必须保持独立性。

注册会计师执行审计和审阅业务以及其他鉴证业务时，应当从实质上和形式上保持独立性，不得因任何利害关系影响其客观性。

3. 客观和公正

客观，是指按照事物的本来面目去考察，不添加个人的偏见。公正，是指公平，正直，不偏袒。

如果存在导致职业判断出现偏差，或对职业判断产生不当影响的情形，会员不得提供相关专业服务。

4. 专业胜任能力和应有的关注

（1）如果会员在缺乏足够的知识、技能和经验的情况下提供专业服务，就构成了一种欺诈。

（2）专业服务要求注册会计师在应用专业知识和技能时，会员应当合理运用职业判断。专业胜任能力可分为两个独立阶段：(a)专业胜任能力的获取。(b)专业胜任能力的保持。

（3）应有的关注，要求会员勤勉尽责，保持应有的关注，遵守执业准则和职业道德规范的要求，认真、全面、及时地完成工作任务。在审计过程中，会员应当保持职业怀疑态度，运用专业知识、技能和经验，获取和评价审计证据。

在适当情况下，会员应当使客户、工作单位和专业服务的其他使用者了解专业服务的固有局限性。

5. 保密

保密原则要求会员应当对因职业关系和商业关系而获知的信息予以保密,不得有下列行为:

(1) 未经客户授权或法律、法规允许,向会计师事务所以外的第三方披露其所获知的涉密信息。

(2) 利用所获知的涉密信息为自己或第三方谋取利益。会员在社会交往中应当遵循保密原则。会员应当警惕无意泄密的可能性,特别是向主要近亲属和其他近亲属以及关系密切的商业伙伴无意泄密的可能性。近亲属是指配偶、父母、子女、兄弟姐妹、祖父母、外祖父母、孙子女、外孙子女。

另外,会员应当对其拟接受的客户或拟受雇的工作单位向其披露的涉密信息保密。在终止与客户或工作单位的关系之后,会员仍然应当对在职业关系和商业关系中获知的信息保密。如果变更工作单位或获得新客户,会员可以利用以前的经验,但不应利用或披露以前职业活动中获知的涉密信息。

会员在下列情况下可以披露客户的涉密信息:

① 法律、法规允许披露,并且取得客户或工作单位的授权。

② 根据法律、法规的要求,为法律诉讼、仲裁准备文件或提供证据,以及向有关监管机构报告发现的违法行为(必须做,无需授权)。

③ 在法律、法规允许的情况下,在法律诉讼、仲裁中维护自己的合法权益。

④ 接受注册会计师协会或监管机构的执业质量检查,答复其询问和调查。

⑤ 法律法规、执业准则和职业道德规范规定的其他情形。

6. 良好的职业行为

会员应当遵守相关法律法规,避免发生任何损害职业声誉的行为。

在推介自身和工作时,会员在向公众传递信息以及推介自己和工作时,应当客观、真实、得体,不得损害职业形象。

会员应当诚实、实事求是,不得有下列行为:

(1) 夸大宣传提供的服务、拥有的资质或获得的经验。

(2) 贬低或无根据地比较其他注册会计师的工作。

(二) 职业道德概念框架

1. 职业道德概念框架的内涵

职业道德概念框架旨在为会员提供解决职业道德问题的思路,用于指导注册会计师。

(1) 识别对职业道德基本原则的不利影响。

(2) 评价不利影响的重要程度。

(3) 必要时采取的防范措施消除不利影响或将其降至可接受水平。

职业道德概念框架适用于会员应对威胁职业道德基本原则的各种情形,其目的在于防止注册会计师认为只要守则未明确禁止的情形就是允许的。

2. 对职业道德基本原则产生不利影响的因素及防范措施

(1) 对职业道德基本原则的不利影响。不利影响可以归纳为以下五类:

① 自身利益(self-interest)导致的不利影响。

② 自我评价(self-review)导致的不利影响。如果会员对其(或者其所在会计师事务所或雇佣单位的其他人员)以前的判断或服务结果做出不恰当的评价,并且将据此形成的判断作为当前服务的组成部分,将产生自我评价导致的不利影响。

③ 过度推介(advocacy)导致的不利影响。如果会员过度推介客户或雇佣单位的某种立场或意见,使其客观性受到损害,将产生过度推介导致的不利影响。

④ 密切关系(familiarity)导致的不利影响。如果会员与客户或雇佣单位存在长期或亲密的关系,而过于倾向他们的利益,或认可他们的工作,将产生密切关系导致的不利影响。

⑤ 外在压力(intimidation)导致的不利影响。

(2) 防范措施。防范措施是指可以消除不利影响或将其降至可接受水平的行动或其他措施。防范措施包括下列两大类:

第一,由行业,法律,法规或监管机构规定的防范措施。

① 取得会员资格需要的教育、培训和经验要求。

② 持续职业发展要求。

③ 公司治理规定。

④ 执业准则和职业道德规范的要求。

⑤ 监管机构或行业的监控和惩戒程序。

⑥ 由依法授权的第三方对会员编制的报告、报表、沟通函件或其他信息进行外部复核。

第二,工作环境中的防范措施。某些防范措施可以增加识别或制止不道德行为发生的可能性。由行业,法律,法规,监管机构以及雇佣单位规定的这类防范措施包括:

① 由所在的雇佣单位、行业以及监管机构建立有效的公开投诉系统,使同行、雇佣单位以及社会公众能够注意到不专业或不道德的行为。

② 明确规定会员有义务报告违反职业道德守则的行为或情形。

3. 道德冲突的解决

在遵循职业道德基本原则时,会员应当解决遇到的道德冲突问题。在解决道德冲突问题时,会员应当考虑下列因素:

(1) 与道德冲突问题有关的事实。

(2) 涉及的道德问题。

（3）道德冲突问题涉及的职业道德基本原则。

（4）会计师事务所或工作单位制定的解决道德冲突问题的程序。

（5）可供选择的措施。

在考虑所有相关可能措施后，如果道德冲突仍未解决，会员应当在可能的情况下拒绝继续与产生冲突的事项发生关联。会员可视情况确定是否解除业务约定或退出某项特定任务，或完全退出该项业务，或向所在会计师事务所或者雇佣单位辞职。

（三）注册会计师对职业道德概念框架的具体运用

1. 对职业道德基本原则产生不利影响的具体情形

（1）自身利益导致的不利影响的情形主要包括：

① 鉴证业务项目组成员在鉴证客户中拥有直接经济利益。

② 会计师事务所过分依赖向某一客户的收费。

③ 鉴证业务项目组成员与鉴证客户存在重要的密切商业关系。

④ 会计师事务所担心可能失去某一重要客户。

⑤ 鉴证业务项目组成员正在与鉴证客户协商受雇于该客户。

⑥ 会计师事务所与鉴证业务相关的或有收费安排。或有收费，是指一种按照预先确定的计费基础收取费用的方式。在这种方式下，收费与否或多少取决于交易的结果或所执行工作的结果。

如果某项收费由法院或政府公共管理机构制定，则该项收费不属于或有收费。

⑦ 在评价其所在会计师事务所的人员以前提供专业服务的结果时，注册会计师发现重大错误。

（2）自我评价导致不利影响的情形主要包括：

① 会计师事务所在对客户提供财务系统的设计或操作服务后，又对系统的运行有效性出具鉴证报告。

② 会计师事务所为客户编制原始数据，这些数据构成鉴证业务的对象。

③ 鉴证业务项目组成员担任或最近曾经担任客户的董事或高级管理人员。

④ 鉴证业务项目组成员目前或最近曾受雇于客户，并且所处职位能够对鉴证对象施加重大影响。

⑤ 会计师事务所为鉴证客户提供直接影响鉴证对象信息的其他服务。

（3）过度推介导致的不利影响的情形主要包括：

① 会计师事务所推介审计客户的股份。

② 在鉴证客户与第三方发生诉讼或纠纷时，注册会计师担任该客户的辩护人。

（4）密切关系导致不利影响的情形主要包括：

① 项目组成员的近亲属担任客户的董事或高级管理人员。

② 项目组成员的近亲属是客户的员工,其所处职位能够对业务对象施加重大影响。

③ 客户的董事、高级管理人员或所处职位能够对业务对象施加重大影响的员工,最近曾担任会计师事务所的项目合伙人。

④ 注册会计师接受客户的礼品或款待。

⑤ 会计师事务所的合伙人或高级员工与鉴证客户存在长期业务关系。

(5) 外在压力导致不利影响的情形主要包括:

① 会计师事务所受到客户解除业务关系的不利影响。

② 审计客户表示,如果会计师事务所不同意对某项交易的会计处理,则不再委托其承办拟议中的非鉴证业务。

③ 客户威胁将起诉会计师事务所。

④ 会计师事务所受到降低收费的影响而不恰当地缩小工作范围。

⑤ 由于客户员工对所讨论的事项更具有专长,注册会计师面临服从其判断的压力。

⑥ 会计师事务所合伙人告知注册会计师,除非同意审计客户不恰当的会计处理,否则将影响晋升。

2. 应对不利影响的防范措施

在具体工作中,应对不利影响的防范措施包括会计师事务所层面的防范措施和具体业务层面的防范措施。

具体业务层面的防范措施主要包括:

(1) 对已执行的非鉴证业务,由未参与该业务的注册会计师进行复核,或在必要时提供建议。

(2) 对已执行的鉴证业务,由鉴证业务项目组以外的注册会计师进行复核,或在必要时提供建议。

(3) 向客户审计委员会、监管机构或注册会计师协会咨询。

(4) 与客户治理层讨论有关的职业道德问题。

(5) 向客户治理层说明提供服务的性质和收费的范围。

(6) 由其他会计师事务所执行或重新执行部分业务。

(7) 轮换鉴证业务项目组合伙人和高级员工。

3. 专业服务委托

(1) 接受客户关系。在接受客户关系前,注册会计师应当确定接受客户关系是否对职业道德基本原则产生不利影响。注册会计师应当考虑客户的主要股东、关键管理人员和治理层是否诚信,以及客户是否涉足非法活动(如洗钱)或存在可疑的财务报告问题等。

客户存在的问题可能对注册会计师遵循诚信原则或良好职业行为原则产生不利影响。

防范措施主要包括：

① 对客户及其主要股东、关键管理人员、治理层和负责经营活动的人员进行了解。

② 要求客户对完善公司治理结构或内部控制作出承诺。如果不能将客户存在的问题产生的不利影响降低至可接受的水平，注册会计师应当拒绝接受客户关系。如果向同一客户连续提供专业服务注册会计师应当定期评价继续保持客户关系是否适当。

（2）业务承接。如果项目组不具备或不能获得执行业务所必需的胜任能力，将对专业胜任能力和应有的关注原则产生不利影响。

防范措施可能包括：

① 了解客户的业务性质、经营的复杂程度，以及所在行业的情况。

② 了解专业服务的具体要求和业务对象，以及注册会计师拟执行工作的目的、性质和范围。

③ 了解相关监管要求或报告要求。

④ 分派足够的具有胜任能力的员工。

⑤ 必要时利用专家的工作。

⑥ 就执行业务的时间安排与客户达成一致意见。

⑦ 遵守质量控制政策和程序，以合理保证仅承接能够胜任的业务。

利用专家的工作时，注册会计师应当考虑专家的声望、专长及其可获得的资源，以及适用的执业准则和职业道德规范等因素，以确定专家的工作结果是否值得依赖。注册会计师可以通过以前与专家的交往或向他人咨询获得相关信息。

（3）客户变更委托。如果应客户要求或考虑以投标方式接替前任注册会计师，注册会计师应当从专业角度或其他方面确定应否承接该业务。如果注册会计师在了解所有相关情况前就承接业务，可能对专业胜任能力和应有的关注原则产生不利影响。注册会计师应当评价不利影响的严重程度。

由于客户变更委托的表面理由可能并未完全反映事实真相，根据业务性质，注册会计师可能需要与前任注册会计师直接沟通，核实与变更委托相关的事实和情况，以确定是否适宜承接该业务。

防范措施主要包括：

① 当应邀投标时，在投标书中说明，在承接业务前需要与前任注册会计师沟通，以了解是否存在不应接受委托的理由。

② 要求前任注册会计师提供已知悉的相关事实或情况，即前任注册会计师认

为,后任注册会计师在作出承接业务的决定前,需要了解的事实或情况。

③ 从其他渠道获取必要的信息。如果采取的防范措施不能消除不利影响或将其降低至可接受的水平,注册会计师不得承接该业务。

前任注册会计师应当遵循保密原则。前任注册会计师是否可以或必须与后任注册会计师讨论客户的相关事务,取决于业务的性质、是否征得客户同意,以及法律、法规或职业道德规范的有关要求。

注册会计师在与前任注册会计师沟通前,应当征得客户的同意,最好征得客户的书面同意。

4. 利益冲突

注册会计师应当根据可能产生利益冲突的具体情形,采取下列防范措施:

(1) 如果会计师事务所的商业利益或业务活动可能与客户存在利益冲突,注册会计师应当告知客户,并在征得其同意的情况下执行业务。

(2) 如果为存在利益冲突的两个以上客户服务,注册会计师应当告知所有已知相关方,并在征得他们同意的情况下执行业务。

(3) 如果为某一特定行业或领域中的两个以上客户提供服务,注册会计师应当告知客户,并在征得他们同意的情况下执行业务。

如果客户不同意注册会计师为存在利益冲突的其他客户提供服务,注册会计师应当终止为其中一方或多方提供服务。

除采取上述防范措施外,注册会计师还应当采取下列一种或多种防范措施:

① 分派不同的项目组为相关客户提供服务。

② 实施必要的保密程序,防止未经授权接触信息。

③ 向项目组成员提供有关安全和保密问题的指引。

④ 要求会计师事务所的合伙人和员工签订保密协议。

⑤ 由未参与执行相关业务的高级员工定期复核防范措施的执行情况。

5. 应客户的要求提供第二次意见

在某客户运用会计准则对特定交易和事项进行处理,且已由前任注册会计师发表意见的情况下,如果注册会计师应客户的要求提供第二次意见,可能对职业道德基本原则产生不利影响。

如果第二次意见不是以前任注册会计师所获得的相同事实为基础,或依据的证据不充分,可能对专业胜任能力和应有的关注原则产生不利影响。

防范措施主要包括:

(1) 征得客户同意与前任注册会计师沟通。

(2) 在与客户沟通中说明注册会计师发表专业意见的局限性。

(3) 向前任注册会计师提供第二次意见的副本。

如果客户不允许与前任注册会计师沟通，注册会计师应当在考虑所有情况后决定是否适宜提供第二次意见。

6. 收费

如果报价过低，可能导致不能按照适用的执业准则执行业务，将对专业胜任能力和应有的关注产生不利影响。

（1）收费是否对职业道德基本原则产生不利影响，取决于收费报价水平和所提供的相应服务。

防范措施主要包括让客户了解业务约定条款，特别是确定收费的基础以及在收费报价内所能提供的服务，安排恰当的时间和具有胜任能力的员工执行任务。

（2）在承接业务时，如果收费报价明显低于前任注册会计师或其他会计师事务所的相应报价，会计师事务所应当确保在提供专业服务时，遵守执业准则和职业道德规范的要求，使工作质量不受损害，使客户了解专业服务的范围和收费基础。

（3）除法律、法规允许外，注册会计师不得以或有收费方式提供鉴证服务，收费与否或收费多少不得以鉴证工作结果或实现特定目的为条件。

防范措施主要包括：

① 预先就收费的基础与客户达成书面协议。

② 向预期的报告使用者披露注册会计师所执行的工作及收费的基础。

③ 实施质量控制政策和程序。

④ 由独立第三方复核注册会计师已执行的工作。

绝对禁止进行的收费项目：

① 注册会计师不得收取与客户相关的介绍费或佣金。

② 注册会计师不得向客户或其他方支付业务介绍费。

7. 专业服务营销

注册会计师通过广告或其他营销方式招揽业务，可能对职业道德基本原则产生不利影响。在向公众传递信息时，注册会计师应当维护职业声誉，做到客观、真实、得体。

注册会计师在营销专业服务时，不得有下列行为：

（1）夸大宣传提供的服务、拥有的资质或获得的经验。

（2）贬低或无根据地比较其他注册会计师的工作。

（3）暗示有能力影响有关主管部门、监管机构或类似机构。

（4）作出其他欺骗性的或可能导致误解的声明。

注册会计师不得采用强迫、欺诈、利诱或骚扰等方式招揽业务。

注册会计师不得对其能力进行广告宣传以招揽业务，但可以利用媒体刊登设立、合并、分立、解散、迁址、名称变更和招聘员工等信息。

8. 礼品和招待

如果客户向注册会计师(或其近亲属)赠送礼品或给予款待,将对职业道德基本原则产生不利影响。

(1) 注册会计师不得向客户索取、收受委托合同约定以外的酬金或其他财物,或者利用执行业务之便,谋取其他不正当的利益。

(2) 注册会计师应当评价接受款待产生不利影响的严重程度,如果款待超出业务活动中的正常往来,注册会计师应当拒绝接受。

9. 保管客户资产

(1) 除非法律、法规允许或要求,注册会计师不得提供保管客户资金或其他资产的服务。

(2) 注册会计师保管客户资金或其他资产,应当符合下列要求:

① 将客户资金或其他资产与其个人或会计师事务所的资产分开。

② 仅按照预定用途使用客户资金或其他资产。

③ 随时准备向相关人员报告资产状况及产生的收入、红利或利得。

④ 遵守所有与保管资产和履行报告义务相关的法律、法规。

(3) 如果某项业务涉及保管客户资金或其他资产,注册会计师应当根据有关接受与保持客户关系和具体业务政策的要求,适当询问资产的来源,并考虑应当履行的法定义务。

(4) 如果客户资金或其他资产来源于非法活动(如洗钱),注册会计师不得提供保管资产服务,并应当向法律顾问征询进一步的意见。

10. 对客观和公正原则的要求(针对鉴证以及非鉴证业务)

在提供专业服务时,注册会计师如果在客户中拥有经济利益,或者与客户董事、高级管理人员或员工存在家庭和私人关系或商业关系,应当确定是否对客观和公正原则产生不利影响。

防范措施主要包括:

(1) 退出项目组。

(2) 实施督导程序。

(3) 终止产生不利影响的经济利益或商业关系。

(4) 与会计师事务所内部较高级别的管理人员讨论有关事项。

(5) 与客户治理层讨论有关事项。

如果防范措施不能消除不利影响或将其降低至可接受的水平,注册会计师应当拒绝接受业务委托或终止业务。

二、政府审计职业道德准则

《国家审计准则》第十五条规定了国家审计的职业道德标准：审计人员应当恪守严格依法、正直坦诚、客观公正、勤勉尽责、保守秘密的基本审计职业道德。

（1）严格依法就是审计人员应当严格依照法定的审计职责、权限和程序进行审计监督，规范审计行为。

（2）正直坦诚就是审计人员应当坚持原则，不屈从于外部压力；不歪曲事实，不隐瞒审计发现的问题；廉洁自律，不利用职权谋取私利；维护国家利益和公共利益。

（3）客观公正就是审计人员应当保持客观公正的立场和态度，以适当、充分的审计证据支持审计结论，实事求是地作出审计评价和处理审计发现的问题。

（4）勤勉尽责就是审计人员应当爱岗敬业，勤勉高效，严谨细致，认真履行审计职责，保证审计工作质量。

（5）保守秘密就是审计人员应当保守其在执行审计业务中知悉的国家秘密、商业秘密；对于执行审计业务取得的资料、形成的审计记录和掌握的相关情况，未经批准不得对外提供和披露，不得用于与审计工作无关的目的。

《国家审计准则》立足于我国审计工作实际，借鉴国际政府审计职业道德规范，规定了国家审计的基本审计职业道德标准，同时诠释了每项基本审计职业道德所包含的价值取向和行为模式。审计职业道德准则是审计从业人员的基本守则和道德底线，广大审计人员应高标准、严要求、牢记遵守。国家审计职业道德标准的树立，为审计人员加强职业道德修养及审计机关加强审计职业道德建设提供了指南。

三、内部审计人员职业道德准则

内部审计人员职业道德规范的建立是内部审计职业取得外界理解与支持的必然要求，相对于组织内部其他人员而言，内部审计人员是以一种独立、公正的"裁判"身份出现，对经营活动及内部控制进行独立审查、评价的。因此树立和维护内部审计人员的职业形象，是维护内部审计工作的权威性、顺利开展内部审计活动的关键。我国《内部审计人员职业道德规范》规定，内部审计人员职业道德规范的内容由以下三部分组成。

（一）一般原则

（1）内部审计人员在履行职责时，应当严格遵守中国内部审计准则及中国内部审计协会制定的其他规定。

（2）内部审计人员不得从事损害国家利益、组织利益和内部审计职业荣誉的活动。

（3）内部审计人员在履行职责时，应当做到独立、客观、正直和勤勉。

（4）内部审计人员在履行职责时，应当保持廉洁，不得从被审计单位获得任何可能有损职业判断的利益。

（二）专业胜任能力

（1）内部审计人员应当保持应有的职业谨慎，并合理使用职业判断。

（2）内部审计人员应当保持和提高专业胜任能力，必要时可聘请有关专家协助。

（3）内部审计人员应具有较强的人际交往技能，妥善处理好与组织内外相关机构和人士的关系。

（4）内部审计人员应不断接受后续教育，提高服务质量。

（三）其他要求

（1）内部审计人员应诚实地为组织服务，不做任何违反诚信原则的事情。

（2）内部审计人员应当遵循保密性原则，按规定使用其在履行职责时所获取的资料。

（3）内部审计人员在审计报告中应客观地披露所了解的全部重要事项。

第八节　职业后续教育准则

由于注册会计师职业对从业人员素质和所担负社会责任提出很高要求，所以注册会计师要不断参加后续教育。注册会计师在取得执业资格之后，应当保持并不断提高专业胜任能力，树立终身学习的职业理念。职业后续教育是获得资格前职业教育的延伸，目前世界各国都十分重视注册会计师的职业后续教育，并颁布了相应准则。

一、职业后续教育的意义和目标

（一）职业后续教育的意义

注册会计师职业后续教育，是指注册会计师为保证和提高专业胜任能力与执业水平，掌握相关新知识、新技能、新法规所进行的学习研究。众所周知，注册会计师的执业环境（包括法律、社会、经济等因素）是不断发展变化的，所以社会公众对注册会计师的专业胜任能力和执业水平的要求也在不断变化。注册会计师唯有不断接受职业后续教育，掌握和应用相关新知识、新技能和新法规，才能满足执业的需要，保持执业质量。可见，注册会计师职业后续教育，应当贯穿于注册会计师的整个执业生涯中。

（二）其他国家对职业后续教育的规定

从国际上看，注册会计师职业比较发达的国家，都无一不把注册会计师职业后续教育摆到了非常重要的位置，并制定了相关的职业后续教育准则，对此加以规范。例如,国际会计师联合会发布了《职业后续教育指南》,美国注册师协会发布了《正规职业后续教育计划准则》等。虽然不同国家和地区制定的后续教育规范大同小异,但国际会计师联合会教育委员会制定的《职业后续教育指南》框架完整,内容全面。国际会计师联合会教育委员会制定了有关资格前教育、会计师培训和执业会员职业后续教育准则、指南、讨论稿和其他有关文件,并于 1982 年发布了《职业后续教育指南》,1998 年 5 月又作了修订,具体内容涉及导言、目标、指南规范、课程领域,职业后续教育程度、职业后续教育强制或自愿的办法、组织和监控、职业后续教育筹资、实施和附录共十部分。

（三）职业后续教育的目标

《职业后续教育指南》指出:会员团体应当设立、实施或以其他方式提供职业后续教育项目,该职业后续教育的目标应该能够:

（1）保持并提高其会员拥有的技术知识和专业技能。

（2）帮助会计职业的会员应用新的技能,了解经济发展并评估其对客户或雇主以及对他们自己工作的影响,并且满足不断变化的责任和期望。

（3）向社会提供合理的保证,即会计职业的会员具有承担为客户服务所需要的技术知识和技能。

二、后续教育准则的内容

为了规范注册会计师职业后续教育,中国注册会计师协会根据《注册会计师法》,已制定了《中国注册会计师职业后续教育基本准则》,并于 1997 年 1 月 1 日开始实施。《中国注册会计师职业后续教育基本准则》包括总则、一般原则、内容和形式、组织与实施、检查与考核、附则等内容。

（一）一般原则

我国注册会计师职业后续教育以提高专业胜任能力和执业水平为目标,这不仅是注册会计师职业自身发展的需要,也是社会各方面对注册会计师职业的必然选择。

（二）内容和形式

注册会计师职业后续教育的内容一般包括会计准则及国家其他财务会计法规、审计准则及其他职业规范、与执业相关的其他法规,以及执业所需要的其他知识与技能。我国规定,执业会员接受职业后续教育的时间为 3 年,累计不少于 180 学时,其中每年接受职业后续教育的时间不得少于 40 学时;接受脱产教育的时间为 3 年,累计不得少于 120 学时,其中每年接受脱产职业后续教育的时间不得少于 20 学时。注册会计师参加职业后续教育可以采取以下一些形式:

（1）参加中国注册会计师协会及其地方组织举办或认可的各种培训活动。

（2）参加中国注册会计师协会认可的有关大专院校的专业课程进修。

（3）参加中国注册会计师协会组织或认可的相关专题研讨会。

（4）参加会计师事务所自行组织的专业研讨与培训。

（5）公开出版专业著作或发表专业论文。

（6）承担专业课题研究，并取得研究成果，以及个人专业学习与实务研究等。

（三）检查与考核

中国注册会计师协会统一印制发放注册会计师后续教育手册。注册会计师接受检查、考核时，应当提交手册。注册会计师未能提供职业后续教育有效记录或无故未达到职业后续教育要求的，考核时不予通过。

（四）督导和惩戒

对于未能遵守职业后续教育要求的注册会计师，注册会计师协会给予相应督导和惩戒，通常包括：

（1）将有关惩戒信息通报所在会计师事务所。

（2）公告。

（3）限期接受强制培训。

关 键 术 语

审计规范体系　审计法　注册会计师法　审计准则　美国公认审计准则(GAAS)
国际审计准则(ISA)　鉴证业务　鉴证业务基本准则　职业后续教育准则
会计师事务所业务质量控制准则　政府审计准则　内部审计准则　职业道德准则
审计独立性

案 例 剖 析 题

【案例剖析题 2-1】

ABC 会计师事务所负责审计甲公司 2015 年度财务报表，并指派 A 和 B 注册会计师为该审计项目合伙人。在审计过程中，审计项目组遇到下列与职业道德有关的事项：

（1）A 注册会计师的哥哥在甲公司财务部从事会计核算工作，但非财务部负责人。A 注册会计师认为无须回避。

（2）审计项目组成员 D 某的父亲，在甲公司担任董事。

（3）审计项目组合伙人 B 在 2015 年 3 月曾担任甲公司财务部门主管。

（4）ABC 会计师事务所合伙人 C 不属于项目组成员，其妻子继承父亲遗产，其中包括甲公司内部职工股 20 000 股。

(5) 在审计过程中,甲公司要求审计小组成员协助调整会计分录。

要求:针对上述事项(1)至事项(5),分别指出是否对审计项目组的独立性构成不利影响,并简要说明理由。

【题解】

(1) 对独立性构成不利影响。A 注册会计师是审计项目合伙人之一,与其在财务部从事会计核算工作的哥哥属于其他近亲属,并且其所处职位能够对鉴证对象产生重大影响。

(2) 对独立性构成不利影响。审计项目组成员 D 注册会计师的主要近亲属从事的工作对年报审计对象的财务报表有直接重大影响。

(3) 对独立性构成不利影响。审计项目组合伙人 B 在财务报表涵盖期间担任审计客户的高级管理人员,将产生自我评价导致的不利影响。

(4) 对独立性构成威胁。如果会计师事务所的合伙人及其直系亲属从审计客户获得直接经济利益或重大间接经济利益,不允许拥有这些利益,故产生对独立性的威胁。

(5) 不对独立性构成不利影响。向客户提供政策选用和会计处理建议的调整,协助客户解决相关账户的调整问题,均属于审计业务应提供的常规工作。

【案例剖析题 2-2】

ABC 会计师事务所负责审计甲公司 2015 年度财务报表,并委派 A 注册会计师担任审计项目组合伙人。在审计过程中,审计项目组遇到下列与独立性有关的事项:

(1) 审计过程中,A 注册会计师应甲公司要求协助制定公司财务战略。

(2) 丙公司系甲公司的母公司,甲公司审计项目组成员 E 的妻子在丙公司担任财务总监。

(3) 审计项目组成员 C 与甲公司财务经理 J 毕业于同一所财经院校。

(4) 审计项目组成员 D 的朋友于 2015 年 2 月购买了甲公司发行的公司债券 20 万元。

(5) ABC 会计师事务所原行政部经理 E 于 2011 年 10 月离开事务所,担任甲公司办公室主任。

要求:针对上述事项(1)至事项(6),分别指出是否对审计项目组的独立性构成威胁,并简要说明理由。

【题解】

(1) 对独立性产生威胁。A 注册会计师不能为甲公司制定财务战略。

(2) 对独立性产生威胁。审计项目组成员的主要近亲属(其妻子)是审计客户的高级管理人员,其岗位职责对财务报表产生重大影响,因密切关系违反职业道德守则。

（3）对独立性不产生威胁。项目组成员 C 与审计客户甲公司的财务经理是校友关系，但不构成密切关系，所以不构成对独立性的影响。

（4）对独立性不产生威胁。项目组成员 D 的朋友拥有甲公司的债券，并不能够视同是 D 拥有审计客户的经济利益关系，也没有说是密切的朋友，所以不构成对独立性的影响。

（5）对独立性不产生威胁。原会计师事务所行政部经理 E 进入审计客户担任办公室主任的职务。由于 E 在会计师事务所没有具体从事过对甲公司的审计业务，同时在审计客户担任的职务对财务报表审计业务也没有影响，而且时间已经相隔 4 年，所以不构成对独立性的影响。

本章要点概览

审计规范体系是指明文规定的各种有关审计的法律、法规、准则及规则，它是审计理论和实务的重要组成部分。

新《审计法》的修订和施行，是我国政府审计法制建设的一个重要里程碑，有利于依法行政，建设法治政府。

我国注册会计师职业规范体系由中国注册会计师执业准则、职业道德准则和职业后续教育准则组成。中国注册会计师执业准则包括鉴证业务准则、相关服务准则和会计师事务所质量控制准则。鉴证业务准则又由鉴证业务基本准则统领，按照鉴证业务提供的保证程度和鉴证对象的不同，分为审计准则、审阅准则和其他鉴证业务准则。其中审计准则是整个执业准则的核心。

会计师事务所业务质量准则旨在规范会计师事务所的业务质量控制，明确会计师事务所及其人员的质量控制责任。

注册会计师职业道德是指注册会计师的职业道德、职业纪律、专业胜任能力及职业责任等的总称。中国注册会计师在执业过程中应遵循的职业道德基本原则有：诚信、独立、客观和公正，专业胜任能力和应有关注，保密，良好职业行为。

注册会计师审计独立性面临的威胁主要包括自身利益威胁、自我评价威胁、过度推介威胁、密切关系威胁和外在压力威胁。

注册会计师职业后续教育，应当贯穿于注册会计师整个执业生涯中。

第三章 审计方法

──────学习目的与要求──────

　　本章旨在阐述审计方法意义、审计模式的沿革和审计的方法体系。通过本章的学习，学生应该全面了解审计方法的含义以及如何运用；掌握审计模式，尤其是风险导向审计模式；着重掌握审计查证方法；一般了解审计分析、评价和研究方法。

第一节　审计方法的含义

　　随着审计实践的丰富与审计理论的发展，审计方法也经历了由简单到复杂、由低级到高级、由个别到群体的漫长的历史演变，逐渐形成有系统的方法体系。审计方法从详细审计到抽样审计、从顺查法到逆查法、从单一检查方法到系统检查方法、从手工审计到计算机审计。通过账项基础审计到制度基础审计再到风险导向审计先后演变三种不同发展阶段，审计方法不断被审计人员反复地总结、借鉴、吸收与创新，走出了一条自身健康发展的道路。

一、审计方法的概念与意义

（一）审计方法的概念

　　审计方法是指在审计活动中，对完成审计任务，实现审计目标、发挥审计职能所涉及的有关信息，进行收集、加工、利用等各种专门手段的总称。简而言之，审计方法就是获取审计证据，并对照审计依据，形成审计结论的手段总称，也是处理审计信息的手段总称。审计方法贯穿于整个审计工作过程，而不只存在于某一审计阶段或某几个环节。审计工作从制定审计计划开始，直至出具审计意见书、依法作出审计决定和最终建立审计档案，都存在着运用审计方法的问题。

　　关于审计方法概念的表达，归纳起来大致有两种不同的观点：一种是狭义的审计方法，即认为审计方法是审计人员为取得充分适当审计证据而采取的一切技术手段；

另一种是广义的审计方法,即认为审计方法不应只是用来收集审计证据的技术,而应将整个审计过程中所运用的各种方式、方法、手段、技术都包括在审计方法的范畴之内。从系统论的观点看,审计方法体系,是指为了完成审计任务,实现审计目标,由一组相互关联的审计方法共同构成的一个有机的整体。我们认为,广义的看法是可取的,因为要想完成审计任务,实现审计目标,仅仅依靠搜集审计证据是远远不够的,还需要运用规划的方法,科学地确定目标,组织证实目标;还需要运用记录、评价、报告的方法来反映、衡量反馈目标被证实的过程与结果;同时还需要运用各种管理手段控制审计过程、审计效率和质量,否则就很难取得满意的审计效果。

(二)审计方法的意义

(1)审计方法是为完成审计的目的和任务而服务的。各种不同种类的审计,都有其不同的审计目的和要求,审计方法也会随之改变。

(2)审计方法的选用是否适当,对于审计结论的正确与否,有着密切的联系。

在审计过程中,如果选用的审计方法得当,便能提高审计效率,收到事半功倍的效果。审计方法选用恰当,可以尽快地发现问题,弄清事实真相,完成审计任务。同时,可以缩短审计时间,节省人力、物力,提高工作效率。若选用的审计方法不当,即选用与审计的特定目标和被审计项目的实际情况不相适应的审计方法,不但会降低审计工作的效率,还会降低审计效果,根本无法取得必要的审计证据,甚至可能误入歧途,导致错误的审计意见和结论。

因此,研究审计的方法,全面掌握并予以正确运用,对于搞好审计工作,发挥审计的作用,有着极其重要的意义。

二、审计方法的选用原则与注意事项

(一)审计方法的选用原则

审计的方法很多,有一般方法和技术方法之别。每一种方法都有其特定的目的和适用范围。正确地选用审计方法则是保证有效发挥审计监督的职能作用,实现审计目标的重要条件。要做到选用正确,必须遵循以下原则。

1.审计方法的选用要适应审计的目的

选用审计方法必须与其特定的目的相适应。不同的审计目的,要选用不同的审计方法;否则,审计的结果就会与其特定的审计目的和要求相背离。例如,财经法纪审计是以审查核实被审计单位是否存在严重违反财经法纪行为为目的而进行的专案审计。它的审计方法一般可采用查询及函证、分析程序等。一般的做法是:对审计中的重大问题可采用详查法,一般问题则可采用抽查法。这就是根据审计目的,选用审计方法的原则。一般地,进行财务审计时,主要运用查账的方法,如审阅法、复核法、核对法、函证法等;进行经济效益审计时,则既要运用财务审计的一般方法,又要运用多种分析方法及现代管理方法,如经济活动分析、技术经济分析、决策分析和数学分析等。但就每个具体的审计项目而言,则应具体分析以后才能决定选用何种方法。

2. 审计方法的选用要适应审计的模式

审计方法"在很大程度上取决于研究者所面临问题的类型、所作判断的性质以及检查的资料的特征"。"审计方法总是处在演变之中,并随着新问题的出现,而得到进一步检查和完善"。

账项基础审计下,审计的对象是记录被审计单位经济活动的会计资料和其他相关资料,这些资料大多都以书面文件或实物的形式存在着,是确定的、直观的和容易把握的。由于早期审计目标单一和任务不重,故采用详细审计查账方法。于是,审计人员采用检查、函证、分析程序和计算,并通过现场观察和盘点实物等手段,就可以收集到所需要的审计证据。

制度基础审计下,对被审计单位内部控制制度的研究和评价以及统计抽样技术的应用构成了审计方法的重要特征,故摒弃了全面的详细审计查账方法,采用控制测试方法,选用统计抽样并且吸收了系统工程中的系统分析法进行审计。

风险导向审计下,开始强调审计战略,使用全面的风险分析方法并积极采用分析程序,减少了一些实质性程序,是现代审计方法的最新发展。风险导向审计开发出了传统风险导向审计风险模型和现代风险导向审计风险模型。传统风险导向审计风险模型是指"审计风险＝固有风险×控制风险×检查风险"。固有风险和控制风险则与被审计单位有关,审计师可以通过了解企业及其环境以及评价内部控制,对两者作出评价。现代风险导向审计风险模型是指"审计风险＝重大错报风险×检查风险"。重大错报风险是将固有风险和控制风险合并起来综合考虑,特别是固有风险,通过对企业环境、公司治理结构等方面的评估作出规避、转移、减少、接受和利用的策略,在此基础上来确定检查风险,并设计和实施实质性程序,以使审计风险降低至可接受水平。

3. 审计方法的选用要适合审计人员的能力

审计作为一项技术性很强的工作,既要求审计人员具有相应的专业知识和其他学科的专门知识,又要求审计人员具有丰富的实践经验,敏锐的观察力和职业判断能力。但是,审计职业人员同其他事业人员相比,也并无"先见之明",要真正让每个职业审计人员都成为"通才",是很难做到的。因此,为充分利用每个审计人员的业务能力,又能保证收集到所需的合理证据,在选用审计方法时必须考虑审计人员的素质,即看看该审计人员的素质是否与运用该方法时所需具备的能力相适应。

4. 审计方法的选用要有利于审计工作的开展

审计方法的选用要有利于缩短审计时间,尽快作出审计结论,节约审计费用,降低审计成本。

审计结论的保证程度不同,需要办理的审计手续也各不相同,保证程度越高,办理的审计手续也要求越精密,从而也就决定了审计方法选用。如若要保证审计结论100%可靠,则必须进行详查,其结果也就必然要综合运用各种审计方法;如果保证程度是90%可靠,那么就可以采用抽样审查。

审计成本也决定了审计方法的选用。审计人员既要考虑成本的限度,同时又要考虑由于降低成本而对审计结论产生的影响,通过综合比较后,再决定应选用的审计方法。

从有利于节约审计费用,降低审计成本,缩短审计时间,尽快作出审计结论来选择审计方法,其前提是必须确保审计证据的正确获取,从而得出正确的审计结论。只有在同等条件下,均能确保审计证据的正确获取,才能采用这一原则。绝不能为了节约审计费用,降低审计成本,缩短审计时间而放弃"谨慎"的审计准则。

5. 审计方法的选用要适合审计方式

审计方式不同,选用审计的方法也不同。如行政事业单位实行报送审计,则一般就不需要运用盘存法去核实资产(特例除外);而进行就地审计时,则盘存法核实资产的实有数,常常是必须经过的步骤。如在进行全面审计时,则一般可以采用逆查法和抽查法;若进行专案审计,则一般要用详查法、顺查法等。如要真正彻底查清问题,则需要很多方法配合使用。因此,在选用审计方法时,应该考虑审计的方式。

6. 审计方法的选用要联系被审计单位的实际

选用审计方法必须结合被审计单位的具体情况和实际需要,反对主观臆断和脱离实际的做法;否则,不但会降低审计工作效率,还可能影响审计效果。例如,在经营管理混乱、财会工作不力、内部控制制度不健全的情况下,则必须采用全部审计或详细审计,而不宜采用局部审计或抽样审计。

所以,审计人员不但要熟悉各种审计方法之间的联系和区别,而且还应灵活掌握各种审计方法的结合运用;只有这样才能在保证审计效果的基础上,提高审计的工作效率。

(二) 选用方法时应注意的问题

1. 应相互联系地看问题,有系统观点

一般而言,对某一个具体的审计项目进行审计时,并非运用某一种方法就能解决问题,往往需要运用多种方法。因而在审计时应结合其他审计项目综合考虑,将顺查法与逆查法、详查与抽查、查账与调查、分析推理与核实等方法结合运用,以彻底查清所有问题。

2. 要善于抓住本质

运用某些审计方法,有时看到的往往只是些表面的现象。审计人员要善于通过这些现象,揭示其本质所在,然后有针对性地选用审计方法。如在财务决算审计时,重要内容之一是要检查盈利情况,若从利润表看,也许反映的利润额是相当可观的,甚至远远超过了计划数或承包数,但仅凭这个就得出该单位的经营情况很好、盈利水平高的结论,可能还为时过早。只有核实利润额确实是真实时,才能得出上述结论。这时就应相应检查收入的真实性和成本的正确性,这就需要运用分析法、审阅法、核对法,必要时可能还要运用函证法、盘存法等。

3. 要坚持密切联系群众

由于广大职工对被审计单位的情况相当熟悉,因此,他们也很有发言权。审计人员依靠自己的力量在极短的时间内熟悉企业的所有情况往往困难较大。若能依靠群众,则在审计方法的选用上要少走很多弯路。

第二节　审计模式

审计模式是审计导向性的目的、范围和方法等要素的组合,它规定了审计应从何处着手、如何着手以及何时着手等方面。随着审计环境的变化,审计目的在不断变化,被审计单位的具体情况在不断变化,因而审计模式也在不断发展。审计模式的发展主要经历了账项基础审计模式、制度基础审计模式和风险导向审计模式三个阶段。

一、账项基础审计模式

账项基础审计是审计模式发展的第一阶段,是早期审计在长时期内经常运用的一种模式,它在审计方法史上占有十分重要的地位。传统财务审计以及早期英国民间审计都以查错揭弊为主要目标,为保证查清全部会计记录是否正确,审计人员通常要对大量账簿记录进行逐笔检查与核对。

账目基础审计是指以经济业务、会计事项和账目记录为基础,直接从会计资料的审查入手收集有关审计证据,从而形成审计意见和结论的一种审计取证模式。这种取证模式以凭证账目等记录为重心,以数据的可靠性为着眼点,可以直接取得具有实质性意义的审计证据,审计质量较高。但是在这种模式下,审计人员需要运用详细审计方法,对大量的凭证、账目、会计报表等进行逐笔审查。因此,要想保证审计结论的正确性和可靠性,审计成本非常高。

最早的审计取证模式是以会计资料为切入点进行查错纠弊式的审计,其基本要求为,审计人员首先取得各个账项的明细表,与总账核对后再核对财务报表,顺向或逆向核对记账凭证和原始凭证。通过检查、观察、函证、询问等具体方法取得证明性材料。审计工作考核指标是查出的违纪违规金额,审计程序是采取凭经验直接看账的做法,审计过程一般不编制工作底稿,只对查出的问题取证,审计档案也是按报告所列问题先后排列证据,审计结果的表达方式是审计决定和意见书。通常查出几个违纪违规问题后即可结束审计,但很少有完整的审计,虽然审计结果也对被审计对象作出评价,但没有规范的工作底稿为依托,很难说明会计信息反映实际情况的真实性,作出有证据支持的全面评价。这一时期,开始引入"测试"的方法,同时由于资产负债表审计的出现,使得详细检查的方法逐步向抽样检查的方法过渡,但并未彻底改变传统的账目基础审计。

20世纪40年代以来,世界经济迅速发展,由于资本的高度积累和集中,企业规模不断扩大,经济业务数量急剧增多,审计环境发生了很大的变化。同时,企业的经营管理日臻完善,内部控制系统也在逐步建立和健全起来,而内部控制系统可靠性对于审计工作的重要意义也在审计实践过程中逐渐为广大审计人员所认识。由于财务报表审计的出现,审计目标也由强调查错揭弊转为验证财务信息的真实性、公允性,即财务报表是否真实、公允地反映了被审计单位的财务状况、经营成果和现金流量等情况。在这种情况下,由于会计信息本身失真可能涉及的范围较个别营私舞弊可能涉的范围广泛得多,再加上被审计单位经济业务日趋复杂,审计人员的社会责任愈加突出,审计风险加大,使得审计人员在未对被审计单位内部控制系统作详细了解和评价的情况下,要想合理地确定审计范围和审查重点成为一项十分困难的工作。基于上述原因,在审计环境和审计目标发生巨大变化的条件下,账目基础已无法兼顾审计质量和审计效率两方面的要求,这就必然要求以新的审计取证模式来取代旧的审计模式,制度基础审计就是在这种条件下产生的,并逐渐成为主流审计取证模式。

二、制度基础审计模式

所谓制度基础审计,是指在重点审查内部控制制度各个控制环节基础上,借以发现内部控制制度的薄弱之处,找出问题发生的根源,然后针对这些环节扩大检查范围;对内部控制制度有效之处,则可缩小其检查范围或简化其审计程序的一种审计方法。

在现代企业经营环境下,制度基础审计是人们公认的审计取证模式。它是以内部控制制度评审为基础所进行的审计,其程序设置切入点是被审计单位的内部控制制度。通过对内部控制制度的调查、测试和评价,来确定账表余额检查的深度与广度,最终达到检查证、账、表余额真实性的目的。其基本审计证据模式是:调查内部控制的证据、控制测试的证据、业务实质性测试证据、分析性测试的证据、详细的余额测试的证据。在制度基础审计模式基础上实施分析性测试,通过对不同业务过程的内控制度下产生的财务资料、非财务资料,以及相互之间关系进行比较研究,从而对该内部控制制度的设计以及执行情况作出全面分析与评价,进而有重点地确定实质性测试的范围。这种方法最大的优点在于注重剖析产生财务报表结果的每个过程,从而提高了审计质量和效率,降低了审计风险。制度基础审计的出现,突破了账目基础审计的框架,采用了全新的思路与措施,是现代审计发展和成熟的标志。

（一）制度基础审计的特点

制度基础审计是审计方法的一大突破,主要表现在:

(1) 通过了解并评价内部控制制度的完整、健全及是否得到有效实施,确定审计的重点。

(2) 对内部控制制度的遵循情况进行测试,评价控制风险,对审计风险进行系统规划和控制。

(3) 通过向管理当局提交管理建议书,对改善企业管理制度和业务处理程序提出建设性的意见。

（二）制度基础审计的基本内容

制度基础审计的基本内容主要包括以下五个方面:

(1) 检查和评价会计控制制度、管理控制制度和内部审计制度的合理性、适应性与有效性。

(2) 确定经营活动及业务处理同方针政策、计划程序、手续现定的相符程度。

(3) 确定单位财务会计资料及其他经济资料的真实性、完整性与可靠性。

(4) 鉴定对各种资源获取、保护、使用控制的适当性。

(5) 检查和评价单位的管理业绩、经营效率和各部门完成本职工作的质量。

上述基本内容(1)(2)(4)项属于内部控制制度评价的内容,其他则属于实质性测试的内容。但是不能把它们绝对分开,它们是相互联系的。

（三）制度基础审计模式的主要技术方法

1. 健全性测试方法

健全性测试方法是指审计人员为了更好地进行制度基础审计决策,而首先对被审计单位的内部管理和业务经营的内部方法、措施和程序进行调查,并与设想的理想内部控制模式加以比较后,评估其是否健全有效的一种审计技术方法。也可称为制度调查评价方法。调查内容包括单位概况和组织机构及其功能、经营决策、计划预算制度、组织人事控制制度、行政领导控制制度、生产销售管理控制制度、财务会计控制制度、内部审计控制和质量控制等。它主要也是运用审阅、询问、观察、调查表等审计基本技术方法进行调查。其中调查表法是指按照内部控制的一般要求,考虑理想的控制模式,将需要调查的全部内容以提问的方式列出,并制作成固定表格,再由被审计单位回答,以达到了解制度的方法。在制度评价时,首先是分析性初评,即主要是识别关键性控制及其控制的强弱点,并对控制弱点寻找补救性控制措施,对制度的强点则进一步进行符合性测试;其次是实地观察制度的运行情况,并将它制成图表形式的制度流程图;最后是将现行的控制制度与理想的控制制度比较,估计出是否有了足够和必需的控制。

2. 控制测试方法

控制测试方法是指审计人员为了确定被审计单位内部控制制度是否实际存在及其执行情况符合制度规定和要求的程度,在对其制度调查、图示与评价的基础上,对现行内部控制进行审查与测试的一种审计技术方法。测试有业务性和功能性两种类型。业务测试是指审计人员为了判明内部控制系统中不应缺少的控制项目是否存在,而按照业务的每个类型编号,对被审计单位重要经济业务进行检查的审计方法。而功能测试则是指对各种控制特别是关键控制点,在合法性、有效性、完整性、估算或计价、分类、截止期、过账与汇总等方面的作用发挥情况进行检查的审计方法。控制测试的具体有会计资料检查、重新处理、实地观察等审计技术方法。

3. 实质性测试方法

实质性测试方法是指在内部控制制度的健全性与合规性检验完成后,对财务报表和其他资料进行检验,以搜集确切证据来确定会计记录以及经营情况的合法性、正确性、完整性的一种审计技术方法。它主要有资产负债账目测试和分析性复核两种方法。资产负债账目测试是指通过检查计价的正确性,来验证资产负债是否存在、完整和企业所拥有的一种审计技术方法;分析性复核则是通过分析财务报表,找出需要进一步调查的问题,并经过验证后对财务报表作出审计报告的一项实质性测试技术,一般采用纵向的历史性比较和横向的计划与实际、同行业不同指标之间的比较方法进行测试。

4. 抽样审计技术方法

抽样审计技术方法是指从特定的审计对象的总体中,按照一定方法,抽取其中一部分进行审查,以推断总体有无错弊的现代审计技术方法。

其过程是:总体→抽取样本→审查样本结果→推断总体特征。它有判断抽样和统计抽样两种方法。

判断抽样是指审计人员根据长期积累的经验,结合审计的要求以及进入被审计单位了解到的情况,运用主观判断,有选择地在特定审计对象的总体中,重点抽取部分项目进行审核检查,并根据检查结果来推断总体性质的一种审计抽查技术方法。

随着概率论和数理统计的发展而产生的统计抽样,是指运用概率论和数理统计的原理,遵照随机原则,从特定审计对象的审查总体中抽取部分资料进行检查,并依其结果对总体特征加以推断的一种现代审计抽样技术方法。

而统计抽样技术又可分为属性抽样法、变量抽样法和货币金额抽样法等三种技术方法。

(四)制度基础审计的步骤

制度基础审计的流程简要说明如下:(a)确定审计的目标。(b)调查、了解并记录被审计单位的内部控制制度。(c)对被审计单位的内部控制制度的初步评价,如果评价的结果内部控制制度很差,则可以直接采用实质性测试。(d)控制测试。(e)控制测试结果的再评价,并据以决定实质性测试的性质、时间和范围。如果内部控制制度不可信赖,则采用详细审计。(f)实质性测试。(g)实质性测试结果的评价。(h)撰写审计报告。

（五）制度基础审计的优点

制度基础审计是以内部控制系统为入手点,通过对这些环节的审查,发现内部控制系统中的薄弱环节,找出问题的症结,并针对这些环节确定检查范围和重点,从而帮助审计人员合理地确定需要直接检查的经济业务和会计事项的数量。运用制度基础审计模式需要大量采用抽查方法。与账目基础审计相比,制度基础审计的优点主要表现如下:

（1）制度基础审计的抽查不是盲目的,不是仅凭主观去判断,而是以统计理论为基础,采用科学的统计抽样方法去判断,并且充分考虑重要性原则和审计风险水平,因而其审计工作质量是有保证的。

（2）这种审计取证模式较好地适应了审计环境和审计目标的变化,提高了审计质量和效率,同时也减少了审计取证的盲目性,降低了审计风险,从而成为审计理论与方法的重大突破,并在很长的时间里发挥了重要作用。

（3）制度基础审计一方面能大大减少审计工作中取得审计证据的工作量,从而节约审计的人力和时间,降低审计成本;另一方面能够较好地避免失误,保证审计工作的质量。

（4）这种审计取证模式的运用在提高审计质量和效率的同时,也间接地促进了被审计单位不断完善其内部控制制度。

（六）制度基础审计的局限性

虽然制度基础审计是目前比较流行的一种取证模式,但是,在审计实务中,这种模式也存在一些问题:

（1）如果被审计单位的管理层整体凌驾于内部控制系统之上,造成内部控制系统失效。那样,以被审计单位内部控制系统为基础的制度基础审计取证模式也就无法采用,也即对管理层蓄意舞弊无能为力。

（2）由于不同被审计单位的差异,内部控制有效性的整体评价缺少统一的标准。

（3）制度基础审计将审计人员的注意力集中到内部控制上,会使审计人员过分地强调和依赖内部控制制度,从而忽视其他一些重要的方面。

（4）仅从微观方面考虑问题,忽略了宏观方面的分析评估,不能直接解决全部审计风险问题。

三、风险导向审计模式

当今世界,风险无时不在、无处不在,竞争的压力、经营的变数、利益的驱使,容易诱发企业管理层舞弊的动因。这种情形下,审计人员在作出审计判断的过程中,不可避免地要承担判断错误的风险。执业的不确定性和风险要求注册会计师必须从高于内部控制制度的角度,综合考虑企业内外的环境因素,科学运用风险导向型审计。具体而言,就是在对企业环境和经营活动进行全面分析的基础上,制定审计策略,运用审计风险模型,积极而有效地采用分析性审计程序,以规避风险,提高审计效率。

风险导向审计是一种有别于账项基础审计和制度基础审计的审计模式。它以量化的风险水平为重点,在确定的风险水平基础上,决定实质性测试的程度和范围。

风险导向型审计是指注册会计师通过对被审计单位进行风险职业判断,评价被审计单位风险控制,确定剩余风险,执行追加审计程序将剩余风险降低到可接受水平。风险导向型审计的概念是针对会计师事务所的生存和发展提出的,事务所不仅仅是经济活动的监督者,它自身也是"经济人",在维护会计信息使用者利益的同时,使其获得最佳的收益是会计师事务所的目标所在。

(一)风险导向审计模式的特点

(1)将客户置于一个大的经济环境中,运用立体观察的理论来判断影响因素,从企业所处的商业环境、条件到经营方式和管理机制等构成控制结构的内外部各个方面来分析评估审计的风险水平,并把客户的经营风险植入到本身的风险评价中去。

(2)明确确认在为审计测试选择一个样本,企业开展业务的商业环境,对报表余额的真实性和公允性给予审计评价等都可能存在风险,并把这种意识贯穿到审计的全过程,从而在审计过程中把重点放在审计风险的评估上,并通过各种审计程序的设计和执行,把审计风险降低到注册会计师可以接受的水平。

(二)风险导向审计产生的背景

按照 Jensen 与 Meckling(1976)的论述,审计是为了降低企业代理成本而产生的。罗斯·L·瓦茨(Ross L. Watts)和杰罗尔德·L·齐默尔曼(Jerold L. Zimmerman)(1983)的证据表明,早在公元 14 世纪前后英国商人行会(Merchant Guilds)时期,审计就已经得到有效的运用。

从技术层面来看,审计经历了早期的账项基础审计到 20 世纪四五十年代的制度基础审计,到七八十年代逐渐发展为风险导向审计,特别是从制度基础审计转向风险导向审计,与日益增大的法律风险关系密切。

美国 1933 年发布的《证券法》,将审计人员的责任对象从直接委托人扩大到间接委托人(任何推定的财务报表使用者),且规定审计师(作为被告)负有举证责任。受此影响,美国会计职业界面临的审计诉讼压力,逐渐增大,到 70 年代初达到高峰。60

年代末、70 年代初的一些审计诉讼案例中，即便审计师证明其审计程序遵守了相关的审计准则，客户的财务报表也遵守了相应的"公认会计原则"，法院也认定审计师需要承担相应的审计责任，并认为，遵循一套由会计职业界自己制订的程序，不能表明其就没有责任。美国惩罚性损害赔偿制度，使得一旦审计师不能证明自己清白，就面临败诉风险，从而不仅要承担巨额的赔偿责任，还可能要面临巨额的惩罚性赔偿责任，且赔偿金额越来越高。日益增高的法律风险迫使美国会计职业界改变审计思想，逐渐确立风险导向审计。

近些年世界范围内市场竞争的加剧，企业的不稳定性进一步增强，社会对审计人员提出了更高的要求，审计人员的社会责任也随之加大，这就需要审计人员更加关注审计风险因素的评价。为了适应高度审计风险的存在，审计界开始在运用制度基础审计模式的基础上，逐步融入对审计风险因素的分析与评价方法，使制度基础审计模式得到了进一步发展，风险导向审计便应运而生了。

风险导向审计是指审计人员在对审计全过程中各种风险因素进行充分评价分析的基础上，将风险控制方法融入传统审计方法之中，进而获取审计证据，形成审计结论的一种审计取证模式。

（三）风险导向审计的两种模式

风险导向审计自产生以来经历了两个阶段，理论界把以传统审计风险模型"审计风险＝固有风险×控制风险×检查风险"为基础进行的审计称为传统风险导向审计模式；而将 20 世纪 90 年代后期开始，在国际会计师事务所内部推行并逐渐被审计理论与实务接受的，以"审计风险＝重大错报风险×检查风险"的模型为基础，以被审计单位的经营风险为导向的审计方法称作现代风险导向审计模式。

1. 传统风险导向审计和现代风险导向审计的含义

（1）传统风险导向审计。传统风险导向审计是指审计人员在审计过程中将风险分析、评价与控制融入传统审计方法（账项导向审计和制度导向审计）之中，进而获取审计证据，形成审计结论的一种审计取证模式。传统风险导向审计的基本程序并没有脱离制度导向审计模式，但它在制度导向审计模式的基础上更加注重风险评估和风险管理。

（2）现代风险导向审计。现代风险导向审计是审计技术方法在系统理论和战略管理理论基础上的重大创新，它以被审计单位的战略经营风险为导向，通过"战略分析—流程分析—经营业绩评价—财务报表剩余风险分析"的基本思路，将会计报表重大错报风险和经营风险联系起来，从而提出了审计师从源头分析和发现会计报表错报的观念。

2. 传统风险导向审计模式与现代风险导向审计模式的区别

传统风险导向审计模式与现代风险导向审计模式的本质区别在于审计理念和审

计技术方法的不同,后者是对前者的改进,其主要区别如下:

(1) 审计起点不同。在传统风险导向审计运用的审计风险模型中,固有风险是指假定不存在相关内部控制时,某一账户或交易类别单独或连同其他账户、交易类别产生重大错报或漏报的可能性。控制风险是指某一账户或交易类别单独或连同其他账户、交易类别产生错报或漏报,而未能被内部控制防止、发现或纠正的可能性。传统风险导向审计方法通过综合评估固有风险和控制风险以确定实质性测试的范围、时间和程序,由于固有风险难以评估,审计的起点往往为企业的内部控制(如果没有必要测试内部控制,审计的起点则为会计报表项目)。

现代风险导向审计方法通过综合评估经营控制风险以确定实质性测试的范围、时间和程序,其审计起点为企业的战略系统及其业务流程。如果企业的业务流程不重要或风险控制很有效,则将实质性测试集中在例外事项上。这种新模式的优点是将审计的重心前移到风险评估,这将有利于充分识别和评估会计报表重大错报的风险,因此,主要针对风险设计、实施控制测试和实质性测试程序。此外,注册会计师容易全面掌握企业可能存在的重大风险,有利于节省审计成本,克服因缺乏全面性观点而导致的审计风险。

(2) 风险评估识别以分析程序为中心。现代风险导向审计注重运用分析程序,以识别可能存在的重大错报风险;而传统风险导向审计对于信息的再加工程度不够,其分析程序主要用在报表分析上。分析程序已成为现代风险审计方法最重要的程序,为了适应分析程序功能扩大的要求,分析程序开始走向多样化:在数据分析上不但要对财务数据进行分析,也要对非财务数据进行分析;在分析工具上借鉴现代管理方法,把战略分析、绩效分析、财务分析及前景分析等分析工具运用到风险评估之中,使风险因素不再唯一,变一元风险评估为多元风险评估,使得出的风险评估结果更加可靠。

(3) 风险评估方式由直接评估转变为间接评估。传统风险导向审计的风险评估是一种直接的方式,即直接评估重大错报的概率。现代风险导向审计模式是从经营风险评估入手,间接地对审计风险进行评估,因为经营风险越高,审计风险也越大,也就是管理舞弊的可能性越大;并且从经营风险中能更有效地发现财务报表潜在的重大错报,因为财务报表是经营的反映,如果经营风险未能在报表中得到体现,则财务报表很可能失真。此外,会计政策、会计估计的合理性评估也只有从经营风险入手,才能进行正确的评估。

(4) 审计程序实施具有个性化。传统风险导向审计模式审计程序是标准化形式,对不同的被审计单位都使用标准相同的审计程序,其缺陷是没有足够贯彻风险导向审计思想,使注册会计师无法突破客户预先设置或防范的措施,难以得出正确的审计结论。现代风险导向审计方法要求注册会计师将评估及识别的审计风险与实施的审计程序相结合,针对不同客户以及客户不同的风险领域实施个性化的审计程序。

(5)审计证据的内涵扩大。在现代风险导向审计方式下,审计重心向风险评估转移,审计证据也由内部向外部转移。因此,注册会计师必须充分了解企业整体经营环境,由此评估客户的经营及审计风险,同时必须从外部取得大量的外部证据来证明风险评估的恰当性。风险导向审计模式下,注册会计师形成审计结论所依据的审计证据不仅包括实施控制测试和实质性测试获取的证据,还包括了解企业及其环境获取的证据。

(6)扩充了内部控制要素。传统风险导向审计方法下的内部控制是指被审计单位为了保证业务活动的有效进行,保护资产的安全和完整,发现、纠正错误与防止舞弊,保证会计资料的真实、合法、完整而制定和实施的政策与程序。内部控制要素包括控制环境、会计系统和控制程序。现代风险导向审计方法下的内部控制是指被审计单位为了合理保证财务报告的可靠性、经营的效率和效果以及对法律法规的遵循,由治理当局、管理当局和其他人员设计和执行的政策和程序。内部控制的三要素扩充为五要素,即控制环境、被审计单位的风险评估过程、与财务报告相关的信息系统和沟通、控制活动和对控制的监督。

(7)对注册会计师的专业知识提出了更高要求。现代风险导向审计对注册会计师的专业素质提出更高要求,其重心从会计、审计知识转向管理和行业知识。现代风险导向审计下审计结果主要依赖风险评估,风险评估的各种分析方法要求掌握现代管理知识和行业知识(包括市场、研发、生产等方面),这对注册会计师提出了更高的要求。注册会计师应该是复合型人才,不但要掌握一般常用分析工具,还要接受现代管理知识和行业专业知识训练。

(四)风险导向审计的基本程序

1. 传统风险导向审计的基本程序

风险基础审计的特点表明,审计程序设计和执行恰当与否,对审计风险的控制有着重要的意义。恰当的审计程序有助于审计工作循序渐进、有条不紊地达到审计目的。在实务中,为了使审计工作做得更为细致,并能关注审计重要领域,风险基础审计的程序可分为以下五个阶段:

第一阶段:通过调查、了解、分析、评估等方法执行一般规划并确认重要的审计领域,识别重要的风险领域。目的是评估固有风险,确认重要的审计范围。一般在审计计划开始时进行。具体内容为:明确客户服务及其他规划目标;取得或更新对客户业务与产业的了解;执行全面控制环境的评估;对重大性作初步判断;决定要审查的重要账户;确认影响这些账户的资料来源;编制审计计划。

第二阶段:了解和评估重要的资料来源,目的是寻找并确定控制弱点。一般在期中审计时进行。具体内容是:确认重要的估计和资料过程;对各项过程取得了解;考虑何处可能出错;确认与评估相关的控制。

第三阶段:执行初步风险评估,即固有风险和控制风险的联合。目的是通过风险评估,选择可靠的、有效益的、有效果的审计查核程序。即首先考虑固有风险,再对控制风险作出初步评估,在对控制有效或无效作出判断时,主要是对客户管理意识、控制措施及控制品质、控制程序设计本身是否严密,分工分职是否良好作出判断。如果有效,则进一步对可依赖程度和发生重大审计错误的可能性作出判断。在此基础上,再评估审计发生错误的可能性,并确定审计查核方法。这主要在审计中期完成。具体内容包括:确认重要的作业和交易;了解重要交易之流程,绘制流程图;研究判断错误可能发生的所在:

(1) 要辨认流程中的关键环节。

(2) 要把控制目标与流程中的重要环节串联。

(3) 要确认交易流程中可能发生的错误,辨认及了解预防控制及侦测控制,初步评估控制风险。

第四阶段:拟订与执行审计计划,通过实施审计获取审计证据。具体内容如下:根据评估作出的不同的风险程度,为每一类重要认定拟订不同的查核方法;拟订审计程序以供控制测试及实质性测试之用;执行内部控制测试;根据测试结果最终评估控制风险;根据所确定的固有风险和控制风险水平综合的高低,执行实质性测试。

第五阶段:作出审计报告,即执行全面评估,将审计结论形成书面文件。

以上五个阶段中,前三个阶段主要通过了解、观察、分析、评估来确定审计的范围和重点,选择适当的审计程序和方法。做到仗未打,已有八分胜券,这也是风险基础审计模式的精髓。由此可以看出,虽然风险基础审计与制度基础审计在许多程序上有着相同之处,但风险基础审计是将客户置于一个大的经济环境中,从企业所处的商业环境、条件到经营方式和管理机制等内外两个方面来分析评估,全方位地判断影响因素。

2. 现代风险导向审计的基本程序

现代风险导向审计模式是一种全新审计技术,其基本程序包括:

(1) 战略风险分析。战略分析是现代风险导向审计模式的核心环节,其基本思路在于:战略失败很可能引发经营失败问题,进而导致企业整体业绩下滑(如中国水仙失败案例)。

(2) 经营环节问题分析。独立审计师借助于客户经营能力分析,可以从更宽广的视野剖析被审计客户潜在的风险,进而找寻可能对客户经营业绩产生不利影响的各种因素。

(3) 经营业绩评价。独立审计师可以在对被审计客户战略风险和经营风险分析的基础上,对客户经营业绩形成合理预期,进而为评估总体审计风险提供依据。

（4）财务报表重大错报的剩余风险评估。评估重大错报风险。这是风险评估的重要部分，审计人员应当运用合理的职业判断，确定识别的风险哪些是需要特别考虑的重大风险，如风险是否是舞弊风险；风险是否与近期经济环境、会计核算和其他方面的重大变化有关；交易的复杂程度；风险是否涉及重大的关联方交易；财务信息计量的主观程度，特别是对不确定事项的计量存在宽广的区间；风险是否涉及异常或超出正常业务范围的重大交易。特别风险通常与重大的非常规交易和判断事项有关。非常规交易是指由于金额或性质异常而不经常发生的交易。判断事项通常包括作出的会计估计。独立审计师可以结合以上环节，合理评估财务报表中的剩余风险水平，可以采用传统查账技术和现代审计技术相结合的方法，对客户财务报表中的剩余风险进行分析，最后可将被审计客户的财务报表重大错报风险降低至可以接受的水平。

（5）可接受的检查风险水平的估计。可接受的检查风险即财务报表重大错报的剩余风险，故可接受的检查风险水平的估计就是财务报表重大错报的剩余风险评估。

（6）实质性审计测试时间、性质和范围的确定。

独立审计师可以借助于会计报表剩余风险因素的评估结果，分项目确定具体审计目标，合理制定审计方案，进而确定实质性测试的时间、性质和范围。确定实质性程序范围时要考虑重大错报风险和实施控制测试的结果。实质性程序包括对各类交易、账户余额、列报的细节测试以及实质性分析程序，目的是为了发现认定层次的重大错报。审计人员应当针对重大的各类交易、账户余额、列报实施实质性程序以获取适当的审计证据。审计人员实施的实质性程序应当包括下列与财务报表编制完成阶段相关的审计程序：将财务报表与其所依据的会计记录相核对；检查财务报表编制过程中作出的重大会计分录和其他会计调整。如果认为评估的认定层次重大错报风险是特别风险，审计人员应当专门针对该风险实施实质性程序。新的业务流程要求审计人员全程关注财务报表的重大错报风险，并将风险评估作为整个审计工作的基础。评估重大错报风险的失误，必将导致整个审计工作的失败。

由此可见，现代风险导向审计模式首先是一种"自上而下"的审计模式。独立审计师可以在合理评估剩余风险的基础上有效实施实质性测试程序，然后采用"自下而上"的审计模式，汇总审计情况，最后在评价被审计客户会计报表中的整体错报水平的基础上发表恰当的审计意见。因此，现代风险导向审计程序是一种科学化的系统分析过程。这种模式的优势在于它既可以从整体上把握审计风险因素，简化审计手续，提高审计效率，又可以合理整合审计资源，抓住主要矛盾，提高审计效果，最终达到"双效合一"的目的。

（五）传统风险导向审计的基本方法

风险导向审计这一方法模式得以产生并被越来越多的会计师事务所用于审计实践中去，说明风险导向审计是行之有效的，能满足注册会计师降低审计成本的需要和缩小期望差。以下具体讨论传统风险导向审计的基本方法。

1. 审计风险评估

风险导向审计是以审计风险评估为中心的,审计风险的评估贯穿了审计整个过程。注册会计师希望在公布已审计会计报表的结论之前将审计风险降到最低,以维持其结论的正确性。进行审计时,注册会计师最关键的是要按审计程序执行,以便把审计风险降到最低。审计程序的性质很重要,对于特定的账户,确认使用适当的审计程序工作效率会更高。在不同条件下选择不同审计程序,可采用以下两种方法:

(1) 确保项目的固有属性和内部控制结构,使错误评估会计报表的风险最低而设计审计程序。

(2) 为直接证实一个项目,可以使注册会计师有确切把握将该领域的重大错报查出而设计审计程序。注册会计师可以同时使用以上两种审计程序。

审计风险是固有风险、控制风险和察觉风险的结合。注册会计师不能改变固有风险。为了完成审计,注册会计师必须减少其他两种风险。注册会计师若了解控制环境、会计制度及控制程序,并能检查其效能,则可获得控制风险估计水平减少的证据。若证据显示有效,则控制风险可减低;若控制有问题,则控制风险相应增高;若想减少察觉风险,可通过有效地检查账户余额细目或其他程序来实现。

2. 分析性测试

分析性测试是以财务资料及非财务资料之间的表面关系或可预测的关系,评估财务信息,分析财务信息的合理性。使用分析性测试的前提条件是公司的账户要基本可靠。这种方法能够较全面地分析比较,它要以当年余额与全年预算作比较;以毛利率或其他财务比率与去年相比;要与同行业相比。所以,使用这种方法能收到多方面的效果:它取代其他实质性测试的功效,它所揭示出来的差异,可起到"红旗"(red flag)的作用,引起注册会计师的注意;辅助审计结论;提高审计效率;降低审计风险。分析性测试与审计各个阶段密切相关。在审计计划阶段,进行内部控制测试时,不可缺少地要用到分析性测试,如审计调查时对会计报表的初步了解,利用一些指标的分析可帮助注册会计师评价审计风险的程度,提高注册会计师对企业经营业务的理解和识别风险区域。在审计实施进程中,首先要对全部账户进行广泛的分析性测试,以缩小详细测试的范围;在审计报告阶段,结束审计之前,注册会计师应对会计报表的总体内容作最后的分析,以发现那些具体抽查中未予发现的问题。

利用分析性测试可发现"可能"存在的重大舞弊或差错,可发现一些异常情况,然后通过对这些异常情况的查证,就能"合理地保证"财务报表不被严重歪曲,"合理地保证"揭露重大舞弊或差错。分析性测试的有效性是由分析方法的基本原理决定的,通过研究财务数据或非财务数据之间存在的相互关系来判断数据本身的正确性和正常性。例如,根据会计复式记账的原理,就能判断出销售收入和应收账款的发生额是否正常,如果销售收入很高,而应收账款借方发生额较低,则其中必定存在问题,或账务处理的差错或蓄意舞弊。因此和其他方法相比,它根据各种数据中的相互关系,通过比率分析、趋势分析等各种指标更能发现异常情况。分析性测试所使用的分析方法可从简单的比较方法到复杂的数理统计方法,它所使用的分析指标可以是绝对数指标,如单位成本比较分析、年销售额比较分析等,也可以是相对数指标,如销售利润率、投入产出率等。所有分析性测试,包括账面的余额或比率与预期指标进行比较,而预期指标则根据数据之间相互关系以及注册会计师对客户及其所在行业的熟悉程度来决定的。决定预期指标的信息一般包括:

(1) 当前的可比财务信息(考虑本期已知的变化)。

(2) 预见的成果,例如从中期或年末数据中推知的预见数。

(3) 当期财务信息要素之间的相互关系。

(4) 有关客户同行业的信息。

(5) 财务信息与非财务信息之间的相互关系等。

3. 控制测试

控制测试是在内部控制结构了解的导向上,为了确定内部控制结构政策和程序的设计以及执行是否有效(即效果好坏)而实施的审计程序。目的在于通过对内部控制要素进行评价以确定控制风险。控制测试的产生与内部控制结构概念的建立以及对符合性测试(compliance test)的重新认识有关。"内部控制结构"取代原来的"内部控制制度"并不是在玩弄名词游戏,而是现代审计环境影响的结果。从审计的角度来看,一个企业的内部控制结构由控制环境、会计制度和控制程序三个要素组成。现代审计对内部控制的研究和评价范围已不再像以前那样只囿于内部会计控制,它已发展到了对控制环境的审查,以便于控制风险的确定,特别是要评价那些对财务报告的真实性有重大影响的重大差错或非法行为失控的风险。

对内部控制要素进行控制测试的程序有以下四种:

(1) "询问"客户负责执行某项工作职责的有关人员。

(2) "观察"客户工作人员实际履行这项工作职责的实际情况。

(3) "审查"反映这项工作职责履行情况的凭证和报告。

(4) "重新执行"这项控制。控制测试的范围取决于期望的估计控制风险实际水平 (intended assessed level of control risk)。注册会计师如果要求较低的估计控制风险水平,则无论从测试控制的数量来说,还是从每项控制测试的范围来说,都要采用较大的样本量来执行审查、观察和重做等程序。

4. 交易业务实质性测试

交易业务实质性测试涉及会计系统特定种类交易的处理,通常针对主要交易类别而言。目的是决定客户的会计交易是否经过恰当的审批,在日记账中是否正确记录和汇总,是否正确地过入明细分类账和总分类账。交易业务实质性测试主要关注账户的借贷方发生的金额。无论是在期中还是期末执行,都必须在余额细节测试前来实施。因为交易业务的实质性测试通常和余额细节测试的计划同时进行。

从理论上讲,如果早期已经测试了期初余额,通过资产负债表账户余额的细节测试来间接测试主要交易类别是可行的。无论交易业务的类别测试是控制测试、实质性测试或是双重目的测试,注册会计师的基本目标都是相同的,即对特定种类交易处理的可靠性和真实性提供合理保证,以减少余额细节测试。

交易业务实质性测试的基本做法通常要考虑控制程序,即:

(1) 确定交易业务流程的四大环节,即交易发生→原始单据→日记账及明细账→总账。

(2) 记录编制交易流程图:

① 要辨明重要环节。

② 辨明重要路径中的其他环节。

③ 绘制流程图。流程图的编制通常与控制测试一致,所以有时又称为双重目的的测试。

(3) 确认可能错误的步骤:

① 辨认交易流程中的重要环节。

② 把控制目标和流程重要环节串联。

③ 确认交易流程中的可能发生的错误。这可与控制测试同时进行。

(4) 确认账户测试的性质、时间和范围。基于对内部控制要素的了解,注册会计师应确认是否存在为实现控制目标提供合理保证的内部控制政策和程序。如果存在,则注册会计师为测试这些功能所设计的测试通常与控制测试一起进行。如果不存在这些测试,则将进行余额细节测试。

5. 余额细节测试

余额细节测试是直接获得有关账户余额的证据,而不是从构成余额的单个借贷发生项目取得证据。它为余额真实性、恰当性提供合理保证,或确认出其中的货币性误差。注册会计师最终目标是对由账户余额组成的会计报表发表意见。无论采取什么策略,注册会计师都要广泛使用余额细节测试。在小型企业的审计中,许多注册会计师几乎完全单独依靠余额的直接测试。比如,注册会计师可向银行函证银行存款余额,也可向顾客函证应收账款余额。注册会计师还可以审查固定资产的余额,观察客户存货盘点和执行期末存货价格测试来获取有关余额的证据。

余额细节测试不同于交易业务实质性测试。余额细节测试涉及交易类别,如收取现金,并且可能是实质性测试、控制测试或双重目的测试。账户余额和交易是相关的,注册会计师需要对账户余额和交易类别的审计程序作出协调。在设计具体项目

的余额细节测试时,其性质、时间和范围要考虑的因素是:

(1) 会计报表的项目和审计目标的性质。

(2) 项目余额的重要性水平。

(3) 项目余额的审计风险水平。

(4) 审计测试的效率。

另外,由于企业经营产生的风险,会对审计产生影响,所以经营风险也是注册会计师必须考虑的因素之一。显然,风险导向审计所涉及的范围就比制度导向审计为宽,也更符合现代审计所处的社会环境。

(六) 现代风险导向审计模式的基本方法

与传统风险导向审计模式不同,现代风险导向审计模式它不仅注重传统的审计技术,而且注重全新的审计技术。虽然传统的风险导向审计也采用分析性复核程序,但它往往只注重与企业会计报表相关的财务指标分析,而很少进行非财务指标分析,因此,传统风险导向审计技术无论从深度上,还是广度上,均劣于现代风险导向审计模式。现代风险导向审计技术的优势在于以下几个方面。

1. 战略风险分析技术

战略分析主要是客户外部环境和内部条件分析,战略分析是现代风险导向审计模式的核心环节,其基本思路在于:战略失败很可能引发经营失败问题,进而导致企业整体业绩下滑。独立审计师可以采用政治、经济、社会与技术(PEST)分析技术和波特(PORTER)分析技术,对客户的战略风险进行综合评估,形成对行业利润的合理预期。

2. 经营风险分析技术

独立审计师可以借助于客户经营能力分析,采用价值链(VCA)分析技术、波士顿(BCG)分析技术和机会、威胁、优势与劣势(SWOT)分析技术,可以从更宽广的视野剖析被审计客户潜在的风险,进而找寻可能对客户经营业绩产生不利影响的各种因素,对客户的经营业绩形成合理预期。

3. 业绩评价技术

独立审计师可以在对被审计客户战略风险和经营风险分析的基础上,采用平衡积分卡(BSC)和标杆管理(benchmarking)分析技术,对客户经营业绩形成合理预期,进而为评估总体审计风险提供依据,对客户的经营业绩进行总体评估。

4. 剩余风险检查技术

独立审计师可以采用传统查账技术和现代审计技术相结合的方法,对客户会计报表中的剩余风险进行分析,最后可将被审计客户的会计报表重大错报风险降低至可以接受的水平。

由此可见,现代风险导向审计模式主要采用战略分析和系统分析工具,可以大大提高独立审计师发现问题的能力,因而可以最大限度地减少审计失败的风险损失。

第三节　审计方法体系

一、审计方法体系的概念和构成

（一）审计方法体系的概念

审计方法体系是指为了完成审计任务,实现审计目标,由各种审计方法密切联系、相互结合,构成科学系统的一套完整方法的总称。

（二）审计方法体系的构成

审计工作不是毫无规律可言,审计方法有自己的体系（见图3-1）,其主要内容应包括以下几个方面。

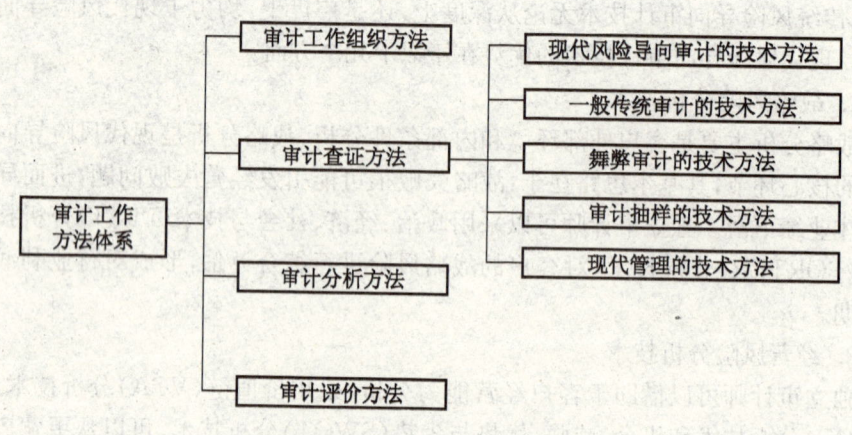

图3-1　审计工作方法体系

1. 审计工作组织方法

审计工作组织方法是指对全部审计活动或具体审计项目进行合理组织和安排时所采用的各种措施和手段。其目的在于确定审计目标,合理分配各种审计资源,以保证审计工作经济而有效地进行。其主要内容包括计划制订方法、程序确定方法、方案设计方法等。计划制订方法,涉及如何设计审计总体目标以及对审计活动长、短期安排;程序确定方法,主要指对一般审计步骤的设计问题,包括对审计准备、实施与结束工作的具体安排;方案设计方法,涉及对具体审计项目进行审计的要点、审计顺序、审计时间、人员分工等部署问题。

2. 审计查证方法

审计查证方法是指对被审计单位或被审计项目进行具体审计时所采用的各种程

式、措施和手段。其目的在于证实审计目标，搜集充分有效的证据，以保证审计结论和决定有可靠的依据，是搞清被审计单位财务收支活动的事实和现象的手段。审计查证方法是审计最基本的方法，既包括了一定的程式，又包括了各种技术手段，主要内容包括现代风险导向审计技术方法、一般传统审计技术方法、舞弊审计的技术方法、审计抽样技术方法和现代管理技术方法。

3. 审计分析方法

审计分析方法是审计人员运用各种方法及分析工具，对企业或其他组织的财务报表和经济活动进行分析评价，提出审计结论和建议基础的手段。

4. 审计评价方法

审计评价方法是指根据查明的事实，对照审计标准以判定是非良莠的方法。通过审计评价，可以确定被审计资料是否真实、正确和可信，以及确定被审计经济业务和经济活动是否合法、合理和有效。审计评价方法根据其适用范围的大小可分为一般评价方法和特定评价方法：一般评价方法是指适用于对各种被审计项目进行评价的程式和技术；特定评价方法是指只适用于对某些具体对象的评价要点与要求。

二、审计查证方法

审计查证方法由现代风险导向审计技术方法、一般传统审计技术方法、舞弊审计技术方法和现代管理技术方法组成（见图3-2）。

（一）现代风险导向审计的技术方法

现代风险导向审计的技术方法主要包括风险评估方法、分析程序、控制测试和实质性程序等方法。

1. 风险评估方法

风险评估是指在风险事件发生之前或之后（但还没有结束），该事件给人们的生活、生命、财产等各个方面造成的影响和损失的可能性进行量化评估的工作。传统风险导向审计的风险评估是一种直接的方式，即直接评估重大错报的概率。现代风险导向审计模式是从经营风险评估入手，间接地对审计风险进行评估，因为经营风险越高，审计风险也越大，也就是管理舞弊的可能性越大；并且从经营风险中能更有效地发现财务报表潜在的重大错报，因为财务报表是经营的反映，如果经营风险未能在报表中得到体现，则财务报表很可能失真。此外，会计政策、会计估计的合理性评估也只有从经营风险入手，才能进行正确的评估。现代风险导向审计评估的方法主要包括战略风险分析法、经营风险分析法、业绩评价法、剩余风险检查法。

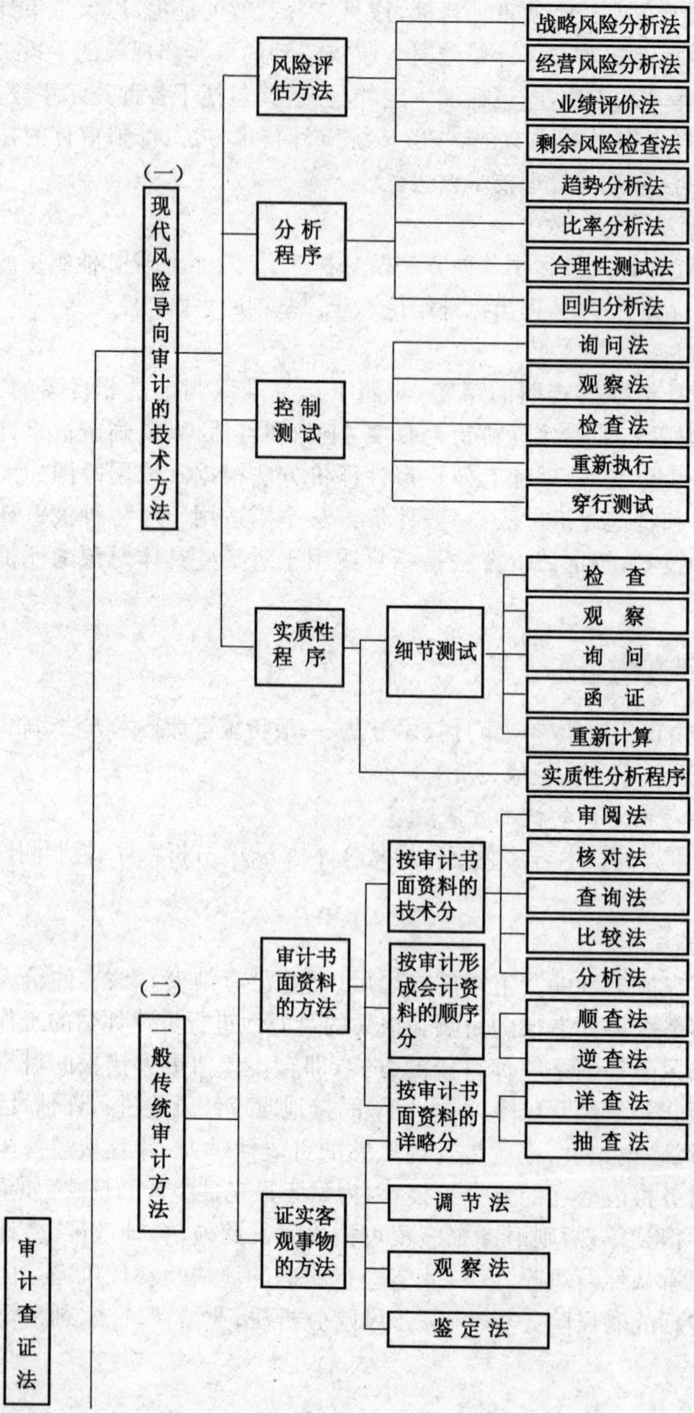

```
                                                    ┌─ 战略风险分析法
                                          ┌─风险评 ─┤─ 经营风险分析法
                                          │ 估方法  │─ 业绩评价法
                                          │         └─ 剩余风险检查法
                                          │         ┌─ 趋势分析法
                                          │ ┌─分析 ─┤─ 比率分析法
                           ┌─(一)        │ │ 程序  │─ 合理性测试法
                           │ 现          │ │       └─ 回归分析法
                           │ 代          │ │       ┌─ 询问法
                           │ 风          ├─┤       │─ 观察法
                           │ 险          │ │ 控制 ─┤─ 检查法
                           │ 导          │ │ 测试  │─ 重新执行
                           │ 向          │ │       └─ 穿行测试
                           │ 审          │ │
                           │ 计          │ │               ┌─ 检查
                           │ 的          │ │               │─ 观察
                           │ 技          │ │               │─ 询问
                           │ 术          └─│ 实质性 ─细节测试 ─┤─ 函证
                           │ 方          │ 程序  │         │─ 重新计算
                           │ 法          │       └─实质性分析程序
                           │
                           │                            ┌─ 审阅法
       审                  │                 ┌─按审计书 ─┤─ 核对法
       计                  │                 │ 面资料的 │─ 查询法
       查 ─────────────────┤                 │ 技术分   └─ 比较法
       证                  │                 │─按审计形 ─┬─ 分析法
       法                  │      ┌─审计书 ──┤ 成会计资 │─ 顺查法
                           │      │ 面资料 │  │ 料的顺序 └─ 逆查法
                           │      │ 的方法 │  │ 分
                           │      │        │  └─按审计书 ─┬─ 详查法
                           └─(二) ─┤        │    面资料的 └─ 抽查法
                             一     │        │    详略分
                             般     │        │
                             传     │        │         ┌─ 调节法
                             统     │      └─证实客 ──┤─ 观察法
                             审     │        观事物 │
                             计     │        的方法 └─ 鉴定法
                             方     │
                             法     │
```

（续图）

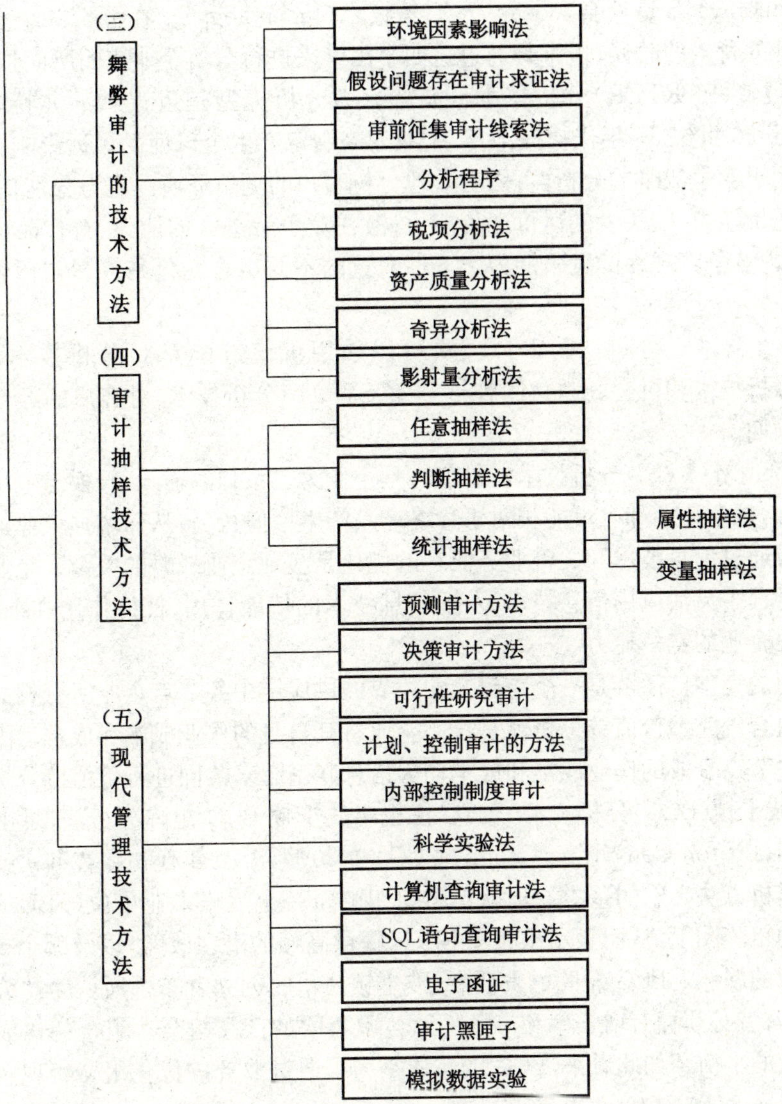

```
（三）    ┌─ 环境因素影响法
舞        ├─ 假设问题存在审计求证法
弊        ├─ 审前征集审计线索法
审        ├─ 分析程序
计        ├─ 税项分析法
的        ├─ 资产质量分析法
技        ├─ 奇异分析法
术        └─ 影射量分析法
方
法

（四）    ┌─ 任意抽样法
审        ├─ 判断抽样法
计        └─ 统计抽样法 ─┬─ 属性抽样法
抽                      └─ 变量抽样法
样
技
术
方
法

（五）    ┌─ 预测审计方法
现        ├─ 决策审计方法
代        ├─ 可行性研究审计
管        ├─ 计划、控制审计的方法
理        ├─ 内部控制制度审计
技        ├─ 科学实验法
术        ├─ 计算机查询审计法
方        ├─ SQL语句查询审计法
法        ├─ 电子函证
          ├─ 审计黑匣子
          └─ 模拟数据实验
```

图 3-2 审计查证方法

（1）战略风险分析法。战略分析主要是客户外部环境和内部条件分析,战略分析是现代风险导向审计模式的核心环节,其基本思路在于:战略失败很可能引发经营失败问题,进而导致企业整体业绩下滑。独立审计师可以采用政治、经济、社会与技术(PEST)分析技术和波特(PORTER)分析技术,对客户的战略风险进行综合评估,形成对行业利润的合理预期。

① PEST 分析方法。PEST 分析是指宏观环境的分析,P 是政治(politics),E 是经济(economy),S 是社会(society),T 是技术(technology)。在分析一个企业集团外部所处的背景的时候,通常是通过这四个因素来进行分析企业集团所面临的状况。

　　② 波特(PORTER)分析技术。波特五力分析模型是迈克尔·波特(Michael Porter)于 20 世纪 80 年代初提出,对企业战略制定产生全球性的深远影响。波特分析技术用于竞争战略的分析,可以有效地分析客户的竞争环境。五力分别是:供应商的讨价还价能力、购买者的讨价还价能力、潜在竞争者进入的能力、替代品的替代能力、行业内竞争者现在的竞争能力。五种力量的不同组合变化最终影响行业利润潜力变化。

　　(2) 经营风险分析法。审计人员可以采用价值链(VCA)分析技术、波士顿(BCG)分析技术和机会、威胁、优势与劣势(SWOT)分析技术,对客户的经营业绩形成合理预期。

　　① 价值链(VCA)分析技术。价值链是企业为一系列的输入、转换与输出的活动序列集合,每个活动都有可能相对于最终产品产生增值行为,从而增强企业的竞争地位。企业通过信息技术和关键业务流程的优化是实现企业战略的关键。企业通过在价值链过程中灵活应用信息技术,发挥信息技术的使能作用、杠杆作用和乘数效应,可以增强企业的竞争能力。

　　公司的完整价值链是一个跨越公司边界的供应链中各节点企业所有相关作业的一系列组合。完整价值链分析就是核心企业将其自身的作业成本和成本动因信息与供应链中节点企业的作业成本和成本动因信息联系起来共同进行价值链分析。

　　② 波士顿(BCG)分析技术。BCG 法也叫波士顿 BCG 矩阵分析法,是由美国波士顿集团(Boston Consulting Group, BCG)在 20 世纪 70 年代初在咨询实践中设计的一种分析方法。它的基本原理就是将组织的每一个战略事业单位(SBUs)标在一种 2 维的矩阵图上,从而显示出哪个 SBUs 提供高额的潜在收益,以及哪个 SBUs 是组织资源的漏斗。BCG 矩阵的发明者、波士顿公司的创立者布鲁斯认为:“公司若要取得成功,就必须拥有增长率和市场份额各不相同的产品组合。组合的构成取决于现金流量的平衡。”如此看来,BCG 的实质是为了通过业务的优化组合实现企业的现金流量平衡。

　　③ 机会、威胁、优势与劣势(SWOT)分析技术。SWOT 是一种分析方法,用来确定企业本身的竞争优势(strength),竞争劣势(weakness),机会(opportunity)和威胁(threat),从而将公司的战略与公司内部资源、外部环境有机结合。因此,清楚的确定公司的资源优势和缺陷,了解公司所面临的机会和挑战,对于制定公司未来的发展战略有着至关重要的意义。

　　(3) 业绩评价法。审计人员可以在对被审计客户战略风险和经营风险分析的基础上,采用平衡积分卡(BSC)和标杆管理(Benchmarking)分析技术,对客户的经营业绩进行总体评估。

① 平衡积分卡(BSC)。平衡计分卡的定义:"简单说来,平衡计分卡表明了企业员工需要什么样的知识、技能和系统〔学习和成长角度〕,才能创新和建立适当的战略优势和效率(内部流程角度),使公司能够把特定的价值带给市场(客户角度),从而最终实现更高的股东价值(财务角度)。"当然,支撑这个定义的,是定义中没有提到的绩效管理和考核体系。

② 标杆管理分析技术。标杆管理又称基准管理,是指一个组织瞄准一个比其绩效更高的组织进行比较,以便取得更好的绩效,不断超越自己,超越标杆,追求卓越,组织创新和流程再造的过程。

标杆管理起源于 20 世纪 70 年代末 80 年代初,在美国学习日本的运动中,首先开辟标杆管理先河的是施乐公司,后经美国生产力与质量中心系统化和规范化。

标杆管理的概念可概括为:不断寻找和研究同行一流公司的最佳实践,并以此为基准与本企业进行比较、分析、判断,从而使自己企业得到不断改进,进入或赶超一流公司,创造优秀业绩的良性循环过程。其核心是向业内或业外的最优秀的企业学习。通过学习,企业重新思考和改进经营实践,创造自己的最佳实践,这实际上是模仿创新的过程。

(4) 剩余风险检查法。审计人员可以采用传统查账技术和现代审计技术相结合的方法,对客户会计报表中的剩余风险进行分析,最后可将被审计客户的会计报表重大错报风险降低至可以接受的水平。

由此可见,现代风险导向审计模式主要采用战略分析和系统分析工具,将客户置于一个大的经济环境中、全方位的判断影响因素,从客户所处的商业环境、条件到经营方式和管理机制等内外两个方面进行风险评估,并且这种风险评估比单纯的账项检查来得更为重要,现代风险导向审计可以大大提高独立审计人员发现问题的能力,因而可以最大限度地减少审计失败的风险损失。

2. 分析程序

现代风险导向审计以分析程序为中心,分析程序成为最重要的审计程序。分析程序是指审计人员通过分析不同财务数据之间以及财务数据与非财务数据之间的内在关系,对财务信息作出评价。分析程序还包括在必要时对识别出的、与其他相关信息不一致或与预期相关信息差异重大的波动或关系进行调查。

注册会计师实施分析程序可以使用不同的方法,包括从简单的比较到使用高级统计技术的复杂分析。分析程序可以运用于合并财务报表、组成部分的财务报表以及财务信息的要素。

在实务中,可使用的方法主要有下列几种:

（1）趋势分析法。趋势分析法主要是通过对比两期或连续数期的财务或非财务数据，确定其增减变动的方向、数额或幅度，以掌握有关数据的变动趋势或发现异常的变动。典型的趋势分析是将本期数据与上期数据进行比较，更为复杂的趋势分析则涉及多个会计期间的比较。用于趋势分析的数据既可以是绝对值，也可以是以比率表示的相对值。趋势分析的运用形式主要包括：(a)若干期资产负债表项目的变动趋势分析。(b)若干期利润表项目的变动趋势分析。(c)若干期资产负债表或利润表项目结构比例的变动趋势分析。(d)若干期财务比率的变动趋势分析。(e)特定项目若干期数据的变动趋势分析。趋势分析法中涉及的会计期间的期数有赖于被审计单位经营环境的稳定性。经营环境愈稳定，数据关系的可预测性愈强，进行多个会计期间的数据愈为适用。

（2）比率分析法。比率分析法主要是结合其他有关信息，将同一报表内部或不同报表间的相关项目联系起来，通过计算比率，反映数据之间的关系，用于评价被审计单位的财务信息。例如，应收账款周转率反映赊销销售收入与应收账款平均余额之间的比率，这一比率变小可能说明应收账款回收速度放慢，需要计提更多的坏账准备，也可能说明本期赊销销售收入与期末应收账款余额存在错报。当财务报表项目之间的关系稳定并可直接预测时，比率分析法最为适用。

（3）合理性测试法。合理性测试法通过彼此相关联的项目或造成某种变化的各种变量，测试某项目金额是否合理。简单合理性测试包括三个基本步骤：(a)识别能够引起和影响被测试项目金额变化的各种变量。(b)确定变量与被测试项目间的恰当关系。(c)将变量结合在一起对被测试项目作出评价。例如，注册会计师对制造企业的营业收入进行分析时，可以考虑产品销售量与被审计单位可供销售产品数量（仓储能力、生产能力）的关系，并考虑被审计单位生产能力的利用情况等因素，将营业收入与运费、电费、水费、办公经费、销售人员工资等联系起来作配比分析。

（4）回归分析法。回归分析法是在掌握大量观察数据的基础上，利用统计方法建立因变量与自变量之间回归关系的函数表达式（即回归方程），并利用回归方程式进行分析。例如，产品销售收入与广告费用之间通常存在正相关关系，注册会计师可以建立两者之间的回归模型，并根据模型估计某一年度产品销售收入的预期值。回归分析法理论上能考虑所有因素的影响，如相关经营数据、经营情况、经济环境的变化等，其预测精度较高，适用于中、短期预测。回归分析法的一个突出优点在于可以计量预测的风险和准确性水平，量化注册会计师的预期值。但注册会计师在选择适当关系时将耗费大量时间，审计成本较高。

3. 控制测试

控制测试是指用于评价内部控制在防止或发现并纠正认定层次重大错报方面的运行有效性的审计程序。控制测试并非在任何情况下都需要实施。当在评估认定层次重大错报时预期控制运行有效的或仅实施实质性程序获取的审计证据无法将认定层次重大错报降至可接受的低水平时,审计人员应当实施相关的控制测试,以获取控制运行有效的审计证据。在实施控制测试时可以考虑三个问题:控制在所审计期间的相关时点是如何运行的;控制是否在本年中一贯的得以执行;由谁或以何种方式执行。如果某项控制能够在各个不同时点按照既定设计得以一贯执行,这项内部控制就是有效的;否则就是内部控制失效。控制测试可采用询问、观察、检查、重新执行和穿行测试等取证方法。

4. 实质性程序

实质性程序是指用于发现认定层次重大错报的审计程序,包括对各类交易、账户余额、列报的细节测试以及实质性分析程序。细节测试是对各类交易、账户余额和披露的具体细节进行测试,目的在于直接识别财务报表认定是否存在错报。细节测试可采用检查、观察、询问、函证、重新计算等取证方法。实质性分析程序从技术特征讲仍然是分析程序,主要通过研究数据间关系评价信息,只是将该技术方法用做实质性程序,实质性分析程序更适用于一段时间内存在可预期关系的大量交易。审计人员应当针对重大的各类交易、账户余额、列报实施实质性程序以获取适当的审计证据。审计人员实施的实质性程序应当包括下列与财务报表编制完成阶段相关的审计程序:将财务报表与其所依据的会计记录相核对;检查财务报表编制过程中做出的重大会计分录和其他会计调整。如果认为评估的认定层次重大错报风险是特别风险,审计人员应当专门针对特别风险实施实质性程序。

(二)一般传统审计技术方法(又称具体审计方法)

1. 审计书面资料的方法(查账法)

(1) 按审计书面资料的技术可分为审阅法、核对法、查询法、比较法和分析法。

① 审阅法。审阅法是指对凭证、账簿和报表,以及经营决策、计划、预算、合同等文件和资料的内容详细阅读和审查,以检查经济业务是否合法合规,经济资料是否真实正确,是否符合会计准则的要求的一种审计技术方法。审阅法是一种十分有效的审计技术,不仅可以取得一些直接证据,同时还可以取得一些间接证据。会计资料包括会计凭证、会计账簿和财务报表,对它们的审阅应注意如下要点:

会计资料本身外在形式上,是否符合会计原理的要求和有关制度的规定;既要从形式和技术上审查,也要从内容上审查。前者主要是审查凭证是否完整正确,如日期、摘要、金额、大小写、签章等应填写是否齐全,有无涂改;后者主要是审查经济业务是否符合有关手续,有无违反财经纪律、财会制度规定,甚至从事非法经营活动的事实等。会计凭证包括原始凭证和记账凭证,其中以审阅原始凭证为重点。

原始凭证的审阅

原始凭证所反映的经济业务是否符合国家的方针、政策、法令、制度,其内容是否合法、合理。

第一，原始凭证格式是否规范，是否经过统一的工商登记和税务登记，开发凭证的单位名称和地址是否注明，凭证的编号是否连续，要素是否完备，如发票上有无税务局盖章、抬头（户名）、日期、数量、单价、金额、经手人签章、单位公章等是否填写齐全，数字计算是否正确。

第二，原始凭证上的文字、数字是否清晰，字迹有无涂改、刮擦、挖补、伪造的痕迹，复写的凭证可看反面复写字迹的颜色是否一致，图章是否清晰，若凭证某些内容有更正，应审查更正方法是否符合规定。

第三，填制原始凭证日期与付款日期是否相近，如发现几个月以前的凭证，应深入检查原因。

第四，填制原始凭证的单位是否确实存在，防止利用已合并、撤销单位的作废凭证来报销。

第五，原始凭证的抬头是否为被审计单位，如抬头不符，应深入检查原因。

第六，原始凭证的审批传递是否符合规定，有关人员是否都已正式签章。

第七，收款、付款原始凭证是否有财务公章或收讫、付讫的图章，如发现没有财务公章，而是单位或业务公章，应深入检查原因。

第八，原始凭证的经济业务内容是否合法、合规、合理。例如，控购商品是否经过控购办公室审批，有无不应用公款开支的项目。又如，报销差旅费，是否超过规定的标准等。

第九，被审计单位自制的凭证如已交其他单位，应审阅其存根是否连续编号，存根上书写是否正常。

第十，自制凭证的印刷是否经过审批，保管、领用有无手续。

记账凭证的审阅

第一，记账凭证上所注明的附件张数是否与所附原始凭证张数相符，记账凭证的要素是否齐全，如日期、经济业务的内容、金额、经手人、审批人签章是否齐全。

第二，记账凭证的填制手续是否完备，有无制证人、复核人和主管人员的签章，记账凭证与所附原始凭证的内容是否一致。

第三，记账凭证上的会计分录所用的会计科目是否正确，是否符合会计制度的规定，借、贷方面有无错误，对应科目是否正常。

账簿的审阅

账簿包括总账、明细账、日记账和各种辅助账簿等。其中以审阅明细账和日记账为重点。审阅账簿时，应注意：

各种明细账与总账有关账户的记录是否相符，有无重登和漏登情况。账簿记录是否符合记账规则，有无涂改和刮擦等情况；更换账页或启用新账簿时，特别应注意其承上启下的数字是否一致。

第一,序时账簿,如现金、银行存款日记账,着重审阅是否按经济业务发生次序记录,若有发生日期与记账日期不一致,相差多日的情况,应查明原因;摘要是否是必要的,内容是否合法、合规、合理;"转下页""承上页"的余额是否一致,有无涂改、刮、擦、挖、补等情况,如有更正,是否符合更正手续。

第二,明细分类账的审阅,一般挑选若干账户审查,着重审查业务是否正常,是否合法、合规、合理;记录是否正常,有无涂、改、刮、擦,承上启下是否正确。

第三,总账的审阅,着重审阅有无异常情况,如资产类账户发生贷方余额,负债类账户发生借方余额,折旧额某月特别多或特别少,月末发生大宗销售,次月初大宗销货退回等。如有异常情况,应深入检查原因。

报表的审阅

审阅报表应以审阅资产负债表、利润表、现金流量表等为重点。审阅时应注意:

第一,报表格式、项目是否符合会计制度的规定,如不符合,是否允许。

第二,手续是否齐备,编表人、主管签章是否完整。

第三,报表应填的内容是否全部填写,补充资料、说明书是否齐全和正确。

第四,钩稽关系是否正常。

其他资料的审阅

其他资料虽然不是会计资料的重要部分,但有时也可从中发现一些问题,供作审计线索。例如,产品出厂记录、质量检验记录,以及合同、协议等。应审阅的其他资料通常包括有关法规文件、内部规章制度、计划预算资料、经济合同、协议书、委托书、考勤记录、生产记录、各种消耗定额、出车记录等。

② 核对法。核对法是指将会计记录及其相关资料中两处以上的同一数值或相关数据相互对照。用于验明内容是否一致,计算是否正确的审计方法,其目的是查明证、账、表之间是否相符,证实被审单位财务状况和财务成果的真实、正确、合法。

在审计中,需要相互核对的内容很多,但概括起来,主要有三个方面:会计资料间的相互核对,会计资料与其他资料的核对,以及有关资料与实物的核对。

会计资料间的核对

审计人员还要对账证、账账、账实和账表之间进行相互核对。通过核对证实双方记录是否相符,确实是否一致。如果发现有不符情况,应进一步采用其他审计方法进行跟踪审计。核对法一般要在下列资料间核对。

A. 证证核对

原始凭证与所附原始凭证,原始凭证与汇总原始凭证,记账凭证与汇总记账凭证(或科目汇总表)核对。核对内容是所附或有关的原始凭证数量是否齐全,日期、业务、内容、金额同记账凭证上的会计科目及金额是否相符,原始凭证之间、记账凭证同汇总记账凭证之间内容上是否一致,有无计算错误。

B. 证账核对

证账核对是指记账凭证与明细账和日记账的记录同相核对,核对记账凭证与明细账、日记账及总账,核对凭证的日期、会计科目、明细科目、金额同账簿记录内容是否一致;汇总记账凭证(或科目汇总表)与记入总账的账户、金额、方向是否相符。查明证账是否相符。看总账与记账凭证汇总表是否相符。看记账凭证汇总表与记账凭证是否相符。看明细账与记账凭证及所涉及的支票号码及其他结算票据种类等是否相符。

C. 账表核对

账表核对是指对报表项目与有关账簿记录进行核对,核对报表与有关总账和明细账,以总账或明细账的期末余额或本期发生额为依据,核对账户记录同有关报表项目是否相符,以查证报表指标的真实性和正确性。如果不符,则应用其他方法查找原因。

D. 账实核对

账实核对是指明细账记录与实物相核对,以查明账存数与实存数是否相符。如果不符,应以实存数为准,来调整账面记录。核对时,可以由两人配合进行,即由一人读账,另一人对账。

E. 账账核对

账账核对是指以各种有关的账簿记录进行相互核对。如总账与明细账、日记账之间的核对。有些账簿记录的本身也应进行核对。如核对总账各账户的借方金额合计与贷方余额合计是否相符。如果不符,说明登账有错误,应进一步核对查证。

账账核对具体方法如下:

第一,看总账资产类科目各种账户与负债、所有者权益类科目各账户的余额合计数是否相符。即:

- 总账资产类账户余额 = $\sum$ 总账负债、所有者权益账户余额。
- 总账各账户借方发生额(或贷方发生额) = $\sum$ 总账各账户贷方发生额(或借方发生额)。

第二,看总账各账与所辖明细账户的各项目之和是否相符。
- 总分类账户与其所属的各个明细分类账户之间本期发生额的合计数应相等。
- 总分类账户与其所属的各个明细分类账户之间的期初、期末余额应相等。

F. 表表核对

核对有关报表,核对报表是否按制度规定要求编制,报表之间的相应关系是否正确,查明报表间的相互项目,或是总表的有关指标与明细表之间是否相符,核对不同报表上相同项目的名称金额是否相符。例如,利润表中的税后利润应与利润分配表中的净利润相核对;资产负债表的未分配利润应与利润分配表中的年末未分配利润相核对。

G. 账款核对

核对各种账簿记录与各类款项记录。例如,核对各种有关债权、债务明细账的余额,应当经常或定期同有关的债务人、债权人核对相符。现金、银行存款日记账余额应该同总分类账有关账户的余额定期核对相符。已缴国库的利润、税金以及其他预算缴款应该同征收机关按照规定的时间核对相符。

H. 账卡核对

核对各种账簿记录与有关职能部门的账、卡。例如,看会计部门的总账、明细账与有关职能部门的账、卡之间是否相符。会计部门的有关财产物资的明细分类账的余额应该同财产物资保管部门和使用部门经管的明细记录的余额定期核对相符。

I. 单账核对

银行对账单与存款日记账核对。

J. 单表核对

成本计算单与在产品盘点表核对。

会计资料与其他资料的核对

通过查证和核对与经济业务相关联的其他资料,对会计记录进行必要的说明和补充,以全面、正确、客观反映经济业务的实质。

A. 核对账单

核对账单是指将有关账面记录与第三方的对账单进行核对,查明是否一致。比如,将企业的银行存款日记账与银行提供的对账单进行核对;将应收或应付账款与外部其他企业提供的对账单进行核对等。

B. 核对其他原始记录

核对其他原始记录是指将会计资料与其相关的其他原始记录进行相互核对,以查证会计记录是否正确、真实。原始记录包括核准执行某项业务的文件、生产记录、实物的出入库记录、托运记录、出车记录、非生产性水、电、煤、物料消耗记录、在册职工名册、考勤记录以及有关人员的公务信函等。

C. 核对审计报告

核对审计报告是指将会计资料和其他资料与企业一定时期的审计报告(包括内部审计报告)进行核对,查明审计报告所披露的相关财务和涉税问题是否已在会计核算或会计报表中得到充分而正确的反映。充分分析和运用企业现有的审计报告,对于分析和发现企业可能存在的涉税问题具有十分重要的作用。

D. 核对税务处理决定

核对税务处理决定是指将会计资料和其他资料与企业某一时期接受税务检查的

税务处理决定进行核对,以确定企业是否已经按照税务处理决定的要求进行了相应的会计处理,并对违法行为进行了纠正。

有关资料与实物的核对

会计报表或账目反映的有关财产物资的存在性是财产所有者普遍关心的问题。因此,核对账面上的记录与实物之间是否相符,是核对的一项重要内容。核对时,查账人员应将有关盘点资料同其账面记录进行核对,或是将查账时实地盘点获得的结果同其账面记录核对。通过以上核对,发现其中差异所在。往往有些差异还需要进一步审查。如需再进行审查的,查账人员应分析判断产生差异的原因及后果,然后确定需要采用的检查方法并实施更深程度的审查。

核对中如发现错误或疑点,应及时查明原因。特别需要指出的是,采用核对法作为证据的资料必须真实正确,否则核对是毫无意义的。当缺乏依据时,相互核对的数据应至少有两个不同来源,并使其核对相符。

③ 查询法。查询法是指对审计过程中发现的疑点和问题,通过口头询问或质疑的方式搞清事实真相并取得口头或书面证据的一种调查方法。如对可疑账项或异常情况、内部控制制度、经济效益等的审查,都可以向有关人员提出口头或书面的询问。对一般问题,口头或书面询问均可。但对重要问题,则尽量采用书面询问并取得书面证据。书面证据是非常重要的,有时是审计成败的最重要因素。

查询法又分为面询、函询和调查表三种。

第一,面询是审计人员向被审计单位内外的有关人员当面征询意见,核实情况。

第二,函询是指审计人员通过给有关单位和个人发函,以了解情况取得证据的一种调查方法。这种方法多用于往来款项的查证,作为认证债权债务的必要手段,对被审单位银行、保险公司、法律顾问处和其他单位的情况,也可采用这种办法核对认证。函证法有很强的核对性,在查证方面非常有效,是审计工作必不可少的重要一环。

第三,调查表法是审计人员利用事先设计好的调查表,要求被审计单位的有关人员按调查表内容如实填写。通常用简明扼要的语言提出一系列具体的问题,对每个问题设置"是""否""不适用""备注"等栏目供回答,用以了解被审计单位的管理状况、管理素质和管理水平及管理程度等内部控制情况,为开展下一步审计打下良好基础。

④ 比较法。比较法就是通过相同被审项目的实际与计划、本期与前期、本企业与同类企业的数额进行对比分析,检查有无异常情况和可疑问题,以便跟踪追查提供线索,取得审计证据的一种方法。如以本期的有关项目相比(如利润未同产品销售收入同步增长),以被审项目同其他单位的相同项目相比(如把流动资金周转水平同先进企业比),都可以说明情况,发现问题。

比较法大多通过有关指标进行比较,包括指标绝对数比较和相对数比较,两者目的只有一个,就是为了更好地进行审计和核对。

本期相互有联系项目的比较

比较本期利润增长率和本期销售收入增长率是否同步增长,比较本期出口额和收汇情况是否同步增长,进而研究不同步的原因。

同一项目不同时期的比较,借以发现异常情况

对制造费用、管理费用在同一项目的不同时期例如不同月间进行比较,如有特高特低情况,就应进一步研究发生异常的原因。

某一项目不同单位间的比较

将同一项目各个车间的制造费用进行比较;将被审计单位某一项目与兄弟单位同一项目的制造费用、管理费用相比较。通过比较确认是否存在差距,进而研究是否存在不合法、不合规的经济活动。

某一项目和计划指标相比较,可进而研究计划执行中的问题和原因

比较时应注意进行比较的项目应性质相同、情况类似,即内容、范围、计算方法相同,只有账户才有可比性。

⑤ 分析法。分析法就是通过分解被审项目的内容,以揭示其本质和了解其构成要素的相互关系的一种方法。按其分析的技术分类,可以分为比较分析、比率分析、账户分析、账龄分析、平衡分析、因素分析和分析性复核等方法。

比率分析法

比率分析法就是通过对相关项目之间的比率关系,如资金周转率、资金利润率、销售成本率等进行对比分析,从中发现情况,或判断被审单位的经济活动是否经济、合理的一种方法。

账户分析法

账户分析法就是根据账户对应关系的原理,对某些账户借贷方发生额及其对应账户进行对照分析,从中找出异常情况的一种方法。例如,将"产品销售""银行存款"和"应收销货款"结合起来进行分析,一方面可以审核有无差错,另一方面可以深入了解产品销售情况和应收账款的情况。如有异常现象,则应进一步采用其他方法进行审计。

趋势分析法

趋势分析法即分析某项经济指标在若干时期的发展趋势的一种方法。运用此法,需分三个步骤:首先,确定所要分析的经济指标(如损益、应收账款、应付账款、产成品等);其次,确定基期数;最后将该指标各年度的数额除以基期数,求出年度对基期的趋势比率。通过这种方法可以观察某项指标不同时期的变动情况和发展趋势,如发现变动过大或过小等异常情况,则需进一步深入审查。

此外,还有对有关账户按期限长短进行归类分析,借以进一步重点追查的账龄分析法;对会计报表相关项目之间的平衡关系、钩稽关系进行对照分析的平衡分析法;分析计算各个因素变动对有关经济指标的影响程度的因素分析法。按运用方法的时间和目的的不同,分析还有事前分析、事中分析和事后分析之分。

上述分析方法运用于审计主要是经济效益审计、管理审计等。当然,它也用于财务管理和其他经营管理方面,如财务分析、技术分析、统计分析和经济活动分析,而且它本身就是这些分析的主要方法。

分析性复核

分析性复核是审计人员对被审计单位重要的比率或趋势进行的分析,包括调查异常变动以及这些重要比率或趋势与预期数额和相关信息的差异。一般而言,在整个审计过程中,审计人员都将运用分析性复核的方法。

分析性复核常用的方法有绝对数的比较分析和相对数的比较分析两种方法:

(2) 按审查书面资料的顺序可以分为顺查法和逆查法。

① 顺查法。顺查法又称正查法,是按照会计核算的处理顺序,依次对证、账、表各个环节进行检查核对的一种方法。就是按照经济活动发生的先后顺序,依次从起点查到终点的审计方法。对会计资料的审查就按照会计核算程序的先后顺序,依次审核和分析凭证、账簿和报表。

具体做法是:首先审查原始凭证及记账凭证,然后进一步结合凭证查账簿,最后根据账簿审阅财务报表。

优点:审查仔细而全面,很少有疏忽和遗漏之处,并且容易发现会计记录及财务处理上的弊端,因而能取得较为准确的审计结果。(简便易行,由于它按记账程序逐一地、仔细地核对,审计内容详细,一般说来账务上的错误和弊端可以毫无遗漏,审计结果较为可靠)

缺点:费时、费力,成本高、效率低,同时也很难把握审计的重点。(事无大小都同等对待,往往把握不住重点和主次方向,且着重对证、账、表的机械核对,费时费力,可能因小失大)

适用范围:一是在细节测试时,对"完整性"审计目标时常用此法,主要关注验证账户和交易有无低估或漏列错误;二是审查业务不多、凭证较少的企业和管理混乱、存在严重问题的被审计单位;三是适用于特别重要或特别危险的被审计项目。

② 逆查法。逆查法亦称倒查法或溯源法,是指按照会计业务处理程序完全相反的方向,依次对表、账、证各个环节进行检查核对的一种方法。逆查法的基本做法与顺查法相反,就是按照经济活动进行的相反顺序,从终点查到起点的审计方法。在财务收支审计中,它就是按照会计核算程序的相反次序,先审查财务报表,从中发现错弊和问题,然后有针对性地依次审查和分析报表、账簿和凭证。

这种方法的主要优点是从大处着手,审计面较宽,审查的重点和目的比较明确,易于查清主要问题,审计功效较高;不足之处是着重审查分析报表,并据以重点逆查账目,可能遗漏或疏忽某些更重要的问题,难以揭露错弊。而且逆查法难度较大,因此,对审计人员业务素质要求较高。

优点:逆查法比顺查法不仅取证的范围小,而且从大处着手,审计面较宽,审查的重点和目的比较明确,易于查清主要问题,能够节约审计的时间和精力,有利于提高审计的工作效率。

缺点:着重审查分析报表,并据以重点逆查账目,不能进行全面取证,也不能全面地揭露会计上的各种错弊,可能遗漏或疏忽某些更重要的问题,难以揭露错弊。而且逆查法难度较大,因此,对审计人员业务素质要求较高。

③ 适用范围。一是在细节测试时,对"存在或发生"审计目标时常用此法,主要关注各账户和交易有无高估和虚列错误;二是适合于大型企业以及内部控制健全的企业审计,而不适合于对管理混乱的单位以及重要和危险的项目进行审计。

值得提出的是,审计人员在设计"存在或发生"和"完整性"审计目标的细节测试时,测试的方向(逆查或顺查)很重要,弄错了追查的方向,就属于严重的审计缺陷。

(3) 按审查书面资料的详略可分为详查法和抽查法。

① 详查法。详查法又称精查法或详细审计法,它是指对被审计单位一定时期内的所有凭证、账簿和报表或某一项目的所有活动、工作部门及其经济信息资料,采取精细的审计程序,进行细密周详的审核检查的一种方法。

详查法与全面审计的区别:全面审计指审计的种类,是按审计范围大小的不同对审计进行的具体分类;详查法指审计检查的方法,是按检查手续对检查方法的分类;而且,在全面审计中的某些审计项目,根据需要既可以进行详查,也可以不进行详查。

详查法在具体做法上,通常采取逐笔检查核对的办法。

优点:对会计工作中的作弊行为,均能揭露无遗,能够作出较精确的审计结论。

缺点:费时、费力,工作效率很低,审计工作成本昂贵。

适用范围:经济活动简单、业务量极少的小单位,以及对审计目标有重大影响,且认为产生错误或舞弊的可能性很大的审计项目。

② 抽查法。抽查法则指从作为特定审计对象的总体中,按照一定方法,有选择地抽出其中一部分资料进行检查,并根据其检查结果来对其余部分的正确性及恰当性进行推断(推断总体有无错误和弊端)的一种审计方法。抽查法也称抽样审计法。

抽查法与局部审计(或专题审计)的区别:局部审计指审计种类,是按审计范围人小或项目多少不同,对审计进行的分类;抽查法指审计检查的方法,是按检查手续对检查方法的分类;而且,在局部审计中的某些审计项目,根据需要,既可以进行抽查,又可以进行详查。

运用抽样法的前提条件:假定作为特定审计对象总体的每个项目都能代表总体的特征。这是进行抽查的理论依据。

抽样种类:任意抽样、判断抽样和随机抽样三种。统计抽样法将在第五章第一节作专门介绍。

2. 证实客观事物的方法（调查法）

除了收集书面资料方面的信息，审计工作还必须取得实物存在方面的资料，即证明落实客观事物的形态、性质、存在地点、数量、价值等，以审核是否账目相符，有无错误和弊端。这类方法主要有盘点法、调节法、观察法和鉴定法。

（1）盘点法。盘点法是指审计人员通过对各项财产物资的实地盘存，检查实物的数量、品种、规格、金额等实际情况，借以确证经济资料和经济活动的真实性，经济资料与实物是否一致的审计方法。

① 盘点法按其组织方式，分为直接盘点和监督盘点两种。

直接盘点法

直接盘点法是指审计人员在实施审计检查时，通过亲自到现场盘点有关财物以证实书面资料同有关的财产物资是否相符的一种盘点方法。

这种方法一般对贵重财产，如稀有金属、珍宝、贵重文物和现金等盘点才采用，其他情况下由被审计单位自己盘点，由单位领导和主管人员以及审计人员签章即可。

监督盘点法

监督盘点法是审计人员亲临现场观察检查，由被审计单位自行组织盘存，必要时审计人员可以进行抽查、复点，保证盘存的质量，来证实有无问题的一种盘点方法。

这种方法一般用于数量较大的实物，如厂房、机器设备、材料、商品等。

② 适用范围：各种实物的检查，如现金、有价证券、材料、产成品、在产品、库存商品、低值易耗品、包装物、固定资产等。

③ 在具体运用盘存法时，应特别注意以下各点：

第一，实物盘存一般采取预告检查，如有需要也可采取突出检查方式，如果实物存放分散，应同时盘点。若不能同时盘点则未盘实物的保管，应在审计人员的监督下进行。

第二，不能只清点实物数量，还应注意实物的所有权、质量等。

第三，任何性质的白条，都不能用来充抵库存实物。

第四，在确定盘点小组的人选时，不能完全听任被审计单位，以防串通合谋舞弊。

第五，确定盘点结果，不要轻易作结论，尤其是涉及个人的问题，更应谨慎从事。

（2）调节法。如果现成的数据和需要证实的数据在表面不一致时，为了证实数据的真实性，就要运用调节法。调节法就是从一定出发点上的数据着手，对已发生的正常业务而出现的数据进行必要的增减调查的一种方法。例如，通常运用调节法编制银行存款调节表，以便根据银行对账单的余额来验证银行存款账户的余额是否正确。此外，调节法还可用于编制有关财产物资的调节表，以验证有关财产物资结账日账面数与实存数是否相符。其基本方法是：当盘点与书面资料结存日期不同时，先进行实物盘点,然后即可审查账实是否一致。

① 调节法是指将有关双方不符的账目逐笔审查,查清来龙去脉的方法。若遇有检查日与结账日之间不一致时,应进行必要调整。

② 调整公式。

结账日账面应存数=盘点日账面应存数+盘点日与结账日之间的发出数-盘点日与结账日之间的收入数

结账日实存数=盘点日实存数+盘点日与结账日之间发出数-盘点日与结账日之间收入数

注意:第一公式中的盘点日账面应存数,是在盘点准备阶段确定的,一般认为是无核算错误的账面存数,而不是被审计单位提供的盘点日账面余额;两公式中两个调整项,数据相同,但无论是期间的付出也好,还是期间的收入也好,若要用来调整,则必须经过审计人员的审核,只有认为正确无误时,才能用来调整。

【例】 某企业 2012 年 12 月 31 日产成品明细账结存数为 640 件,审计人员于 2013 年 1 月 15 日晨对产成品进行盘点,结果是 608 件。查阅成品仓库卡片得知,1 月 1 日至 14 日产成品入库 1 240 件,发出 1 172 件(出入库记录经查阅无误)。要求判断产成品账面结存数 640 件的正确性。调节计算如下:

被查日应存数=盘点日实存数+盘点日与结账日之间发出数-盘点日与结账日之间收入数
=608+1 172-1 240=540(件)

差异=640-540=100(件)

这说明 2012 年 12 月 31 日产成品虚增 100 件,需进一步查明原因。

(3)观察法。观察法是审计人员亲临现场进行实地观察检查,借以查明事实真相,取得审计证据的一种调查方法。审计人员进入被审单位后,深入到车间、科室、工地、仓库等地,对于生产经营管理工作的开展、财产物资的保管和利用、内部控制制度的执行等,进行直接的观看视察,注意其是否符合审计标准和书面资料的记载,从中发现薄弱环节和存在的问题,借以收集书面资料以外的证据。充分收集证据,是搞好审计的关键,否则是不能发现问题的。

① 观察法是指审计人员通过实地观看视察,以判断是否符合审计标准和书面资料的记载,借以收集书面资料以外审计证据的方法。

② 它应用于对被审计单位经营环境的了解,对内部控制制度的遵循测试和财产物资管理的调查。观察法结合盘点法、询问法使用,会取得更佳的效果。

(4)鉴定法。鉴定法是指需邀请有关专业人员运用专门技术对书面资料、实物和经济活动进行确定和识别的方法。如对实物性能、质量、价值、书面资料的真伪以及经济活动的合理性、有效性等的鉴定,就超出了一般审计人员的能力,而需要聘请一定数量的工程技术人员、律师等提供鉴定结论,并作出独立的审计证据。因此,为了更好地工作，审计部门应当在法律部门、技术部门的配合下，才能有所提高。

① 鉴定法是指审计人员对于需要证实的经济活动、书面资料及财产物资超出审计人员专业技术时，由审计人员另聘有关专家运用相应专门技术和知识加以鉴定证实的办法。

② 它应用于涉及较多专门技术问题的审计领域。

（三）舞弊审计的技术方法

1. 舞弊审计的定义

舞弊审计是指以审计人员始终保持高度职业怀疑为前提，通过信号侦查，实施舞弊分析，以揭露舞弊具体细节、损失金额、影响范围等为目标的审计。

美国舞弊审计人员协会认为，舞弊审计是一种发现舞弊的先发制人的方法，即运用会计记录和其他信息，进行分析程序，识别出舞弊行为及其隐瞒方法。这种针对舞弊行为所进行的审计，就其广义来说，它不仅应包括在舞弊发生之后的审计调查，还应当包括针对舞弊正在或将要发生的整个防范和监督活动。

2. 舞弊审计的特点

舞弊审计并非内部审计的常规性审计任务，它是一种发现性冒险活动，并可以通过其他审计来发现线索。它在审计主体、审计目标、取证来源、证据充分性等方面与财务审计及其他常规性审计均明显不同，具有层次性、特殊性、困难性、复杂性、风险性等特点。

3. 舞弊审计的目标

作为舞弊审计，其目标是揭露那些有意歪曲记录及非法占用资产的行为的存在及范围，而且不论舞弊涉的金额有多大，在性质上，它都被认为是重要的。由于舞弊本身也不是经常发生的事项，故舞弊审计的方法比较具体，因为它必须发现那些有意隐瞒的事实。

在《审计准则公告第 82 条——在财务报表审计中关注舞弊》一文中明确，审计人员有责任计划并实施审计工作来获得合理的保证，判断财务报告是否不存在重大错误，是否是由错误或者舞弊中产生，在风险评估中应包括舞弊性财务报告和财产侵吞的风险因素。有关舞弊性财务报告的风险因素分为：管理层的品格和对控制环境的影响、行业条件、经营特点和财务稳定性；有关财产侵吞的风险因素有：财产对于侵吞的敏感性控制。

审计人员必须对可能的违法（规）行为的线索保持警惕，对于可能存在的违法（规）和行为，审计人员应予以严格审查，包括：对这些行为存在的可能性、已有的控制和监督，以及对全面的控制环境进行评估。当然，任何可疑之处都应采取以上措施。在估计舞弊可能性时，应重点突出那些最易受到袭击的资产。据一种舞弊比率理论指出，在缺乏诚实的品质，工作压力不大，并有舞弊机会的情况下，发生舞弊的可能性大约是50％；当缺乏诚实的品质，工作环境压力很大，并伴有较多的舞弊机会时，上述可能性就会大大增加。

4. 舞弊审计的常用方法

(1) 环境因素影响法。环境因素影响法是指审计人员在实施审计作业时要考虑经济与社会发展的大环境以及审计客体自身环境的影响，对可能导致舞弊事件发生的动机或压力、机会和借口(合理化解释)三因素进行分析判断的一种审计方法。也就是说，审计人员要通过对审计客体的外部环境和内部环境因素的作用力，作出符合审计目标和能够收集审计证据的基本线索依据，有针对性地组织和进行审计作业。

作为影响会计模式的社会环境，其构成因素是多方面的，各种因素影响作用大小不一，会计环境对会计模式可以是综合性的几个方面因素的影响，也可以是某一方面因素的影响。影响会计模式的社会环境因素有经济环境、政治环境、法律环境和文化环境等。

(2) 假设问题存在审计求证法。审计人员带着疑问和问题去实施审计是目前较为普遍采用的一种审计方法，也是最见成效的。这一点符合审计制度的设计是建立在审计客体舞弊客观存在为基本假设，通过审计以较少的成本或支出去遏止或阻止因舞弊问题带来的巨大经济损失。在审计实践中，通过假设问题的存在去收集审计证据，从而求证问题的真实结果。验证审计人员对问题的最终判断符合舞弊行为发生的基本规律，也是提高审计效率的有效途径，使审计人员的审计活动行为有的放矢。其必要的审计路径为：利用审计客体提供的资料评估其经济活动行为→找内部控制制度的薄弱环节→找问题存在的可能疑点→分析疑点对经济活动行为影响程度→确定审计样本→收集审计证据→求证问题的真实性。

(3) 审前征集审计线索法。审计线索的提供者一般情况下都是知情者，因为舞弊的最终结果是在使得一部分人受益的同时侵害了另一部分人的利益，或是国家利益或是社会公众利益，这些都会促使知情者在安全的情况下通过第三者(如审计组)予以遏止的愿望，而信息的不对称性决定了审计人员对审计客体的经济活动行为的了解是不充分的，审计所面对的审计客体的经济活动行为也是多样化的，在审计人员处于信息掌握的劣势地位去揭示审计客体舞弊问题往往如大海捞针。一方面，审计成本与审计作业时间的制约要求审计组在一定的时间内必须完成审计任务。另一方面，审计客体舞弊行为的预谋性与隐蔽性藏匿在巨大经济活动中的某一个环节或事件中，并在虚假完善的内部控制制度的保护下使审计人员在有限的审计时间里难以揭示，导致审计工作事倍功半或审计失败。此时，最有效果的审计方法就是寻找审计线索，通过审计线索收集审计证据。审计路径：公告审计事项→提供审计组联系方式→获取审计线索→甄别线索的真伪→收集证据→查证问题。

(4) 分析程序。分析程序是反舞弊的有效方法，即使使用并非十分精确的分析程序,在检查舞弊方面的作用也是非常明显的,相当比例的财务报表重大错报最初都是在分析程序中发现线索的,然后经追查后确定。在分析利润操纵的预警指标体系中,审计人员更关注销售收入应收账款比率、销售毛利率、资产质量比率、销售收入增长比率、资产增值率等。

分析程序是指审计人员通过分析被审计单位重要的比率或趋势,包括调查这些比率或趋势的异常变动及其与预期数额和相关信息的差异而获取初步审计线索的方法。在实施分析性复核时,审计人员可以使用简易比较法、比率分析法等。

简易比较法中,较典型的是对现金流量的分析。

众所周知,权责发生制下会计数据与现金流量不一致是正常的,但当公司会计政策保持不变时,两者之间的关系通常是稳定的。所以,上报利润和营业现金流量之间的关系发生任何变化时,都可能表明企业的细微变化。如果公司的现金流量长期低于净利润,将意味着与已经确认为利润相对应的资产可能属于不能转化为现金流量的虚拟资产;若反差数额过大或反差时间过长,就说明有关利润可能存在挂账利润或虚拟利润现象。把每股经营活动现金流量与每股收益相比,若前者为负数,而后者较高,这样的上市公司往往在造假。

比率分析法中,较典型的是对毛利率、应收账款周转率、存货周转率等的分析。由于同行业中毛利率具有平均化的趋势。如果一家上市公司的主营业务毛利率与行业平均水平相差太大,就可能在造假。如果其毛利率大大高于行业数,意味着其收入是虚假的。

反之,收入可能被隐瞒。另外,比如应收账款周转率和存货周转率的急剧下降,很可能是由于上市公司虚构收入和利润,同时又未等额增加收入和成本,进而导致应收款项和存货的急剧增加。同理,根据相关财务指标的计算比较,可以给审计人员类似的启示。

(5)税项分析法。若一家上市公司的应交税金数额特别大,则欠税很可能是虚构的。其造假手法就是虚开发票。根据会计公式计算的应交税金期末余额与公司的实际期末欠税额比较,若两者相差较大,则公司造假确定无疑;反之,若公司的实际税负非常低,与其主营业务收入难以配比,则其收入和利润都可能是虚构的。需要说明的是,只要税法允许,上市公司对财务会计和税务会计实行不同的会计政策是合理的。但是,财务会计与税务会计之间的关系在一定时期内要保持连续性,除非税务规则和会计准则发生显著的变化。如果公司会计利润与应纳税所得额之间差距扩大,则表明公司提供给股东的财务报告变得越来越不真实了。

(6)资产质量分析法。由于虚构收入等原因,上市公司账面会有许多不良资产。如子公司长期亏损或业绩平平;在建工程一直挂在账上,尤其是工期长又过时的生产设备;一些租赁、承包、托管的子公司或分公司根本就不存在,对不良资产要逐项分析。如投资是否存在,是否应该计提长期投资减值准备;大量作为递延处理的成本开支,特别是那些无形或"欺诈性"的开支是否能确认以及能否从收入中获得补偿都是值得关注的问题。通常,将不良资产总额与净资产比较,若前者大于或接近后者,即说明上市公司的持续经营能力可能存在问题,也可能表明上市公司在过去多年因人为夸大利润而形成"资产泡沫";如果当期不良资产的增加额和增加幅度大于利润总额和增加幅度,则表明上市公司当期的利润表存有水分。

(7) 奇异分析法。奔福德定律与现有审计理论体系的关系。现有的舞弊侦查的方法主要有分析程序、交易实质分析法、期后事项分析法、税项分析法、资产质量分析法、奇异分析法等。

奇异分析法则重在特别关注财务资料中奇异的数字、时间、地点、交易以及例外的和不合常理的情况,从账面奇异金额发现问题。会计资料是数字的海洋,数字是构成会计资料的基本材料。

奔福德定律是由美国数学家、天文学家赛蒙·纽卡姆(Simon Newcomb)在 1881年首次发现的。经过对大量随机数据的统计分析,他发现这些数据都很好地符合这样的规律:以 1 为第一位数的随机数要比以 2 为第一位数的随机数出现的概率要大,而以 2 为第一位数的随机数要比以 3 为第一位数的随机数出现的概率要显的奇怪异常的数字。所谓异常,是指该数据针对其业务内容和其所反映的内容而言的,没有一个数字绝对是异常数字,也没有一个数字天然不是异常数字,异常数是相对而言的。如购买一辆板车用去 600 元是正常数,而修理一辆板车用了 600 元就是异常数,如果将来物价上扬到一定程度,购买板车用 600 元也可能是异常数;认识异常必须结合特定时期的特定的经济业务内容,必须由查账人员进行准确的专业判断。

审计人员可从数字值的大小变化、正负方向、精确度等方面来发现奇异数字。

识别异常数主要从以下几个方面入手。

账面数值发现问题

A. 从数目大小发现问题

特别对一些经济业务有一定的数量金额界限的,如发现无故突破该界限便可视为异常,应进行深入调查审核。如某企业销售费用过去每月为 12 万元,本月份销售量未有增加,甚至有所下降,而销售费用却上升至 20 万元,则这 20 万元就是值得推敲的异数,因为销售费用增加无业务背景的支托。

B. 从数字的正负方向发现问题

在账簿体系中,有的会计科目的余额本身应为借方记录值或贷方记录值,有的账户是虚账户,有的是实账户,在经济业务中有的业务本身是一种增加(正向)或减少(负向);如购买材料应支付货款,即企业的材料应为增加,而企业的银行存款应是减少;如果经济业务活动的结果与之相悖,则说明存在问题,即我们所说的出现异常。

例如,被审计单位进行材料实物盘点,经查出现了某材料的期初余额加本期收入数小于本期发生数加期末盘存数的"余额",即出现了来历不明的材料剩余,该余额便为异常数。有的虚账户出现了期末余额就是奇异数,应进一步查明原因。

C. 从数字的精确程度发现问题

一般会计核算对数字的计算有相应的精度要求,财会人员应以此为标准处理有关会计业务,如果发现有的账簿中有的业务支出出现过分的精确或不精确,都应列为异常而加以分析。例如,发现被审计单位的利润为 300 万元,某产品的材料成本差异摊销值为 3 000 元,就是一异常数,理由是销售收入经扣除销售成本、税金等产生利润,材料成本差异经过汇集再按一定的分配率分配到产品之中,怎么如此凑巧正好为一位正整数,其中有无人为调节的因素,确实值得怀疑。

从账面奇异时间发现问题

所有经济活动的发生和发展总是在特定的时间范围内进行的,财务人员对业务进行会计处理也应准确反映其发生的时间或时期,时间是对经济业务进行反映和监督的重要因素,而这一要素不像金额数值那样广为人们所重视,常常易被忽略,但它往往也暴露出许多疑点和线索。认识和判断时间异常主要从两方面入手:

① 从时点的错位发现问题。经济活动有其特定的时间,具体来说它总是发生于某一时点,如果有关账簿或凭证记录上无时点反映,或故意使之模糊起来,或虽有反映但所反映的时间与其相对应的经济活动有明显矛盾,都应列为异常数,作为进一步审计的重点。如现货购买材料记录所反映的时间与实物验收时点、付款时点相距甚远,就是一例异常,应引起警觉;再如,某市供电局前局长收受贿赂,其中一笔收贿 8 万元,当法庭审讯时有关人员出示了一张借据,由此被告一口咬定其收到 8 万元的现金不属于受贿,而是向朋友借款行为,到底是借款还是收受贿赂,关键是该借据写于何时点,后经查该借据是在事情败露后,当事人补写的,将时间往前推了 1 年多,说明其收受贿赂的事实清楚、罪名成立。

② 从时间区间的延长或缩短发现问题。许多经济活动的进行总有一定时间区间,超出正常的时间区间不能完成正常时间段所完成的经济业务,说明其中存在非正常因素,所以应列为异常数加以分析。如企业的债权超过结算期和信用期不能收回就可能出现坏账,企业在途材料和在途商品根据合同规定及其所采用的运输方式,长期不能到货,就出现异常,应进一步查明原因;在库的材料长期不用,说明出现了超储积压。

（8）影射量分析法。在财务收支活动中,存在许多相互影射的经济对应关系。例如,从某些包装物的领用数量可反映产品、商品的销售量;从运杂费用可反映某些材料、物资或商品的购销量;直接工资和原材料消耗量可反映产品生产量等。审计人员可通过分析、对比审计对象的影射量,查找不入账的账外舞弊。

（四）现代管理技术方法

现代管理技术方法是指经济效益审计中为达到特定的审计目的而采用的现代管理技术方法。相对于常规技术方法，它主要针对于经济效益审计对象的特殊方面而选用。审计人员在实施审计中，为达到某些特定的审计目标，选择采用现代管理技术方法，它已超越传统的审计查证技术方法，而广泛采用预测、决策、可行性研究、计划控制、计算机审计等多种方法，呈现多样化、现代化、网络化和电子化。其主要包括以下几个方面。

1. 预测审计的方法

对被审计单位作出的预测进行再论证，以确定其科学合理性所选用的方法。预测方法中，定性的如集合意见法和特尔裴法，定量的如回归分析法、时间序列预测法、自适应模型预测法和马尔科夫预测法等，这些是计量经济学方法在审计中的具体应用，需要的数学统计知识很高深，主要用于预测论证。

2. 决策审计的方法

在审计中，对决策分析进行再论证所选用的方法。如价值工程法、决策树法、期望值法、方案比较法、投资分析法、量本利分析法、线性规划法、目标规划法、经济批量法、边际分析决策法、后验概率决策法、蒙特卡洛法等。

3. 可行性研究审计的方法

它是对工程投资、产品研发、技术改造等方面进行可行性研究的过程和结论进行审查的方法。它用到的专门技术方法是适用于经济效益审计的，包括工程规划、技术评估和总经济效益等部分。

4. 计划、控制审计的方法

计划和控制，也是审计的重要内容，尤其是对某些大型工程项目的审计，更是不可缺少的内容。常用的有投入产出法、综合平衡法和计划评审法等，主要用于计划和控制非重复性工程项目的复核和检查等。

5. 内部控制制度审计

内部控制制度体现被审计单位管理水平的高低。对内部控制制度进行审计是现代审计的重要内容和方法。内部控制制度审计是从内部控制制度入手进行经济效益审计的方法。首先，要对被审计单位的控制环境、会计系统和控制程序等内部控制制度进行健全性评估；然后，根据健全性评估结果对部分内部控制制度进行控制测试，并提出完善内部控制制度的意见建议；最后，根据内部控制制度的控制测试结果，决定实质性测试的范围、重点，进行经济效益审计的最后攻坚。

6. 科学实验法

科学实验法是指审计人员可通过科学实验来获得必要的审计证据或审计依据的方法。

7. 计算机审计法

计算机审计是以被审计单位计算机信息系统和底层数据库原始数据为切入点，在对信息系统进行检查测评的基础上，通过对底层数据的采集、转换、清理、验证，形成审计中间表，并运用查询分析、多维分析、数据挖掘等多种技术和方法构建模型，进行数据分析，发现趋势、异常和错误，把握总体，突出重点，精确延伸，从而收集审计证据，实现审计目标的审计方式。

8. SQL 语句查询审计法

当审计客体向审计组提供的审计资料是一张软盘时，审计人员如何开展审计工作已经成为广大审计工作者必须面对的课题。借助 SQL SEVER 结构化查询语句从事计算机审计已经成为目前广大审计人员必须掌握的基本知识，电子政务的迅速发展和企业的 ERP 计划的组织实施，传统的以纸制为载体的会计凭证和账簿将会随着计算机的发展逐步消失，国内部分大型的企业事业单位和跨国公司已经率先摆脱了手工记账方式，审计客体已经没有了传统纸制载体所反映的会计资料记录，所有的反映经济活动行为记录都以不同数据库的方式存储在数据库中，就是在目前的县一级水平也大多数实现的计算机的数据库管理，只是因为观念的差异性使得手工记账与电子账并存运行。我们不可否认，会计是审计的基础，会计工具的革命也势必导致审计工具的革命，否则审计将会退出历史舞台。在电子账的基础上，计算机软件工程人员与审计人员通过近年来的审计实践经验的积累开发出很多的审计软件，期望推广审计软件实现审计人员业务素质的飞跃，可任何审计软件的开发几乎都是在 SQL 语句的基础上的拓展，仅仅解决了审计人员对电子数据账的入门审计问题。由于审计客体的经济活动行为的数据化存储和管理与传统纸制账有着巨大的差异性，舞弊的手段与方式也存在着本质的区别，如何面对数据库的审计已经开始对从事传统纸制账本审计的审计人员进行排斥。审计路径：采集数据→取得数据备份→获取有用的数据信息→找到所需要的字段→使用 SELECT 语句设定条件→分析查询结果→揭示问题。

9. 电子函证

电子函证指审计人员利用专门的程序模块就被审计企业的有关数据，向相关的企业的数据库发出电子询证函，经对方企业同意后实现数据库之间的自动数据比较而获得被审计企业数据真实性的证据。函证内容不仅包括有关账户的余额，更应包括企业的原始数据库的数据。如果被审计企业和被函证企业签订了有关信息交流协议，电子函证的复函无须被函证企业的同意就可由其电子信息系统自动进行。

外部系统克隆是审计人员获取企业会计系统末被非法改动的证据，而对原始数据的合理合法的证据，则必须通过另外的审计程序获得。电子函证就是获取这一类数据的最好的审计程序之一。一方面这种函证可以通过程序实现自动发函，自动复函、自动比较与自动进行差异分析和列表,从而使得函证更加快速、准确、安全和简便;另一方面这种函证利用网络通讯和无线通讯等先进的电子技术也使得通讯花费极大地降低。更重要的是,这种函证由于是电子自动复函和比较,排除了人为因素,使得其函证结果更加可靠。这都使得电子函证成为一种高效、低廉和可靠的审计程序。这些特征使得其可以大范围应用,甚至可以将被审计企业所有的可函证数据都进行函证。其中,企业原始数据库是首选的函证范围。通过电子函证,审计人员可以判断企业的原始会计数据和相关账户余额是否真实、合法和可靠。

由于外部信息管理服务机构的存在,电子函证除可以采取向被函证企业发函的方式之外,还可以采取向被函证企业的信息管理机构直接发函的方式。这会由于众多被函证企业在同一家信息管理机构备份信息而大大提高效率。如果被审计单位和被函证单位在同一信息管理机构备份信息,则可以在这家信息机构直接调用双方的数据进行比较,这比跨机构函证更加高效。这种方法可广泛用于银行存款、往来账项和对外投资等项目以及与前任 CPA、律师和政府机构等方面的询证。

10. 审计黑匣子

审计黑匣子指审计人员通过在被审计单位的会计系统中安置具有记录功能的程序模块,从而对被审计企业会计信息进行监控以获得相关审计证据。

外部备份程序和电子函证在相当程度上可以保证查出会计信息系统中是否有偏差,但它们却无法很好地说明这些偏差的产生过程和性质,而这些对审计人员发表审计意见却具有重大的影响。因此,应当有一种审计程序来帮助审计人员查出信息偏差的产生过程并判断其性质及严重程度。审计黑匣子能很好地完成这个任务。一方面这一模块能对被审计单位的会计信息系统操作情况例如操作人员编号、进入时间和操作内容等进行序时记录,另一方面其本身又具有隐蔽性、安全性和稳定性。这个模块平时仅在后台工作,被审计企业的会计人员无权修改数据,更不能撤换它和影响它的工作。当审计人员发现会计系统的非正常现象,则可以通过调用其数据获得重要的审计线索。这就像飞机上的黑匣子,平时不影响飞机的正常工作,当飞机出现飞行事故时又能提供关键的事故线索。审计黑匣子除了为审计人员发表审计意见提供支持之外,还能发现被审计单位的会计信息系统薄弱环节,以便审计人员向被审计单位提出包含改进意见的管理建议书。这种方法可广泛应用于财务报表审计等各种鉴证业务中。

11. 模拟数据实验

模拟数据实验指审计人员将被审计单位的有关数据输入被审计单位的会计软件进行数据重新处理以获得实验数据,并将此结果与被审计单位的会计信息对比以获得审计证据。

模拟实验是审计人员可选择的获得进一步审计证据的审计程序之一。由于审计人员在审计中可以通过信息管理服务机构获得被审计单位的原始数据,也可以获得被审计单位用于处理这些数据的会计软件,那么审计人员只要通过系统克隆和电子函证等程序确信了原始数据和会计软件的可靠性、合法性和合理性之后,就可以进行模拟数据实验了。一般而言,模拟数据实验的数据实验结果应当和企业的实际会计信息一致,否则说明企业会计信息质量存在问题。在这种情况下,审计可以通过信息差异比较和审计黑匣子等审计程序进行分析判断,得出审计结论。应当说明的是,当审计软件和会计软件尚未发展到一定阶段,还不能对原始数据库进行自动信息重处理时,因为手工输入成本过高,模拟实验程序可能不能全面执行。在这种情况下,审计人员可以采取抽样数据实验法进行部分重要数据的模拟实验。这种模拟实验更大程度上适用于符合性测试而不是实质性测试。模拟数据实验可广泛应用于各种鉴证服务。

系统克隆、电子函证、审计黑匣子和模拟数据实验,勾画出一幅崭新的信息时代审计程序的蓝图。虽然这些审计程序很大程度上是作者建立在现实的会计和审计领域中发生的新变化基础上的推测,但作者希望通过这些推测,能够为未来审计程序和审计系统的再造带来一些思路和启发。

第四节 审计分析方法、评价方法和研究方法

一、审计分析方法

审计分析方法,是进行审计评价和提出审计结论和建议、提高经济效益的依据和基础,一般可分为单项分析、局部分析和全面分析三类;或按时间划分为事前分析、事中分析和事后分析。无论是上述哪一种分析方法,其采用的具体分析方法主要有以下几种。

（一）对比分析法

对比分析法也称比较分析法,是把客观事物加以比较,以达到认识事物的本质和规律并作出正确的评价。

对比分析法是将两个或两个以上性质相同的指标进行对比、分析,研究它们之间的数量差异及其原因的审计分析方法。它通过对被审计单位的经济活动和财务状况数值的增减变化来进行检查,分析原因,作出评价。可以采用纵向对比分析和横向对比分析两种方式进行。对比分析法虽然看起来很简单,但它能揭示很深刻的问题。通过同计划指标比、同上年同期比、同历史最好水平比、同地区与国内国际水平比,可以很好地分析经济效益的高低。对比分析法通常是把两个相互联系的指标数据进行比较,从数量上展示和说明研究对象规模的大小,水平的高低,速度的快慢,以及各种

关系是否协调。在对比分析中,选择合适的对比标准是十分关键的步骤,选择合适,才能作出客观的评价;选择不合适,评价可能得出错误的结论。

对比分析法的作用:

(1) 了解经济对象的规模、程序和趋势,以便确定进一步审查的方向、项目、内容、方法和步骤。

(2) 对有些问题经过分析比较,可以弄清原因,作出判断。

（二）平衡分析法

所谓平衡,就是各个互相联系的因素之间,在数量上保持一定的合理的对应关系。平衡分析法是分析事物之间相互关系的一种方法。它分析事物之间发展是否平衡,揭示出事物间出现的不平衡状态、性质和原因,指引人们去研究积极平衡的方法,促进事物的发展。统计平衡分析的主要方法有编制平衡表和建立平衡账户两类。

平衡表与一般统计表的区别在于:指标体系必须包括收入与支出,来源与使用两个对应平衡的指标。平衡表的主要形式有三种,即收付式平衡表、并列式平衡表和棋盘式平衡表。前两种形式如资产负债表、能源平衡表,后一种形式如投入产出表。

平衡账户是用等式表示各相关指标间平衡关系的分类,反映会计要素增减变动情况及其结果的载体。它是根据资产与权益的恒等关系以及借贷记账法"有借必有贷,借贷必相等"的记账规则,检查所有账户记录是否平衡,如期初库存＋本期入库＝本期出库＋期末库存,资产＝负债＋所有者权益,增加值＝总产出－中间投入。

（三）指数分析法

指数体系的概念:从广义上说,指数体系是由若干个经济上具有一定联系的指数所构成的一个整体。从狭义上讲,指数体系是指经济上具有一定联系,且具有一定的数量对等关系的三个或三个以上的指数所构成的一个整体。

指数分析法是对各种经济核算指标的综合变动(变动方向、变动程度、变动因素)从数量上分析其受各因素影响的方向、程度及绝对数量。

（四）敏感度分析法

敏感度分析法是指从众多不确定性因素中找出对被审计单位经济效益指标有重要影响的敏感度因素,并分析、测算其对项目经济效益指标的影响程度和敏感度程度,进而判断项目承受风险能力的一种不确定性分析方法。

具体使用时,先找出影响被审计单位经济效益变动的敏感度因素,然后在影响被审计单位经济效益其他因素保持不变的前提下,将敏感度因素变动一个单位,求出综合指标的变化值,即为该因素的敏感度。

（五）风险分析法

如何将经济决策过程中普遍存在的决策条件的不确定性和预期结果的可变性等

风险降低到最低水平,就必须对风险价值进行定性和定量分析,这就是风险分析法。

（六）多因素联动分析法

它是对影响经济效益的各种因素进行分析,从而找到根本性原因,分清主次,提出改善经济效益的对策建议。通常它计算的顺序方法是:以实际指标依次替换计划指标,直到全部替换完毕。每次替换计算的结果与前次计算结果相比,就可以测算出某一因素对计划完成情况的影响程度。

（七）概率分析法

概率分析法是通过研究各种不确定性因素发生不同变动幅度的概率分布及其对项目经济效益指标的影响,对项目可行性和风险性以及方案优劣作出判断的一种不确定性分析法。概率分析法常用于对大中型重要若干项目的评估和决策之中。

概率分析,通过计算项目目标值（如净现值）的期望值及目标值大于或等于零的累积概率来测定项目风险大小,为投资者决策提供依据。

进行概率分析具体的方法主要有期望值法、效用函数法、模拟分析法以及德尔菲尔法等。

1. 期望值法

期望值法在项目评估中应用最为普遍,是通过计算项目净现值的期望值和净现值大于或等于零时的累计概率,来比较方案优劣、确定项目可行性和风险程度的方法。

2. 效用函数法

所谓效用,是对总目标的效能价值或贡献大小的一种测度。在风险决策的情况下,可用效用来量化决策者对待风险的态度。通过效用这一指标,可将某些难以量化、有质的差别的事物（事件）给予量化,将要考虑的因素折合为效用值,得出各方案的综合效用值,再进行决策。

效用函数反映决策者对待风险的态度。不同的决策者在不同的情况下,其效用函数是不同的。

3. 模拟分析法

模拟分析法就是利用计算机模拟技术,对项目的不确定因素进行模拟,通过抽取服从项目不确定因素分布的随机数,计算分析项目经济效果评价指标,从而得出项目经济效果评价指标的概率分布,以提供项目不确定因素对项目经济指标影响的全面情况的一种方法。

4. 德尔菲尔法

德尔菲尔法是一种集中众人智慧进行科学预测的风险分析方法。德尔菲尔法是美国咨询机构兰德公司首先提出的,它主要是借助于有关专家的知识、经验和判断来对企业的潜在风险加以估计和分析。

（八）ABC 分类法

ABC 分类法又称帕累托分析法或巴雷托分析法、柏拉图分析、主次因素分析法、ABC 分析法、ABC 法则、分类管理法、重点管理法、ABC 管理法、abc 管理、巴雷特分析法，它是根据事物在技术或经济方面的主要特征，进行分类排队，分清重点和一般，从而有区别地确定管理方式的一种分析方法。由于它把被分析的对象分成 A、B、C 三类，所以又称为 ABC 分析法。ABC 分类法是由意大利经济学家维尔弗雷多·帕累托首创的。1879 年，帕累托在研究个人收入的分布状态时，发现少数人的收入占全部人收入的大部分，而多数人的收入却只占一小部分，他将这一关系用图表示出来，就是著名的帕累托图。该分析方法的核心思想是在决定一个事物的众多因素中分清主次，识别出少数的但对事物起决定作用的关键因素和多数的但对事物影响较少的次要因素，"区别主次，分类管理"。它将管理对象分为 A、B、C 三类，以 A 类作为重点管理对象。其关键在于区别一般的多数和极其重要的少数。后来，帕累托法被不断应用于管理的各个方面。1951 年，管理学家戴克（H. F. Dickie）将其应用于库存管理，命名为 ABC 法。1951—1956 年，约瑟夫·朱兰将 ABC 法引入质量管理，用于质量问题的分析，被称为排列图。1963 年，彼得·德鲁克（P. F. Drucker）将这一方法推广到全部社会现象，使 ABC 法成为企业提高效益的普遍应用的管理方法。

（九）部门行业对比分析法

将同一时期不同行业两个性质相同的某项指标数值对比，说明同类现象在不同空间条件下的数量对比关系。这实质上就是对比分析法。

二、审计评价方法

审计评价方法，就是运用审计评价标准将通过审计查证和分析取得被审计单位经济效益评价指标所达到的实际水平进行对照、检查，从而作出客观、公正结论所采取的措施和手段。评价是效益审计的重要环节，是审计结论的基础。经济效益审计评价主要分为三种方式和两类方法。经济效益审计评价的三种方式是指一事一评、局部评价和综合评价。综合评价是对前两种方式的综合和概括。这三种方式互相补充、密切配合，能够达到全面评价的目的。两类评价方法是指定性方法与定量方法。因为经济效益审计会受到主客观因素影响，很多时候要征求专家的评价意见，所以定性方法是不能忽视的。而评价中运用的重点是定量方法。综合评分法和综合指数法具有举足轻重的地位。综合评分法根据各项指标的地位和作用分别赋予相应权数，然后根据指标实际完成情况打分，最后加权计算总分，作出评价结论。这里的权数赋值是关键，需谨慎处理。综合指数法是种动态评价方法，它反映不能直接加总的多因素组成的经济效益的综合变动情况，能概括反映总体效益变动相对程度。综合评分法与综合指数法相辅相成，共同对经济效益审计作出适当的评价。

审计评价的方法主要有以下几种。

（一）法规标准评价法

法规标准评价法是以国家有关经济法规作为对照标准，对审计对象的经济行为和会计行为的合法性和真实性进行判断的一种审计评价的方法。

（二）规范标准评价法

规范标准评价法是以有关制度、原则、准则等作为对照标准，对审计对象的经济行为和会计行为的合规性和正确性进行判断的一种审计评价的方法。

（三）实在标准评价法

经济活动的客观事实是判断经济业务资料真实性的最好的标准。因此用经济活动的客观事实去判断经济业务资料真实性，这样一种审计评价的方法称为实在标准评价法。

（四）历史标准评价法

历史标准评价法是以被审计单位过去曾经达到过的水平作为对照标准，对现实经济活动的经济性和有效性进行判断的一种审计评价的方法。

（五）应达标准评价法

应达标准评价法是运用计划、定额、预算等应达标准对经济活动的经济性和有效性进行评价，对经济活动期望目标实现程度进行判断的一种审计评价的方法。

（六）优化标准评价法

打破时间和空间的界限，在各类标准中选择最适用、最好的标准，对经济活动的经济性和有效性进行判断的一种审计评价的方法。

（七）系数评价法

权重系数是指在一个领域中，对目标值起权衡作用的数值。权重系数可分为主观权重系数和客观权重系数。主观权重系数（又称经验权数）是指人们对分析对象的各个因素，按其重要程度，依照经验，主观确定的系数，例如 Delphi 法、AHP 法和专家评分法。这类方法人们研究得较早，也较为成熟，但客观性较差。客观权重系数是指经过对实际发生的资料进行整理、计算和分析，从而得出的权重系数，例如熵权法、标准离差法和 CRITIC 法；这类方法研究较晚，且很不完善，尤其是计算方法大多比较繁琐，不利于推广应用。

系数评价法是通过计算主观权重系数和客观权重系数两种变量的系数，对它们的对比结果作出定性评价和定量评价的方法。

（八）综合评分法

这一种方法是用于评价指标无法用统一的量纲进行定量分析的场合，而用无量纲的分数进行综合评价。综合评分法是先分别按不同指标的评价标准对各评价指标进行评分，然后采用加权相加，求得总分的一种方法。

（九）平衡记分卡

平衡记分卡源于哈佛大学教授罗伯特·卡普兰（Robert Kaplan）与诺朗顿研究院（Nolan Norton Institute）的执行长、国际咨询企业总裁戴维·诺顿（David Norton）于 20 世纪 90 年代所从事的"未来组织绩效衡量方法"研究计划，该计划的目的在于找出超越传统以财务会计量度为主的绩效衡量模式，以使组织的"策略"能够转变为"行动"。1992 年年初，Kaplan 和 Norton 将平衡记分卡的研究结果在《哈佛商业评论》上进行了总结，这是他们所公开发表的第一篇关于平衡记分卡的论文。论文的名称为《平衡记分卡——驱动绩效指标》，在论文中 Kaplan 和 Norton 详细地阐述了 1990 年参加最初研究项目采用平衡记分卡进行公司绩效考核所获得的益处。平衡计分卡强调传统的财务会计模式只能衡量过去发生的事项（落后的结果因素），但无法评估企业前瞻性的投资（领先的驱动因素）。因此，必须改用一个将组织的远景转变为一组由四项观点组成的绩效指标架构来评价组织的绩效。此四项指标分别是：财务（financial）、顾客（customer）、企业内部流程（internal business processes）、学习与成长（learning and growth）。凭借这四项指标的衡量，组织得以用明确和严谨的手法来诠释其策略，它一方面保留传统上衡量过去绩效的财务指标，并且兼顾了促成财务目标的绩效因素之衡量；另一方面在支持组织追求业绩之余，也监督组织的行为应兼顾学习与成长的面向，并且透过一连串的互动因果关系，组织得以把产出（outcome）和绩效驱动因素（performance driver）串联起来，以衡量指标与其量度作为语言，把组织的使命和策略转变为一套前后连贯的系统绩效评价量度，把复杂而笼统的概念转化为精确的目标，借以寻求财务与非财务的衡量之间、短期与长期的目标之间、落后的与领先的指标之间，以及外部与内部绩效之间的平衡。

短期与长期的平衡：企业的目标是获取最大利润；企业的建设要获得持续的收入而不是某一次的"中大奖"。BSC 正是以战略的眼光，合理地调节企业长期行为与短期行为的关系，从而实现企业的可持续发展。在平衡计分卡的四部分中，有的指标是超前的，而有的指标是滞后的。

财务与非财务的平衡：尽管利润是企业的最终目标，但财务指标却与客户、内部流程、学习与创新等非财务指标密不可分。只有两方面都得到改善，企业的战略才能得到实施。

指标间的平衡：在指标设置的权重上，四个指标应该一视同仁，而没有偏向。在这方面，跟我们以前惯用的"短板管理"有很大差异。原因就在于"短板管理"往往是短期的，所以倾向性很强；而 BSC 是长期的战略评估，所以必须要协调发展。四个方面构成一个整体的循环，如果在某一方面有所偏废，那么即使其他三方面做得非常好，企业最后必然还是失败的。因为它的循环发生了断裂，到后期必然成为企业的"短板"，限制企业的发展。

（十）效益评价审计法

效益评价审计法是目前审计中的难点，通过审计客体所从事的经济活动行为，利用数学计量或数理统计原理，在内部控制制度相对完善的状态下，有针对地制定出量化的评价标准或体系，科学、合理、细致地计算出经济评价的各项指标，反映经济的节约与效率效益和对社会的贡献程度，主要是考虑资金的经济效益与社会效益。

国家审计项目所涉及的领域是广泛的，目前审计的重点虽然还停留在传统的揭错防弊的制度基础审计上，但随着大量项目的建设与实施所暴露出的诸多问题，效益评价审计已经开始被审计机关所重视，也备受党委、政府和社会公众的关注，特别是对领导人任期经济责任审计的过程中，效益评价已经成为经济责任审计的重要内容，主要评价的是履行经济责任的能力，因不同行业部门所赋予的经济管理职能不同，具体的评价指标存在着巨大的差异性，进行效益评价审计时对于具体的审计项目只能具体问题具体分析。在国家审计项目中，一般对效益评价分为两类：一类为国有企业或国有控股企业的效益审计评价，审计评价的核心是在法律、法规的制度约束的架构中，企业在保持国有资产的增值保值前提下的企业可持续发展能力，在审计实践中已经量化了可比对的评价指标体系，相对成熟和客观；另一类为履行公共管理部门的审计效益评价，其核心是执行国家政策法规的能力对社会发展所产生的作用力，在审计实践中还没有相对科学、成熟的评价指标，审计还处于摸索阶段，审计的最终成果要靠审计人员的经验和对审计环境、新知识的掌握等因素的影响。

三、审计研究方法

审计研究方法是各种研究审计的方法相互联系而构成的有机整体。一般有如下几种分类。

（一）按认识过程分

（1）分为经验知识方法、理论知识方法、理论发展方法和理论验证方法。

（2）或分为感性认识方法、理性认识方法、综合方法。

（3）或分为选题方法、收集资料方法、资料加工整理方法和成果表达方法。

（二）按研究目的分

（1）分为实证方法和规范方法。

（2）或分为描述性方法、规范性方法和社会经济方法。

（3）或分为经验方法、理论方法、思维方法、数学方法和属性方法。

（4）或分为实证方法、实验方法、分析方法、表达方法和历史方法。

（三）按历史发展分

分为传统审计研究方法和现代审计研究方法。

（四）按研究范围分

分为审计一般研究方法和审计专门研究方法。

（五）按研究性质分

分为定性方法和定量方法。

（六）按研究时间关系分

分为静态方法和动态方法等。

在实际审计研究工作中,应根据审计研究项目的内容、性质和要求,综合运用各种研究方法。

关 键 术 语

审计方　审计模式　账项基础审计　制度基础审计　风险导向审计
审计工作方法体系　审计工作组织方法　审计查证方法　战略风险分析法
现代风险导向审计技术方法　风险评估方法　经营风险分析法　业绩评价法
剩余风险检查法　分析程序　控制测试　重新执行　穿行测试　实质性程序
审阅法　核对法　查询法　比较法　分析法　顺查法　逆查法　抽查法
盘存法　调节法　观察法　鉴定法　舞弊审计技术方法　审计分析方法
现代管理技术方法　审计评价方法　审计研究方法

案 例 剖 析 题

【案例剖析题 4-1】

在对某企业银行存款进行审计时,发现以下情况:

6月30日银行存款日记账账面余额是 133 750 元,开户银行送来的对账单中银行存款余额是 127 000 元,经查对发现以下几笔未达账项:

(1) 6 月 29 日委托银行收款 125 000 元,银行已入账该企业账户,收款通知单尚未送达企业。

(2) 6 月 30 日该企业开出现金支票一张,计 400 元,企业已减少存款,银行尚未入账。

(3) 6 月 30 日银行已代付企业电费 250 元,银行已经入账,企业尚未收到付款通知。

(4) 6 月 30 日企业收到外单位转账支票一张,计 16 000 元,企业收款入账,银行尚未记账。

要求:根据上述未达账项,编制银行存款余额调节表,并假定银行对账单所列企业银行存款余额正确无误。试问在编制调节表时发现错误金额是多少？属于什么性质错误？6月30日,企业银行存款日记账账面的正确余额是多少？

【题解】

银行存款余额调节表

被审计单位:××		20××年6月30日	单位:元
项 目	金 额	项 目	金 额
企业银行存款账面	133 750	银行对账单存款余额	127 000
加:银行已收 企业未收	12 500	加:企业已收 银行未收	16 000
……	……	……	……
减:银行已付 企业未付	250	减:企业已付 银行未付	400
调整后存款余额	146 000	调整后存款余额	142 600

从调节表中可以看出:错误金额为3 400元,属于企业漏记银行存款减少,虚增货币资金、虚增总资产和净资产的错误。6月30日,企业银行存款账面的正确余额为130 350元(133 750−3 400)。

【案例剖析题 4-2】

审计人员在审查某厂在产品时,了解到如下情况:

(1) 该厂生产甲产品,开始加工时一次投料,每投入1千克A材料,可制成0.95千克甲产品,且在产品重量随加工程度变化而递减。

(2) 6月15日经实地盘点,在产品盘存数为480千克(加工程度为80%)。

(3) 6月1～15日甲产品完工入库1 900千克。

(4) 6月1～15日领用A材料2 200千克。

要求:推算且验证5月31日在产品账面盘存数400千克(加工程度为40%)的正确性,并由此说明其可能对财务报表项目的影响。

【题解】

> 1～15日完工产品耗用材料=1 900÷0.95=2 000(千克)
> 6月15日盘存在产品耗用材料=480÷0.96=500(千克)
> 5月31日盘存在产品耗用材料=500+2 000−2 200=300(千克)
> 5月31日盘存在产品数量=300×0.98=294(千克)

经审查5月31日在产品盘存数应为294千克(加工程度为40%),而不是原账面400千克,如果5月份生产出来的产成品已经被销售并计入产品销售成本的话,那么该企业5月份就存在多计在产品成本,少计产成品成本,虚减产品销售成本,虚增销售利润的问题。

本章要点概览

审计方法与审计理论是审计学科的两大组成部分，两者互为前提、互为条件，共同构成了审计学科。审计方法是审计人员为了取得充分适当的审计证据，以形成审计结论和审计意见，从而实现审计目标所采用的一切手段的总称。

审计取证模式的发展主要经历了账项基础审计、制度基础审计和风险导向审计三个阶段。账项基础审计着眼于企业的账户处理系统；制度基础审计着眼于内部控制系统；风险导向审计则着眼于将整个企业视为一个风险系统，系统考察企业所处的外部环境和内在机制。

审计工作方法体系包括审计工作组织方法、审计查证方法、审计分析方法和审计评价方法。其中审计查证方法可分为现代风险导向审计方法、传统审计方法（又称具体审计方法）、舞弊审计方法、审计抽样方法等。现代审计方法早就超越传统的事后查账技术，发展到广泛运用风险评估、分析程序、内部控制系统评审及经营风险评价等技术方法，并呈现日趋多样化和现代化，已经形成一个较为科学和完整的审计方法体系。

第四章 抽样审计和审计程序

第一节 抽样审计

一、审计抽样的定义与种类

审计抽样法是指审计人员先对特定审计对象总体抽取部分样本进行审查,然后以其审计结果来推断总体的正确性的方法。在审计历史上,先后出现过任意抽样法、判断抽样法和统计抽样法三种类型。

任意抽样法。它是当审计从详查法向抽查法演变时最先运用的一种抽样方法。当时审计人员运用这种方法纯粹是为了减少工作量,而对于抽样的规模、技术和内容等均无规律可循,只是任意抽取样本,故其审查结果缺乏科学性和可靠性。

判断抽样法。它是根据审计人员的经验判断,有目的地从特定审计对象总体中抽查部分样本进行审查,并以样本的审查结果来推断总体的抽样结果。此法只凭经验和主观判断,缺乏客观性。

统计抽样法。它是审计人员运用概率论原理,遵循随机原则,从审计对象总体中抽取一部分有效样本进行审查,然后以样本的审查结果来推断总体的抽样方法。现代审计常把统计抽样法与判断抽样法结合起来使用。

(一)测试项目方法的选择

审计人员为了获取审计证据,在设计审计程序时,应当确定测试项目的适当方法。审计人员可以使用的方法,包括选取全部项目、选取特定项目和审计抽样三种。

1. 选取全部项目

即对全部项目进行检查,通常更适用于细节测试,而不适合控制测试。当存在下列情况之一时,审计人员应当考虑采用:(a)总体由少量的大额项目组成。(b)存在着特别风险且其他方法未提供充分、适当的审计证据。(c)由于信息系统自动执行的计算或其他程序具有重复性,对全部项目进行检查符合成本效益原则。审计人员可运用计算机辅助审计技术选取全部项目进行测试。

2. 选取特定项目

根据对被审计单位的了解、评估的重大错误风险以及所测试总体的特征时,审计人员可以确定从总体中选取特别项目进行测试。选取的特定项目可以包括:(a)大额或关键项目。(b)超过某一金额(重要性水平)的全部项目。(c)被用于风险评估程序而获取某些信息的项目。(d)被用于测试控制活动的项目。

选取全部项目和特定项目,通常是获取证据的有效手段,但并不构成审计抽样。

3. 审计抽样

审计抽样是指审计人员对某类交易或账户余额中低于百分之百的项目实施审计程序,使所有抽样单元都有被选取的机会。审计抽样使审计人员能够获取和评价与选取项目的某些特征有关的审计证据,以形成或帮助形成对从中抽取样本的总体的结论。从审计抽样的定义中可以看出,是否符合审计抽样必须具备三个基本特征:(a)对某类交易或账户余额中低于百分之百的项目实施审计程序。(b)所有抽样单元都有被选取的机会。(c)审计测试的目的是为了评价该账户余额或交易类型的某一特征。

审计抽样不同于抽查。抽查作为一种技术,可以用来了解情况,确定审计重点,取得审计证据,其在使用中并无严格要求。审计抽样作为一种方法,需要运用抽查技术,但其更重要的工作内容是根据审计目的及环境的要求作出科学的抽样决策。审计抽样工作要严格按照规定的程序和抽样方法的内在要求去完成。审计抽样的基本目标是在有限的审计资源条件下,收集充分、适当的审计证据,以形成和支持审计结论。

(二)审计抽样的种类

审计抽样的种类很多,通常按抽样决策的依据不同,可以将审计抽样划分为统计抽样与非统计抽样;按审计抽样所了解的总体特征不同,可以将审计抽样划分为属性抽样和变量抽样。

1. 统计抽样与非统计抽样

审计人员在对某类交易或账户余额使用审计抽样时,既可以使用统计抽样方法,也可以使用非统计抽样方法,还可以将这两种抽样方法结合起来使用。

统计抽样是指同时具备下列特征的抽样方法:(a)随机选取样本。(b)运用概率论评估样本结果,包括计量抽样风险。

不同时具备上述两个特征的抽样方法为非统计抽样,非统计抽样又有任意抽样和判断抽样之分。

审计人员应当依据具体情况并运用职业判断,确定使用统计抽样或非统计抽样方法,以最有效率地获取审计证据。例如,在控制测试中,与仅仅对偏差的发生进行定量分析相比,对偏差的性质和原因进行定性分析通常更为重要。在这种情况下,使用非统计抽样可能更为适当。

审计人员在统计抽样与非统计抽样方法之间进行选择时主要考虑成本效益。统计抽样的优点在于能够客观地计量抽样风险,并通过调整样本规模精确地控制风险,这是与非统计抽样最重要的区别。另外,统计抽样还有助于审计人员高效地设计样本,计量所获取证据的充分性,以及定量评价样本结果。但统计抽样又可能发生额外的成本。首先,统计抽样需要特殊的专业技能,因此,使用统计抽样需要增加额外的支出培训审计人员。其次,统计抽样要求单个样本项目符合统计要求,这些也可能需要支出额外的费用。非统计抽样如果设计适当,也能提供与设计适当的统计抽样方法同样有效的结果。审计人员使用非统计抽样时,必须考虑抽样风险并将其降至可接受水平,但不能精确地测定抽样风险。

如果审计人员采用的方法不符合统计抽样的定义,而且只使用了统计方法的部分要素,则不能有效计量抽样风险。只有当采用的方法符合统计抽样的所有特征时,对抽样风险的统计评价才是有效的。

2. 属性抽样与变量抽样

审计人员使用统计抽样技术,可了解总体很多不同的特征,但是绝大多数统计抽样都用来估计偏差率或者错误金额。统计抽样在审计工作中的具体运用方法主要有属性抽样和变量抽样两种。属性抽样是指在精确度界限和可靠程度一定的条件下,为了测定总体特征的发生频率而采用的一种方法;变量抽样是指用来估计总体金额而采用的一种方法。根据控制测试的目的和特点所采用的审计抽样通常称为属性抽样;根据细节测试的目的和特点所采用的审计抽样称为变量抽样。在实际工作中,经常存在同时进行控制测试和细节测试的情况,在此情况下采用的审计抽样称为双重目的的抽样。

(三) 统计抽样与专业判断

在审计抽样过程中,无论是统计抽样还是非统计抽样,也不论决策者是否具备设计和使用有效抽样方案的能力,都离不开审计人员的专业判断。那种认为统计抽样能够减少审计过程中的专业判断,或可以取代专业判断的观点是错误的。因为在运用审计抽样时,同样存在着许多不确定因素,对这些不确定因素,审计人员要凭借正确的专业判断来加以解决,所以,统计抽样并不排除专业判断。

审计人员在使用审计抽样时,必须依靠专业判断来决定是使用统计抽样还是使用非统计抽样,而在运用统计抽样的全过程中,审计人员均需使用专业判断。例如,确定审计对象总体,并明确其特征;决定所采用的选样方法;对抽样结果进行质量和数量上的评价等。在实际工作中,往往把统计抽样和非统计抽样结合起来使用,这样才能收到较好的审计效果。

二、抽样风险与非抽样风险

审计人员在获取审计证据时,应当运用职业判断,评估重大错报风险,并设计进一步审计程序,以确保将审计风险降至可接受的低水平。因为审计风险取决于重大错报风险和检查风险,所以抽样风险和非抽样风险可能会影响重大错报的评估和检查风险的确定。

（一）抽样风险

抽样风险是指审计人员根据样本得出结论,与对总体全部项目实施与样本同样的审计程序得出结论存在差异超过可容忍误差的可能性。抽样风险与样本量成反比,样本量越大,抽样风险越低。

审计人员在进行控制测试时应关注以下两类抽样风险:

（1）信赖过度风险。这是指推断的控制有效性高于其实际有效性的风险。信赖过度风险与审计效果有关。

（2）信赖不足风险。这是指推断的控制有效性低于其实际有效性的风险。信赖不足风险与审计效率有关。

审计人员在进行细节测试时应关注以下两类抽样风险:

（1）误受风险。误受风险也称β险、手铐险,是指审计人员推断某一重大错报不存在而实际上存在的风险。与信赖过度类似,误受风险影响审计效果,容易导致审计人员发表不恰当的审计意见,因此审计人员更应予以关注。

（2）误拒风险。误拒风险也称α险、红脸险,是指审计人员推断某一重大错报存在而实际上不存在的风险。与信赖不足风险类似,误拒风险影响审计效率。如果账面金额不存在重大错报而审计人员认为其存在重大错报,审计人员会扩大细节测试的范围并考虑获取其他审计证据,最终审计人员会得出恰当的结论。在这种情况下,审计效率可能降低。

（二）非抽样风险

非抽样风险是指由于某些与样本规模无关的因素而导致审计人员得出错误结论的可能性。产生非抽样风险的主要原因有:

（1）审计人员选择的总体不适合测试目标。

（2）审计人员未能适当地定义控制偏差或错报,导致审计人员未能发现样本中存在的偏差或错报。

（3）审计人员选择了不适于实现特定目标的审计程序。例如，审计人员依赖应收账款出证来揭露未入账的应收账款。

（4）审计人员未能适当地评价审计发现的情况。例如，审计人员错误解读审计证据导致没有发现误差；对所发现误差的重要性的判断有误，从而忽略了性质十分重要的误差，也可能导致得出不恰当的结论。

（5）其他原因。

抽样、非抽样风险对审计工作的影响如表 4-1 所示。

表 4-1

抽样、非抽样风险对审计工作的影响

审计测试	抽样风险种类	对审计工作的影响
控制测试	信赖过度风险	效果
	信赖不足风险	效率
细节测试	误受风险	效果
	误拒风险	效率

注：两种测试中的非抽样风险对审计效果、效率都有影响。

为了将审计风险降至可接受的低水平，审计人员应当从抽样风险和非抽样风险两个方面进行控制。只要使用了抽样，抽样风险总会存在。在使用统计抽样时，审计人员可以准确地计量和控制抽样风险。在使用非统计抽样时，审计人员无法量化抽样风险，只能根据职业判断对其进行定性的评价和控制。就特定样本而言，抽样风险与样本规模反方向变动。既然抽样风险只与被检查项目的数量有关，那么控制抽样风险的唯一途径就是控制样本规模。无论是控制测试还是细节测试，审计人员都可以通过扩大样本规模来降低抽样风险。非抽样风险是人为错误造成的，因为可以降低、消除或规范。虽然在任何一种抽样方法中审计人员都不能量化非抽样风险，但通过采取适当的质量控制政策和程序，对审计工作进行适当的指导、监督与复核，以及对审计人员实务的适当改进，可以将非抽样风险降至可以接受的水平。

三、属性抽样法

属性抽样是指在精确度界限和可靠程度一定的条件下，为了测定总体特征的发生频率而采用的方法。属性抽样通过描述总体的质量特征，对总体进行定性评价。现代审计是以对审计风险测试和评价为基础的审计，其重要步骤之一是要对内部控制制度进行控制测试，以便了解实际执行的内部控制制度是否与规定一致，是否有效或一贯地执行。属性抽样是用于控制测试方面的统计抽样法。在控制测试中，审计人员只要求作出总体某种属性的发生率是多少的定性结论，而不必作出总体错误数额大小的定量估计。因此，在对业务循环测试中采取属性抽样的，要通过对样本的审核，以证明被审计单位的内部控制制度是否有效地执行，并同以前比较，核实内部控制制度是正在改善还是恶化。

属性抽样主要有固定样本量抽样、停-走抽样和发现抽样三种抽样方法。

（一）固定样本量抽样

固定样本量抽样是一种最为广泛使用的属性抽样，常用于估计审计对象总体中某种误差发生的比例，用"多大比例"来回答问题。

1. 预计误差率的确定

误差率也称为发生率，它是指在作为审计对象的总体中某种特征（如误差或异常事项）发生的频率。由于审计人员所关心的特征主要是舞弊行为或工作差错，所以叫误差率。误差率与被审计单位的核算质量有密切关系。如果核算质量差，则预计误差率就要高，那么抽样的规模势必要大，抽取的样本就更多一些；反之，抽取的样本就可以少一些。因此，误差率与样本数量成正比例的关系。

2. 精确限度的确定

样本的预计误差率不一定等于总体的实际误差率，它可能略大于或略小于实际误差率。所以，有必要根据样本结果，以一定的正数和负数为界限设立一个区间，这个区间也就是抽样误差的容许界限，这个容许界限就叫做精确限度，又称为可容忍的偏差率。假定预计误差率为3％，由于这个预计数只是接近总体误差率，不可能完全一致，所以有必要设立一定的区间，假定这个区间是在3％的基础上±1％，那么误差的容许界限则为2％～4％。2％是精确限度的下限，4％是精确限度的上限。精确限度越大，即误差容许界限越扩大，则抽查的样本数量越少；反之，提高精确限度，精确限度越小，即误差的容许界限缩小，则抽查的样本数量越多。精确限度的高低，往往取决于审计项目的重要性。审查重要项目时，应提高精确限度，对误差容许界限严加限制，审查一般项目则可放宽一些。精确限度的大小与抽取样本的多少成反比例的关系。

3. 可靠程度的确定

可靠程度是说明抽出的样本有多大比例能代表总体特征。可靠程度的反面就是风险度，这种风险度表明总体特征在样本精确度界限之外的危险程度。例如，可靠程度为95％时，风险度则为5％，可靠程度要求越高，要求抽查的样本也越多。上述精确限度、可靠程度、误差率和总体大小等因素与样本数量之间均有密切关系。它们之间的关系如表4-2所示。

表 4-2

有关因素对样本数量的影响

因　素	因素的变化	样　本　数　量
精确限度	扩大	减少
可靠程度	增加	增加
误差率	增加	增加
总体大小	增减	只有很小的影响,甚至没有影响

4. 样本数量的确定

确定了误差率、可靠程度和精确度之后,就要确定样本数量。美国注册会计师协会都编有属性估计抽样表,如表 4-3、表 4-4 所示。

例如,预计的差错发生率为 2‰,要求可靠性达到 90‰,精确度上限为 5.2‰,则查表 5-3 中发生率 2‰一栏,往下顺序查到 5.2‰,然后向左查到样本数,即得 100 份样本之数。如果精确度上限要求达到 4‰,则样本数就要增加到 200 份;如果精确度上限要求达到 6‰,则表上查不到此数,就要根据邻近数值采用插入法进行计算,即:

$$样本数 = 50 + \frac{7.6 - 6.0}{7.6 - 5.2} \times 50 = 84（份）$$

5. 抽样法的选择

抽样法是以概率论、数理统计的原理为基础,由审计人员按照随机原则从总体中抽取样本,并运用数理统计方法对总体进行判断的一种抽样审计方法。统计抽样的一般步骤是:第一步抽取样本,先确定被审总体的范围;第二步随机抽取样本;第三步根据样本的审查结果推断总体。在属性抽样中使用的随机方法主要有随机数表抽样法和系统抽样法。

(1)随机数表抽样法。随机数表又名乱数表,是任意排列的一张数表(见表 4-5)。

随机数表是一张 5 位数的表。抽样时:(a)先对总体顺序进行编号,如领料单编号、凭证编号、账簿页数编号等。(b)确定使用几位随机数和哪几位随机数,如审查 3 000 张发料单,就应该用 4 位随机数,可用表中前 4 位数或后 4 位数或第 2、第 3、第 4、第 5 位数等。(c)从随机数表中任何一行、一栏开始依次往下数(向左向右向上向下或斜数都可以),凡是在总体编号范围内(本例为 3 000)的数,即为抽中数,该号收料单即为样本项目,如从 3 000 张中抽出 10 张,从第 3 行开始往右查,抽中的数为 2383,2438,1792,1635,0209,2165,1414,1413,2983,1958。

表4-3

可靠性 90％时精确度上限（美国注册会计师协会编）

样本数	发生率																				
	0.0	0.5	1.0	2.0	3.0	4.0	5.0	6.0	7.0	8.0	9.0	10.0	12.0	14.0	16.0	18.0	20.0	25.0	30.0	40.0	50.0
50	4.5			7.6		10.3		12.9		15.4		17.8	20.1	22.7	24.7	27.2	29.1		39.8	50.0	59.9
100	2.3		3.3	5.2	6.6	7.8	9.1	10.3	11.7	12.7	14.0	15.0	17.3	19.6	21.7	24.0	26.1	31.4	36.6	46.9	56.8
150	1.5			4.4		6.9		9.3		11.6		13.9	16.1	18.4	20.5	22.7	24.8		35.2	45.5	55.4
200	1.1	1.9	2.6	4.0	5.2	6.4	7.6	8.8	10.0	11.0	12.2	13.3	15.5	17.7	19.8	22.0	24.0	29.3	34.5	44.4	54.4
250	.9			3.7		6.1		8.4		10.7		12.9	15.1	17.2	19.3	21.5	23.6		33.7	43.7	53.7
300	.8		2.2	3.5	4.7	5.9	7.0	8.2	9.3	10.4	11.5	12.6	14.7	16.9	19.0	21.1	23.2	28.2	33.2	43.2	53.2
350	.7			3.3		5.7		8.0		10.2		12.3	14.5	16.7	18.8	20.9	22.8		32.8	42.8	52.8
400	.6	1.3	2.0	3.2	4.4	5.6	6.7	7.8	8.9	10.0	11.1	12.2	14.3	16.5	18.5	20.5	22.5	27.5	32.5	42.5	52.5
450	.5			3.1		5.5		7.7		9.9		12.0	14.2	16.3	18.3	20.3	22.3		32.3	42.3	52.2
500	.5		1.8	3.1	4.2	5.4	6.5	7.6	8.7	9.8	10.9	11.9	14.1	16.1	18.1	20.1	22.1	27.1	32.1	42.1	52.0
550	.4			3.0		5.3		7.5		9.7		11.8	13.9	15.9	17.9	19.9	21.9		31.9	41.9	51.9
600	.4	1.1	1.7	2.9	4.1	5.2	6.3	7.4	8.5	9.6	10.7	11.7	13.7	15.7	17.7	19.7	21.7	26.7	31.7	41.7	51.7
650	.4			2.9		5.2		7.4		9.5		11.6	13.6	15.6	17.6	19.6	21.6		31.6	41.6	51.6

（续表）

样本数	发生率 0.0	0.5	1.0	2.0	3.0	4.0	5.0	6.0	7.0	8.0	9.0	10.0	12.0	14.0	16.0	18.0	20.0	25.0	30.0	40.0	50.0
700	.3		1.7	2.9	4.0	5.1	6.2	7.3	8.4	9.5	10.5	11.5	13.5	15.5	17.5	19.5	21.5	26.5	31.5	41.5	51.5
750	.3			2.8		5.1		7.3		9.4		11.4	13.4	15.4	17.4	19.4	21.4		31.4	41.4	51.4
800	.3	1.0	1.6	2.8	3.9	5.0	6.1	7.2	8.3	9.3	10.3	11.3	13.3	15.3	17.3	19.3	21.3	26.3	31.3	41.3	51.3
850	.3			2.8		5.0		7.2		9.2		11.2	13.2	15.3	17.3	19.3	21.3		31.3	41.3	51.3
900	.3		1.6	2.7	3.9	5.0	6.0	7.1	8.2	9.2	10.2	11.2	13.2	15.3	17.2	19.2	21.2	26.2	31.2	41.2	51.2
950	.2			2.7		4.9		7.1		9.1		11.1	13.1	15.1	17.1	19.1	21.1		31.1	41.1	51.1
1 000	.2	.9	1.5	2.7	3.8	4.9	6.0	7.1	8.1	9.1	10.1	11.1	13.1	15.1	17.1	19.1	21.1	26.1	31.1	41.1	51.1
1 500	.2	.8	1.4	2.5	3.6	4.7	5.7	6.7	7.7	8.7	9.7	10.7	12.7	14.7	16.7	18.7	20.7	25.7	30.7	40.7	50.7
2 000	.1	.7	1.3	2.5	3.5	4.5	5.5	6.5	7.5	8.5	9.5	10.5	12.5	14.5	16.5	18.5	20.5	25.5	30.5	40.6	50.6
2 500	.1	.7	1.3	2.4	3.4	4.4	5.4	6.4	7.4	8.4	9.4	10.4	12.4	14.4	16.4	18.4	20.4	25.4	30.4	40.4	50.4
3 000	.1	.7	1.3	2.4	3.4	4.4	5.4	6.4	7.4	8.4	9.4	10.4	12.4	14.4	16.4	18.4	20.4	25.4	30.4	40.4	50.4
4 000	.1	.7	1.2	2.3	3.3	4.3	5.3	6.3	7.3	8.3	9.3	10.3	12.3	14.3	16.3	18.3	20.3	25.3	30.3	40.3	50.3
5 000	.0	.7	1.2	2.3	3.2	4.2	5.2	6.2	7.2	8.2	9.2	10.2	12.2	14.2	16.2	18.2	20.2	25.2	30.2	40.2	50.2

表 4-4　可靠性 95％时精确度上限（美国注册会计师协会编）

样本数	发生率																				
	0.0	0.5	1.0	2.0	3.0	4.0	5.0	6.0	7.0	8.0	9.0	10.0	12.0	14.0	16.0	18.0	20.0	25.0	30.0	40.0	50.0
50	5.8			9.1		12.1		14.8		17.4		19.9	22.3	25.1	27.0	29.6	31.6		42.4	52.6	62.4
100	3.0		4.7	6.2	7.6	8.9	10.2	11.5	13.0	14.0	15.4	16.4	18.7	21.2	23.3	25.6	27.7	33.1	38.4	48.7	56.6
150	2.0			5.1		7.7		10.2		12.6		15.0	17.3	19.6	21.7	24.0	26.1		36.7	47.0	56.8
200	1.5		3.1	4.5	5.8	7.1	8.3	9.5	10.8	11.9	13.1	14.2	16.4	18.7	20.9	23.1	25.2	30.5	35.7	45.7	55.5
250	1.2			4.2		6.7		9.1		11.4		13.7	15.9	18.1	20.3	22.4	24.6		34.8	44.8	54.7
300	1.0		2.6	3.9	5.2	6.4	7.6	8.8	10.0	11.1	12.2	13.3	15.5	17.7	19.8	22.0	24.1	29.1	34.1	44.1	54.1
350	.9			3.7		6.2		8.5		10.8		13.0	15.2	17.4	19.5	21.7	23.6		33.6	43.6	53.6
400	.7	1.6	2.3	3.6	4.8	6.0	7.2	8.3	9.5	10.6	11.7	12.8	15.0	17.2	19.2	21.2	23.2	28.2	33.2	43.2	53.2
450	.7			3.5		5.9		8.2		10.4		12.6	14.8	16.8	18.9	20.9	22.9		32.9	42.9	52.9
500	.6		2.1	3.4	4.6	5.8	6.9	8.0	9.2	10.3	11.4	12.5	14.6	16.7	18.6	20.7	22.6	27.6	32.6	42.6	52.6
550	.5			3.3		5.7		7.9		10.1		12.3	14.4	16.4	18.4	20.4	22.4		32.4	42.4	52.4
600	.5	1.3	2.0	3.2	4.4	5.6	6.7	7.8	9.0	10.0	11.2	12.2	14.2	16.2	18.2	20.2	22.2	27.2	32.2	42.2	52.2
650	.5			3.2		5.5		7.7		10.0		12.1	14.1	16.1	18.1	20.1	22.1		32.1	42.1	52.1

（续表）

样本数	发生率																				
	0.0	0.5	1.0	2.0	3.0	4.0	5.0	6.0	7.0	8.0	9.0	10.0	12.0	14.0	16.0	18.0	20.0	25.0	30.0	40.0	50.0
700	.4		1.9	3.1	4.3	5.4	6.6	7.7	8.8	9.9	10.8	11.9	13.9	15.9	17.9	19.9	21.9	26.9	31.9	41.9	51.9
750	.4			3.1		5.4		7.6		9.8		11.8	13.8	15.8	17.8	19.8	21.8		31.8	41.8	51.8
800	.4	1.1	1.8	3.0	4.2	5.3	6.4	7.5	8.7	9.7	10.7	11.7	13.7	15.7	17.7	19.7	21.7	26.7	31.7	41.7	51.7
850	.4			3.0		5.3		7.5		9.6		11.6	13.6	15.6	17.6	19.6	21.6		31.6	41.6	51.6
900	.3		1.7	3.0	4.1	5.2	6.3	7.5	8.5	9.5	10.5	11.5	13.5	15.5	17.5	19.5	21.5	26.5	31.5	41.5	51.5
950	.3			2.9		5.2		7.4		9.4		11.4	13.4	15.4	17.4	19.5	21.4		31.5	41.5	51.5
1 000	.3	1.0	1.7	2.9	4.0	5.2	6.3	7.4	8.4	9.4	10.4	11.4	13.4	15.4	17.4	19.4	21.4	26.4	31.4	41.4	51.4
1 500	.2		1.5	2.7	3.8	4.9	5.9	6.9	7.9	8.9	9.9	10.9	12.9	14.9	16.9	18.9	20.9	25.9	30.9	40.9	50.9
2 000	.1	.8	1.4	2.6	3.7	4.7	5.7	6.7	7.7	8.7	9.7	10.7	12.7	14.7	16.7	18.7	20.7	25.7	30.7	40.7	50.7
2 500	.1	.8	1.4	2.6	3.6	4.6	5.6	6.6	7.6	8.6	9.6	10.6	12.6	14.6	16.6	18.6	20.6	25.6	30.6	40.6	50.6
3 000	.1		1.4	2.5	3.5	4.5	5.5	6.5	7.5	8.5	9.5	10.5	12.5	14.5	16.5	18.5	20.5	25.5	30.5	40.5	50.5
4 000	.1	.7	1.3	2.4	3.4	4.4	5.4	6.4	7.4	8.4	9.4	10.4	12.4	14.4	16.4	18.4	20.4	25.4	30.4	40.4	50.4
5 000	.1	.7	1.3	2.3	3.3	4.3	5.3	6.3	7.3	8.3	9.3	10.3	12.3	14.3	16.3	18.3	20.3	25.3	30.3	40.3	50.3

表 4-5

随 机 数 表

行栏	1	2	3	4	5	6	7	8	9	10
1	32044	69037	29655	92114	81034	40582	01584	77184	85762	46505
2	23821	96070	82592	81642	08971	07411	09037	81530	56195	08425
3	82383	94987	66441	23 677	95961	78346	37916	09416	42438	48432
4	68310	21792	71635	36089	38157	95620	96718	79554	50209	17705
5	94866	76940	22165	01414	01413	37231	05509	37489	56459	52983
6	95000	61958	83430	98250	70030	05436	74814	45973	09277	13827
7	20764	64638	11359	32556	89822	02713	81293	52970	25080	33555
8	71401	17964	50940	93753	34905	93566	36318	79530	51105	26952
9	38464	75707	16750	61371	01523	69205	32122	03436	14489	02086
10	59442	59246	74955	82835	98378	83513	47870	20795	01352	89906
11	11813	40951	99279	32222	75433	27397	46214	48872	26536	41042
12	65785	06837	96483	00230	58220	09756	00533	17614	98144	82427
13	05933	69834	57402	35168	84138	44850	11527	05692	84810	44109
14	31722	97334	77178	70361	15819	35037	46319	21035	37957	05102
15	95118	88373	26934	42991	00142	90852	14199	93593	76023	23664
16	14347	69760	76797	91159	35189	84766	88814	90023	62928	14789
17	64447	95461	85772	34261	32306	90374	97519	03144	16530	52542
18	82291	62993	83834	59165	14135	25283	35685	47029	62941	37 099
19	45631	73570	53937	02803	60044	85567	10497	26882	50000	47039
20	59594	78376	47900	30057	94668	04629	10087	13562	13800	15764
21	72010	44720	92746	82059	42361	54456	66999	77103	47491	65161
22	35419	04682	07000	25529	72128	90494	05118	34453	42189	82994
23	71750	86044	76932	61906	93646	00776	06017	10638	03318	94242
24	84739	48460	08613	33344	27585	44997	58464	68682	56828	78191
25	38929	79307	78252	1446	21545	34737	48625	61374	32181	17834
26	67690	88918	06316	08110	24591	38729	53296	64295	87158	64938
27	64601	76493	'91280	23056	21242	26983	34203	40045	82157	65050
28	72065	44093	88240	17510	73412	88774	96914	05702	17130	20916
29	90225	74930	08500	61177	13202	15085	15734	57555	63812	57696
30	28621	05997	60429	26054	65632	27972	42932	81090	49530	35918

此法一般用于对总体容量较大且分布均匀的各种经济业务的抽查,如抽查账户、凭证、发票、收据、支票、验收单、领料单、化验单、原始记录以及各种实物等。该法简便、实用,无须繁琐地计算,但也有一定局限。当总体容量过大时,对每个单位或项目进行编号就很困难。至于对处在不断变动状态项目(如流水线上的在制品)进行编号,则是不可能的。在这种情况下,不宜使用随机数表进行抽样。

(2) 系统抽样法。系统抽样法又称等距随机抽样法,它是以总体中的某一任选的特定抽样单位为出发点(通常为某一号码),然后保持相同的间隔来抽取样本的方法。具体程序为:

① 明确总体容量,如举例的审计对象是某公司 10 000 张收货单。

② 确定样本规模,如按审计方案要求抽查 333 张或抽查 3.33%。

③ 计算抽样间隔(即每隔多少张)。

$$抽样间隔 = \frac{总体容量}{样本规模} = \frac{10\,000}{333} = 30（张）$$

或

$$= \frac{10\,000}{10\,000 \times 3.33\%} = 30（张）$$

计算结果为每隔 30 张抽取一张。

④ 在总体中任意抽取 1 号作为起点(可以在第一组即 1～30 号中任取 1 号,也可以在任何一组中任取 1 号),然后按规定的间隔距离抽取样本。如果随机起点是第 18 号收货单,则应抽取的样本为 18,48(18+30),78(48+30),…直到抽够 333 张。

系统抽样法适用于对总体容量较大且分布均匀的各种经济业务的抽查。它能使抽中的样本项目均匀地分配在总体中,因而误差一般比随机数表抽样为小,方法也较简便。但系统抽样法第一个样本项目确定后,其余各项目也随之确定,这种机械的抽样方法,容易因抽样间隔和业务项目本身节奏周期的重合而引起系统性偏差,以致影响样本的代表性,需要增加随机点,故通常采用多个随机起点进行抽样。

(3) 整群抽样法。它是先将总体项目按某一标志分成若干群,然后按群抽取样本的随机抽样方法。例如,以周作为群将 1 年的发票按星期分为 52 个群,先决定样本数,如抽 5 个星期的发票审查,再从随机数表中(如表 5-5 中第 4 行起选出 52 内的 5 个数字,即第 10、第 35、第 20、第 18、第 9 周)作为抽中数,按数字大小排列,即该年的第 9、第 10、第 18、第 20、第 35 周的发票是抽中的发票,应全部审查。

整群抽样使用简便、效率高,从而大大简化了抽样工作。但以群为单位进行抽选,中选的项目比较集中,显然会影响总体各项目分布的均匀性,从而扩大了抽样误差,降低了样本代表性,故采用整群抽样一般应比其他抽样方法抽选更多项目,借以弥补上述缺点。

（4）金额单位（元单位）抽样法。这是以总体金额中每1元作为项目单位抽取样本的一种随机抽样方法，适用于抽查应收账款、销售发票等。使用这一方法时要注意：(a)将余额为负数的项目剔除。(b)将总体各项目算出累计金额，并列成累计金额表格。(c)根据准备抽取的样本数，从随机数表中抽出相应的若干个随机数。(d)找出被抽随机数在累计金额表中的位置，该项目即为抽中的样本。抽查时要注意：如已抽出的样本，后来又被抽到，则应另外抽1个，以免重复。例如，某企业有10个应收账款账户，各账户余额如表4-6所示。

表4-6

应收账款账户余额表　　　　　　　　　　　　　　　单位：元

项目号（账户号）	余　额	累计余额
1	350	350
2	1 700	2 050
3	20	2 070
4	21 370	23 440
5	4 130	27 570
6	2 500	30 070
7	1 730	31 800
8	18 410	50 210
9	3 150	53 360
10	20	53 380

现准备用金额单位抽样法抽查4个账户。例如，从随机数表第4行依次查53380内的数字，查得21792（4号账户），36089（8号账户），50209（8号账户和前面重复，此数不用），17705（4号账户和前面重复，此数不用），22165（4号账户重复不用），01414（2号账户），01413（2号账户，和前面重复不用），37231（8号账户，重复不用），05509（4号账户，和前面重复不用），37489（8号账户，和前面重复不用），52983（9号账户）。

上述数字相对应的账户，即被抽出的账户，现为第4、第8、第2、第9号账户，对该4个账户的记录应注意检查。

金额单位抽样的优点是使金额大的被抽中的机会增加，符合重要性原则。其缺点是使用比较麻烦，不能发现余额为0项目的问题，余额小的项目因被抽中的机会小，如有问题，不易审查发现。

（5）分层抽样法。这种方法是按照一定的标准将总体分为若干个层次，然后在各层中按不同的要求和方法抽取一定数量的样本。其具体程序为：

① 将总体按照一定的标准分为几组（层）。例如，将某公司10 000张发货票按金额大小分为三组：3 000元以上为第一组；1 000～3 000元为第二组；1 000元以下的为第三组。

② 按分组标准将被查总体进行分组，并计算各组的总体数量。例如，经分组后已知第一组为60张，第二组为4 040张，第三组为5 900张。

③ 确定各组的抽查比例和抽查方法。一般是重要性越大抽查率就越高。例如，确定第一组抽查100%，采取全面审查；第二组抽查2.43%，采取系统抽样；第三组抽查3%，采取随机数表抽样。

④ 按抽查率计算抽样数量，并按确定的抽样方法抽取样本进行审查。现仍以前例，列表说明，如表4-7所示。

表4-7

分层抽样法

层 次	分组标准	总体数量（张）	抽查率	抽取样本数量（张）	抽样方法
1	3 000元以上	60	100%	60	全部审查
2	1 000～3 000元	4 040	2.43%	98	系统抽样
3	1 000元以下	5 900	3%	177	随机数表抽样
合 计		10 000		335	

分层随机抽样法的优点是抽样的效率和质量都较高，并能抓住审查的重点；缺点是抽样程序比较复杂。

6. 抽样结果的评定

抽样结果的评定，就是要根据样本结果推断审计总体的差错发生率，并同前期比较观察其有无进步，这要对照表4-4进行。假定上例中从100份样本中查得有2份样本差错，再查表4-3中样本数100栏，在90%可靠性下差错数为2的精确度上限为5.2%，这就是说，在90%可靠性下，审计总体差错发生率不超过5.2%，这样，审计人员基本上可以接受总体差错发生率为2%和精确度上限5.2%的原来假设。如果从100份样本中查得有3份样本差错，查表4-3精确度上限为6.6%，这就超过了原来确定的精确度上限（5.2%），审计人员就不能接受原来假设，而要把样本扩大到150份，即再增加50份样本进行检查。在新增加的50份样本中如无差错发生，查表4-3中样本数150栏，在90%可靠性下精确度上限为4.4%，审计人员可以接受原来假设；如果又发现新的差错，那么，审计人员就不能接受原来的假设，也就不能信赖企业内部控制中购货发票和验收单据相互配合的程序有效，而要采取其他的审计程序，如分析性复核等,来审查购货发票了。

这里要特别注意的是,在样本检查中如果发现有蓄意舞弊或欺骗迹象,则虽差错样本份数很少,也不能接受原来的假设。

(二)停-走抽样

停-走抽样是固定样本量抽样的一种特殊形式。采用固定样本量抽样时,若预期总体误差大大高于实际误差,其结果将是选取了过多的样本,降低了审计工作效率。停-走抽样从预期总体误差为零开始,通过边抽样边评价来完成抽样审计工作。这种方法能够有效地提高工作效率,降低审计费用。

采用停-走抽样,一般要进行以下三个步骤:

(1) 确定可容忍误差和风险水平,如5%的可容忍误差,5%的风险水平。

(2) 确定初始样本量,如根据以上步骤要求查表4-8得出最小的样本量为60。

表4-8

停-走抽样初始样本量表

（预期总体误差为零）

可容忍误差 \ 样本量 \ 风险水平	10%	5%	2.5%
10%	24	30	37
9%	27	34	42
8%	30	38	47
7%	35	43	53
6%	40	50	62
5%	48	60	74
4%	60	75	93
3%	80	100	124
2%	120	150	185
1%	240	300	270

(3) 进行停-走抽样决策,决策如下:

如果审计人员在60个项目中找出一个误差,则总体误差在5%风险水平下为8%(查表5-9风险系数除以样本量,即4.8÷60),这比可容忍误差5%大,因此,审计人员需增加 36 个样本,样本扩大到 96 个(系数除以可容忍误差,即 4.8÷0.05)。如果对增加的 36 个样本审计后没有发现误差,则审计人员可有 95% 的把握确信总体误差不超过 5%。

表 4-9

停-走抽样样本量扩展及总体误差评估表

发现的错误数	风险系数 风险水平 10%	5%	2.5%
0	2.4	3.0	3.7
1	3.9	4.8	5.6
2	5.4	6.3	7.3
3	6.7	7.8	8.8
4	8.0	9.2	10.3
5	9.3	10.6	11.7
6	10.6	11.9	13.1
7	11.8	13.2	14.5
8	13.0	14.5	15.8
9	14.3	16.0	17.1
10	15.5	17.0	18.4
11	16.7	18.3	19.7
12	18.0	19.5	21.0
13	19.0	21.0	22.3
14	20.2	22.0	23.5
15	21.4	23.4	24.7
16	22.6	24.3	26.0
17	23.8	26.0	27.3
18	25.0	27.0	28.5
19	26.0	28.0	29.6
20	27.1	29.0	31.0

如果首次对 60 个样本审计后发现了两个误差,则总体误差率为 10.5%(即

6.3÷60),这比可容忍误差大很多,因此审计人员应决定增加 66 个样本(6.3÷0.05 —60)。如对增加的 66 个样本审计后没有找到误差,审计人员同样可以有 95％的把握确信总体误差不超过 5％。如果又发现了一个误差,则总体误差为 6.2％(即 7.8÷126),这时他应该决定是再扩大样本量至 156 个(即 7.8÷0.05),还是将上述过程得出的结果作为选用固定样本量抽样的预期总体误差而改变抽样方法。一般来讲,样本量不宜扩大到初始样本量的 3 倍。

应用停-走抽样,注册会计师可以构制一个如表 4-10 所示的决策表。

表 4-10

停-走抽样决策表

步　骤	累计样本量	如果累计误差等于以下数字就停止	如果累计误差等于以下数字就增加样本量	如果累计误差等于以下数字就转到第 5 步
1	60	0	1～4	4
2	96	1	2～4	4
3	126	2	3～4	4
4	156	3	4	4
5	以样本误差作为预期总体误差采用固定样本量抽样			

(三) 发现抽样

发现抽样是在既定的可信赖程度下,在假定误差以既定的误差率存在于总体之中的情况下,至少查出一个误差的抽样方法。发现抽样主要用于查找重大非法事件,它能够以极高的可信赖程度(如 99.5％以上)确保查出误差率仅在 0.5％～1％的误差。使用发现抽样时,当发现重大的误差,如欺诈的凭据时,无论发生次数多少,审计人员都可能放弃一切抽样程序,而对总体进行全面彻底的检查。若发现抽样未发现任何例外,注册会计师可得出下列结论:在既定的误差率范围内没有发现重大误差。

使用发现抽样时,审计人员需确定可信赖程度及可容忍误差。然后,在预期总体误差为 0％的假设下,参阅适当的属性抽样表,即可得出所需的样本量。例如,注册会计师怀疑企业的职员伪造请购单、验收报告及进货发票,以虚构进货交易而达到支付现金的目的。为确定此种舞弊是否存在,注册会计师必须在企业的已付凭单中找出一组不实的单据。假设审计人员设定:如果总体中包含 2％或 2％以上的欺诈性项目,那么在 95％的可信赖程度下,样本将显示出不实的凭单。查表 4-5,审计人员发现在预期总体误差为 0％及可容忍误差为 2％时,所需的样本量为 149 个。经审计人员选取并检查 149 个凭证后,未发现有不实情况,则审计人员有 95％的把握确信总体中的不实凭单不超过 2％。

四、变量抽样法

属性抽样虽然对控制测试极有用处,但它并不提供货币价值的资料,不适用变量总体。由于在审计工作中存在大量的变量总体,因而变量抽样在审计实践中得以广泛运用。审计人员用来估计总体金额的统计抽样称为变量抽样,它适用于对企业存货、应收账款等的估计。变量抽样是用于细节测试方面的统计抽样方法,它通过检查会计报表各项目数据的真实性和正确性,来取得作出审计结论所需的直接证据。变量抽样法的顺序如图 4-1 所示。

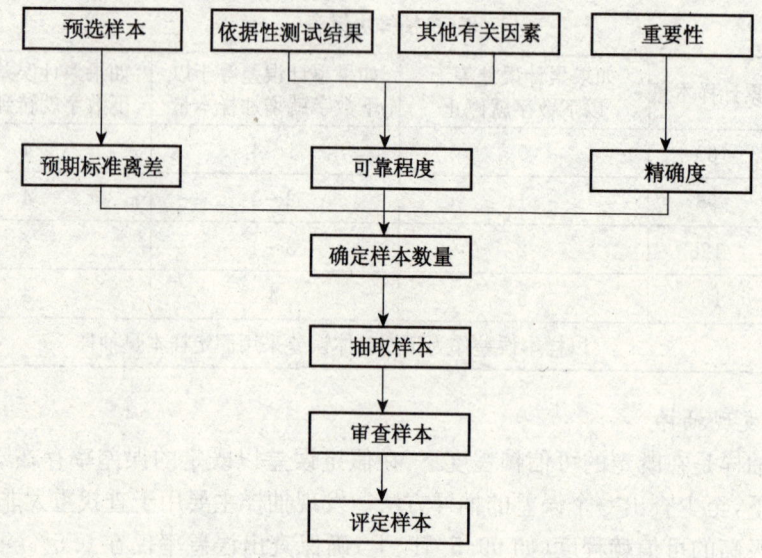

图 4-1 变量抽样法顺序图

变量抽样法有平均值估计、差异估计和比率估计等多种形式。下面主要介绍平均值估计、差异估计和比率估计具体使用方法。

（一）平均值估计

平均值估计是通过抽样审查确定样本的平均值,根据样本平均值推断总体的平均值和总值。这种方法适用范围十分广泛,无论被审计单位提供的数据是否完整、可靠,甚至在被审计单位缺乏基本的经济业务或事项账面记录的情况下,均可以使用该方法。

下面用具体例题分析说明变量抽样法的平均值估计的步骤和方法。例如:

审计人员在审查某厂 20××年 12 月 31 日的产成品账时,确定的可靠性水平为 95%,即可靠程度系数 t 为 1.96,精确限度为 45 500 元,使用随机数表选样从 500 个产成品明细账中选出 30 个产成品明细账作为初始样本,经审查这 30 个产成品明细账的情况如下（见表 4-11）。

表 4-11

产成品明细账情况表

项目号	产品代号	数量(百件)	单价(元/百件)	金额 x(元)	x^2
1	E003Y	1 862	1.35	2 513.7	6 318 688
2	D202BK	1 499	1.19	1 783.81	3 181 978
3	D370	1 395	1.45	2 022.75	4 091 518
4	A990B	1 006	1.41	1 418.46	2 012 029
5	A431	1 283	1.29	1 655.07	2 739 257
6	A990LB	1 024	1.40	1 433.60	2 055 209
7	C672R	1 636	1.41	2 306.76	5 321 142
8	C530R	1 301	1.35	1 756.35	3 084 765
9	E411	1 330	1.29	1 715.70	2 943 626
10	E530R	1 477	1.35	1 993.95	3 975 837
11	D001W	1 061	1.25	1 326.25	1 758 939
12	C800	1 900	1.29	2 451.00	6 007 401
13	E003T	1 471	1.33	1 956.43	3 827 618
14	A101P	1 481	1.20	1 910.49	3 649 972
15	A316BL	1 179	1.40	1 650.60	2 724 480
16	B001R	1 250	1.39	1 737.50	3 018 906
17	D003B	1 475	1.31	1 932.25	3 733 590
18	D460	1 341	1.39	1 863.99	3 474 459
19	C202BR	1 233	1.19	1 467.27	2 152 881
20	A003CG	1 633	1.29	2 106.57	4 437 637
21	D815	1 571	1.41	2 215.11	4 906 712
22	D990MB	1 050	1.39	1 459.50	2 130 140
23	A750	1 262	1.36	1 716.32	2 945 754
24	A901	1 372	1.79	2 455.88	6 031 347
25	C303DR	1 206	1.45	1 748.70	3 057 952
26	B602H	1 305	1.42	1 853.10	3 433 980
27	C001M	1 101	1.35	1 486.35	2 209 236
28	C500	1 030	1.40	1 442.00	2 079 364
29	D650	1 816	1.37	2 487.92	6 189 746
30	B001W	1 031	1.25	1 288.75	1 660 876
				55 156.13	105 155 039

第一步:抽取样本。

根据初始样本审查结果,可计算出初始样本的样本平均数和样本标准差(S)。

$$样本平均数\ \bar{x} = \frac{\sum\limits_{i=1}^{n} x_i}{n} = \frac{55\ 156.13}{30} = 1\ 838.54(元)$$

$$样本标准差\ S = \sqrt{\frac{\sum\limits_{i=1}^{n} x_i^2 - n\bar{x}^2}{n-1}} = \sqrt{\frac{105\ 155\ 039 - 30 \times 1\ 838.54}{30-1}} = 359.51(元)$$

所需的样本容量为:

$$放回抽样的样本容量\ n' = \left(\frac{可靠性水平 \times 样本标准差 \times 总体容量}{精确限度}\right)^2$$

$$= \left(\frac{t \cdot S \cdot N}{P}\right)^2 = \left(\frac{1.96 \times 359.51 \times 500}{45\ 500}\right)^2 = 60$$

$$不放回抽样的样本容量\ n = \frac{n'}{1+\dfrac{n'}{N}} = \frac{60}{1+\dfrac{60}{500}} = 54(个) > 30\ 个,\quad \left.\begin{array}{l}验证\\ \bar{x}、S\\ 无效\end{array}\right]$$

因为我们已抽查了 30 个样本项目,所以,只要再抽取 24 个样本项目就可以了。

第二步:审查样本项目(n)。

假设使用随机数表选样又选取了 24 个样本项目,经审查,这 24 个产成品明细账的情况如表 4-12 所示。

表 4-12

产成品明细账情况表

项目号	产品代号	数量(百件)	单价(元/百件)	金额 x(元)	x^2
31	B303R	1 644	1.38	2 268.72	5 147 090
32	D860LB	1 037	1.29	1 337.73	1 789 521
33	E830	1 591	1.39	2 211.19	4 890 688
34	D316P	1 031	1.39	1 433.09	2 053 747
35	E303C	1 409	1.40	1 972.60	3 891 151
36	E001R	1 212	1.39	1 684.68	2 838 147
37	C831	1 393	1.37	1 908.41	3 642 029
38	C001M	1 101	1.35	1 486.35	2 209 236
39	B002BK	1 471	1.40	2 059.40	4 241 128
40	E662	1 793	1.32	2 366.76	5 601 553

（续表）

项目号	产品代号	数量(百件)	单价(元/百件)	金额(元)x	x^2
41	E002BR	1 298	1.40	1 817.20	3 302 216
42	E316SM	1 159	1.39	1 611.01	2 595 353
43	A001P	1 062	1.39	1 476.18	2 179 107
44	B990LB	1 044	1.40	1 461.60	2 136 275
45	C002BK	1 461	1.40	2 045.40	4 183 661
46	E202BK	1 517	1.19	1 805.23	3 258 855
47	E990DB	1 132	1.37	1 550.84	2 405 105
48	D990B	1 017	1.41	1 433.97	2 056 270
49	C990A	1 109	1.40	1 552.60	2 410 567
50	E750	1 180	1.30	1 604.80	2 575 383
51	B101M	1 416	1.25	1 770.00	3 132 900
52	D672R	1 729	1.41	2 437.89	5 943 308
53	B001M	1 041	1.35	1 405.35	1 975 009
54	E990B	1 083	1.41	1 527.03	2 331 821
				42 228.33	76 790 120

根据 54 个样本项目的审查结果,可计算出样本平均值和标准差。

$$样本平均数\ \bar{x} = \frac{\sum_{i=1}^{n} x_i}{n} = \frac{55\ 156.13 + 42\ 228.33}{54} = 1\ 803.42(元)$$

$$样本标准差\ S = \sqrt{\frac{\sum_{i=1}^{n} x_i - n\bar{x}^2}{n-1}} = \sqrt{\frac{181\ 945\ 159 - 54 \times 1\ 803.42^2}{54 - 1}}\ 345.31(元)$$

这里计算出来的样本标准差,要与计算样本容量时所使用的预计总体标准差作一比较。如果样本标准差与预计标准差大致相同,说明样本容量符合抽样要求;如果样本标准差小于预计标准差,说明样本容量过大。因为计算样本容量时使用了较大的标准差,而标准差又与样本容量成正比。比如在所举的例子中,如果按照样本标准差计算所需的样本容量,则:

$$放回抽样的样本容量\ n' = \left(\frac{t \cdot S \cdot N}{P}\right)^2 = \left(\frac{1.96 \times 345.31 \times 500}{45\ 500}\right)^2 = 56$$

$$不放回抽样的样本容量\ n = \frac{n'}{1 + \frac{n'}{N}} = \frac{56}{1 + \frac{56}{500}} = 51 < 54, \left.\begin{array}{l}验证 \\ \bar{x}、S \\ 有效\end{array}\right.$$

但这时我们对 54 个样本项目都已审查完毕,没有必要减少 3 个样本项目。如果样本标准差大于预计标准差,说明样本容量过小,就应扩大样本,以样本标准差代替预计标准差重新计算样本容量,抽查新增的样本项目,并重新计算样本标准差,直至样本标准差等于或小于计算样本容量时所使用的标准差为止。

第三步:根据样本审查结果推断总体。

平均值估计是按照样本平均值去估计总体正确额的。推断步骤为:

首先按下式计算总体正确额的点估计($\hat{T}$):

$$\text{总体正确额点估计 } \hat{T} = \bar{x} \cdot N = 1\,803.42 \times 500 = 901\,710(元)$$

然后按下式计算总体正确额的精确区间(Δ):

$$\text{总体正确额的精确区间 } \Delta = t \cdot \frac{S}{\sqrt{n}} \cdot N \cdot \sqrt{1 - \frac{n}{N}} = 1.96 \times \frac{345.31}{\sqrt{54}} \times 500 \times \sqrt{1 - \frac{54}{500}}$$
$$= 43\,493(元)$$

最后,作出审计结论:以 95% 的把握确信,该厂 20××年 12 月 31 日的产成品正确额在 901\,710 元 ± 43\,493 元之间,即在 858\,217 ~ 945\,203 元之间。

(二) 差异估计

差异估计是审计人员利用审查样本所获得的样本平均差错额来推断总体差错额或正确额的一种变量抽样的方法。

差异估计的运用步骤与平均值估计基本相同,只是样本标准差的计算和总体正确额的点估计的计算有所不同。

第一步:计算样本平均差错额($\bar{d}$)和标准差(S)。

根据初始样本审查结果,可计算出初始样本平均差错额($\bar{d}$)。其计算公式为:

$$\bar{d} = \frac{\sum\limits_{i=1}^{n} d_i}{n}$$

式中,d_i 表示差错额,它是错误项目的审定额减账面记录额的差额。

用 S 表示差异估计的样本标准差。其计算公式为:

$$S = \sqrt{\frac{\sum\limits_{i=1}^{n} d_i^2 - n\bar{d}^2}{n-1}}$$

仍以前面审查某厂 20××年 12 月 31 日的产成品账为例,假设审计人员在审查了 30 个项目组成的初始样本后,发现 5 个错误项目(见表 4-13)。

表 4-13

错误项目表

项目号	审定额	记录额	差错额(d)	d^2
6	1 433.60	1 177.60	256	65 536
12	2 451.00	2 641.00	−190	36 100
16	1 737.50	1 837.50	−100	10 000
22	1 459.50	2 849.50	−1 390	1 932 100
28	1 442.00	1 339.00	103	10 609
合　计	8 523.60	9 844.60	−1 321	2 054 345

现在我们可以计算初始样本平均差错额(d)和标准差(S)：

$$\bar{d} = \frac{\sum_{i=1}^{n} d_i}{n} = \frac{-1\,321}{30} = -44.03(元)$$

需要注意的是,样本平均差错额是 30 个样本而不是 5 个错误项目。

$$S = \sqrt{\frac{\sum_{i=1}^{n} d_i^2 - n_{\bar{d}}^2}{n-1}} = \sqrt{\frac{2\,054\,345 - 30 \times (-44.03)^2}{30-1}} 262.36(元)$$

第二步:确定抽样规模(n)。

至此,可计算抽样规模为:

$$n' = \left(\frac{t \cdot S \cdot N}{P}\right) = \left(\frac{1.96 \times 262.36 \times 500}{45\,500}\right)^2 = 32(个)$$

$$n = \frac{n'}{1+\frac{n'}{N}} = \frac{32}{1+\frac{32}{500}} = 31(个) > 30 个, \quad \boxed{\begin{array}{c}验证\\ \bar{d},S\\ 无效\end{array}}$$

因为已审查了 30 个初始样本,所以只需再抽取 1 个样本项目进行审查,假定审查后没有发现差错,但要重新计算 31 个项目的样本平均差错额和样本标准差:

$$\bar{d} = \frac{\sum_{i=1}^{n} d_i}{n} \frac{-1\,321}{31} = -42.61(元)$$

$$S = \sqrt{\frac{\sum_{i=1}^{n} d_i^2 - n\bar{d}^2}{n-1}} = \sqrt{\frac{2\,054\,345 - 31 \times (42.61)}{31-1}} 258.07(元)$$

$$n' = \left(\frac{t \cdot S \cdot N}{P}\right)^2 = \left(\frac{1.96 \times 258.07 \times 500}{45\,500}\right)^2 = 31(个)$$

$$n = \frac{n'}{1 + \frac{n'}{N}} = \frac{31}{1 + \frac{31}{500}} = 30 \text{ 个} < 31 \text{ 个}, \quad \begin{array}{c}\text{验证}\\ \bar{d}, S\\ \text{有效}\end{array}$$

第三步:作出审计结论。

差异估计是根据总体记录额(以 Y 表示)加上总体差错额的点估计(以 $\hat{D}$ 表示)去估计总体正确额的。总体差错额的点估计的计算公式为:

$$\hat{D} = \bar{d} \cdot N = (-42.61) \times 500 = -21\,305(元)$$

总体正确额的点估计($\hat{T}$)的计算公式为:

$$\hat{T} = Y + D = 925\,000 + (-21\,305) = 903\,695(元)$$

总体正确额的精确区间($\triangle$)的计算公式,差异估计与平均值估计相同。即:

$$\triangle = t \cdot \frac{s}{\sqrt{t}} \cdot N \sqrt{1 - \frac{n}{N}} = 1.96 \times \frac{258.07}{\sqrt{31}} \times 500 \times \sqrt{1 - \frac{31}{500}} = 43\,993(元)$$

由此可作出如下审计结论:以 95% 的把握确信某厂 20×× 年 12 月 31 日的产成品账户正确额在 903\,695 元±43\,993 元之间,即在 859\,702～947\,688 元之间。

差异估计适用总体中存在较大差错且总体项目有记录额的经济业务。运用差异估计方法,具有以下优点:

(1)简便易行。差异估计中的各种计算,是以样本中的错误项目为基础进行的,正确的样本项目则不必考虑,这就大大减少了计算工作量,尤其简化了标准差的计算。

(2)差异估计的标准差,随着差错额的减少会明显地降低,从而使所需的样本规模减小,这样就可以提高审计效率,降低审计费用。

(3)差异估计能获得错误项目的资料,并能作出总体错误额的估计。但差异估计法也有一定局限性。如果总体错误额很小,标准差也就很小,则样本规模也非常小,这就会削弱审计结论的可靠性;如果没有差错,标准差为零,样本规模就无法计算确定,差异估计方法当然也就无法应用。

（三）比率估计

比率估计是利用审查样本所获得的样本审定额与样本记录额的比率,去推断总体正确额的一种变量抽样方法。

第一步:计算样本审定额与记录额比率(R)和标准差(S)。

$$R = \frac{\sum\limits_{i=1}^{n} x_i}{\sum\limits_{i=1}^{n} y_i}$$

式中 x_i 为样本项目审定额；y_i 为项目记录额；R 为样本审定额与样本记录额的比率。

$$S = \sqrt{\frac{\sum\limits_{i=1}^{n} x_i^2 + R^2 \sum\limits_{i=1}^{n} y_i^2 - 2R \sum\limits_{i=1}^{n} x_i y_i}{n-1}}$$

仍以前面某厂 20××年 12 月 31 日产成品账户为例，假如审计人员在审查了 30 个项目组成的初始样本后发现 5 个错误项目（见表 4-14）。

表 4-14

错 误 项 目 表

项目号	审定额(x)	记录额(y)	xy	x^2	y^2
6	1 433.60	1 177.60	1 688 207	2 055 209	1 386 742
12	2 451.00	2 641.00	6 473 091	6 007 401	6 974 881
16	1 737.50	1 837.50	3 192 656	3 018 906	3 376 406
22	1 459.50	2 849.50	4 158 845	2 130 140	8 119 650
28	1 442.00	1 399.00	1 930 838	2 079 364	1 792 921
小 计	8 523.60	9 844.60	17 443 637	15 291 020	21 650 600
其他 25 个项目	46 632.53	46 632.53	89 864 019	89 864 019	89 864 019
合 计	55 156.13	56 477.13	107 307 656	105 155 039	111 514 619

根据初始样本审查结果，可计算初始样本审定额与样本记录额的比率（R）和初始样本标准差（S）。

$$R = \frac{\sum\limits_{i=1}^{n} x_i}{\sum\limits_{i=1}^{n} y_i} = \frac{55\ 156.13}{56\ 477.13} = 0.976\ 61$$

$$S = \sqrt{\frac{\sum\limits_{i=1}^{n} x_i^2 + R^2 \sum\limits_{i=1}^{n} y_i^2 - 2R \sum\limits_{i=1}^{n} x_i y_i}{n-1}}$$

$$= \sqrt{\frac{105\ 155\ 039 - 0.976\ 61^2 \times 111\ 514\ 619 - 2 \times 0.976\ 61 \times 107\ 307\ 656}{30-1}}$$

$$= 257.21$$

第二步:确定抽样规模(n)。

$$n' = \left(\frac{t \cdot S \cdot \dot{N}}{P}\right)^2 = \left(\frac{1.96 \times 257.21 \times 500}{45\,500}\right)^2 = 31(个)$$

$$n = \frac{n'}{1 + \frac{n'}{N}} = \frac{31}{1 + \frac{31}{500}} = 30(个), \quad \begin{bmatrix} 验证 \\ R、S \\ 有效 \end{bmatrix}$$

第三步:作出审计结论。

比率估计是根据样本审定额与样本记录额的比率,去推断总体正确额点估计($\hat{T}$)的。其计算公式为:

$$\hat{T} = Y \cdot P = 925\,000 \times 0.976\,11 = 903\,364(元)$$

总体正确额的数确区间($\triangle$)的计算公式,比率估计与平均值估计相同。即:

$$\triangle = t \cdot \frac{S}{\sqrt{n}} \cdot N \cdot \sqrt{1 - \frac{n}{N}} = 1.96 \times \frac{257.21}{\sqrt{30}} \times 500 \times \sqrt{1 - \frac{30}{50}} = 44\,619(元)$$

由此可作出如下审计结论:以95%的把握确信,某厂20××年12月31日产成品账户正确额在903 364元±44 619元之间,即在858 745～947 983元之间。

从计算结果看,比率估计和差异估计大致相同,但计算上比率估计要比差异估计复杂些,主要是标准差的计算比较麻烦。虽然比率估计和差异估计一样,需要有记录额才能使用,但比率估计在总体中不存在错误或错误很小的情况下也能使用,这一点比率估计要比差异估计优越。也就是说,比率估计适用于总体中存在较小错误的情况且总体项目有记录额。

在实际审计工作中,可以把判断抽样和统计抽样结合起来加以运用。有的情况下,以使用判断抽样为主;有的情况下,以使用统计抽样为主。运用统计抽样可以得到比较客观和可信的结果,但统计抽样也离不开审计人员的正确判断。

五、概率比例规模抽样法

概率比例规模抽样法(probability-proportional-size sampling,PPS)是属性抽样的一种变形,是用样本错报率来推断总体错报率进而推断总体错报金额的方法。

PPS抽样是以货币单位作为抽样单元进行选择的一种方法,因其抽样单位是元单位,又称"货币单位抽样"或"元单位抽样";PPS抽样因其要求计算各个总体项目的累计金额,又称"累计货币金额抽样";PPS抽样因其将数学属性与变量的结论结合在一起,又称"综合属性变量结合抽样"。在该方法下,总体中的每个货币单位被选中的机会相同,所以总体中某一项目被选中的概率等于该项目的金额与总体金额的比率。项目金额越大,被选中的概率就越大。但实际上注册会计师并不是对总体中的货币单位实施检查,而是对包含被选取货币单位的余额或交易实施检查。注册会计师检查的余额或交易被称为逻辑单元。

（一）PPS抽样的优缺点

PPS抽样的优点包括下列方面：

（1）PPS抽样一般比传统变量抽样更易于使用。

（2）PPS抽样的样本规模不需考虑被审计金额的预计变异性。

（3）PPS抽样中项目被选取的概率与其货币金额大小成比例,因而生成的样本自动分层。

（4）PPS抽样中如果项目金额超过选样间距,PPS系统选样自动识别所有单个重大项目。

（5）如果注册会计师预计没有错报,PPS抽样的样本规模通常比传统变量抽样方法更小。

（6）PPS抽样的样本更容易设计,且可在能够获得完整的总体之前开始选取样本。

PPS抽样的缺点包括下列方面：

（1）使用PPS抽样时通常假设抽样单元的审定金额不应小于零或大于账面金额。

（2）如果注册会计师在PPS抽样的样本中发现低估,在评价样本时需要特别考虑(不适于查低估)。

（3）对零余额或负余额的选取需要在设计时特别考虑。

（4）当发现错报时,如果风险水平一定,PPS抽样在评价样本时可能高估抽样风险的影响,从而导致注册会计师更可能拒绝一个可接受的总体账面金额。

（5）在PPS抽样中注册会计师通常需要逐个累计总体金额。但如果相关的会计数据会以电子形式储存,则不会额外增加大量的审计成本。

（6）当预计总体错报金额增加时,PPS抽样所需的样本规模也会增加。在这些情况下,PPS抽样的样本规模可能大于传统变量抽样的相应规模。

（二）PPS抽样中样本的选取

PPS抽样以货币单位作为抽样单元,但注册会计师却不是对具体货币单位进行审计,而必须确定实物单位(即逻辑单元)来执行审计测试。PPS样本可以通过运用计算机软件、随机数表或系统抽样技术来获取。表4-7列示一个应收账款总体,其中包括累计合计数。现以该表来说明如何使用计算机软件来选取样本。

假设注册会计师想要选取一个含有4个账户的PPS样本。由于规定以单位金额为抽样单位,则总体容量就是53 380,计算机程序随机生成的4个数字是21 792,36 089, 52 209, 17 705,则包含这些随机金额的总体实物单位项目需由累计合计数栏来确定,它们分别是项目4、项目8、项目8和项目4。PPS抽样允许某一实物单位在样本中出现多次。也就是说,项目4和项目8尽管只审计一次,但在统计上仍分别视为 2 个样本项目,样本中的项目总数也仍然是 4 个,因为样本涉及 4 个货币金额数。注册会计师将对这些实物单位项目进行审计,并将各实物单位项目的审计结果,应用到它们各自包含的随机货币金额上。

(三)PPS 抽样中总体的推断

PPS 抽样中根据样本推断总体有四方面的重要内容:

(1)利用属性抽样表来计算结果,但是用可接受的误受风险代替可接受的信赖过度风险。

(2)必须把属性结果转换为金额的形式。PPS 抽样估计的是总体中错报的金额,而不是总体中存在错报的项目百分比。PPS 抽样是通过将每个总体项目定义为单位金额实现这一目的的。因此,估计含有错报的总体金额比率是估计错报总额的方法。

(3)注册会计师必须为每个有错报的总体项目假设一个错报百分比,这一假设可以使注册会计师能够利用属性抽样表来估计错报金额。

(4)计算总体错报界限。错报界限是在既定可接受的误受风险下,可能最大的高估额(错报上限)的估计和可能最大的低估额(错报下限)的估计。

当样本中存在错报和不存在错报时,注册会计师的推断是不同的。

1. 样本中没有发现错报时总体的推断

即使在审计后,在样本中没有发现错报的情况下,注册会计师也要分别确定错报上限和错报下限,包括错报率的上、下限和错报金额的上、下限。具体方法如下:假定可接受的误受风险(代替信赖过度风险)为 10%,使用表 4-17,采用与控制测试相同的方法,根据样本规模(80)和实际的错报数(0)的交点处的计算的偏差率上限是 2.9%,既代表错报上限,也代表错报下限,均用百分数表示。因为样本错报率是 0,2.9% 代表抽样误差的估计值。为了将这一百分数转换成货币金额,注册会计师根据职业判断还必须为含有错报的总体金额分别假定一个错报平均百分比。在没有有力的相反证据时,将高估额和低估额都假定为 100% 是比较合适的。在本章中除非另有说明,错报假定一律采用 100%。例如,注册会计师采用 PPS 抽样法从 W 公司账面总额为 1 760 万元的应收账款总体中抽取了容量为 80 的一组样本实施实质性程序,样本中没有发现错报,高估和低估错报都是 100%,在可接受的误受风险为 10% 时,错报界限为:

$$错报上限 = 17\,600\,000 \times 2.9\% \times 100\% = 510\,400(元)$$
$$错报下限 = 17\,600\,000 \times 2.9\% \times 100\% = 510\,400(元)$$

一般高估、低估不用同时考虑,被审计单位的错报一般都是同一方向的。

2. 在样本中发现错报时的总体推断

(1)将每笔业务的错报转化为单位平均错报。为了便于理解,结合下面的例子进行说明。A 和 B 注册会计师正在审计 W 公司 2008 年度的财务报表。在审计应收账款项目时，A 和 B 注册会计师采用 PPS 抽样法从 W 公司账面总额为 1 760 万元的应收账款总体中抽取了容量为 80 的一组样本实施实质性程序，注册会计师确定的误受风险为 10%，可容忍错报 88 万元（为应收账款账面金额的 5%），审计后发现如表 4-15 所列的 8 处错报，对于发现错报的每一个样本，以发现的错报除以该样本的账面金额，得到该样本的单位错报。

表 4-15

样本的单位错报表

债务人	应收账款账面金额	审定的应收账款金额	发现的错报金额	单位平均错报
A	560	500	60	0.107
B	3 050	2 260	790	0.259
C	8 760	8 180	580	0.066
D	45 000	45 360	(360)	(0.008)
E	80 066	80 251	(185)	(0.002)
F	7 709	9 044	(1 335)	(0.173)
G	1 000	2 569	(1 569)	(1.569)
H	30 000	37 920	(7 920)	(0.264)

对高估的错报与低估的错报要分开处理。

（2）查表，进行标准化处理。在总计 8 个错报中，高估的错报数为 3，低估的错报数为 5，查《控制测试中统计抽样结果评价》（见表 4-16），得样本错报为 0，1，…，5 时总体中可能存在的高估和低估的最大百分比依次为 2.9%，4.8%，6.6%，8.2%，9.8%，11.3%，按后项减前项的顺序，得到偏差率的增加额 4.8%−2.9%=1.9%，6.6%−4.8%=1.8%，…；11.3%−9.8%=1.5%，如表 4-17 所示。

表 4-16

控制测试中统计抽样结果评价

——信赖过度风险 10% 的偏差率上限

样本规模	实际发现的偏差数										
	0	1	2	3	4	5	6	7	8	9	10
60	3.8	6.4	8.7	10.8	12.9	15.0	16.9	18.9	*	*	*
70	3.3	5.5	7.5	9.3	11.1	12.9	14.6	16.3	17.9	19.6	*
80	2.9	4.8	6.6	8.2	9.8	11.3	12.8	14.3	15.8	17.2	18.6
90	2.6	4.3	5.9	7.3	8.7	10.1	11.5	12.8	14.1	15.4	16.6
100	2.3	3.9	5.3	6.6	7.9	9.1	10.3	11.5	12.7	13.9	15.0

表 4-17

偏差率的增加额

错报率	表中的偏差率上限	由各项错报引起的偏差率上限的增加额（层）
0	0.029	0.029
1	0.048	0.019
2	0.066	0.018
3	0.082	0.016
4	0.098	0.016
5	0.113	0.015

（3）根据上述高估及低估的偏差率增加额，按表 4-18 方法同时得到偏差率上限（8.2%）、下限（11.3%）和初始高估错报上限（649 492.80 元），初始低估错报下限（1 170 206.40 元）。

表 4-18

初始错报界限计算表

错报数（1）	偏差率上限部分（2）	账面价值（3）	假定的单位错报（4）	错报界限部分（5）＝（2）×（3）×（4）
高估				
0	0.029	17 600 000	1.000	510 400.00
1	0.019	17 600 000	0.259	86 609.60
2	0.018	17 600 000	0.107	33 897.60
3	0.016	17 600 000	0.066	18 585.60
偏差率上限	0.082			
初始高估错报上限				649 492.80
低估				
0	0.029	17 600 000	1.000	510 400.00
1	0.019	17 600 000	1.569	524 673.60
2	0.018	17 600 000	0.264	83 635.20
3	0.016	17 600 000	0.173	48 716.80
4	0.016	17 600 000	0.008	2 252.80
5	0.015	17 600 000	0.002	528.00
偏差率下限	0.113			
初始低估错报下限				1 170 206.40

（4）对初始总体错报上限与下限进行调整。实际应用中,大多数 PPS 抽样法的使用者都认为,在存在相抵性金额时,前面刚讨论过的方法过于保守。因此,需要为相抵性金额而对初始错报界限进行必要调整。调整的步骤如下:计算高估金额和低估金额的点估计值。高估的点估计值是已审金额的平均高估额与账面价值的乘积,低估的点估计值的计算方法与此相同。初始错报上限减去低估的点估计值,得出调整后的错报上限;初始错报下限减去高估的点估计值,得出调整后的错报下限,见表 4-19。

表 4-19

调整后错报界限计算表

错报数(1)	单位错报假定(2)	样本规模(3)	账面总体(4)	点估计值 (5)=(2)÷(3)×(4)	界　限 (6)
初始高估错报上限					649 492.80
低估金额					
1	1.569				
2	0.264				
3	0.173				
4	0.008				
5	0.002				
合　计	2.016	80	17 606 000	443 520	(443 520)
调整后的高估错报上限					205 972.80
初始低估错报下限					1 170 206.40
高估金额					
1	0.259				
2	0.107				
3	0.066				
合　计	0.432	80	17 600 000	95 040	(95 040)
调整后的低估错报下限					1 075 166.40

（5）得出抽样结论。只有错报下限和错报上限都完全落在低估和高估可容忍错报的限额内,注册会计师才能够作出总体没有重大错报的结论。在本例中,A 和 B 注册会计师已为应收账款确定可容忍错报 88 万元(1 760×5%)(高估或低估),由于

调整后的错报下限为 1 075 166.40 元,超过了 880 000 元的可容忍错报,因此注册会计师不能接受总体。

第二节 审计程序

审计程序是审计人员所承接的审计项目从开始到结束的整个过程中采取的系统性工作的先后顺序。审计活动是一个有内在逻辑关系的监督控制活动过程。在这个过程中,要贯彻风险导向审计理念,围绕着重大错报风险的识别、评估和应对,根据各种审计对象,按照审计环境和目的确定审计目标,遵守相关审计准则及道德规范,运用审计方法和技术取得审计证据,最后提出审计意见和报告,这是审计的一般工作程序。审计活动中先做什么,再做什么,最后做什么,必须按具体的顺序进行,这就是审计进程的具体工作程序。

一、审计程序的性质、时间和范围

注册会计师应当根据审计准则和职业判断来确定审计范围。财务报表审计范围是指为实现财务报表审计目标,注册会计师根据审计准则和职业判断实施的恰当的审计程序总和。恰当的审计程序是指审计程序的性质、时间和范围是恰当的,现分别叙述如下。

(一)审计程序的性质

审计程序的性质,是指审计程序的目的和类型。

1. 审计程序的目的

审计程序的目的包括以下三类:

(1)通过了解被审计单位及其环境,识别、评估财务报表总体层次和认定层次的重大错报风险,称为"风险评估程序"。

(2)通过实施必要控制测试,确定内部控制运行的有效性,并据此重新评估认定层次的重大错报风险,称为"控制测试"。

(3)通过实施实质性程序,发现认定层次的重大错报,降低检查风险,称为"实质性程序"。

以上(2)和(3)又合称为"进一步审计程序"。

2. 审计程序的类型

审计程序的类型包括检查记录或文件、检查有形资产、观察、询问、出证、重新计算、重新执行和分析程序八类。

(二)审计程序的时间

审计程序的时间,是指注册会计师何时实施审计程序,或指审计证据适用的期间或时点,包括资产负债表日前审计、资产负债表日审计和资产负债表日后审计,最终的落脚点都是确保获取审计证据的效率和效果。

（三）审计程序的范围

审计程序的范围,是指审计程序的数量,包括抽取的样本量(较少样本、适中样本和较大样本)、对某项控制活动的观察次数(较少次数、适中次数和较多次数)。

二、审计程序的具体工作内容

不论政府审计、内部审计还是民间审计,也不论是财政财务审计、财经法纪审计,还是经济效益审计,审计程序基本上是一致的,一般包括准备、实施和结束三个阶段,每个阶段又包括若干具体工作内容。审计程序如图 4-2 所示。

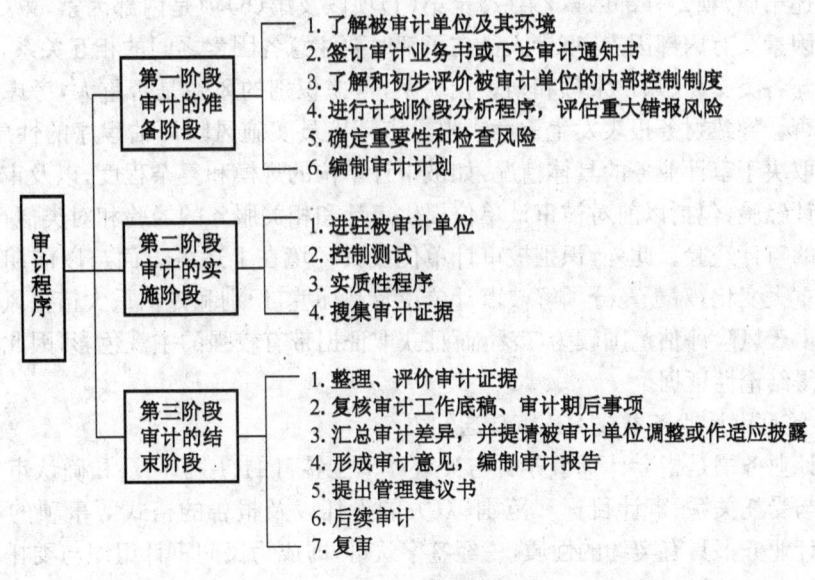

图 4-2　审计程序图

（一）审计的准备阶段

审计的准备阶段是指从确定审计任务开始,到具体实施审计工作之前的整个准备过程。它是整个审计过程的起点和基础工作。政府审计准备阶段包括审计机关的准备工作和审计组织的准备工作两个方面。民间审计准备阶段包括以下六方面具体工作内容。

1. 了解被审计单位及其环境

民间审计组织了解被审计单位及其环境,包括内部控制,是必须要实施的程序而不是可选程序,又称"风险评估程序"。了解的目的是识别和评估财务报表重大错报风险。了解被审计单位及其环境是一个连续和动态地收集、更新与分析审计证据的过程,审计人员应当运用职业判断确定需要了解的程序,关键是看能否足够识别和评估财务报表重大错报风险。审计人员在对重大错报风险进行识别和评估之前,需要了解下列六项内容:

(1) 行业状况、法律环境与监管环境以及其他外部因素。

(2) 被审计单位的性质。

(3) 被审计单位对会计政策的选择和运用。

(4) 被审计单位的目标、战略以及相关经营风险。

(5) 被审计单位财务业绩的衡量和评价。

(6) 被审计单位的内部控制。

上述第(1)项是外部因素,第(2)至第(4)项以及第(6)项是内部因素,第(5)项既有外部因素又有内部因素,审计人员在了解时要注意各因素之间的相互关系,将识别的风险与各类交易、账户余额和列表相联系,考虑识别的风险是否重大,考虑识别的风险是否会导致财务报表发生重大错报。审计人员实施风险评估程序的性质、时间和范围取决于审计业务的具体情况,如被审计单位的规模和复杂程度,以及审计人员相关审计经验,包括以前对被审计单位提供审计和相关服务的经验和对类似行业、类似企业的审计经验。此外,识别被审计单位及其环境在上述各方面与以前期间相比发生的重大变化,对于充分了解被审计单位及其环境,识别和评估重大错报风险尤为重要。由于风险评估范围较为广泛,而且获取证据带有较强的主观色彩,因此不需对总体取得结论性证据。

2. 签订审计业务书或下达审计通知书

审计业务书是指会计师事务所与被审计单位签订的、用于记录和确认审计业务的委托与受托关系、审计目标和范围、双方的责任以及报告的格式等事项的书面协议。审计业务书具有契约的性质,一经签字认可,即成为民间审计组织与委托单位之间在法律上生效的契约。

A. 签署审计业务书之前应做的工作

民间审计组织应当在审计业务开始前,与被审计单位就审计业务约定相关条款进行充分沟通,达成一致意见,并签订审计业务书,以避免双方对审计业务的理解产生分歧。

(1) 针对接受新客户或保持长期客户关系实施相应的质量控制程序。总体来说,无论是首次接受审计委托还是连续审计,审计人员均应考虑下列主要事项,以确定接受或保持审计业务的决策是恰当的:(a)被审计单位的主要股东、关键管理人员和治理层是否诚信。(b)项目组是否具备执行审计业务的专业胜任能力以及必要的时间和资源。(c)会计师事务所和项目组能否遵守职业道德规范。

在首次接受委托时还需要补充考虑下列事项:(a)就与前任注册会计师沟通作出安排,包括查阅前任注册会计师的工作底稿等。(b)与管理层讨论的有关首次接受委托的重大问题,就这些重大问题与治理层沟通的情况,以及这些重大问题是如何影响总体审计策略和具体审计计划的。(c)针对期初余额获取充分、适当的审计证据而计划实施的审计程序。(d)针对预见到的特别风险,分派具有相应素质和专业胜任能力的人员。(e)根据会计师事务所关于首次接受审计委托的质量控制制度实施的其他程序。

(2)评价遵守职业道德规范的情况,包括独立性。要求项目组成员恪守独立、客观、公正的原则,保持专业胜任能力和应有的关注,并对审计过程获知的信息保密。

B. 审计业务书的内容

审计业务书的内容和格式,可因每一个被审计单位具体情况而有所不同,但一般应包括审计业务书的必备条款、应当考虑增加的其他条款,以及实施集团财务报表时的特殊考虑,审计业务书的必备条款包括以下基本内容:

(1)财务报表审计的目标。

(2)管理层对财务报表的责任。

(3)管理层编制财务报表采用的会计准则和相关会计制度。

(4)审计范围,包括指明在执行财务报表审计业务时遵守的中国注册会计师审计准则。审计范围是指为实现财务报表审计目标,注册会计师根据审计准则和职业判断实施的恰当的审计程序的总和。

(5)执行审计工作的安排,包括出具审计报告的时间要求。

(6)审计报告格式和对审计结果的其他沟通形式。

(7)由于测试的性质和审计的其他固有限制,以及内部控制的固有局限性,不可避免地存在着某些重大错报可能仍然未被发现的风险。

(8)管理层为注册会计师提供必要的工作条件和协助。

(9)注册会计师不受限制地接触任何与审计有关的记录、文件和所需要的其他信息。

(10)管理层对其作出的审计有关的声明予以书面确认。

(11)注册会计师对执业过程中获知的信息保密。

(12)审计收费,包括收费的计算基础和收费安排。

(13)违约责任。

(14)解决争议的方法。

(15)签约双方法定代表人或其授权代表的签字盖章,以及签约双方加盖的公章。

政府审计机关根据审计项目计划确定的审计事项组成审计小组,并应在实施审计 3 日前,向被审计单位下达审计通知书。

审计通知书如表 4-22 所示。

表 4-22

审 计 通 知 书

×××审计局
审计通知书
××字 20××年××号
×××(被审计单位):
兹根据有关审计法规,特派我局审计人员×××……共×人,于 20××年×月×日至 20×× 年×月×日期内,到你处进行审计,请予以配合,做好准备,并为审计人员提供必要的工作条件。
审计人员名单
组长×××   职称×××
组员×××   职称×××
×××   职称×××
特此通知   ×××审计局(公章)
20××年 月 日

如属舞弊审计,不宜事前通知,而于进入被审计单位时出示审计通知书为妥,以免被审计单位利用时进行掩盖。

3. 了解和初步评价被审计单位的内部控制制度

在审计工作开始前,必须了解和初步评价被审计单位的内控制度。审计人员通过实施下列风险评估程序来获取控制设计和控制执行的审计证据:

(1) 询问被审计单位的人员。

(2) 观察特定控制的运用。

(3) 检查文件和报告。

(4) 追踪交易在财务报告信息系统中的处理过程(穿行测试)。

这是风险评估程序在了解被审计单位内部控制方面的具体运用。

审计人员需要了解和评价的内部控制只是与财务报表审计相关的内部控制,并非被审计单位所有的内部控制。所谓与财务报表审计相关的控制,包括被审计单位为实现财务报表可靠性目标设计和实施的控制。了解的深度包括评价控制的设计,并确定其是否得到执行。这只是一种初步评价,不包括对控制是否得到一贯执行的测试。对内部控制制度真正进行测试和再评,是在审计实施阶段才进行的。如在实施阶段发现准备阶段对内控制度评价有误,就可以及时进行纠正。审计人员在了解被审计单位整体层面和重要业务流程层面内部控制并对经营风险进行评估后,应针对各重要账户或交易类别的相关认定所涉及的控制风险作出初步评价。审计人员对内部控制的初步评价结论可能是：

（1）所设计的控制单独或连同其他控制能够防止或发现并纠正重大错报，并得到执行。

（2）控制本身的设计是合理的，但没有得以执行。

（3）控制本身的设计就是无效或缺乏必要的控制。

审计人员应该首先考虑控制的设计，如果控制设计不当，不需要再考虑控制是否得到执行。

4. 进行计划阶段分析程序，评估重大错报风险

计划阶段审计人员在实施风险评估程序时，应当运用分析程序，目的在于识别那些可能表明财务报表存在重大错报风险的异常变化和差异的报表项目。因此，所使用的数据汇总性比较强，其对象主要是财务报表中账户余额及其相互之间关系，所使用的分析程序通常包括对账户余额变化的分析，并辅以趋势分析和比率分析。审计人员通过对异常情况的查证，就可能合理保证财务报表不被严重歪曲，揭露被审计单位重大舞弊差错，根据分析程序与重大错报风险评估的结果确定审计范围和重点领域，编入审计计划。

5. 确定重要性和检查风险

在计划审计工作时，审计人员应当考虑导致财务报表发生错报的原因，并应当在了解被审计单位及其环境的基础上，确定一个可接受的重要性水平，即首先为财务报表层次确定重要性水平，以发现在金额上重大的错报。同时，审计人员还应评估各类业务、账户余额以及列报认定层次的重要性水平，以便确定进一步审计程序的性质、时间和范围，将审计风险降至可接受的低水平。

由于重要性水平与审计风险之间成反向变动关系，审计项目负责人必须分析影响审计风险的各种因素，主要确定可接受的检查风险对进一步测试性质、时间和范围的要求，并据此编制审计方案。这可以从以下两个方面加以控制和博弈：首先，审计人员可以通过事先设计且严格执行的审计程序，减少检查风险和可接受的审计风险，以此保证审计效果；其次，审计项目负责人制订审计计划的目标就是要寻找一个最佳的成本效益点，以便用尽可能少的工作量，获得能够满足审计风险期望值的检查风险要求，以此来提高审计效率。

6. 编制审计计划

经过上述工作后，审计项目负责人便可以编制审计计划。审计计划是审计人员为了达到预期的审计项目，在具体实施审计程序之前编制的工作计划。它是审计人员在审计实施阶段的工作指南，对于审计人员顺利完成审计工作和控制审计风险具有非常重要的意义。

（1）合理的审计计划有助于审计人员关注重点审计领域、及时发现和解决潜在问题及恰当地组织和管理审计工作，以便审计工作更加有效。

（2）充分的审计计划有助于审计项目负责人对项目组成员进行恰当分工和指导监督，并复核其工作。

（3）审计计划有助于协调其他审计人员和专家工作。

计划审计工作是一项持续的过程，通常审计人员在前一期审计工作结束后即开始本期的审计计划工作，直到本期审计工作结束为止。审计计划包括总体审计策略和具体审计计划。

（二）审计的实施阶段

审计的实施阶段是审计全过程的中心环节，其主要工作是按照审计计划所确定的范围、要点、步骤、方法，进行取证，对被审计单位内部控制制度运行的有效性情况进行控制测试，对财务报表项目的数据实施实质性程序。

1. 进驻被审计单位

审计人员在实施审计之前，先要进驻被审计单位。进驻以后，应通过与被审计单位的治理、管理人员和其他员工的接触，进一步了解被审计单位及其环境的情况，并使相关员工了解审计的目的、内容、起讫时间等，争取被审计单位和员工的信任、支持和协助。

2. 控制测试

控制测试指的是测试控制运行的有效性，即测试被审计单位内部控制在防止、发现或纠正认定层次重大错报方面的有效性，并据此重新评估认定层次的重大错报风险。控制运行有效性强调的是内部控制能够在各个不同时点按照既定设计得以一贯执行。因此，在了解控制是否得到执行时，审计人员只需抽取少量的交易进行检查或观察某几个时点。但在测试控制运行的有效性时，审计人员需要抽取足够数量的交易进行检查或对多个不同时点进行观察。控制测试并非在任何情况下都需要实施。当存在下列情况之一时，审计人员应当实施控制测试：（a）在评估认定层次重大错报风险时，预期控制的运行是有效的。（b）仅实施实质性程序不足以提供认定层次充分适当的审计证据。控制测试的方法一般有检查、询问、观察、重新执行和穿行测试等五种，控制测试的种类主要包括同步控制测试、追加控制测试和计划控制测试三种，根据测试结果修订审计计划。

3. 实质性程序

实质性程序是指审计人员针对评估的重大错报风险实施的直接用于发现认定层次的重大错报，降低检查风险的审计程序，包括对各类交易、账户余额、列报的细节测试和对财务信息和非财务信息应用的实质性分析程序。实质性程序通过检查、观察、询问、函证、重新计算和分析程序等方法，获取充分、适当的审计证据，以便对被审计单位的财务报表发表意见提供合理基础。

4. 收集审计证据

审计证据是审计人员对审计对象的实际情况作出判断、表明意见，并作出审计结论的依据。事实上，审计人员执行审计业务的过程就是一系列收集、评价审计证据的活动过程。收集审计证据包括三个方面：一是通过风险评估程序，取得能揭示来自环境风险的间接揭示错误的证据；二是通过控制测试，取得间接揭示错误的证据，交易控制的偶尔失败可能会，也可能不会导致交易或余额的错误，但经常性的失败则会增加错报发生可能性；三是通过交易测试或余额测试，取得直接揭示交易中或账户中错误的证据。

（三）审计的结束阶段

审计的结束阶段是实质性的项目审计工作的结束。其主要工作有：整理、评价审计证据；复核审计工作底稿，审计期后事项；汇总审计差异，并提请被审计单位调整或作适当披露；形成审计意见，编制审计报告；提出管理建议书；后续审计；复审等。

1. 整理、评价审计证据

为了使在审计实施阶段收集的分散的、个别证据结合起来形成具有充分证明力的证据，有效地用来评价被审计单位的经济活动，得出正确的审计意见和结论，必须对收集到的证据进行整理和评价。整理和评价审计证据的过程，从根本上说，也是审计人员凭借政策水平、专业知识和个人实践经验对证据进行分析研究的过程。通过整理和评价，选出若干最有说服力的证据，作为编制审计报告、提出管理建议书的依据。

2. 复核审计工作底稿，审计期后事项

审计工作底稿是审计人员在审计工作中汇总、综合分析、整理与审计问题有关的资料所形成的书面文件。当审计程序进入终结阶段时，审计工作底稿已编写完成，但是尚不能形成最终结论。审计工作底稿是各审计人员根据自己的取证记录独立编写的，因而在一定程度上存在着主观性与片面性，其编写质量受审计人员的素质影响很大。为此，必须将审计人员编写的审计工作底稿进行复核，然后根据审计工作底稿反映的有关问题，征求被审计单位意见，听取对审计证据的真实性与恰当性予以认可的书面反馈意见。这对形成正确的审计结论有着重要的意义。期后事项是指资产负债表日至审计报告日发生的，以及审计报告日至会计报表公布日发生的对会计报表产生影响的事项。为了确定期后事项对被审计单位会计报表公告性的影响，有两类期后事项需要被审计单位管理当局考虑，并需要审计人员审计：一是能为资产负债表日已存在情况提供补充证据的事项，这类事项需提请被审计单位调整会计报表；二是虽不影响会计报表金额，但可能影响对会计报表正确理解的事项，这类事项需提请被审计单位披露。

3. 汇总审计差异,并提请被审计单位调整或作适当披露

审计人员在完成控制测试、实质性程序和期后事项等特殊项目审计后,对在审计中发现的被审计单位的会计处理方法与有关会计准则、会计制度的不一致,即审计差异的内容,应根据审计重要性原则予以初步确认并汇总,并建议被审计单位进行调整,这一过程主要是通过编制调整分录汇总表、重分类分录汇总表和未调整不符事项汇总表三张汇总表以及编制资产负债表和利润及利润分配表两张试算平衡表得以完成的,使被审计后的财务报表所载信息能够公允反映被审计单位的财务状况、经营成果和现金流量。

4. 形成审计意见,编制审计报告

审计报告是审计工作的最终成果,是审计人员完成审计任务,向被审计单位提出审计情况、形成审计意见的书面文件。审计报告主要应根据审计证据和审计工作底稿,通过对各类审计资料认真加以整理、分析和综合,并经过取舍和删补,选择其中与审计目的和重点有关的素材,并按编制要求与规定格式编写。

5. 提出管理建议书

管理建议书是指审计人员在审计结束阶段,就可能导致财务报表产生重大错报或漏报的内部控制重大缺陷,以书面形式提出的改进建议,对于审计业务书有特别约定或审计人员认为有必要便于下年度审计的项目,审计人员均应提出管理建议书。管理建议书是针对内部控制重大缺陷提出的,目的在于向被审计单位管理部门提供进一步完善内部控制制度,改进会计核算,提高经营管理水平的参考意见。因此,它在性质上不具有"公正性"和"强制性",是一种咨询建议意见,为审计报告的副产品。

6. 后续审计

后续审计是指审计组织在审计结论和决定发出后的规定期内,对被审计单位执行审计结论和决定的情况所进行的审计。其主要目的是为了检查被审计单位对审计结论的执行情况,验证审计结论的正确性、可行性,以及听取被审计单位的意见。一般地说,问题较多且性质较严重的被审计单位,才需进行后续审计,并编制后续审计报告。后续审计既是该项审计的终点,又是下次审计的起点,它可监督被审计单位执行审计结论和决定,限期纠正错误,改进工作,提高经济效益。同时,通过后续审计,能提高审计工作质量,提高审计人员的业务素质。

7. 复审

复审是指被审计单位在对审计结论和决定持有异议的情况下,可在接到审计报告的 15 天内,向上一级审计机关提出复审申请,上一级审计机关在接到复审申请报告 30 天内,对有关异议问题同意重新进行的审计。复审期间,原审计结论和决定照常执行。民间审计组织一般没有复审,如果受政府审计机关委托,开展的审计尚需进行复审,或者检查审计处理决定的执行情况,必须再经委托单位按照正常委托手续才

能进行。复审的范围一般与原审计范围一致,重点应放在有争议的问题上。复审时应重点审查原审计过程中产生的各种审计工作底稿。

关键术语

审计抽样法　任意抽样法　判断抽样法　统计抽样法　选取特定项目　属性抽样
非统计抽样法　变量抽样　抽样风险　信赖过度风险　误受风险　非抽样风险
固定样本抽样　随机数表抽样法　系统抽样法　停-走抽样　概率比例规模抽样法
发现抽样　平均值估计　差异估计　比率估计　审计程序　审计业务书　审计计划
总体审计策略　具体审计计划　期后事项　审计差异　管理建议书　后续审计　复审

案例剖析题

【案例分析 4-1】

A 和 B 审计人员对 XYZ 股份有限公司 2008 年度财务报表进行审计,其未经审计的有关财务报表项目金额如下(单位:人民币万元)。

财务报表项目名称	金　额
资产总计	180 000
股东权益合计	88 000
主营业务收入	240 000
利润总额	36 000
净利润	24 120

【要求】

(1) 如果以资产总额、净资产(股东权益)、主营业务收入和净利润作为判断基础,采用固定比率法,并假定资产总额、净资产、主营业务收入和净利润的固定百分比数值分别为 0.5%、1%、0.5% 和 5%,请代 A 和 B 审计人员计算确定 XYZ 股份有限公司 2008 年度财务报表层次的重要性水平(请列示计算过程)。

(2) 简要说明重要性水平与审计风险之间的关系。

(3) 简要说明重要性水平与审计证据之间的关系。

【题解】

(1)计算确定 XYZ 股份有限公司 2008 年度财务报表层次的审计重要性水平,如下表所示。

判断基础	金额（万元）	固定百分比	乘积（万元）	财务报表层次重要性水平（万元）
资产总额	180 000	0.5%	900	
净资产	88 000	1%	880	880
主营业务收入	240 000	0.5%	1 200	
净利润	24 120	5%	1.206	

（2）重要性水平与审计风险之间的关系：重要性水平与审计风险之间成反向关系。也就是说，重要性水平越高，审计风险越低；反之，重要性水平越低，审计风险越高。

（3）重要性水平与审计证据之间的关系：重要性水平与审计证据之间成反向关系。也就是说，重要性水平越低，应获取的审计证据越多；反之，重要性水平越高，应获取的审计证据越少。

【案例分析 4-2】

ABC 公司 2008 年提交的财务报表显示，全年利润总额 1 500 万元，资产总额 7 500 万元，审计人员在审计中发现下列问题：

（1）资产负债表中的存货低估 35 万元，原因尚待查明。

（2）12 月 20 日收到的一笔技术服务费 7.5 万元未入账，列入小金库。

（3）12 月工资表中有两个虚构的职工姓名，共领取工资 3 500 元，被编表人占为己有。

上述问题尚未调整。

【要求】

（1）分析上述问题是否重要性，并说明理由。

（2）说明注册会计师在审计实施阶段和结束阶段应采用的对策。

【题解】

（1）存货低估 35 万元，如由收付、计量差错或自然损耗等客观原因造成，因金额只占利润总额的 2%，或占资产总额的 0.4%，可认为是不重要错误；如是弄虚作假，故意低估存货以低估利润，偷税漏税，因性质严重，可认为是重要错误。技术服务费 7.5 万元列入小金库，金额虽然不大，但因是管理舞弊，且还可能存在其他类似问题，属于重要错误。编表人虚构工资 3 500 元并占为己有，说明企业管理混乱，内部控制失效，而且还可能不仅仅是 1 个月的问题，属于重要错误。

（2）对策。

实施阶段：对于存货，进一步查明其低估的原因；对于小金库，进一步查明其所有来源及使用情况，以确定其总额；对于工资，进一步审查该编表人经手的所有工资业务，以查明是否存在其他类似问题。

结束阶段：根据实施阶段审查取得的证据，最终确定存在问题的重要性，并要求被审计单位作出相应的账户调整；如果被审计单位不愿意调整，可根据具体情况发表相应的审计意见；对于内部控制存在的重大缺陷，应向管理当局提交管理建议书。

本章要点概览

抽样审计是现代审计的基本方法，无论是控制测试，还是实质性测试，都可以运用抽样审计方法。但是即使运用抽样审计，也离不开审计人员的专业判断。

审计人员为了获取证据，应当确定测试项目的适当方法，包括选取全部项目、特定项目和审计抽样三种。

审计抽样的种类很多，通常按抽样决策依据不同，可以将其划分为统计抽样和非统计抽样；按审计抽样所了解的总体特征的不同，可以将其划分为属性抽样和变量抽样。

属性抽样主要有固定样本量抽样、停—走抽样和发现抽样三种抽样方法及具体使用方法。属性抽样是用于控制测试方面，但它并不提供货币价值的资料，不适用变量总体。

变量抽样是用于细节测试方面，主要有平均值估计、差异估计和比率估计等多种形式及具体使用方法。

实质性程序中常用"概率比例规模抽样法"（PPS）的具体步骤和使用方法。

审计程序是审计人员所承接的审计项目从开始到结束的整个过程中所采用的系统性工作的前后顺序。就具体的审计项目而言，政府审计、内部审计与注册会计师审计都可分为准备阶段、实施阶段和结束阶段。每个阶段都规定了具体工作内容。

第五章 审计人员的法律责任

──────学习目的与要求──────

　　本章旨在阐述民间审计人员的法律责任。通过本章的学习,学生应该全面了解民间审计人员被控告的原因;掌握民间审计人员承担法律责任种类;重点掌握司法解释十三条对民间审计人员民事侵权责任的规定;一般了解如何避免和减轻民间审计人员的法律责任。

第一节 审计责任概述

一、审计责任的含义

　　任何一种职业,当其应承担的责任与其社会地位之间有着直接的依存关系时,它的社会地位才会日渐提高。审计作为一个独立的职业,在为社会提供鉴证服务的同时,也必须对其鉴证服务的质量和行为的后果承担责任。对审计人员来说,只有当准备承担责任并对因未能满足审计准则规定的要求而引起的后果负责时,它的社会地位和执业水平才会真正被社会公众所认可。

　　审计责任是指审计机构和审计人员在承办审计业务中应履行的职业义务和职责,以及因履行职责不当可能会承担的法律、行政、工作甚至道德压力等方面的责任。

二、审计责任的基本内容

　　由于政府审计、内部审计和民间审计之间在职责、义务、权限等方面还存在着各种差异,因而各种审计主体的审计责任也有所区别。其中民间审计的审计责任最具有代表性,对政府审计和内部审计有着重要的参考价值。民间审计人员的审计责任,一般可划分为工作责任和法律责任两个方面。

　　(一) 民间审计人员的工作责任

　　民间审计活动是一种有目的的,独立的、公正的、具有权威性的活动。民间审计人员独立地执行某项审计业务的过程，就是履行自己工作责任的过程。在审计工作过程中，自始至终地保持审计的独立性和客观性，保证审计结论的客观公正，而绝不可玩忽职守，不负责任地造成不应有的工作失误。一般来说，会计师事务所的主任会计师对形成的审计结论和整个会计师事务所的工作成果及质量控制制度负有最终责任；签章的注册会计师对确定审计项目，制订审计工作计划、确定审计工作程序和形成审计报告负有直接责任，并对配备相应的业务助理人员、其他专业人员和聘用专家工作结果负责；所有现场工作人员都应对自己负责的审计项目或审计区域的工作质量负有相应的工作责任。审计职业工作责任一般可通过制定会计师事务所质量控制准则和审计人员职业道德准则进行规范。

（二）会计责任与审计责任

财务报表编制与财务报表审计是财务信息生存链上的两个不同环节，由此产生的会计责任与审计责任是不能相互取代的，必须各司其职。按照《审计准则 1101号——财务报表审计的目标和一般原则》第 3 条规定，在被审计单位治理层的监督下，按照适用的会计准则和相应会计制度的规定编制财务报表是被审计单位管理层的责任；对财务报表发表审计意见是民间审计人员的责任。

在作为被审计单位的企业中，编制财务报告一般是管理层的责任，其具体工作由管理层领导下的财务会计部门承担。被审计单位管理层对编制财务报表的责任具体包括：(a)选用适用的会计准则和相关会计制度。(b)选择和运用恰当的会计政策。(c)根据企业的具体情况，作出合理的会计估计。(d)设计、实施和维护与财务报表编制相关的内部控制，以保证财务报表不存在由于舞弊或错误而导致的重大错报。

被审计单位治理层对财务报告全过程的监督职责主要包括：(a)审核或监督企业的重大会计政策。(b)审核或监督企业财务报告和披露程序。(c)审核或监督与财务报告相关的企业内部控制。(d)组织和领导企业内部审计。(e)审核和批准企业的财务报告和相关信息披露。(f)聘任和解聘负责企业外部审计的注册会计师并与其进行沟通等。

民间审计人员的审计责任是对财务报表发表审计意见。为了履行这一职责，民间审计人员应当遵守职业道德规范，按照审计准则的规定计划和实施审计工作，获取充分、适当的审计证据，并根据获取的审计证据得出合理的审计结论，发表恰当的审计意见，民间审计人员通过签署审计报告确认其责任。

财务报表审计不能减轻被审计单位管理层和治理层的责任。法律法规要求管理层和治理层对编制财务报表承担责任，有利于从源头上保证财务信息质量。同时，在某些方面，民间审计人员与管理层和治理层之间本身就存在信息不对称。管理层和治理层作为内部人员，对企业的情况更为了解，更能作出适合企业特点的会计处理决策和判断，因此，被审计单位管理层和治理层理应对编制财务报表承担完全责任。如果财务报表存在重大错报,而民间审计人员通过审计没有能够发现,也不能因为财务报表已经民间审计人员审计这一事实而减轻管理层和治理层对财务报表的责任。

（三）民间审计人员的法律责任

民间审计人员的法律责任在民间审计责任体系中是一种最低责任境界,是一种最基本的、最具有约束力和最核心的责任形式,它是指民间审计人员由于违反法律规定行为并给他人造成损失而应当承担的法律后果的责任,可视为社会强制民间审计人员履行和遵守审计准则的一种手段。未尽审计工作职责是导致承担审计法律责任的主要原因之一,法律责任是强制又是促进审计人员履行工作职责的重要保障。所不同的是,审计工作责任是审计职业所固有的,是与审计工作相伴而生的,是一种内在责任;只要审计人员执行审计业务,就必然承担工作责任。审计法律责任是外在的,是由社会和法律所强制的,审计法律责任的发生是或然的,只有在审计人员出现违约、过失和欺诈等情况下,才有可能发生。

三、审计责任对审计职业的重要性

审计责任对审计职业的重要性,主要体现在以下几个方面。

1. 审计责任决定审计职业地位

社会的需要决定了审计的生存和发展,一切受人尊重的职业都具有服务于社会公众的责任,审计这个职业更为突显这一责任。一旦失去社会公众的信任,也就丧失了职业存在的基础。从这个意义上讲,审计职业责任就是社会公众对审计人员及其职业所抱期望的反映。审计职业界只有自始至终地尽力满足社会公众的期望,承担应有的职业责任,才能取得社会的广泛信赖和相应的职业地位。

2. 审计责任促进审计职业发展

从根本上讲,审计有责才能有为,有为才能有位,有位才能发展。通过强化审计责任制度,一方面可以促进审计职业界加强对审计责任的研究,改进审计方法,提高执业水平;另一方面又可以提高社会对审计的信赖,促进审计职业界对外交流,这一切有助于审计事业发展。

3. 审计责任保证审计职业的工作质量

审计人员只要接受委托执行业务、就负有恪尽专业职守、保持认真与谨慎义务。通过严格履行审计职业的工作责任是提高审计质量的内在保证,通过强化审计法律责任是提高审计质量的外在保证,审计责任制度是保证审计职业工作质量的基本条件。

4. 审计责任不可避免带来了审计风险和审计失败

正是由于存在着审计责任,审计职业才不断地被起诉,导致巨额赔偿,以至于许多事务所遭受破产的威胁。

第二节 审计的法律责任

一、民间审计人员法律责任的成因

2007 年 7 月 31 日,曾引起证券市场轩然大波的湖北蓝田股份有限公司造假案,由武汉市中级人民法院判决被告赔偿原告 540 多万元,华伦会计师事务所承担连带赔偿责任,这是会计师事务所在中国内地"虚假陈述证券民事赔偿案"中承担连带责任的首例判决。自 2002 年以来,有近 30 家上市公司在虚假陈述民事赔偿案件中被投资者告上法庭,涉及会计师事务所审计责任的约有 7 家。法律责任的出现,经常是因为民间审计人员在执业时没有保持应有的职业谨慎,因而导致了对其他人权利的损害。从目前看,民间审计人员涉及法律诉讼的数量和金额都呈上升趋势,除了法律因素外,还有以下原因:

(1) 审计期望差距存在。审计期望差距是指审计能力与社会公众对审计理解之间的差异。社会公众普遍认为,民间审计人员的责任就是查出被审计单位财务报表中的所有错报,因而经过民间审计人员审计后的财务报表是不应该有任何错报的,否则就是民间审计人员的失职,民间审计人员就必须为此承担责任。

(2) 政府监管部门保护投资者的意识日益加强,监管措施日益完善,处罚力度日益增大。特别是 2007 年 6 月 15 日起施行最高人民法院《关于审理涉及会计师事务所在审计业务活动中民事侵权赔偿案件的若干规定》(以下简称《规定》),明确了利害关系人的范围,界定了民间审计组织的审计责任。

(3) 由于审计环境发生很大变化、企业规模扩大、业务全球化以及企业经营的错综复杂性,使会计业务更加复杂,审计风险变大。

(4) "深口袋"理论和"风险社会化"理论的盛行。"深口袋"理论就是指受到损失的一方应向有能力赔偿的一方提出诉讼,而不管被告方是否有错,错在哪里。"风险社会化"理论就是指把那些被认为可以避免损失或可以通过向其他人收取更高的费用转嫁损失的人,以及民间审计人员越来越明显被看做是担保人而非独立、客观的审计者和报告者。

(5) 民间审计人员败诉的案例日益增多。民事法庭在审理起诉会计师事务所的案件中,会计师事务所败诉的案例日益增多。这便促使律师以或有收费为基础提供法律服务,无论是否有道理,都将民间审计组织作为起诉的对象,因为《规定》明确会计师事务所过错推定和举证责任倒置。

(6) 许多会计师事务所宁愿在庭外和解法律问题,以避免高昂的法律费用和精神的负面影响,而不愿通过司法程序来解决这些问题。

（7）审计业务的高度专业性与证据复杂性，法庭在理解专业性事项方面存在困难。

在当今社会，民间审计人员被控告的原因是多方面的，有的是被审计单位方面的责任、有的是民间审计人员方面的责任、有的是双方的责任、还有的是使用者误解的原因。其中，被审计单位的责任和民间审计人员方面的责任是最重要的。

二、被审计单位方面的责任

（一）错误、舞弊和违反法规行为

错误是指财务报表中存在的无意错报或漏报。错误主要包括：（a）原始记录和会计数据的计算、抄写错误。（b）对事实的疏忽和误解。（c）对会计政策的误用。例如，据以编制财务报表的数据收集或处理错误，由于疏忽或误解造成计价不正确，或在金额、分类、表达、披露方面用错了会计政策等。像算术计算和抄写错误，或盘点中的错漏，都是常见的例子。舞弊是指使用欺骗手段获取不当或非法利益的故意行为。

在财务报表审计中，通常只关注下列两类舞弊行为：

（1）侵占资产。主要包括，管理层或员工在购货时收取回扣，将个人费用在单位列支，贪污收入款项，盗取或挪用货币资金、实物资产或无形资产，等等。

（2）对财务信息作出虚假报告。通常表现为：（a）对财务报表所依据的会计记录或相关文件记录的操纵、伪造或篡改。（b）对交易、事项或其他重要信息在财务报表中的不真实表达或故意遗漏。（c）对与确认、计量、分类或列报有关的会计政策和会计估计的故意误用。

违反法规行为，是指被审计单位有意或无意地违反除会计准则和相关会计制度以外的法律、法规的行为。违反法规行为具体涉及下列三个方面：（a）被审计单位从事的违反法规行为，如违反所得税法、环境保护法、消费者权益保护法、进行贿赂、不合法政治捐助等。（b）以被审计单位名义从事的违反法规行为，如控股股东以被审计单位名义从事的违反法规行为。（c）管理层或员工以被审计单位名义从事的违反法规行为，但不包括管理层和员工个人从事的与被审计单位经营活动无关的不当行为。民间审计人员应当将注意到的违反法规行为与治理层沟通，考虑出具审计报告的意见类型和向监管机构报告。

如果认为被审计单位存在对财务报表产生重大影响的违反法规行为，应当要求被审计单位在财务报表中予以恰当反映；如果被审计单位在财务报表中对该违反法规行为作出恰当反映，应当出具无保留意见的审计报告；如果认为违反法规行为对财务报表有重大影响且未能在财务报表中得到恰当反映，应当出具保留意见或否定意见的审计报告；如果认为审计范围受到限制，不能取得违反法规行为充分适当的证据，应当出具保留意见或无法表示意见的审计报告。

（二）经营失败

众所周知,投资者将资本投入或借给企业后就面临某种程度的经营风险。所谓经营风险就是企业由于经济或经营条件,如经济萧条、决策失误或同行之间意想不到的竞争等,而无力归还借款或无法达到投资人期望的收益。经营风险的极端情况就是经营失败,如倒闭、申请破产、造成投资者巨额损失。一般在出现经营失败时,首先,应判断是否存在审计失败。审计失败是指民间审计人员由于没有遵守公认审计准则而形成或提出了错误的审计意见。如果存在审计失败,则要求民间审计人员承担审计失败的责任。其次,还可能存在这样的情况,即审计人员确实遵守了审计准则,但却提出了错误的审计意见,这种情况被称为审计风险。审计风险是这么一种风险,即财务报表事实上存在重大错报或漏报时,审计人员遵守了审计准则却认为财务报表是合法和公允的,其结果发表了无保留的审计意见。因此,审计准则既不能要求民间审计人员对所有未查出财务报表中的错误与舞弊情况负责,也不意味着民间审计人员对未查出财务报表中的重大错误与舞弊情况没有任何责任,关键要看未能查出原因是否根源于民间审计人员本身的过错。如果不是民间审计人员方面的原因对被审计单位或第三者造成损失,民间审计人员将不负法律责任。

三、民间审计人员方面责任

（一）国外民间审计人员的法律责任

1. 民间审计人员被指控时可以抗辩的理由

作为被告的民间审计人员在受到指控时,可以抗辩的几种理由或之一:

（1）无过失,即民间审计人员执业时严格遵循了执业准则的要求,保持了职业上应有的认真与谨慎。

（2）虽有过失,但这种过失并不是委托单位受到损失的直接原因。

（3）委托单位涉及共同过失。所谓共同过失,是指原告受到的损失是由于他本身同样具有过失而造成的。比如民间审计人员未能查出委托单位的存贷短缺而具有过失,但委托单位由于没有设置适当的存货内部控制就具有共同过失。

2. 习惯法下民间审计人员对第三者的责任

习惯法是指不是通过立法而是通过法院判例引申而成的各种法律,即使民间审计人员只是无辜地被卷入案件中,但由于他们有义务发现被歪曲财务报表的重大事实真相,他们也仍有可能因此承担一定的法律责任。

（1）民间审计人员对于受益第三者的责任。受益第三者是指合同（业务约定书）中所指明的人、但此人既非要约人,又非承诺人。民间审计人员的过失（包括普通过失）给依赖审计财务报表（经民间审计人员审计过的财务报表）的受益第三者造成了损失,受益第三者也可以指控民间审计人员具有过失而向法院提出诉讼,追回遭受的损失。

（2）民间审计人员对于其他第三者的责任。犯有普通过失的民间审计人员不对未曾指明的（或不可预见的）第三者负责；但如果民间审计人员犯有重大过失或欺诈行为，则应当对未指明（或不可预见）的第三者负责。

3. 成文法下民间审计人员对第三者的责任

成文法是指由联邦或州立法机构以文字所制定的法律，法院只能按照有关法律的字面进行精确解释。

（1）1933年《证券法》。1933年《证券法》规定：凡是公开发行证券（包括股票和债券）的公司，必须向证券交易委员会呈送登记表，其中包括民间审计人员审计过的财务报表。民间审计人员具有普通过失，就对第三者（证券原始购买人）负有责任，但举证责任转向被告方。

（2）1934年《证券交易法》。1934年《证券交易法》将大部分的举证责任也转向被告方，但将民间审计人员的责任限定于重大过失或欺诈行为。

（二）中国民间审计人员的法律责任

1. 对民间审计人员法律责任的认定

从法律角度来看，审计人员法律责任的确定应当服从过错责任原则。即只有当审计人员源自本身过错给被审计单位或第三者造成损失，民间审计人员才负法律责任。民间审计人员的法律责任的认定包括以下内容。

（1）违约是指合同的一方或几方未能达到合同条款的要求。当违约给他人造成损失时，民间审计人员应负违约责任。例如，会计师事务所在商定的期间内，未能按时完成约定审计任务。

（2）过失，纯属是一个法律概念，是指专业人员在履行法定义务时没有保持职业上应有的认真和谨慎而造成的失误。在法律上，过失责任的确立需要具备四个要素：一是法律上存在着谨慎责任；二是违反这种谨慎责任；三是因过失而导致的损失；四是违反责任与导致损失之间有合理的因果联系。对于民间审计人员而言，过失主要是指未能遵循专业准则的要求执行业务。过失按其程度可分为普通过失和重大过失：

① 普通过失也称一般过失（ordinary negligence），是指审计人员在执业过程中缺乏应有的"合理的谨慎"（reasonable care），即未能严格按专业准则的要求从事审计工作，这是引起诉讼的最主要原因。例如，未按特定审计项目取得必要和充分的审计证据的情况，可视为普通过失。

② 重大过失（gross negligence），是指审计人员在执业过程中缺乏"最起码的谨慎"（minimum care），即在审计工作中没有遵守专业准则的最低要求。例如，审计不以审计准则为依据，可视为重大过失。

民间审计人员要分析过失的层次,不但要重视上述普通过失与重大过失的区别,而且要重视引入"共同过失"(contributory negligence)和"比较过失"(comparative negligence)的概念,以便量化民间审计人员的法律责任。所谓"比较过失"是指根据各过失者犯有过失的程度,而分配其所应负担的损失赔偿额。

(3) 欺诈,又称审计人员舞弊,按其情节可分为推定欺诈和实际欺诈两种:

① 推定欺诈(constructive fraud),是非故意的欺诈,主要指没有合理的依据就相信财务报表的表述是真实、公允的,由于其过失特别严重,因而视作欺诈。

② 实际欺诈(fact fraud),是以欺骗或坑害他人为目的的故意欺诈。审计人员明知财务报表的虚假而故意地作不实证明或故意隐瞒重要事实,这是最严重的。

对民间审计人员违约责任的认定是以合同为依据的,对欺诈责任的认定需要有故意行为的证据。而考虑过失责任时主要以合理的职业谨慎和审计准则为标准来判断。"重要性"和"内部控制"这两个概念有助于区分普通过失和重大过失,如表5-1所示。

表 5-1

普通过失和重大过失的区别

判断标准	普通过失	重大过失
专业准则遵守情况	没有完全遵守	完全没有遵守
合理谨慎保持情况	没有保持应有的职业谨慎	连最起码的职业谨慎都不保持
内部控制情况	内部控制良好未发现报表重大错报	内部控制失效未发现报表重大错报
重大错报构成情况(重要性)	重大错报由许多小错误累积而成	重大错报由重大错误引起

2. 中国民间审计人员法律责任的处罚

民间审计人员因违约、过失或欺诈对被审计单位或第三者造成损失的,按照有关法律和规定,可能被判行政责任、民事责任或刑事责任。这三种责任可单处,也可并处。

(1) 行政责任。由国家有关部门分别情况予以处罚。对民间审计人员来说,包括警告、没收违法所得、罚款、暂停执业部分或全部业务、吊销有关执业许可证、吊销证书等处分;对民间审计组织而言,包括警告、没收违法所得、罚款、暂停执业部分或全部业务、撤销等处罚。

(2) 民事责任。由法院作出的裁决,赔偿受害人的损失。

(3) 刑事责任。由法院作出的裁决,按有关法律程序判处一定的徒刑。

一般来说,因违约和过失可能使民间审计人员负行政责任和民事责任,因欺诈可能使民间审计人员负民事责任和刑事责任。

3. 重要经济法律法规中对法律责任条款的规定

目前涉及民间审计人员法律责任条款的,其中比较重要的经济法律法规有:《中华人民共和国注册会计师法》《中华人民共和国公司法》《中华人民共和国证券法》《中华人民共和国刑法》等。

(1)民事责任。

①《注册会计师法》的规定。《注册会计师法》第42条"会计师事务所违反本法规定,给委托人、其他利害关系人造成损失的,应当依法承担赔偿责任"。

②《证券法》的规定。《证券法》第173条规定:"证券服务机构制作、出具的文件有虚假记载、误导性陈述或者重大遗漏,给他人造成损失的,应当与发行人、上市公司承担连带赔偿责任,但是能够证明自己没有过错的除外。"

③《公司法》的规定。《公司法》第208条第3款规定:"承担资产评估、验资或者验证的机构因出具的评估结果、验资或者验证证明不实,给公司债权人造成损失的,除能够证明自己没有过错外,在其评估或者证明不实的金额范围内承担赔偿责任。"

(2)行政责任和刑事责任。

①《注册会计师法》的规定。会计师事务所有欺诈行为的,由省级以上人民政府的财政部门给予警告、没收违法所得、并可处违法所得1~5倍的罚款;注册会计师有欺诈行为的,由省级以上人民政府的财政部门给予警告,情节严重的,暂停执业资格,吊销注册会计师证书。

②《证券法》的规定。为股票的上市等活动出具审计报告等文件的机构和人员,如违反规定买卖股票的,责令依法处理非法持有的股票,没收违法所得,并处以买卖股票等值以下罚款;在证券交易活动中作出虚假陈述或者信息误导的,责令改正,处以3万元以上20万元以下的罚款;属于国家工作人员的,还应受到行政处分;证券服务机构未勤勉尽责、所制作、出具的文件有虚假记载、误导性陈述或者重大遗漏的,没收业务收入,暂停或者撤销证券服务业务许可,并处业务收入1~5倍的罚款。对直接负责的主管人员和其他责任人员给予警告、撤销证券从业资格,并处3万~10万元罚款;会计师事务所作为证券服务机构未按规定保存有关文件和资料的,给予警告,并处3万~30万元的罚款;隐匿、伪造、篡改或毁损文件资料的,给予警告,并处30万~60万元的罚款。

③《公司法》的规定。会计师事务所在验资等工作中提供虚假材料的,由公司登记机关没收违法所得,并处违法所得1~5倍的罚款;因过失提供重大遗漏报告的,由公司登记机关处所得收入1~5倍的罚款,并可由主管部门责令停业、吊销直接责任人员的资格证书,吊销营业执照。

④《刑法》的规定。承担资产评估、验资、会计、审计、法律服务等职责的中介组织的人员故意提供虚假证明文件,情况严重的,处5年以下有期徒刑或拘役,并处罚

金。索取他人财物或者非法收受他人财物,犯前款罪的,处 5 年以上 10 年以下有期徒刑,并处罚金。

四、《司法解释》14 条

最高人民法院《关于审理涉及会计师在审计业务活动中民事侵权赔偿案件的若干规定》(以下简称《规定》)。最高人民法院 2007 年 6 月 15 日施行《规定》,对虚假陈述民事赔偿中的会计责任和审计责任作了法律区分,完善了审计业务及其后果的法律责任界定,使得我国证券侵权法律制度与国际保持一致。

(一)事务所侵权责任产生的事由(第 1 条)

1. 注册会计师的法定业务

根据《注册会计师法》第 14 条,注册会计师执行以下四类审计业务,即:

(1)企业财务报表审计。

(2)企业验资。

(3)企业合并、分立、清算中的审计。

(4)法律、行政法规规定的其他审计业务(2011 年,新增加企业内部控制审计业务)。

2. 人民法院依法受理条件(第 1 条)

如果利害关系人以会计师事务所在从事"注册会计师法第 14 条规定的审计业务活动"中出具不实报告并致其遭受损失为由,向人民法院提起民事侵权赔偿诉讼的,人民法院应当依法受理。

3. 事务所执行不同审计业务都要按照《司法解释》的相关规定承担民事侵权赔偿责任(第 1 条)

会计师事务所无论是执行验资业务还是财务报表审计业务,无论是执行一般审计业务还是证券审计业务,无论是执行企业审计还是将来可能出现的公立医院、高校、基金会等非营利组织审计业务,其在承担民事侵权赔偿责任时都适用相同的法律规定,即《司法解释》的相关规定。

4. 对"不实报告"的界定(第 2 条第 2 款)

(1)"不实报告"。会计师事务所违反法律法规、中国注册会计师协会依法拟定并经国务院财政部门批准后施行的执业准则和规则以及诚信公允原则,出具的具有虚假记载、误导性陈述或者重大遗漏的审计业务报告,应认定为不实报告。

(2)在界定"不实报告"时,关键依据会计师事务所执业行为过程中是否违反了下列法律法规:

① 法律法规,比如《注册会计师法》。

② 执业准则,注册会计师执业准则是一个完整的体系,请参见《审计学》教材第六章第三节。

③ 诚信公允原则。

（3）在界定"不实报告"时，主要看审计业务报告是否存在以下"瑕疵"：

① 虚假记载。

② 误导性陈述。

③ 重大遗漏。

（二）利害关系人的范围（第2条第1款）

1. 利害关系人的含义

因合理信赖或者使用会计师事务所出具的"不实报告"，与被审计单位进行交易或者从事与被审计单位的股票、债券等有关的交易活动而遭受损失的自然人、法人或者其他组织，应认定为《注册会计师法》规定的利害关系人。

2. 事务所民事责任认定问题的实质

会计师事务所民事责任认定问题的实质是依侵权行为法的逻辑，贯彻了民法的公平原则，在"被审计单位—事务所—第三人"（即财务信息提供人——财务信息鉴证人——财务信息使用人）之间公平分配因被审计单位经营失败或舞弊、事务所审计失败而导致的利害关系人损失。

3. 事务所应负的责任

事务所应当对一切合理依赖或使用其出具的不实审计报告而受到损失的利害关系人承担赔偿责任，与利害关系人发生交易的被审计单位应当承担第一位责任，事务所仅应对其过错及其过错程度承担相应的赔偿责任，在利害关系人存在过错时，应当减轻事务所的赔偿责任。

（三）诉讼当事人的列置（第3条）

1. 诉讼当事人列置

（1）利害关系人未对被审计单位提起诉讼而直接对会计师事务所提起诉讼的，人民法院应当告知其对会计师事务所和被审计单位一并提起诉讼。

（2）在利害关系人拒不起诉被审计单位的，人民法院应当通知被审计单位作为共同被告参加诉讼。

（3）利害关系人对会计师事务所的分支机构提起诉讼的，人民法院可以将该会计师事务所列为共同被告参加诉讼。

（4）利害关系人提出被审计单位的出资人虚假出资或者出资不实或抽逃出资，且事后未补足的，人民法院可以将该出资人列为第三人参加诉讼。

2. 三个民事主体

三个民事主体是指被审计单位、分支机构所属事务所和被审计单位的出资人。

3. 两类诉讼当事人

两类诉讼当事人是指三个民事主体在事务所侵权赔偿案件中应被分别列为共同

被告或第三人。

（四）执业准则的法律地位（第 2 条第 2 款、第 4 条第 2 款、第 6 条和第 7 条）

（1）会计师事务所是否遵循了执业准则的要求作为判断其有无故意和过失的重要依据。

（2）注册会计师是否应承担法律责任，关键在于注册会计师是否有过失或欺诈行为。

（3）判断注册会计师是否具有过失的关键在于注册会计师是否按照执业准则的要求执业。

（五）归责原则和举证责任分配（第 4 条）

1. 归责原则

（1）过错推定原则下，采取举证责任倒置模式。

（2）会计师事务所因在审计业务活动中对外出具不实报告给利害关系人造成损失的，应当承担侵权赔偿责任，但其能够证明自己没有过错的除外。

2. 举证分配

会计师事务所可以通过向人民法院提交相关执业准则以及审计工作底稿等证明自己没有过错。

（六）事务所的连带责任和补充责任（第 5 条）

1. 连带责任含义

（1）连带责任是指债务人为多数的情况下，债权人既有权请求所有的债务人清偿债务，也有权请求其中任何一个债务人单独清偿债务的一部分或者全部。

（2）清偿了全部债务的债务人，有权就其清偿超过自己应分担的部分，要求其他的债务人按各自应承担的部分给予补偿。

2. 补充责任含义

（1）补充责任是指对主责任的补充清偿责任。

（2）所谓主责任，是指行为人本人首先承担的民事责任，这里的主责任是被审计单位。

（3）当主责任人的财产不足以清偿债务时，不足部分由承担补充责任的人来清偿，这里的补充责任人是会计师事务所。

3. 连带责任的认定

注册会计师在审计业务活动中存在下列情形之一，出具不实报告并给利害关系人造成损失的，人民法院应当认定会计师事务所与被审计单位承担连带赔偿责任。具体情形包括：

（1）与被审计单位恶意串通。

（2）明知被审计单位对重要事项的财务会计处理与国家有关规定相抵触，而不予指明。

（3）明知被审计单位的财务会计处理会直接损害利害关系人的利益，而予以隐瞒或者作不实报告。

（4）明知被审计单位的财务会计处理会导致利害关系人产生重大误解，而不予指明。

（5）明知被审计单位的财务报表的重要事项有不实的内容，而不予指明。

（6）被审计单位示意其作不实报告，而不予拒绝。

（七）事务所过失责任和过失认定标准（第6条）

1. 过失责任

会计师事务所在审计业务活动中因过失出具不实报告，并给利害关系人造成损失的，人民法院应当根据其过失大小确定其赔偿责任。

2. 类型（普通过失和重大过失）

（1）普通过失是指注册会计师在执业过程中没有保持应有的职业关注，没有严格按照执业准则的要求从事审计工作。

（2）重大过失是指注册会计师在执业活动中缺乏最起码的关注，没有遵守审计准则的最低要求。

3. 过失责任的情形

注册会计师在审计过程中未保持必要的职业谨慎，存在下列情形之一，并导致报告不实的，人民法院应当认定会计师事务所存在过失。具体情形包括：

（1）违反《注册会计师法》第20条第（二）、第（三）项的规定。

（2）负责审计的注册会计师以低于行业一般成员应具备的专业水准执业。

（3）制定的审计计划存在明显疏漏。

（4）未依据执业准则、规则执行必要的审计程序。

（5）在发现可能存在错误和舞弊的迹象时，未能追加必要的审计程序予以证实或者排除。

（6）未能合理地运用执业准则和规则所要求的重要性原则。

（7）未根据审计的要求采用必要的调查方法获取充分的审计证据。

（8）明知对总体结论有重大影响的特定审计对象缺少判断能力，未能寻求专家意见而直接形成审计结论。

（9）错误判断和评价审计证据。

（10）其他违反执业准则、规则确定的工作程序的行为。

（八）事务所免除责任的事由（第7条）

1. 侵权责任的四个要素

（1）民法学界一般采纳"四要件"来界定民事侵权赔偿责任，"四要件"依次是：

① 行为人主观过错。

② 实际损失的发生。

③ 过错与损失之间的因果关系。

④ 行为人违法。

如果不能满足这四个构成要件，侵权责任主体就可以提出抗辩，要求免责或者减责。

（2）对会计师事务所民事侵权赔偿责任的界定也是"四要件"，针对注册会计师行业具体表现为：

① 注册会计师出具了不实报告。

② 利害关系人遭受损失。

③ 会计师事务所的过失与利害关系人遭受损失存在因果关系。

④ 注册会计师有过失。

（3）事务所的抗辩事由。如果事务所能够证明自己在上述四个方面的特定方面不符合这些构成要件的规定，那么，事务所就可以提出抗辩，其中是否存在过错和因果关系两个方面是事务所免责的情形。

2. 举证免除民事责任情形

会计师事务所能够证明存在以下情形之一的，不承担民事责任。具体包括以下五种情形：

（1）已经遵守执业准则、规则确定的工作程序并保持必要的职业谨慎，但仍未能发现被审计单位的会计资料错误。

（2）审计业务所必须依赖的金融机构等单位提供虚假或者不实的证明文件，会计师事务所在保持必要的职业谨慎下仍未能发现虚假或者不实。

（3）已对被审计单位的舞弊迹象提出警告并在审计报告中予以指明。

（4）已经遵照验资程序进行审核并出具报告，但被审验单位在注册登记后抽逃资金。

（5）为登记时未出资或者未足额出资的出资人出具不实报告，但出资人在登记后已补足出资。

其中，上述第（1）、第（2）和第（3）属于没有过错而免责的情形；第（4）和第（5）属于因没有因果关系而免责的情形。

（九）事务所减责事由（第 8 条）

利害关系人明知报告不实而仍然使用报告并受到损失的，其损失与不实报告之间可以说是不存在直接因果关系的，人民法院应当酌情减轻会计师事务所的赔偿责任。

（十）无效免责（第 9 条）

会计师事务所出具的审计业务报告，其用途已为法律法规所规定，事务所无权限定审计报告的用途,如果事务所在报告中注明"本报告仅供年检使用""本报告仅供工商登记使用"等类似内容的,不能作为其免责的事由,是无效免责。

(十一)赔偿顺位(第 10 条)

1. 赔偿顺位的前提条件

如果多个责任主体之间没有连带关系,且存在补充责任,则需要确定这些责任主体之间的赔偿顺序。

2. 事务所与被审计单位之间的责任顺位

审计报告使用人由于信赖不实审计报告而从事相关交易导致损失,从因果关系的角度看,被审计单位的违约或欺诈行为是导致报告使用人损失的直接原因,不实审计报告只是间接原因,对于报告使用人的损失,应当由被审计单位承担第一顺位的责任,事务所承担在后顺位的责任。

3. 事务所与被审计单位、瑕疵出资股东之间的责任顺位("第 1、第 2、第 3 赔")

在被审计单位的出资人虚假出资、不实出资或者抽逃出资,事后未补足的前提下:

(1) 依法强制执行被审计单位财产(被审计单位为"第 1 赔")。

(2) 依法强制执行被审计单位财产后仍不足以赔偿损失的,出资人应在虚假出资、不实出资或者抽逃出资数额范围内向利害关系人承担补充赔偿责任(出资人为"第 2 赔")。

(3) 如果对被审计单位、出资人的财产依法强制执行后仍不足以赔偿损失的,由事务所在其不实审计金额范围内承担相应的赔偿责任(事务所为"第 3 赔")。

(十二)侵权赔偿责任范围(即赔偿最高限额)(第 10 条,区分故意和过失两种情况)

1. 故意出具不实报告

事务所因故意出具不实报告而承担连带责任时,没有最高赔偿额的限定,事务所应当承担的赔偿数额由具体案件中利害关系人的损失数额和其他责任主体赔偿能力决定。

2. 过失出具不实报告

事务所因过失出具不实报告而承担补充赔偿责任时,事务所就其所出具的不实审计报告承担赔偿责任的最高限额为该审计报告中的不实审计金额。

(十三)事务所对其分支机构的连带责任(第 11 条)

(1) 分支机构在法律地位上属于事务所的组成部分,其民事责任由事务所承担。

(2) 会计师事务所与其分支机构作为共同被告的,会计师事务所对其分支机构的责任承担连带赔偿责任。

(十四)事务所未经审判被擅自追加为被执行人无效(第 12 条)

(1) 法院在事务所与被审计单位等其他民事赔偿责任主体不具有特定的法律关

系的情况下,未经审判擅自追加事务所为被执行人,强制执行事务所财产,属于无效行为。

(2) 事务所侵权赔偿纠纷未经审判,人民法院不得将会计师事务所追加为被执行人。

第三节　审计法律诉讼的避免

面对民间审计人员法律责任的扩展和被控诉案件的急剧增加,整个审计职业界都在积极研究如何避免法律诉讼。这对于提高民间审计人员的鉴证水平,增强发现重大错误与舞弊的能力都有较大帮助。民间审计人员必须在执行法定业务时尽量减少过失行为,杜绝和防止欺诈行为,具体有如下措施和对策。

1. 严格遵循职业道德和专业准则的要求执行业务并出具报告

当然,我们不能苛求民间审计人员对财务报表中的所有错报事项都要承担法律责任,民间审计人员是否承担法律责任,关键在于民间审计人员是否有过失或欺诈行为。而判别民间审计人员是否具有过失的关键在于民间审计人员是否遵循专业准则的要求执业。因此,保持良好的职业道德,严格遵循专业准则的要求执行业务、出具报告,对于避免法律诉讼或在提及的诉讼中保护民间审计人员,具有无比的重要性。

2. 优化审计人员的法律环境

加强社会公众与审计人员的沟通、理解,以避免和控制审计人员遭受诉讼的审计风险,缩小"期望偏差"的差距,完善相关的法律规范,加强民事制裁。由于民事责任日益重要,必须尽快出台有关审计民事责任的法律条文,并且要在更大程度上严肃对民间审计人员的民事制裁,形成以民事制裁为主,行政和刑事制裁为辅的法律责任体系。

3. 做好审计前大量细致的准备和调查

注意审前调查所取得的被审计单位及其环境的背景资料是否清楚和翔实。审计人员要运用各种方法对被审计单位的情况进行调查了解,如召开座谈会,查阅有关年度档案资料、走访有关部门进行实地考察等,为评估确认预期审计风险水平做好准备。调查了解重点应放在企业的经营环境、经营目标、经营条件、企业管理层的经营理念和诚信程度以及企业的财务状况和经营成果上,应对其进行仔细的风险分析,以把握被审计单位的整体情况和审计风险的可控性。

4. 审慎挑选客户

大的项目和风险高的项目最好在签约前经过专业小组的风险评估。在现阶段,有三类客户是要坚决予以拒绝的:一是明显不讲诚信的客户,即公司管理层或大股东缺乏起码的诚信和正直;二是持续能力(盈利能力和财务支付能力)受到质疑的客户,一般其经营目标、战略措施和经营活动整体上存在严重问题而易遭到起诉;三是为了达到大股东或高管层的某种目的而凌驾于内部控制之上执意歪曲财务报表的客户。对此,会计师事务所不能抱有任何侥幸和赌博心理。

5. 与委托人签订业务约定书

签订业务约定书一方面能有利于保护审计人员缩小其承担责任范围;另一方面也有利于审计人员明确自己的责任所在,提高依法审计的质量和水平,尽可能地减少审计风险,还能在发生法律诉讼时将一切口舌争辩减少到最低限度。审计人员在签约过程中要注意保护好自己:一是要客户承诺、查出问题要按规定调账并公开披露;二是对独立核算的下属单位可延伸进行审计;三是若委托审计有特定目的的需另作专门签约或商议。

6. 合理配置审计人员

选派适当数量具有专业胜任能力的审计人员组成审计项目小组,项目小组在执行相关项目的风险控制时,要充分考虑被审计单位的实际情况、审计项目的繁简程度,以及审计人员的专业特长,将最合适的人安排在最合适的审计项目上,尤其是重要审计项目以及那些容易发生重大错误、舞弊和违法行为的委托项目,更要分派具备相应知识和技能的人员或利用专家的工作,并进行相应的督导。

7. 深入了解被审计单位的经济业务

深入了解被审计单位的经济业务,只有这样,才能大大降低不能发现重大错报和舞弊的概率。在很多审计失败案件中,审计人员之所以未能发现比较明显的舞弊和虚假,一个根本原因就是他们未能深入生产经营实务现场,未能真实地了解客户的经营过程,而是仅仅凭借事后审核原始资料和翻阅财务报表,就轻易作出错误的审计结论。这种只认资料不认活动,只查问题现象不查问题实质,只认可财务信息在形式上是否按照会计准则编制而不专门审核这些信息背后有否舞弊迹象,再加上审计成本、时间、方法的限制,审计人员就不可能对每一张有怀疑的单据和发票进行追查和核对,对每一个可能隐匿的漏洞和舞弊进行分析判断,也就难免发现不了舞弊和虚假,从而导致审计失败。

8. 建立规范的审计运行机制

一是完善公司治理结构、扩大和改进财务报表的披露要求;二是改变审计委托方式,建立审计委员会制度。通过审计委员会对审计人员与管理层之间的分歧和冲突进行沟通,保护审计人员的独立性,并向董事会和股东大会报告;三是建立与风险导向审计相联系的审计收费体系,改革和提高收费标准,使其既要符合权利和义务相一致的法律原则,也要符合风险与收益相平衡的经济规律,以收费角度体现审计人员的社会价值。

9. 严格执行分级复核制度

对审计工作底稿的复核可分为两个层次,即项目组内部复核和独立的项目质量控制复核。审计人员在编写审计报告前必须对审计工作底稿进行仔细检查、复核和分析。严格审计工作底稿的复核制度、层层控制、层层把关，是确认审计工作达到审计计划要求，清除审计人员专业判断中可能存在的偏差，确保审计报告质量以及控制审计报告风险的关键所在。

10. 聘请懂行的律师

在审计过程中，注册会计师应聘请熟悉注册会计师法律责任的律师，并详细讨论所有潜在的危险情况并仔细考虑律师的建议。一旦发生法律诉讼，也要请有经验的律师参与诉讼。

11. 设立注册会计师法律责任鉴定委员会

鉴于审计业务的高度专业化与审计证据的复杂化，如果相关诉讼中只按普通民事诉讼证据规则予以举证、质证与认定，那么由此得出的裁判结论很可能出现专业上的不足和缺陷。可以考虑由中国注册会计师协会出面，成立一个由法律界、企业界和注册会计师业内人士组成的法律责任鉴定委员会，专门负责在司法审判中进行责任鉴定，这其中也可以邀请被诉审计机构的竞争对手参加。

另外，投保充分的责任保险也是会计师事务所一项极为重要的预防措施，这项措施能防止或减少诉讼失败时会计师事务所所发生的经济损失。我国《注册会计师法》也规定了会计师事务所应当按规定建立职业风险基金，办理职业保险。

关 键 术 语

审计责任　工作责任　法律责任　会计责任　治理层责任　管理层责任　违约
"深口袋"理论　"风险社会化"理论　诉讼爆炸　保险危机　经营失败　习惯法
错误、舞弊和违反法规行为　审计失败　普通过失　重大过失　推定欺诈
实际欺诈　共同过失　比较过失　民事责任　行政责任　刑事责任　成文法

案 例 剖 析 题

【案例剖析题 5-1】

注册会计师李民在对 ABC 公司 2008 年度财务报表审计时，通过与该公司治理层、管理层和前任注册会计师的沟通，察觉到可能存在导致该公司年度财务报表失实的重大错误与舞弊，请回答：

(1) 李民对查明 ABC 公司财务报表可能存在的重大错误与舞弊的责任。

(2) 李民对 ABC 公司存在的重大错误与舞弊的报告责任。

【题解】

(1) 李民对查明 ABC 公司可能存在的重大错误与舞弊的责任为：①评估 ABC 公司可能发生的错误与舞弊导致财务报表严重失实的风险。②在规划审计工作时，提供能查明财务报表中可能存在重大错误与舞弊的合理保证。③在编制和实施审计计划时，应以应有的职业怀疑态度取得查明导致财务报表严重失实的重大错误与舞弊的合理保证。

(2) 李民对 ABC 公司存在的重大错误与舞弊的报告责任为：①李民应以适当方式向 ABC 公司管理当局告知审计过程中发现的重大错误及所有舞弊，并详细记录于工作底稿。②对于涉嫌管理当局重大错误或舞弊的人员，李民应当向 ABC 公司治理层报告。③当怀疑 ABC 公司治理层涉及舞弊时，李明应当考虑采取适当的措施。必要时，应当征求律师意见或解除业务约定。

【案例剖析题 5-2】

甲、乙、丙三位出资人共同投资设立丁有限责任公司（以下简称丁公司）。甲、乙出资人按照出资协议的约定按期缴纳了出资额，丙出资人通过与银行串通编造虚假的银行进账单，虚构了出资。ABC 会计师事务所的分支机构接受委托对拟设立的丁公司的注册资本进行审验，并委派 A 注册会计师担任项目合伙人。审验过程中，A 注册会计师按照执业准则的要求，实施了检查文件记录、向银行函证等必要的程序，保持了应有的职业谨慎，但未能发现丙出资人的虚假出资情况。A 注册会计师在出具的验资报告中认为，各出资人已全部缴足出资额，并在验资报告的说明段中注明"本报告仅供工商登记使用"。丁公司注册登记半年后，丙出资人补足虚构的出资额。一年后，乙出资人抽逃其全部出资额。两年后，丁公司因资金短缺和经营不善等原因导致资不抵债，无力偿付戊供应商的材料款。戊供应商以 ABC 会计师事务所出具不实验资报告为由，向法院提供民事诉讼，要求 ABC 会计师事务所承担连带赔偿责任。ABC 会计师事务所提出三项抗辩理由，要求免于承担民事责任：

一是审验工作乃分支机构所为，与本会计师事务所无关。

二是戊供应商与本会计师事务所及分支机构不存在合约关系，因而不是利害关系人。

三是验资报告已经注明"仅供工商登记使用"，戊供应商因不当使用验资报告而遭受损失与本会计师事务所无关。

要求：回答下列问题，并简要说明理由：

(1) 戊供应商可以对哪些单位或个人提起民事诉讼？

(2) ABC 会计师事务所提供的抗辩理由是否成立？

(3) ABC 会计师事务所是否可以免于承担民事责任？

【题解】

(1) 戊供应商可以对丁公司、丁公司的乙出资人(和丙出资人)、ABC会计师事务所及其分支机构提起民事诉讼。

按照《司法解释》第3条的规定,利害关系人应对会计师事务所和被审计单位一并(共同被告)提起诉讼。

同时,对虚假出资或出资不实、抽逃出资,且事后未补足的,人民法院可以将该出资人列为第三人参加诉讼。

(2) 抗辩理由不能成立。

一是依据《司法解释》第3条规定,分支机构在法律地位上属于事务所的组成部分,ABC会计师事务所及其分支机构应当作为共同被告。

二是依据《司法解释》第2条规定,戊供应商合理依赖ABC会计师事务所分支机构的不实报告而与丁公司进行交易并遭受损失,应当认定为注册会计师法规定的利害关系人。

三是依据《司法解释》第9条规定,会计师事务所在报告中注明"本报告仅供工商登记使用",不能作为免责的事由。

(3) ABC会计师事务所可以免于承担民事责任,理由有四:

一是已经遵守执业准则确定的工作程序并保持必要的职业谨慎。

二是验资业务所必须依赖的银行提供了虚假证明文件,导致未能发现丙出资人虚假出资情况。

三是已经遵照验资程序进行审核并出具报告,但乙出资人在注册登记后抽逃资金。

四是尽管在出具验资报告时,丙出资人出资不到位,但在公司登记半年后已补足出资。

本章要点概览

审计在为社会提供鉴证服务的同时,也必须对其鉴证业务的质量和行为后果承担责任。

政府审计、内部审计和民间审计的审计责任会有所区别。民间审计人员的审计责任可分为工作责任和法律责任两个方面。

财务报表编制与财务报表审计是财务信息生存链上的两个不同环节,由此产生的会计责任与审计责任是不能相互取代的,必须各司其职。

民间审计人员被控告的原因是多方面的,但被审计单位方面的责任和民间审计人员方面的责任是最重要的。审计准则既不能要求民间审计人员对所有未查出财务报表中的错误和舞弊情况负责,也不意味对未查出财务报表中重大错误与舞弊情况没有任何责任,关键要看是否源自民间审计人员本身的过错。经营失败有可能导致审计失败,也有可能产生审计风险。一般来讲,因违约和过失可能要负行政责任和民事责任,因欺诈可能要负民事责任和刑事责任。

为避免和减轻民间审计人员的法律责任,必须通过政府、法律界、注册会计师行业、企业以及社会公众的共同努力、重建一个健全、良好的民间审计体系、本章提出了应对措施。

第六章　审计证据

──学习目的与要求──

　　通过本章学习,学生能够了解审计证据的含义及种类;熟悉审计证据的特征;熟悉获取审计证据的总体要求;了解获取审计证据所实施的审计程序,以及取得审计证据的具体审计程序的类型;掌握审计证据的可靠性,审计证据必须经过整理与评价才能为审计结论提供有价值的证据。

第一节　审计证据的含义及种类

一、审计证据的概念

1. 审计证据的含义

《中国注册会计师审计准则第 1301 号——审计证据》第 4 条规定:审计证据,是指注册会计师为了得出审计结论和形成审计意见而使用的信息。审计证据包括构成财务报表基础的会计记录所含有的信息和其他信息。

　　第 5 条规定:会计记录,是指对初始会计分录形成的记录和支持性记录。例如,支票、电子资金转账记录、发票和合同;总分类账、明细分类账、会计分录以及对财务报表予以调整但未在账簿中反映的其他分录;支持成本分配、计算、调节和披露的手工计算表和电子数据表。

　　2. 审计证据的来源

审计证据的来源如图 6-1 所示。

　　(1) 财务报表依据的会计记录中含有的信息——审计证据的基本来源。依据会计记录编制财务报表是被审计单位管理层的责任,注册会计师应当测试会计记录以获取审计证据。因此,被审计单位的会计记录是审计证据的基本来源。

　　(2) 可用作审计证据的其他信息——审计证据的其他来源。会计记录中含有的信息本身并不足以提供充分的审计证据作为对财务报表发表审计意见的基础,还应

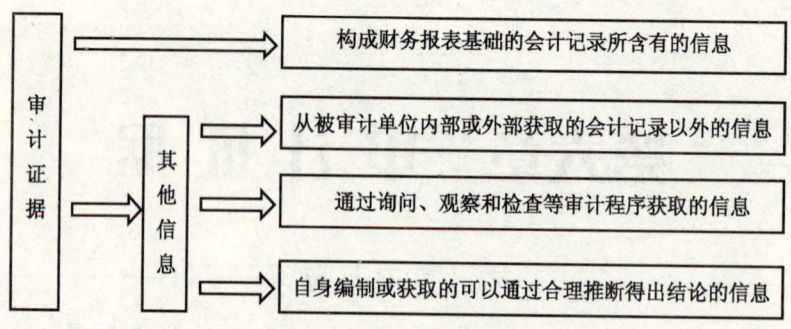

图 6-1 审计证据的来源

当从被审计单位内部与外部获取用作审计证据的其他信息。

可用作审计证据的其他信息包括：审计人员从被审计单位内部或外部获取的会计记录以外的信息；通过询问、观察和检查等审计程序获取的信息；自身编制或获取的可以通过合理推断得出结论的信息。

财务报表依据的会计记录中包含的信息和其他来源提供信息共同构成了审计证据，两者缺一不可。如果没有前者，审计工作将无法进行；如果没有后者，可能无法识别重大错报风险。只有将两者结合在一起，才能将审计风险降至可接受的低水平，为审计人员发表审计意见提供合理基础。

3. 审计证据的作用

审计目的就某种意义来讲，就是为了取得充分、适当的审计证据，因为没有审计证据，审计意见也就无从谈起，所以说审计实施的过程，实质上就是收集和评价审计证据的过程。只有通过审计证据的收集和评价，才能证明被审计单位财务报表的合法性和公允性，才能证明其经济活动的合法性和效益性，从而证明审计人员所作结论和所提意见的正确性。因此，审计人员必须获取足够和适当的审计证据，为其审计观点提供合理的结论。

（1）审计证据是审计意见的支柱。审计人员要对被审单位的财务报表作出客观、公允、合理的审计评价，作出能为社会、主管部门和被审单位都能接受的审计意见，就必须有审计证据的支持。可以说，审计的整个过程就是审计人员围绕审计目标，运用科学的审计方法，收集审计证据，审定审计证据，最终形成审计结论的过程。

（2）审计证据是审计人员形成审计结论的基础。审计证据具有多样性和相对性的特点，加之收集审计证据的审计人员个人的工作素质不同，在判断审计证据和运用审计证据作出审计结论上就可能出现主观不符合客观的情况。所以，审计人员应判断收集到的审计证据本身的客观真实性，能否依据它们作出审计结论，依据它们能作出什么样的审计结论，作出的审计结论是否能客观正确反映被审事项。

（3）审计证据是解除或追究被审计人经济责任的依据。审计证据是审计机关和审计人员获取的用于说明审计事项真相，形成审计结论基础的证明材料。它是证明审计事项性质和事实的客观依据，是支持审计结论的依据和基础，是解除或追究被审计单位和有关人员责任的客观依据和基础，是进行审计复议和诉讼的重要依据，是控制审计质量的重要工具。

（4）审计证据是控制审计工作质量的关键。审计证据是否充分、可靠直接影响着审计工作质量。不同的审计项目，其审计的依据和查看的审计资料是不同的。但收集证据的步骤和方法大体是相同的。因此，审计人员必须坚持实事求是的科学态度，以高度的责任感，并按照一定的原则来做好审计证据的收集工作，审计证据是控制审计工作质量的关键。

二、审计证据的种类

审计证据的分类标准很多，由此而确定的审计种类也名目繁多。审计证据分类的目的是为了使审计证据的收集、整理和评价工作更为有效，也为了审计目标的顺利实现，以有利于找出更合理、更有效、更具证明力的证据，以达到较好的证明效果。审计证据按不同标准分类如下。

（一）按审计证据的外形形式分类

一般而言，审计人员所获取的审计证据可以按其外表形式（或称按其外形特征或存在形式）分类，可分为实物证据、书面证据、口头证据、环境证据。

1. 实物证据

实物证据是指审计人员通过实地观察和参加清查盘点所获得的，用于证明有关实物资产是否确实存在的证据。

实物证据是以实物的外部特征和内含性能来证明事物真相的各种财产物资。实物证据主要用于证明实物的客观存在、数量的正确性。实物证据对某项实物资产是否存在的证明力最强，效果最为显著。它可以对该实物的状态、数量、特征给予有力的证明。

① 实物证据可通过实际观察或清点取得。通过实际观察或清点，可以确定某些实物资产是否确实存在，如在对现金、存货、固定资产等项目进行审计时，审计人员应首先考虑通过清查、监督或参与盘点来取得实物证据，以证明它们是否存在，但并不完全能证实被审计单位对其拥有所有权。

② 实物资产的清点可以确定其实物数量，但无法判断其质量好坏。某些实物资产的清点，虽然可以确定其实物数量，但质量好坏（它将影响资产的价值）有时难以通过实物清点来加以判断。

例如，我们不难发现一些看似污秽不堪、质量奇差的实物（如设备），但它的实际使用寿命却仅仅是开了一个头,刚刚投入使用不久。与此相反,某些外观崭新、光泽鉴人的设备可能已接近它实际使用寿命的终点。因此,对于取得实物证据的账面资产,还应就其所有权归属及其价值情况另行审计。

③ 实物资产的清点并不能确定其所有权。就实物资产的所有权而言,审计人员看到的纳入盘存清点的实物中可能包括外单位寄存的实物、被审计单位经营性租入的设备、已售出待发运的商品等。毋庸置疑,这些实物的所有权与被审计单位毫不相干。因此,实物证据不能证实资产价值和所有权,需要通过另行审计并取得其他形式的审计证据方可得以证实。

④ 实物资产清点的证明力。实物资产清点只能证明实物的确实存在,但不能证明实物的所有权;能一定程度证明实物的净值,但不能证明实物的原价(原值)和计价。

2. 书面证据

书面证据是审计人员通过实施测试程序和运用不同的方法所获取的以书面资料为存在形式的审计证据,诸如:有关的原始凭证、会计记录(记账凭证、会计账簿、各种明细项目表)、各种合同、会议记录和文件、函件、通知书、报告书、声明书、程序手册等。书面证据是审计人员收集的数量最多、范围最广的一种证据。审计人员发表审计意见基本上都以书面证据为基础。

书面证据具有如下特点:第一是数量多;第二是覆盖范围广;第三是来源渠道多样化;第四是容易被篡改。根据这些特点,审计人员在大量收集有关的书面证据时,还要注意对书面证据进行认真细致的鉴定和分析,运用专业判断,辨别真伪,充分正确地利用书面证据。

书面证据按其来源渠道可以分为亲历证据、外部证据和内部证据三类。书面证据的来源是直接影响其证明力的主要因素。

(1) 亲历证据。亲历证据是指由审计人员(包括助理人员、外聘专家)通过运用专业判断和相应的程序与方法,对被审事项的有关资料进行计算和分析而得到的证据,包括审计人员动手编制的各种计算表、分析表等。

亲历证据强调的是审计人员对有关基础资料(证据)的再加工,按照既定目标确定的程序进行计算和分析,因此,它比其他来源形式的书面证据具有可靠的证明力。

(2) 外部证据。外部证据是指被审计单位以外的,与被审事项有一定联系的第三者提供的相关证据。它一般有较强的证明力。外部证据包括直接提供审计人员的外部证据和已经被审计单位之手而提交审计人员的外部证据两种。

由被审计单位以外的第三者直接提供给审计人员的外部证据,没有经过被审计单位职员之手,不存在被涂改和被伪造的可能性。因而其证明力最强:如应收账款的回函、被审计单位的律师或其他独立专家关于被审计单位资产所有权或负债的证明函件、保险公司的证明函件等。

已经被审计单位之手而提交审计人员的外部证据,其证明力较弱。如银行对账单、购货发票、应收票据、顾客订购单、有关的契约、合同等。这些证据都是由被审计单位以外的单位所出具,但是由被审计单位有关业务人员进行保存和处理,难免存在被涂改甚至伪造的可能性。

(3)内部证据。内部证据是由被审计单位内部机构或职员编制和提供的书面证据。

内部书面证据的可靠性一般不如外部书面证据强,而且内部书面证据由于形式的不同其可靠性也不尽相同。根据内部书面证据可靠性的强弱,可以划分以下三类:

被审计单位外部组织或部门规定统一格式和填制要求的,由被审计单位内部职员填制并提供的有关书面证据,如由税务监制的销售发票(含普通发票和增值税专用发票)、银行统一印制的各种支票和汇票、由财政部门监制的财政收费收据等,这类证据的可靠性是各种内部证据中最强的。

由被审计单位有关人员编制和填报,用于对外公布但无格式和规范要求的内部证据,如经济业务合同、文件和内部定额标准等。这类证据虽不一定要接受外界的监督检查,但在一定程度上要受到有关业务单位或主管部门的制约,经过审批,对其的公正性、严肃性和科学性有严格的要求。因此,当企业内部控制健全有效时,第二类证据仍具有一定可靠性,但始终较第一类内部书面证据可靠性低。

既无规范要求或无任何外部单位制约,且无需公开地由被审计单位有关人员填制并出具的资料,可靠性程度最低,如自制的原始凭证、记账凭证、会计账簿记录等。这类证据的可靠性完全取决于经手人员的素质、内部控制的有效制约程度,因而它的可靠性程度最低。

内部证据一般包括:反映会计核算处理情况的会计记录包括各种原始凭证、记账凭证、账簿记录、试算平衡表、科目汇总表、项目明细表等,反映被审计单位管理当局责任、态度和意图的管理当局声明书以及其他的书面文件,如被审计单位声明书所提及的董事会及股东大会会议记录,重要的计划、合同资料,被审计单位的或有损失,与关联方的交易等。

一般而言,内部证据不如外部证据可靠;内部证据如果在外部流转,并获得其他单位或个人的承认(如销售发票、付款支票等),具有较强的可靠性;只在内部流转的书面证据,其可靠程度因被审计单位内部控制的好坏而异,当被审计单位的内部控制较为健全和有效时,内部证据的可靠程度也是较高的。

3. 口头证据

口头证据是由注册会计师询问,被审计单位有关人员或其他人员进行口头答复所形成的审计证据。口头证据是以视听资料、证人证词、有关人员陈述、意见、说明和答复等形式存在的审计证据。这类证据可靠性较差,证明力较小。但不同人员对同一问题所作的口头陈述相同时,口头证据具有较高的可靠性。但在一般情况下,口头证据往往需要得到其他相应证据的支持。

4. 环境证据(也称状况证据)

环境证据是指对审计事项产生影响的各种环境事实。

环境证据一般不属于基本证据,不能用于直接证实有关被审事项,但它可以帮助审计人员了解被审事项所处的环境或发展的状况,为判断被审事项和确证已收集其他证据的程度提供依据,因而,环境证据仍然是审计人员进行判断所必须掌握的资料。具体地可将环境证据划分为:反映内部控制状况的环境证据、反映管理人员素质的环境证据、反映管理水平和管理条件的环境证据。

(二)审计证据按相关程度分类

审计证据按相关程度分类,可分为直接证据和间接证据。

1. 直接证据

直接证据是指能直接证明被审计事项主要事实正确的证据,如盘点现金所取得的证据,就是证明现金实存额的直接证据。

直接证据的证明力比间接证据强。

2. 间接证据

间接证据是指对被审计事项具有间接证实功能的证据。

间接证据往往是审计侦查中发现违纪犯罪活动的先导,是鉴别直接证据真伪的有力手段,提出审计意见有时也可以完全依靠间接证据。如会计凭证对于财务报表是基础资料,但两者之间没有直接关系,也属于间接证据。

(三)审计证据按来源不同分类

按获取审计证据的来源分类,可以分为自然证据和加工证据。

1. 自然证据

自然证据是指审计人员在审计过程中随时可获得的、不需要加工的资料和事实。自然证据又可分为:内部证据即由被审计单位内部各种经营管理活动所形成的保存于单位内部的证据,如被审计单位的凭证、账簿、报表、合同、会计记录和会议记录等;外部证据是由审计人员从被审计单位以外的其他单位所取得的各种证据,如应收账款的回函、被审计单位的律师函、保险公司的证明函等。

2. 加工证据

加工证据是指审计人员在审计过程中为某种目的亲自对书面证据、实物证据等进行分析、整理、归类和制作所形成的较系统和明晰的资料,如账龄分析表、应付账款明细表等。

加工证据证明力和可靠性比较强,但由于制作过程中存在人为因素,不可避免存在人为的不确定性,加工证据主要取决于审计人员自身的业务水平和判断能力。

相对而言,加工证据的证据力大于外部证据,而外部证据的证据力又大于内部证据。

（四）按审计证据的重要性分类

按审计证据的重要性分类,可以分为基本证据、辅助证据和矛盾证据。

1. 基本证据

基本证据是指对于被审计具体事项有重要的直接证明作用的审计证据,或者说离开它就难以形成审计意见或无法作出审计结论的证据。如总分类账是编制财务报表的基本依据,因而也是证明财务报表正确的基本证据。

2. 辅助证据

辅助证据也叫佐证证据,是基本证据的必要补充,是能够支持基本证据证明力的证据。如要证明销售业务的真实性,托运单是基本证据,附在托运单后面的销售发票是辅助证据。如要证明账簿记录的真实性,各种记账凭证是基本证据,附在记账凭证后面的各种原始凭证,是编制记账凭证的依据,它们补充说明记账凭证以证明账簿的真实性,因而它们是辅助证据。

3. 矛盾证据

矛盾证据是指证明的方向与基本证据相反,或证明的内容与基本证据不一致的证据。如总分类账是编制财务报表的基本证据,被审计单位财务报表的"短期负债"是5 000万元,而总分类账中"短期负债"却是2 000万元。

遇矛盾证据,审计人员应进一步收集审计证据,并加以深入分析和鉴定,以肯定或否定证据间的矛盾。

第二节　审计证据的特征

一、审计证据的特征

审计人员执行审计业务时,应当获取充分、适当的审计证据,才能得出合理的审计结论,作为形成审计意见的基础,由此出具审计报告。这里所言的充分性和适当性正是审计证据的两大特征。

1. 审计证据的充分性（足够性）——定量（数量特征）

《中国注册会计师审计准则第1301号——审计证据》第6条指出:审计证据的充分性,是对审计证据数量的衡量。所以,审计证据的充分性主要与审计人员确定的样本量有关。

审计证据的充分性,是对审计证据数量的衡量。审计人员需要获取的审计证据的数量受其对重大错报风险评估的影响,并受审计证据质量的影响。

例如,对某个审计项目实施某一选定的审计程序,从 500 个样本中获得的证据要比从 50 个样本中获得的证据更充分。

(1)审计证据充分性的概念。审计证据的充分性又称足够性,它是对审计证据数量的衡量。它是指审计证据的数量是否足以使得注册会计师形成审计意见,即收集的审计证据数量是否足够。

(2)审计证据充分性是审计证据的最低数量要求。

① 审计证据的数量并不是越多越好。根据定义可知:审计意见的形成是建立在有足够数量审计证据基础之上。那么,是否审计证据越多越好?回答是否定的。因为为了取得过多的审计证据,必然要耗费过多的审计成本,影响审计效益和效率。

② 审计证据需要量的确定(总要求)。每一审计项目对审计证据的需要量以及取得这些证据的途径和方法,应当根据该项目的具体情况来定;在某些情况下,由于时间、空间或成本的限制,审计人员不能获得最为理想的审计证据时,可考虑通过其他途径或其他审计证据来替代,如寄存在外地存货如何查,可考虑函证,可派人去查,也可委托存货所在地的会计师事务所协助调查;只有审计人员通过不同的渠道和方法取得其认为足够的审计证据时,才能据以发表审计意见。

(3)判断因素。审计人员需要获取的审计证据的数量受其对重大错报风险评估的影响,并受审计证据质量的影响。

因此评价和判断审计证据是否充分,首先应考虑重大错报风险的影响,当重大错报风险水平估计较高时,审计人员应扩大对实质性测试的范围,即所需收集的审计证据数量应增加;反之,所需收集的审计证据数量可减少,重大错报风险估计水平与所需审计证据的数量成同向变动关系。

重大错报风险易受项目的性质、内部控制的强弱、业务经营性质、管理当局的可信赖程度、财务状况、时常更换会计师事务所等因素的影响。

对于具有冒险性质的被审计项目和初次接受委托的审计项目以及重要的审计项目,审计人员一旦发表错误意见,就要承担很大的风险和责任。因此审计人员必须多渠道地广泛收集证据,认真做好调查工作,增加收集审计证据的数量。如果审计人员经调查评价认为被审计单位内部控制设计完善且执行有效,则可将控制风险水平评估得低些,此时针对内部控制的控制测试应扩大取证范围和增加取证数量,而针对交易记录和金额的实质性测试范围可缩小,并相应减少取证数量,反之亦然。被审计单位的内部控制不完善或达不到有效执行时,审计人员必须搜集更详细、更多、更有力的审计证据,以降低因其内部控制存在缺陷所带来的审计风险。被审计单位经营的业务越复杂,审计的错报风险就越大,则所需的证据数量也越多,审计人员可能承担的风险就越高。管理当局诚信与否,关系到是否可能存在重大错报和舞弊现象。管理当局越不可信赖,风险就越高,所需证据就越多。当被审计单位的财务状况不佳时,管理当局就可能试图掩盖事实,粉饰财务状况,以期"锦上添花"。经营者往往通过延期摊销费用、延期注销损失或故意漏列负债来编制财务报表,审计人员更应清楚地认识并防止由于经营风险转嫁成为审计风险的可能性,增加审计证据的数量,以支持审计意见。另外,时常更换会计师事务所,这主要是被审计单位对审计报告表示不满,或者是无法使审计人员就范于其某种目的,这将会增加审计风险,接任审计的审计人员应提高审计证据的质量或相应增加审计证据的数量。

审计人员需要获取的审计证据的数量受审计证据质量的影响。这可从以下因素予以考虑:具体审计项目的重要程度;审计人员及其助理人员的审计经验;审计过程中是否发现错误或舞弊;审计证据的类型与获取途径。

① 具体审计项目的重要程度。越是重要的审计项目,审计人员就越需获取充分的审计证据以支持其审计结论或意见。审计人员对重要审计项目判断发生失误将可能造成对财务报表整体判断失误,所以对那些重要的项目的审计应扩大取证范围,增加取证数量,以避免或减少审计失误,降低审计风险。对那些不重要项目,虽然可能有个别判断失误,但它不至于引起财务报表整体判断失误,故可减少审计证据的数量,以节约审计成本。

② 审计人员及其业务助理人员的审计经验。审计人员及其业务助理人员缺乏审计经验,较少的审计证据就很难使其发现被审计事项是否存在错误或舞弊行为,因而应增加证据的需要量,这是他们保持谨慎的最根本途径。一般来说,审计经验丰富的审计人员及其助理人员,擅长于捕捉蛛丝马迹,然后顺藤摸瓜,查清问题的真相,因而善于用较少的审计证据便可较为准确地判断出被审计事项的真实状况,所以需要的审计证据可相对较少。

③ 审计过程中是否发现错误或舞弊。审计过程中一旦发现了被审计事项有错误或舞弊的行为,说明被审计单位可能还存在其他的错误或舞弊的行为,财务报表整体存在问题的可能性就增加,审计人员应考虑它的影响,就应增加审计证据的数量,以形成恰当的审计意见。

④ 审计证据的类型与获取途径。采用不同途径可以获得不同类型的审计证据,不同类型的审计证据其证明力也不尽相同。外部证据多,可适当减少审计证据数量;内部证据多,可适当增加审计证据数量。由审计人员亲自计算加工的亲历证据以及从独立的第三方获得的外部证据,其质量是较为可靠的,审计证据数量可以相对减少。而对那些容易被伪造的内部证据,审计证据数量就应增加。

2. 审计证据的适当性——定性(质量特征)

(1)审计证据适当性的概念。审计证据的适当性是指审计证据的相关性和可靠性,即审计证据应当与审计目际相关联,并能如实反映客观事实。审计证据的适当性实质上是指审计证据的质量因素,它和审计证据的充分性互为补充,共同体现其证明力的作用。正如《中国注册会计师审计准则第 1301 号——审计证据》第七条规定:审计证据的适当性,是对审计证据质量的衡量,即审计证据在支持审计意见所依据的结论方面具有的相关性和可靠性。

所以,审计证据的适当性是对审计证据质量的衡量,相关性和可靠性是审计证据适当性的核心内容,只有相关且可靠的审计证据才是高质量的。审计证据的相关性是指审计证据应与审计目标相关联;审计证据的可靠性是指审计证据应能如实地反映客观事实。这是获取审计证据的质量要求。

(2) 审计证据的相关性。

① 审计证据要有证明力,必须与审计人员的审计目标相关。为了证实被审计单位发货是否全部开票的问题,审计人员应从发货单选取样本,追查与每张发货单相对应的销售发票副本,以确定是否每张发货单均已开具销售发票。如果,审计人员不是从发货单选取样本,而是从销售发票选取样本,并追查至每张发货单,显然这是达不到审计目标的,所获得的证据与完整性无关。

② 在确定审计证据的相关性时,审计人员应当考虑:特定的审计程序可能只为某些认定提供相关的审计证据,而与其他认定无关。例如,检查期后应收账款收回的记录和文件可以提供有关存在和计价的审计证据,但是不一定与期末截止是否适当相关。

针对同一项认定可以从不同来源获取审计证据或获取不同性质的审计证据。例如,审计人员可以分析应收账款的账龄和应收账款的期后收款情况,以获取与坏账准备计价有关的审计证据。

只与特定认定相关的审计证据并不能替代与其他认定相关的审计证据。例如,有关存货实物存在的审计证据并不能够替代与存货计价相关的审计证据。

也就是说,审计证据的相关性,是指审计证据应当与审计目标相关。收集的证据应能证实有关认定或目标。审计人员只能利用与审计目标相关联的审计证据来证明或否定被审计单位所报道的事项。如存货监盘结果只能证明存货是否存在,是否有毁损及短缺,而不能证明存货的计价和所有权的情况。

(3) 审计证据的可靠性。审计证据的可靠性是指证据的可信程度。也就是说,审计证据的可靠性是指审计证据应能如实反映客观事实,收集的证据要有一定证明力、说服力。例如,审计人员亲自检查存货所获得的证据,就比被审计单位管理层提供给审计人员的存货数据更可靠。

审计证据的可靠性受其来源和性质的影响,并取决于获取审计证据的具体环境。审计人员在判断审计证据的可靠性时,通常会考虑下列原则:

① 从外部独立来源获取的比从其他来源获取的审计证据更可靠。从外部独立

来源获取的审计证据是由完全独立于被审计单位以外的机构或人士编制并提供的，未经被审计单位有关职员之手，从而减少了伪造、更改凭证或业务记录的可能性，因而其证明力最强。此类证据如询证函回函、被审计单位律师与其他独立的专家关于被审计单位资产所有权和或有负债等的证明函件，保险公司、寄售企业、证券经纪人的证明等。相反，从其他来源获取的审计证据，由于证据提供者与被审计单位存在经济或行政关系等原因，其可靠性应受到质疑。此类证据如被审计单位内部的会计记录、会议记录等。

② 内部控制有效时比内部控制薄弱时内部生成的审计证据更可靠。如果被审计单位有着健全的内部控制且在日常管理中得到一贯的执行，会计记录的可信赖程度将会增加。如果被审计单位的内部控制薄弱，甚至不存在任何内部控制，被审计单位内部凭证记录的可靠性就大为降低。例如，如果与销售业务相关的内部控制有效，审计人员就能从销售发票和发货单中取得比内部控制不健全时更加可靠的审计证据。

③ 直接获取的比间接获取或推论得出的审计证据更可靠。例如，审计人员观察某项控制的运行得到的证据比询问被审计单位某项内部控制的运行得到的证据更可靠。间接获取的证据有被涂改及伪造的可能性，降低了可信赖程度。推论得出的审计证据，其主观性较强，人为因素较多，可信赖程度也受到影响。

④ 以文件、记录形式（无论是纸质、电子或其他介质）存在的比口头形式的审计证据更可靠。例如，与会议同步的书面记录比会议事后的口头表述更可靠。口头证据本身并不足以证明事实的真相，仅仅提供一些重要线索，为进一步调查确认所用。但在一般情况下，口头证据往往需要得到其他相应证据的支持。

⑤ 从原件获取的比从传真件或复印件获取的审计证据更可靠。审计人员可审查原件是否有被涂改或伪造的迹象，排除伪证，提高证据的可信赖程度。而传真件或复印件容易是变造或伪造的结果，可靠性较低。

⑥ 越及时的证据，越可靠。审计证据的及时性要根据不同的审计项目，按及时快速的原则进行取证，只有保证审计证据的及时性，才能使审计证据更可信，如在对财务报表审计过程中，证据越是临近财务报表的时间获取就越是可信。

⑦ 客观证据比主观证据可靠。从独立渠道取得的证据，且证据本身正确无疑，客观存在，不需主观判断。例如，交税单、实物证据等可信度较高。

⑧ 不同来源或不同性质的审计证据能相互印证时，审计证据更为可靠。当然，对于那些不能相互印证的审计证据，审计人员是无法发表审计意见的，因此，应该增加审计程序，从事进一步的取证工作。如向银行函证被审计单位的存款和债务情况，向与被审计单位有业务往来的客户函证被审计单位应收账款、应付账款是否真实等。

审计人员在按照上述原则评价审计证据的可靠性时，还应当注意可能出现的重要例外情况。例如,审计证据虽是从独立的外部来源获得,但如果该证据是由不知情者或不具备资格者提供,审计证据也可能是不可靠的。同样,如果审计人员不具备评价证据的专业能力,那么即使是直接获取的证据,也可能不可靠。如果审计人员无法区分画究竟是真品还是赝品,他对画存货的检查就无法提供画是否实际存在和价值的可靠证据。

新审计准则允许审计人员在获取审计证据时,可以考虑成本效益原则。在确保获取充分、适当审计证据的前提下,实现成本最小化是会计师事务所为增强竞争能力和获利能力所必需的。但是,成本效益不是指经济效益的高低,更不是指审计收费的高低,而是指审计人员在拥有一定审计资源的前提下如何在合理的时间内,以合理(不高也不低)的成本投入,达到预期的审计目标,完成既定的审计任务。审计人员的审计不可能完全排除对低成本投入的追求或需要,但审计人员的低成本投入必须建立在圆满实现预期审计目标、完成既定审计任务的前提之下。

二、充分性与适当性的关系

审计证据的充分性与适当性是密切相关的,两者缺一不可,只有充分且适当的审计证据才是有证明力的。审计证据质量越高,需要的审计证据数量可能越少。也就是说,审计证据的适当性会影响其充分性。例如,被审计单位内部控制健全时生成的审计证据更可靠,审计人员只需获取适量的审计证据,就可以为发表审计意见提供合理的基础。审计证据的适当性是指审计证据的相关性和可靠性。一般而言,审计证据的相关性与可靠程度越高,即审计证据的适当性越高,则所需审计证据的数量就可减少;反之,审计证据的数量就要增加。所以,适当性会影响充分性,但并不是说充分性也会影响适当性。如果质量存在缺陷的审计证据,审计人员即使获取更多的审计证据,也可能无法弥补其质量上的缺陷。如果审计人员获取的证据不可靠,那么证据数量再多也难以起到证明作用。

这就表明:审计证据的质量(适当性)越高,所需审计证据的数量(充分性)就可以减少;如果审计证据的质量(适当性)越低,所需审计证据的数量(充分性)就应增加。

评价充分性和适当性是出于职业谨慎态度的要求,还需作如下的特殊考虑:

(1)对文件记录真伪的考虑。审计工作通常不涉及鉴定文件记录的真伪,但应当考虑用作审计证据的信息的可靠性,并考虑与这些信息生成与维护相关的控制的有效性。如果在审计过程中识别出的情况使其认为文件记录可能是伪造的,或文件记录中的某些条款已发生变动,审计人员应作进一步调查,包括直接向第三方询证,或考虑利用专家的工作以评价文件记录的真伪。

(2)使用被审计单位生成信息的考虑。如果在实施审计程序时使用被审计单位生成的信息,审计人员应当就这些信息的准确性和完整性获取审计证据。

(3) 证据相互矛盾的考虑。如果从不同来源获取的审计证据或获取的不同性质的审计证据不一致,表明某项审计证据不可靠,审计人员应当追加必要的审计程序。

(4) 获取审计证据时对成本的考虑。审计人员可以考虑获取审计证据的成本与所获取信息的有用性之间的关系,但不应以获取审计证据的困难和成本为由减少不可替代的审计程序。

第三节　审计证据的收集

审计证据的收集工作是一项政策性、技术性很强的工作,它关系到审计工作的成败。收集审计证据的基本要求有:(a)明确审计目标,制定合理的审计方案。(b)坚持客观公正的立场和实事求是的态度。(c)坚持周密严谨的作风和合理谨慎的态度。(d)配备具有相应技能的审计人员。(e)选择科学合理的取证方法。

审计人员为获取必要的审计证据,应采取一些相应的审计程序来获取审计证据。

一、对审计人员获取审计证据的总体要求

1. 获取审计证据的总体要求

(1)《中国注册会计师审计准则第 1101 号——注册会计师的总体目标和审计工作的基本要求》第 28 条规定:"在计划和实施审计工作时,注册会计师应当保持职业怀疑,认识到可能存在导致财务报表发生重大错报的情形。"

(2)《中国注册会计师审计准则第 1301 号——审计证据》第 10 条规定:"注册会计师应当根据具体情况设计和实施恰当的审计程序,以获取充分、适当的审计证据。"

在评价审计证据时,保持职业怀疑有助于审计人员评价是否已获取充分、适当的审计证据以及是否还需执行更多的工作;有助于审计人员审慎评价审计证据,纠正仅获取最容易获取的审计证据、忽视存在相互矛盾的审计证据的偏向。

2. 职业怀疑态度

《中国注册会计师审计准则第 1101 号——注册会计师的总体目标和审计工作的基本要求》第 17 条规定:"职业怀疑,是指注册会计师执行审计业务的一种态度,包括采取质疑的思维方式,对可能表明由于错误或舞弊导致错报的迹象保持警觉,以及对审计证据进行审慎评价。"

职业怀疑态度并不要求审计人员假设管理层是不诚信的,而是要求审计人员凭证据说话。保持职业怀疑,有助于使审计人员认识到存在因舞弊导致重大错报的可能性,不会受到以前对管理层、治理层正直和诚信判断形成的影响;使审计人员对获

取的信息和审计证据可能存在由于舞弊导致的重大错报风险始终保持警惕;使审计人员在认为文件可能是伪造的或文件中的某些条款可能已被篡改始终保持警惕,以便作进一步调查。

职业怀疑要求对引起疑虑的情形保持警觉。

职业怀疑态度应包括但不限于:相互矛盾的审计证据;引起对文件记录或对询问答复的可靠性产生怀疑的信息;明显不合商业情理的交易或安排;其他表明可能存在舞弊的情况;表明需要实施除审计准则规定外的其他审计程序的情形。

二、取得审计证据的审计程序

审计证据是审计人员发表审计意见和出具审计报告的依据,因此对审计证据的收集、鉴定和综合是整个审计工作的核心。审计人员为获取充分、适当的审计证据而实施的审计程序依次为风险评估程序、控制测试程序(必要时或决定测试时)和实质性测试程序。

1. 风险评估程序

为了解被审计单位及其环境而实施的程序称为"风险评估程序"。审计人员实施的风险评估程序:(a)询问被审计单位管理层和内部其他相关人员。(b)分析程序。(c)观察和检查。

审计人员应当实施风险评估程序,以此作为评估财务报表层次和认定层次重大错报风险的基础。风险评估程序为审计人员确定重要性水平、识别需要特别考虑的领域、设计和实施进一步审计程序等工作提供了重要基础,有助于审计人员合理分配审计资源,获取充分适当的审计证据。

风险评估程序并不能识别出所有的重大错报风险,虽然它可作为评估财务报表层次和认定层次重大错报风险的基础,但它本身并不足以为发表审计意见提供充分、适当的审计证据。为了获取充分、适当的审计证据,审计人员还应当实施进一步审计程序,包括实施控制测试(必要时或决定测试时)和实质性程序。

2. 控制测试

控制测试指的是测试控制运行的有效性,当存在下列情形之一时,控制测试是必要的:

(1) 在评估认定层次重大错报风险时,预期控制的运行是有效的,审计人员应当实施控制测试以支持评估结果。

(2) 仅实施实质性程序不足以提供认定层次充分、适当的审计证据,审计人员应当实施控制测试,以获取内部控制运行有效性的审计证据。

实施控制测试的目的是测试内部控制在防止、发现并纠正认定层次重大错报方面的运行有效性,从而支持或修正重大错报风险的评估结果,据以确定实质性程序的性质、时间和范围。

3. 实质性程序

审计人员应当计划和实施实质性程序，以应对评估的重大错报风险。

实质性程序包括对各类交易、账户余额、披露的细节测试以及实质性分析程序。

审计人员对重大错报是一种判断，可能无法充分识别所有重大错报风险，并且由于内部控制存在固有局限性，无论对重大错报风险评估结果如何，审计人员都应当针对所有重大的各类交易账户余额、披露实施实质性程序，以获取充分、适当的审计证据。

三、取得审计证据的具体审计程序的类型

审计人员可以采用检查记录或文件、检查有形资产、观察、询问、函证、重新计算、重新执行、分析程序等具体程序来获取审计证据。

在实施风险评估程序、控制测试或实质性程序时，审计人员可根据需要单独或综合运用上述审计程序，以获取充分、适当的审计证据。

审计人员使用的具体审计程序类型如下。

1. 检查记录或文件

检查记录或文件是指审计人员对被审计单位内部或外部生成的，以纸质、电子或其他介质形式存在的会计记录和其他书面文件可靠程度的审阅与复核。检查记录或文件可提供可靠程度不同的审计证据，审计证据的可靠性取决于记录或文件的来源和性质，其目的是对财务报表所包含或应包含的信息进行验证。

（1）审阅。审阅是对会计资料及其他资料从形式到内容进行认真的阅读和审核，以判断其真实性和合法性。运用审阅方法获取审计证据的途径包括审阅原始凭证、审阅会计账簿记录、审阅财务报表等方面，在审阅时需做到：审阅原始凭证时，看凭证有无涂改或伪造现象；记载的经济业务是否合理合法；有无相关业务负责人的签字等。审阅会计账簿记录时，应看其是否符合《企业会计准则》及其他有关财务会计制度的规定。审阅记账的原始凭证是否正确、齐全；记账凭证反映的会计分录的编制及账户的运用是否恰当；账簿记录的内容是否与记账凭证和原始凭证记载的内容相一致；货币收支金额是否正常；成本核算及其方法的选用是否符合国家有关财务制度的规定；等等。审阅财务报表时，应审阅财务报表的编制是否按照规定是以账簿记录为依据进行的；项目分类是否正确；财务报表附注是否对应予揭示的问题做了充分的披露；等。

（2）复核。复核是指对有关会计资料及其他资料所反映的内容，按照规定的核算程序、计算要求和钩稽关系进行复查、核实。具体包括：重新计算各种原始单据所记载的数量、单价、金额与其合计数是否相符；复核现金及银行存款日记账上的记录

与相应的原始凭证记录是否一致;复核现金及银行存款日记账和记账凭证反映的内容与总账及对应的明细账记录是否相符;复核总账的余额与其所属明细账的余额合计数是否相符;复核总账账户的借方余额合计数与其贷方余额合计数是否相等;总账各账户的借方发生额合计数与其贷方发生额的合计数是否相等;财务报表有关项目的金额与对应账户的余额或发生额合计数是否一致或相联系;重新计算财务报表有关项目的数据,看其计算是否正确,各报表之间的有关项目的数据是否一致;如果与前期数据有关,是否与前期财务报表上的有关数据核对相符;外来对账单与本单位有关账户的记录是否相符,若不相符是否按规定将其调整相符。

2. 检查有形资产

检查有形资产是指审计人员对实物资产进行审查,主要适用于存货和现金,也适用于有价证券、应收票据和固定资产等。检查有形资产可为资产实物存在性提供可靠的审计证据,是认定资产数量和规格的重要手段。由于检查有形资产获取的往往是实物证据,故它不能证实被审计单位是否对资产拥有所有权,也无法确定实物资产的资产价值,更不能确定实物资产的完整性。因此,审计人员还应另外实施对实物资产的计价和所有权的审计程序。

3. 观察

观察是指审计人员察看相关人员正在从事的活动或执行的程序。例如,对客户执行的存货盘点或控制活动进行观察。必须要指出的是观察提供的审计证据仅限于观察发生的时点,并且相关人员已知晓被观察,这时从事的活动或执行的程序,可能与日常的做法有所不同,从而会影响审计人员对真实情况的了解。因此,审计人员用观察程序获取审计证据,要注意其固有的局限性,有必要获取其他类型的佐证证据。同时,审计人员对于观察中所发现的问题应进一步实施审计。

4. 询问

询问是指审计人员以书面或口头方式,向被审计单位内部或外部的知情人员获取财务信息和非财务信息,并对答复进行评价的过程。询问获得的多数是口头证据,审计人员应注意是否需就同一事项对不同人员进行询问,以确定各种口头证据能否相互印证。知情人员对询问的答复可能为审计人员提供尚未获悉的信息或佐证证据,也可能提供与已获悉信息存在重大差异的信息;审计人员应当根据询问结果考虑实施其他审计程序以获取充分、适当的审计证据。

5. 函证

函证是指审计人员为了获取影响财务报表或相关披露认定项目的信息,通过直接来自第三方的,对有关信息和现存状况的声明,获取和评价审计证据的过程。例如,对应收账款余额或银行存款的函证。

对于被函证事项应由被审计单位签名确认,然后由审计人员亲自投递函件并收悉回函。如果没有回函或者回函结果不满意,审计人员应当实施必要的替代程序,以获取相应的审计证据。通过函证获取的证据可靠性较高,因此,函证是受到高度重视并经常被使用的一种重要程序。

6. 重新计算

重新计算是指审计人员以人工方式或使用计算机辅助审计技术,对被审计单位的原始凭证及会计记录中的数据进行的验算或另行计算,其目的是在于验证被审计单位的凭证、账簿和报表中的数字是否正确。重新计算通常包括计算销售发票和存货的总金额,加总日记账和明细账,折旧费用和预付费用的计算,应纳税额的计算等。在财务报表审计中,审计人员需大量地运用计算方法来获取必要的审计证据。

审计人员运用重新计算方法取证时,应采用与被审计单位确定的政策和选定的方法相一致,但在计算形式和顺序上可以按审计人员认为最有利于提高效率的方式进行,不一定要遵循被审计单位的原定方式和方法。

7. 重新执行

重新执行是指审计人员以人工方式或使用计算机辅助审计技术,重新独立执行被审计单位为内部控制制定的程序或控制。例如,审计人员利用被审计单位的银行存款日记账和银行对账单,重新编制银行存款余额调节表,并与被审计单位编制的银行存款余额调节表进行比较。

8. 分析程序

分析程序是指审计人员通过研究不同财务数据之间以及财务数据与非财务数据之间的内在关系,对财务信息做出评价。分析程序通过分析被审计单位重要的比率或趋势,包括调查这些比率或趋势的异常变动及其与预期数额和相关信息的差异,以获得有关项目存在异常变动的证据。对于异常变动项目,审计人员应重新考虑所采用审计方法的适当性,必要时应追加审计程序,以获取更为可靠的审计证据。

四、信息生成和储存方式对审计程序的影响

审计程序的性质和时间可能受会计数据和其他相关信息的生成和储存方式的影响,审计人员应当提请被审计单位保存某些信息以供查阅,或在可获得该信息的期间执行审计程序。

随着信息化的发展,可获得的被审计单位各种有关记录大部分是电子形式的记录。某些电子信息可能只存在于特定的时点,审计人员应当考虑会计数据和其他相关信息的生成和储存方式对实施审计程序的影响。

当信息以电子形式存在时,审计人员可以通过使用计算机辅助审计技术实施某些审计程序。

第四节　审计证据的整理与评价

通过对审计证据进行科学的整理、评价和加工，把零散的、孤立的、无序的证据变成有序的、系统化的、彼此联系的证据；通过整理和分析，把审计证据与审计目标相联系，可发现问题，查漏补缺；研究和比较数据之间的关系，以及反映的趋势，综合运用审计信息，将收集到的分散的、个别的审计证据，变成充分、适当的证据，以对被审计单位财务报表是否在所有重大方面公允地反映其财务状况、经营成果和现金流量做出恰当的评价，并在此基础上形成整体的审计意见。

一、审计证据整理与分析的意义

通过收集与获取的证据，大都是分散的、杂乱无章的，经过整理与分析，将那些初始的、无序的、凌乱的、彼此孤立的、形式复杂多样的证据变成满足需要的、有序的、系统化的、彼此联系、形式恰当的审计证据，以满足审计证据的充分性和适当性。例如，在实物盘点中验证了实物（如一台数控机床）的存在，在检查文件中，发现了该实物资产的购货合同和购货发票、上级对购买该台机床的批文、董事会对购买该台机床的会议纪要等，确定了该台机床的所有权。原先各个审计证据是分散在各个审计人员手中的，通过整理与分析，将其集中起来，就构成该台机床确实存在且归被审计单位所有的有力证据。

每一个审计证据都与审计目标相关，只是相关性强弱不一样。审计人员应当收集相关性较强的审计证据，因为这种证据说服力较强。例如，存货监盘的结果与存货的存在性相关较强，而与存货的计价和所有权显得相关性很弱。因此，必须对原始的审计证据进行整理与分析，将每一个原始的审计证据与审计目标相联系起来，以对被审计单位的各个方面做出评价，并形成比较完整的认识。在整理过程中对发现证据不足的地方，还可进行补充收集，以便获取新的证据材料，把审计工作引向深入。

在审计过程中，通过审计人员对审计证据整理与分析，可能产生一些有价值的新证据，从而能有利于对被审计单位做出较为恰当的结论。

在一定意义上说，审计过程就是收集、分析、判断审计证据的过程。因此，合格的审计人员应当具备及时准确地收集、分析审计证据的能力，并对审计证据作出适当的职业判断。

二、审计证据整理与评价的要求

1. 坚持整体的观点

审计人员应从对财务报表整体发表意见的高度去整理和评价审计证据。把整体目标分解成单个目标,按单个审计目标分类整理证据,逐级往上归类和评价审计证据的充分性和适当性,最后构成一个完整的对审计意见具有说服力的证据体系。

2. 坚持联系的观点

整理、评价审计证据必须与审计目标相联系,也必须从被审事项内部证据与证据之间的内在的联系出发,不要简单地堆砌罗列证据。

3. 坚持客观的立场

在评价、整理审计证据中,审计人员切忌主观臆断,不能用主观判断去取代证据,要做到以事实为依据,以证据为基础,形成审计意见。

三、审计证据整理与分析应注意的几个问题

审计人员在对审计证据进行整理与分析的过程时,应着重注意以下事项。

1. 注意把握审计证据取舍的标准

审计人员形成最终审计意见,一般是以那些典型的、具有代表性的审计证据为基础,而没有必要、也不可能在审计报告中体现全部审计证据所反映的事实。因此,在撰写审计报告前,审计人员必须对反映不同内容的审计证据作适当的弃弱取强,以审计证据的重要程度作为整理评价审计证据的取舍标准,舍弃那些不必在审计报告中反映的次要证据,只选择具有代表性的、典型的审计证据在审计报告中加以反映。

审计证据的重要程度由两方面因素决定:其一是金额大小;其二是问题的性质。

对于那些金额较大、性质较为严重,足以对被审计单位财务状况、经营成果的反映产生重大影响的证据,应当作为重要的审计证据;金额虽然不大但性质较严重的审计证据仍然可以作为重要审计证据处理。如非法交易或舞弊,金额再小,其性质也是严重的。

2. 注意分清事实的现象和本质

任何一个审计证据都是现象与本质的结合体。现象如果与本质相一致则称为真象,反之,现象与本质相背离时称为假象。某些审计证据反映出的可能是一种假象,审计人员应注意分清真象与假象,要做到透过现象看本质,不被假象所迷惑。审计证据的真实性,主要是指审计证据所反映的内容是对客观存在的经济活动及其变化的真实描写。

3. 排除伪证

被审计单位等审计证据提供者可能出于某种目的的需要提供经过伪造的证据,为防止这种鱼目混珠的情形发生,审计人员应能区分证据的真伪,对获取的证据需认真研究评价,进行合理推理或怀疑,从提供证据者的目的、业务发生的可能性和合理性、业务发生过程的可控性和业务发生结果的效果性等诸方面评价审计证据的真伪程度,尤其要善于发掘那些经过精心炮制的伪证。

四、审计证据的鉴定

审计人员通过各种途径收集到的审计证据要经过鉴定,才能确定其是否能对被审计事项具有直接的证明力。对于证据与被审计事项没有内在联系的应果断剔除;只有在证据与证据之间存在联系,且能够相互证实时,其证据才能够被利用。

1. 审计证据的可靠性

审计证据的可靠性是指证据的可信程度。审计证据因其来源不同其可靠性也不一样。审计证据的可靠性包括两个方面的内容:一是审计证据的来源必须可靠;二是审计证据本身也应确实可靠。书面证据比口头证据可靠;独立的第三者确认的内部证据比未获独立的第三者确认的内部证据可靠;审计人员第一手获得的审计证据比间接取得的审计证据可靠;从内部控制制度健全获得的审计证据比内部控制制度薄弱获得的审计证据可靠;不同来源或不同性质的审计证据能相互印证的审计证据比较可靠;原件比复印件更为可靠;越及时的证据越可靠,客观证据比主观证据可靠。

2. 审计证据的充分性

审计证据的充分性又称足够性,是审计人员形成审计意见所需审计证据的最低数量要求。究竟需要多少审计证据在很大程度上取决于审计人员的主观判断和准备承担的风险。在很多情况下,量多质低的审计证据和量少质高的审计证据所起的作用基本相同。只有审计证据的数据能达到"胜过合理的怀疑"的程度,才可认为审计证据是足够的、充分的。

3. 审计证据的证明力

审计证据的证明力是在审计证据的可靠性、重要性和充分性的基础上形成的。审计证据的种类是多种多样的,审计证据的证明力也就不一样。即使是同一种类审计证据,也会由于搜集的目的及收集时的环境不同而使证明力存在差异。审计人员应该知道:对于审计事项,哪些审计证据具有较强的证明力,哪些审计证据的证明力是较弱的。应该对不同强弱的审计证据加以综合,既考虑到作为审计证据的条件和取得的难易程度,又考虑到审计事项的重要性和可信性及其他因素,使审计证据成为具有实践证明力价值的、有用的、综合的审计证据。

一般说来,被审单位对审计证据的支配力越小,其证明力就越强;反之,对审计证据的支配力越大,其证明力就越弱。

4. 审计证据的经济性

从理论上,为了证实审计结论,审计人员应该取得足够有说服力的审计证据。在获取可靠的审计证据时,审计人员可以考虑成本效益原则,如果获取最理想的审计证据需花费高昂的审计成本,则审计人员转而收集质量稍逊的其他证据代替,只要它仍能满足审计目的的要求。但需注意:对于重要的审计项目,审计人员不能以审计成本的高低或获取审计证据的难易程度作为减少必要审计程序的理由。此时,审计人员若无法取得充分且适当的审计证据,则应视情况发表保留意见或拒绝表示意见的审计报告

审计证据的鉴定应贯穿审计工作的始终。

关键术语

审计证据　实物证据　书面证据　口头证据　环境证据　直接证据　间接证据
基本证据　审计证据的充分性　审计证据的适当性　审计证据的相关性
审计证据的可靠性　风险评估程序　实质性程序

案例剖析题

【案例剖析题 6-1】

不同类型审计证据的可靠性存在一定的差异。比较下列几组证据,说明每一组证据中哪个类型的证据比较可靠,简单说明理由。

(1) 银行询证函与银行对账单。

(2) 审计人员通过自行计算折旧额所取得的证据与被审计单位的累计折旧明细账的数据。

(3) 银行对账单与发运单。

(4) 律师询证函回函与审计人员同律师交谈取得的证据。

(5) 内部控制完善有效的公司的销售发票与内部控制较差的公司的销售发票。

【题解】

(1) 银行询证函比较可靠。因为银行询证函是在审计人员的监督下寄给银行的,然后由银行直接回函给审计人员,中间没有经过被审计单位之手所取得的证据;而银行对账单虽然也是外部证据,但它是由银行直接寄给被审计单位,由被审计单位保管,可靠性较差。

(2) 审计人员通过自行计算折旧额所取得的证据比较可靠。它是亲历证据,具有较其他来源形式证据更为可靠的证明力。而被审计单位的累计折旧明细账的数据是内部证据,可靠性较差。

(3) 银行对账单比较可靠。因为银行对账单是由银行提供的,而发运单是被审计单位自行填制的。

(4) 律师询证函回函比较可靠。因为该证据是书面证据,而审计人员同律师交

谈取得的证据是口头证据,书面证据比口头证据可靠。

(5) 内部控制完善有效的公司的销售发票比较可靠。因为内部控制完善有效的公司的会计资料的可信赖程度高,而内部控制较差的公司的会计资料的可信赖程度较差。

【案例剖析题 6-2】

审计人员在对翙海公司 2014 年财务报表进行审计时,执行了下列审计程序:

(1) 选择少量几笔有代表性的材料收发业务,按业务发生的顺序逐项观察各环节上有关凭单填制和审批签字等规定的执行。

(2) 在 2015 年初的应付账款明细账中选择大额的业务,追查相应的原始凭证,逐笔核实入账时间是否正确。

(3) 选择两笔重要且有代表性的固定资产业务,按业务发生的环节逐项询问各项有关预算、审批、维护等制度的内容。

(4) 实地观察被审计单位存货的盘点,并选择 15% 的存货进行抽查,以确定被审计单位的计量方法能否获得正确的结果。

(5) 在验收部门的验收凭证中,选择第三季度的全部验收单,审核实验收单是否有重号、缺号的情况。

要求:根据所述审计程序的内容,按要求填入下表。

审计程序	程序名称	程序种类	证据类型
1			
2			
3			
4			
5			

【题解】

审计程序	程序名称	程序种类	证据类型
1	观察	了解内部控制	环境证据
2	检查	实质性测试	书面证据
3	查询与函证	了解内部控制	口头证据
4	监盘	实质性测试	实物证据
5	检查	控制测试	书面证据

本章要点概览

　　本章的主要内容是审计证据,重点是审计证据的特征。

　　本章介绍了审计证据的概念,审计证据的种类及其证明力。

　　在审计证据的特征中主要阐述审计证据的数量特征——审计证据的充分性,审计证据的质量特征——审计证据的适当性,审计证据的适当性包括审计证据的相关性和审计证据的可靠性,充分性与适当性的关系:适当性会影响充分性,充分性不会影响适当性。

　　在审计证据的收集中,提出了对审计人员获取审计证据的总体要求,取得审计证据的审计程序及取得审计证据的具体审计程序的类型。

　　审计证据的整理与评价中,阐述了审计证据整理与分析的意义、审计证据整理与评价的要求、审计证据整理与分析应注意的问题、审计证据的鉴定。

　　本章提供了两个案例分析。

第七章　审计工作底稿

────学习目的与要求────

　　通过本章学习,使学生了解审计工作底稿的基本概念;了解审计工作底稿的含义;了解审计工作底稿在审计工作中的重要作用;掌握审计工作底稿的格式及内容;熟悉审计工作底稿分级复核制度;掌握审计工作底稿归档的具体规定,永久性档案和当期档案的归档期限及保存要求。

第一节　审计工作底稿的含义、分类及作用

一、审计工作底稿的含义和编制目的

1. 审计工作底稿的含义

(1) 审计工作底稿的含义。《中国注册会计师审计准则第 1131 号——审计工作底稿》第 5 条规定:审计工作底稿,是指注册会计师对制定的审计计划、实施的审计程序、获取的相关审计证据,以及得出的审计结论作出的记录。

审计工作底稿是审计证据的载体,是审计人员在审计过程中形成的审计工作记录和获取的资料。它形成于审计过程,也反映整个审计过程。

(2) 对审计工作底稿含义的理解。对于这一含义可以从以下三方面来理解:

① 审计工作底稿形成于审计工作全过程。从承接审计业务开始,历经计划阶段、实施阶段、完成阶段到完成全部约定事项签发审计报告为止,任何一个过程中都会形成一系列的审计工作底稿。

在审计计划阶段获得有关被审计单位基本状况的资料、营业执照、政府批文、合同章程和协议、董事会会议纪要等,由审计人员自行获得编制的调查表、审计计划、审计程序表、分析性测试表以及由双方共同签订的审计业务约定书等。

在审计实施阶段针对内控制度进行控制测试的程序和结果资料,针对交易和金额进行实质性测试的询证函、项目明细表、实物资产盘点表或调节表、分析性测试表、

项目差异调整表等。

在完成审计工作阶段形成或获取的期后事项审核表、管理当局声明书、律师声明书、审计报告、已审财务报表等。

② 审计工作底稿的形成渠道有两种。审计工作底稿是审计人员在审计过程中形成的审计工作记录及获取的资料,其形成方式有编制和取得两种。

审计人员在制订和实施审计计划过程中,根据有关资料进行计算、判断以后直接编制的、用以反映其审计思路和审计过程的工作记录。对于自行编制的工作底稿,应当全面记录审计计划的执行轨迹,审计证据的收集过程,职业判断的依据及过程,审计意见的形成过程等。审计工作底稿大部分应当由审计人员自行编制。在编制上应满足内容和形式两个方面的要求。

在内容上应做到资料翔实,记录在审计工作底稿上的各类资料来源真实可靠,内容完整;重点突出,力求反映对审计结论有重大影响的内容;繁简得当,应根据记录内容的不同,重要内容详细记录,一般内容简单记录;结论明确,审计人员应在审计工作底稿中对该审计项目明确表达最终的专业判断意见。

在内容上应做到要素齐全,审计工作底稿的基本内容应全部包括在内;格式规范,采用的格式应规范、简洁,尽量采用执业规范指南给出的参考格式;标识一致,审计符号的含义应前后一致、反映明确;记录清晰,记录的内容要连贯,文字要端正,计算要准确。

审计工作底稿也可由被审计单位或其他第三者提供,但必须由审计人员亲自审核后才能形成。来自取得的审计工作底稿包括从被审计单位或其他有关部门取得的、用作审计证据的各种原始资料;接受并审阅他人代为编制的审计记录。由委托单位或第三方提供的资料,严格讲并不是审计工作底稿,只有在审计人员实施必要的审计程序并形成相应的审计记录后,才能成为审计工作底稿的组成部分。

大多数备查类审计工作底稿均由审计人员向被审计单位或其他第三者直接索取或由他们代为编制。对这类审计工作底稿,必须注明资料来源;实施必要的程序,通过复核,确认与原资料的一致性;在审阅核对后要有文字记录并签名;通过交叉索引及备注说明,注明审计工作底稿之间的钩稽关系。

③ 审计工作底稿的记录内容应全面反映审计工作过程。审计人员在不同审计阶段中形成审计工作底稿,必须予以系列化,才能反映出审计思路和审计轨迹,使人们通过审计工作底稿能够看到:审计工作经历哪些环节,某个环节上需从哪些方面进行测试,被测试事项的实际面貌如何,审计人员如何发表意见等。

审计工作底稿的内容是审计人员形成审计结论、发表审计意见的直接依据。

(3) 编制审计工作底稿应提倡及时的原则。及时编制审计工作底稿有助于提高审计工作的质量,如果时间拖延过久,审计人员可能会遗忘某些事项,使得审计工作底稿的记录不能全面地反映审计人员所执行的审计工作。

2. 审计工作底稿的编制目的

审计人员应当及时编制审计工作底稿，以实现下列目的：（《中国注册会计师审计准则第 1131 号——审计工作底稿》第 3 条）

（1）提供证据，作为审计人员得出实现总体目标结论的基础。审计工作底稿是审计人员形成审计结论，发表审计意见的直接依据。及时编制审计工作底稿有助于提高审计工作的质量，便于在出具审计报告之前，对取得的审计证据和得出的审计结论进行有效复核和评价。

（2）提供证据，证明审计人员按照审计准则和相关法律法规的规定计划和执行了审计工作。在会计师事务所因执业质量而涉及诉讼或有关监管机构进行执业质量检查时，审计工作底稿能够提供证据，证明会计师事务所是否按照审计准则的规定执行了审计工作。

审计工作底稿还可以实现下列目的：（《中国注册会计师审计准则第 1131 号——审计工作底稿》第 4 条）

① 有助于项目组计划和执行审计工作。

② 有助于负责督导的项目组成员按照《中国注册会计师审计准则第 1121 号——对财务报表审计实施的质量控制》的规定，履行指导、监督与复核审计工作的责任。

③ 便于项目组说明其执行审计工作的情况。

④ 保留对未来审计工作持续产生重大影响的事项的记录。

⑤ 便于会计师事务所按照《质量控制准则第 5101 号——会计师事务所对执行财务报表审计和审阅、其他鉴证和相关服务业务实施的质量控制》的规定，实施质量控制复核与检查。

⑥ 便于监管机构和注册会计师协会根据相关法律法规或其他相关要求，对会计师事务所实施执业质量检查。

3. 编制审计工作底稿使用的文字

《中国注册会计师审计准则第 1131 号——审计工作底稿》第 16 条规定：编制审计工作底稿的文字应当使用中文。少数民族自治地区可以同时使用少数民族文字。中国境内的中外合作会计师事务所、国际会计公司成员所可以同时使用某种外国文字。会计师事务所执行涉外业务时可以同时使用某种外国文字。

4. 审计工作底稿的控制程序

会计师事务所应当按照《会计师事务所质量控制准则第 5101 号——业务质量控制》第 61 条的规定，会计师事务所应当制定政策和程序，以满足下列要求：

（1）安全保管业务工作底稿并对业务工作底稿保密。

（2）保证审计工作底稿的完整性。

（3）便于使用和检索业务工作底稿。

（4）按照规定的期限保存审计工作底稿。（第 62 条的要求）

为了保证审计工作底稿的完整性，审计人员不得对其进行不当删除、废弃和改动。

二、审计工作底稿的性质

1. 审计工作底稿的存在形式

随着信息技术的广泛运用，审计工作底稿的形式从传统的纸质形式扩展到电子或其他介质形式存在。以电子或其他介质形式存在的审计工作底稿，应与纸质形式的审计工作底稿一并归档，并应能通过打印等方式，转换成纸质形式的审计工作底稿。

无论审计工作底稿以哪种形式存在，会计师事务所都应当针对审计工作底稿设计和实施适当的控制，以实现下列目的：审计工作底稿清晰地显示其生成、修改及复核的时间和人员；在审计业务的所有阶段，尤其是在项目组成员共享信息或通过互联网将信息传递给其他人员时，保护信息的完整性和安全性；防止未经授权改动审计工作底稿；允许项目组和其他经授权的人员为适当履行职责而接触审计工作底稿。

2. 审计工作底稿通常包括的内容

审计人员应当就下列事项形成审计工作底稿：识别出的与遵守相关职业道德要求有关的问题，以及这些问题是如何得到解决的；针对适用于审计业务的独立性要求的遵守情况得出的结论，以及为支持该结论与会计师事务所进行的讨论；得出的有关客户关系和审计业务的接受与保持的结论；在审计过程中咨询的性质、范围和形成的结论。

项目质量控制复核人员应当就下列事项形成审计工作底稿：会计师事务所项目质量控制复核政策要求的程序已得到实施；项目质量控制复核在审计报告日或审计报告日之前已完成；项目质量控制复核人员没有注意到任何尚未解决的事项，使其认为项目组作出的重大判断和得出的结论不适当。

审计工作底稿通常包括总体审计策略、具体审计计划、分析表、问题备忘录、重大事项概要、询证函回函、管理层声明书、核对表、有关重大事项的往来信件（包括电子邮件），以及对被审计单位文件记录的摘要或复印件等。

此外，审计工作底稿通常还包括业务约定书、管理建议书、项目组内部或项目组与被审计单位举行的会议记录、与其他人士（如其他审计人员、律师、专家等）的沟通文件及错报汇总表等。

3. 审计工作底稿通常不包括的内容

审计工作底稿通常不包括已被取代的审计工作底稿的草稿或财务报表的草稿、

对不全面或初步思考的记录、存在印刷错误或其他错误而作废的文本,以及重复的文件记录等。由于这些草稿、错误的文本或重复的文件记录等不构成审计结论、审计报告的支持性证据,因此,审计人员通常无需保留这些记录。

三、审计工作底稿的分类

根据审计工作底稿的性质和作用,可将其分为综合类工作底稿、业务类工作底稿和备查类工作底稿。

1. 综合类工作底稿

综合类工作底稿指审计人员在审计计划阶段和审计报告阶段,为规划、控制和总结整个审计工作并发表审计意见所形成的审计工作底稿。

综合类工作底稿主要包括:审计业务约定书、审计计划、审计总结、未审财务报表、试算平衡表、审计差异调整汇总表、审计报告、管理建议书、被审计单位管理当局声明书以及审计人员对整个审计工作进行组织管理的所有记录和资料。

2. 业务类工作底稿

业务类工作底稿指审计人员在审计实施阶段为执行具体审计程序所编制和取得的审计工作底稿。

业务类工作底稿包括:控制测试中形成的内部控制问题调查表和流程图、实质性测试中形成的项目明细表、资产盘点表或调节表、询证函、分析性测试表、计价测试记录、截止测试记录等。

3. 备查类工作底稿

它是指审计人员在审计过程中形成的、对审计工作仅具有备查作用的审计工作底稿。

备查类工作底稿包括:被审计单位的设立批准证书、营业执照、合营合同、协议、章程、组织机构及管理人员结构图、董事会会议纪要、重要经济合同、相关内部控制制度、验资报告的复印件或摘录。

备查类审计工作底稿随被审计单位有关情况的变化而不断更新,应详细列明目录清单,并将更新的文件资料随时归档。

审计人员在将上述资料归为备查类工作底稿的同时,还应根据需要,将其中与具体审计项目有关的内容复印、摘录、综合后归入业务类审计工作底稿的具体审计项目之后。

通常,备查类审计工作底稿是由被审计单位或第三者根据实际情况提供或代为编制,因此,审计人员应认真审核,并对所取得的有关文件、资料标明其具体来源。

四、审计工作底稿的作用

在审计过程中,审计人员需大量地编制或取得审计工作底稿,它是审计人员审计业务中普遍采用的专业工具,有利于促进审计工作向科学化、规范化方向发展。审计工作底稿在审计中的作用如下。

1. 审计工作底稿是联结全部审计工作的纽带

审计工作通常由多个审计人员进行,他们之间存在不同的分工协作。审计工作在不同阶段有不同的测试程序和审计目标。审计工作底稿可以把不同人员的审计结果、不同阶段的审计结果有机地联系起来,使得各项工作都围绕对财务报表发表意见这一总体目标来进行。

2. 审计工作底稿是形成审计结论、发表审计意见的依据

审计工作底稿是审计证据的载体,它不但记录了审计证据本身所反映的内容,而且记载了审计人员对审计证据的评价分析情况以及得出的审计结论。这些审计证据和审计人员的专业判断是形成审计结论、发表审计意见的直接依据。

3. 审计工作底稿是评价审计责任、专业胜任能力和工作业绩的依据

审计人员严格依据审计准则进行审计,据实发表意见,并将其记录于审计工作底稿上,那么在任何时候依据审计工作底稿进行评价都有利于正确评价审计责任。此外,审计人员专业能力的强弱、工作业绩的好坏、程序选择的优劣、计划科学与否、专业判断恰当与否均可通过评价审计工作底稿来体现和衡量。

4. 审计工作底稿为审计质量控制与质量检查提供了基础依据

审计工作底稿既可以作为审计质量控制的对象,又可以作为审计质量控制的依据。审计质量检查通常是由注册会计师协会或其他有关单位组织进行,其核心工作就是对审计工作底稿规范程度的检查。因此,离开审计工作底稿,审计质量检查就会成为无本之木,无源之水。

5. 审计工作底稿具有参考价值

审计工作有很密切的联系性和连续性,前一年度的审计情况经常可以作为后一个年度开展审计业务的参考、借鉴;另外,前任审计人员审计业务也可以作为后任审计人员开展审计业务的参考、备查。这些参考、借鉴和备查作用就是通过调阅审计工作底稿来实现的。

第二节　审计工作底稿的格式及内容

一、总体要求

1. 编制审计工作底稿应达到的总体要求

(1) 审计人员编制的审计工作底稿,应当使得未曾接触该项审计工作的有经验的专业人士清楚了解。

① 按照审计准则和相关法律法规的规定实施的审计程序的性质、时间安排和范围。

② 实施审计程序的结果和获取的审计证据。

③ 审计中遇到的重大事项和得出的结论,以及在得出结论时作出的重大职业判断。

(2) 有经验的专业人士,是指会计师事务所内部或外部的具有审计实务经验,并且对下列方面有合理了解的人士。

① 审计过程。

② 相关法律法规和审计准则的规定。

③ 被审计单位所处的经营环境。

④ 与被审计单位所处行业相关的会计和审计问题。

(3) 审计人员编制审计工作底稿的目标,编制审计工作底稿以便。

① 提供充分、适当的记录,作为出具审计报告的基础。

② 提供证据,证明审计人员已按照审计准则和相关法律法规的规定计划和执行了审计工作。

2. 确定审计工作底稿的格式、要素和范围时应考虑的因素

不同的审计程序会使审计人员获取不同性质的审计证据,从而就可能会编制不同格式、内容和范围的审计工作底稿。例如,审计人员编制的有关函证程序的审计工作底稿和存货监盘程序的审计工作底稿在内容、格式及范围方面是不同的。

识别和评估的重大风险水平的不同,可能导致审计人员实施的审计程序和获取的审计证据不尽相同。例如,如果审计人员识别出固定资产存在较高的重大错报风险,而应收账款的重大错报风险较低,则审计人员会对固定资产实施较多的审计程序并获取较多的审计证据,测试应收账款的审计程序较少,获取的审计证据也较少。

审计程序的选择和实施,审计结果的评价通常需要不同程度的职业判断。作出职业判断时所考虑的因素及范围可能使审计人员作出不同的内容和范围的记录。例如,进行应收账款函证程序时,审计人员考虑应收账款账龄、以前年度审计经验及是否为关联方欠款等因素,运用职业判断在总体中选取样本,并对作出职业判断时的考虑事项进行适当的记录。

审计人员通过执行多项审计程序可能会获取不同的审计证据,有些审计证据的相关性和可靠性较高,有些质量则较差,审计人员可能区分不同的审计证据进行有选择性的记录。因此,审计证据的重要程度也会影响审计工作底稿的格式、内容和范围。

有时审计人员在执行审计程序时会发现例外事项,由此可能导致审计工作底稿在格式、内容和范围方面的不同。例如,某个函证的回函表明存在不符事项,如果在

实施恰当的追查后发现该例外事项并未构成错报，审计人员只需在审计工作底稿中解释发生该例外事项的原因及影响；反之，如果该例外事项构成错报，就需要执行追加的审计程序并获取更多的审计证据，由此编制的审计工作底稿在内容和范围方面可能有很大不同。

在某些情况下，特别是在涉及复杂的事项时，审计人员仅将已执行的审计工作或获取的审计证据记录下来，并不容易使其他有经验的审计人员通过合理的分析，得出审计结论或结论的基础。此时审计人员应当考虑是否需要进一步说明并记录得出结论的过程及该事项的结论。

使用的审计方法和工具可能影响审计工作底稿的格式、内容和范围。例如，如果使用计算机辅助审计技术对应收账款的账龄进行重新计算时，通常可以针对总体进行测试，而采用人工方式重新计算时，则可能会针对样本进行测试，由此形成的审计工作底稿会在格式、内容和范围方面有所不同。

考虑以上因素有助于审计人员确定审计工作底稿的格式、内容和范围是否恰当。审计人员在考虑以上因素时需注意，根据不同情况确定审计工作底稿的格式、内容和范围均是为达到编制审计工作底稿的目的，特别是提供证据的目的。

二、审计工作底稿的内容

1. 审计工作底稿的要素

审计工作底稿包括以下全部或部分要素，如表 7-1 所示。

表 7-1

审计工作底稿要素功能表

序号	要素名称	功　能
1	被审计单位名称	明确审计客体
2	审计项目名称	明确审计内容
3	审计项目时点或期间	明确审计范围
4	审计过程记录	记载审计人员所实施的审计测试的性质、范围、样本选择等重要内容
5	审计标识及其说明	方便工作底稿的检查和审阅
6	审计结论	记录审计人员的专业判断，为支持审计意见提供依据
7	索引号及编号	方便存取使用，便于日后参考及计算机处理
8	编制者姓名及编制日期	明确工作职责，便于追查审计步骤及顺序
9	复核者姓名及复核日期	明确复核责任
10	其他应说明事项	揭示影响审计人员专业判断的其他重大事项，提供更详尽的补充信息

2. 关于审计工作底稿诸要素的说明

下面依顺序分别介绍各要素的编制方法。

（1）被审计单位名称。审计对象的占有方（个别项目的委托方和审计客体不一致，如司法鉴定项目）。若被审计单位为下属公司，则应同时写明下属公司的名称。（如××公司一分厂）此项目可写简称，或以统一的审计标识代替。

（2）审计项目名称。此项目一般填写审计业务类型，如"2015 年报审计""工资专项审计""破产清算审计"等。项目名称应尽量简练、清晰。

（3）审计项目时点或期间。此项明确审计范围在时间上的截止点或时间跨度，应结合实质性测试的具体对象区别对待，资产负债项目应填截止时点，损益类项目应填时间跨度。

（4）审计过程记录。此项为审计工作底稿的核心要素，其繁简程序受制于审计项目的性质、目的和要求，被审计单位的经营规模等诸多因素。目前，大部分会计师事务所采用统一印制的程序表（或是标准的底稿模式）来代替工作底稿编制中大量的手工书写（或录入）工作量，本项目可充分运用审计标识，以提高工作效率。

在记录审计过程时，应当特别注意以下几个重点方面：特定项目或事项的识别特征；重大事项；针对重大事项如何处理矛盾或不一致的情况。

① 记录特定项目或事项的识别特征。在记录实施审计程序的性质、时间和范围时，审计人员应当记录测试的特定项目或事项的识别特征。在部分审计程序中所测试样本的识别特征举例如下：

在对被审计单位生成的订购单进行细节测试时，审计人员可能以订购单的日期或编号作为测试订购单的识别特征。需要注意的是，在以日期或编号作为识别特征时，需要考虑被审计单位对订购单编号的方式：若被审计单位按年依次连续编号，则识别特征是××××年××号；若被审计单位按序列进行连续编号，则识别特征就是该连续编号。

② 重大事项。审计人员应当根据具体情况判断某一事项是否属于重大事项。重大事项通常包括：引起特别风险的事项；实施审计程序的结果，该结果表明财务信息可能存在重大错报，或需要修正以前对重大错报风险的评估和针对这些风险拟采取的应对措施；导致审计人员难以实施必要审计程序的情形；导致出具非标准审计报告的事项。

审计人员应当及时记录与管理层、治理层和其他人员对重大事项的讨论，包括讨论的内容、时间、地点和参加人员。

有关重大事项的记录可能分散在审计工作底稿的不同部分，审计人员应将这些分散在审计工作底稿中的有关重大事项的记录汇总在重大事项概要中，不仅可以帮助审计人员集中考虑重大事项对审计工作的影响，还便于审计工作的复核人员全面、快速地了解重大事项,从而提高复核工作的效率。

③ 记录针对重大事项如何处理矛盾或不一致的情况。如果识别出的信息与针对某重大事项得出的最终结论相矛盾或不一致,审计人员应当记录形成最终结论时如何处理该矛盾或不一致的情况。

并不是说一定需要保留矛盾或不一致的记录,保留矛盾或不一致的记录仅在于无法识别其正确与否,若能通过获取正确或完整的信息,使矛盾或不一致的情况得到满意的解决,就没有必要保存这些错误或不完整的信息。此外,对于职业判断的差异,若是基于不完整的资料或数据造成的,也无须保存这些职业判断的差异。

④ 其他准则中的相关记录要求。审计人员编制审计工作底稿,除要遵守《中国注册会计师审计准则第 1131 号——审计工作底稿》外,还要遵守其他准则中关于审计工作记录的规定。

(5)审计标识及其说明。审计标识及其说明是审计人员用于表达各种审计含义的书面符号。适当运用审计标识可以缩短工作时间,提高工作效率,同时应说明其确切含义,并在审计过程中保持前后一致和不同标识的唯一性。可以单独或合并使用常用符号、英文缩写、简称等形式表达各种含义,并将这些标识及其完整的含义详细记录于审计标识一览表内供检查、复核者正常阅读。

在实务中,常用的审计标识如下:

∧:纵向数字加计,复核无误　　　　　　＜:横向数字加计,复核无误

B:期初余额与上年审计后报表期末数核对相符　T:与原始凭证核对相符

G:与总分类账核对相符　　　　　　　　　S:与明细账核对相符

T/B:与试算平衡表核对相符　　　　　　　C:已发询证函

C\:已收回询证函　　　　　　　　　　　N/A:无此情况,不适用

F/S:与已审会计报表核对相符　　　　　　γ:与文件依据核对相符

＊:备注 1　　　　　　　　　　　　　　＊＊:备注 2

▲:重点符号

(6)审计结论。审计结论是审计人员经过必要的审计程序后作出的专业判断,它直接支持最终的审计意见,因此,审计结论应清晰、简明地表述,不能含糊其词,模棱两可。

① 审计人员需要根据所执行审计程序及获取的审计证据得出结论,并以此作为对财务报表形成审计意见的基础。

② 在记录审计结论时需注意,在审计工作底稿中记录的审计程序和审计证据是否足以支持所得出并记录的审计结论。

(7)索引号及编号。索引号是审计人员为整理利用审计工作底稿,将具有同一性质或反映同一具体审计对象的工作底稿分别归类,形成相互联系、相互控制的特定

编号;编号是同一索引号下不同审计工作底稿的顺序编号。两者结合构成每一审计工作底稿唯一的标识符号,因此,索引号应准确表达对应审计工作底稿的类型和性质,相互之间既有紧密的关联作用和钩稽关系,又有明显的排他性和唯一性,不允许重复。编号一般依次编号,并以分数形式(如2/3)表示。编号编排时应连续,防止跳号、缺号或重号。

(8) 编制者姓名及编制日期和复核者姓名及复核日期:

① 在记录实施审计程序的性质、时间和范围时,审计人员应当记录:审计工作的执行人员及完成该项审计工作的日期;审计工作的复核人员及复核的日期和范围。

② 在需要项目质量控制复核的情况下,还需要注明项目质量控制复核人员及日期。

③ 通常,需要在每一张审计工作底稿上注明执行审计工作的人员和复核人员、完成该项审计工作的日期以及完成复核的日期。

④ 两者姓名均可采用简签格式,并记录于审计标识一览表内。

⑤ 值得注意的是,对于复核者而言,在履行必要的复核程序后,除签名外,还应将相应的复核意见、复核中发现的问题及处理意见书面记录下来,以利于编制者修正或明确审计责任划分。

在实务中,如果若干页的审计工作底稿记录同一性质的具体审计程序或事项,并且编制在同一个索引号中,此时可以仅在审计工作底稿的第一页上记录审计工作的执行人员和复核人员并注明日期。例如,应收账款函证核对表的索引号为L3-1-1/21,相对应的询证函回函共有 20 份,每一份应收账款询证函回函索引号以 L3-1-2/21、L3-1-3/21……L3-1-20/21 表示,对于这种情况,就可以仅在应收账款函证核对表上记录审计工作的执行人员和复核人员并注明日期。

第三节　审计工作底稿的复核与归档

一、审计工作底稿的复核

1. 审计工作底稿复核制度与复核的作用

(1) 审计工作底稿复核制度。

① 建立审计工作底稿复核制度的必要性。一张单独的审计工作底稿往往由一名审计人员编制完成,难免造成在资料引用、专业判断和计算分类方面的误差。因此,对已经编制完成的审计工作底稿必须安排有关专业人员进行复核,以保证审计意见的正确性和审计工作底稿的规范性。

② 审计工作底稿复核制度的概念。会计师事务所应结合本所实际情况制定实

用有效的审计工作底稿分级复核制度。

根据审计准则的要求,会计师事务所应该对审计工作底稿进行复核人员的级别、复核程序与要点、复核人职责作出明文规定,形成一项制度。

(2) 审计工作底稿复核的作用。建立审计工作底稿复核制度,明确复核内容与要求,实施分级复核,可以起到以下作用:

通过复核,可以及时发现问题,纠正问题,使纳入审计档案管理的各种审计工作底稿从形式上到内容上均能符合审计准则的规范要求;通过复核,可以减少、消除人为的审计误差,使得审计证据更加适当充分、审计程序更为科学完善、审计结论更加恰当准确,把整个审计工作控制在审计准则要求的范围中;通过复核,能不断地协调审计进度,节约审计时间,提高审计效率;按规范要求复核审计工作底稿,是进行审计质量控制的有效程序,它为审计人员进行审计质量监控和工作业绩考评提供依据和基础。

2. 审计工作底稿的复核要点

会计师事务所应当建立多层次的审计工作底稿复核制度,不同层次的复核人员应有不同的复核要求,但就复核工作的基本要点来看,对审计工作底稿进行复核的要点包括:审计工作底稿从形式上包括的要素是否齐全,是否规范;审计工作底稿记录的事项所引用的资料是否翔实可靠;各种审计程序是否按计划实施并取得相应的证据;各种审计证据是否充分适当;审计判断是否有理有据;审计结论是否恰当。

3. 审计工作底稿复核的基本要求

对审计工作底稿的复核不仅关系到审计效率与效果,而且也关系到审计质量及质量控制,是实施质量控制、降低审计风险的重要程序。因此,必须认真从事复核工作,制定明确的复核规则和要求。通常,复核时应注意以下要求:

如果复核中发现有不正确或不完善的问题,复核人应指示有关人员(主要是工作底稿的编制人)予以答复和处理,并作出相应文字记录;每一级的复核人员完成复核工作后,应在审计工作底稿中规定的位置签署姓名和复核日期,以示分清复核责任,也便于上级复核人对下级复核人的监督;各级复核人员完成复核工作后应明确地表示复核意见,并签署在审计工作底稿上;督促编制人员及时修正存在问题,完善补充有关资料,以及时完成审计工作底稿。

二、审计工作底稿分级复核制度

会计师事务所应当建立完善的审计工作底稿分级复核制度。对审计工作底稿的复核可分为两个层次:项目组成员实施的复核和项目质量控制复核。

1. 项目组成员实施的复核

(1) 复核原则:由项目组内经验较多的人员(包括项目合伙人)复核经验较少人

员的工作。

（2）项目组内经验较多的人员复核经验较少人员的工作应当考虑下列事项：

① 审计工作是否已按照法律、法规，职业道德规范和审计准则的规定执行。

② 重大事项是否已提请进一步考虑。

③ 相关事项是否已进行适当咨询，由此形成的结论是否得到记录和执行。

④ 是否需要修改已执行审计工作的性质、时间和范围。

⑤ 已执行的审计工作是否支持形成的结论，并已得到适当记录。

⑥ 获取的审计证据是否充分、适当。

⑦ 审计程序的目标是否实现。

（3）项目组成员实施复核的两个层次。

项目组成员实施的复核又分为两个层次：审计项目经理的现场复核和项目合伙人复核。

① 审计项目经理的现场复核。审计项目经理对审计工作底稿的复核属于第一级复核。该级复核通常在审计现场完成，以便及时发现和解决问题，争取审计工作的主动。

审计项目经理的现场复核主要是评价已完成的审计工作、所获得的证据和审计工作底稿编制人员形成的结论。这层复核要求项目经理对下属审计人员或审计助理人员形成的审计工作底稿逐张复核，发现问题及时指出，并督促审计人员及时修改完善。项目负责经理现场复核业务执行清单如表7-2所示。

表7-2

项目负责经理现场复核业务执行清单

检 查 项 目	是	否	不适用
1. 是否已复核已完成的审计计划，以及导致对审计计划作出重大修改的事项？			
2. 是否已复核重要的财务报表项目？			
3. 是否已复核特殊交易或事项，包括债务重组、关联方交易、非货币性交易、或有事项、期后事项、持续经营能力等？			
4. 是否已复核重要会计政策、会计估计的变更？			
5. 是否已复核重大事项概要？			
6. 是否已复核建议调整事项？			
7. 是否已复核管理层声明书，股东大会、董事会相关会议纪要，与客户的沟通记录及重要会谈记录，律师询证函复函？			
8. 是否已复核审计总结？			
9. 是否已复核已审财务报表和拟出具的审计报告？			

（续表）

检 查 项 目	是	否	不适用
10. 实施上述复核后,是否可以确定下列事项: （1）审计工作底稿提供了充分、适当的记录,作为审计报告的基础。			
（2）已按照中国注册会计师审计准则的规定执行了审计工作。			
（3）对重大错报风险的评估及采取的应对措施是恰当的,针对存在特别风险的审计领域,设计并实施了针对性的审计程序,且得出了恰当的审计结论。			
（4）作出的重大判断恰当合理。			
（5）提出的建议调整事项恰当,相关调整分录正确。			
（6）未更正错报无论是单独还是汇总起来对财务报表整体均不具有重大影响。			
（7）已审计财务报表的编制符合企业会计准则的规定,在所有重大方面公允反映了被审计单位的财务状况、经营成果和现金流量。			
（8）拟出具的审计报告措辞恰当,已按照中国注册会计师审计准则的规定发表了恰当的审计意见。			

签字:_____ 日期:_____

② 项目合伙人复核。项目合伙人对审计工作底稿实施复核是项目组内部最高级别的复核。该复核是对审计过程中的重大会计审计问题、重大审计调整事项及其重要的审计工作底稿进行的复核。它既是对审计项目经理复核的再监督,也是对重要审计事项的重点把关。复核的内容主要包括:

① 复查计划确定的重要审计程序是否适当,是否得以较好实施,是否实现了审计目标。

② 复查重点审计项目的审计证据是否充分、适当。

③ 复查审计范围是否充分。

④ 复查对建议调整的不符事项和未调整不符事项的处理是否恰当。

⑤ 复核审计工作底稿中的钩稽关系是否正确。

⑥ 检查审计工作中发现的问题及其对财务报表和审计报告的影响,审计项目组对这些问题的处理是否恰当。

⑦ 复核已审财务报表总体上是否合理、可信。

项目合伙人的复核,可以通过填列和复核财务报表检查清单的方式来进行。

检查清单的完成和复核,不仅可对那些容易被忽视的审计方面起到提醒的作用,还有利于检查审计证据的充分性和适当性。项目合伙人复核清单如表 7-3 所示。

表 7-3

项目合伙人复核清单

复 核 事 项	是	否	不适用
1. 是否已复核已完成的审计计划,以及导致对审计计划作出重大修改的事项?			
2. 是否已复核重大事项概要?			
3. 是否已复核存在特别风险的审计领域,以及项目组采取的应对措施?			
4. 是否已复核项目组作出的重大判断?			
5. 是否已复核建议调整事项?			
6. 是否已复核管理层声明书,股东大会、董事会相关会议纪要,与客户的沟通记录及重要会谈记录,律师询证函复函?			
7. 是否已复核审计总结?			
8. 是否已复核已审计财务报表和拟出具的审计报告?			
9. 实施上述复核后,是否可以确定: (1) 对项目负责经理实施的复核结果满意。			
(2) 对重大错报风险的评估及采取的应对措施是恰当的,针对存在特别风险的审计领域,设计并实施了针对性的审计程序,且得出了恰当的审计结论。			
(3) 项目组作出的重大判断恰当合理。			
(4) 提出的建议调整事项恰当合理,未更正错报无论是单独还是汇总起来对财务报表整体均不具有重大影响。			
(5) 已审计财务报表的编制符合企业会计准则的规定,在所有重大方面公允反映了被审计单位的财务状况、经营成果和现金流量。			
(6) 拟出具的审计报告措辞恰当,已按照中国注册会计师审计准则的规定发表了恰当的审计意见。			

签字:_____ 日期:_____

2. 项目质量控制复核

项目质量控制复核,是指在审计报告日或审计报告日之前,项目质量控制复核人员对项目组作出的重大判断和在编制审计报告时得出的结论进行客观评价的过程。

《中国注册会计师审计准则第 1121 号——对财务报表审计实施的质量控制》第33 条规定:对于上市实体财务报表审计以及会计师事务所确定需要实施项目质量控制复核的其他审计业务,项目合伙人应当做到:

第一,确定会计师事务所已委派项目质量控制复核人员。

第二，与项目质量控制复核人员讨论在审计过程中遇到的重大事项，包括在项目质量控制复核过程中识别出的重大事项。

　　第三，只有完成了项目质量控制复核，才能签署审计报告。

　　这就明确规定了项目负责人在项目质量控制复核中的责任。

　　1. 项目质量控制复核的含义

　　项目质量控制复核是指会计师事务所挑选不参与该业务的具有足够、适当的经验和权限的人员，在出具报告前，对项目组作出的重大判断和在准备报告时形成的结论作出客观评价的过程。

　　项目质量控制复核也称独立复核。《中国注册会计师审计准则第 5101 号——会计师事务所对执行财务报表审计和审阅、其他鉴证和相关服务业务实施的质量控制》第 18 条要求对包括上市公司财务报表审计在内的特定业务实施项目质量控制复核，以客观评价项目组作出的重大判断以及在准备报告时得出的结论，要求在出具报告前完成项目质量控制复核。

　　2. 对审计工作底稿进行独立复核的意义

　　（1）实施对审计工作结果的最后质量控制。审计工作的高质量，在于形成审计意见的正确性。审计人员在审计工作中将工作结果和工作过程中的各种情况记录于审计工作底稿中，并据此形成审计意见。对签发审计报告前的审计工作底稿进行独立复核，是实施对审计工作结果的最后质量控制，能避免对重大审计问题的遗留或对具体审计工作理解不透彻等情况，从而形成与审计工作结果相一致的审计意见。

　　（2）确认审计工作已达到会计师事务所的工作标准。会计师事务所对开展各项审计工作，都应有明确、统一的标准。但在执行过程中，会计师事务所内不同的审计人员的工作质量会有差异，有的甚至可能背离统一的工作标准。因此，必须进行独立复核，严格保持整体审计工作质量的一致性，确认该审计工作已达到会计师事务所的工作标准。

　　（3）消除妨碍审计人员判断的偏见。在审计工作中，常常需要审计人员对各种问题做出专业判断。审计人员可能期望在整个审计过程中保持客观性，但如有大量问题需要解决时又经过长时间的审计，就容易丧失正确的观察能力和判断能力，对一些问题做出不符合事实的审计结论。进行独立复核可以消除妨碍审计人员正确判断的偏见，作出符合事实的审计结论。

　　项目质量控制复核，可以通过填列业务执行复核工作核对表的方式来进行。复核工作核对表不仅可对那些容易被忽视的审计工作起到提醒作用，还有利于检查审计证据的充分性和适当性。很多会计师事务所都备有详细的复核工作核对表，项目质量控制复核核对表如表 7-4 所示。

表 7-4

项目质量控制复核核对表

复核事项 （由独立的项目质量控制复核人员进行复核项目质量控制复核适用于上市实体财务报表审计或会计事务所按有关规定确定的其他类型审计业务。）	是	否	不适用
1. 项目质量控制复核之前进行的复核是否均已得到满意的执行？			
2. 是否已复核项目组针对本业务对本所独立性作出的评价,并认为该评价是恰当的？			
3. 是否已复核项目组在审计过程中识别的特别风险以及采取的应对措施,包括项目组对舞弊风险的评估及采取的应对措施,认为项目组作出的判断和应对措施是恰当的？			
4. 是否已复核项目组作出的判断,包括关于重要性和特别风险的判断,认为这些判断恰当合理？			
5. 是否确定项目组已就存在的意见分歧、其他疑难问题或争议事项进行适当咨询,且咨询得出的结论是恰当的？			
6. 是否已复核审计过程中识别的已更正和未更正错报的重要程度及处理情况？			
7. 是否已复核项目组与管理层和治理层沟通的记录以及拟与其沟通的事项,对沟通情况表示满意？			
8. 是否认为所复核的审计工作底稿反映了项目组针对重大判断执行的工作能够支持得出的结论？			
9. 是否已复核已审财务报表和拟出具的审计报告,认为已审财务报表符合企业会计准则的规定,拟出具的审计报告已按照中国注册会计师审计准则的规定发表了恰当的审计意见？			

签字：_____ 日期：_____

3. 项目质量控制复核的对象

（1）对所有上市公司财务报表审计实施项目质量控制复核。

（2）规定适当的标准,据此评价上市公司财务报表审计以外的历史财务信息审计和审阅、其他鉴证业务及相关服务业务,以确定是否应当实施项目质量控制复核。

（3）对符合适当标准的所有业务实施项目质量控制复核。

（4）在实务中,还可以自行建立判断标准,确定对那些涉及公众利益的范围较大,或已识别出存在重大异常情况或较高风险的特定业务,实施项目质量控制复核。

（5）法律、法规明确要求对特定业务实施项目质量控制复核,会计师事务所应当对其实施项目质量控制复核。

4. 项目质量控制复核的方式

(1) 与项目负责人进行讨论。

(2) 复核财务报表或其他业务对象信息及报告，尤其考虑报告是否适当。

(3) 选取与项目组做出重大判断及形成结论有关的工作底稿进行复核。

(4) 复核有关处理和解决重大疑难问题或争议事项形成的工作底稿，复核重大事项概要等。

5. 项目质量控制复核的时间

在业务过程中的适当阶段及时实施复核，以使重大事项在出具报告前得到满意解决。如果项目负责人不接受项目质量控制复核人员的建议，并且重大事项未得到满意解决，项目负责人不应当出具报告。只有在按照会计师事务所处理意见分歧的程序解决重大事项后，项目负责人才能出具报告。

6. 项目质量控制复核的内容

项目质量控制复核的范围取决于业务的复杂程度和出具不恰当报告的风险。在对上市公司财务报表审计实施项目质量控制复核时，复核要点包括：

(1) 项目组就具体业务对会计师事务所独立性作出的评价。

(2) 在审计过程中识别的特别风险以及采取的应对措施。

(3) 作出的判断，尤其是关于重要性和特别风险的判断。

(4) 是否已就存在的意见分歧、其他疑难问题或争议事项进行适当咨询，以及咨询得出的结论。

(5) 在审计中识别的已更正和未更正的错报的重要程度及处理情况。

(6) 拟与管理层、治理层以及其他方面沟通的事项。

(7) 所复核的审计工作底稿是否反映了针对重大判断执行的工作，是否支持得出的结论。

(8) 拟出具的审计报告的适当性。

在对上市公司财务报表审计以外的其他业务实施项目质量控制复核时，项目质量控制复核人员可根据情况考虑上述部分或全部事项。

7. 项目质量控制复核评价的事项

(1) 项目组作出的重大判断。

(2) 项目组在准备审计报告时得出的结论。

三、审计工作底稿归档的相关规定

1. 审计工作底稿的归类整理

对每项具体审计业务，审计人员应当按照事务所质量控制政策和程序的规定，及时将审计工作底稿归整为最终审计档案。

《会计师事务所质量控制准则第 5101 号——会计师事务所对执行财务报表审计和审阅、其他鉴证和相关服务业务实施的质量控制》和《中国注册会计师审计准则第 1131 号——审计工作底稿》对审计工作底稿的归档做出了具体规定,涉及归档工作的性质和期限、审计工作底稿保管期限等方面。审计档案分为永久性档案和当期档案。

（1）永久性档案。永久性档案是指那些记录内容相对稳定,具有长期使用价值,并对以后审计工作具有重要影响和直接作用的审计档案,如被审计单位的组织结构、批准证书、营业执照等。若永久性档案中的某些内容已发生变化,审计人员应当及时予以更新。为保持资料的完整性以便满足日后查阅历史资料的需要,永久性档案中被替换下的资料一般也需保留。可以汇总在一起,也可与其他有效的资料分开,作为单独部分归整在永久性档案中。

（2）当期档案。当期档案是指那些记录内容经常变化,主要供当期和下期审计使用的审计档案。例如,总体审计策略和具体审计计划。

2. 审计工作底稿归档的期限

审计人员应当按照会计师事务所质量控制政策和程序的规定,及时将审计工作底稿归整为最终审计档案。审计工作底稿的归档期限为:

（1）审计报告日后 60 天内。

（2）审计业务中止后的 60 天内。

如果针对客户的同一财务信息执行不同的委托业务,出具两个或多个不同的报告,会计师事务所应当将其视为不同的业务。根据会计师事务所内部制定的政策和程序,在规定的归档期限内分别将审计工作底稿归整为最终审计档案。

3. 审计工作底稿归档的性质

在出具审计报告前,审计人员应完成所有必要的审计程序,取得充分、适当的审计证据并得出适当的审计结论。在审计报告日后将审计工作底稿归整为最终审计档案是一项事务性的工作,不涉及实施新的审计程序或得出新的结论。审计人员对审计工作底稿变动,主要包括:删除或废弃被取代的审计工作底稿;对审计工作底稿进行分类、整理和交叉索引;对审计档案归整工作的完成核对表签字认可;记录在审计报告日前获取的、与审计项目组相关成员进行讨论并取得一致意见的审计证据。

审计工作底稿通常不包括已被取代的审计工作底稿的草稿或财务报表的草稿、对不全面或初步思考的记录、存在印刷错误或其他错误而作废的文本,以及重复的文件记录等。

4. 审计工作底稿归档后的变动

（1）需要变动审计工作底稿的情形。一般情况下,在审计报告归档之后不需要对审计工作底稿进行修改或增加。审计人员发现有必要修改现有审计工作底稿或增加新的审计工作底稿的情形主要有以下两种：

①　审计人员已实施了必要的审计程序，取得了充分、适当的审计证据并得出了恰当的审计结论，但审计工作底稿的记录不够充分。

②　审计报告日后，发现例外情况要求审计人员实施新的或追加审计程序，或导致审计人员得出新的结论。

例外情况可能在审计报告日后发现，也可能在财务报表报出日后发现，审计人员应当按照《中国注册会计师审计准则第 1332 号——期后事项》第四章"财务报表报出后发现的事实"的相关规定，对例外事项实施新的或追加的审计程序。

（2）变动审计工作底稿时的记录要求。在完成最终审计档案的归整工作后，如果发现有必要修改现有审计工作底稿或增加新的审计工作底稿，无论修改或增加的性质如何，审计人员均应当记录下列事项：

①　修改或增加审计工作底稿的时间和人员，以及复核的时间和人员。

②　修改或增加审计工作底稿的具体理由。

③　修改或增加审计工作底稿对审计结论产生的影响。

在完成最终审计档案的归整工作后，审计人员不得在规定的保存期届满前删除或废弃审计工作底稿。

5.　审计工作底稿的保存期限

会计师事务所应当自审计报告日起，对审计工作底稿至少保存 10 年；如果审计人员未能完成审计业务，会计师事务所应当自审计业务中止日起，对审计工作底稿至少保存 10 年；当期归整的永久性档案包括以前年度获取的资料也应视为当期取得并保存 10 年；被替换资料可以从被替换的年度起至少保存 10 年。在完成最终审计档案的归整工作后，审计人员不得在规定的保存期限届满前删除或废弃审计工作底稿。

四、审计报告日后对审计工作底稿的变动

在审计报告日后，如果发现例外情况要求审计人员实施新的或追加的审计程序，或导致审计人员得出新的结论，审计人员应当记录：

（1）遇到的例外情况。

（2）实施的新的或追加的审计程序，获取的审计证据以及得出的结论。

（3）对审计工作底稿作出变动及其复核的时间和人员。

例外情况可能在审计报告日后发现，也可能在财务报表报出日后发现，审计人员应当按照《中国注册会计师审计准则第 1332 号——期后事项》第四章"财务报表报出后发现的事实"的相关规定，对例外事项实施新的或追加的审计程序。

另外，发现例外情况对审计工作底稿作出的变动可能会发生在归整工作结束前，那么，无论是否出具新的审计报告，原审计工作底稿中的内容均构成了原审计报告的

支持性证据。

关 键 术 语

审计工作底稿　审计工作底稿的编制　审计工作底稿的取得　综合类工作底稿
业务类工作底稿　备查类工作底稿　项目组成员实施的复核　项目质量控制复核
审计工作底稿归档　永久性档案　当期档案　例外情况

案 例 剖 析 题

【案例剖析题 7-1】

在对新华公司 2014 年度财务报表进行审计时,黄敏审计人员负责应收账款审计。黄敏审计人员对截止日为 2014 年 12 月 31 日的应收账款实施了函证程序。并于 2015 年 3 月 8 日编制了应收账款函证分析工作底稿如下表所示。

新华公司应收账款函证分析工作底稿 资产负债表日:2014 年 12 月 31 日		索引号	B-3	
		编制者	日期	
		复核者	日期	
一、函证	笔数(万元)	金额		百分比
2014 年 12 月 31 日的应收账款	4 800	7 200 000 V ★		100%
其中:积极式函证	128	1 080 000		15%
消极式函证	380	144 000		13%
寄发询证函小计	508	1 224 000		28%
选定函证但客户不同意函证的应收账款	16			
选择函证合计	524			
二、结果				
(一)函证未发现不符				
积极式函证:确认无误部分 W/P B-4	107C	684 000		9.5%
消极式函证:未回函或回函确认无误部分 W/P B-4	342C	61 200		0.85%
函证未发现不符小计	449	745 200		10.35%
(二)函证发现不符				

(续表)

新华公司应收账款函证分析工作底稿 资产负债表日:2014 年 12 月 31 日	索引号	B-3	
	编制者		日期
	复核者		日期
积极式函证:W/P B-5	6CX	36 000	0.5%
消极式函证:W/P B-5	40CX	28 800	0.4%
函证发现不符小计	46	64 800·	0.9%
(三) 选定函证但客户不同意函证的应收账款	16		

标识说明:

V　与应收账款明细账核对相符

★　与应收账款总账核对相符

C　回函相符

CX　回函不符

总体结论:回函不符金额 64 800 元低于可容忍错报,应收账款总体得到公允反映·

要求:假定选择函证的应收账款的样本是恰当的,黄敏审计人员编制的上述工作底稿中存在哪些缺陷?

【题解】

审计工作底稿存在缺陷,如下所示:

① 没有设计"页次"栏目。

② 编制者没有填写姓名与日期。

③ "消极式函证"金额占总金额的比例 13% 出错,应为 2%(144 000÷7 200 000)。

④ "寄发询证函小计"金额占总金额的比例 28% 出错,应为 17%(1 224 000÷7 200 000)。

⑤ "选定函证但客户不同意函证的应收账款"项没有列示金额和百分比。

⑥ "选择函证合计"项没有列示金额和百分比。

⑦ 没有根据样本误差推断总体误差,由此得出的应收账款总体得到公允反映的结论不恰当。正确的应是根据样本不符金额推断总体不符金额,从而形成审计结论。

⑧ 发出的 128 封积极式询证函中,共收回 113(107+6)封,没有统计和列示未回函的 15(128-113)家债务人。

【案例剖析题 7-2】

立信会计师事务所负责管理审计档案的职员林调离此岗位后由职员高自 2015 年 3 月起接任。职员高由于刚接手该工作,对工作中遇到的问题向立信会计师事务所相关负责人请教,该负责人对此作了解答,请判断相关解答是否符合审计准则和质量控制准则的要求。

2015 年 5 月,职员高在清理审计档案时发现,2007 年 3 月至 2008 年 3 月期间归档的审计 W 公司的一批审计档案,包括审计报告副本、已审财务报表以及相关审计工作底稿等。2008 年 3 月后,立信会计师事务所除在 2009 年 6 月向 W 公司提供内部控制设计服务外,未向其提供任何其他服务。职员高请示该批审计档案能否销毁。立信会计师事务所相关负责人同意在经主任会计师批准后,且按规定履行必要手续后可以全部销毁。

【题解】

立信会计师事务所相关负责人解答不正确。根据《中国审计人员审计准则第1131 号——审计工作底稿》第 19 条规定:会计师事务所应当自审计报告日起,对审计工作底稿至少保存 10 年。如果审计人员未能完成审计业务,会计师事务所应当自审计业务中止日起,对审计工作底稿至少保存 10 年。

由于立信会计师事务所除在 2009 年 6 月向 W 公司提供内部控制设计服务外,未向其提供任何其他服务。可看作 2009 年 6 月后不再审计 W 公司,即 2009 年 6 月起中止审计业务,则应从该时起,对审计工作底稿至少保存 10 年,即至少保存至2019 年 6 月。提供内部控制设计服务不属于审计业务。

本章要点概览

本章的主要内容是审计工作底稿,重点是审计工作底稿的复核与归档。

本章介绍了审计工作底稿的基本概念,包括审计工作底稿的含义、审计工作底稿的编制目的、审计工作底稿的性质、审计工作底稿的分类、审计工作底稿的作用。

在审计工作底稿的格式及内容中主要阐述编制审计工作底稿的总体要求、审计工作底稿的内容、确定审计工作底稿的格式、要素和范围时应考虑的因素、审计工作底稿诸要素的说明、介绍了审计标识及其说明。

在审计工作底稿的复核与归档中,阐述了审计工作底稿复核制度,审计工作底稿复核的作用与要求,审计工作底稿的复核的两个层次:项目组成员实施的复核和项目质量控制复核,审计工作底稿归档的相关规定,审计报告日后对审计工作底稿的变动。

本章提供了两个案例分析。

第八章 审计计划、重要性和审计风险

——学习目的与要求——

　　通过本章学习,学生能够了解审计计划的含义和作用;了解审计计划的制定;熟悉总体审计策略的编制和复核;熟悉具体审计计划的编制和复核;熟悉重要性概念;掌握确定财务报表层次的重要性,掌握审计风险的概念,掌握审计风险的定量和定性分析。

第一节　审计计划

一、审计计划的含义和作用

1. 审计计划的含义

审计计划是指审计人员为了完成各项审计业务,达到预期的审计目标,在具体执行审计程序之前编制和审计过程中不断补充、修订的工作计划。对审计计划的补充、修订,贯穿于整个审计过程。

2. 审计计划的作用

(1) 审计计划有利于审计工作按步骤进行,便于掌握审计工作进度。通过审计计划,审计项目负责人可以全面了解审计工作的整体安排和各审计步骤的具体安排,便于掌握好审计工作进度。同时,一般审计人员也可通过审计计划明确各自在审计过程中每一阶段所需做的工作、相应的工作要求、时间安排等,做到心中有数,有利于审计工作的完成。

(2) 审计计划有利于对所进行的审计工作实行监督和检查。在审计过程的每一阶段结束后,通过审计工作计划与实际工作结果的比较,可以发现两者之间是否存在差异,那些计划没有完成或遗漏,完成的审计工作是否符合审计计划的要求,是否存在重大遗漏问题等。

(3) 审计计划有利于审计人员与被审计单位协调工作,避免与被审计单位之间发生误解。审计人员可以根据审计计划向被审计单位提出要求，要求其配合、协调工作，从而避免与被审计单位之间发生误解。

（4）通过制订和实施审计计划，可使审计人员能根据具体情况收集充分、适当的证据。通过制订审计计划，可从总体上明确审计的预期目的，有利于各级审计人员在实施审计之前对审计业务的范围和重点作出较为全面的分析，明确为达到预期目的所采取的措施和策略，以保证审计人员在实施审计计划后能根据具体情况收集充分、适当的证据。

（5）通过制订审计计划，可以保持合理的审计成本，提高审计工作的效率和质量。审计计划通常都要列示预定的审计步骤，进行人员配置，列示各项审计工作的起讫日期和所需的时间，它是控制审计人员时间成本的重要手段，科学、合理地制订审计计划，可以保持合理的审计成本，有利于与被审计单位的合作，从而确保审计工作效率的提高。

《中国注册会计师审计准则第 1201 号——计划审计工作》明确指出"计划审计工作有利于注册会计师执行财务报表审计工作"，有助于审计人员适当关注重要的审计领域；及时发现和解决潜在的问题；恰当地组织和管理审计业务，以有效的方式执行审计业务；有助于选择具备必要的专业素质和胜任能力的项目组成员应对预期的风险，并有助于向项目组成员分派适当的工作；有助于指导和监督项目组成员并复核其工作；还有助于协调组成部分审计人员和专家的工作。

因此，任何一个审计项目；任何一家会计师事务所；不论其业务繁简，也不论其规模大小，审计计划必不可少。

本教材所指的审计业务主要是指审计人员执行的财务报表审计业务，因而讨论的审计计划仅对审计人员如何计划财务报表审计业务进行阐述。

二、计划审计工作

计划审计工作主要在审计过程的计划阶段完成，通常应该包括以下步骤。

1. 初步业务活动

初步业务活动是指审计人员在本期审计业务开始时所开展的有利于计划和执行审计工作，实现审计目标活动的总称。

（1）初步业务活动的目的。审计人员在本期审计业务开展初步业务活动，应确保实现下列要求：审计人员已具备执行业务所需要的独立性和专业胜任能力；不存在因管理层诚信问题而影响审计人员保持该项业务意愿的情况；与被审计单位不存在对业务约定条款的误解。

（2）初步业务活动的内容。审计人员应当在本期审计业务开始时开展下列初步业务活动：

① 针对保持客户关系和具体审计业务实施相应的质量控制程序。审计人员应当针对保持客户关系和具体审计业务实施相应的质量控制程序,需考虑下述主要事项:被审计单位的主要股东、关键管理人员与治理层是否诚信;项目组是否具备执行审计业务的专业胜任能力以及必要的时间资源;会计师事务所和项目组能否遵守职业道德规范,从而确定保持客户关系和具体审计业务的结论是恰当的。

② 评价遵守职业道德要求(包括评价遵守独立性要求)的情况。职业道德规范要求项目组成员恪守独立、客观、公正的原则,保持专业胜任能力和应有的关注,并对审计过程中获知的信息保密。需要指出的是,由于在审计工作中情况会发生变化,审计人员对上述要求的考虑应当贯穿审计业务的全过程。

③ 就审计业务约定条款与被审计单位达成一致意见,及时签订或修改审计业务约定书。在作出接受和保持客户关系和具体审计业务的决策后,审计人员应在审计业务开始前,与被审计单位就审计业务约定条款达成一致意见,签订或修改审计业务约定书,以避免双方对审计业务的理解产生分歧。

2. 业务约定书

(1) 签订业务约定书前应做的工作。

① 明确审计业务的性质和范围。双方对审计业务的性质(是年度报表还是中期报表审计)、范围(审计哪一年的,是全公司还是部分)取得一致看法。

② 初步了解被审计单位的基本情况(不是具体情况)。审计人员了解被审计单位基本情况,不仅有助于确定是否接受业务委托,还有利于计划和执行审计业务。审计人员应了解的被审计单位的基本情况,包括:业务性质、经营规模和组织结构;经营情况和经营风险;以前年度接受审计的情况;财务会计机构和工作组织;其他与签订审计业务约定书相关的事项(如被审计单位简史、主要管理人员的管理经营及品行、委托人聘用审计人员的意向)。

③ 评价会计师事务所专业胜任能力。会计师事务所评价的内容主要包括:执行审计的能力(确定审计小组的关键人员、考虑在审计过程中向外界专家寻求协助的需要和具有必要的时间);能否保持独立性;保持应有关注的能力。

如果会计师事务所不具备专业胜任能力,应当拒绝接受委托。

④ 商定审计收费。包括收费金额和付费方式(在审计前或后;一次性支付还是按审计进度支付等;是计件收费还是计时收费)。

确定按计时收费时,会计师事务所应考虑以下主要因素:专业服务的难度和风险以及所需的知识和技能;所需专业人员的数量、水平和经验;每一专业人员提供服务所需的时间;提供专业服务所需承担的责任。在专业服务得到良好的计划、监督及管理的前提下,通常以合理估计每一专业人员审计工时和适当的小时费用率为基础计算收费。

⑤ 明确被审计单位应协助的工作。实施审计前,应将所有相关的会计资料和其他文件准备齐全;在审计过程中,应配合审计工作,对审计人员的询问给予解释,并在适当情况下提供必要的工作条件和协助。

(2) 审计业务约定书的内容。审计业务约定书的具体内容可能因被审计单位的不同而不同,但应当包括以下主要内容:

财务报表审计的目标;管理层对财务报表的责任;管理层编制财务报表采用的会计准则和相关会计制度;审计范围,包括指明在执行财务报表审计业务时遵守的中国注册会计师审计准则;执行审计工作的安排,包括出具审计报告的时间要求;审计报告格式和对审计结果的其他沟通形式;由于测试的性质、审计的其他固有限制、内部控制固有局限性,不可避免地存在某些重大错报仍然未被发现的可能;管理层为审计人员提供必要的工作条件和协助;审计人员不受限制地接触任何与审计有关的记录、文件和所需要的其他信息;管理层以书面确认其所作出的与审计有关的声明;审计人员对执业过程中获知的信息保密;审计收费,包括收费的计算基础和收费安排;违约责任;解决争议的方法;签约双方法定代表人或其授权代表的签字盖章,以及签约双方加盖的公章。

三、制订审计计划

在完成初步业务活动后,应制订审计计划。审计人员编制的审计计划包括总体审计策略和具体审计计划两个层次,用于指导审计工作及时、有效地进行。

1. 总体审计策略的制定

审计人员执行财务报表审计工作,应当为审计工作制定总体审计策略。《中国注册会计师审计准则第 1201 号——计划审计工作》指出:"注册会计师应当制定总体审计策略,以确定审计工作的范围、时间安排和方向,并指导具体审计计划的制定。"总体审计策略的详略程度应当随被审计单位的规模及该项审计业务的复杂程度的不同而变化。在小型被审计单位审计中,全部审计工作可能由一个很小的审计项目组执行,项目组成员间容易沟通和协调,总体审计策略可以相对简单。

总体审计策略的制定应当包括:

(1) 界定审计范围。总体审计策略的制定应当确定审计业务的特征,包括采用的会计准则和相关会计制度、特定行业的报告要求以及被审计单位组成部分的分布等,以界定审计范围。

(2) 报告目标。总体审计策略的制定应当明确审计业务的报告目标,以及计划审计的时间安排和所需沟通的性质,包括提交审计报告的时间要求,预期与管理层和治理层沟通的重要日期等。

(3) 审计方向。总体审计策略的制定要求根据职业判断,考虑影响审计业务的重要因素,以确定指导项目组工作方向,包括确定适当的重要性水平,初步识别可能存在较高的重大错报风险的领域,初步识别重要的组成部分和账户余额,评价是否需要针对内部控制的有效性获取审计证据,识别被审计单位、所处行业、财务报告要求及其他相关方面最近发生的重大变化等。

(4) 审计资源的分配。总体审计策略应能恰当地反映审计人员考虑审计范围、时间和方向的结果,来确定执行业务所需资源的性质、时间安排和范围,确定向具体审计领域调配资源及调配这些资源的数量、时间安排以及管理、指导、监督这些资源的利用。

2. 业务活动的结果及其获得的经验

在制定总体审计策略时,审计人员还应考虑初步业务活动的结果,以及为被审计单位提供其他服务时所获得的经验。

审计人员应当依据总体审计策略编制具体审计计划,具体审计计划是对实施总体审计策略所需审计程序的性质、时间、范围的详细规划和说明。它比总体审计策略更加详细,其内容包括为获取充分、适当的审计证据以将审计风险降至可接受的低水平,项目组成员拟实施的审计程序的性质、时间和范围。为获取充分、适当的审计证据,确定审计程序的性质、时间和范围的决策是具体审计计划的核心。具体审计计划应当包括风险评估程序、计划实施的进一步审计程序和其他审计程序。

(1) 风险评估程序。风险评估程序的具体审计计划应当包括按照《中国注册会计师审计准则第 1211 号——了解被审计单位及其环境并评估重大错报风险》的规定,为了能足够识别和评估财务报表重大错报风险,计划实施的风险评估程序的性质、时间和范围,包括:(a)控制测试的具体计划。(b)实质性程序的具体计划。

(2) 计划实施的进一步审计程序。审计人员应当根据风险评估结果,确定实施进一步审计程序的性质、时间和范围。

具体审计计划应当包括按照《中国注册会计师审计准则第 1231 号——针对评估的重大错报风险采取的应对措施》的规定,针对评估的认定层次重大错报风险,在认定层次计划实施进一步审计程序的性质、时间安排和范围。在有必要或决定实施控制测试时,如果实施控制测试的结果导致对重大错报风险评估的修正,审计人员应当根据修正的风险评估结果,确定实施实质性程序的性质、时间和范围。

需要强调的是,随着审计工作的推进,对审计程序的计划会一步步深入,并贯穿于整个审计过程。为达到编制具体审计计划的要求,审计人员需要完成风险评估程序,识别和评估重大错报风险,并针对评估的认定层次的重大错报风险,计划实施进一步审计程序的性质、时间和范围。

通常,审计人员计划的进一步审计程序可以分为进一步审计程序的总体方案和拟实施的具体审计程序(包括进一步审计程序的具体性质、时间和范围)两个层次。

进一步审计程序的总体方案主要是指审计人员针对各类交易、账户余额和披露决定采用的总体方案(包括实质性方案或综合性方案)。具体审计程序则是对进一步审计程序的总体方案的延伸和细化,它通常包括控制测试和实质性程序的性质、时间和范围。

(3) 进一步计划实施的其他审计程序。其他审计程序的具体审计计划应当包括根据中国注册会计师审计准则的规定,计划应当实施的其他审计程序,包括上述进一步程序的计划中没有涵盖的、根据其他审计准则的要求审计人员应当执行的既定程序。

在审计计划阶段,除了按照《中国注册会计师审计准则第 1211 号——了解被审计单位及其环境并评估重大错报风险》进行计划工作,审计人员还需要兼顾其他准则中规定的、针对特定项目在审计计划阶段应执行的程序及记录要求。例如,《中国注册会计师审计准则第 1141 号——财务报表审计中对舞弊的考虑》《中国注册会计师审计准则第 1324 号——持续经营》《中国注册会计师审计准则第 1142 号——财务报表审计中对法律法规的考虑》及《中国注册会计师审计准则第 1323 号——关联方》等准则,对审计人员在审计计划阶段应当执行的程序及其记录作出的规定。具体审计计划的繁简程度也应当随被审计单位的规模及该项审计业务的复杂程度的不同而变化。例如,有些被审计单位可能涉及环境事项、电子商务等等,在实务中审计人员应根据被审计单位的具体情况确定特定项目并执行相应的审计程序。

3. 总体审计策略与具体审计计划的关系

制定总体审计策略和具体审计计划的过程密切相关,两者的内容也紧密相连。

总体审计策略一经制定,审计人员应当针对总体审计策略中所识别的不同事项,制定具体审计计划,并考虑通过有效利用审计资源以实现审计目标。值得注意的是,虽然编制总体审计策略的过程通常在具体审计计划之前,但是两项计划活动并不是孤立、不连续的过程,而是存在紧密联系的,对其中一项的决定可能会影响甚至改变对另外一项的决定。例如,审计人员在了解被审计单位及其环境的过程中,注意到被审计单位对主要业务的处理依赖会计管理信息系统,因此管理信息系统的可靠性及安全性对其经营、管理、决策以及编制可靠的财务报告具有重大影响。审计人员就应在具体审计计划中制定相应的审计程序,并相应调整总体审计策略的内容,作出利用信息技术专家工作的决定。

在实务中,审计人员将制定总体审计策略和具体审计计划相结合进行,可能会使计划审计工作更有效率及效果,并且审计人员也可以采用将总体审计策略和具体审计计划合并为一份审计计划文件的方式,提高编制及复核工作的效率,增强其效果。

四、审计过程中对计划的审核

为了保证审计计划的合理和完善,对审计计划的审核是一项必不可少的工作程序。审计计划的审核和批准应具有更高的专业水平,审计计划应当经会计师事务所的有关业务负责人审核和批准。

1. 指导、监督与复核

审计人员应在评估重大错报风险的基础上,确定对审计计划的指导、监督与复核。当评估的重大错报风险增加时,审计人员通常会扩大指导与监督的范围,增强指导与监督的及时性,执行更详细的复核工作。对项目组成员工作的指导、监督与复核的性质、时间和范围主要取决于下列因素:被审计单位的规模和复杂程度;审计领域;重大错报风险;执行审计工作的项目组成员的素质和专业胜任能力,包括单个项目组成员的素质和专业胜任能力。

2. 总体审计策略的审核

总体审计策略应当经会计师事务所的有关业务负责人审核和批准。对总体审计策略,应审核以下主要事项:(a)审计目的、审计范围及重点审计领域的确定是否恰当。(b)时间预算是否合理。(c)审计小组成员的选派与分工是否恰当。(d)对被审计单位的内部控制制度的信赖程度是否恰当。(e)对审计重要性的确定及审计风险的评估是否恰当。(f)对专家、内部审计人员及其他审计人员工作的利用是否恰当。

3. 具体审计计划的审核

对具体审计计划,应审核以下主要事项:(a)审计程序能否达到审计目标。(b)审计程序是否适合各审计项目的具体情况。(c)重点审计领域中各审计项目的审计程序是否恰当。(d)重点审计程序的制定是否恰当。

对审计计划的审核和批准意见应记录于审计工作底稿。

4. 计划审计工作的记录

应当记录总体审计策略和具体审计计划及在审计过程中对它们作出的任何重大修改和修改理由。

(1) 记录的内容。审计人员对总体审计策略的记录,应当包括为恰当计划审计工作和向项目组传达重大事项而做出的关键决策。例如,审计人员可以以备忘录的形式记录总体审计策略,包括对审计的范围、时间及执行所作出的关键决策。

审计人员对具体审计计划的记录,应当能够反映下列内容:(a)计划实施的风险评估程序的性质、时间和范围。(b)针对评估的重大错报风险计划实施的进一步审计程序的性质、时间和范围。(c)针对审计业务需要实施的其他审计程序。审计人员对具体审计计划的记录可以使用标准的审计程序表或审计工作完成核对表,但应当根据具体审计业务的情况做出适当修改。

审计人员应当记录对总体审计策略和具体审计计划做出的重大更改及其理由，以及对导致此类更改的事项、条件或审计程序结果采取的应对措施。

如果只是针对某一或某几方面更改审计计划，审计人员可以保留原有的总体审计策略、具体审计计划，以及已经执行的审计程序的记录，并将对审计计划的重大修改情况记录在进一步审计程序表和重大事项概要中。

如果需对计划作全面修改或修改涉及多个类别的交易、账户余额和披露，审计人员可以考虑重新编制总体审计策略和具体审计计划，并保留原有的总体审计策略和具体审计计划。

（2）记录的形式和范围。审计人员对计划审计工作记录的形式和范围，取决于被审计单位的规模和复杂程度、重要性、审计业务的具体情况以及对其他审计工作记录的范围等事项。

（3）就审计计划与治理层和管理层沟通。审计人员可以就计划审计工作的基本情况与被审计单位治理层和管理层进行沟通。沟通有助于审计人员协调某些计划的审计程序与被审计单位人员工作之间的关系，从而使审计业务更易于执行和管理，提高审计效率与效果。

审计人员应当按照《中国注册会计师审计准则第 1151 号——与治理层的沟通》中的有关规定执行。沟通的内容可以包括审计的时间安排和总体策略、审计工作中受到的限制及治理层和管理层对审计工作的额外要求等。在进行沟通时，审计人员应当保持职业谨慎，以防止由于具体审计程序易于被管理层或治理层所预见而损害审计工作的有效性。

需要强调的是，虽然审计人员可以就总体审计策略和具体审计计划的某些内容与治理层和管理层沟通，但是制定总体审计策略和具体审计计划仍然是审计人员的责任。

五、首次接受委托时对审计计划的补充考虑

首次接受委托存在两种情况：被审计单位首次聘请会计师事务所进行审计；被审计单位更换会计师事务所，首次聘请贵会计师事务所进行审计。由于对被审计单位的了解不够，审计人员可能面临较大的审计风险，所以，《中国注册会计师审计准则第 1201 号——计划审计工作》特别单列一节"首次审计业务的补充考虑"，并在第 13 条作出相应规定。

1. 在首次接受审计委托前，审计人员应当考虑的问题

在首次接受审计委托前，审计人员应当根据《中国注册会计师审计准则第 1121 号——对财务报表审计实施的质量控制》中的有关规定，建立客户关系和具体审计业务的接受与保持的质量控制程序。

在被审计单位更换会计师事务所的情况下,审计人员应当按照职业道德规范和审计准则的规定,与前任审计人员沟通。具体按照《中国注册会计师审计准则第1153号——前任注册会计师和后任注册会计师的沟通》的规定执行。

2. 首次接受审计委托还应考虑的事项

对于首次接受审计委托,在制定总体审计策略和具体审计计划时,审计人员还应当考虑下列事项:

(1) 就与前任审计人员沟通作出安排,包括查阅前任审计人员的工作底稿等。

(2) 与管理层讨论的有关首次接受审计委托的重大问题,就这些重大问题与治理层沟通的情况,以及这些重大问题是如何影响总体审计策略和具体审计计划的。

(3) 针对期初余额获取充分、适当的审计证据而计划实施的审计程序。

(4) 针对预见到的特别风险,分派具有相应素质和专业胜任能力的人员。

(5) 根据会计师事务所关于首次接受审计委托的质量控制制度实施的其他程序。

六、审计过程中对计划的更改

计划审计工作并非审计业务的一个孤立阶段,而是一个持续的、不断修正的过程,贯穿于整个审计业务的始终。《中国注册会计师审计准则第1201号——计划审计工作》规定,由于未预期事项、条件的变化或在实施审计程序中获取的审计证据等原因,在审计过程中,审计人员"应当在必要时对总体审计策略和具体审计计划作出更新和修改"。

审计过程可以分为不同阶段,通常前一阶段的工作结果会对后一阶段的工作计划产生影响,而后一阶段的工作过程中又可能发现需要对已制定的相关计划进行相应的更新和修改。通常来讲,这些更新和修改涉及比较重要的事项。例如,对重要性水平的修改,对某类交易、账户余额和披露的重大错报风险的评估和进一步审计程序(包括总体方案和拟实施的具体审计程序)的更新和修改等。一旦计划被更新和修改,审计工作也就应当进行相应修正。

第二节　审计重要性

一、重要性的概念

1. 重要性

重要性取决于在具体环境下对错报金额和性质的判断。如果一项错报单独或连同其他错报可能影响财务报表使用者依据财务报表作出的经济决策,则该项错报是重要的。

2. 对重要性概念的理解

（1）重要性概念中的错报包含漏报，财务报表错报包括财务报表金额的错报和财务报表披露的错报。

（2）对重要性评估的总体要求。在计划审计工作时，审计人员应当对可接受的重要性水平做出初步判断，以发现在金额上的重大错报和确定所需获取的审计证据的数量。重要性水平越低，应当获取的审计证据越多。这是对重要性评估所做的总体性要求。

（3）重要性包括对数量和性质两个方面的考虑。所谓数量方面，是指错报的金额大小。

性质则是指错报的性质。它包括：涉及舞弊与违法行为的错报；可能引起履行合同义务的错报；影响收益趋势的错报；不期望出现的错报。

一般而言，金额大的错报比金额小的错报更重要。但某些金额的错报从数量上看并不重要，但从性质上考虑，则可能是重要的。例如，贪污 1 万元，金额很小，是不重要的；但其性质是贪污，属于舞弊，则很重要。又如，存货短缺了 1 000 千克，价值10 万元，如果短缺是由于盘点差错引起的，可能属不重要错误；如果短缺是由于保管人员监守自盗引起的，就属重要错误。任何涉及舞弊与违法行为的错报或漏报，无论金额大小都是重要的，因为舞弊与违法行为反映了管理当局或会计人员的诚实和可信性存在问题，对于财务报表使用者而言，蓄意错报或漏报比相同金额的笔误更重要。

小金额错报或漏报的累计，也可能会对财务报表产生重大影响，单独地看，一笔小金额的错报或漏报无论在性质上，还是在数量上都不重要。但财务报表是一个整体，如果企业每个星期均出现同样的小金额错报或漏报，所有账户或交易日积月累起来，就有可能变成金额大的错报或漏报，它必然会对财务报表产生重大影响，审计人员对此应当予以关注。

（4）重要性概念是针对财务报表使用者整体对决策信息的需求而言的。判断一项错报重要与否，是在考虑财务报表使用者对财务信息共同需求的基础上作出的，是视其依据财务报表做出经济决策的影响程度而定的。如果财务报表中的某项错报足以改变或影响财务报表使用者的相关决策，则该项错报就是重要的，否则就不重要。由于不同财务报表使用者对财务信息的需求可能差异很大，因此不考虑错报对个别财务报表使用者可能产生的影响。

（5）重要性的确定是根据具体环境作出的。由于不同的被审计单位面临不同的环境，不同的报表使用者有着不同的信息需求，因此审计人员确定的重要性也不相同。某一金额的错报对某被审计单位的财务报表来说是重要的，而对另一个被审计单位的财务报表来了说可能不重要。例如,错报 10 万元对一个小公司来说可能是重要的,而对另一个大公司来说则可能不重要。

（6）对重要性的评估需要运用职业判断。影响重要性的因素很多,审计人员应当根据被审计单位面临的环境,并综合考虑其他因素,合理确定重要性水平。不同的审计人员在确定同一被审计单位财务报表层次和认定层次的重要性水平时,得出的结果可能不同,这是因为对影响重要性诸因素的判断存在差异造成的。因此,审计人员需要运用职业判断来合理评估重要性。

需要注意的是,如果仅从数量角度考虑,重要性水平只是一个门槛或临界点。在该门槛或临界点之上的错报就是重要的;反之,该错报就是不重要的。

二、财务报表层次的重要性

《中国注册会计师审计准则第 1221 号——计划和执行审计工作时的重要性》指出"注册会计师的目标是,在计划和执行审计工作时恰当地运用重要性概念"。只有这样,才能得出财务报表是否公允反映的结论。审计人员在制定总体审计策略时,就应当确定财务报表整体的重要性。

1. 财务报表层次重要性水平的选取

如果同一期间各财务报表的重要性水平不同,审计人员应当取其最低者作为财务报表层次的重要性水平。在编制审计计划时,应使用财务报表中最小的可容忍错报,即应当选择最低的重要性水平作为财务报表层次的重要性水平。因为重要性水平越低,所需获取的审计证据就越多,审计风险就越高。

2. 基准的选择

确定多大错报会影响到财务报表使用者所作的决策,是审计人员运用职业判断的结果。很多审计人员是根据所在会计师事务所的惯例及自己的经验,考虑重要性水平。审计人员通常先选择一个恰当的基准,再选用适当的百分比乘以该基准,从而得出财务报表层次的重要性水平。

在通常情况下,对于以营利为目的的企业,利润可能是大多数财务报表使用者最为关注的财务指标,因此,审计人员可能考虑选取经常性业务的税前利润作为基准。但是在某些情况下,例如,企业处于微利或微亏状态时,采用经常性业务的税前利润为基准确定重要性可能影响审计的效率和效果。审计人员可以考虑采用以下方法确定基准:

（1）如果微利或微亏状态是由宏观经济环境的波动或企业自身经营的周期性所导致,可以考虑采用过去 3～5 年经常性业务的平均税前利润作为基准。

（2）采用财务报表使用者关注的其他财务指标作为基准,如营业收入、总资产等。

实务中较为常用的基准如表 8-1 所示。

表 8-1

实务中较为常用的基准

被审计单位的情况	可能选择的基准
1. 企业的盈利水平保持稳定	经常性业务的税前利润
2. 企业近年来经营状况大幅度波动,盈利和亏损交替发生,或者由正常盈利变为微利或微亏,或者本年度税前利润因情况变化而出现意外增加或减少	过去 3～5 年经常性业务的平均税前利润或亏损(取绝对值),或其他基准,例如营业收入
3. 企业为新设企业,处于开办期,尚未开始经营,目前正在建造厂房及购买机器设备	总资产
4. 企业处于新兴行业,目前侧重于抢占市场份额、扩大企业知名度和影响力	营业收入
5. 为某开放式基金,致力于优化投资组合、提高基金净值、为基金持有人创造投资价值	净资产
6. 为某国际企业集团设立的研发中心,主要为集团下属各企业提供研发服务,并以成本加成的方式向相关企业收取费用	成本与营业费用总额
7. 为公益性质的基金会	捐赠收入或捐赠支出总额

3. 百分比的选择

在确定恰当的基准后,审计人员通常运用职业判断合理选择百分比,据以确定重要性水平。计算方法有固定比率法、变动比率法两种。

(1) 固定比率法。

$$重要性水平＝基准×固定百分比％$$

百分比是多少,目前世界各国无法规定,实务中的参考数值如表 8-2 所示。

表 8-2

实务中百分比的参考数值

基　准	百　分　比
税前净利润	5％～10％(净利润较小时取 10％,较大时取 10％)
资产总额	0.5％～1％
净资产	1％
营业收入	0.5％～1％

例:海华公司 2014 年度财务报表审计业务中:

净利润为:1 048 700 元　　　　　　按 10% 确定的重要性为:104 870 元

营业收入为:12 250 000 元　　　　按 0.5% 确定的重要性为:61 250 元

资产总额为:70 855 470.8 元　　　按 0.5% 确定的重要性为:354 277 元

净资产为:52 137 500 元　　　　　按 1% 确定的重要性为:521 375 元

所以,最终确定的海华公司 2014 年度财务报表的重要性水平为 61 250 元(取最小值)。

(2) 变动比率法

其基本原理是:规模越大的企业,允许的错报或漏报的金额比率(相对数)就越小,一般是根据资产总额或营业收入两者中较大的一项确定一个变动百分比。

例:假定某企业的资产总额为 120 万元,营业收入为 80 万元,那么,在计算重要性水平时,考虑金额较大的项目,即资产总额 120 万元。对于金额在 100 万元(下限)至 300 万元(上限)的被审计项目,重要性水平的计算公式为:

基数(根据会计师事务所的经验确定)＋某一比率×(被审计单位的实际金额－下限)

假定 100 万元至 300 万元对应的基数是 18 000,对应比率是 0.01,则其财务报表层次的重要性水平应为:

$$18\ 000＋0.01×(1\ 200\ 000－1\ 000\ 000)＝20\ 000(元)$$

如果,被审计单位的资产总额或主营业务收入超过 300 万元,则确定财务报表层次的重要性时所使用的基数和比率都会发生变动。

本方法计算公式中所使用的基数和比率都需要会计师事务所根据以往经验估计作出,实际操作有一定难度,这种方法使用不普遍。

(3) 实际执行重要性的考虑因素。确定实际执行的重要性并非简单机械的计算,需要注册会计师运用职业判断,并考虑下列因素的影响:(a)对被审计单位的了解。(b)前期审计工作中识别出的错报的性质和范围。(c)根据前期识别出的错报对本期错报作出的预期。

① 选择较低的百分比来确定实际执行的重要性。可能考虑选择较低的百分比来确定实际执行重要性的情况:首次接受委托的审计项目;连续审计项目,以前年度审计调整较多;项目总体风险较高,例如,处于高风险行业、管理层能力欠缺、面临较大市场竞争压力或业绩压力等;存在或预期存在值得关注的内部控制缺陷。

② 选择较高的百分比来确定实际执行的重要性。可能考虑选择较高的百分比来确定实际执行的重要性的情况:连续审计项目,以前年度审计调整较少;项目总体风险为低到中等,例如,处于非高风险行业、管理层有足够能力、面临较低的业绩压力等;以前期间的审计经验表明内部控制运行有效。

4. 财务报表尚未编制完成时重要性水平的确定

审计人员通常需要在资产负债表日之前对重要性水平作出初步判断,此时尚无法取得年末财务报表的数据。这种情况下,审计人员通常根据期中财务报表推算出年度财务报表,或者根据被审计单位经营环境和经营情况变动对上年度财务报表作出必要修正,以确定财务报表层次的重要性水平。

5. 将财务报表层次的重要性分配于各类交易、账户余额和披露

目前,在审计实务中存在两种分配的方法:一种是在没有考虑错误金额与审计成本的情况下,将财务报表层次的重要性水平按同一比例分配给各账户,叫分配法;另一种是考虑到特定账户发生错报漏报的可能性和受审计策略或资源的限制,将财务报表层次的重要性水平不按同一比例分配给各账户,叫不分配法。

如被审计单位报表层次的重要性水平为 280 万元,两种分配方法的结果如表 8-3 所示。

表 8-3

重要性水平的分配

单位:万元

项 目	金 额	分配法(1%)	不分配法
现金	1 400	14	5.6(0.4%)
应收账款	4 200	42	50.4(1.2%)
存货	8 400	84	140(1.667%)
固定资产	14 000	140	84(0.6%)
合 计	28 000	280(1%)	280(1%)

6. 各类交易、账户余额、披露重要性的确定

(1) 考虑各类交易、账户余额、披露认定层次的重要性。由于财务报表提供的信息由各类交易、账户余额、披露认定层次的信息汇集加工而成,审计人员只有通过对各类交易、账户余额、披露认定层次实施审计,才能得出财务报表是否公允反映的结论。审计人员应当考虑各类交易、账户余额、披露认定层次的重要性。

(2) 各类交易、账户余额、披露认定层次的重要性水平称为"可容忍错报"。在实务中,很多审计人员选择资产负债表账户作为分配的基础,对各账户分配或确定的重要性水平称为"可容忍错报"。

① 在分配的方法下,各类交易、账户余额、披露的重要性水平之和应等于财务报表层次的重要性水平。

② 交易、账户余额、披露重要性水平的确定。审计人员在计划各类交易、账户余额、披露认定层次的审计程序之前,对于各类交易、账户余额、披露认定层次的重要性

水平,既可以采用分配的方法,也可以采用不分配的方法。

③ 可容忍错报的确定。可容忍错报的确定以审计人员对财务报表层次重要性水平的初步评估为基础,它是在不导致财务报表存在重大错报的情况下,审计人员对各类交易、账户余额、披露确定的可接受的最大错报。

例如,财务报表层次的重要性水平为 100 万元,将其中的 20 万元分配给存货余额,则存货的可容忍错报为 20 万元,只要存货余额中的错报≤20 万元,那么就可认为存货在资产负债表中的表述是恰当的。

(3) 确定各类交易、账户余额、披露认定层次的重要性水平应考虑的因素。

① 各类交易、账户余额、披露的性质及错报的可能性。错报性质很重要或容易出现错报的交易、账户余额、披露,应尽可能将重要性水平确定得低一些,以使审计人员执行更详细的审计程序。

② 各类交易、账户余额、披露的重要性水平与财务报表层次重要性水平的关系。单独考察某个交易、账户余额、披露的错报可能并不重要,但把它同其他交易、账户余额、披露的错报累积起来,就可能构成整个财务报表的重大错报。

为各类交易、账户余额、披露确定的重要性水平即可容忍错报,对审计证据数量有直接的影响,因此审计人员应当合理确定可容忍错报。

7. 对低于所确定财务报表层次重要性水平特定项目的额外考虑

需要强调的是,在制定总体审计策略时,审计人员应当对那些金额本身就低于所确定的财务报表层次重要性水平的特定项目作额外的考虑。

审计人员应当根据被审计单位的具体情况,运用职业判断,考虑是否能够合理地预计这些项目的错报将影响使用者依据财务报表作出的经济决策(如有这种情况的话)。

三、评价错报的影响

审计人员在完成外勤审计工作后,应汇总所有在审计过程中发现的尚未更正错报,并对尚未更正错报的汇总数对财务报表的影响进行评价,从而形成审计结论。

1. 尚未更正错报的汇总数

尚未更正错报的汇总数包括已经识别的具体错报和推断错报。

(1) 已经识别的具体错报。已经识别的具体错报是指审计人员在审计过程中发现的,能够准确计量的错报,包括:

① 事实错报。事实错报产生于被审计单位收集和处理数据的错误,对事实的忽略或误解,或故意舞弊行为。例如,审计人员在测试时发现最近购入存货的实际价值为 18 000 元,但账面记录的金额却为 12 000 元。因此,存货和应付账款分别被低估了 6 000 元,被低估的 6 000 元就是已识别的对事实的具体错报。

② 判断错报。判断错报是涉及主观决策的错报,产生于两种情况:

一是管理层和审计人员对会计估计值的判断差异,例如,包含在财务报表中管理层作出的估计超出了审计人员确定的一个合理范围,导致出现判断差异。

二是管理层和审计人员对选择和运用会计政策的判断差异,由于审计人员认为管理层选用会计政策造成错报,管理层却认为选用会计政策适当,导致出现判断差异。

(2) 推断错报,也称"可能误差",是审计人员对不能明确、能具体识别的其他错报的最佳估计数。推断错报数值上等于通过测试样本估计出的总体错报减去在测试中发现已经识别的具体错报。例如,应收账款年末余额为 1 800 万元,审计人员抽查样本发现金额有 90 万元的高估,高估部分为账面金额的 18%,据此审计人员推断总体的错报金额为 324 万元(即 1 800×18%),那么上述 90 万元就是已识别的具体错报,其余 234 万元即推断错报。

2. 评价尚未更正错报的汇总数的影响

审计人员需要在出具审计报告之前,评估尚未更正错报单独或累积的影响是否重大。在评估时,审计人员应当从特定的某类交易、账户余额及披露认定层次和财务报表层次考虑这些错报的金额和性质,以及这些错报发生的特定环境。

(1) 考虑每项错报对相关交易、账户余额及披露的影响。

① 错报是否超过为特定交易、账户余额及披露所设定的可容忍错报。审计人员应当分别考虑每项错报是否超过之前为特定交易、账户余额及披露所设定的较之财务报表层次重要性水平更低的可容忍错报,若超过就可能是重大的。

② 舞弊造成的错报无论其金额大小均是重大的。如果某项错报是(或可能是)由舞弊造成的,无论其金额大小,审计人员均应当按照《中国注册会计师审计准则第1141 号——财务报表审计中与舞弊相关的责任》的规定,考虑其对整个财务报表审计的影响。

③ 错报从性质上看是重大的。考虑到某些错报发生的环境,即使其金额低于计划的重要性水平,审计人员仍可能认为其单独或连同其他错报从性质上看是重大的。错报从性质上看是否重大的因素包括错报是否与违反监管要求或合同规定有关;是否掩盖了收益或其他趋势的变化;是否影响用来评价被审计单位财务状况、经营成果和现金流量的相关比率;是否会导致管理层报酬的增加;是否影响财务报表中列示的分部信息等。

(2) 考虑所有错报对财务报表的累积影响。审计人员在评估未更正错报是否重大时,不仅需要考虑每项错报对财务报表的单独影响,而且需要考虑所有错报对财务报表的累积影响及其形成原因,尤其是一些金额较小的错报,虽然单个看起来并不重大,但是其累计数却可能对财务报表产生重大的影响。例如,某个月末发生的错报可能并不重要,但是如果每个月末都发生相同的错报,其累计数就有可能对财务报表产生重大影响。

(3) 尚未更正错报与财务报表层次重要性水平相比,可能出现以下情况:

① 尚未更正错报的汇总数低于重要性水平(并且特定项目的尚未更正错报也低于考虑其性质所设定的更低的重要性水平,下同)。

如果尚未更正错报汇总数低于重要性水平,对财务报表的影响不重大,审计人员可以发表无保留意见的审计报告。

② 尚未更正错报汇总数超过重要性水平。如果尚未更正错报汇总数超过重要性水平,那么对财务报表的影响可能是重大的,审计人员应当考虑通过扩大审计程序的范围或要求管理层调整财务报表,以降低审计风险。

如果管理层拒绝调整财务报表,并且扩大审计程序范围的结果不能使审计人员认为尚未更正错报的汇总数不重大,审计人员应当考虑出具非无保留意见的审计报告。

③ 尚未更正错报汇总数接近重要性水平。如果已识别但尚未更正错报的汇总数接近重要性水平,审计人员应当考虑该汇总数连同尚未发现的错报是否可能超过重要性水平,并考虑通过实施追加的审计程序,或要求管理层调整财务报表,以降低审计风险。

审计准则还规定,如果识别出由于舞弊或错误而导致的重大错报,审计人员应当按照《中国注册会计师审计准则第1151号——与治理层的沟通》的规定,考虑与被审计单位的管理层和治理层沟通。

在评价审计程序结果时,审计人员确定的重要性和审计风险,可能与计划审计工作中评估的重要性和审计风险存在差异,审计人员应当考虑实施的审计程序是否充分。

第三节　审计风险

一、审计风险的定义

《中国注册会计师审计准则第1101号——注册会计师的总体目标和审计工作的基本要求》指出:“审计风险,是指当财务报表存在重大错报时,注册会计师发表不恰当审计意见的可能性。审计风险取决于重大错报风险和检查风险。”

以上定义,“审计风险”至少包括三层含义:

(1) 财务报表存在重大错报,如果不存在错报,或者存在非重大错报,审计风险就不存在。

(2) 审计人员发表了不恰当的审计意见,如果审计人员发表了恰当的审计意见,或者不发表审计意见,审计风险就不存在。

(3) 是一种可能性,即因此导致审计失误是可能的,而不是必然的、肯定的。

由于审计所处的环境日益复杂,审计所面临的任务日趋艰巨;审计也需支持成本效益原则,这就决定了审计过程中存在审计风险。这在客观上要求审计人员注意风险存在的可能性,并采取相应措施,尽量避免风险和控制风险。

二、审计风险的构成要素

根据现代审计风险理论,审计风险=重大错报风险×检查风险,因此,审计风险取决于重大错报风险和检查风险。审计人员应当实施审计程序,评估重大错报风险,并针对评估的结果设计和实施进一步审计程序,以将审计风险降至可接受的低水平。

1. 重大错报风险

(1) 重大错报风险的定义。《中国注册会计师审计准则第 1101 号——注册会计师的总体目标和审计工作的基本要求》指出:重大错报风险,是指财务报表审计前存在重大错报的可能性。重大错报风险分为财务报表层次的重大错报风险和认定层次的重大错报风险。认定层次的重大错报风险由固有风险和控制风险两个部分组成。

固有风险是指在考虑相关的内部控制之前,某类交易、账户余额或披露的某一认定易于发生错报(该错报单独或连同其他错报可能是重大的)的可能性。

控制风险是指某类交易、账户余额或披露的某一认定发生错报,该错报单独或连同其他错报可能是重大的,但没有被内部控制及时防止或发现并纠正的可能性。

从上述定义可以看出:

① 重大错报风险是在财务报表审计前本身固有的风险。

② 错报(包括漏报,下同)的金额或性质应该是重大的,单独或连同其他错报一起足以影响报表使用者的判断或决策的错报,否则,则属于非重大错报。

③ 重大错报的存在仅仅是一种可能,并不是已经肯定其存在。

④ 错报,应包括财务报表金额的错误或舞弊,以及报表附注披露内容的错误或舞弊。

(2) 重大错报风险分为财务报表层次的重大错报风险和认定层次的重大错报风险。

① 财务报表层次重大错报风险。财务报表层次重大错报风险与财务报表整体存在广泛联系,它可能影响多项认定。此类风险通常与控制环境有关,如管理层缺乏诚信、治理层形同虚设且不能对管理层进行有效监督等;但也可能与其他因素有关,如经济萧条、企业所处行业处于衰退期。此类风险难以被界定于某类交易、账户余额、披露的具体认定,相反,此类风险增大了一个或多个不同认定发生重大错报的可能性。此类风险对审计人员考虑由舞弊引起的风险特别相关。

在设计审计程序以确定财务报表整体是否存在重大错报时,审计人员应当从财务报表层次和各类交易、账户余额、披露认定层次考虑重大错报风险。

　　② 认定层次的重大错报风险。认定层次的重大错报风险是指各类交易、账户余额、披露构成的重大错报风险。

　　(3) 认定层次的重大错报风险由固有风险和控制风险两个部分组成。

　　① 固有风险。固有风险是指假设不存在相关的内部控制,某一认定发生重大错报风险的可能性,无论该错报单独考虑,还是连同其他错报构成重大错报。将固有风险列入审计风险的要素,是现代审计最重要的思想之一。它意味着审计人员应当努力预测财务报表中哪些最容易出错,哪些最不容易出错。某些类别的交易、账户余额、披露及其认定,固有风险很高。例如,复杂的计算比简单的计算更可能出错;受重大计量不确定性影响的会计估计发生错报的可能性较大。产生经营风险的外部因素也可能影响固有风险,比如,技术进步可能导致某项产品陈旧,进而导致存货易于发生高估错报(计价认定)。被审计单位及其环境中的某些因素还可能与多个甚至所有类别的交易、账户余额、披露有关,进而影响多个认定的固有风险。这些因素包括维持经营的流动资金匮乏、被审计单位处于夕阳行业等。

　　② 控制风险。控制风险是指某类交易、账户余额或披露的某一认定发生错报,该错报单独或连同其他错报可能是重大的,但没有被内部控制及时防止或发现并纠正的可能性。

　　也就是说,控制风险是指内部控制结构未能及时预防或发现经济业务中的某些主要偏差,致使财务报表失真的概率。控制风险取决于与财务报表编制有关的设计和运行的有效性。由于控制的固有局限性,某种程序的控制风险始终存在。

　　需要特别说明的是,由于固有风险和控制风险不可分割地交织在一起,有时无法单独进行评估,审计准则通常不再单独提到固有风险和控制风险,而只是将这两者合并称为"重大错报风险"。但这并不意味着,审计人员不可以单独对固有风险和控制风险进行评估。相反,审计人员既可以单独对两者分别进行评估,也可以对两者进行合并评估。具体采用的评估方法取决于会计师事务所偏好的审计技术和方法及实务上的考虑。

　　2. 检查风险

　　(1) 检查风险的定义。《中国注册会计师审计准则第 1101 号——注册会计师的总体目标和审计工作的基本要求》指出:"检查风险,是指如果存在某一错报,该错报单独或连同其他错报可能是重大的,注册会计师为将审计风险降至可接受的低水平而实施程序后没有发现这种错报的风险。"

　　从上述定义可以看出:

　　① 审计风险界定的重大错报只是可能的,而检查风险界定的重大错报是实际存在的。

② 检查风险是指审计人员未能发现存在的重大错报也只是一种可能性,即通过实施审计程序,审计人员也可能发现存在的重大错报,也可能未能发现存在的重大错报。

(2) 检查风险取决于审计程序设计的合理性和执行的有效性。由于审计人员通常并不对所有的交易、账户余额和披露进行检查,以及其他原因,检查风险不可能降低为零。其他原因包括审计人员可能选择了不恰当的审计程序、审计程序执行不当,或者错误理解了审计结论。这些其他因素可以通过适当计划、在项目组成员之间进行恰当的职责分配、保持职业怀疑态度以及监督、指导和复核助理人员所执行的审计工作得以解决。

检查风险是不受重大错报风险(固有风险和控制风险)的影响而独立地存在于审计过程中的一种风险。检查风险是审计风险的独立变量,任何一个环节的失误都会导致检查风险产生。

检查风险与审计人员工作的有效性直接相关,是审计程序的有效性和审计人员运用审计程序有效性的函数。与重大错报风险(固有风险和控制风险)不同,检查风险的实际水平与审计人员的工作有关,它是唯一能够通过审计人员的主观努力而加以控制的风险。例如,使用比较有效的审计程序可导致比较低的检查风险。同样地,在资产负债表日或接近资产负债表日执行的实质性测试比其他任何日期执行实质性测试,更有利于降低检查风险。

(3) 检查风险与重大错报风险的反向关系。在既定的审计风险水平下,可接受的检查风险水平与认定层次重大错报风险的评估结果成反向关系。评估的重大错报风险越高,可接受的检查风险越低;评估的重大错报风险越低,可接受的检查风险越高。

(4) 审计风险、重大错报风险和检查风险关系的定量、定性分析。

① 定量分析。审计风险、重大错报风险和检查风险之间的关系用数学模型表示如下:

$$审计风险 = 重大错报风险 \times 检查风险$$

若将重大错报风险细分为固有风险和控制风险,则该模型可转换为:

$$审计风险 = 固有风险 \times 控制风险 \times 检查风险$$

在可接受的审计风险下,在重大错报风险确定的情况下,可计算出检查风险:

$$检查风险 = 审计风险 \div 重大错报风险$$

或

$$检查风险 = 审计风险 \div (固有风险 \times 控制风险)$$

这个模型也就是审计风险模型。假设针对某一认定,审计人员将可接受的审计

风险水平设定为 5%,审计人员实施风险评估程序后将重大错报风险评估为 25%,则根据这一模型,可接受的检查风险为:

$$检查风险 = 审计风险 \div 重大错报风险 = 5\% \div 25\% = 20\%$$

在实务中,审计人员不一定用绝对数量表达这些风险水平,而选用"高""中""低"等文字描述。

② 定性分析。在审计风险一定的情况下,重大错报风险和检查风险之间的关系如表 8-4 所示。

表 8-4

重大错报风险和检查风险的关系

审计人员对重大错报风险的评估	高	中	低
审计人员可以接受的检查风险	低	中	高

若将重大错报风险细分为固有风险和控制风险,在审计风险一定的情况下,它们与和检查风险之间的关系如表 8-5 所示。

表 8-5

检查风险与固有风险和控制风险的关系

审计人员对固有风险的评估	审计人员对控制风险的评估		
	高	中	低
	审计人员可以接受的检查风险		
高	最低	较低	中等
中	较低	中等	较高
低	中等	较高	最高

从表 8-5 可以看出,在既定的审计风险水平下,可接受的检查风险水平与固有风险和控制风险的综合水平之间存在反比关系,也就是在既定的审计风险水平下,检查风险与重大错报风险成反比关系。因此,在可接受的审计风险一定的情况下,重大错报风险越高,可接受的检查风险就越低,于是,审计人员就必须扩大审计范围,去收集更多的审计证据,以保证将检查风险降低到可接受的水平。

(5) 审计风险要素的运用。在审计风险的三个要素中,固有风险和控制风险与被审计单位内部控制是否存在、是否有效有关,审计人员对此无法控制,审计人员所能控制的只有检查风险。审计人员可以通过研究和评价被审计单位的内部控制,对被审计单位固有风险和控制风险的高低作出评价,在此基础上确定实质性测试的性质、时间和范围,以便将检查风险以及总体审计风险降低至可接受的水平。

三、审计重要性和审计风险、审计证据数量的关系

1. 审计重要性与审计风险的关系是反向关系

重要性与审计风险之间存在反向关系。重要性水平越高,审计风险越低;重要性水平越低,审计风险越高。重要性和审计风险上述反向关系,对注册会计师将要执行的审计程序的性质、时间安排和范围有直接的影响,注册会计师应当综合考虑各种因素,合理确定重要性水平。

2. 重要性水平高低指的是金额的大小

重要性水平高低指的是金额的大小。通常,4 000 元的重要性水平比 2 000 元的重要性水平高。如果重要性水平是 4 000 元,则意味着低于 4 000 元的错报不会影响到财务报表使用者的决策,此时审计人员需要通过执行有关审计程序合理保证能发现高于 4 000 元的错报。如果重要性水平是 2 000 元,则金额在 2 000 元以上的错报就会影响财务报表使用者的决策,此时审计人员需要通过执行有关审计程序合理保证能发现金额在 2 000 元以上的错报。显然,重要性水平为 2 000 元时,要比重要性水平为 4 000 元时的审计风险高。

3. 重要性和审计证据也是反向变动关系

审计风险越高,即重要性水平越低,就要求审计人员收集更多更有效的审计证据,以将审计风险降至可接受的低水平。

重要性水平与审计证据之间成反向关系,与审计风险也成反向关系。重要性和审计风险实质上是统一的,是一个事情的两个方面,从财务报表使用者角度考虑,是重要性;从审计人员本身考虑,是审计风险。因此,低重要性水平和高审计风险是指同一件事情,只是考虑的角度不同。

重要性水平偏低或偏高均对审计人员不利,审计人员应当保持应有的职业谨慎,合理确定重要性水平。

如果重要性水平确定偏高,审计人员执行的审计程序要比原本执行的审计程序少、审计范围小,导致审计人员会得出错误的审计结论,影响审计效果。

如果重要性水平确定偏低,审计人员就会扩大审计程序的范围或追加审计程序,而实际上没有必要,浪费审计时间和人力,影响审计的效率。

关 键 术 语

审计计划　业务约定书　总体审计策略　具体审计计划　重要性　审计风险

重大错报风险　固有风险　控制风险　检查风险

案例剖析题

【案例剖析题 8-1】

注册会计师李明和王敏正对大宇公司 2014 年年度的财务报表进行审计,该公司未经审计的有关财务报表项目如下(单位:万元)。

项　目	金　额	项　目	金　额
资产总额	380 000	营业收入	520 000
净资产	198 000	净利润	58 360

要求:

(1) 如果以资产总额、净资产、营业收入和净利润作为判断重要性水平的基础,采用固定比率法并且资产总额、净资产、营业收入和净利润的固定百分比分别为 0.5%、1%、0.5%和 5%,请代注册会计师李明和王敏计算 2014 年年度大宇公司财务报表层次的重要性水平。

(2) 简要说明重要性水平与审计风险之间的关系。

(3) 简要说明重要性水平与审计证据之间的关系。

【题解】

(1) 大宇公司的资产总额、净资产、营业收入、净利润计算的重要性水平分别是:

资产总额=380 000×0.5%=1 900(万元)　营业收入=520 000×0.5%=2 600(万元)

净资产=198 000×1%=1 980(万元)　净利润=58 360×5%=2 918(万元)

所以 2014 年年度大宇公司财务报表层次的重要性水平为 1 900 万元

(2) 重要性水平与审计风险的关系:重要性水平与审计风险呈反向变动关系。重要性水平越高,审计风险越低,重要性水平越低,审计风险越高。

(3) 重要性水平与审计证据之间的关系:重要性水平与审计证据之间呈反向变动关系,重要性水平越高,应获取的审计证据越少;重要性水平越低,应获取的审计证据越多。

【案例剖析题 8-2】

注册会计师在评估被审计单位的审计风险时,分别设计了以下四种情况,以帮助其确定检查风险水平。

风险类别	情况一	情况二	情况三	情况四
可接受的审计风险	5%	5%	3%	2%
固有风险	100%	90%	90%	80%
控制风险	100%	70%	60%	90%

要求：

（1）计算上述四种情况下的检查风险水平和重大错报风险。

（2）简述可接受的审计风险、重大错报风险、固有风险、控制风险与检查风险之间的关系。

【题解】

（1）

风险类别	情况一	情况二	情况三	情况四
检查风险	5%	7.9%	5.6%	2.8%
重大错报风险	100%	63%	54%	72%

（2）可接受的审计风险与检查风险呈正向变动关系，可接受的审计风险增加，检查风险也随之增加。可接受的审计风险不变的前提下，重大错报风险与检查风险呈反向变动关系，固有风险或控制风险与检查风险也呈反向变动关系，重大错报风险、固有风险或控制风险增加，检查风险降低。

本章要点概览

本章的主要内容是审计计划、重要性和审计风险，重点是重要性和审计风险。

本章介绍了审计计划的基本概念，计划审计工作前要开展初步业务活动，签订业务约定书；审计计划有总体审计策略和具体审计计划两个层次；审计计划制定后应经审核和批准；首次接受委托时对审计计划的补充考虑；审计过程中对计划的更改。

在审计重要性中，阐述了重要性的概念，在制定总体审计策略时，应确定财务报表整体的重要性，介绍错报的概念，错报分已经识别的具体错报和推断错报，评价错报的影响。

在审计风险中，阐述了审计风险的定义，审计风险的构成要素：重大错报风险（固有风险和控制风险）和检查风险，对构成审计风险的诸要素进行定性、定量分析，并阐述了审计风险诸要素之间的关系。

本章提供了两个案例分析。

第九章　风　险　评　估

──────学习目的与要求──────

　　通过本章学习,学生能够了解风险是客观存在,审计也有风险;了解风险评估的基本概念;解重大错报风险的内部控制重大缺陷需与治理层和管理层进行沟通;熟悉如何了解被审计单位及其环境;熟悉如何了解被审计单位的内部控制,掌握财务报表审计中的风险评估程序;掌握评估重大错报风险的方法。

第一节　风险评估概述

一、风险评估概述

　　风险是客观存在,可以采用防范措施主动防止或降低因风险导致的损失,但是不可能完全消除风险。任何经济组织在经济活动中面临的风险并不完全是能由经济组织控制的,企业管理层只能根据自身的风险承受能力,采取相应的措施,去面对在经济活动中遭遇的各种风险。实施风险导向审计,就是要求审计人员评估财务报表重大错报风险,设计和实施进一步审计程序以应对评估的错报风险。

　　1. 风险评估的定义

　　风险评估是指审计人员了解被审计单位及其环境之后,对重大错报风险会给审计人员造成的影响和损失进行量化评估的工作。

　　2. 风险评估的内容

　　风险评估的内容包括:(a)被审计者的外部环境,包括行业状况、法律环境、监管环境及其他因素。(b)被审计者的性质,如所有权结构、治理结构、组织结构、经营活动内容、筹资及投资的内容等。(c)会计政策,包括被审计者采用的会计政策,会计政策的变更以及重大交易的处理方法。(d)被审计者的目标及相关风险。(e)被审计者业绩的衡量,包括衡量的指标及衡量方式。(f)被审计者的内部控制。

二、审计风险准则的出台

　　已有的审计实务是建立在传统审计风险模型基础上的,存在很大缺陷,使得审计人员不能有效应对财务报表可能存在的重大错报风险。

近年来,随着企业环境不断发生变化,企业组织结构及其经营活动的方式日益复杂,全球化和科学技术的影响日益加深,会计准则要求的判断和估计日益增加,企业管理当局进行财务舞弊的动机和压力日益增大,审计风险不断加大。尤其是国内外上市公司近年来都发生了一系列震惊资本市场的案件,上市公司的审计也引起了全社会的关注,大型国际会计师事务所都开始研究和实践以企业经营风险为导向的新的审计方法。

相应地,审计实务也在随之变化,导致审计人员行业风险日益增加,迫切要求审计准则制定机构定期评估准则的适当性,使其能够对审计实务进行有效和及时的指导。

1. 国际审计风险准则的修订

随着现代风险导向审计在理论研究与实务运用中的日趋成熟,国际审计与鉴证准则委员会和美国、英国、加拿大等国的审计准则制定机构都已制定了一系列相关准则,简称风险审计准则。

审计风险准则项目最早是由国际审计与鉴证准则理事会(IAASB)提出并起草的,后与美国审计准则委员会(ASB,原美国审计人员协会下设组织)成立了联合风险评估工作组,制定共同的审计风险准则。联合风险评估工作组于2002年10月发布了审计风险准则征求意见稿,包括《财务报表审计的目标和一般原则》《审计证据》《了解被审计单位及其环境并评估重大错报风险》和《针对评估的重大错报风险实施的程序》。

2003年10月,国际审计与鉴证准则理事会在东京的会议上对征求意见稿进行了最后修订,获得委员会通过,IAASB批准发布了4项审计风险准则,即《国际审计准则第200号——财务报表审计的目标和一般原则》《国际审计准则第500号——审计证据》《国际审计准则第315号——了解被审计单位及其环境并评估重大错报风险》和《国际审计准则第330号——针对评估的重大错报风险实施的程序》。审计风险准则在2004年12月15日之后正式施行。

2. 我国审计风险准则的出台

随着我国经济快速发展,经济全球化的到来,以及企业经营环境的急速变化,我国审计准则建设面临着诸多挑战,主要体现在:行业面临的风险有日益增大趋势;现行审计实务不能有效应对财务报表重大错报风险;国际审计风险准则的出台导致国际审计准则出现很大的变化;我国与其他国家和地区的经济依存度日益提高,审计准则国际趋同的要求越来越迫切。

为了适应国内外急剧变化的经济形势,加快审计准则建设和国际趋同进程,充分识别和评估财务报表重大错报风险,财政部于2006年2月发布了48个审计准则,在2010年10月31日又修订了其中38项审计准则,由财政部2011年11月1日正式发布,并于2012年1月1日起施行。其中有关审计风险的准则包括《中国注册会计师审计准则第 1101 号——注册会计师的总体目标和审计工作的基本要求》《中国注册会计师审计准则第 1301 号——审计证据》《中国注册会计师审计准则第 1211 号——通过了解被审计单位及其环境识别和评估重大错报风险》《中国注册会计师审计准则第 1231 号——针对评估的重大错报风险采取的应对措施》。

审计风险准则的出台,对审计人员实施风险评估程序以及依据风险评估结果实施进一步审计程序影响很大,它将影响到审计工作的各个方面。

三、风险评估的总体要求

(1) 风险评估要求审计人员应当对被审计单位及其环境进行充分、深入的了解,以便为审计人员对下列关键环节作出职业判断提供基础:

① 确定重要性水平,并随着审计工作的进程,评估对重要性水平的判断是否仍然适当。

② 考虑会计政策的选择和运用是否恰当,以及财务报表的披露是否适当。

③ 识别需要特别考虑的领域,包括关联方交易、管理层运用持续经营假设的合理性,或交易是否具有合理的商业目的等。

④ 确定在实施分析程序时所使用的预期值。

⑤ 设计和实施进一步审计程序,以将审计风险降至可接受的低水平。

⑥ 评价所获取审计证据的充分性和适当性。

了解被审计单位及其环境是一个连续、动态的过程,需不断更新对被审计单位及其环境的了解,并作出恰当的判断。

(2) 风险评估要求审计人员评价对被审计单位及其环境了解的程度是否恰当。作为专门规范风险评估的准则,规定审计人员应当了解被审计单位及其环境,以充分识别和评估财务报表重大错报风险,设计和实施进一步审计程序。如了解的信息足以识别和评估财务报表重大错报风险,并已设计和实施进一步审计程序,那么对被审计单位及其环境的了解是恰当的。

第二节　风险评估程序

一、风险评估程序和信息来源

1. 风险评估程序

《中国注册会计师审计准则第 1211 号——通过了解被审计单位及其环境识别和评估重大错报风险》规定:风险评估程序,是指注册会计师为了解被审计单位及其环境,以识别和评估财务报表层次和认定层次的重大错报风险(无论错报由于舞弊或错误导致)而实施的审计程序。

风险评估程序包括:(a)询问被审计单位管理层和内部其他相关人员。(b)分析程序。(c)观察和检查。审计人员可根据这些程序获取的信息作为审计证据来评估重大错报风险。

(1)询问被审计单位管理层和内部其他相关人员。这是审计人员了解被审计单位及其环境的一个重要信息来源。审计人员可以考虑向管理层和财务负责人询问下列事项:

管理层所关注的主要问题,如新的竞争对手、主要客户和供应商的流失、新的税收法规的实施以及经营目标或战略的变化等;被审计单位最近的财务状况、经营成果和现金流量;可能影响财务报告的交易和事项,或者目前发生的重大会计处理问题,如重大的购并事宜等;被审计单位发生的其他重要变化,如所有权结构、组织结构的变化,以及内部控制的变化等。

尽管审计人员通过询问管理层和财务负责人可获取大部分信息,但是询问被审计单位内部其他人员,是审计人员根据判断认为可能拥有某些信息的人员,这些信息有助于识别由于舞弊或错误导致的重大错报风险。如询问治理层,有助于审计人员理解财务报表编制的环境;询问内部审计人员,有助于审计人员了解其针对被审计单位内部控制设计和运行有效性而实施的工作,以及管理层对内部审计发现的问题是否采取适当的措施;询问参与生成、处理或记录复杂或异常交易的员工,有助于审计人员评估被审计单位选择和运用某项会计政策的适当性;询问采购人员和生产人员,有助于审计人员了解被审计单位的原材料采购和产品生产等情况;询问仓库人员,有助于审计人员了解原材料、产成品等存货的进出、保管和盘点等情况。

(2)分析程序。分析程序是指审计人员通过研究不同财务数据之间以及财务数据与非财务数据之间的内在关系,对财务信息作出评价的程序。分析程序在了解被审计单位及其环境并评估重大错报风险时被当作风险评估程序使用。

在实施分析程序时,审计人员应当预期可能存在的合理关系,并与被审计单位记录的金额、依据记录金额计算的比率或趋势相比较;如果发现异常或未预期到的关系,审计人员应当在识别重大错报风险时考虑这些比较结果。例如,企业销售额上升,必然导致销售成本上升,企业库存下降,企业原材料消耗增大,企业银行存款增加,企业应收账款增加,并且它们之间还应存在一定的比例关系。

如果使用了高度汇总的数据,实施分析程序的结果仅可能初步显示财务报表存在重大错报风险,审计人员应当将分析结果连同识别重大错报风险时获取的其他信息一并考虑。例如,被审计单位存在很多产品系列,各个产品系列的毛利率存在一定差异。对总体毛利率实施分析程序的结果仅可能初步显示销售成本存在重大错报风险,审计人员需要实施更为详细的分析程序。例如,对每一产品系列进行毛利率分析,或者将总体毛利率分析的结果连同其他信息一并考虑。

（3）观察和检查。观察和检查程序可以印证对管理层和其他相关人员的询问结果,并可提供有关被审计单位及其环境的信息。

审计人员应当实施下列观察和检查程序：

观察被审计单位人员正在从事的生产活动和内部控制活动,可以增加审计人员对被审计单位人员如何进行生产经营活动及实施内部控制的了解。

通过检查被审计单位的章程,与其他单位签订的合同、协议,各业务流程操作指引和内部控制手册等,可以了解被审计单位组织结构和内部控制制度的建立健全情况。

阅读被审计单位年度和中期财务报告,股东大会、董事会会议、高级管理层会议的会议记录或纪要,管理层的讨论和分析资料,经营计划和战略,对重要经营环节和外部因素的评价,被审计单位内部管理报告以及其他特殊目的的报告(如新投资项目的可行性分析报告)等,可以了解自上一审计结束至本期审计期间,被审计单位发生的重大事项。

通过现场访问和实地察看被审计单位的生产经营场所和设备,可以帮助审计人员了解被审计单位的性质及其经营活动。在此过程中,审计人员有机会与被审计单位的管理层和担任不同职责的员工进行交流,可以增强审计人员对被审计单位的经营活动及其重大影响因素的了解。

追踪交易在财务报告信息系统中的处理过程(穿行测试),这是审计人员了解被审计单位业务流程及其相关控制时经常使用的审计程序。通过追踪某笔或某几笔交易在业务流程中如何生成、记录、处理和报告,以及相关内部控制如何执行,审计人员可以确定被审计单位的交易流程和相关控制是否与之前通过其他程序所获得的了解相一致,并确定相关控制是否得到有效执行。

2. 其他审计程序和其他信息来源

（1）其他审计程序。除了采用上述程序从被审计单位内部获取信息以外,如果根据职业判断认为从被审计单位外部获取的信息有助于识别重大错报风险,审计人员应当实施其他审计程序以获取这些信息。

询问被审计单位聘请的外部人员,例如,询问被审计单位聘请的外部法律顾问、专业评估师、投资顾问和财务顾问等。

阅读外部信息也可能有助于审计人员了解被审计单位及其环境。外部信息包括证券分析师、银行、评级机构出具的有关被审计单位及其所处行业的经济或市场环境等状况的报告,贸易与经济方面的期刊,法规或金融出版物,以及政府部门或民间组织发布的行业报告和统计数据等。

（2）其他信息来源。审计人员应当考虑在承接客户或续约过程中获取的信息,以及向被审计单位提供其他服务所获得的经验是否有助于识别重大错报风险。

对新的审计业务,审计人员应在业务承接阶段对被审计单位及其环境有一个初步的了解,以确定是否承接该业务。

对连续审计业务,也应在每年的续约过程中对上年审计作总体评价,并更新对被审计单位的了解和风险评估结果,以确定是否续约。审计人员还应当考虑向被审计单位提供其他服务(如执行中期财务报表审阅业务)所获得的经验是否有助于识别重大错报风险。

对于连续审计业务,如果拟利用在以前期间获取的信息,审计人员应当确定被审计单位及其环境是否已发生变化,以及该变化是否可能影响以前期间获取的信息在本期审计中的相关性。

了解被审计单位及其环境的整个过程中,应当实施上述所有的风险评估程序,但对某一方面的了解无需都实施以上所有的风险评估程序。例如,在了解内部控制时通常不用分析程序。

二、风险评估项目组内部的讨论

审计人员应当组织项目组成员对财务报表存在重大错报的可能性进行讨论,并运用职业判断确定项目组内部讨论的目标、内容、参与成员、时间和方式。

1. 讨论的目标

项目组内部的讨论为项目组成员提供了交流信息和分享见解的机会,通过讨论可以使成员更好地了解在各自分工负责的领域中,由于舞弊或错误导致财务报表重大错报的可能性,并了解各自实施审计程序的结果如何影响审计的其他方面,包括对确定进一步审计程序的性质、时间和范围的影响。

2. 讨论的内容

项目组应当讨论:被审计单位面临的经营风险;财务报表容易发生错报的领域以及发生错报的方式;舞弊导致重大错报的可能性等。

3. 参与讨论的人员

审计人员应当运用职业判断确定项目组内部参与讨论的成员。项目组的关键成员应当参与讨论;项目组需要拥有信息技术或其他特殊技能的专家也应参与讨论;参与讨论人员的范围受项目组成员的职责经验和信息需要的影响,例如,在跨地区审计中,每个重要地区项目组的关键成员应该参加讨论;不要求所有成员每次都参与项目组的讨论。

4. 讨论的时间和方式

项目组应当根据审计的具体情况,在整个审计过程中持续交换有关财务报表发生重大错报可能性的信息;根据《中国注册会计师审计准则第 1101 号——注册会计师的总体目标和审计工作的基本要求》的规定,项目组在讨论时应当强调在整个审计过程中保持职业怀疑态度,充分考虑可能存在导致财务报表发生重大错报的情形,警惕可能发生重大错报的迹象,并对这些迹象进行严格追踪。

通过讨论,项目组成员可以交流和分享在整个审计过程中获得的信息,包括可能对重大错报风险评估产生影响的信息或针对这些风险实施审计程序的信息。

项目组还可以根据实际情况,讨论其他重要事项。

第三节　了解被审计单位及其环境

一、总体要求

《中国注册会计师审计准则第 1211 号——通过了解被审计单位及其环境识别和评估重大错报风险》规定,审计人员应当从下列方面了解被审计单位及其环境:(a)相关行业状况。(b)被审计单位的性质。(c)被审计单位对会计政策的选择和运用。(d)被审计单位的目标、战略以及相关经营风险。(e)被审计单位财务业绩的衡量和评价。(f)被审计单位的内部控制。

上述各项中第一项是被审计单位的外部环境,第二、第三、第四项及第六项是被审计单位的内部因素,第五项则既有外部因素也有内部因素。值得注意的是,被审计单位及其环境的各个方面可能会互相影响。例如,被审计单位的行业状况、法律环境与监管环境及其他外部因素可能影响到被审计单位的目标、战略及相关经营风险,而被审计单位的性质、目标、战略及相关经营风险可能影响到被审计单位对会计政策的选择和运用,以及内部控制的设计和执行。因此,审计人员在对被审计单位及其环境的各个方面进行了解和评估时,应当考虑各因素之间的相互关系。

二、行业状况、法律环境与监管环境以及其他外部因素

审计人员应当了解被审计单位的相关行业状况、法律环境和监管环境及其他外部因素,包括适用的财务报告编制基础。

1. 行业状况

审计人员应当了解被审计单位的行业状况,这将有助于审计人员识别与被审计单位所处行业有关的重大错报风险。

可能需要了解的情况包括:所在行业总体发展趋势和现处发展阶段;产品的市场需求、容量和价格;生产经营的季节性和周期性;产品技术的变化及新技术开发;能耗、能源价格对成本的影响;主要的竞争者及各自的竞争优势;与行业的平均水平和主要竞争者的差距;竞争者对被审计单位经营活动的影响。

2. 法律环境及监管环境

法律、法规或监管要求可能对被审计单位经营活动有重大影响,审计人员应当了解被审计单位所处的法律环境及监管环境,主要包括:适用的会计准则、会计制度和行业特定惯例;国家对该行业的企业是否有特殊的监管要求;新出台的法律法规(如新出台的有关产品责任、劳动安全或环境保护的法律法规等),对被审计单位的影响;对开展经营活动产生重大影响的政府政策,包括货币、财政、税收和贸易等政策;与被审计单位所处行业和所从事经营活动相关的环保要求。

3. 其他外部因素

审计人员应当了解影响被审计单位经营的其他外部因素,主要包括:当前的宏观经济的景气度及未来的发展趋势;利率和资金供求状况;通货膨胀水平及币值变动;国际经济环境和汇率变动,考虑上述因素对被审计单位产生的影响。

审计人员应当考虑被审计单位所在行业的业务性质或监管程度是否可能导致特定的重大错报风险,考虑项目组是否配备了具有相关知识和经验的成员。

4. 了解的重点和程度

审计人员对行业状况、法律环境与监管环境及其他外部因素了解的范围和程度会因被审计单位所处行业、规模及其他因素(如在市场中的地位)的不同而不同。审计人员应当考虑将了解的重点放在对被审计单位的经营活动可能产生重要影响的关键外部因素及与前期相比发生重大变化情形。

5. 实施风险评估程序

针对被审计单位的行业状况、法律环境与监管环境以及其他外部因素,审计人员应实施风险评估程序如下:

(1) 查阅以前年度的审计工作底稿。

(2) 询问被审计单位治理层、管理层和员工。

(3) 查阅内部和外部的信息资料。

内部信息收集是指对客户内部的生产、经营、管理活动的原始数据的汇集与初步加工。外部信息收集是指对来自客户外部的相关数据的收集。

(4) 询问项目组成员或熟悉被审计单位所处行业的其他人员。

(5) 实施分析程序。

三、被审计单位的性质

1. 了解被审计单位的性质

审计人员应了解被审计单位的性质包括被审计单位的所有权和治理结构、正在实施和计划实施的投资(包括对特殊目的实体的投资)的类型、组织结构;考虑关联方关系是否已经得到识别,以及关联方交易是否得到恰当核算;了解被审计单位的经营活动、投资活动和筹资活动。了解被审计单位的性质,可以使注册会计师了解预期在财务报表中反映的各类交易、账户余额和披露。

2. 实施风险评估程序

在了解被审计单位的性质时,除查阅以前年度的审计工作底稿、与项目组成员或其他有经验的人员或行业专家讨论、利用业务惩戒和续约过程中获取的信息,审计人员运用的风险评估程序还包括:询问被审计单位治理层、管理层和内部其他相关人员;查阅文件和报告;实地查看被审计单位的主要生产经营场地;实施分析程序。

四、被审计单位对会计政策的选择和运用

审计人员应当了解被审计单位对会计政策的选择和运用,包括变更会计政策的原因,是否符合适用的会计准则和相关会计制度,是否符合被审计单位的具体情况。

1. 了解的具体内容

在了解被审计单位对会计政策的选择和运用是否适当时,审计人员应当关注下列重要事项:

重要项目的会计政策,包括:收入确认、存货的计价方法、投资的核算、固定资产的折旧、坏账准备、存货跌价准备和其他资产减值准备的确定、借款费用资本化方法、合并财务报表的编制方法等。若被审计单位采用与行业惯例不同的会计处理方法时,审计人员应当了解其原因,并考虑采用与行业惯例不同的会计处理方法是否适当。

某些被审计单位可能存在与其所处行业相关的重大交易;在新领域和缺乏权威性标准或共识的领域;新颁布的会计准则和相关会计制度;重要的会计政策变更;审计人员应当考虑其选用会计政策适当性,理由及影响。

除上述与会计政策的选择和运用相关的事项外,审计人员还应对被审计单位是否采用激进的会计政策;财会人员是否拥有足够的运用会计准则的知识、经验和能力;是否拥有足够的资源支持会计政策的运用等予以关注。

审计人员应当考虑,被审计单位是否按照适用的会计准则和相关会计制度的规定恰当地进行了披露,并披露了重要事项。

2. 实施风险评估程序

(1) 查阅以前年度的审计工作底稿。

(2) 询问被审计单位治理层、管理层和员工。

(3) 查阅被审计单位的财务资料和内部报告等。

五、被审计单位的目标、战略以及相关经营风险

1. 了解的具体内容

(1) 目标、战略与经营风险。企业管理层或治理层一般会根据企业经营面临的

内、外部环境各种因素,制定合理可行的经营目标。为实现经营目标采用的总体层面的策略和方法称战略。战略不是唯一的,针对同一个经营目标,企业可以有多个可行战略。例如,如果目标是进入一个新的市场,那么可行的战略包括收购该市场内的现有企业、与该市场内的其他企业合资经营、自行开发进入该市场。

经营风险源于对被审计单位实现目标和战略产生不利影响的重大情况、事项、环境和行动,或源于不恰当的目标和战略。不同的企业可能面临不同的经营风险,管理层有责任识别和应对这些风险。

(2) 经营风险对重大错报风险的影响。经营风险与财务报表重大错报风险是既有联系又相互区别的两个概念。前者比后者范围更广。审计人员了解被审计单位的经营风险有助于其识别财务报表重大错报风险。

① 并非所有的经营风险都与财务报表相关,审计人员没有责任识别或评估对财务报表没有影响的经营风险。

② 并非所有经营风险都会导致重大错报风险,审计人员应当根据被审计单位的具体情况考虑经营风险是否可能导致财务报表发生重大错报。

审计人员应当了解被审计单位管理层制定识别和应对经营风险的策略。

(4) 对小型被审计单位的考虑。小型被审计单位通常没有正式的计划和程序来确定其目标、战略并管理经营风险。审计人员应当询问管理层或观察小型被审计单位如何应对这些事项,以获取了解,并评估重大错报风险。

2. 实施风险评估程序

(1) 与被审计单位治理层、管理层沟通。

(2) 查阅被审计单位经营规划和其他文件。

(3) 分别询问被审计单位治理层、管理层的不同成员。

审计人员可通过上述方法,了解被审计单位目标和战略、政策和程序,以及管理层期望和关注的事项,并根据对被审计单位内外环境的了解,评估可能导致财务报表重大错报的相关经营风险。

六、被审计单位财务业绩的衡量和评价

被审计单位内部或外部对财务业绩的衡量和评价可能对管理层产生压力,促使其采取行动改善财务业绩或歪曲财务报表。审计人员应当了解被审计单位财务业绩的衡量和评价情况,考虑这种压力是否可能导致管理层采取行动,以至于增加财务报表发生重大错报的风险。

1. 了解的主要方面

在了解被审计单位财务业绩衡量和评价情况时,审计人员应当关注下列信息:(a)关键业绩指标、关键比率、趋势和经营统计数据。(b)同期财务业绩比较分析。

（c）预测、预算和差异分析，分部信息与分部、部门或其他不同层次的业绩报告。（d）员工业绩考核与激励性报酬政策。（e）被审计单位与竞争对手的业绩比较。（e）外部机构提出的报告。

2. 关注内部财务业绩衡量的结果

被审计单位内部财务业绩衡量可能显示出未预期到的结果或趋势；在这种情况下，管理层通常会进行调查并采取纠正措施；与内部财务业绩衡量相关的信息可能显示财务报表存在错报风险。因此，审计人员应当关注上述相关信息是否显示财务报表可能存在重大错报。

3. 考虑财务业绩衡量指标的可靠性

如果审计人员计划在审计中（如在实施分析程序时）利用被审计单位内部信息系统生成的财务业绩衡量指标，应当考虑相关信息是否可靠，以及在实施审计程序时利用这些信息是否足以发现重大错报。因为若输入的实际信息有误，那么根据有误的信息得出的结论也可能是错误的。

4. 对小型被审计单位的考虑

小型被审计单位通常没有正式的财务业绩衡量和评价程序，管理层往往依据某些关键指标，作为评价财务业绩和采取适当行动的基础，审计人员应当了解管理层使用的关键指标。

需要强调的是，审计人员了解被审计单位财务业绩的衡量与评价，是为了考虑管理层是否面临实现某些关键财务业绩指标的压力以及管理层在面临此重大压力下，可能粉饰财务业绩，发生舞弊风险的问题。

第四节　了解被审计单位的内部控制

一、内部控制的含义和要素

1. 内部控制的含义

内部控制是被审计单位为了合理保证财务报告的可靠性、经营的效率和效果以及对法律、法规的遵守，由治理层、管理层和其他人员设计与执行的政策及程序。

2. 内部控制的要素

实现内部控制目标的手段是设计和执行控制政策和程序。1992年，COSO委员会发布报告《内部控制——整体框架》，即COSO报告。在COSO报告中提出内部控制的要素：（a）控制环境。（b）风险评估过程。（c）信息系统与沟通。（d）控制活动。（e）对控制的监督。内部控制包括上述的五项要素；控制包括上述的一项或多项要素，或要素表现出的各个方面。

3. 内部控制的目标

内部控制的目标是合理保证:(a)财务报告的可靠性,这一目标与管理层履行财务报告编制责任密切相关。(b)经营的效率和效果,即经济有效地使用企业资源,以最优方式实现企业的目标。(c)在所有经营活动中遵守法律法规的要求,即在法律、法规的框架下从事经营活动。

4. 设计和实施内部控制的责任主体

设计和实施内部控制的责任主体是企业的治理层、管理层和其他人员,组织中的每一个人都对内部控制负有责任。

无论对内部控制要素如何进行分类,注册会计师都应当重点考虑被审计单位某项控制,是否能够以及如何防止或发现并纠正各类交易、账户余额、披露存在的重大错报。审计人员可以使用不同的框架和术语描述内部控制的不同方面,但必须涵盖上述内部控制五个要素所涉及的各个方面。

被审计单位设计和执行内部控制的具体方式会因被审计单位的规模和复杂程度的不同而不同。小型被审计单位通常采用非正式和简单的内部控制实现其目标,内部控制要素没有得到清晰区分,审计人员应当综合考虑小型被审计单位内部控制要素能否实现其目标。

二、了解内部控制

审计人员对内部控制的了解可以通过调阅企业有关方针政策和规章制度,了解企业组织结构系统和各级管理人员的业务范围和素质状况;了解会计凭证的填制和传递程序;还可以通过询问、实地观察、参考以前的审计报告和审计档案,对企业的内部控制有一定认识。

对内部控制的了解,首先应考虑内部控制的设计是否得当,是否足以用一项控制或连同其他控制能有效防止或发现并纠正重大错报。若设计得当,应考虑这些内部控制是否在被审计单位得到有效执行;若设计不当,就不必考虑是否得到有效执行。对被审计单位的内部控制进行了解和评价,应从被审计单位整体层面和业务流程层面展开。

1. 在整体层面对内部控制的了解和评估

(1) 控制环境的了解。一个企业的控制环境应由以下部分构成:经营管理的观念、方式和风格;组织结构;董事会;授权和分配责任的方法;管理控制方法;内部控制;人事政策和实务;外部联系。控制环境的构成内容是针对整个企业的,不能分配到每一业务循环之中,对其应进行整体的了解和描述。

控制环境对重大错报风险的评估具有广泛影响,审计人员应当考虑管理层在治理层的监督下,是否营造并保持诚实守信和合乎道德的文化;控制环境的总体优势是否为内部控制的其他要素奠定了适当的基础，以及这些其他要素是否未被控制环境中存在的缺陷所削弱。

（2）了解风险评估过程。风险评估过程包括识别与财务报告相关的经营风险，以及针对这些风险所采取的措施。

任何经济组织在经营活动中都会面临各种各样的风险，风险对其生存和竞争能力产生影响。很多风险并不为经济组织所控制，但管理层应当确定可以承受的风险水平，识别这些风险并采取一定的应对措施。

在评价被审计单位风险评估过程的设计和执行时，审计人员应当了解被审计单位是否已建立风险评估过程，包括：识别与财务报告目标相关的经营风险；估计风险的重要性；评估风险发生的可能性；决定应对这些风险的措施。审计人员应当确定管理层如何识别与财务报告相关的经营风险，如何估计该风险的重要性，如何评估风险发生的可能性，以及如何采取措施管理这些风险。如果被审计单位已建立风险评估过程，审计人员应当了解风险评估过程及其结果。如果被审计单位的风险评估过程符合其具体情况，了解被审计单位的风险评估过程和结果有助于审计人员识别财务报表重大错报的风险。

审计人员可以通过了解被审计单位及其环境的其他方面信息，评价被审计单位风险评估过程的有效性。例如，在了解被审计单位的业务情况时，发现了某些经营风险，审计人员应当了解管理层是否也意识到这些风险以及如何应对。

如果被审计单位未建立风险评估过程，或具有非正式的风险评估过程，审计人员应当与管理层讨论是否识别出与财务报告目标相关的经营风险以及如何应对这些风险。审计人员应当评价缺少记录的风险评估过程是否适合具体情况，或确定是否表明存在值得关注的内部控制缺陷。

在小型被审计单位，管理层可能没有正式的风险评估过程。审计人员应当与管理层讨论其如何识别经营风险以及如何应对这些风险。

（3）对控制活动的了解。控制活动是指有助于确保管理层的指令得以执行的政策和程序，包括与授权、业绩评价、信息处理、实物控制和职责分离等相关的活动。

在了解被审计单位控制活动时，审计人员应当了解被审计单位如何应对信息技术导致的风险，特别是信息技术的一般控制，例如，会计系统中的数据是否与实物资产定期核对。

在了解控制活动时，审计人员应当重点考虑一项控制活动单独或连同其他控制活动，是否能够以及如何防止或发现并纠正各类交易、账户余额、披露存在的重大错报。审计人员的工作重点是识别和了解针对重大错报可能发生的领域的控制活动。如果多项控制活动能够实现同一目标，审计人员不必了解与该目标相关的每项控制活动。

（4）信息系统与沟通。与财务报告相关的信息系统应当与业务流程相适应。与财务报告相关的信息系统所生成信息的质量,对管理层能否作出恰当的经营管理决策以及编制可靠的财务报告具有重大影响。

审计人员应当从下列方面了解与财务报告相关的信息系统:在被审计单位经营过程中,对财务报表具有重大影响的各类交易;在信息技术和人工系统中,对交易生成、记录、处理必要的更正、结转至总账以及在财务报表中报告的程序和有关的会计记录、支持性信息和财务报表中的特定项目;信息系统如何获取除各类交易之外的对财务报表具有重大影响的事项和情况;被审计单位编制财务报告的过程,包括作出的重大会计估计和披露;管理层凌驾于账户记录控制之上的风险。自动化程序和控制可能降低了发生无意错误的风险,但是并没有消除个人凌驾于控制之上的风险。

与财务报告相关的沟通包括使员工了解各自在与财务报告有关的内部控制方面的角色和职责、员工之间的工作联系,以及向适当级别的管理层报告例外事项的方式。公开的沟通渠道有助于确保例外情况得到报告和处理。

审计人员应当了解被审计单位内部如何对财务报告的岗位职责,以及与财务报告相关的重大事项进行沟通;审计人员还应当了解管理层与治理层(特别是审计委员会)之间的沟通,以及被审计单位与外部(包括与监管部门)的沟通。

(5) 对控制的监督。管理层的重要职责之一就是建立和维护控制并保证其持续有效运行,对控制的监督可以实现这一目标。对控制的监督是指被审计单位评价内部控制在一段时间内运行有效性的过程,该过程包括及时评价控制的设计和运行,以及根据情况的变化采取必要的纠正措施。

被审计单位通过持续的监督活动、专门的评价活动或两者相结合,来实现对控制的监督。持续的监督活动通常贯穿于被审计单位的日常经营活动与常规管理工作中。例如,管理层在履行其日常管理活动时,取得内部控制持续有效的信息。

审计人员应当了解被审计单位用于监督与财务报告相关的内部控制的主要活动,包括了解针对与审计相关的控制活动的监督,以及被审计单位如何对控制缺陷采取补救措施。

审计人员可以考虑通过询问被审计单位人员、观察特定控制的应用、检查文件和报告以及执行穿行测试等风险评估程序相结合,获取审计证据。在了解上述内部控制的构成要素时,审计人员需要特别注意这些要素在实际中是否得到执行。审计人员还需要特别考虑因舞弊而导致重大错报的可能性及其影响。

审计人员应当将对被审计单位整体层面的内部控制各要素的了解要点和实施的风险评估程序及其结果等形成审计工作记录,并对影响审计人员对整体层面内部控制有效性进行判断的因素加以详细记录。

2. 在业务流程层面了解和评价内部控制

在业务流程层面了解和评价内部控制,通常采取下列步骤:

（1）确定重要业务流程和重要交易类别。为了有效地了解和评估重要业务流程及相关控制，审计人员通常将被审计单位的整个经营活动划分为几个重要的业务循环，对制造业企业，可以划分为销售与收款循环、采购与付款循环、存货与生产循环、工资与人员循环、筹资与投资循环等。被审计单位经营活动的性质不同，所划分的业务循环也不同。例如，商业或服务性行业，就没有存货与生产循环，只有商品进销循环或劳务费用循环。

重要交易类别是指可能对被审计单位财务报表产生重大影响的各类交易。重要交易应与重大账户及其认定相联系，例如，对于制造业企业，销售收入和应收账款通常是重大账户，销售和收款都是重要交易类别。

（2）了解重要交易流程，并记录获得的信息。审计人员在确定重要的业务流程和交易类别后，便应了解每一类重要交易的重要交易流程，即该交易在信息技术或人工系统中生成、记录、处理及在财务报表中报告的程序，以便确定在哪个环节或哪些环节存在发生错报的可能。

交易流程通常包括一系列工作，审计人员只需了解重要交易相关的流程，对于重要交易流程，审计人员可以通过检查被审计单位的手册和其他书面指引获得有关信息，还可以通过询问和观察来获得全面的信息。向适当人员询问通常是比较有效的方法。审计人员通常只是针对每一年的变化修改记录流程的工作底稿，除非被审计单位的交易流程发生重大改变。

（3）确定可能发生错报的环节。尽管不同的被审计单位为确保会计信息的可靠性而对业务流程设计和实施不同的控制，从而达到不同的控制目标。审计人员需要确认和了解被审计单位应在哪些环节设置控制，以防止或发现并纠正各重要业务流程可能发生的错报。审计人员所关注的控制，是那些能通过防止错报的发生，或者通过发现并纠正已有错报，确保每个流程中业务活动具体流程（从交易的发生到记录于账目）能够顺利运转的人工或自动化控制程序。

（4）识别和了解相关控制。如果审计人员计划对业务流程层面的有关控制进行进一步的了解和评价，那么针对业务流程中容易发生错报的环节，审计人员应当确定：（a）被审计单位是否建立了有效的控制，以防止或发现并纠正这些错报。（b）被审计单位是否遗漏了必要的控制。（c）是否识别了可以最有效测试的控制。识别和了解的方法可以采用询问程序，从级别较高的人员到级别较低的人员进行询问，或者反过来。

如果审计人员之前的了解可能表明被审计单位在业务流程层面针对某些重要交易流程所设计的控制是无效的，或者审计人员并不打算信赖控制，就没有必要进一步了解在业务流程层面的控制。

（5）执行穿行测试，证实对交易流程和相关控制的了解。为了解各类重要交易在业务流程中发生、处理和记录的过程,审计人员通常会每年执行穿行测试。如果不打算信赖控制,审计人员仍需要执行穿行测试,以确认以前对业务流程及可能发生错报环节的了解的准确性和完整性。

对于重要的业务流程,不管是人工控制还是自动化控制,审计人员都要对整个流程执行穿行测试,涵盖交易从发生到记账的整个过程。

(6)初步评价和风险评估。审计人员需要评价控制设计的合理性并确定其是否得到执行,对控制的评价结论可能是:所设计的控制单独或连同其他控制能够防止或发现并纠正重大错报,并得到执行;控制本身的设计是合理的,但没有得到执行;控制本身的设计就是无效的或缺乏必要的控制。这些评价结论仅是初步结论,仍可能随控制测试后实施实质性程序的结果而发生变化。

审计人员对重大错报风险的评估,需考虑以下因素:如果已识别的重大错报风险水平为高,相关的控制应有较高的敏感度,即在错报率较低的情况下也能防止或发现并纠正错报。相反,如果已发现的重大错报风险水平为低,相关的控制就无需具有像重大错报风险较高时那样的敏感性。审计人员应将对整体层面获得的了解和结论,同在业务流程层面获得的有关重大交易流程及其控制的证据结合起来考虑。

在对控制进行初步评价及风险评估后,如果认为被审计单位控制设计合理并得到执行,能够有效防止或发现并纠正重大错报,那么,审计人员通常可以信赖这些控制,减少拟实施的实质性程序。审计人员也可能认为控制是无效的,包括控制本身设计不合理,不能实现控制目标,或者尽管控制设计合理,但没有得到执行。审计人员不需要测试控制运行的有效性,而直接实施实质性程序。但在评估重大错报风险时,需要考虑控制失效对财务报表及其审计的影响。

第五节　评估重大错报风险

审计人员应当识别和评估财务报表层次以及各类交易、账户余额、披露认定层次的重大错报风险。

一、识别和评估重大错报风险的审计程序

在识别和评估重大错报风险时,审计人员应当实施下列审计程序。

1. 在了解被审计单位及其环境的整个过程中识别风险

审计人员应当运用各项风险评估程序,在了解被审计单位及其环境的整个过程中,与各类交易、账户余额和披露相联系,识别风险。例如,被审计单位因相关环境法规的实施需要更新设备,可能面临原有设备闲置或贬值的风险;宏观经济的低迷可能预示应收账款的回收存在问题的风险。

2. 将识别的风险与认定层次可能发生错报的领域相联系

审计人员应当将识别的风险与认定层次可能发生错报的领域相联系。例如,销售困难使产品的市场价格下降,可能导致年末存货成本高于其可变现净值而需要计提存货跌价准备,这显示存货的计价认定可能发生错报。

3. 考虑识别的风险是否重大

风险是否重大是指风险造成后果的严重程度。例如,销售困难会产生产品市场价格下降的风险,审计人员还应当考虑产品市场价格下降的幅度、该产品在被审计单位产品中的比重等,以确定识别的风险对财务报表的影响是否重大。若产品市场价格大幅下降,产品销售收入不能补偿成本,存货计价认定发生错报的风险重大;若价格下降的产品在被审计单位销售收入中所占比例很小,其他产品销售毛利率很高,尽管该产品的毛利率为负,也不存在年末存货发生重大跌价的风险。

4. 考虑识别的风险导致财务报表发生重大错报的可能性。

审计人员还需要考虑上述识别的风险是否会导致财务报表发生重大错报。在某些情况下,尽管识别的风险重大,但仍不至于导致财务报表发生重大错报。例如,期末财务报表中存货的余额较低,尽管识别的风险重大,但不至于导致存货的计价认定发生重大错报风险,财务报表发生重大错报的可能性将相应降低。

审计人员应当利用实施风险评估程序获取的信息,包括在评价控制设计和确定其是否得到执行时获取的信息,作为支持风险评估结果的审计证据。审计人员应当根据风险评估结果,确定实施进一步审计程序的性质、时间和范围。

二、两个层次的重大错报风险

在对重大错报风险进行识别和评估后,审计人员应当确定,识别的重大错报风险是与特定的某类交易、账户余额、披露的认定相关,还是与财务报表整体广泛相关,进而影响多项认定。

某些重大错报风险可能与特定的各类交易、账户余额、披露的认定相关。例如,被审计单位存在复杂的联营或合资,这表明长期股权投资账户的认定可能存在重大错报风险。

某些重大错报风险可能与财务报表整体广泛相关,进而影响多项认定。例如,管理层缺乏诚信或承受异常的压力可能引发舞弊风险,这些风险与财务报表整体相关。

三、控制环境对评估财务报表层次重大错报风险的影响

财务报表层次的重大错报风险很可能源于薄弱的控制环境。薄弱的控制环境带来的风险可能对财务报表产生广泛影响,难以限于某类交易、账户余额、披露,审计人员应当采取总体应对措施。

例如,被审计单位管理层经营理念偏于激进,又缺乏实现激进目标的人力资源等,这些缺陷源于薄弱的控制环境,可能对财务报表产生广泛影响,需要审计人员采取总体应对措施。

四、控制对评估认定层次重大错报风险的影响

在评估重大错报风险时,审计人员应当将所了解的控制与特定认定相联系。

在评估重大错报发生的可能性时,除了考虑可能的风险外,还要考虑控制对风险的抵销和遏制作用。有效的控制会减少错报发生的可能性,而控制不当或缺乏控制,错报就会由可能变成现实。

控制可能与某一认定直接相关,也可能与某一认定间接相关。关系越间接,控制在防止或发现并纠正认定中错报的作用越小。例如,销售经理对分地区的销售网点的销售情况进行复核,与销售收入完整性的认定只是间接相关。

审计人员可能识别出有助于防止或发现并纠正特定认定发生重大错报的控制。在确定这些控制是否能够实现上述目标时,审计人员应当将控制活动和其他要素综合考虑。如将销售和收款的控制置身于其所在的流程和系统中考虑,以确定其能否实现控制目标。因为单个的控制活动(如将发货单与销售发票相核对)本身并不足以控制重大错报风险。只有多种控制活动和内部控制的其他要素综合作用才足以控制重大错报风险。

审计人员应当考虑对识别的各类交易、账户余额和披露认定层次的重大错报风险予以汇总和评估,以确定进一步审计程序的性质、时间和范围。表9-1给出了评估认定层次重大错报风险汇总表示例。

表9-1

评估认定层次的重大错报风险汇总表

重大账户	认定	识别的重大错报风险	风险评估结果
列示重大账户。例如,应收账款	列示相关的认定。例如,存在、完整性、计价或分摊等	汇总实施审计程序识别出的与该重大账户的某项认定相关的重大错报风险	评估该项认定的重大错报风险水平(应考虑控制设计是否合理,是否得到执行)

五、考虑财务报表的可审计性

审计人员在了解被审计单位内部控制后,可能对被审计单位财务报表的可审计性

产生怀疑。例如，对被审计单位会计记录的可靠性和状况的担心可能会使审计人员认为可能很难获取充分、适当的审计证据，以支持对财务报表发表意见。再如，管理层严重缺乏诚信，审计人员认为管理层在财务报表中作出虚假陈述的风险高到无法进行审计的程度。因此，如果通过对内部控制的了解发现下列情况，并对财务报表局部或整体的可审计性产生疑问，审计人员应当考虑出具保留意见或无法表示意见的审计报告：

（1）被审计单位会计记录的状况和可靠性存在重大问题，不能获取充分、适当的审计证据以发表无保留意见。

（2）对管理层的诚信存在严重疑虑。

必要时，审计人员应当考虑解除业务约定。

六、需要特别考虑的重大错报风险

1. 特别风险的含义

作为风险评估的一部分，审计人员应当运用职业判断，确定识别的风险哪些是需要特别考虑的重大错报风险（以下简称特别风险）。

2. 确定特别风险时应考虑的事项

在确定哪些风险是特别风险时，审计人员应当在考虑识别出的控制对相关风险的抵消效果前，根据风险的性质、潜在错报的重要程度（包括该风险是否可能导致多项错报）和发生的可能性，判断风险是否属于特别风险。

3. 非常规交易和判断事项导致的特别风险

日常的、不复杂的、经正规处理的交易不太可能产生特别风险。特别风险通常与重大的非常规交易和判断事项有关。非常规交易是指由于金额或性质异常而不经常发生的交易。例如，企业购并、债务重组、重大或有事项等。

如果对涉及会计估计、收入确认等方面的会计原则存在不同的理解；所要求的判断可能是主观和复杂的，或需要对未来事项作出假设，这些与重大判断事项相关的特别风险可能导致更高的重大错报风险。

4. 考虑与特别风险相关的控制

了解与特别风险相关的控制，有助于审计人员制定有效的审计方案予以应对。对特别风险，审计人员应当评价相关控制的设计情况，并确定其是否已经得到执行。由于与重大非常规交易或判断事项相关的风险很少受到日常控制的约束，审计人员应当了解被审计单位是否针对该特别风险设计和实施了控制。例如，作出会计估计所依据的假设是否由管理层或专家进行复核，是否建立作出会计估计的正规程序，重大会计估计结果是否由治理层批准等。

如果管理层未能实施控制以恰当应对特别风险，审计人员应当认为内部控制存在重大缺陷，并考虑其对风险评估的影响。在此情况下，审计人员应当考虑就此类事项与治理层沟通。

七、仅通过实质性程序无法应对的重大错报风险

作为风险评估的一部分,如果认为仅通过实质性程序获取的审计证据无法将认定层次的重大错报风险降至可接受的低水平,审计人员应当评价被审计单位针对这些风险设计的控制,并确定其执行情况。

八、对风险评估的修正

审计人员对认定层次重大错报风险的评估应以获取的审计证据为基础,并可能随着不断获取审计证据而作出相应的变化。

例如,审计人员对重大错报风险的评估可能基于预期控制运行有效这一判断,即相关控制可以防止或发现并纠正认定层次的重大错报。但在测试控制运行的有效性时,审计人员获取的证据可能表明相关控制在被审计期间并未有效运行。

因此,评估重大错报风险与了解被审计单位及其环境一样,也是一个连续和动态地收集、更新与分析信息的过程,贯穿于整个审计过程的始终。

第六节　与治理层和管理层沟通

一、就内部控制重大缺陷与治理层和管理层沟通

被审计单位管理层有责任在治理层的监督下,建立、执行和维护有效的内部控制,以合理保证企业经营目标的实现。审计人员在了解和测试内部控制的过程中可能会注意到内部控制存在的重大缺陷。审计人员将其告知适当层次的管理层或治理层,将有助于管理层和治理层履行其在内部控制方面的职责。因此,审计人员应当及时将注意到的内部控制设计或执行方面的重大缺陷,告知适当层次的管理层或治理层。

内部控制的重大缺陷是指内部控制设计或执行存在的严重不足,使被审计单位管理层或员工无法在正常行使职能的过程中,及时发现和纠正错误或舞弊引起的财务报表重大错报,无法就内部控制重大缺陷与治理层和管理层进行沟通。

下列情况通常表明内部控制存在重大缺陷:

(1) 审计人员在审计工作中发现了重大错报,而被审计单位的内部控制没有发现这些重大错报。

(2) 控制环境薄弱。

(3) 存在高层管理人员舞弊迹象(无论涉及金额大小)。

二、就重大错报风险的控制与治理层沟通

如果识别出被审计单位未加控制或控制不当的重大错报风险，或认为被审计单位的风险评估过程存在重大缺陷，审计人员应当就此类内部控制缺陷与治理层沟通。

三、审计工作记录

1. 记录的内容

审计人员应当就下列内容形成审计工作记录：

（1）项目组对由于舞弊或错误导致财务报表发生重大错报的可能性进行的讨论，以及得出的重要结论。

（2）审计人员对被审计单位及其环境各个方面的了解要点（包括对内部控制各项要素的了解要点）、信息来源以及实施的风险评估程序。

（3）审计人员在财务报表层次和认定层次识别、评估出的重大错报风险。

（4）审计人员识别出的特别风险和仅通过实质性程序无法应对的重大错报风险，以及对相关控制的评估。

2. 记录的方式

审计人员需要运用职业判断。确定对上述事项记录的方式，常见的记录方式包括文字叙述、问卷、核对表和流程图等。

记录的方式和范围取决于被审计单位的性质、规模、复杂程度、内部控制、被审计单位信息的获得性，以及审计过程中使用的具体审计方法和技术的影响。通常，被审计单位经营活动越复杂，审计人员实施审计程序的范围越广，审计工作记录就越复杂。

关 键 术 语

风险评估　风险评估程序　经营风险　内部控制　业务类工作底稿　控制环境
风险评估过程　信息系统与沟通　控制活动　对控制的监督　重大错报风险

案 例 剖 析 题

【案例剖析题 9-1】

ABC 会计师事务所注册会计师 A 和 B 接受事务所的委派对 XYZ 公司 2014 年度财务报表进行审计。在预备调查阶段，通过调查问卷等形式了解到 XYZ 公司销售与收款循环的内控会计制度，描述如下：

（1）销售部门收到顾客的订单后，由经理甲对品种、规格、数量、价格、付款条件、结算方式等详细审核后签章，交仓库办理发货手续。

（2）仓库在发运商品出库时，均必须由管理员乙根据经批准的订单，填制一式四联的销售单。在各联上签章后，第一联作为发运单，由工作人员配货并随货交顾客；第二联送会计部；第三联送应收账款专管员丙；第四联则由乙按编号顺序连同订单一并归档保存，作为盘存的依据。

（3）会计部收到销货单后，根据单中所列资料，开具统一的销售发票，将顾客联寄送顾客，将销售联交应收账款专管员丙，作为记账和收款的凭证。

（4）应收账款专管员丙收到发票后，将发票和销货单核对，如无错误，据以登记应收账款明细账，并将发票和销货单按顾客顺序归档保存。

要求：

（1）指出 XYZ 公司在销售与收款循环内部会计控制中存在的缺陷。

（2）针对上述存在的缺陷，提出改进完善措施。

【题解】

（1）缺陷：

① 不应由销售经理审核。

② 销售单不应由仓库部门编制，也不能代替装运凭证。

③ 货物的发货与装运的职责不应由同一部门承担。

④ 会计部门开具销售发票时，没有核定装运凭证、销售单和商品价目表。

⑤ 负责销售账和收款两项不相容职务不应由一人办理。

⑥ 没有对销售收款循环进行独立稽核。

（2）改进措施如下：

① 销售部门必须根据批准的订单编制一式多联预先连续编号的销售通知单，分别用于批准赊销、审核、发货与装运货物、记录发货数量及向顾客开具账单。

② 货物的发货与装运，由仓库和运输部门分别办理。

③ 运输部门必须根据已批准的销售单一式多联预先连续编号提货单，装运货物；仓库部门核对经批准的销售单与提货单后发货。

④ 会计部门必须在核对装运凭证（提货单）、销售单和商品价目表无误的情况下，才能开具发票。

⑤ 将收款业务和负责销售账的业务分开。

⑥ 设置独立稽核人员，专门审核销售发票的单价、加总、入账日期等。

【案例剖析题 9-2】

A 和 B 注册会计师在编制 C 公司 2014 年度财务报表的审计计划前，按审计准则的要求对被审计单位 C 公司及其环境进行了全面了解和记录。相关的工作底稿显示，C 公司 2014 年度存在以下具体情况：

(1) 2014年6月30日,C公司于2012年6月30日从P银行借入、金额为6 000万元期限为2年的长期借款到期。虽然C公司最高管理人员多次与P银行信贷部协商,希望延长还款期半年,但P银行在委托K会计师事务所对C公司进行专项审计后,于2014年7月收回了款项。

(2) 为扩展业务,C公司出资1 000万元于2014年6月30日成功兼并了西部某省的两家公司,此举增加了C公司在西部市场的立足点,降低了在西部市场的竞争程度。

(3) 2014年10月,为开拓国际市场,C公司董事会决定在中东地区设立分公司。由于该地区除伊拉克以外的各国商家云集,均难以获得市场准入,公司董事会决定投入500万美元在伊拉克设立分公司。到2014年年底,该分公司已正式开始营业,虽然该地区时常发生绑架等刑事案件,但分公司的经营基本未受影响。

(4) 直到2014年11月底,C公司一直采用手工记账。为提高财务工作效率和质量,C公司投资500万元于2014年12月实现了会计电算化。考虑到这一变化对财务人员的影响,财务部门分期分批对全体财务人员进行了培训,同时还聘请了外部专家进行经常性业务指导。至2014年年底,相关的培训工作和计算机信息系统调试工作均已完毕。

(5) 2014年11月起,C公司将原存放在Q银行的2 000万元款项全部转入3名高级管理人员及财务经理的信用卡,与所有客户的往来以及公司职工薪酬的发放均通过信用卡结算。

要求:

(1) 逐一针对上述各种情况,指出是否会导致C公司产生重大错报风险,简要说明理由。

(2) 上述情况中,哪一种情况很可能会导致C公司的财务报表产生重大错报?对此,A和B注册会计师应当如何应对?

(3) 上述情况中,哪一种情况很可能意味着C公司存在特别风险?A和B注册会计师应当如何应对?

(4) 上述情况中,哪两种情况最可能导致C公司的经营风险增加?

【题解】

其一,第(1)种情况表明,C公司的融资能力受到限制,很可能导致流动资金不足,增加重大的错报风险。

第(2)种情况表明,C公司发生了重大的购并行为,很可能占用大量资金,增加重大错报风险。

第(3)种情况表明,C公司在经济不稳定的国家开展业务,很可能难以收回成本,从而增加重大错报风险。

第(4)种情况表明,C公司的信息技术环境发生变化,很可能导致相当一段时间内的信息技术难以与经营活动融合，从而增加重大的错报风险。

第(5)种情况属于重大的异常情况，很可能意味着 C 公司与 Q 银行之间有纠纷，增加重大的错报风险。

其二，情况(4)最有可能导致 C 公司的财务报表产生重大错报。对此，A 和 B 注册会计师应当要求会计师事务所聘请电算化方面的专家参与审计工作。

其三，情况(5)属于重大的异常情况，最有可能意味着 C 公司存在特别风险。该情况意味着 C 公司的资金运作脱离了银行的监管，为舞弊行为提供了客观条件。对此，A 和 B 注册会计师应当向 Q 银行询问，并要求 C 公司提供全部信用卡结算的清单，以便作进一步调查。

其四，情况(2)和情况(3)最可能导致 C 公司的经营风险上升。前者是在经济不发达的地区开展业务，后者是在经济不稳定的国家开展业务，很可能导致难以收回成本的情况发生，影响公司的经营成果。

本章要点概览

本章的主要内容是风险评估，重点是识别内部控制存在的缺陷。

本章介绍了风险评估的基本概念，包括风险评估的定义、风险评估的内容、国际和国内审计风险准则、风险评估的总体要求。

风险评估程序中主要阐述风险评估程序和信息来源，风险评估项目组内部的讨论。

了解被审计单位及其环境中主要阐述了解被审计单位及其环境的总体要求、行业状况、法律环境与监管环境以及其他外部因素、被审计单位的性质、被审计单位对会计政策的选择和运用、被审计单位的目标、战略以及相关经营风险、被审计单位财务业绩的衡量和评价。

了解被审计单位的内部控制中主要阐述内部控制的含义和要素，从控制环境、风险评估过程、控制活动、信息系统与沟通、对控制的监督五个方面了解内部控制，在业务流程层面了解和评价内部控制。

评估重大错报风险中主要阐述识别和评估重大错报风险的审计程序、两个层次的重大错报风险、控制环境对评估财务报表层次重大错报风险的影响、控制对评估认定层次重大错报风险的影响、考虑财务报表的可审计性、需要特别考虑的重大错报风险、仅通过实质性程序无法应对的重大错报风险、对风险评估的修正。

与治理层和管理层沟通中主要阐述应就内部控制重大缺陷与治理层和管理层沟通和就重大错报风险的控制与治理层沟通、记录审计工作。

本章提供了两个案例分析。

第十章 风险应对

────────学习目的与要求────────

　　通过本章学习,学生能够了解如何应对财务报表层次重大错报风险,了解针对财务报表层次重大错报风险的总体应对措施,了解针对认定层次重大错报风险的进一步审计程序,熟悉控制测试和实质性程序,熟悉管理建议书的概念,熟悉评价审计证据的充分性和适当性的概念,掌握识别财务报表审计中重大错报风险和特别风险的方法。

第一节　针对财务报表层次重大错报风险的总体应对措施

一、风险应对概述

　　风险应对是指在确定决策的主体经营活动中存在风险,并在分析出风险概率及其风险影响程度的基础上,根据风险性质和决策主体对风险的承受能力而制定的回避、承受、降低或者分担风险等相应防范计划。制定风险应对策略主要考虑四个方面的因素:可规避性、可转移性、可缓解性和可接受性。

　　在财务报表重大错报风险的评估过程中,审计人员应当确定,识别的重大错报风险是与特定的某类交易、账户余额、披露的认定相关,还是与财务报表整体广泛相关,进而影响多项认定。如果是后者,就意味着此类风险可能对财务报表的多项认定产生广泛影响,则属于财务报表层次的重大错报风险。

　　审计人员应根据审计风险准则的要求,识别和评估财务报表重大错报风险,针对评估的财务报表层次重大错报风险实施总体应对措施,并针对评估的认定层次重大错报风险实施进一步审计程序,以将审计风险降至可接受的低水平。

　　审计人员应对重大错报风险,应遵循以下规定:

　　(1)审计人员应针对财务报表层次的重大错报风险制定总体应对措施,包括向项目组强调在获取审计证据过程中保持职业怀疑态度的必要性、分派更有经验或具有特殊技能的审计人员或利用专家,向项目组提供更多的督导等。

(2)审计人员应当针对认定层次的重大错报风险设计和实施进一步审计程序,包括控制测试的有效性以及实施实质性程序。

(3)审计人员应当评价风险评估的结果是否适当,并确定是否已经获取充分、适当的审计证据。

(4)注册会计师应当将实施关键的程序形成审计工作记录。

二、针对财务报表层次重大错报风险总体应对措施

《中国注册会计师审计准则第 1231 号——针对评估的重大错报风险采取的应对措施》指出:"注册会计师应当针对评估的财务报表层次重大错报风险,设计和实施总体应对措施。"

识别的重大错报风险是与财务报表的多项认定相关,则相应增加审计人员对认定层次重大错报风险的评估难度。因此,审计人员应当针对评估的财务报表层次重大错报风险确定采取下列总体应对措施。

1. 向项目组强调保持职业怀疑态度的必要性

在识别和评估重大错报风险时,保持职业怀疑有助于设计恰当的风险评估程序,有针对性地了解被审计单位及其环境;有助于使审计人员对引起疑虑的情形保持警觉,充分考虑错报发生的可能性和重大程度,有效识别和评估财务报表层次重大错报风险。

在收集和评价审计证据时,保持职业怀疑有助于审计人员评价是否已获取充分、适当的审计证据以及是否还需执行更多的工作;有助于审计人员审慎评价审计证据、纠正仅获取最容易获取的审计证据、忽视存在相互矛盾的审计证据的偏向。

保持职业怀疑对于审计人员发现舞弊、防止审计失败至关重要。舞弊可能是精心策划、蓄意实施并予以隐瞒的,只有保持充分的职业怀疑,审计人员才能对舞弊风险因素保持警觉,进而有效地评估舞弊导致的重大错报风险。

2. 分派更有经验或具有特殊技能的审计人员,或利用专家的工作

由于各行业在经营业务、经营风险、财务报告、法规要求等方面具有特殊性,审计人员的专业分工细化成为一种趋势。审计项目组成员中应有一定比例的人员曾经参与过被审计单位以前年度的审计,或具有被审计单位所处特定行业的相关审计经验。必要时,要考虑利用信息技术、税务、评估、精算师等方面的专家的工作。

3. 提供更多的督导

对于财务报表层次重大错报风险较高的审计项目,项目组的高级别成员,如项目负责人、项目经理等经验较丰富的人员,要对其他成员提供更详细、更经常、更及时地

指导和监督并加强项目质量复核。

4. 在选择进一步审计程序时,应当注意使某些程序不被管理层预见或事先了解

被审计单位人员,尤其是管理层,如果熟悉审计人员的审计套路,就可能采取种种规避手段,掩盖财务报告中的舞弊行为。因此,在设计拟实施审计程序的性质、时间和范围时,为了避免既定思维对审计方案的限制,为了提高审计程序的效果,避免被审计单位预先了解或熟悉审计程序而进行人为的操纵以掩盖财务信息的错误和舞弊,审计人员通常会在审计实务中增加审计程序的不可预见性。

(1) 对某些以前未测试的低于设定的重要性水平或风险较小的账户余额和认定实施实质性程序。财务报表层次重要性水平设为65万元,那么以往情况审计人员一般会查询65万元以上的交易,而对于65万元以下的则不查或者没有比较严格的审计程序,那么被审计单位为了规避自己的错报就会虚构一系列低于65万元的交易,使其不重大,但实际这些金额加起来已经远远超过65万元。这时如果审计人员对低于65万元的交易进行审计,出其不意,使其无任何防范措施。

(2) 调整实施审计程序的时间,使其超出被审计单位的预期。例如,如果审计人员在以前年度的大多数审计工作都围绕着12月或在年底前后进行,那么被审计单位就会了解审计人员这一审计习惯,由此可能会把一些不适当的会计调整放在本年度的9月、10月、11月等,以避免引起审计人员的注意。因此,审计人员可以考虑调整实施审计程序时测试项目的时间,从测试12月的项目调整到测试9月、10月或11月的项目。

(3) 采取不同的审计抽样方法,使当年抽取的测试样本与以前有所不同;不同的审计方法可能会收集到和以前不同的审计证据。

(4) 选取不同的地点实施审计程序,或预先不告知被审计单位所选定的测试地点。例如,在存货监盘程序中,审计人员可以到未事先通知被审计单位的盘点现场进行监盘,使被审计单位没有机会事先清理现场,隐藏一些不想让审计人员知道的情况。

对于以前不经常去审计的地点,被审计单位可能会放松警惕,将重大错报都集合在此,那么审计人员如果选取这些地方进行审计,被审计单位就束手无策了。

5. 对拟实施审计程序的性质、时间和范围作出总体修改

如果控制环境存在缺陷,审计人员在对拟实施审计程序的性质、时间安排和范围做出总体修改时应当考虑:

(1) 在期末而非期中实施更多的审计程序。控制环境的缺陷通常会削弱期中获得的审计证据的可信赖程度。

(2) 通过实质性程序获取更广泛的审计证据。良好的控制环境是其他控制要素发挥作用的基础。控制环境存在缺陷通常会削弱其他控制要素的作用,导致审计人

员可能无法信赖内部控制,而主要依赖实施实质性程序获取审计证据。

(3) 修改审计程序的性质,获取更具说服力的审计证据。修改审计程序的性质主要是指调整拟实施审计程序的类别及组合。例如,原先可能主要限于检查某项资产的账面记录或相关文件,而调整审计程序的性质后可能意味着更加重视实地检查该项资产。

(4) 增加拟纳入审计范围的经营地点的数量。

(5) 扩大审计程序的范围。例如,扩大样本规模,或采用更详细的数据实施分析程序。

表 10-1 举例说明一些具有不可预见性的审计程序。

表 10-1

审计程序的不可预见性示例表

审计领域	一些可能适用的具有不可预见性的审计程序
存货	(1) 向以前审计过程中接触不多的被审计单位员工询问,例如采购、销售、生产人员等 (2) 在不事先通知被审计单位的情况下,选择一些以前未曾访问过的盘点地点进行存货监盘
销售/应收账款	(1) 向以前审计过程中接触不多或未曾接触过的被审计单位员工询问,例如,负责处理大客户账户的销售部人员 (2) 改变实施实质性分析程序的对象,例如对收入按细类进行分析 (3) 针对销售和销售退回延长截止测试期间 (4) 实施以前未曾考虑过的审计程序,例如: ① 函证确认销售条款或者选定销售额较不重要,以前未曾关注的销售交易,例如,对出口销售实施实质性程序 ② 实施更细致的分析程序,例如使用计算机辅助审计技术审阅销售及客户账户 ③ 测试以前未曾函证过的账户余额,例如,金额为负或是零的账户,或者余额低于以前设定的重要性水平的账户 ④ 改变函证日期,即把所函证账户的截止日期提前或者推迟 ⑤ 对关联公司销售和相关账户余额,除了进行详细函证外,再实施其他审计程序进行验证
采购/应付账款	(1) 如果以前未曾对应付账款余额普遍进行函证,可考虑直接向供应商函证确认余额,如果经常采用函证方式,可考虑改变函证的范围或者时间 (2) 对以前由于低于设定的重要性水平而未曾测试过的采购项目,进行详细测试 (3) 使用计算机辅助审计技术审阅采购和付款账户,以发现一些特殊项目,例如,是否有不同的供应商使用相同的银行账户
现金/银行存款	(1) 多选几个月银行存款余额调节表进行测试 (2) 对有大量银行账户的,考虑改变抽样方法

（续表）

审计领域	一些可能适用的具有不可预见性的审计程序
固定资产	对以前由于低于设定的重要性水平而未曾测试过的固定资产进行测试,例如,考虑实地盘查一些价值较低的固定资产,如汽车和其他设备等。
跨区域审计项目	修改分支机构审计工作的范围或者区域(如增加某些较次要分支机构的审计工作量,或实地去分支机构开展审计工作)

第二节　针对认定层次重大错报风险的进一步审计程序

一、进一步审计程序的概念

1. 进一步审计程序的含义

进一步审计程序相对风险评估程序而言,是指审计人员针对评估的各类交易、账户余额、披露认定层次重大错报风险实施的审计程序,包括控制测试和实质性程序。

2. 设计进一步审计程序要考虑的因素

在设计进一步审计程序时,审计人员应当考虑下列因素:

(1) 风险的重要性。风险的重要性是指风险造成的后果的严重程度。风险的后果越严重,就越需要审计人员关注和重视,越需要精心设计有针对性的进一步审计程序。

(2) 重大错报发生的可能性和后果。重大错报发生的可能性越大,同样越需要审计人员精心设计进一步审计程序。

(3) 涉及的各类交易、账户余额与披露的特征。不同的交易、账户余额和披露,产生的认定层次的重大错报风险也会存在差异,适用的审计程序也有差别,需要审计人员区别对待,并设计有针对性的进一步审计程序予以应对。

(4) 被审计单位采用的特定控制的性质。不同性质的控制(尤其是人工控制还是自动化控制)对审计人员设计进一步的审计程序具有重要影响,因此要正确区分是人工控制还是自动化控制,以便精心设计进一步审计程序。

(5) 审计人员是否拟获取审计证据,以确定内部控制在防止或发现并纠正重大错报方面的有效性。

如果审计人员在风险评估时预期内部控制运行有效,随后拟实施的进一步审计程序必须包括控制测试,且实质性程序自然会受到之前控制测试结果的影响。

综合上述几方面因素,审计人员对认定层次重大错报风险的评估为确定进一步审计程序的总体方案奠定了基础。因此,审计人员应当根据对认定层次重大错报风险的评估结果,恰当选用实质性方案或综合性方案。

小型被审计单位可能不存在能够被审计人员识别的控制活动,审计人员实施的进一步审计程序可能主要是实质性程序。但是,审计人员始终应当考虑在缺乏控制的情况下,仅通过实施实质性程序是否能够获取充分、适当的审计证据。

还需要特别说明的是,审计人员对重大错报风险的评估毕竟是种主观判断,可能无法充分识别所有的重大错报风险,同时内部控制存在固有局限性(特别是存在管理层凌驾于内部控制之上的可能性)。因此,无论选择何种方案,审计人员都应当对所有重大的各类交易、账户余额、披露设计实施实质性程序。

《中国注册会计师审计准则第 1231 号——针对评估的重大错报风险采取的应对措施》规定:注册会计师应当针对评估的认定层次重大错报风险,设计和实施进一步审计程序,包括审计程序的性质、时间安排和范围。

二、进一步审计程序的性质

1. 进一步审计程序的性质的含义

进一步审计程序的性质是指进一步审计程序的目的和类型。

(1)进一步审计程序的目的。进一步审计程序的目的包括通过实施控制测试以确定内部控制运行的有效性,通过实施实质性程序以发现认定层次的重大错报。

(2)进一步审计程序的类型。进一步审计程序的类型包括检查、观察、询问、函证、重新计算、重新执行和分析程序。

2. 进一步审计程序的性质的确定

在应对评估的风险时,合理确定审计程序的性质是最重要的。这是因为不同的审计程序应对特定认定错报风险的效力不同。例如,对于与收入完整性认定相关的重大错报风险,控制测试通常更能有效应对;对于与收入发生认定相关的重大错报风险,实质性程序通常更能有效应对。

审计人员应当根据以下因素确定进一步审计程序的性质:

(1)考虑认定层次重大错报风险的评估结果。审计人员应当根据认定层次重大错报风险的评估结果选择进一步审计程序。评估的风险越高,需要获取越有说服力的审计证据。当审计人员判断某类交易协议的完整性存在更高的重大错报风险时,除了检查文件以外,审计人员还可能决定向第三方询问或函证协议条款的完整性。

(2)考虑评估的认定层次重大错报风险产生的原因。在确定拟实施的进一步审计程序时,审计人员应当考虑形成某类交易、账户余额和披露的认定层次重大错报风险评估结果的依据。如果判断某特定类别的交易即使在不存在相关控制的情况下发生重大错报的风险仍较低,就可能认为仅实施实质性程序就可以获取充分、适当的审计证据。如果判断某类交易,在内部控制运行有效的情况下发生重大错报的风险较低,且拟在控制运行有效的基础上设计实质性程序,审计人员就应决定先实施控制测试。

(3) 审计人员应当就信息的准确性和完整性获取审计证据。如果在实施进一步审计程序时拟利用被审计单位信息系统生成的信息,审计人员应当就信息的准确性和完整性获取审计证据。例如,审计人员在对被审计单位的存货期末余额实施实质性程序时,拟利用被审计单位的信息系统生成的各个存货存放地点及其余额清单。审计人员应当获取关于这些信息的准确性和完整性的审计的证据。

三、进一步审计程序的时间

1. 进一步审计程序的时间的含义

进一步审计程序的时间是指审计人员何时实施进一步审计程序,或审计证据适用的期间或时点。

2. 进一步审计程序的时间选择

进一步审计程序的时间选择就是为了确保获取审计证据的效率和效果。因此,进一步审计程序的时间选择必须考虑下述因素:

(1) 实施审计程序的时间。审计人员在何时实施进一步审计程序考虑的因素应当是审计人员评估的重大错报风险。当重大错报风险较高时,审计人员应当考虑在期末或接近期末实施实质性程序;或采用不通知的方式,或在管理层不能预见的时间实施审计程序。

(2) 选择获取什么期间或时点的审计证据。在期末实施审计程序在很多情况下非常必要,但在期中实施进一步审计程序,可能有助于审计人员在审计工作初期识别重大事项,并在管理层的协助下及时解决这些事项,或针对这些事项制定有效的审计策略。

(3) 在期中实施进一步审计程序存在很大的局限性。审计人员难以仅凭在期中实施的进一步审计程序获取有关期中以前的充分、适当的审计证据,即使获取期中以前的充分、适当的审计证据,也不能保证免除从期中到期末这段剩余期间还会发生重大的交易或事项,甚至不排除被审计单位管理层在审计人员于期中实施了进一步审计程序之后,可能对期中以前的相关会计记录作出调整甚至篡改。为此,如果在期中实施了进一步审计程序,审计人员还应当针对剩余期间获取审计证据。

(4) 确定何时实施进一步审计程序考虑的因素。审计人员在确定何时实施审计程序时应当考虑的几项重要因素:控制环境、得到相关信息的时间、错报风险的性质、审计证据适用的期间或时点。

虽然审计人员在很多情况下可以根据具体情况选择实施进一步审计程序的时间,但也存在着一些限制选择的情况,如某些审计程序只能在期末或期末以后实施,包括将财务报表与会计记录相核对,检查财务报表编制过程中所作的会计调整等。

如果被审计单位在期末或接近期末发生了重大交易,或重大交易在期末尚未完成,审计人员应当考虑交易的发生或截止等认定可能存在的重大错报风险,并在期末或期末以后检查此类交易。

四、进一步审计程序的范围

1. 进一步审计程序的范围的含义

进一步审计程序的范围是指实施进一步审计程序的数量,包括抽取的样本量,对某项控制活动的观察次数等。

2. 确定进一步审计程序的范围时考虑的因素

在确定审计程序的范围时,审计人员应当考虑下列因素:确定的重要性水平,评估的重大错报风险,计划获取的保证程度。总之,确定的重要性水平越低,评估的重大错报风险越高,计划获取的保证程度越高,审计人员实施进一步审计程序的范围越广。

3. 需要说明的问题

(1) 重大错报风险的增加应扩大审计程序的范围。

(2) 在考虑确定进一步审计程序的范围时,使用计算机辅助审计技术具有积极的作用。

(3) 慎重考虑抽样过程对审计程序范围的影响。

此外,审计人员在综合运用不同审计程序时,除了面临各类审计程序的性质选择问题外,还面临如何权衡各类程序的范围问题。因此,审计人员在综合运用不同审计程序时.不仅应当考虑各类审计程序的性质,还应当考虑测试的范围是否适当。

第三节 控 制 测 试

一、控制测试概述

1. 控制测试的含义

控制测试是为了确定被审计单位控制政策和程序的设计与执行是否完整与有效而实施的审计程序。

2. 控制测试的两个方面

控制测试包括两个方面:控制设计测试和控制执行测试。

(1) 控制设计测试。控制设计测试是测试被审计单位的内部控制政策和程序的设计是否适当,其目的是确定被审计单位设计的内部控制是否能够防止、发现和纠正特定财务报表认定的重大错报或漏报。例如,注册会计师了解到,"会计人员记录存货购入"制度,规定记录存货购入必须有检验部门出具的检验报告、仓库管理人员签字的入库单和采购部门认可的购货发票。据此,审计人员可以推断,该项控制可以防止由于虚假购货产生的存货高估的风险。

(2)控制执行测试。控制执行测试是测试被审计单位的内部控制政策和程序是否发挥应有的作用。如果被审计单位的控制政策和程序未能发挥其应有的作用,即使设计得再完整,也不能减少财务报表中出现重大错报或漏报的风险。因此,针对被审计单位现已存在的内部控制,审计人员应测试其是否得到有效执行。例如,对已有的"会计人员记录存货购入"制度,审计人员就应检查会计人员所记录的购货是否均附有入库单、验收报告和采购部门认可的购货发票。

控制运行有效性强调的是控制能够在各个不同的时点按照既定设计得以一贯执行。具体来说,审计人员应查明以下几个问题:(a)控制在所审计的不同时点是如何运行的。(b)控制是否得到一贯执行。(c)控制由谁执行。(d)控制以何种方式运行(人工控制或自动化控制)。

3. 控制测试的运行有效性

控制运行有效性强调的是控制能够在各个不同时点按照既定设计得以一贯执行。

在评估认定层次重大错报风险时,预期控制的运行是有效的或仅实施实质性程序并不能够提供认定层次充分、适当的审计证据,审计人员应针对相关控制运行的有效性,设计和实施控制测试。

控制运行有效性强调的是控制能够在各个不同时点按照既定设计得以一贯执行,这与控制是否得到执行是两个完全不同的概念。

因此,在了解控制是否得到执行时,审计人员只需抽取少量的交易进行检查或观察某几个时点。但在测试控制运行的有效性时,审计人员需要抽取足够数量的交易进行检查或对多个不同时点进行观察。审计人员应将询问与其他审计程序结合使用,以获取有关控制运行有效性的审计证据。

审计人员获取的有关控制运行有效性的证据应当包括:(a)控制在所审计期间的相关时点是如何运行的。(b)控制是否得到一贯执行。(c)控制由谁或以何种方式执行。

对控制有效性的信赖程度越高,在设计和实施控制测试时,审计人员应当获取越有说服力的审计证据。

二、控制测试的性质、时间和范围

1. 控制测试的性质

(1)控制测试性质的含义。控制测试性质是指控制测试所使用的审计程序的类型及其组合。

（2）控制测试采用的审计程序。控制测试与了解内部控制的目的不同,但两者采用审计程序的类型通常相同,包括询问、观察、检查和穿行测试。此外,控制测试的程序还包括重新执行。

2. 控制测试的时间

控制测试的时间包含两层含义:一是何时实施控制测试;二是测试所针对的控制适用的时点或期间。因此,审计人员应当根据控制测试的目的确定控制测试的时间,并确定拟信赖的相关控制的时点或期间。

对于控制测试,审计人员在期中实施此类程序具有更积极的作用。如果已获取有关控制在期中运行有效性的审计证据,审计人员应当:（a）获取这些控制在剩余期间发生重大变化的审计证据;（b）确定针对剩余期间还需获取的补充审计证据。也就是需要考虑如何能够将控制在期中运行有效性的审计证据合理延伸至期末,从审计的有效性的角度来看,控制测试的时间应尽量安排在期中的后期进行。

在确定利用以前审计获取的有关控制运行有效性的审计证据是否适当,以及再次测试控制的时间间隔时,审计人员应当考虑下列因素:

（1）内部控制其他要素的有效性,包括控制环境、被审计单位对控制的监督以及被审计单位的风险评估过程。

（2）控制特征（人工控制还是自动化控制）产生的风险。

（3）信息技术一般控制的有效性。

（4）控制设计及其运行的有效性,包括在以前审计中发现的控制运行偏差的性质和程度,以及是否发生对控制运行产生重大影响的人员变动。

（5）是否存在由于环境发生变化而特定控制缺乏相应变化导致的风险。

（6）重大错报风险和对控制的信赖程度。

3. 控制测试的范围

（1）控制测试范围的含义。对于控制测试的范围,其含义主要是指某项控制活动的测试次数。注册会计师应当设计控制测试,以获取控制在整个拟信赖期间有效运行的充分、适当的审计证据。

（2）确定控制测试范围的考虑因素。（a）在整个拟信赖期间,被审计单位执行控制的频率。（b）在所审计期间,审计人员拟信赖控制运行有效性的时间长度。（c）获取审计证据的相关性和可靠性。（d）通过测试与认定相关的其他控制获取的审计证据的范围。（e）在风险评估时拟信赖控制运行有效性的程度。（f）控制的预期偏差。

审计人员在风险评估时对控制运行有效性的拟信赖程度越高,需要实施控制测试的范围越大。在审计实务中,审计人员执行的控制测试范围并不是越大越好,而是要求审计人员从最经济有效地实现审计目标的总体需要出发,合理确定控制测试的范围。控制测试的范围的大小取决于财务报表重大错报风险估计水平和被审计单位内部控制有效性。

三、内部控制运行有效性评价后应做的工作

1. 偏差与错报

（1）控制失效。某项控制政策或程序未能适当且一贯地执行，或由未授权的人员来执行，则说明该项控制失效。

（2）偏差。在审计中，控制执行的失效或不当被习惯地称为"偏差""偶发事件"或"例外"。

（3）偏差与错报。某项控制执行的失效或不当，只意味着会计记录可能会发生错误或舞弊，但并不是说一定会发生错误或舞弊。因此，某项控制执行的失效或不当，只能称为"偏差"，而不能称为"错报"。只有在会计记录确实发现了错误或舞弊，才能称为"错报"。

2. 拟信赖的控制出现偏差

如果发现拟信赖的控制出现偏差，审计人员应当进行专门询问以了解这些偏差及其潜在后果，并确定：

（1）已实施的控制测试是否为信赖这些控制提供了适当的基础。

（2）是否有必要实施追加的控制测试。

（3）是否需要针对潜在的错报风险实施实质性程序。

3. 内部控制运行有效性评价后应做的工作

（1）若认为控制有效，则应减少进一步审计程序的性质、时间和范围。

（2）若认为控制有偏差，则应专门查询以了解上述偏差及潜在后果，并在此基础上确定。

① 已实施的控制测试是否为信赖这些控制提供了适当的基础。

② 是否有必要实施追加的控制测试。

③ 是否需要针对潜在的错报风险实施实质性程序。

（3）若认为控制无效，则应不进行控制测试，直接进入实质性程序测试。

四、控制测试的记录

对于某一审计目标的控制测试，审计人员需要记录以下内容：

（1）相关控制，并将控制与重要账户或列报、认定相联系。

（2）相关控制是否可以防止或发现舞弊或错误。

（3）控制设计是否健全、合理？控制是否得到一贯执行？

（4）基于对控制的测试，评价并记录控制运行的有效性及索引至有关审计工作

底稿。

审计人员在完成内部控制的测试后,应对内部控制的设计和是否得到执行进行评价,以确定进一步审计程序。

第四节　管理建议书

一、管理建议书的含义

1. 管理建议书

所谓管理建议书,是指审计人员在完成审计工作后,针对审计过程中已注意到的,可能导致被审计单位财务报表产生重大错报的内部控制重大缺陷提出书面建议。

2. 现行审计准则对管理建议书的要求

现行审计准则要求,审计人员对审计过程中注意到的内部控制重大缺陷,应当告知被审计单位管理当局,必要时,可出具管理建议书。

审计人员对审计过程中注意到的内部控制一般问题,可以口头或其他适当方式向被审计单位有关人员提出。

3. 管理建议书的作用

管理建议书既不是审计的委托事项,也不是承接会计咨询业务的报告,而是对被审计单位提供的一种纯粹的服务。

(1) 为提高经营管理水平提供参考意见,是对被审计单位提供的最有价值的服务之一。由于审计人员的职业特点,在审计过程中按规定需要检查被审计单位的内部控制制度,可能了解被审计单位经营管理中的关键所在,可能了解被审计单位内部控制的重大缺陷以及经营中的不足。通过管理建议书,可以针对被审计单位内部控制弱点,提供进一步完善内部控制,改进会计工作,提高经营管理水平的参考意见。这种意见最及时、有效,能促使被审计单位注意加强控制,改善工作,以防止弊端的发生。

被审计单位管理层可借助审计人员提供的建议对内部控制和管理进行改善,以增强企业的生存和竞争能力,所以管理建议书被看作是审计人员提供的最有价值的服务之一。

(2) 把审计人员的法律责任降低到最低限度。审计人员借助管理建议书,事先提出了改进建议,从而把审计人员的法律责任降低到最低限度。

二、管理建议书的特征

1. 管理建议书是一种增值服务,不具有公正性和强制性

管理建议书提及的被审计单位内部控制的重大缺陷,仅仅是审计人员在审计过

程中注意到的,并非被审计单位内部控制可能存在的全部缺陷,管理建议书不应被视为审计人员对被审计单位内部控制整体发表的意见,也不能减轻或免除被审计单位管理当局建立健全内部控制的责任。

审计人员出具管理建议书,不应影响其应当发表的审计意见。管理建议书的报送对象一般仅限于被审计单位的管理层或治理层,不对外公布,其内容富于建设性,不具有公正性和强制性。

2. 管理建议书的优劣,在一定程度上能衡量审计服务的质量

(1)管理建议书的优劣是鉴定审计人员工作态度、责任精神、道德品质以及专业水平的依据。

(2)管理建议书所提建议的深度、广度和效果,是决定是否续聘审计人员的重要因素。

三、管理建议书的基本要求

管理建议书是针对内部控制重大缺陷而提出的,管理建议书的基本要求也是审计人员出具有价值的管理建议书必须掌握的。

1. 提交管理建议书的要求

(1)年度财务报表审计业务,因审计程序中包含内部控制评审的要求,一般均应提供管理建议书。但是,如果被审计单位内部控制比较健全,或存在的问题基本不影响会计记录、财务报表的真实性,可不提交管理建议书。

(2)中期财务报表和特定目的审计业务,若规定的审计程序要求评审内部控制,并在评审中发现了问题,则应提供管理建议书;若规定的审计程序不要求评审内部控制,或虽要求评审内部控制,但未发现应提请被审计单位管理部门重视并改进的问题,则可不提交管理建议书。

2. 编写管理建议书的要求

(1)编写管理建议书之前,应将工作结果和管理建议形成审计工作底稿,并做好以下工作:

① 分析、整理被审计单位内部控制评审的各种资料并作出评价。

② 从财务资料中研究、识别内部控制存在的缺陷。

③ 查阅以前提供的管理建议书,追查其执行结果。

④ 征询参与审计工作的税务咨询、管理咨询及其他有关专家的意见。

⑤ 与被审计单位管理人员就内部控制重大缺陷问题及提出的改进建议进行讨论和研究。

(2)起草管理建议书应根据下列要求确定具体内容:

① 在分析工作底稿中有关内部控制问题及建议的详细资料的基础上确定管理

建议书的具体内容。

② 按在内部控制中的重要程度为序,排列提出的内部控制问题及意见与建议。

③ 在审计过程中已向被审计单位提出,而被审计单位未调整或未改进的重要事项应作详细说明。

(3) 草拟完成管理建议书。

(4) 根据修改后的草稿编写正式的管理建议书。

四、管理建议书的内容

管理建议书一般应当包括下列基本内容:

(1) 标题。管理建议书的标题应当统一规范为"管理建议书"。

(2) 收件人。管理建议书的收件人应为被审计单位管理当局。

(3) 财务报表审计目的及管理建议书的性质。管理建议书应当指明审计目的是对财务报表发表审计意见,管理建议书仅指出了审计人员在审计过程中注意到的内部控制重大缺陷,不应视为对内部控制发表鉴证意见,所提建议不具有强制性和公正性。

(4) 内部控制重大缺陷及其影响和改进建议。管理建议书应当指明审计人员在审计过程中注意到的内部控制设计和运行方面的重大缺陷,包括前期建议改进但本期仍然存在的重大缺陷。

管理建议书应当指明内部控制重大缺陷对财务报表可能产生的影响,以及相应的改进建议,并对所发现的问题以其影响的重要程度为序分类排列。

必要时,管理建议书可以说明被审计单位管理当局对内部控制重大缺陷和改进建议作出的反应。

(5) 使用范围及使用责任。管理建议书应当指明其仅供被审计单位管理当局内部参考,因使用不当造成的后果,与审计人员及其所在会计师事务所无关。

(6) 签章。管理建议书应当由审计人员签章,并加盖会计师事务所的公章。

(7) 日期。管理建议书应当注明日期,这一日期应当表明审计人员的责任期限。

第五节 实 质 性 程 序

一、实质性程序的含义

1. 实质性程序的含义

实质性程序是指用于发现认定层次重大错报的审计程序,包括对各类交易、账户余额、披露的细节测试以及实质性分析程序。审计人员应当考虑是否将函证程序用作实质性程序。

《中国注册会计师审计准则第 1231 号——针对评估的重大错报风险采取的应对措施》规定：无论评估的重大错报风险结果如何，注册会计师都应当针对所有重大类别的交易、账户余额和披露，设计和实施实质性程序，以发现认定层次的重大错报。

2. 针对特别风险实施的实质性程序

如果认为评估的认定层次重大错报风险是特别风险，审计人员应当专门针对该风险实施实质性程序。例如，如果认为管理层面临实现盈利指标的压力而可能提前确认收入，审计人员在设计询证函时不仅应当考虑函证应收账款的账户余额，还应当考虑询证销售协议的细节条款（如交货、结算及退货条款）；审计人员还可考虑在实施函证的基础上针对销售协议及其变动情况询问被审计单位的非财务人员。如果针对特别风险实施的程序仅为实质性程序，这些程序应当包括细节测试，或将细节测试和实质性分析程序结合使用，以获取充分、适当的审计证据。这是由于应对特别风险需要获取具有高度相关性和可靠性的审计证据，仅实施实质性分析程序不足以获取有关特别风险的充分、适当的审计证据。

二、实质性程序的性质

1. 实质性程序的性质的含义

实质性程序的性质是指实质性程序的类型及其组合。实质性程序的两种基本类型包括细节测试和实质性分析程序。

（1）细节测试的含义。细节测试是对各类交易、账户余额、披露的具体细节进行测试，目的在于直接识别财务报表认定是否存在错报。

（2）实质性分析程序的含义。实质性分析程序从技术特征上仍然是分析程序，主要是通过研究数据间关系评价信息，用于识别各类交易、账户余额、披露及相关认定是否存在错报。

审计人员实施的实质性程序应当包括下列与财务报表编制完成阶段相关的审计程序：（a）将财务报表与其所依据的会计记录进行核对或调节。（b）检查财务报表编制过程中作出的重大会计分录和其他调整。

2. 细节测试和实质性分析程序的适用性

由于细节测试和实质性分析程序的目的、技术手段存在一定差异，因此各自有不同的适用领域。审计人员应当根据各类交易、账户余额、披露的性质选择实质性程序的类型。细节测试适用于对各类交易、账户余额、披露认定的测试，尤其是对存在或发生、计价认定的测试；对在一段时期内存在可预期关系的大量交易，审计人员可以考虑实施实质性分析程序。

在实施实质性分析程序时，审计人员不宜使用审计抽样和其他选取测试项目的方法。

3. 细节测试的方向

审计人员应当针对评估的风险设计细节测试,获取充分、适当的审计证据,以达到认定层次所计划的保证水平。也就是说,审计人员需要根据不同的认定层次的重大错报风险设计有针对性的细节测试。例如,在针对存在或发生认定设计细节测试时,审计人员应当选择包含在财务报表金额中的项目,并获取相关审计证据;又如,在针对完整性认定设计细节测试时,审计人员应当选择有证据表明应包含在财务报表金额中的项目,并调查这些项目是否确实包括在内。如为应对被审计单位漏记本期应付账款的风险,审计人员可以检查期后付款记录。

4. 设计实质性分析程序时考虑的因素

审计人员在设计实质性分析程序时应当考虑的因素包括:(a)对特定认定使用实质性分析程序的适当性。(b)对已记录的金额或比率作出预期时,所依据的内部或外部数据的可靠性。(c)作出预期的准确程度是否足以在计划的保证水平上识别重大错报。(d)已记录金额与预期值之间可接受的差异额。

考虑到数据及分析的可靠性,当实施实质性分析程序时,如果使用被审计单位编制的信息,审计人员应当考虑测试与信息编制相关的控制,以及这些信息是否在本期或前期经过审计。

三、实质性程序的时间

实质性程序的时间是指审计人员何时实施实质性程序,或审计证据适用的期间或时点。

审计人员考虑实质性程序的时间时,需要关注以下三个方面。

1. 如何考虑是否在期中实施实质性程序

在期中实施实质性程序,一方面消耗了审计资源,另一方面期中实施实质性程序获取的审计证据仍然需要消耗进一步的审计资源,以使期中审计证据能够合理延伸至期末。这两部分审计资源的总和是否能够显著小于完全在期末实施实质性程序所需消耗的审计资源,是审计人员需要权衡的。因此,审计人员在考虑是否在期中实施实质性程序时应当考虑的以下因素:

(1)控制环境和其他相关的控制。控制环境和其他相关的控制越薄弱,审计人员越不宜在期中实施实质性程序。

(2)实施审计程序所需信息在期中之后的可获得性。如果实施实质性程序所需信息在期中之后可能难以获取(如系统变动导致某类交易记录难以获取),审计人员应考虑在期中实施实质性程序;反之,不应将期中之后可能难以获取实质性程序所需信息作为重要影响因素。

(3) 实质性程序的目标。如果针对某项认定实施实质性程序的目标就包括获取该认定的期中审计证据(从而与期末比较),审计人员应在期中实施实质性程序。

(4) 评估的重大错报风险。审计人员评估的某项认定的重大错报风险越高(如舞弊导致的重大错报风险),针对该认定所需获取的审计证据的相关性和可靠性要求也就越高,审计人员越应当考虑将实质性程序集中于期末(或接近期末)实施。

(5) 各类交易或账户余额以及相关认定的性质。例如,某些交易或账户余额以及相关认定的特殊性质(如收入截止认定、未决诉讼)决定了审计人员必须在期末(或接近期末)实施实质性程序。

(6) 针对剩余期间,能否通过实施实质性程序或将实质性程序与控制测试相结合,降低期末存在错报而未被发现的风险。如果针对剩余期间,审计人员可以通过实施实质性程序或将实质性程序与控制测试相结合,较有把握达到降低期末存在错报而未被发现的风险,可以考虑在期中实施实质性程序,(如审计人员在 10 月份使用一定的审计资源实施实质性程序,使得形成的剩余期间不是很长);若针对剩余期间,审计人员认为还需要消耗大量审计资源,才有可能降低期末存在错报而未被发现的风险,审计人员就不宜在期中实施实质性程序。

2. 如何考虑期中审计证据

《中国注册会计师审计准则第 1231 号——针对评估的重大错报风险采取的应对措施》规定:如果在期中实施了实质性程序,注册会计师应当针对剩余期间实施下列程序之一,以将期中测试得出的结论合理延伸至期末:(a)结合对剩余期间实施的控制测试,实施实质性程序。(b)如果认为对剩余期间拟实施的实质性程序是充分的,仅实施实质性程序。

该规定指出了如何将期中实施实质性程序所得出的结论合理延伸至期末时,审计人员有两种选择:一是针对剩余期间实施进一步的实质性程序;二是将实质性程序和控制测试结合使用。

审计人员应当考虑针对剩余期间仅实施实质性程序是否足够。如果认为实施实质性程序本身不充分,审计人员还应测试剩余期间相关控制运行的有效性或针对期末实施实质性程序。

对于舞弊导致的重大错报风险,被审计单位存在故意错报或操纵的可能性,审计人员更应慎重考虑能否将期中测试得出的结论延伸至期末。如果已识别出由于舞弊导致的重大错报风险,为将期中得出的结论延伸至期末而实施的审计程序通常是无效的,审计人员应当考虑在期末或者接近期末实施实质性程序。

如果已在期中实施了实质性程序,或将控制测试与实质性程序相结合,并拟信赖期中测试得出的结论,审计人员应当将期末信息和期中的可比信息进行比较、调节、识别和调查出现的异常金额,并针对剩余期间实施实质性分析程序或细节测试。在针对剩余期间实施实质性程序时,审计人员应当重点关注并调查重大的异常交易或分录、重大波动以及各类交易或账户余额在构成上的重大或异常变动。如果拟针对剩余期间实施实质性分析程序,审计人员应当考虑某类交易的期末累计发生额或账户期末余额在金额、相对重要性及构成方面能否被合理预期。

如果期中检查出审计人员在评估重大错报风险时未预期到的错报,审计人员应当评价是否需要修改相关的风险评估结果以及针对剩余期间拟实施的实质性程序的性质、时间安排或范围。

3. 如何考虑以前审计获取的审计证据

在以前审计中实施实质性程序获取的审计证据,通常对本期只有很弱的证据效力或没有证据效力,不足以应对本期的重大错报风险。只有当以前获取的审计证据及其相关事项未发生重大变动时,以前获取的审计证据才可能用作本期的有效审计证据。但即便如此,如果拟利用以前审计中实施实质性程序获取的审计证据,审计人员应当在本期实施审计程序,以确定这些审计证据是否具有持续相关性。

四、实质性程序的范围

评估的认定层次重大错报风险和实施控制测试的结果是审计人员在确定实质性程序的范围时的重要考虑因素。因此,在确定实质性程序的范围时,审计人员应当考虑评估的认定层次重大错报风险和实施控制测试的结果。审计人员评估的认定层次的重大错报风险越高,需要实施实质性程序的范围越广。如果对控制测试结果不满意,审计人员应当考虑扩大实质性程序的范围。

在设计细节测试时,审计人员除了从样本量的角度考虑测试范围外,还要考虑选样方法的有效性等因素。例如,从总体中选取大额或异常项目,而不是进行代表性抽样或分层抽样。

实质性分析程序的范围有两层含义。第一层含义是对什么层次上的数据进行分析,审计人员可以选择在高度汇总的财务数据层次进行分析,也可以根据重大错报风险的性质和水平调整分析层次。例如,按照不同产品线、不同季节或月份、不同经营地点或存货存放地点等实施实质性分析程序。第二层含义是需要对什么幅度或性质的偏差展开进一步调查。实施分析程序可能发现偏差,但并非所有的偏差都值得展开进一步调查。可容忍或可接受的偏差(即预期偏差)越大,作为实质性分析程序一部分的进一步调查的范围就越小。于是,确定适当的预期偏差幅度同样属于实质性分析程序的范畴。

因此,在设计实质性分析程序时,审计人员应当确定已记录金额与预期值之间可接受的差异额。在确定该差异额时,审计人员应当主要考虑各类交易、账户余额、披露及相关认定的重要性和计划的保证水平。

第六节 评价审计证据的充分性和适当性

一、评价审计证据的充分性和适当性

审计人员在完成审计工作前以及形成审计意见前,需要对审计证据的充分性和适当性进行评价。

1. 完成审计工作前对进一步审计程序所获取审计证据的评价

审计人员对所获取审计证据的评价,主要体现在根据发现的错报或控制执行偏差,考虑修正重大错报风险的评估结果。

通过实施进一步审计程序,审计人员首先需要考虑获取的审计证据是否可能影响此前对认定层次的重大错报风险的评估结果。

财务报表审计是一个累积和不断修正的过程。随着计划的审计程序的实施,如果获取的信息与风险评估时依据的信息有重大差异,审计人员应当考虑修正风险评估结果,并据以修改原计划的其他审计程序的性质、时间和范围。

在实施控制测试时,如果发现被审计单位控制运行出现偏差,审计人员应当了解这些偏差及其潜在后果(如询问某项控制活动中关键人员发生变动的时间),并确定已实施的控制测试是否为信赖控制提供了充分、适当的审计证据,是否需要实施进一步的控制测试或实质性程序,以应对潜在的错报风险。

审计人员不应将审计中发现的舞弊或错误视为孤立发生的事项,而应当考虑其对评估的重大错报风险的影响。

在完成审计工作前,审计人员应当评价是否已将审计风险降至可接受的低水平,是否需要重新考虑已实施审计程序的性质、时间和范围。

2. 形成审计意见时对审计证据的综合评价

在得出总体结论之前,审计人员应当根据实施的审计程序和获取的审计证据,评价对认定层次重大错报风险的评估是否仍然适当。

对于整个审计过程中作出的各项审计结论,审计人员应当确定是否已获取充分、适当的审计证据。

在形成审计意见时,审计人员应当考虑所有相关的审计证据,从总体上评价是否已经获取充分、适当的审计证据,无论该证据与财务报表认定相互印证还是相互矛盾,以将审计风险降至可接受的低水平。

评价审计证据的充分性和适当性需要审计人员运用职业判断考虑的一系列因素:

(1)认定发生潜在错报的重要程度,以及潜在错报单独或连同其他潜在错报对财务报表产生重大影响的可能性。

(2) 管理层应对和控制风险的有效性。

(3) 在以前审计中获取的关于类似潜在错报的经验。

(4) 实施审计程序的结果,包括审计程序是否识别出舞弊或错误的具体情形。

(5) 可获得信息的来源和可靠性。

(6) 审计证据的说服力。

(7) 对被审计单位及其环境的了解。

如果对重大的财务报表认定没有获取充分、适当的审计证据,审计人员应当尽可能获取进一步的审计证据。如果不能获取充分、适当的审计证据,审计人员应当出具保留意见或无法表示意见的审计报告。

二、审计工作记录

审计人员应当就下列事项形成审计工作记录:

(1) 对评估的财务报表层次重大错报风险采取的总体应对措施。

(2) 实施进一步审计程序的性质、时间和范围。

(3) 实施的进一步审计程序与评估的认定层次重大错报风险的联系。

(4) 实施进一步审计程序的结果。

如果审计人员在本期审计中拟信赖或利用以前审计中获取的有关控制运行有效性的审计证据,出于对审计风险的考虑作出了严格的限制,这种限制在审计工作记录中也应有进一步的体现,审计人员应当记录信赖这些控制的理由和结论。

关键术语

风险应对　总体应对措施　职业怀疑态度　进一步审计程序　穿行测试
重新执行　控制测试　管理建议书　实质性程序　细节测试　实质性分析程序
重大错报风险

案例剖析题

【案例剖析题 10-1】

立信会计师事务所接受委托,对常年审计客户欣欣公司 2014 年度财务报表进行审计。李虹注册会计师作为审计业务的项目合伙人,需要在评估重大错报风险时,重点关注特别风险。李虹注册会计师关于识别欣欣公司特别风险的相关观点如下:

(1) 欣欣公司与会计估计相关的会计政策在本年发生变化,李虹注册会计师认为这可能会导致某些财务报表项目的金额计量不准确,但不会导致特别风险。

(2) 在识别和评估特别风险时,李虹注册会计师认为必须要亲自实施各项审计程序,不能利用专家的工作。

(3) 由于欣欣公司与集团内的建新公司在2014年发生了并购,李虹注册会计师认为这一事项可能会导致特别风险。

(4) 李虹注册会计师认为应当在考虑识别出的控制,对相关风险的抵消效果后,再根据风险的性质、潜在错报的重要程度和发生的可能性,判断风险是否属于特别风险。

(5) 针对有特别风险的项目,李虹注册会计师认为不需要了解内部控制,而只需要直接实施实质性程序。

要求:

单独考虑上述每种情况,逐项指出李虹注册会计师关于识别欣欣公司特别风险的相关观点是否恰当;如不恰当,简要说明理由。

【题解】

(1) 不恰当。特别风险通常与重大的非常规交易和判断事项有关,判断事项通常包括作出的会计估计(具有计量的重大不确定性),所以这一事项也可能产生特别风险。

(2) 不恰当。李虹在识别和评估重大错报风险时可以利用专家的工作,而特别风险属于需要特别考虑的重大错报风险,所以也可以利用专家的工作。

(3) 恰当。

(4) 不恰当。李虹应当在考虑识别出的控制,对相关风险的抵消效果前,根据风险的性质、潜在错报的重要程度和发生的可能性,判断风险是否属于特别风险。

(5) 不恰当。对特别风险,李虹应当评价相关控制的设计情况,并确定其是否已经得到执行。

【案例剖析题10-2】

资料一:2012年动工的一栋管理用办公楼于2014年达到预定可使用状态,因种种原因该办公楼一直没有交付使用。

资料二:申华公司主导产品W产品2014年和2013年的销售明细账如下,该产品销售无明显淡旺季之分,市场需求稳定,原材料供应充足。

2014年(未审数)			2013年(已审数)		
数量(件)	营业收入(万元)	营业成本(万元)	数量(件)	营业收入(万元)	营业成本(万元)
8 500	1 691 500	1 268 625	6 000	1 194 000	1 014 900

资料三：2014年年末因东南亚地区宏观经济持续低迷，申华公司在外的应收账款周转天数由原来的36天，延长至90天。

资料四：因竞争者新产品开发上市，导致申华公司生产的S产品市场价格大幅下跌，毛利率为－8％，经了解该产品占公司库存商品的1.5％，其销售收入所占比例很小。申华公司的其他产品销售毛利率在20％～30％之间。

资料五：2014年6月9日，申华公司购入某上市公司股票70万股，每股21元，申华公司将该股票划分为交易性金融资产。12月31日，该股票市场收盘价格为12元。

资料六：因2015年起政府将实施新的环境法规，申华公司因此面临更换原有设备。

要求：

请逐项判断申华公司上述资料所述事项是否存在重大错报风险。如果存在，请简要说明理由，并判断该风险属于财务报表层次还是认定层次的风险。如果属于认定层次的风险，请指出所涉及的主要账户以及相关认定（假定每个事项独立存在且不存在其他条件）。请将判断结果填入下表。

事项	是否存在重大错报风险	理由	报表层次/认定层次	涉及的主要账户及认定

【题解】

事项	是否存在重大错报风险	理由	报表层次/认定层次	涉及的主要账户及认定
1	是	已经达到预定可使用状态但尚未办理竣工决算的固定资产，应当按照估计价值确定其成本，并计提折旧。因申华公司的该项目固定资产一直没有交付使用，所以可能存在没有将在建工程转入固定资产，以及漏提折旧的可能	认定层次	固定资产——完整性、计价和分摊 在建工程——存在 管理费用——完整性

(续表)

事项	是否存在重大错报风险	理由	报表层次/认定层次	涉及的主要账户及认定
2	是	W产品2013年的销售毛利率为15%，在市场需求稳定，原材料供应充足的情况下，2014年的销售毛利率上升为25%，这种异常的增长说明申华公司可能存在高估收入，低估成本的重大错报风险	认定层次	营业收入——发生 营业成本——完整性 应收账款——存在 存货——存在
3	是	宏观经济低迷，应收账款周转天数延长，预示坏账可能增加，所以该公司的坏账准备计提存在重大错报风险	认定层次	应收账款——计价和分摊 资产减值损失——完整性
4	否	虽然产品市场价格大幅下降，导致毛利率为负，但因为该产品所占比重较小，且其他产品毛利率较高，所以存货发生重大跌价的风险较小		
5	是	交易性金融资产应采用公允价值计量，资产负债表日，市场价格大幅下跌，可能存在没有及时调整公允价值变动损益的可能	认定层次	交易性金融资产——计价和分摊 公允价值变动损益——完整性
6	是	新的环境法规的实施，导致申华公司面临原有设备闲置或贬值的风险，可能存在少计提固定资产减值损失的风险	认定层次	固定资产——计价和分摊 资产减值损失——完整性

本章要点概览

本章的主要内容是风险应对，重点是识别重大错报风险和特别风险。

本章介绍了针对财务报表层次重大错报风险的总体应对措施，包括风险应对概述、针对财务报表层次重大错报风险总体应对措施和举例说明一些具有不可预见性的审计程序。

针对认定层次重大错报风险的进一步审计程序中主要阐述进一步审计程序的概念，进一步审计程序的性质、时间和范围。

控制测试中主要阐述控制测试概述，控制测试的性质、时间和范围，内部控制运行有效性评价后应做的工作，控制测试的记录。

管理建议书中主要阐述管理建议书的含义,管理建议书的特征,管理建议书的基本要求,管理建议书的内容。

实质性程序中主要阐述实质性程序的含义、实质性程序的性质、实质性程序的时间、实质性程序的范围。

评价审计证据的充分性和适当性中主要阐述评价审计证据的充分性和适当性、审计工作记录。

本章提供了两个案例分析。

第十一章 销售与收款循环审计

────────学习目的与要求────────

　　本章旨在阐述销售与收款循环审计内容与方法。通过本章学习,学生能够了解销售与收款循环与财务报表项目的关系;掌握销售与收款循环审计特点;掌握销售与收款循环涉及的主要业务活动及对应的凭证和记录;掌握销售与收款循环常见的重大错报风险及其发生途径;掌握销售与收款循环内部控制及重要的财务报表的控制测试;掌握销售与收款循环重要的财务报表所运用的实质性程序。

第一节 销售与收款循环审计概述

一、业务循环审计

　　在审计过程中,交易和账户余额的实质性测试,既可按财务报表项目进行,也可以按业务循环组织实施。业务循环是指处理某类经济业务的程序和先后顺序。按财务报表项目组织实施的称为分项审计方法,按业务循环组织实施的称为循环审计方法。

　　一般而言,分项审计方法与多数被审计单位账户设置体系及财务报表格式相吻合,所以具有操作方便的优点,但它也有与按业务循环进行的控制测试严重脱节的弊端,导致控制测试与实质性测试相背离,影响审计效率和效果;而循环审计方法则能够提高审计工作的效率与效果,所以分项审计逐渐被业务循环审计所替代。

　　业务循环审计是指审计人员按照业务循环了解、检查和评价被审计单位内部控制建立及其执行情况,从而对其财务报表的合法性、公允性进行审计的一种方法。

　　采用业务循环审计的目的在于保证审计质量、提高审计效率。因为业务循环审计不仅可与按业务循环进行的内部控制直接联系、加深审计人员对被审计单位经济业务的理解,而且便于审计人员的合理分工,将特定业务循环所涉及的财务报表项目分配给一个或若干个审计人员,能够使他们对不同财务报表项目进行交叉复核,以提高审计工作的效率和效果。

在审计中,通常把被审计单位的业务活动划分为以下四个循环:

(1) 销售与收款循环。

(2) 采购与付款循环。

(3) 生产与存货循环。

(4) 筹资与投资循环。

由于货币资金与上述各业务循环均有着密切的联系,并且货币资金的业务和内部控制又有着不同于其他业务循环和其他财务报表项目的鲜明特征,因此,将其单独作为一部分在第十五章予以介绍。上述各循环之间的关系如图 11-1 所示。

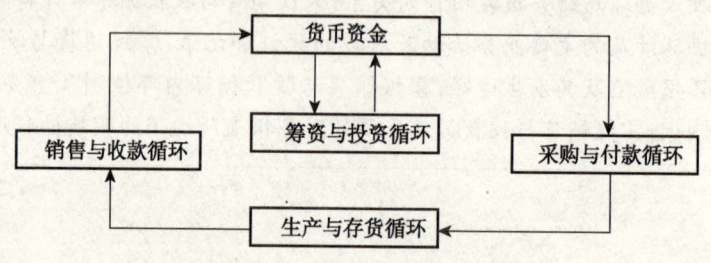

图 11-1　各循环之间的关系图

二、主要凭证与会计记录

(一)销售与收款循环的特性概述

1. 与财务报表项目的关系

销售与收款循环与主要财务报表项目对应关系如表 11-1 所示。

表 11-1

销售与收款循环与主要财务报表项目对照表

业务循环	资产负债表项目	利润表项目
销售与收款循环	应收票据、应收账款、长期应收款、预收款项、应交税费	营业收入、营业税金及附加、销售费用

(1) 涉及的资产负债表项目主要有:应收票据、应收账款、长期应收款、预收款项、应交税费。

(2) 所涉及的利润表项目主要有:营业收入、营业税金及附加、销售费用。

2. 销售与收款循环的审计与其他业务循环的关系

(1) 通常相对独立于其他业务循环单独进行。

(2) 并不是说销售与收款循环的审计是孤立的,审计人员在最终判断被审计单位财务报表是否公允反映时，必须综合考虑审计发现的各业务循环的错误对财务报表产生的影响。

（3）即使单独审计，仍然应经常地将该循环与其他循环的审计情况结合起来加以考虑。

3. 销售与收款循环的特性主要包括两部分的内容：一是本循环所涉及的主要凭证和会计记录（对本循环所涉及的主要凭证和会计记录进行审查）；二是本循环中的主要业务活动（对销售与收款循环业务活动本身的合理、合法性进行审查）。

（二）销售与收款循环的主要凭证和会计记录

销售与收款循环中主要业务活动及对应的凭证和记录如表11-2所示。

表 11-2

销售与收款循环中主要业务活动及对应的凭证和记录

主要业务活动	涉及的凭证及记录	相关主要部门	相关的认定	重要控制程序
1. 接受顾客订单	顾客订货单、销售单	销售部门	销售交易的"发生"	顾客名单已授权审批
2. 批准赊销信用	销售单	信用管理部门	应收账款账面余额的"计价或分摊"	信用部门签署意见，目的降低坏账风险
3. 按销售单供货	销售单	仓库	"发生""完整性"	防止未授权发货
4. 按销售单装运货物	销售单、发运凭证	装运部门	销售交易的"发生""完整性"	防止未授权装运产品
5. 向顾客开具账单	销售单、装运凭证、商品价目表、销售发票	开具账单部门	销售交易的"发生""完整性""准确性"	确保销售发票的正确性
6. 记录销售	销售发票及附件、转账凭证、现金、银行存款收款凭证、应收账款明细账、销售明细账及现金、银行存款日记账、顾客月末对账单	会计部门	"发生""完整性""准确性""计价与分摊"	主要关心销售发票是否记录正确，并归属适当的会计期间
7. 办理和记录现金及银行存款收入	汇款通知书、收款凭证、现金日记账、银行存款日记账	会计部门	"发生""完整性""准确性"	最应关心的是货币资金失窃的可能性
8. 办理和记录销货退回及折扣折让	贷项通知单	会计部门、仓库	"存在""发生""计价或分摊""完整性"	必须授权批准，控制实物流和会计处理
9. 注销坏账	坏账审批表	赊销部门、会计部门	"计价或分摊"	应该获取货款无法收回的确凿证据，适当审批
10. 提取坏账准备		会计部门	"计价或分摊"	

（1）顾客订货单：是顾客提出的书面购货要求。企业可通过销售人员或采用电话、信函以及向现有及潜在顾客发送订货单等方式接受订货，取得顾客订货单。

（2）销售单：是列示顾客所订商品的名称、规格、数量以及其他与顾客订货单有关资料的表格，是销售方内部处理顾客订货单的依据。

（3）发运凭证：是发运货物时编制的，用以反映发出商品的名称、规格、数量以及其他有关内容的依据。

（4）销售发票：是一种用来表明已销售商品的名称、规格、数量、销售金额、运费和保险费的价格、开票日期、付款条件等内容的凭证。

（5）贷项通知单：是一种用来表示由于销售退货或经批准的折让而引起的应收销货款减少的凭证。

贷项通知单：是销售业务中，发生销货退回时一种控制措施，销货退回是偶然的情况，为了防止这样的事情的发生，或者减少这种事情的发生，所以我们内部控制要求企业对于销货退回必须先开预先连续编号的贷项通知单，如果不开这个通知单就不可以办理销货退回业务，这样两个——对应起来，贷项通知单是有编号的，具体什么叫贷项通知单，实际上说白了，就是红字开的销售发票，原来你向对方开销售发票，当然是黑字、蓝字，一旦销货退回就开一张红字销售发票，是单独的一种格式上和销售发票是一样的，名称叫贷项通知单。

（6）商品价目表：是列示已经授权批准的、可供销售的各种商品的价格清单。

（7）主营业务收入明细账：是一种用来记录销货业务的明细账。

（8）应收账款明细账：是用来记录每个顾客各项赊销、现金收入、销货退回及折让的明细账。各应收账款明细账的余额合计数应与应收账款总账的余额相等。

（9）折扣与折让明细账：是一种用来核算企业销售商品时，按销售合同的规定为了及早收回货款而给予顾客的销售折扣和因商品品种、质量等原因而给予顾客的销售折让情况的明细账。

（10）汇款通知书：是一种与销售发票一起寄给顾客，由顾客在付款时再寄回销货单位的凭证。该凭证注明顾客的姓名、销售发票号码、销货单位开户银行账号以及金额等内容。

（11）现金日记账和银行存款日记账：是用来记录应收账款的收回或现销收入以及其他各种现金、银行存款收入和支出的日记账。

（12）现金盘点表：是列示收银机内的现金和支出的明细表，用来调节其总数和收银机打印出的总数。

（13）坏账审批表：是一种用来批准将某些应收款项注销为坏账的，仅在企业内部使用的凭证。

（14）顾客月末对账单：是一种定期寄送给顾客的用于购销双方定期核对账目的

凭证。顾客月末对账单上应注明应收账款的月初余额、本月各项销货业务的金额、本月已收到的货款、各货项通知单的数额以及月末余额等内容。

（15）转账凭证：是指记录转账业务的记账凭证，它是根据有关转账业务的原始凭证编制的。

（16）收款凭证：是指用来记录现金和银行存款收入业务的记账凭证。

（三）销售与收款循环涉及的主要业务活动

销售分为现销和赊销两种形式，在此，主要阐述赊销的业务活动。赊销的主要业务活动如图11-2所示。

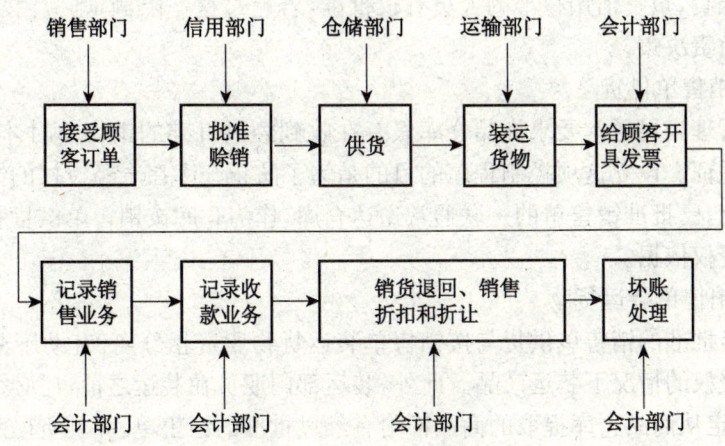

图11-2　赊销的主要业务活动

（四）销售与收款循环涉及的主要业务活动

1. 制订销售计划

根据对市场需求的调研，按照本企业的生产能力制订销售计划。

2. 订单处理

面对市场、扩大销售是现代企业的经营方向，而客户提出订货要求是整个销售与收款循环的起点。

订单处理分为两个步骤；

（1）接受客户（顾客）订单。客户（顾客）的订单只有在符合管理当局的授权标准时，才能被接受。管理当局一般都列出了已批准销售的客户名单。销售部门在决定是否同意接受某客户订单是，应追查该客户是否被列入企业经批准销售的客户名单中。如果该客户未被列入客户名单，则通常需要由销售部门的主管来决定批准销售与否。

（2）编制销售单。企业在批准客户订单后应进行登记，在核对订单内容和数量，确定本企业能如能供货后，通常应编制一式多联的销售单。

3. 批准赊销信用

对于赊销业务,赊销批准是由信用管理部门根据管理当局的赊销政策,以及对每个客户已授权的信用额度来进行的。信用管理部门的职员在收到销售部门的销售单后,即将销售单与该客户已被授权的赊销信用额度以及至今尚欠的账款余额进行比较,确定是否核准赊销。在执行人工赊销信用检查时,应当合理划分工作职责,切实避免某些销售人员在参与信用分析时为扩大销售而使企业承受不适当的信用风险。

企业应对每个新客户进行信用调查,包括获取信用评审机构对客户信用等级的评定报告,在此基础上确定一个信用额度,并经企业主管人员核准。客户在这一限额范围内的购货,负责信用核准的人员有权批准,若超过这一限额,则应由更高级别的主管人员负责决策。

4. 按销售单供货

企业管理当局通常要求商品仓库只有在收到经过批准的销售单时才能供货,并编制发货凭证。设立这项控制程序的目的是为了防止仓库在未经授权的情况下擅自发货。因此,已批准销售单的一联通常送达仓库,作为仓库按销售单供货和发货给装运部门的授权依据。

5. 按销售单装运货物

将按经批准的销售单供货与按销售单装运货物职责相分离,有助于避免装运职员在未经授权的情况下装运产品。此外,装运部门职员在装运之前,还必须进行独立验证,以确定从商品仓库提取的商品都附有经过批准的销售单,并且所提商品的内容与销售单一致。

装运凭证是指一式多联的、预先连续编号的提货单,可由电脑或人工编制。按序归档的装运凭证通常由装运部门保管。装运凭证提供了商品确实已装运的证据,通过定期检查以确定在编制的每张装运凭证后均已附有相应的销售发票,有助于保证销售交易的完整性。

6. 向客户开具账单

开具账单包括编制账单和向顾客寄送预先连续编号的销售发票。销售发票副联通常由开具账单部门保管。通过审核账单可确认以下主要问题:

(1) 是否对所有装运的货物都开了账单。

(2) 是否只对实际装运才开账单,有无重复开单或虚构交易情况发生。

(3) 是否按已授权批准的商品价目表所列价格计价。

(4) 为了降低开具账单过程中出现遗漏、重复、错误计价或其他差错的风险,应设立以下的控制程序。

① 开具账单部门职员在编制每张销售发票之前,应独立审计检查是否存在装运凭证和相应的经批准的销售单。

② 应依据已授权批准的商品价目表编制销售发票。

③ 独立检查销售发票计价和计算的正确性。

④ 将装运凭证上的商品总数与相对应的销售发票上的商品总数进行比较等。

7. 记录销售即会计记录

记录销售应区分赊销和现销,分别按销售发票编制转账凭证或现金收款凭证、银行存款收款凭证,再据以登记销售明细账、应收账款明细账或现金日记账、银行存款日记账。审计人员还应当关注销售发票开具是否正确,归属的会计期间是否恰当。

记录销售的控制程序包括以下内容:

(1) 只依据附有有效装运凭证和销售单的销售发票记录销售,并且这些装运凭证和销售单应能证明销货交易的发生及其发生的日期。

(2) 控制所有预先连续编号的销售发票。

(3) 独立检查已处理销售发票上的销售金额同会计记录金额的一致性。

(4) 记录销售的职责应与前面说明的处理销货交易的其他功能相分离。

(5) 对记录过程中所涉及的有关记录的接触予以限制,以减少未经授权批准的记录的发生。

(6) 定期独立检查应收账款的明细账同总账的一致性。

(7) 定期向客户寄送对账单,并要求客户将任何例外情况直接向指定的未涉及执行或记录销货交易循环的会计主管报告。

销售商品的收入是企业的主营业务收入,按照《企业会计准则第 14 号——收入》的要求,企业销售商品收入同时满足下列条件的,才能予以确认:

(1) 企业已将商品所有权上的主要风险和报酬转移给购货方。

(2) 企业既没有保留通常与所有权相联系的继续管理权,也没有对已售出的商品实施有效控制。

(3) 收入的金额能够可靠地计量。

(4) 相关的经济利益很可能流入企业。

(5) 相关的已发生或将发生的成本能够可靠地计量。

销售商品的收入应按企业与购货方签订的合同或协议金额或双方接受的金额确定。现金折扣在实际发生时确认为当期费用,销售折让在实际发生时冲减当期收入。企业已经确认收入的售出商品发生销售退回的,应冲减退回当期的收入。

8. 办理和记录现金、银行存款收入

处理货币资金收入时最重要的是要保证全部货币资金都必须如数、及时地记入现金、银行存款日记账或应收账款明细账,并如数、及时地将现金存入银行。在确认现金、银行存款收入方面,进账单、汇款通知单等有关银行的单据起着很重要的控制作用。

9. 办理和记录销货退回、销货折扣与折让

客户如果对商品不满意,销货企业一般都会同意接受退货,或给予一定的销货折让;客户如果提前支付货款,销货企业则可能会给予一定的销货折扣。此类业务应当经授权批准,并应确保与办理此事有关的部门和职员各司其职,分别控制物流和会计处理。对此,严格使用和审核贷项通知单是很重要的。

10. 注销坏账

在市场经济中,客户因宣告破产、死亡等原因而不支付货款的事时有发生。销货企业若认为某项货款再也无法收回,就必须注销这笔货款。对注销的坏账,应有批准手续,并应按规定获取货款再也无法收回的确凿证据后才能作会计调整。

11. 提取坏账准备

坏账准备提取的数额应按会计准则和企业会计制度的规定,应以能够抵补企业以后无法收回的本期销货款为限。

五、销售与收款循环的风险评估

1. 收入交易和余额存在的固有风险

收入确认是审计特别强调的高风险领域。收入交易和余额存在的固有风险主要包括:

(1) 收入的舞弊风险,为粉饰财务报表而采用虚增或隐瞒收入等方式实施舞弊。

① 故意虚构销售业务,以虚增收入和利润。2001 年,银广夏就是通过伪造购销合同、伪造出口报关单、虚开增值税专用发票、伪造免税文件和伪造金融票据等手段,虚构主营业务收入,虚构巨额利润 7.45 亿元。

② 故意隐瞒销售收入,以少缴流转税和所得税。中电广通编制 2005 年年报时,对其因 2003 年确认收入而应收中国有线余款 72 000 000 元仍未入账,导致 2005 年年报少计应收账款(中国有线)72 000 000 元,少计其他应付款(中翔海河)72 000 000 元。

(2) 收入的复杂性导致的错误。被审计单位已开始采用网络销售方式,管理层对网络销售可能出现的问题缺乏经验,收入确认上就容易发生错误。

有的上市公司则与其关联企业杜撰一些复杂交易,单从会计方法上看,其利润的确认过程完全合法,但它却永远不会实现。琼民源公司 1996 年度虚构了 5.66 亿元利润、虚编资本公积金 6.57 亿元就是通过关联交易取得的。

(3) 期末收入交易和收款交易的截止错误,收入被人为推迟或提前确认。"东方锅炉"在上市之前,就通过调整财务报表而虚增净利润 1.23 亿元,上市后,又在"利润截期"问题上大做手脚,将 1996 年度的销售收入 1.76 亿元和销售利润 3 800 万元,调整至 1997 年度。1997 年度又以同样的方法,将该年度的销售收入 2.26 亿元和销售利润 4 700 万元转移到 1998 年,从而创造连续 3 年稳定盈利,净资产利润率增长

平稳的假象。

（4）收款未及时入账或记入不正确的账户。长期不与客户核对应收账款,导致应收账款记录不准,甚至出现舞弊行为。一些企业对建立客户访问和应收账款对账制度并未引起关注,导致记账错误出现,甚至其中有弄虚作假或舞弊行为。

（5）应收账款坏账准备的计提不准确。如何评估与收入确认相关的重大错报风险,尤其是舞弊风险。

2. 在识别和评估与收入确认相关的重大错报风险时,考虑舞弊风险

（1）管理层有高估收入的动机或压力。如果管理层难以实现预期的利润目标,则可能有高估收入的动机或压力（如提前确认收入或记录虚假的收入）。因此,收入的发生认定存在舞弊风险的可能性较大,而完整性认定则通常不存在舞弊风险。

（2）管理层有隐瞒收入而降低税负的动机。如果管理层有隐瞒收入而降低税负的动机,则审计人员需要更加关注与收入完整性认定相关的舞弊风险。

（3）如果被审计单位预期难以达到下一年度的销售目标,而已经超额实现了本年度的销售目标,就可能倾向于将本期的收入推迟至下一年度确认。

3. 为了达到粉饰财务报表的目的而虚增收入或提前确认收入的舞弊风险

（1）利用与未披露关联方之间的资金循环虚构交易。

（2）通过未披露的关联方进行显失公允的交易。例如,以明显高于其他客户的价格向未披露的关联方销售商品。

（3）通过出售关联方的股权,使之从形式上不再构成关联方,但仍与之进行显失公允的交易,或与未来或潜在的关联方进行显失公允的交易。

（4）通过虚开商品销售发票虚增收入,而将货款挂在应收账款中,并可能在以后期间计提坏账准备,或在期后冲销。

（5）为了虚构销售收入,将商品从某一地点移送至另一地点,凭出库单和运输单据为依据记录销售收入。

（6）在与商品相关的风险和报酬尚未全部转移给客户之前确认销售收入。例如,销售合同中约定被审计单位的客户在一定时间内有权无条件退货,而被审计单位隐瞒退货条款,在发货时全额确认销售收入。

（7）通过隐瞒售后回购或售后租同协议,而将以售后回购或售后租同方式发出的商品作为销售商品确认收入。

（8）采用完工百分比法确认劳务收入时,故意低估预计总成本或多计实际发生的成本,以通过高估完工百分比的方法实现当期多确认收入。

（9）在采用代理商的销售模式时,在代理商仅向购销双方提供帮助接洽、磋商等中介代理服务的情况下,按照相关购销交易的总额而非净额（扣除佣金和代理费等）确认收入。

（10）当存在多种可供选择的收入确认会计政策或会计估计方法时，随意变更所选择的会计政策或会计估计方法。

（11）选择与销售模式不匹配的收入确认会计政策。

4. 为了达到报告期内降低税负或转移利润等目的而少计收入或延后确认收入的舞弊风险

（1）被审计单位将商品发出、收到货款并满足收入确认条件后，不确认收入，而将收到的货款作为负债挂账，或转入本单位以外的其他账户。

（2）被审计单位采用以旧换新的方式销售商品时，以新旧商品的差价确认收入。

（3）在提供劳务或建造合同的结果能够可靠估计的情况下，不在资产负债表日按完工百分比法确认收入，而推迟到劳务结束或工程完工时确认收入。

5. 通常表明被审计单位在收入确认方面可能存在舞弊风险的迹象

舞弊风险迹象，是审计人员在实施审计过程中发现的、需要引起对舞弊风险警觉的事实或情况。存在舞弊风险迹象并不必然表明发生了舞弊，但了解舞弊风险迹象，有助于审计人员对审计过程中发现的异常情况产生警觉，从而更有针对性地采取应对措施。

（1）审计人员发现，被审计单位的客户是否付款取决于下列情况：（a）能否从第三方取得融资。（b）能否转售给第三方（如经销商）。（c）被审计单位能否满足特定的重要条件。

（2）未经客户同意，在销售合同约定的发货期之前发送商品。

（3）未经客户同意，将商品运送到销售合同约定地点以外的其他地点。

（4）被审计单位的销售记录表明，已将商品发往外部仓库或货运代理人，却未指明任何客户。

（5）在实际发货之前开具销售发票，或实际未发货而开具销售发票。

（6）对于期末之后的发货，在本期确认相关收入。

（7）实际销售情况与订单不符，或者根据已取消的订单发货或重复发货。

（8）已经销售给货运代理人的商品，在期后有大量退回。

（9）销售合同或发运单上的日期被更改，或者销售合同上加盖的公章并不属于合同所指定的客户。

（10）在接近期末时发生了大量或大额的交易。

（11）交易之后长期不进行结算。

（12）在被审计单位业务或其他相关事项未发生重大变化的情况下，询证函回函相符比例明显异于以前年度。

（13）发生异常大量的现金交易，或被审计单位有非正常的资金流转及往来，特别是有非正常现金收付的情况。

（14）应收款款项收回时，付款单位与购买方不一致，存在较多代付款的情况。

（15）交易标的对交易对手而言不具有合理用途。

（16）主要客户自身规模与其交易规模不匹配。

第二节　销售与收款循环控制测试

审计人员通常在了解被审计单位环境的资料的基础上来评价内部控制风险。销售交易的内部控制是按控制要素进行归类的，并进行相应的控制测试。

一、适当的职责分离

良好的销售与收款循环的内部控制制度应当贯彻不相容职务相分离的原则，使不同的职能分别由不同的部门或人员负责，以确保销售业务处理的有效性和可靠性。

例如，主营业务收入账如果系由记录应收账款账之外的职员独立登记，并由另一位不负责账簿记录的职员定期调节总账和明细账，就构成了一项自动交互牵制；规定负责主营业务收入和应收账款记账的职员不得经手货币资金，也是防止舞弊的一项重要控制。另外，销售人员通常有一种乐观地对待销售数量的自然倾向，而不问它是否将以巨额坏账损失为代价，赊销的审批则在一定程度上可以抑制这种倾向。因此，赊销批准职能与销售职能的分离，也是一种理想的控制。

根据财政部《内部会计控制规范——销售与收款》中规定，企业应将办理销售、发货、收款三项业务的部门（或岗位）分别设立：销售部门（或岗位）主要负责处理订单、签订合同、执行销售政策和信用政策、催收货款；财会部门（或岗位）主要负责销售款项的结算和记录，监督管理货款的回收；发货部门（或岗位）主要负责审核销售发货单据是否齐全并办理发货的具体事宜。开票（销售部门）、发货（仓库）、收款（财会部门出纳）、记账（财会部门）等职务应分离。

单位在销售合同订立前，应当指定专门人员就销售价格、信用政策、发货及收款方式等具体事项与客户进行谈判；谈判人员至少应有两人以上，并与订立合同的人员相分离；应由专门的信用部门（或岗位）负责制定企业信用政策，监督各部门信用政策执行情况。

此外，编制销售发票通知单的人员与开具销售发票的人员应相互分离；销售人员应当避免接触销售现款；单位应收票据的取得和贴现必须经由保管票据以外的主管人员的书面批准；应由独立于销售和收款的其他人员确认坏账是否发生；应根据具体情况，对办理销售与收款业务的人员进行岗位轮换。还应做到主营业务收入与应收账款明细账相分离；记录应收账款明细账与记录总账相分离；赊销批准与销货职能相分离。

审计人员通常通过观察有关人员的活动，以及与这些人员进行讨论，来实施职责分离的控制测试。

二、正确的授权审批

应对销售与收款业务建立严格的授权批准制度,审计人员应当关注以下四个关键点上的审批程序:

(1) 在销货发生之前,赊销业务要经过有关部门或人员的正确审批。

(2) 货物的发出需要经过有关部门或人员的批准,也就是说,非经正当审批,不得发出货物。

注意:前两项控制的目的在于防止企业财产因向虚构的或者无力支付货款的顾客发货而蒙受损失。

(3) 销售价格的确定,销售方式(指采用赊销还是现金)、结算方式的选择,销货折扣与折让制度的制定、调整以及销货退回、运费等须经企业有关负责部门或人员批准。

价格审批控制的目的在于保证销货业务按照企业政策规定的价格开票收款。

(4) 审批人应当根据销售与收款授权批准制度的规定,在授权范围内进行审批,不得超越审批权限。对于超过单位既定销售政策和信用政策规定范围的特殊销售交易,单位应当进行集体决策。

对授权审批范围设定权限的目的则在于防止因审批人决策失误而造成严重损失。

通过检查凭证在上述四个关键点上是否经过审批,可以很容易地测试出授权审批方面的内部控制的效果。

三、完善的凭证与记录控制

1. 充分的凭证和记录

只有具备充分的记录手续,才有可能实现各项控制目标。例如,有的企业在收到顾客订货单后,就立即编制一份预先连续编号的一式多联的销售单,分别用于批准赊销、审批发货、记录发货数量以及向顾客开具账单等。在这种制度下,只要定期清点销售发票,漏开账单的情形几乎就不太会发生。相反的情况是,有的企业只在发货以后才开具账单,如果没有其他控制措施,这种制度下漏开账单的情况就很可能会发生。

2. 凭证的预先连续编号

对凭证预先进行连续编号,旨在防止销售以后忘记向顾客开具账单或登记入账,也可防止重复开具账单或重复记账。当然,如果对凭证的编号不作清点,预先连续编号就会失去其控制意义。由收款员对每笔销售开具账单后,将发运凭证按顺序归档,而由另一位职员定期检查全部凭证的编号,并调查凭证缺号的原因,就是实施这项控制的一种方法。

对这种控制常用的一种控制测试程序是清点各种凭证。比如,从主营业务收入明细账中选取样本,追查至相应的销售发票存根,进而检查其编号是否连续,有无不正常的缺号发票和重号发票。这种测试程序可同时提供有关真实性和完整性目标的证据。

3. 按月寄出对账单

由不负责现金出纳和销售及应收账款记账的人员按月向顾客寄发对账单,能促使顾客在发现应付账款余额不正确后及时反馈有关信息,因而这是一项有用的控制。为了使这项控制更加有效,最好将账户余额中出现的所有核对不符的账项,指定一位不掌管货币资金也不记载主营业务收入和应收账款账目的主管人员处理。

审计人员观察指定人员寄送对账单和检查顾客复函档案,对于测试被审计单位是否按月向顾客寄出对账单,是十分有效的控制测试。

四、内部核查程序

由内部审计人员或其他独立人员核查销售交易的处理和记录,是实现内部控制目标所不可缺少的一项控制措施。表 11-3 所列程序是针对相应控制目标的典型的内部核查程序。

表 11-3

内部核查程序

内部控制目标	内部核查程序举例
登记入账的销售交易是真实的	检查销售发票的连续性并检查所附的佐证凭证
销售交易均经适当审批	了解顾客的信用情况确定是否符合企业的赊销政策
所有销售交易均已登记入账	检查发运凭证的连续性并将其与主营业务收入明细账核对
登记入账的销售交易均经正确估价	将销售发票上的数量与发运凭证上的记录进行比较核对
登记入账的销售交易分类恰当	将登记入账的销售交易的原始凭证与会计科目表比较核对
销售交易的记录及时	检查开票员所保管的发运凭证,确定是否包括所有应开票的发运凭证
销售交易已经正确地记入明细账并经正确汇总	从发运凭证追查至主营业务收入明细账和总账

财政部发布的《内部会计控制规范——销售与收款》中,不仅明确了单位应当建立对销售与收款内部控制的监督检查制度,单位监督检查机构或人员应通过实施控制测试和实质性程序检查销售与收款业务内部控制制度是否健全,各项规定是否得到有效执行,而且明确了销售与收款内部控制监督检查的主要内容,包括:

(1) 销售与收款业务相关岗位及人员的设置情况。重点检查是否存在销售与收款业务不相容职务混岗的现象。

（2）销售与收款业务授权批准制度的执行情况。重点检查授权批准手续是否健全，是否存在越权审批行为。

（3）销售的管理情况。重点检查信用政策、销售政策的执行是否符合规定。

（4）收款的管理情况。重点检查单位销售收入是否及时入账，应收账款的催收是否有效，坏账核销和应收票据的管理是否符合规定。

（5）销售退回的管理情况。重点检查销售退回手续是否齐全，退回货物是否及时入库。

在确定了被审计单位的内部控制中可能存在的薄弱环节，并且对其控制风险作出评价后，审计人员应当判断继续实施控制测试的成本是否会低于因此而减少对交易、账户余额的实质性程序所需的成本。如果被审计单位的相关内部控制不存在，或被审计单位的相关内部控制未得到有效执行，则审计人员不应再继续实施控制测试，而应直接实施实质性程序。

这说明，作为进一步审计程序的类型之一，控制测试并非在任何情况下都需要实施。但当存在下列情形之一时，审计人员应当实施控制测试：(a)在评估认定层次重大错报风险时，预期控制的运行是有效的。(b)仅实施实质性程序不足以提供认定层次充分、适当的审计证据。

第三节　销售与收款循环的实质性程序

一、销售与收款循环的审计目标

销售与收款循环的审计目标包括交易、余额、披露三个方面，其主要审计目标如下：

（1）登记入账的销售业务确系已经发货给真实的顾客。

（2）所有销售业务均已登记入账。

（3）登记入账的销货数量确系已发货的数量，且已正确开具发票并登记入账。

（4）销售业务的分类恰当。

（5）销售业务的记录及时，且记录在恰当的时期。

（6）销售业务已经正确地记入明细账，并经正确汇总。

（7）销售与收款在财务报表的披露是否恰当。

二、针对销售交易的实质性程序

有些交易实质性程序与环境条件关系不大，适用于各种审计项目，有些则不然，要取决于被审计单位内部控制的健全程度和审计人员实施控制测试的结果。这些实质性程序在审计中常常被疏忽,而事实上它们恰恰需要审计人员给予重视并根据它们做出审计决策。事先需要指出两点:一是这些实质性程序并未包含销售交易全部的实质性程序;二是其中有些实质性程序可以实现多项控制目标,而非仅能实现一项控制目标。

1. 登记入账的销售交易是真实的

对这一目标,审计人员一般关心三类错误的可能性:一是未曾发货却已将销售交易登记入账;二是销售交易重复入账;三是向虚构的顾客发货,并作为销售交易登记入账。前两类错误可能是有意的,也可能是无意的,而第三类错误肯定是有意的。不难想象,将不真实的销售登记入账的情况虽然极少,但其后果却很严重,因为这会导致高估资产和收入。

鉴别高估销售究竟是有意还是无意的,这一点非常关键。尽管无意的高估也会导致应收账款的明显增多,但审计人员通常可以通过函证轻易发觉。对于有意的高估就不同了,由于作假者试图加以隐瞒,使得审计人员较难发现。在这种情况下,审计人员就有必要制定并实施适当的实质性程序以发现这种有意的高估。

如何以恰当的实质性程序来发现不真实的销售,取决于审计人员认为可能在何处发生错误。对"发生"这一目标而言,审计人员通常只在认为内部控制有弱点时,才实施实质性程序。因此,测试的性质取决于潜在的控制弱点的性质:

(1) 针对未曾发货却已将销售交易登记入账这类错误的可能性,审计人员可以从主营业务收入明细账中抽取若干笔分录,追查有无发运凭证及其他佐证,借以查明有无事实上没有发货却已登记入账的销售交易。如果审计人员对发运凭证等的真实性也有怀疑,就有必要再进一步追查存货的永续盘存记录,测试存货余额有无减少。

(2) 针对销售交易重复入账这类错误的可能性,审计人员可以通过检查企业的销售交易记录清单以确定是否存在重号、缺号。

(3) 针对向虚构的顾客发货并作为销售交易登记入账这类错误发生的可能性,审计人员应当检查主营业务收入明细账中与销售分录相应的销货单。以确定销售是否履行赊销批准手续和发货审批手续。

当然,只有在审计人员认为由于缺乏足够的内部控制而可能出现舞弊时,才有必要实施上述实质性程序。

2. 已发生的销售交易均已登记入账

销售交易的审计一般偏重于检查高估资产与收入的问题。因此,通常无须对完整性目标实施交易实质性程序。但是,如果内部控制不健全,比如被审计单位没有由发运凭证追查至主营业务收入明细账这一独立内部核查程序,就有必要实施交易实质性程序。

从发货部门的档案中选取部分发运凭证,并追查至有关的销售发票副本和主营业务收入明细账,是测试未开票的发货的一种有效程序。为使这一程序成为一项有意义的测试,审计人员必须能够确信全部发运凭证均已归档,这一点可以通过检查凭证编号的连续性来查明。

3. 登记入账的销售交易均经正确计价

销售交易计价的准确性包括:按订货数量发货,按发货数量准确地开具账单,以及将账单上的数额准确地记入会计账簿。对这三个方面,每次审计中一般都要实施实质性程序,以确保其准确无误。

典型的实质性程序包括复算会计记录中的数据。通常的做法是,以主营业务收入明细账中的会计分录为起点,将所选择的交易业务的合计数与应收账款明细账和销售发票存根进行比较核对。销售发票存根上所列的单价,通常还要与经过批准的商品价目表进行比较核对,对其金额小计和合计数也要进行复算。发票中列出的商品的规格、数量和顾客代号等,则应与发运凭证进行比较核对。另外,往往还要审核顾客订货单和销售单中的同类数据。

内部控制如果有效,实质性程序的样本量便可以减少,审计成本也因控制测试的成本较低而将大为降低。

4. 登记入账的销售交易分类恰当

如果销售分为现销和赊销两种,应注意不要在现销时借记应收账款,也不要在收回应收账款时贷记主营业务收入,同样不要将营业资产的销售(例如固定资产销售)混作正常销售。对那些采用不止一种销售分类的企业,例如,需要编制分类报表的企业来说,正确的分类极其重要。

具体说来,被审计单位有关采取的销售方式不同,确认销售的时点也是不同的:

(1)采用交款提货销售方式,应于货款已收到或取得收取货款的权利,同时已将发票账单和提货单交给购货单位时确认收入的实现。对此,审计人员应重点检查被审计单位是否收到货款,或取得收取货款的权利,发票账单和提货单是否已交付购货单位。应注意有无扣压结算凭证,将当期收入转入下期入账;或者虚记收入、开假发票、虚列购货单位,将当期未实现的收入虚转为收入记账,在下期予以冲销的现象。

(2)采用预收账款销售方式,应于商品已经发出时,确认收入的实现。对此,审计人员应重点检查被审计单位是否收到了货款,商品是否已经发出。应注意是否存在对已收货款并已将商品发出的交易不入账、转为下期收入;或开具虚假出库凭证、虚增收入等现象。

(3)采用托收承付结算方式。应于商品已经发出,劳务已经提供,并已将发票账单提交银行、办妥收款手续时确认收入的实现。对此,审计人员应重点检查被审计单位是否发货,托收手续是否办妥,货物发运凭证是否真实,托收承付结算回单是否正确。

(4) 委托其他单位代销商品的,如果代销单位采用视同买断方式,应于代销商品已经销售并收到代销单位代销清单时,按企业与代销单位确定的协议价确认收入的实现。对此,应注意查明有无商品未销售、编制虚假代销清单、虚增本期收入的现象;如果代销单位采用收取手续费方式,应在代销单位将商品销售、企业已收到代销单位代销清单时确认收入的实现。

(5) 销售合同或协议明确销售价款的收取采用递延方式,实质上具有融资性质的,应当按照应收的合同或协议价款的公允价值确定销售商品收入金额。应收的合同或协议价款与其公允价值之间的差额,应当在合同或协议期间内采用实际利润法进行摊销,计入当期损益。

(6) 长期工程合同收入,如果合同的结果能够可靠估计,应当根据完工百分比法确认合同收入。审计人员应重点检查收入的计算、确认方法是否合乎规定,并核对应计收入与实际收入是否一致,注意查明有无随意确认收入、虚增或虚减本期收入的情况。

(7) 委托外贸企业代理出口、实行代理制方式的,应在收到外贸企业代办的发运凭证和银行交款凭证时确认收入。对此,审计人员应重点检查代办发运凭证和银行交款单是否真实,注意有无内外勾结,出具虚假发运凭证或虚假银行交款凭证的情况。

(8) 对外转让土地使用权和销售商品房的,通常应在土地使用权和商品房已经移交并将发票结算账单提交对方时确认收入。对此,审计人员应重点检查已办理的移交手续是否符合规定要求,发票账单是否已交对方。注意查明被审计单位有无编造虚假移交手续,采用"分层套写"、开具虚假发票的行为。防止其高价出售、低价入账,从中贪污货款。如果企业事先与买方签订了不可撤销合同,按合同要求开发房地产,则应按建造合同的处理原则处理。

以上对产品销售收入确认的审查,主要是采用抽查法、核对法和验算法。

销售分类恰当的测试一般可与计价准确性测试一并进行。审计人员可以通过审核原始凭证确定具体交易业务的类别是否恰当,并以此与账簿的实际记录作比较。

5. 销售交易的记录及时

发货后应尽快开具账单并登记入账,以防止无意漏记销货业务,确保它们记入正确的会计期间。在执行计价准确性实质性测试程序的同时,一般要将所选取的提货单或其他发运凭证的日期与相应的销售发票存根、主营业务收入明细账和应收账款明细账上的日期作比较。如有重大差异,被审计单位就可能存在销售截止期限上的错误。

6. 销售交易已经正确地记入明细账并经正确汇总

应收账款明细账的记录若不正确,将影响被审计单位收回应收账款的能力,因此,将全部赊销业务正确地记入应收账款明细账极为重要。同理,为保证财务报表准确,主营业务收入明细账必须正确地加总,并过入总账。在多数审计中,通常都要加总主营业务收入明细账,并将加总数和一些具体内容分别追查至主营业务收入总账和应收账款明细账或现金、银行存款日记账,以检查在销货过程中是否存在有意或无意的错报问题。不过这一测试的样本量要受内部控制的影响。从主营业务收入明细账追查至应收账款明细账,一般与为实现其他审计目标所作的测试一并进行;而将主营业务收入明细账加总,并追查、核对加总数至其总账,则应作为单独的一项测试程序来执行。

二、应收账款的实质性测试程序

应收账款是指企业因销售商品、产品或提供劳务而形成的债权,即由于企业销售商品、提供劳务等原因,应向购货客户或接受劳务的客户收取的款项或代垫的运杂费,是企业在信誉活动中所形成的各种债权性资产。

企业的应收账款是在销售交易或提供劳务过程中产生的。企业的销售如果属于赊销,即销售实现时没有立即收取现款,而是获得了要求客户在一定条件下和一定时间内支付货款的权利。因此,应收账款的审计应结合销售交易来进行。

坏账是指企业无法收回或收回的可能性极小的应收账款(包括应收票据、应收账款、预收账款、其他应收款和长期应收款等)。由于发生坏账而产生的损失称为坏账损失。

(一)应收账款的审计目标

(1)确定资产负债表中记录的应收账款是否存在。

(2)确定应收账款是否归被审计单位所有。

(3)确定应收账款增减变动的记录是否完整。

(4)确定应收账款是否可收回,坏账准备的计提是否恰当。

(5)确定应收账款年末余额是否正确。

(6)确定应收账款在财务报表上的披露是否恰当。

(二)应收账款的实质性测试程序

应收账款的实质性测试程序如下。

1. 取得或编制应收账款明细表

(1)复核应收账款明细表,加计正确,并与总账数和明细账合计数核对是否相符;结合预收账款、坏账准备与报表数核对相符。

应当注意,应收账款报表数反映企业因销售商品、提供劳务等应向购货单位收取的各种款项,减去预收账款和已计提的相应的坏账准备后的净额。

(2)检查非记账本位币应收账款的折算汇率及折算是否正确。对于用非记账本

位币(通常为外币)结算的应收账款,审计人员应重点检查:

① 被审计单位外币应收账款的增减变动是否采用交易发生日的即期汇率将外币金额折算为记账本位币金额,或者采用按照系统合理的方法确定的、与交易发生日即期汇率近似的汇率折算为记账本位币金额。

② 选择采用汇率折合的方法前后各期是否一致。

③ 期末外币应收账款余额是否采用期末即期汇率折合为记账本位币金额。

④ 折算差额的会计处理是否正确。

(3) 检查应收账款明细账贷方余额的项目及其原因,必要时作重分类调整。

(4) 结合预收账款等往来明细项目,查明有无与其同名的项目或与销售无关的其他款项,如有,应作出记录,必要时提出调整建议。

(5) 标识重要的欠款单位,计算其欠款合计数占应收账款余额的比例。

2. 对应收账款实施实质性分析程序

(1) 复核应收账款借方累计发生额与主营业务收入是否配比,并将当期应收账款借方发生额占销售收入净额的百分比与管理层考核指标比较,如存在差异应查明原因。

(2) 在应收账款明细表上标注重要客户,并编制这些重要客户的应收账款增减变动表,与上期的应收账款增减变动表进行比较,看是否发生变动,并分析其变动的合理性。

(3) 计算应收账款周转率、应收账款周转天数等指标,并与被审计单位以前年度指标、同行业同期相关指标对比分析,检查是否存在重大异常。

3. 检查应收账款账龄分析是否正确

应收账款账龄是指资产负债表中的应收账款从销售实现,产生应收账款之日起至资产负债表日所经历的时间。

审计人员可以通过取得或编制应收账款账龄分析表来分析应收账款的账龄,以便了解应收账款的可收回性。应收账款账龄分析表如表 11-4 所示。

表 11-4

应收账款账龄分析表

年　　月　　日　　　　　　　　　　　　货币单位:

顾客名称	期末余额	账　龄			
		1 年以内	1~2 年	2~3 年	3 年以上
合　计					

在编制应收账款账龄分析表时,应将重要客户及其余额单独列示,而将不重要的

或余额较小的汇总列示。

（1）如果应收账款账龄分析表由被审计单位编制，测试计算其计算的准确性。

（2）将应收账款账龄分析表中的合计与应收账款总分类账余额相比较，并调查重大调节项目。

（3）检查原始凭证，如销售发票、运输记录等，测试账龄核算的准确性。

（4）请被审计单位协助，在应收账款明细表上标出至审计时已收回的应收账款金额，对已收回金额较大的款项进行常规检查，如核对收款凭证、银行对账单、销货发票等，并注意凭证发生日期的合理性，分析收款时间是否与合同相关要素一致。

（5）检查是否按正确的账龄、规定的方法计提坏账准备与确认坏账。

4. 向债务人函证应收账款

函证是指审计人员为了获取影响财务报表或相关披露认定的项目的信息，通过直接来自第三方对有关信息和现存状况的声明获取和评价审计证据的过程。

（1）函证应收账款的目的。函证应收账款的目的在于证实应收账款账户余额的真实性、正确性，防止或发现被审计单位及其有关人员在销售交易中发生的差错或弄虚作假、营私舞弊行为。通过函证应收账款，可以比较有效地证明被询证者（即债务人）的存在和被审计单位记录的可靠性。

（2）函证应收账款应考虑的因素。审计人员应当考虑是否将函证程序用作实质性程序，在确定是否实施函证程序时需考虑的下述因素：

① 应当考虑被审计单位的经营环境、内部控制的有效性、应收账款账户的性质。

② 应当考虑被询证者对函证事项的了解，处理询证函的习惯做法及回函的可能性。

③ 应当考虑预期被询证者回复询证函的能力或意愿。

④ 应当考虑预期被询证者的客观性。

（3）函证的范围和对象。除非有充分证据表明应收账款对被审计单位财务报表而言是不重要的，或者函证很可能是无效的，否则，审计人员应当对应收账款进行函证。如果审计人员不对应收账款进行函证，应当在工作底稿中说明理由。如果认为函证很可能无效的，审计人员应当实施替代审计程序，获取充分、适当的审计证据。

函证数量的大小、范围是由诸多因素决定的，审计人员应根据以下因素确定函证的样本规模。

① 样本规模的多少。样本规模的多少的考虑主要有：应收账款在全部资产中的重要性，若应收账款在全部资产中所占的比重较大，则函证的范围应相应大一些；被审计单位内部控制的强弱，如果被审计单位的内部控制比较健全，且被认真执行，函证的范围就可以小一些；反之，则应相应扩大函证范围；以前年度的函证结果，如果以前年度函证中发现过重大差异，或欠款纠纷较多，则函证范围应相应扩大。

② 函证的对象。一般情况下，审计人员应选择以下项目作为函证对象：大额或账龄较长的项目；与债务人发生纠纷的项目；关联方[包括持股5%（含）以上股东]项目；主要客户（包括关系密切的客户）项目；交易频繁但期末余额较小甚至余额为零的项目；可能产生重大错报或舞弊的非正常的项目。

（4）询证函的编制与寄发。应收账款的信息是由被审计单位提供的，函证也是以被审计单位的名义寄发的。但是询证函的编制与寄发均应掌控于审计人员之手，询证函应由审计人员寄发，回函的收件人应是会计师事务所。

（5）函证的方式。函证方式分为积极的函证方式和消极的函证方式。审计人员可采用积极的或消极的函证方式实施函证，也可将两种方式结合使用。

① 积极的函证方式。积极式函证：也称肯定式函证，是指向债务人发出询证函，审计人员应当要求被询证者在所有情况下都必须回函，确认询证函所列示信息是否正确，或填列询证函要求的信息。

积极的函证方式又分为两种：参考格式11-1、参考格式11-2列示了积极式询证函格式。

积极式询证函格式一：在询证函中列明拟函证的账户余额或其他信息，要求被询证者确认。

参考格式11-1　积极式询证函（格式一）

企 业 询 证 函

编号：

××（公司）：

　　本公司聘请的××会计师事务所正在对本公司××年度财务报表进行审计，按照中国注册会计师审计准则的要求，应当询证本公司与贵公司的往来账项等事项。下列数据出自本公司账簿记录，如与贵公司记录相符，请在本函下端"信息证明无误"处签章证明；如有不符，请在"信息不符"处列明不符金额。回函请直接寄至××会计师事务所。

回函地址：

邮编：　　　　　电话：　　　　　传真：　　　　　联系人：

1. 本公司与贵公司的往来账项列示如下：

单位:元

截止日期	贵公司欠	欠贵公司	备　注

2. 其他事项。

本函仅为复核账目之用,并非催款结算。若款项在上述日期之后已经付清,仍请及时函复为盼。

（公司盖章）
年　月　日

结论:1. 信息证明无误。

（公司盖章）
年　月　日
经办人:

2. 信息不符,请列明不符的详细情况:

（公司盖章）
年　月　日
经办人:

积极式询证函格式二:在询证函中不列明拟函证的账户余额或其他信息,而要求被询证者自行填写有关信息或提供进一步信息

参考格式 11-2　积极式询证函（格式二）

企业询证函

编号:

××（公司）:

本公司聘请的××会计师事务所正在对本公司××年度财务报表进行审计,按照中国注册会计师审计准则的要求,应当询证本公司与贵公司的往来账项等事项。请列示截止××年×月×日贵公司与本公司往来款项余额。回函请直接寄至××会计师事务所。

回函地址:

邮编:　　　　　电话:　　　　　传真:　　　　　联系人:

本函仅为复核账目之用,并非催款结算。若款项在上述日期之后已经付清,仍请及时函复为盼。

（公司盖章）
年　月　日

1. 贵公司与本公司的往来账项列示如下:

单位:元

截止日期	贵公司欠	欠贵公司	备　注

2. 其他事项。

（公司盖章）

年　月　日

经办人：

在采用积极的函证方式时，只有审计人员收到回函，才能为财务报表认定提供审计证据。审计人员没有收到回函，可能是由于被询证者根本不存在，或是由于被询证者没有收到询证函，也可能是由于询证者没有理会询证函，因此，无法证明所函证信息是否正确。

② 消极的函证方式。消极式函证也称否定式函证，是指向债务人发出询证函，所函证款项相符不必复函，不相符时才复函的函证方式。采用消极的函证方式，审计人员只要求被询证者仅在不同意询证函列示信息的情况下才予以回函。

在采用消极的函证方式时，如果收到回函，能够为财务报表认定提供说服力强的审计证据。未收到回函可能是因为被询证者已收到询证函且核对无误，也可能是因为被询证者根本就没有收到询证函。因此，积极的函证方式通常比消极的函证方式提供的审计证据可靠。因而在采用消极的方式函证时，审计人员通常还需辅之以其他审计程序。参考格式11-3列示了消极式询证函格式。

参考格式11-3　消极式询证函格式

企 业 询 证 函

编号：

××（公司）：

本公司聘请的××会计师事务所正在对本公司××年度财务报表进行审计，按照中国注册会计师审计准则的要求，应当询证本公司与贵公司的往来账项等事项。下列数据出自本公司账簿记录，如与贵公司记录相符，则无需回复；如有不符，请直接通知会计师事务所，并请在空白处列明贵公司认为是正确的信息。回函请直接寄至××会计师事务所。

回函地址：

邮编：　　　　电话：　　　　传真：　　　　联系人：

1. 本公司与贵公司的往来账项列示如下：

单位：元

截止日期	贵公司欠	欠贵公司	备　注

2. 其他事项。

本函仅为复核账目之用,并非催款结算。若款项在上述日期之后已经付清,仍请及时核对为盼。

(公司盖章)

年　月　日

×× 会计师事务所:

上面的信息不正确,差异如下:

(公司盖章)

年　月　日

经办人:

在审计实务中,审计人员也可将这两种方式结合使用。当应收账款的余额是由少量的大额应收账款和大量的小额应收账款构成时,审计人员可以对所有的或抽取的大额应收账款样本采用积极的函证方式,而对抽取的小额应收账款样本采用消极的函证方式。

(6) 函证时间的选择。审计人员通常以资产负债表日为截止日,在资产负债表日后适当时间内实施函证。如果重大错报风险评估为低水平,审计人员可选择资产负债表日前适当日期为截止日实施函证,并对所函证项目自该截止日起至资产负债表日止发生的变动实施实质性程序。发函的最佳时间应是与资产负债表日接近的时间,并同时考虑对方复函的时间,尽可能做到在审计人员的审计工作结束前取得函证的全部资料。

(7) 函证的过程控制。在验证回函的可靠性时,审计人员需要保持职业怀疑。

审计人员通常利用被审计单位提供的应收账款明细账户名称及客户地址等资料据以编制询证函,但审计人员应当对选择被询证者、设计询证函以及发出和收回询证函保持控制。

审计人员应当采取下列措施对函证实施过程进行控制:(a)将被询证者的名称、地址与被审计单位有关记录核对,确保函证地址的正确性。要注意有些被审计单位利用虚假地址来掩盖虚假应收账款。(b)将询证函中列示的账户余额或其他信息与被审计单位有关资料核对。(c)在询证函中指明直接向接受审计业务委托的会计师事务所回函。(d)询证函经被审计单位盖章后,由审计人员直接发出。

如果被询证者将回函寄至被审计单位,被审计单位将其转交审计人员,该回函不能视为可靠的审计证据。在这种情况下,审计人员可以要求被询证者直接书面回复。

当审计人员存有疑虑时,可以与被询证者联系以核实回函的来源及内容。例如,当被询证者通过电子邮件回函时,审计人员可以通过电话联系被询证者,确定被询证者是否发送了回函。必要时,审计人员可以要求被询证者提供回函原件。

根据函证结果,编制函证结果汇总表,对询证函的收回情况加以控制。应收账款函证结果汇总表如表 11-5 所示。

　　表 11-5

应收账款函证结果汇总表

被审计单位名称：　　　　　　　　　制表：　　　　　　　　　　日期：

结账日：　年　月　日　　　　　　复核：　　　　　　　　　　日期：

询证函编号	债务人名称	债务人地址及联系方式	账面金额	函数证方式	函证日期		回函日期	替代程序	确认余额	差异金额及说明	备　注
					第一次	第二次					
合　计											

　　(8) 函证结果差异的(不符事项)处理。收回的询证函若有差异,即函证出现了不符事项,审计人员应当首先提请被审计单位查明原因,并作进一步分析和核实。函证差异的产生可能是由于以下三方面的原因：

　　① 记账时间不同或拒付。此类不符事项主要表现为：询证函发出时,债务人已经付款,而被审计单位尚未收到货款;询证函发出时,被审计单位的货物已经发出并已做销售记录,确认为销售收入,但货物仍在途中,债务人尚未收到货物;债务人由于某种原因退货,但被审计单位尚未收到;因债务人对收到的货物的数量、质量、价格有异议,全部或部分拒付货款。

　　② 记账错误。由于一方或双方记账错误导致应收账款余额存在差异。

　　③ 虚列应收账款。如果不符事项构成错报,审计人员应当重新考虑所实施审计程序的性质、时间和范围。

　　(9) 对函证结果的总结和评价。审计人员应将函证的过程和情况记录在工作底稿中,并据以评价函证的可靠性。在评价函证的可靠性时,审计人员应当考虑：(a)对询证函的设计、发出及收回的控制情况。(b)被询证者的胜任能力、独立性、授权回函情况、对函证项目的了解及其客观性。(c)被审计单位施加的限制或回函中的限制。

　　审计人员对函证结果可进行如下评价：

　　① 审计人员应重新考虑：对内部控制的原有评价是否适当;控制测试的结果是否适当;分析程序的结果是否适当;相关的风险评价是否适当等。

　　② 如果函证结果表明没有审计差异,且函证样本的设计和对样本的审计是适当

的,则审计人员可以合理地推论,全部应收账款总体是正确的。

③ 如果函证结果表明存在审计差异,则审计人员应当估算应收账款总额中可能出现的累计差错是多少,估算未被选中进行函证的应收账款的累计差错是多少,如超过重要性水平,就需要作出调整。为取得对应收账款累计差错更加准确的估计,也可以进一步扩大函证范围。

(10) 函证风险。函证是确认应收账款的有效方法,但仍存在风险。风险主要表现在:

① 错误的金额可能没有被包括在函证的样本中。

② 没有收到存在问题的应收账款的客户的回函。

③ 客户不认真核对询证函。

(11) 实施函证程序时,审计人员需要关注的舞弊风险迹象及采取的应对措施,在函证过程中,审计人员需要始终保持职业怀疑,对舞弊风险迹象保持警觉。

5. 对未函证应收账款实施替代审计程序

通常,审计人员不可能对所有应收账款进行函证,因此,对未函证应收账款,审计人员应实施替代审计程序。审计人员可以抽查与销售有关的原始凭据,如销售合同、销售订单、销售发票副本、发运凭证及回款单据等,以验证与其相关的应收账款的真实性。

6. 确定并检查已收回的应收账款金额

请被审计单位协助,在应收账款明细表上标出至审计时已收回的应收账款金额,对已收回金额较大的款项进行常规检查,如核对收款凭证、银行对账单、销货发票等,并注意凭证发生日期的合理性,分析收款时间是否与合同相关要素一致。

7. 检查应收账款余额

(1) 检查应收账款是否有不附追溯权出售的,误作质押(即有追溯权)的会计处理,即检查贴现、质押或出售。

检查银行存款和银行贷款等询证函的回函、会议纪要、借款协议和其他文件,确定应收账款是否已被质押或出售,应收账款贴现业务属质押还是出售,其会计处理是否正确。

企业在出售应收债权的过程中如附有追索权,即在有关应收债权到期无法从债务人处收回时,银行有权力向出售应收债权的企业追偿,或按照协议约定,企业有义务按照约定金额向银行等金融机构回购部分应收债权,应收债权的坏账风险由售出应收债权的企业负担。这种附有追索权应收账款出售视同质押。

(2) 检查应收账款明细,确认不属于结算业务的债权,不应在应收账款中进行核算。因此,审计人员应抽查应收账款明细账,并追查有关原始凭证,查证被审计单位有无不属于结算业务的债权。如有,应作记录或建议被审计单位作适当调整。

8. 对应收账款实施关联方及其交易审计程序

标明应收关联方[包括持股5％以上(含5％)股东]的款项,实施关联方及其交易审计程序,并注明合并报表时应予抵销的金额;对关联企业、有密切关系的主要客户的交易事项作专门核查:

(1) 了解交易事项目的、价格和条件,作比较分析。

(2) 检查销售合同、销售发票、货运单证等相关文件资料。

(3) 检查收款凭证等货款结算单据。

(4) 向关联方、有密切关系的主要客户或其他审计人员函询,以确认交易的真实性、合理性。

9. 确定应收账款在资产负债表上是否已恰当披露

如果被审计单位为上市公司,则其财务报表附注通常应披露期初、期末余额的账龄分析,期末欠款金额较大的单位账款,持有5％(含5％)以上股份的股东单位欠款等情况。

关 键 术 语

销售与收款循环 业务循环审计 内部控制测试 实质性程序 发运凭证
销售单 销售发票 贷项通知单 应收账款 函证 积极式函证 消极式函证

案 例 剖 析 题

【案例剖析题 11-1】

注册会计师在审阅大众公司2013年12月份和2014年1月份的主营业务收入明细账和库存商品明细账时,发现下列疑点:

(1) 12月29日,向本市红星公司出售A产品500件,发票已开出,货款已收到。1月5日,这批货物中有200件由于存在质量问题被退回,公司在2014年1月份登记了该笔退货业务。

(2) 12月30日,向本市永乐公司赊销B产品800件,产品已发出,货款尚未收到。公司没有在账面上记录这笔销售业务。

(3) 12月30日,公司采用分期收款销售方式向本市宏信公司出售C产品1 000件,双方约定分5次等额支付该批产品的货款,当日,宏信公司已支付了第一笔货款,但公司在账面上未反映这笔销售业务。

(4) 12月,公司委托第一百货代销其C产品,公司根据销售额向第一百货支付

3%的手续费,12月31日,公司收到第一百货的代销清单,本月共售出C产品2000件,其中1500件已收到货款。公司在主营业务收入账面上确认了1500件C产品的销售收入。

该公司A产品的单位售价为10元,单位成本为8元;B产品的单位售价为20元,单位成本为16元;C产品的单位售价为50元,单位成本为32元。

要求:请指出该公司在主营业务收入处理中存在的问题,计算应调整的主营业务收入和主营业务成本,并编制必要的调整分录。

【题解】

(1) 由于存在质量问题被退货,应减少2009年的主营业务收入和主营业务成本。

减少2013年的主营业务收入为:$10 \times 200 = 2\,000$(元)

减少2013年的主营业务成本为:$8 \times 200 = 1\,600$(元)

调整分录如下:

借:主营业务收入   2 000

   应交税费——应交增值税(销项税额)   340

  贷:银行存款   2 340

借:库存商品   1 600

  贷:主营业务成本   1 600

(2) 对于赊销,产品已发出,虽货款尚未收到,但企业已将商品所有权上的主要风险和报酬转移给购货方,企业既没有保留通常与所有权相联系的继续管理权,也没有对已售出的商品实施控制,故应该确认为收入。这是因为按照《企业会计准则第14号——收入》的要求,企业销售商品收入同时满足下列条件的,才能予以确认:(a)企业已将商品所有权上的主要风险和报酬转移给购货方。(b)企业既没有保留通常与所有权相联系的继续管理权,也没有对已售出的商品实施有效控制。(c)收入的金额能够可靠地计量。(d)相关的经济利益很可能流入企业。(e)相关的已发生或将发生的成本能够可靠地计量。

其主营业务收入增加:$20 \times 800 = 16\,000$(元)

应交税费为:$16\,000 \times 17\% = 2\,720$(元)

应收账款增加:$16\,000 + 2\,720 = 18\,720$(元)

主营业务收入成本增加:$16 \times 800 = 12\,800$(元)

(3) 对于分期收款销售的产品,应按实际或合同规定本期收到的货款确认收入。故第一笔200件C产品已收到的货款应确认为收入。

其主营业务收入增加:$50×200=10\,000$(元)

应交税费为:$10\,000×17\%=1\,700$(元)

银行存款增加:$10\,000+1\,700=11\,700$(元)

主营业务收入成本增加:$32×200=6\,400$(元)

(4) 对于委托其他单位代销商品的,如果代销单位采用收取手续费方式,应在代销单位将商品销售、企业已收到代销单位代销清单时确认收入的实现。故应确认收入的是 2 000 件,而不是 1 500 件,该企业少计了 500 件。

其主营业务收入增加:$50×500=25\,000$(元)

应交税费为:$25\,000×17\%=4\,250$(元)

应收账款增加:$25\,000+4\,250=29\,250$(元)

主营业务收入成本增加:$32×500=16\,000$(元)

(2)(3)(4)调整分录如下:

借:应收账款		47 970
银行存款		11 700
贷:主营业务收入		51 000
应交税费——应交增值税(销项税额)		8 670
借:主营业务成本		35 200
贷:库存商品		12 800
委托代销商品		16 000
分期付款发出的商品		6 400

本题各项对 2013 年 12 月的主营业务收入和主营业务成本汇总如下:

业务	2013 年 12 月的主营业务收入	2013 年 12 月的主营业务成本
1	$-2\,000$	$-1\,600$
2	$+16\,000$	$+12\,800$
3	$+10\,000$	$+6\,400$
4	$+25\,000$	$+16\,000$
合计	49 000	33 600

【案例剖析题 11-2】

审计人员在审计某企业应收账款时,编制了应收账款账龄分析表。

应收账款账龄分析表

年　　月　　日

金额单位:元

户　名	余　额	未到期	逾期1年以内	逾期2年以内	逾期3年以内	逾期3年以上
大众电气	60 000		60 000			
东湖仪表	20 000	20 000				
黄河五金	35 000					35 000
北方电子	12 800	10 000	2 800			
四通公司	10 000	10 000				
其他客户	96 280	60 180	25 010	5 000	2 090	4 000
总　额	234 080	100 180	87 810	5 000	2 090	39 000

要求:根据这张账龄分析表,审计人员应如何处理?

【题解】

从这张账龄分析表可看出:

该企业应收账款余额共234 080元,其中未到期应收账款100 180元,占42.8%,逾期应收账款共133 900元,占57.2%,说明拖欠情况是比较严重的。审计人员应保持职业怀疑,具有批判和质疑的精神,摒弃"存在即合理"的逻辑思维,寻求事物的真实情况,进行审计工作。

审计人员应采取如下措施:

(1)逾期3年以上的应收账款39 000元,可能难以收回,在进一步调查后,如确认难以收回,审计人员应建议被审计单位及时按规定予以核销。

(2)对金额较大的款项和拖欠时间较长的账户,审计人员应采取发函询证等措施,作进一步的审核。

(3)根据账龄分析情况,可以表明该企业发生坏账的概率极大,如果现行的坏账准备计提不足,审计人员应建议被审计单位增提坏账准备。

本章要点概览

本章主要介绍了销售与收款循环涉及的主要业务活动及其审计程序,其审计的主要目标是确定是否存在高估收入的情况。针对销售与收款循环的风险评估,介绍了销售与收款循环常见的重大错报风险及其产生这些重大错报风险的途径。

对销售交易进行控制测试:适当的职责分离、正确的授权审批、完善的凭证与记录控制、内部核查程序。对销售交易的实质性程序:登记入账的销售交易是真实的、已发生的销售交易均已登记入账、登记入账的销售交易均经正确计价、登记入账的销售交易分类恰当、销售交易的记录及时、销售交易已经正确地记入明细账并经正确汇总。

应收账款的实质性测试程序：取得或编制应收账款明细表、对应收账款实施实质性分析程序、向债务人函证应收账款(包括函证应收账款的目的、函证应收账款应考虑的因素、函证的范围和对象、询证函的编制与寄发、函证的方式、函证时间的选择、函证的过程控制、函证结果差异的处理、对函证结果的总结和评价、函证风险、实施函证程序时，审计人员需要关注的舞弊风险迹象及采取的应对措施)、对未函证应收账款实施替代审计程序、确定并检查已收回的应收账款金额、检查应收账款余额、对应收账款实施关联方及其交易审计程序、确定应收账款在资产负债表上是否已恰当披露。

本章提供了两个案例分析。

第十二章　采购与付款循环审计

——学习目的与要求——

本章旨在阐述采购与付款循环审计内容与方法。通过本章学习,学生能够了解采购与付款循环与财务报表项目的关系;熟悉采购与付款循环涉及的主要业务活动及对应的凭证和记录;熟悉采购与付款循环常见的重大错报风险及其发生途径;掌握采购与付款循环内部控制及各项目的控制测试;掌握应付账款、固定资产和在建工程的实质性程序。

第一节　采购与付款循环审计概述

采购是企业对物资的购买。在工业企业里,采购的对象是固定资产与制造产品的原材料、燃料、包装物、易耗品等。在商业企业里,主要是指可供销售的商品物资。本章以采购商品为例,阐述购货与付款循环的主要业务环节。

一、主要凭证与会计记录

1. 与财务报表项目的关系

采购与付款循环与主要财务报表项目对应关系如表 12-1 所示。

表 12-1

采购与付款循环与主要财务报表项目对照表

业务循环	资产负债表项目	利润表项目
采购与付款循环	预付账款、固定资产、在建工程、工程物资、固定资产清理、无形资产、开发支出、商誉、长期待摊费用、应付票据、应付账款、长期应付款	管理费用

　（1）涉及的资产负债表项目主要包括预付账款、固定资产、在建工程、工程物资、固定资产清理、无形资产、开发支出、商誉、长期待摊费用、应付票据、应付账款、长期

应付款等。

（2）所涉及的利润表项目主要有管理费用。

2. 主要凭证和会计记录

采购与付款循环通常要经过请购商品或劳务——签订采购合同——商品验收——储存已验收的商品——编制付款凭证——确认与记录负债——偿付款项——记录现金及银行存款的支出等程序。

采购与付款循环所涉及的主要凭证与会计记录有：（a）请购单。（b）订购单。（c）验收单。（d）购货发票。（e）付款凭单。（f）转账凭证。（g）付款凭证。（h）退货单。（i）材料采购明细账（应按材料的类别如原材料、辅助材料，燃料、包装物、低值易耗品等分设账页，根据收料单、付款凭证、发票账单等登记）。（j）应付账款明细账（应按供应商分别登记，如需要按合同核算的，还应按合同明细核算）。（k）现金日记账。（l）银行存款日记账。（m）卖方对账单。

二、企业的采购业务

一个企业的采购商品业务，主要涉及采购与付款两个方面。下面以采购商品为例，分别阐述采购与付款循环所涉及的主要业务活动及其适当的控制程序和相关的认定。

（一）采购交易

1. 请购商品和劳务

（1）填写请购单。企业采购货物，应首先提出请购申请，即填写请购单。

① 一般授权的请购。企业对正常经营所需的物资的购买均作一般授权，比如，仓库在现有库存达到再订购点时就可以直接提出采购申请，其他部门也可为正常的维修工作和类似工作直接申请采购有关物品。

仓库负责对需要购买的已列入存货清单项目的一般存货填写请购单，其他部门也可以对所需要购买的未列入存货清单的项目的货物编制请购单，并直接交给采购部门。

② 特殊授权的请购。对固定资产等资本支出和租赁合同、其他超出常规的购买，需要作特殊授权，只允许指定的人员提出请购。

（2）请购单需由申请部门的负责人批准。请购单可由手工或计算机编制，由于请购单在企业里允许多个部门填写，无法预先连续编号，按编号顺序使用。为加强控制，每张请购单必须经过申请部门的负责人的签字批准。

2. 编制订购单（即采购）

（1）采购部门在收到请购单后，只能对经过批准的请购单发出订购单。对每次订货，采购部门均应确定最佳供应来源。对一些大额、重要的采购项目，应采取竞价方式来确定供应商,以保证供货的质量、及时性和成本的低廉。

（2）订购单应正确填写所需要的商品名称、数量、价格、供应商名称和地址等。

（3）订购单应预先连续编号,并经被授权的采购人员签名。

（4）订购单编制完毕后,正联应送供应商,副联应分别送至企业内部的请购部门、验收部门、仓储部门和付款部门。

（5）独立检查订购单的处理,以确定是否确实收到所订购的商品并正确入账。

3. 验收商品

有效的订购单代表企业已授权验收部门验受供应商发运来的商品。企业收到采购物资后,需进行严格的验收,并填制验收单,以确保收到的货物符合要求。

（1）验收部门应比较所收商品与订购单上的要求是否相符,如商品的品名、说明、规格、数量、到货时间等。

（2）盘点商品并检查商品有无损坏。

（3）验收后,验收部门应对已收货的每张订购单编制一式多联,预先连续编号的验收单,作为验收和检验商品的依据。

（4）验收人员将商品送交仓储部门或其他请购部门时,应取得经过签字的收据,或要求其在验收单的副联上签收,以确立他们对所采购的资产所应负的保管责任。

（5）验收人员还应将其中的一联验收单送交应付凭单部门（付款部门）。

4. 储存已验收的商品存货

（1）将已验收商品的保管与采购的其他职责相分离,可减少未经授权的采购和盗用商品的风险。

（2）仓储部门在对收到的货物进行检查后签收,并确保存货的安全完整。

（3）存放商品的仓储区应相对独立,限制无关人员接近,只有经过授权的人员才能接近保管的资产。

5. 编制付款凭单

记录采购交易之前,应付凭单部门应编制付款凭单。这项功能的控制包括:

（1）货物验收后,应核对订购单、验收单和供货发票内容的一致性。

（2）确定供应商发票计算的正确性。

（3）编制有预先连续编号的付款凭单,并附上支持性凭证（如订购单、验收单和供应商发票等）,这些支持性凭证的种类因交易对象的不同而不同。

（4）独立检查付款凭单计算的正确性。

（5）在付款凭单上填入应借记的资产或费用账户名称。

（6）由被授权人员在凭单上签字,以示批准照此凭单要求付款。所有未付凭单的副联应保存在未付凭单档案中,以待日后付款。

（7）将经审核的付款凭单,连同每日的凭单汇总表送到会计部门,以编制有关记账凭证和登记有关明细账和总账账簿。

6. 确认与记录负债

（1）正确确认已验收货物和已接受劳务的债务，要求准确、及时地记录负债。

（2）应付账款确认与记录。

相关部门有责任核查购置的财产并在应付凭单登记簿或应付账款明细账中加以记录。

在收到供应商发票时，应付账款部门应将发票上所记载的品名、规格、价格、数量、条件及运费与订货单上的有关资料核对，如有可能，还应与验收单上的资料进行比较。

（3）记录现金支出的人员不得经手现金、有价证券和其他资产。

（4）在手工系统下，应将已批准的未付款凭单送达会计部门，据以编制有关记账凭证和登记有关账簿。

（5）会计主管应监督为采购交易而编制的记账凭证中账户分类的适当性；通过定期核对编制记账凭证的日期与凭单副联的日期，监督入账的及时性。

（6）独立检查会计人员则应核对所记录的凭单总数与应付凭单部门送来的每日凭单汇总表是否一致，并定期独立检查应付账款总账余额与应付凭单部门未付款凭单档案中的总金额是否一致。

（二）付款交易

1. 付款

根据付款条件，向供货单位支付货款。同时，登记银行存款等相关的账户。

（1）付款的有关控制。

① 付款前应核对付款条件，并检查资金是否充足。

② 签发支票时同时登记支票簿和日记账。

③ 已签发的支票连同有关发票、合同凭证应送交有关负责人审核签字，并将支票送给供应商。

（2）编制和签署支票的有关控制。

应付凭单部门负责确定未付凭单在到期日付款。企业有多种款项结算方式，以支票结算方式为例，编制和签署支票的有关控制，包括：

① 独立检查已签发支票总额与所处理付款凭单总额的一致性。

② 应由被授权的财务部门的人员负责签署支票。

③ 被授权签署支票的人员应确定每张支票都附有一张已经适当批准的未付款凭单，并确定支票受款人姓名和金额与凭单内容相一致。

④ 支票一经签署就应在其凭单和支持性凭证上用加盖印戳或打洞等方式将其注销，以免重复付款。

⑤ 支票签署人不应签发无记名甚至空白的支票。

⑥ 支票应预先连续编号,保证支出支票存根的完整性和作废支票处理的恰当性。

⑦ 应确保只有被授权的人员才能接近未使用的空白支票。

2. 记录现金、银行存款支出

仍以支票结算方式为例,在手工系统下;会计部门应根据已签发的支票编制付款记账凭证,并据以登记银行存款日记账及其他相关账簿。根据付款凭单、支票登记簿、付款日记账和有关记账凭证登记有关明细账和总账账簿。

以记录银行存款支出为例,有关控制包括:

① 会计主管应独立检查记入银行存款日记账和应付账款明细账金额的一致性,以及与支票汇总记录的一致性。

② 通过定期比较银行存款日记账记录的日期与支票副本的日期,独立检查入账的及时性。

③ 独立编制银行存款余额调节表。

第二节　采购与付款循环控制测试

在初步了解采购交易的基础上,如果审计人员拟对被审计单位采购和付款循环的内部控制实施控制测试,可选择以下两条测试路径。

一、采购交易按审计主要目标归类的关键控制和控制测试

1. 所记录的采购都已收到物品或已接受劳务,并符合采购方的真实意愿

针对这一内部控制目标的关键内部控制为:请购单、订货单、验收单和卖方发票一应俱全,并附在付款凭单后;各类采购按正确的权限按制度规定的相应级别批准;已使用过的凭证必须注销,以防止重复使用;对卖方发票、验收单、订货单和请购单作内部核查。对应的内部控制测试是:查验付款凭单后是否附有请购单、订货单、验收单和卖方发票四大票据;检查核准购货的批准手续;检查使用过的凭证是否有注销凭证的标志;检查卖方发票、验收单、订货单和请购单是否有通过内部核查的标志。

2. 已发生的采购交易均已记录

为证实已发生的采购交易均已记录关键在于:订货单、验收单、卖方发票均需经预先连续编号并已分别登记入账。对应的内部控制测试是检查订货单、验收单、卖方发票编号的连续性、完整性。

3. 所记录的采购交易均已正确估价

要做到所记录的采购交易均已正确估价,则必须做到正确计算采购价格并对其

金额进行内部核查;采购价格和折扣的授权批准这两个控制措施。通过检查是否存在内部检查的标志,是否有批准采购价格和折扣的相应级别的授权批准手续等内部控制测试来证实所记录的采购交易均已正确估价。

4. 采购交易的分类正确

选用适当的会计科目表,对分类进行内部核查。通过审查工作手册和会计科目表和检查有关凭证上内部核查的标记来证明分类正确性。

5. 采购交易按正确的日期记录

要求收到商品或接受劳务就记录购货交易,并进行内部核查。审计中可检查工作手册并观察有无未记录的卖方发票存在,是否存在内部核查标志来实现。

6. 采购交易被正确记入应付账款和存货等明细账中,并被准确汇总

对应付账款明细账内容进行内部核查,相应的控制测试是检查内部查核的标志是否存在。

必须强调指出的是,上述方法,目的只在于为审计人员根据具体审计情况和审计条件能够实现审计目标的审计方案提供参考。在审计实务工作中,审计人员应充分考虑被审计单位的具体情况和审计质量、审计成本效益原则,将其转换为更实用、高效的审计方案。

二、采购交易按控制要素归类的内部控制和控制测试

很显然,采购与付款的交易测试包括采购交易测试和付款交易测试两个部分。采购交易测试与本章前面讨论的八项主要业务活动中的前六项有关,即:请购商品和劳务;编制订购单;验收商品;储存已验收的商品存货;编制付款凭单确认与记录负债;付款交易测试则关系到第七、第八两项业务活动;付款(支付负债),记录现金、银行存款支出。

在上一章第二节中,我们以每项内部控制为单位,比较详细地讨论了销售交易相关的内部控制和控制测试,并且按照顺序逐一讨论了销售交易实质性程序。鉴于采购交易与销售交易无论在控制目标、关键内部控制方面还是在控制测试与交易实质性程序方面,就原理而言大同小异,因此,以下仅就采购交易在上述方面的特殊之处予以说明。

1. 适当的职责分离

适当的职责分离有助于防止各种有意或无意的错误。与销售与收款交易一样,采购与付款交易也需要适当的职责分离。

(1) 请购、采购、验收、储存、记录和付款等主要活动分别独立,由不同的部门和人员负责。

(2) 固定资产的取得、记录、保管、使用、维修、处置等也要有明确分工,由不同的

部门和人员负责。

（3）不相容岗位应分离：

① 生产和销售部门对原料、物品和商品的需要必须由生产或销售部门提出，采购部门采购。

② 付款审批人和付款执行人不能同时办理寻求供应商和索价业务。

③ 货物的采购人不能同时担任货物的验收工作。

④ 货物的采购、储存和使用人不能担任账务的记录工作。

⑤ 接受各种劳务的部门或主管这些业务的人应适当地与账簿记录人相分离。

⑥ 审核付款的人应与付款人职务相分离。

⑦ 记录应付账款的人不能同时担任付款业务。

总之，请购与审批、询价与确定供应商、采购合同的订立与审批、采购与验收、采购验收与相关会计记录、付款审批与付款执行等不相容职务应分离，相互制约和监督，从而确保采购与付款循环的内部控制得到有效实施，降低错误和舞弊发生的概率。

2. 内部核查程序

财政部发布的《内部会计控制规范——采购与付款》不仅明确了单位应当建立对采购与付款内部控制的监督检查制度，单位监督检查机构或人员应通过实施内控测试和实质性程序，检查采购与付款业务内部控制制度是否健全，各项规定是否得到有效执行，而且明确了采购与付款内部控制监督检查的主要内容，包括：

（1）采购与付款业务相关岗位及人员的设置情况，重点检查是否存在采购与付款业务不相容职务混岗的现象。

（2）采购与付款业务授权批准制度的执行情况，重点检查大宗采购与付款业务的授权批准手续是否健全，是否存在越权审批的行为。

（3）应付账款和预付账款的管理，重点审查应付账款和预付账款支付的正确性、时效性和合法性。

（4）有关单据、凭证和文件的使用和保管情况，重点检查凭证的登记、领用、传递、保管、注销手续是否健全，使用和保管制度是否存在漏洞。

三、固定资产与在建工程的内部控制和控制测试

商品存货与固定资产同属一个交易循环，在内部控制和控制测试问题上固然有许多共性的地方，但固定资产还存在不少特殊性，有必要对其单独加以说明。

（一）固定资产与固定资产审计的概念

1. 固定资产的概念

固定资产是指同时具有下列两个特征的有形资产：(a)为生产商品、提供劳务、出

租或经营管理而持有的。(b)使用寿命超过一个会计年度。这里的使用寿命是指企业使用固定资产的预计期间,或者该固定资产所能生产产品或提供劳务的数量。

2. 固定资产的确认

固定资产只有同时满足下列两个条件才能予以确认:(a)与该固定资产有关的经济利益很可能流入企业。(b)该固定资产的成本能够可靠地计量。

3. 固定资产的折旧

固定资产折旧则是指在固定资产的使用寿命内,按照确定的方法对应计提折旧进行系统的分摊。

4. 固定资产的基本业务如图 12-1 所示。

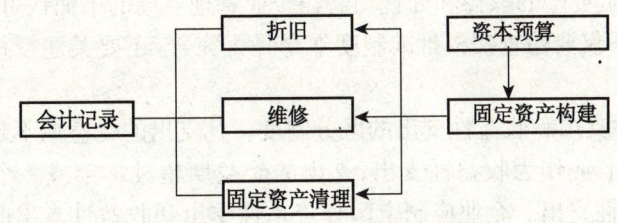

图 12-1 固定资产的基本业务

资本预算:企业编制的、用于控制固定资产增减的年度预算。

固定资产购建:由于采购、自行建造等原因引起的固定资产增加。

维修:在固定资产使用过程中发生的大修、中小修理。

折旧:在固定资产预计的使用年限内分期摊销其历史成本。

固定资产清理:由于毁损、报废、对外出售、投资、捐赠等原因引起的固定资产减少。

会计记录:企业应设立固定资产总账、明细账、固定资产卡片等来记录固定资产的增减变动情况。

(二)固定资产的控制测试

就许多从事制造业的被审计单位而言,固定资产在其资产总额中占有很大的比重,为了确保固定资产的真实、完整、安全和有效利用,被审计单位应当建立和健全固定资产的内部控制。企业常用的固定资产内部控制如下。

1. 固定资产的内部控制制度及控制测试

(1)职责分工制度。对固定资产的取得、记录、保管、使用、维修、处置等,均应明确划分责任。由专门部门和专人负责。明确的职责分工制度,有利于防止舞弊,降低审计人员的审计风险。

(2)资本预算制度。资本预算制度是固定资产内部控制中最重要的部分。

① 通常,大中型企业应编制旨在预测与控制固定资产增减和合理运用资金的年度预算。

② 小规模企业即使没有正规的预算,对固定资产的购建也要事先加以计划。

③ 审计人员应注意检查:固定资产的取得与处置是否依据预算;对实际支出与预算之间的差异以及未列入预算的特殊事项,检查其是否履行特别的审批手续。

如果固定资产增减均能处于良好的经批准的资本预算制度控制之下,审计人员即可减少针对固定资产增加、减少实施的实质性程序的样本量。

(3) 授权批准制度。完善的授权批准制度包括:

① 企业的资本性支出预算只有经过董事会等高层管理机构批准方可生效。

② 所有固定资产的取得和处置均需经企业管理当局的书面认可。

审计人员不仅要检查授权批准制度本身是否完善,还要关注授权批准制度是否得到切实执行。

(4) 资本性支出和收益性支出的区分制度。凡支出的受益期不超过1年或一个营业周期的支出,应作为收益性支出;支出的受益期超过1年或一个营业周期的支出,应作为资本性支出。企业应制定区分资本性支出和收益性支出的书面标准。审计人员应检查该制度是否符合企业会计准则的要求,是否与被审计单位的行业特点与经营规模相匹配,并抽查与固定资产相关支出会计处理的恰当性。

(5) 账簿记录制度。被审计单位应设置固定资产总账、固定资产明细分类账和固定资产登记卡,一套设置完善的固定资产明细分类账和登记卡,将为审计人员分析固定资产的取得和处置、复核折旧费用和修理支出的列支带来帮助。

(6) 固定资产的处置制度。固定资产的处置,包括投资转出、报废、出售等,均要有一定的申请报批程序。审计人员应关注被审计单位是否建立固定资产的处置制度;抽取固定资产盘点明细表,检查账实之间的差异,是否是经审批后及时处理;抽取固定资产报废单,检查报废是否是经批准,处理是否恰当;抽取固定资产内部调拨单,检查调入、调出处理是否恰当;抽取固定资产增减变动情况表,检查是否经复核。

(7) 固定资产的定期盘点制度。对固定资产的定期盘点,是验证账面各项固定资产是否真实存在、了解固定资产放置地点和使用状况以及发现是否存在未入账固定资产的必要手段。审计人员应了解和评价企业固定资产盘点制度,并应注意查询盘盈、盘亏固定资产的处理情况。

严格地讲,固定资产的保险不属于企业固定资产的内部控制范围,但它对企业非常重要。因此,审计人员在检查、评价企业的内部控制时,应当了解企业对固定资产的保险情况。

2. 在建工程的内部控制

作为与固定资产密切相关的一个组成项目,在建工程项目有其特殊性。根据财

政部发布的《内部会计控制规范——工程项目》的规定,在建工程的内部控制包括以下内容:

(1) 岗位分工与授权批准。

① 恰当的工程项目业务的岗位责任制。工程项目业务不相容岗位一般包括:项目建议、可行性研究与项目决策;概预算编制与审核;项目实施与价款支付;竣工决算与竣工审计。

② 严格的工程项目授权批准制度。企业应当对工程项目相关业务建立严格的授权批准制度,明确审批人的授权批准方式、权限、程序、责任及相关控制措施,规定经办人的职责范围和工作要求。

③ 有效的业务控制制度。企业应当制定工程项目业务流程,明确项目决策、概预算编制,价款支付、竣工决算等环节的控制要求,并设置相应的记录或凭证。如实记载各环节业务的开展情况,确保工程项目全过程得到有效控制。

(2) 项目决策控制。企业应当建立工程项目决策环节的控制制度,对项目建议书和可行性研究报告的编制、项目决策程序等作出明确规定,确保项目决策科学、合理。

(3) 概预算控制。企业应当建立工程项目概预算环节的控制制度,对概预算的编制、审核等做出明确规定,确保概预算编制科学、合理。

(4) 价款支付控制。企业应当建立工程进度价款支付环节的控制制度,对价款支付的条件、方式以及会计核算程序作出明确规定,确保价款支付及时、正确。

(5) 竣工决算控制。企业应当建立竣工决算环节的控制制度,对竣工清理、竣工决算、竣工审计、竣工验收等作出明确规定,确保竣工决算真实、完整、及时。

3. 在建工程的控制测试

对在建工程的控制测试,审计人员应重点关注以下情况:

(1) 工程项目业务相关岗位及人员的设置情况。重点检查是否存在不相容职务混岗的现象。

(2) 工程项目业务授权批准制度的执行情况。重点检查重要业务的授权批准手续是否健全,是否存在越权审批行为。

(3) 工程项目决策责任制的建立及执行情况。重点检查责任制度是否健全,奖惩措施是否落实到位。

(4) 概预算控制制度的执行情况。重点检查概预算编制的依据是否真实、是否按规定对概预算进行审核。

(5) 各类款项支付制度的执行情况。重点检查工程款、材料设备款及其他费用的支付是否符合相关法规、制度和合同的要求。

(6) 竣工决算制度的执行情况。重点检查是否按规定办理竣工决算、实施决算审计。

四、采购和付款循环的风险评估

根据《中国注册会计师审计准则第 1211 号——通过了解被审计单位及其环境识别和评估重大错报风险》第 8 条的规定："注册会计师应当实施风险评估程序,为识别和评估财务报表层次和认定层次的重大错报风险提供基础。"第 9 条规定："风险评估程序应当包括:(一)询问管理层以及被审计单位内部其他人员;(二)分析程序;(三)观察和检查。"在采购和付款循环的风险评估也应遵守该规定。

通过询问被审计单位采购部门、仓库、验收部门、应付凭单部门、会计部门管理人员和内部其他相关人员,执行分析程序,查阅有关采购和付款交易的内部控制,了解被审计单位采购和付款循环业务流程,在此的基础上,确定采购和付款交易可能发生错报的环节。

采购与付款交易,出现重大错报风险的因素就是存在于交易流程:请购、订购、验收、储存、记账、付款的每个环节。例如,对于请购与审批、询价与确定供应商、采购与验收等岗位要求职责分离,如果没有职责分离,均由一人完成,出现错报和舞弊的风险就会增大。

企业内控设计合理且有效运行,但管理层串通舞弊,凌驾于内部控制之上,必然导致内控失效,管理层就会利用各种手段操纵报表,产生重大错报。

对于采购与付款交易,站在对财务报表产生重大错报风险的角度来看,因为涉及存货、固定资产和应付账款科目的确认,如果识别出管理层有高估利润的动机时,审计人员就要关注低估或漏记费用支出和应付账款等方面是否存在重大错报。在采购与付款交易循环中,还可能存在被审单位通过安排复杂的交易对费用支出的分配和计提进行操纵,或者采用不正确的费用支出截止期,提前或推迟采购存货和应付账款的确认时间,低估存货减值准备,采用不适当的成本计量属性确认成本等方式使报表数据达到管理层的预期,不能公允反映企业真实的经营状况。

最后对被审计单位采购和付款循环的内部控制作出初步评价和风险评估,确定是否应信赖该内部控制,评定认定层次的重大错报风险,若内部控制是可信赖的,则进行控制测试;否则直接转入实质性程序。

第三节 采购与付款循环的实质性程序

一、应付账款的实质性程序

应付账款是企业在正常经营过程中,因购买材料、商品或接受劳务供应等而应付给供应单位的款项。

（一）应付账款的审计目标

应付账款的审计目标一般包括：

（1）确定资产负债表中记录的应付账款是否存在。

（2）确定所有应当记录的应付账款是否均已记录。

（3）确定资产负债表中记录的应付账款是被审计单位应当履行的现实义务。

（4）确定应付账款期末余额是否正确，应付账款是否以恰当的金额包括在财务报表中，与之相关的计价调整已恰当记录。

（5）确定应付账款已按照企业会计准则的规定在财务报表中作出恰当的披露。

（二）应付账款的实质性程序

1. 获取或编制应付账款明细表

（1）复核加计正确，并与报表数、总账数和明细账应付账款账户的合计数核对是否相符。

（2）检查非记账本位币应付账款的折算汇率及折算是否正确。

（3）分析出现借方余额的项目，查明原因，必要时，作重分类调整。

（4）结合预付账款等往来项目的明细余额，调查有无挂在不同处的相同项目、异常余额或与购货无关的其他款项（如关联方账户或雇员账户），如有，应作出记录，必要时作调整。

2. 应付账款的实质性分析程序

根据被审计单位实际情况，选择以下方法对应付账款执行实质性分析程序：

（1）将期末应付账款余额与期初余额进行比较，分析波动原因。

（2）分析长期挂账的应付账款，要求被审计单位作出解释，判断被审计单位是否缺乏偿债能力或利用应付账款隐瞒利润，并注意其是否可能无须支付。对确实无须支付的应付账款的会计处理是否正确，依据是否充分；关注账龄超过 3 年的大额应付账款在资产负债表日后是否偿还，检查偿还记录，单据及披露情况。

（3）计算应付账款与存货的比率，应付账款与流动负债的比率，并与以前年度相关比率对比分析，评价应付账款整体的合理性。

（4）分析存货、营业收入和营业成本等项目的增减变动幅度，判断应付账款增减变动的合理性。

3. 函证应付账款

（1）应付账款函证。

① 注意：一般情况下，应付账款不需要函证。这是因为：应付账款审计目标主要是防止低估，而函证不能保证查出未记录的应付账款；况且审计人员能够取得购货发票等外部凭证来证实应付账款的余额，存在比较令人满意的替代程序，如可以通过期

后付款情况的检查予以证实等。

② 下列情况需要对应付账款进行函证:控制风险较高;应付账款余额较大;被审计单位处于财务困难阶段。

(2) 函证对象的选择。在进行函证时,审计人员应选择:(a)金额较大的债权人。(b)金额虽小、甚至为零,但为企业重要供货人的债权人。(c)其他债权人,如账龄较长的、不送对账单的等。

(3) 函证方式。函证最好采用积极函证方式,并具体说明应付金额。

(4) 函证过程的控制。同应收账款的函证一样,审计人员必须对函证的过程进行控制,要求债权人直接回函,并根据回函情况编制与分析函证结果汇总表,对未回函的,应考虑是否再次函证。

(5) 替代审计程序。如果存在未回函的重大项目,审计人员应采用替代审计程序。比如,可以检查决算日后应付账款明细账及库存现金和银行存款日记账,核实其是否已支付,同时检查该笔债务的相关凭证资料,如合同、发票、验收单,核实交易事项的真实性。

4. 检查应付账款的入账情况

检查应付账款是否计入正确的会计期间,是否存在未入账的应付账款:

(1) 检查债务形成的相关原始凭证,如供应商发票、验收报告或入库单等,查找有无未及时入账的应付账款,确定应付账款期末余额的完整性。

(2) 检查资产负债表日后应付账款明细账贷方发生额的相应凭证,关注其购货发票的日期,确认其入账时间是否合理,若应在资产负债表日前入账,则漏记应付账款。

(3) 获取被审计单位与其供应商之间的对账单(应从非财务部门,如采购部门获取),并将对账单和被审计单位财务记录之间的差异进行调节(如在途款项、在途货物、付款折扣、未记录的负债等),查找有无未入账的应付账款,确定应付账款金额的准确性。

(4) 针对资产负债表日后付款项目,检查银行对账单及有关付款凭证(如银行划款通知、供应商收据等),询问被审计单位内部或外部的知情人员,查找有无未及时入账的应付账款。

(5) 结合存货的监盘程序,检查被审计单位在资产负债表日前后的存货入库资料(验收报告或入库单),检查是否有大额货到单未到的情况,确认相关负债是否计入了正确的会计期间。

审查时,审计人员还可以通过询问被审计单位的会计和采购人员,查阅资本预算、工作通知单和基建合同来进行。如果审计人员通过这些程序发现了某些未入账的应付账款,应将有关情况详细记入审计工作底稿,然后根据其重要性,确定是否需建议被审计单位进行相应的调整。

5. 检查应付账款会计处理是否正确、真实

（1）针对已偿付的应付账款，追查至银行对账单、银行付款单据和其他原始凭证，检查其是否在资产负债表日前真实偿付。

（2）针对异常或大额交易及重大调整事项（如大额的购货折扣或退回，会计处理异常的交易，未经授权的交易，或缺乏支持性凭证的交易等），检查相关原始凭证和会计记录，以分析交易的真实性、合理性。

（3）检查带有现金折扣的应付账款是否按发票上记载的全部应付金额入账，在实际获得现金折扣时再冲减财务费用。

（4）被审计单位与债权人进行债务重组的，检查不同债务重组方式下的会计处理是否正确。

（5）结合预付账款的明细余额，查明有否在应付账款和预付账款两面同时挂账的项目；结合其他应付款的明细余额，查明有无不属于应付账款的其他应付款。

（6）检查应付账款长期挂账的原因，对确实无需支付的会计处理是否正确。

（7）检查带有现金折扣的应付账款的会计处理是否正确。

6. 标明应付关联方的款项

标明应付关联方[包括持5%以上（含5%）表决权股份的股东]的款项，执行关联方及其交易审计程序，并注明合并报表时应予抵销的金额。

7. 检查应付账款披露情况

检查应付账款是否已按照企业会计准则的规定在财务报表中作出恰当披露。

（1）一般来说，"应付账款"项目应根据"应付账款"和"预付账款"科目所属明细科目的期末贷方余额的合计数填列。

（2）如果被审计单位为上市公司，则通常在其财务报表附注中应说明：

① 以担保资产换取的应付账款。

② 上市公司应披露有无欠持有5%以上（含5%）表决权股份的股东单位账款。

③ 账龄超过3年的大额应付账款未偿还的原因，并在期后事项中反映资产负债表日后是否偿还。

二、固定资产的实质性程序

（一）固定资产的审计目标

固定资产的审计目标一般包括：

（1）确定资产负债表中记录的固定资产是否存在。

（2）确定所有应记录的固定资产是否均已记录。

（3）确定记录的固定资产是否由被审计单位所有或控制。

（4）确定固定资产的计价方法是否恰当。

（5）确定固定资产的折旧政策是否恰当。

（6）确定折旧费用的分摊是否合理、一贯。

（7）确定固定资产减值准备的计提是否充分、完整，方法是否恰当。

（8）确定固定资产、累计折旧的期末余额是否正确。

（9）确定固定资产、累计折旧和固定资产减值准备是否已按照企业会计准则的规定在财务报表中作出恰当披露。

（二）固定资产——账面余额的实质性程序

1. 获取或编制固定资产和累计折旧明细表

检查固定资产的分类是否正确并与总账数和明细账合计数核对是否相符，结合累计折旧、减值准备科目与报表数核对是否相符。

固定资产和累计折旧分类汇总表又称固定资产和累计折旧综合分析表及固定资产和累计折旧一览表，是审计固定资产和累计折旧的重要工作底稿。其参考格式如表 12-2 所示。

表 12-2

固定资产和累计折旧分类汇总表
年　月　日

编制人：　　　　　　　　　　　　　　　　　　　　　日期：

被审计单位：　　　　　　　　　复核人：　　　　　　　　　　　日期：

固定资产类别	固定资产				累计折旧					
	期初余额	本期增加	本期减少	期末余额	折旧方法	折旧率	期初余额	本期增加	本期减少	期末余额
合　计										

汇总表包括固定资产与累计折旧两部分，应按照固定资产类别分别填列。

（1）固定资产部分。固定资产部分的期初余额栏，注册会计师应根据情况区别对待：

① 在连续审计情况下，应注意与上期审计工作底稿中的固定资产和累计折旧的期末余额审定数核对相符。

② 在变更会计师事务所时，后任注册会计师应查阅前任注册会计师有关工作底稿。

③ 如果被审计单位以往未经注册会计师审计，即在首次接受审计情况下，审计人员应对期初余额进行较全面的审计。

尤其是当被审计单位的固定资产数量多、价值大、占资产总额比重高时,最理想的方法是全面审计被审计单位设立以来"固定资产"和"累计折旧"账户中的所有重要的借贷记录。这样,既可核实期初余额的真实性,又可从中加深对被审计单位固定资产管理和会计核算工作的了解。

由于现行制度规定,本月"累计折旧"的计提是根据上个月的月末"固定资产"余额作为基准的,因此,累计折旧计提的增减与固定资产的增减存在一个月的时间差。

(2)累计折旧部分。"累计折旧"账户属于资产类的备抵调整账户,其结构与一般资产账户的结构刚好相反,累计折旧是贷方登记增加,借方登记减少,余额在贷方。

根据企业会计准则规定,当月增加的固定资产从下月开始计提折旧。

2. 对固定资产实施实质性分析程序

(1)基于对被审计单位及其环境的了解,通过进行以下比较,并考虑有关数据间关系的影响,建立有关数据的期望值。

① 分类计算"本期计提折旧额÷固定资产原值",并与上期比较,可能发现本期折旧额计算上的错误。

② 计算固定资产修理及维护费用占固定资产原值的比例,并进行本期各月、本期与以前各期的比较,可能发现资本性支出与收益性支出相混淆的错误。

③ 通过计算"固定资产原值÷全年产品产量",并与前期比较,可能发现闲置固定资产或减少固定资产未销账的问题。

④ 通过计算"累计折旧÷固定资产原值",并与前期比较,可能发现累计折旧核算上的错误。

(2)确定可接受的差异额。

(3)将实际情况与期望值相比较,识别需要进一步调查的差异。

① 比较各年度固定资产增减变动,分析增减变化的原因,判断差异产生的原因是否合理。

② 分析固定资产的构成及其增减变动情况,与在建工程、现金流量表、生产能力等相关信息交叉复核,检查固定资产相关金额的合理性和准确性。

(4)如果其差额超过可接受的差异额,调查并获取充分的解释和恰当的佐证审计证据,如检查相关的凭证。

(5)评估实质性分析程序的测试结果。

3. 实施固定资产实地观察程序

实地检查重要固定资产(如为首次接受审计,应适当扩大检查范围),确定其是否存在,关注是否存在已报废但仍未核销的固定资产。

(1)以固定资产明细分类账为起点,进行实地追查,以证明会计记录中所列的固定资产确实存在,并了解其目前的使用状况。

（2）以实地为起点，追查至固定资产明细分类账，以获取实际存在的固定资产均已入账的证据。

（3）实施固定资产实地观察的范围。审计人员实地检查的重点是本期新增加的重要固定资产，有时，观察范围也会扩展到以前期间增加的重要固定资产。观察范围的确定需要依据被审计单位内部控制的强弱、固定资产的重要性和注册会计师的经验来判断。如为首次接受审计，则应适当扩大检查范围。

4. 检查固定资产的所有权或控制权

查阅固定资产的所有权的证明文件。通过查阅固定资产所有权的证明文件，确定固定资产的所有权是否属于被审计单位。由于固定资产的来源不同，因此所需审查的证明文件也有所不同。对各类固定资产，审计人员应获取、收集不同的证据以确定其是否归被审计单位所有。

对外购的机器设备等固定资产，通常经审核采购发票、采购合同等予以确定。

对于房地产类固定资产，尚需查阅有关的合同、产权证明、财产税单、抵押借款的还款凭据、保险单等书面文件。

对融资租入的固定资产，应验证有关融资租赁合同，证实其并非经营租赁。

对汽车等运输设备，应验证有关运营证件等。

对受留置权限制的固定资产，通常还应审核被审计单位的有关负债项目等予以证实。

检查固定资产的所有权应根据相关凭据判定，如表 12-3 所示。

表 12-3

判定固定资产所有权的凭据

固定资产	所有权凭据
外购机器设备	采购发票、购货合同
房地产	合同、产权证、财产税单、保险单、抵押贷款还款凭证
融资租入设备	租赁合同
运输设备	运营证件（行驶证、营运执照）
受留置权限制固定资产（担保、抵押等）	有关负债项目（如银行借款、应付账款等）

5. 检查本期固定资产的增加

固定资产的增加有多种途径，审计中应注意：

（1）询问管理层当年固定资产的增加情况，并与获取或编制的固定资产明细表进行核对。

（2）检查本年度增加固定资产的计价是否正确，手续是否齐备，会计处理是否正确。

① 购置的固定资产。对于购置的固定资产,通过核对采购合同、发票、保险单、发运凭证等文件,抽查测试其入账价值是否正确;授权批准手续是否健全;会计处理是否正确;如果以一笔款项购入多项没有单独标价的固定资产,还应检查是否按各项固定资产公允价值的比例,对总成本进行分配,分别确定各项固定资产的入账价值;如果购买的是房屋建筑物,还应检查契税的会计处理是否正确;检查分期付款购买固定资产入账价值及会计处理是否正确。

② 对于在建工程转入的固定资产。对于在建工程转入的固定资产,应检查固定资产确认时点是否符合会计准则的规定,入账价值与在建工程的相关记录是否核对相符,是否与竣工决算、验收和移交报告等一致;对已经达到预定可使用状态,但尚未办理竣工决算手续的固定资产,检查其是否已按估计价值入账,并按规定计提折旧。

③ 对于投资者投入的固定资产。检查投资者投入的固定资产应检查其入账价值与投资合同规定是否一致;是否按投资各方确认的价值入账,并检查确认价值是否公允,交接手续是否齐全;涉及国有资产是否有评估报告并经国有资产管理部门评审备案或核准确认。

④ 对于更新改造增加的固定资产。检查通过更新改造而增加的固定资产,应查明增加的原值是否真实,是否符合资本化条件,会计处理是否正确;重新确定的剩余折旧年限是否恰当。

⑤ 对于融资租赁增加的固定资产。融资租入的固定资产,应按企业的固定资产予以管理,并计提折旧、进行维修。

应获取融资租入固定资产的相关证明文件,检查融资租赁合同的主要内容,并结合长期应付款、未确认融资费用科目检查相关的会计处理是否正确。

⑥ 对于企业合并、债务重组和非货币性资产交换增加的固定资产。检查产权过户手续是否齐备,检查固定资产入账价值及确认的损益和负债是否符合规定。

⑦ 如果被审计单位为外商投资企业。检查其采购国产设备退还增值税的会计处理是否正确。

⑧ 租入增加的固定资产的实质性测试。租入的固定资产,不是企业的资产,应另设租入固定资产备查簿予以登记。

因租入的固定资产涉及表(资产负债表)外融资,审计人员应对此项业务引起关注,并提请被审计单位予以披露。

⑨ 对于盘盈的固定资产。如果同类或类似固定资产仍然活跃市场的,审计要点:检查是否按同类或类似固定资产的市场价格,减去按该项固定资产新旧程度估计的价值损耗后的余额,作为入账价值;如果同类或类似固定资产不存在活跃市场的,应检查是否以该项固定资产的预计未来现金流量价值作为入账价值。

⑩ 对于通过其他途径增加的固定资产。应检查增加固定资产的原始凭证,核对其计价及会计处理是否正确,法律手续是否齐全。

6. 检查本期固定资产的减少

固定资产的减少主要包括出售、向其他单位投资转出、向债权人抵债转出、报废、毁损、盘亏等。

有的被审计单位在全面清查固定资产时,常常会出现固定资产账存实亡现象,这可能是由于固定资产管理或使用部门不了解报废固定资产与会计核算两者间的关系,擅自报废固定资产而未及时通知财务部门作相应的会计核算所致,这样势必造成财务报表反映失真。审计固定资产减少的主要目的就在于查明业已减少的固定资产是否已作适当的会计处理。其审计要点如下:

(1) 审查减少固定资产的授权批准文件。

(2) 检查减少的固定资产的是否进行过技术检验或评估。

(3) 结合固定资产清理科目和待处理财产损溢科目,抽查固定资产账面转销额是否正确。

(4) 检查因不同原因减少固定资产的会计处理是否符合规定,验证其数额计算的正确性,累计折旧冲销额是否正确。

① 检查出售、盘亏、转让、报废或毁损的固定资产是否经授权批准,会计处理是否正确。

② 检查因修理、更新改造而停止使用的固定资产的会计处理是否正确。

③ 检查投资转出固定资产的会计处理是否正确。

④ 检查债务重组或非货币性资产交换转出固定资产的会计处理是否正确。

⑤ 检查转出的投资性房地产账面价值及会计处理是否正确。

⑥ 检查其他减少固定资产的会计处理是否正确。

7. 检查固定资产后续支出情况

检查固定资产是否存在后续支出,检查固定资产的后续支出是否满足资本化条件,如不满足,该支出是否在该后续支出发生时计入当期损益。

8. 检查固定资产的租赁

企业在生产经营过程中,有时可能有闲置的固定资产供其他单位租用;有时由于生产经营的需要,又需租用固定资产。租赁一般分为经营租赁和融资租赁两种。

(1) 经营租赁。在经营租赁中,租入固定资产的企业按合同规定的时间,交付一定的租金,享有固定资产的使用权,而固定资产的所有权仍属出租单位。

因此,租入固定资产的企业的固定资产价值并未因此而增加,企业对以经营性租赁方式租入的固定资产,不在"固定资产"账户内核算,只是另设备查簿进行登记。

而租出固定资产的企业,仍继续提取折旧,同时取得租金收入。

检查经营性租赁时,应查明:

① 固定资产的租赁是否签订了合同、租约,手续是否完备,合同内容是否符合国家规定,是否经相关管理部门的审批。

② 租入的固定资产是否确属企业必需,或出租的固定资产是否确属企业多余、闲置不用的,双方是否认真履行合同,其中是否存在不正当交易。

③ 租金收取是否签有合同,有无多收、少收现象。

④ 租入固定资产有无久占不用、浪费损坏的现象;租出的固定资产有无长期不收租金、无人过问,是否有变相馈送、转让等情况。

⑤ 租入固定资产是否已登入备查簿。

⑥ 必要时,向出租人函证租赁合同及执行情况。

⑦ 租入固定资产改良支出的核算是否符合规定。

(2) 融资租赁。在融资租赁中,租入单位向租赁公司借款购买固定资产,分期归还本息,付清全部本息后,就取得了固定资产的所有权。租入企业在租赁期间,对融资租入的固定资产应按企业自有固定资产一样管理,并计提折旧、进行维修。

如果被审计单位的固定资产中融资租赁占有相当大的比例,应当复核租赁协议,确定租赁是否符合融资租赁的条件,结合长期应付款、未确认融资费用等科目,检查相关的会计处理是否正确(资产的入账价值、折旧、相关负债)。在审计融资租赁固定资产时,除可参照经营租赁固定资产检查要点以外,还应补充实施以下审计程序:

① 复核租赁的折现率是否合理。

② 检查租赁相关税费、保险费、维修费等费用的会计处理是否符合企业会计准则的规定。

③ 检查融资租入固定资产的折旧方法是否合理。

④ 检查租赁付款情况。

⑤ 检查租入固定资产的成新程度。

⑥ 检查融资租入固定资产发生的固定资产后续支出,其会计处理是否遵循自有固定资产发生的后续支出的处理原则予以处理。

9. 获取暂时闲置固定资产的相关证明文件

获取暂时闲置固定资产的相关证明文件,并观察其实际状况,检查是否已按规定计提折旧,相关的会计处理是否正确。

10. 获取已提足折旧

获取已提足折旧,但仍继续使用固定资产的相关证明文件,并作相应记录。

11. 获取持有待售固定资产的相关证明文件

获取持有待售固定资产的相关证明文件,并作相应记录。检查对其预计净残值调整是否正确、会计处理是否正确。

12. 检查固定资产保险情况

检查固定资产保险情况,复核保险范围是否足够。

13. 检查有无与关联方的固定资产购售活动

检查有无与关联方的固定资产购售活动,是否经适当授权,交易价格是否公允。对于合并范围内的购售活动,记录应予合并抵销的金额。

14. 检查固定资产的借款费用

对应计入固定资产的借款费用,应根据企业会计准则的规定,结合长短期借款、应付债券或长期应付款的审计,检查借款费用(借款利息、折溢价摊销、汇兑差额、辅助费用)资本化的计算方法和资本化金额,以及会计处理是否正确。

15. 检查购置固定资产时有关财务承诺

检查购置固定资产时是否存在与资本性支出有关的财务承诺。

16. 检查固定资产的抵押、担保情况

检查固定资产的抵押、担保情况。结合对银行借款等的检查,了解固定资产是否存在重大的抵押、担保情况。如存在,应取证,并作相应的记录,同时提请被审计单位作恰当披露。

17. 检查固定资产在财务报表中列报情况

检查固定资产是否已按照企业会计准则的规定在财务报表中作出恰当列报。

(1) 一般企业的披露要求:

① 财务报表附注通常应说明固定资产的标准、分类、计价方法和折旧方法。

② 融资租入固定资产的计价方法。

③ 固定资产的预计使用寿命和预计净残值。

④ 对固定资产所有权的限制及其金额(这一披露要求是指:企业因贷款或其他原因而以固定资产进行抵押、质押或担保的类别、金额、时间等情况)。

⑤ 已承诺将为购买固定资产支付的金额。

⑥ 暂时闲置的固定资产账面价值(这一披露要求是指:企业应披露暂时闲置的固定资产账面价值,导致固定资产暂时闲置的原因,如开工不足、自然灾害或其他情况等)。

⑦ 已提足折旧仍继续使用的固定资产账面价值。

⑧ 已报废和准备处置的固定资产账面价值。

固定资产因使用磨损或其他原因而需报废时,企业应及时对其处置。如果其已处于处置状态而尚未转销时,企业应披露这些固定资产的账面价值。

(2) 上市公司的披露要求。

如果被审计单位是上市公司,则通常应披露:

① 应在其财务报表附注中按类别分项列示固定资产期初余额、本期增加额、本期减少额及期末余额。

② 说明固定资产中存在的在建工程转入、出售、置换、抵押或担保等情况。

③ 披露通过融资租赁租入的固定资产每类租入资产的账面原值、累计折旧、账面净值。

④ 披露通过经营租赁租出的固定资产每类租出资产的账面价值。

（三）固定资产——累计折旧的实质性程序

1. 折旧的概念

（1）折旧的概念。固定资产可以长期参加生产经营而仍保持其原有实物形态，但其价值将随着固定资产的使用而逐渐转移到生产的产品中，或构成经营成本或费用。在固定资产使用寿命内，按照确定的方法对应计折旧额进行的系统分摊就是固定资产的折旧。

（2）影响固定资产折旧的因素。折旧是将固定资产的成本摊入各个使用期间的过程。在这个过程中，首先要计算各期折旧额。在不考虑固定资产减值准备的前提下，影响折旧额有以下三个因素：折旧的基数（一般指固定资产的账面原价）、固定资产残余价值、固定资产预计使用年限。

在考虑固定资产减值准备的前提下，影响折旧的因素则包括：折旧的基数、累计折旧、固定资产减值准备、固定资产预计净残值和固定资产尚可使用年限五个方面。

在计算折旧时，对固定资产的残余价值和清理费用只能人为估计；对固定资产的使用寿命，由于固定资产的有形和无形损耗难以准确计算，因而也只能估计；同样，对固定资产减值准备的计提也带有估计的成分。因此，固定资产折旧主要取决于企业根据其固定资产的特点制定的折旧政策，在一定程度上具有主观性。

2. 累计折旧的实质性程序

累计折旧的实质性程序通常包括：

（1）获取或编制累计折旧分类汇总表，复核加计是否正确，并与总账数和明细账合计数核对是否相符。

（2）检查被审计单位制定的折旧政策和方法是否符合相关会计准则的规定，确定其所采用的折旧方法能否在固定资产预计使用寿命内合理分摊其成本。前后期是否一致，预计使用寿命和预计净残值是否合理。

（3）对固定资产折旧实施实质性分析程序。

① 通过"应提折旧固定资产总成本×本期折旧率"的计算，验证本期折旧额的总体合理性。

② 通过"累计折旧÷固定资产总成本"的计算，评估固定资产老化率与可能的损失。结合固定资产减值准备，分析其合理性。

③ 通过"本期折旧额÷固定资产总成本"的计算,并与上年比较,验证本期折旧额合理性与准确性。

（4）复核本期折旧费用的计提和分配。

① 了解被审计单位的折旧政策是否符合规定,计提折旧范围是否正确,确定的使用寿命、预计净残值和折旧方法是否合理;如采用加速折旧法,是否取得批准文件。

② 检查被审计单位折旧政策前后期是否一致。

③ 复核本期折旧费用的计提是否正确。已计提部分减值准备的固定资产,计提的折旧是否正确。按照《企业会计准则第 4 号——固定资产》的规定,已计提减值准备的固定资产的应计折旧额应当扣除已计提的固定资产减值准备累计金额,按照该固定资产的账面价值以及尚可使用寿命重新计算确定折旧率和折旧额。

已全额计提减值准备的固定资产,是否已停止计提折旧。

因更新改造而停止使用的固定资产是否已停止计提折旧,因大修理而停止使用的固定资产是否照提折旧。

对按规定予以资本化的固定资产装修费用是否在两次装修期间与固定资产尚可使用年限两者中的较短的期间内,采用合理的方法单独计提折旧,并在下次装修时将该项固定资产的装修余额一次全部计入了当期营业外支出。

对融资租入固定资产发生的、按规定可予以资本化的固定资产装修费用,是否在两次装修期间、剩余租赁期与固定资产尚可使用年限三者中较短的期间内,采用合理的方法单独计提折旧。

对采用经营租赁方式租入的固定资产发生的改良支出,是否在剩余租赁期与租赁资产尚可使用年限两者中较短的期间内,采用合理的方法单独计提折旧。

未使用、不可使用和闲置的固定资产是否按规定计提折旧。

持有待售的固定资产折旧计提是否符合规定。

④ 检查折旧费用的分配是否合理,是否与上期一致;分配计入各项目的金额占本期全部折旧计提额的比例与上期比较是否有重大差异。

⑤ 注意固定资产增减变动时,有关折旧的会计处理是否符合规定,查明通过更新改造、接受捐赠或融资租入而增加的固定资产的折旧费用计算是否正确。

（5）将"累计折旧"账户贷方的本期计提折旧额与相应的成本费用中的折旧费用明细账户的借方相比较,以查明所计提折旧金额是否已全部摊入本期产品成本或费用。若存在差异,应追查原因,并考虑是否应建议作适当调整。

（6）检查累计折旧的减少是否合理、会计处理是否正确。

（7）确定累计折旧的披露是否恰当。

如果被审计单位是上市公司,通常应在其财务报表附注中按固定资产类别分项列示累计折旧期初余额、本期计提额、本期减少额及期末余额。

（四）固定资产——固定资产减值准备的实质性程序

固定资产的可收回金额低于其账面价值称为固定资产减值。这里的可收回金额应当根据固定资产的公允价值减去处置费用后的净额与资产预计未来现金流量的现值两者之间的较高者确定。这里的处置费用包括与固定资产处置有关的法律费用、相关税费、搬运费以及为使固定资产达到可销售状态所发生的直接费用等。

1. 固定资产减值准备

企业应当在资产负债表日判断固定资产是否存在可能发生减值的迹象。根据《企业会计准则第8号——资产减值》的规定，如存在下列迹象的，表明固定资产可能发生了减值。

（1）固定资产的市价当期大幅度下跌，其跌幅明显高于因时间的推移或正常使用而预计的下跌。

（2）企业经营所处的经济、技术或者法律等环境以及固定资产所处的市场在当期或者将在近期发生重大变化，从而对企业产生不利影响。

（3）市场利率或者其他市场投资回报率在当期已经提高，从而影响企业计算固定资产预计未来现金流量现值的折现率，导致固定资产可收回金额大幅度降低。

（4）有证据表明固定资产陈旧过时或者其实体已经损坏。

（5）固定资产已经或者将被闲置、终止使用或者计划提前处置。

（6）企业内部报告的证据表明固定资产的经济绩效已经低于或者将低于预期，如固定资产所创造的净现金流量或者实现的营业利润（或者损失）远远低于（或者高于）预计金额等。

（7）其他表明固定资产可能已经发生减值的迹象。如果由于该固定资产存在上述迹象，导致其可收回金额低于账面价值的，应当将固定资产的账面金额减记至可收回金额，将减记的金额确认为固定资产减值损失，计入当期损益，同时计提相应的固定资产减值准备。

2. 固定资产减值准备实质性程序

固定资产减值准备的实质性程序一般包括：

（1）获取或编制固定资产减值准备明细表，复核加计是否正确，并与总账数和明细账合计数核对是否相符。

（2）实施分析实质性程序，计算本期末固定资产减值准备占期末固定资产原值的比率，并与期初该比率相比较，分析固定资产的质量状况。

（3）检查被审计单位计提固定资产减值准备的依据是否充分，是否有处置固定资产的书面批准文件，会计处理是否正确。

（4）检查被审计单位处置固定资产时原计提的减值准备是否同时结转，会计处理是否正确。

（5）检查是否存在转回固定资产减值准备的情况，确定减值准备在以后会计期间没有转回。

（6）检查固定资产减值准备的披露是否恰当。如果企业计提了固定资产减值准备，根据《企业会计准则第8号——资产减值》的规定，企业应当在财务报表附注中披露：

① 当期确认的固定资产减值损失金额。

② 企业提取的固定资产减值准备累计金额。

如果发生重大固定资产减值损失的，还应当说明导致重大固定资产减值损失的原因，固定资产可收回金额的确定方法，以及当期确认的重大固定资产减值损失的金额。

如果被审计单位是上市公司，其财务报表附注中通常还应分项列示计提的固定资产减值准备金额、增减变动情况以及计提的原因。

关 键 术 语

采购与付款循环　请购单　订购单　验收单　内部核查程序　固定资产
在建工程　资本预算制度　应付账款函证　累计折旧

案 例 剖 析 题

【案例剖析题 12-1】

审计人员接受委托，对 A 公司的年度财务报表进行审计。该审计人员正在对拟审计的应付账款项目编制审计计划。在编制审计计划时查阅了上年度 A 公司的审计工作底稿，显示共寄发 250 封询证函，对 A 公司的 3 000 家供货商进行抽样函证，样本是从余额较大的各明细账户中抽取的。为了解决函证结果与被审计单位会计记录间的较小差异，审计人员和被审计单位还花费较多时间对于未回复的供应商，运用其他审计程序进行了审计，没有发生差异。

要求：

（1）说明该审计人员在制定将予实施的应付账款审计程序时，应考虑哪些审计目的。

（2）说明应付账款是否应使用函证，如要使用函证，请列举使用函证的各种情况。

（3）说明上年度进行函证时，选取对有较大年末余额的供应商进行函证，为何不一定是最有效的方法？本年度在选样函证应付账款时，该审计人员宜采用何种更有效的方法？

【题解】

（1）对拟审计的应付账款项目,应考虑的审计目的有:确定相关的内部控制是否健全有效;应付账款的记录是否完整;有无低估的可能;所列的负债是否实际发生;在资产负债表上的表达是否恰当。

（2）一般情况下,应付账款不需要函证,这是因为函证对象只能从已入账的客户中选择,应付账款审计的目标之一是寻找未入账的负债,所以函证程序不能保证查出未入账的应付账款。况且审计人员能够通过取得购货发票等可靠程度较高的外部证据来证实应付账款余额是真实存在的。但如果控制风险较高,其应付账款账户余额较大或被审单位处于经济困难阶段,则应进行应付账款的函证程序。

进行函证时,审计人员应选择金额较大的债权人,以及那些在资产负债表日金额不大甚至为零,但为企业重要供货人的债权人,作为函证对象。此外,还应考虑向上年度债权人及不送对账单的债权人进行函证。

（3）函证应付账款,在于揭示未入账的负债,函证具有较大余额的账户不一定能实现此目标。应选择与委托人交易频繁的供货商或委托人的关联方作为函证对象。

【案例剖析题 12-2】

审计人员在 6 月对企业当年度审计时发现,该企业折旧费用增幅过快。于是,审计人员将该企业的固定资产增减情况及其折旧计提情况进行比较、分析,发现该企业固定资产明细账仅有 2 笔记录:

1. 2 月,凭证♯30,购入固定资产 2 台,金额为 65 万元;同月,凭证 38♯,出售旧固定资产 2 台,金额为 60 万元。

2. 4 月,凭证♯47,租入固定资产 1 台,金额为 25 万元。

从以上情况分析,上半年度,企业固定资产折旧不可能大幅度上升(另已查明,去年 12 月没有新增固定资产)。

【题解】

1. 审计查证

首先,审计人员着手查证增减的固定资产折旧计提是否正确。审计人员查阅了 2 月份购入的固定资产卡片,上面记录了购入 2 台原价 65 万元,每月共计提折旧 8 500 元。从 2 月份起到 6 月份止共计提 42 500 元;审计人员又查阅了 2 月份的"固定资产折旧计算表",2 台价值 65 万元的固定资产扣除 5% 的净残值 3.25 万元,按 10 年使用期限,采用年限平均法计提折旧,年折旧额为:

$$年折旧额＝(固定资产的成本－预计残值)÷预计使用年限$$
$$＝(650\ 000－32\ 500)÷10＝61\ 750(元)$$

每月的折旧额应为:

$$61\ 750 \div 12 = 5\ 145.83(元)$$

2月份购入并投入使用,应从3月份起计提折旧至6月,应计提4个月共20 583.32元,该企业多提了折旧为:

$$42\ 500 - 20\ 583.32 = 21\ 916.68(元)$$

其次,查阅了3月份"固定资产折旧计算表"在2月份出售的旧固定资产2台已在3月份停止计提折旧。

再次,审计人员查证该企业4月份租入的固定资产属何性质。审计人员抽调了4月份,凭证#47,该凭证编制的会计分录如下:

借:固定资产	250 000
贷:其他应付款	250 000

审计人员又核对固定资产明细账与4月份的"固定资产折旧计算表",表中记录有一台价值25万元的固定资产设备,每月折旧额为2 000元。经查阅租赁合同,并询问设备管理人员,确认该固定资产为经营性租入,不应计入企业的固定资产,更不应计提折旧,该企业从4月起至6月份共计提6 000元。

以上两笔共多提折旧27 916.68元。

2. 处理意见

从以上情况分析,该企业对2月份出售的2台固定资产2月份仍在计提折旧,3月后停止计提折旧,说明该企业财务人员熟悉折旧计提政策。2月份购入的2台固定资产,2月份就开始计提折旧,属于故意多提折旧,以达到多计成本、虚减利润、少交所得税的目的。审计人员为此分头找财务主管、企业负责人谈话,该企业同意重新计提折旧,调整账户。

该企业的问题是在6月份结账前被查证的。所以,对于4月份租入固定资产引起的虚增资产和负债可编制相反分录予以冲回,对于2月至6月份多提折旧部分应编制调整分录:

借:累计折旧	27 916.68
贷:管理费用	27 916.68

本章要点概览

本章主要介绍了采购与付款循环涉及的主要业务活动及其审计程序,其审计的主要目标是确定是否存在低估收入的情况。针对采购与付款循环的风险评估,介绍了采购与付款循环的风险评估。对采购交易介绍了按审计主要目标归类和按控制要素归类的内部控制和控制测试,介绍了对固定资产与在建工程的内部控制和控制测试。

对采购与付款循环审计实施的实质性测试程序,阐述了应付账款的实质性程序,固定资产包含账面余额、累计折旧、固定资产减值准备三个方面的实质性程序,在建工程及在建工程减值准备的实质性程序。

本章提供了两个案例剖析题。

第十三章　生产与存货循环审计

──────────学习目的与要求──────────

　　本章旨在阐述生产与存货循环审计内容与方法。通过本章学习,学生能够了解生产与存货循环涉及的主要业务活动及对应的凭证和记录;熟悉生产与存货循环常见的重大错报风险及其发生途径;掌握生产与存货内部控制及各项目的控制测试;掌握生产与存货循环的实质性程序。

第一节　生产与存货循环审计概述

　　生产与存货的循环同其他业务循环的联系非常密切,因而十分独特。原材料经过采购与付款循环进入生产与存货循环,生产与存货循环又随销售与收款循环中的产成品的商品销售环节而结束。

　　生产与存货循环的审计涉及的主要是存货管理及生产成本的计算,主要包括两部分的内容:一是生产与存货循环涉及的主要凭证和会计记录;二是生产与存货循环涉及的主要业务活动。

一、生产与存货循环的主要业务活动及其凭证和记录

1. 与财务报表项目的关系

生产与存货循环与主要财务报表项目对应关系如表13-1所示。

表 13-1

生产与存货循环与主要财务报表项目对照表

业务循环	资产负债表项目	利润表项目
生产与存货循环	存货(包括材料采购或在途物资、原材料、材料成本差异、库存商品、发出商品、商品进销差价、委托加工物资、委托代销商品、受托代销商品、周转材料、存货跌价准备、生产成本、制造费用、劳务成本、受托代销商品款等)	营业成本

（1）涉及的资产负债表项目主要包括存货（材料采购或在途物资、原材料、材料成本差异、库存商品、发出商品、商品进销差价、委托加工物资、委托代销商品、受托代销商品、周转材料、存货跌价准备、生产成本、制造费用、劳务成本、受托代销商品款等）。

（2）所涉及的利润表项目主要有营业成本。

2. 生产与存货循环涉及的主要业务活动

同样以制造业为例，生产与存货循环所涉及的主要业务活动包括：计划和安排生产；发出原材料；生产产品；核算产品成本；储存产成品；发出产成品等。上述业务活动通常涉及到以下部门：生产计划部门、仓库部门、生产部门、人事部门、销售部门、会计部门等。生产与存货循环涉及的主要业务活动如图13-1所示。

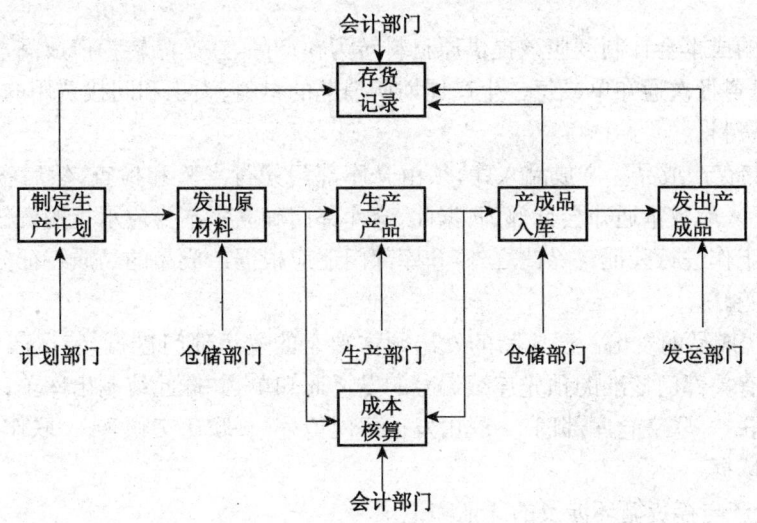

图13-1　生产与存货循环涉及的主要业务活动

（1）计划和安排生产。生产计划部门应根据顾客订单、对销售的预测和产品需求的分析以及本企业的生产能力来决定生产授权；若决定授权生产，即应签发预先连续编号的生产通知单（又名生产指令）；对所有的生产通知单都应加以记录控制；对生产计划还需编制一份材料需求报告，列示所需要的材料和零件及其库存。

（2）发出原材料。仓库部门根据从生产部门收到的领料单发出原材料；领料单上必须列示所需的材料数量和种类，以及领料部门的名称；领料单可以一料一单，也可以多料一单，通常需一式三联。仓库发料后，将其中一联连同材料交给领料部门，其余两联经仓库登记材料明细账后，送会计部门进行材料收发核算和成本核算。

（3）生产产品。生产部门在收到生产通知单及领取原材料后，便将生产任务分解到每一个生产工人,并将所领取的原材料交给生产工人,据以执行生产任务;生产工人在完成生产任务后,将完成的产品交生产部门查点,然后转交检验员验收并办理入库手续;或是将所完成的产品移交下一个部门,作进一步加工。

(4)核算产品成本。为了正确核算并有效控制产品成本,对在产品进行有效控制,必须建立健全的成本会计制度,将生产控制和成本核算有机结合在一起。

生产过程中的各种记录、生产通知单、领料单、计工单、入库单等文件资料都要汇集到会计部门,由会计部门对其进行检查和核对,了解和控制生产过程中存货的实物流转;会计部门要设置相应的会计账户,会同有关部门对生产过程中的成本进行核算和控制。成本会计制度可以非常简单,只是在期末记录存货余额;也可以是完善的标准成本制度,它持续地记录所有材料处理、在产品和产成品,并形成对成本差异的分析报告。

健全的成本会计制度应该提供原材料转为在产品,在产品转为产成品,以及按成本、生产任务批次通知单或每一生产周期所消耗的材料、人工和间接费用的分配与归集的详细资料。

(5)储存产成品。产成品入库,须由仓库部门先行点验和检查,然后签收;签收后,将实际入库数量通知会计部门;据此,仓库部门确立了本身应承担的责任,并对验收部门的工作进行验证。除此之外,仓库部门还应根据产成品的品质特征分类存放,并填制标签。

(6)产成品的发出。产成品的发出须由独立的发运部门进行;装运产成品时必须持有经有关部门核准的预先连续编号的发运通知单,并据此编制出库单;出库单至少一式四联,一联交仓库部门;一联由发运部门留存;一联送交顾客;一联作为给顾客开发票的依据。

3. 生产与存货循环涉及的凭证和记录

以制造业为例,生产与存货循环的业务活动由将原材料转化为产成品的全部有关活动组成。该循环包括制订生产计划,控制、保持存货水平以及与制造过程有关的交易和事项,涉及领料、生产加工、销售产成品等主要环节。生产与存货循环所涉及的凭证和记录主要包括:

(1)生产指令。生产指令又称"生产任务通知单",是企业下达制造产品等生产任务的书面文件,用以通知供应部门组织材料发放,生产车间组织产品制造,会计部门组织成本计算。广义的生产指令也包括用于指导产品加工的工艺规程,如机械加工企业的"路线图"等。

(2)领发料凭证。领发料凭证是企业为控制材料发出所采用的各种凭证,如材料发出汇总表、领料单、限额领料单、领料登记簿、退料单等。

(3)产量和工时记录。产量和工时记录是登记工人或生产班组出勤内完成产品数量、质量和生产这些产品所耗费工时数量的原始记录。产量和工时记录的内容与格式是多种多样的，在不同的生产企业中，甚至在同一企业的不同生产车间中，由于生产类型不同而采用不同格式的产量和工时记录。常见的产量和工时记录主要有工作通知单、工序进程单、工作班产量报告、产量通知单、产量明细表、废品通知单等。

（4）工薪汇总表及工薪费用分配表。工薪汇总表是为了反映企业全部工薪的结算情况，并据以进行工薪结算总分类核算和汇总整个企业工薪费用而编制的，它是企业进行工薪费用分配的依据。工薪费用分配表反映了各生产车间各产品应负担的生产工人工薪及福利费。

（5）材料费用分配表。材料费用分配表是用来汇总反映各生产车间各产品所耗费的材料费用的原始记录。

（6）制造费用分配汇总表。制造费用分配汇总表是用来汇总反映各生产车间各产品所应负担的制造费用的原始记录。

（7）成本计算单。成本计算单是用来归集某一成本计算对象所应承担的生产费用，计算该成本计算对象的总成本和单位成本的记录。

（8）存货明细账。存货明细账是用来反映各种存货增减变动情况和期末库存数量及相关成本信息的会计记录。

二、存货的特点与存货审计的重要性

《企业会计准则第1号——存货》规定，存货是指企业在日常活动中持有以备出售的产成品或商品、处在生产过程中的在产品、在生产过程或提供劳务过程中耗用的材料和物料等。

存货分类为：在途物资、原材料、在产品、库存商品、发出商品、委托加工物资、周转材料等七大类。

存货的盘存制度：采用永续盘存制。

存货在同时满足以下两个条件时，才能予以确认：(a)与该存货有关的经济利益很可能流入企业。(b)该存货的成本能够可靠地计量。

1. 存货的特点

存货作为企业生产制造及销售过程中关键的基础物料，不仅占用的资金人，而且品种繁多，存货属于流动资产，与其他类型的资产相比，存货具有下列特点：(a)存货是有形资产。(b)存货流动性强、周转快。(c)存货具有空间的累积性和不可逆转性。(d)存货具有时间上的跨期性。(e)存货具有存在的实物性。(f)存货具有价值流转的假定性。(g)存货具有实效性和发生潜在损失的可能性。在正常的生产经营活动下，存货能够有规律地转换为货币资产或其他资产，但长期不能耗用或销售的存货就有可能变为积压物资和降价销售，从而给企业造成损失。

2. 存货的重要性

存货涉及多个交易循环,在会计核算上,存货对应的会计账项很多,存货项目的真实性与正确性,直接影响到其他会计账项,从而影响企业的财务状况与经营成果。

存货对企业经营特点的反映能力强于其他资产项目,存货不仅对于生产制造业、批发业和零售行业十分重要,对于服务行业也具有重要性。

存货的重大错报对于流动资产、营运资本、总资产、销售成本、毛利以及净利润都会产生直接的影响。存货的重大错报对于其他某些项目,例如,利润分配和所得税,也具有间接影响。审计中许多复杂和重大的问题都与存货有关。存货、产品生产和销售成本构成了会计、审计乃至企业管理中最为普遍、重要和复杂的问题。

3. 存货审计的重要性

存货审计是指对存货增减变动及结存情况的真实性、合法性和正确性进行的审计。存货审计直接影响企业的财务状况,对于揭示存货业务中的差错弊端,保护存货的安全完整,降低产品成本和费用,提高企业经济效益等,都具有十分重要的意义。存货审计的技术及技巧要求很高,要求审计人员具有丰富的实务经验,同时还要具有敏锐的专业判断和对异常现象的感知能力及综合分析能力。

存货审计的重要性体现在存货项目对资产负债表、利润表的重要性和存货审计对整个财务报表审计的重要性两个方面。

(1) 存货对资产负债表和利润表的双重影响。存货的增加(借记),必然会引起其他资产的减少与负债的增加(贷记);存货的减少(贷记),必然伴随着销售成本的增加。因此,存货对资产负债表和利润表的影响如下:

存货是一项重要的流动资产,存货的价值不仅会对资产负债表产生重大影响,同时也会影响利润表。而且,存货的影响是跨期的、累计的,本期的期末存货是下一期的期初存货,资产负债表上的存货价值将会影响下一期的销货成本。

存货的成本包括购买成本、加工成本以及使存货达到目前状态和位置的其他成本。购买成本包括购买价格与存货直接相联系的费用,如运输费、包装费、检验费、保管费、保险费、消费税等;加工成本包括直接人工和制造费用。

① 存货对资产负债表的影响。存货直接对资产负债表存货项目构成影响,是资产负债表中的一个主要项目,也是构成营运资本的最大项目。因此,存货直接对资产负债表的存货项目构成影响。

存货计价方法会影响资产负债表中的存货估价数额,存货的计价方法确定期末存货的估价,运用什么计价方法,会影响利润数额以及资产负债表中的存货估价数额。

举例:假定某贸易公司只做 Q 材料的购销。2014 年 4 月、5 月两月的购销情况如下:

4月份公司买入Q材料15吨,单价是1 000元/吨,支付货款15 000元;5月份买入10吨,单价是1 600元/吨,支付货款16 000元。5月份销售了18吨,销售单价是1 800元/吨,收入为32 400元。

分别用先进先出法、后进先出法、加权平均法来核算8月的成本利润:

（ⅰ）用先进先出法核算发出存货成本,那就是:

Q材料销售成本 $= 15 \times 1\,000 + 3 \times 1\,600 = 19\,800$(元)

Q材料销售利润(毛利) $= 32\,400 - 19\,800 = 12\,600$(元)

资产负债表中的存货数 $= 7 \times 1\,600 = 11\,200$(元)

（ⅱ）用后进先出法核算发出存货成本,那就是:

Q材料销售成本 $= 10 \times 1\,600 + 8 \times 1\,000 = 24\,000$(元)

Q材料销售利润(毛利) $= 32\,400 - 24\,000 = 8\,400$(元)

资产负债表中的存货数 $= 7 \times 1\,000 = 7\,000$(元)

（ⅲ）用加权平均法核算发出存货成本:

存货购入的平均单价 $= (15\,000 + 16\,000) \div (15 + 10) = 1\,240$(元 / 吨)

Q材料销售成本 $= 18 \times 1\,240 = 22\,320$(元)

Q材料销售利润(毛利) $= 32\,400 - 22\,320 = 10\,800$(元)

资产负债表中的存货数 $= 7 \times 1\,240 = 8\,680$(元)

由此我们可以看出,用三种存货计价方法来核算,得到的利润和存货估价数额都不相同。

很明显,存货计价方法确实会影响利润数额以及资产负债表中的存货估价数额。所以,企业可以根据本公司的管理需要来选择计价方法,但一旦确定了本公司对存货计价方法,不应经常变动。

《企业会计准则第1号——存货》规定,企业应当采用先进先出法、加权平均法或者个别计价法确定发出存货的实际成本。对于性质和用途相似的存货,应当采用相同的成本计算方法确定发出存货的成本。对于不能替代使用的存货、为特定项目专门购入或制造的存货以及提供的劳务,通常采用个别计价法确定发出存货的成本。对于已售存货,应当将其成本结转为当期损益,相应的存货跌价准备也应当予以结转。

② 存货对利润表的影响。存货会影响资产负债表上存货的价值,和利润表上的营业成本项目的金额。

举例:期初存货是0,本期购入两次存货,第一次250个,每个24元,成本共6 000元,第二次购入250个,每个成本36元,成本共9 000元。本期销售250个。

（ⅰ）先进先出法,本期销售的250个应该是第一次购买的,那么销售成本为

6 000元,存货余额为 9 000 元。

（ⅱ）后进先出法,本期销售的 250 个应该是第二次购买的,那么销售成本为 9 000元,存货余额为 6 000 元。

（ⅲ）加权平均法,两次购买的平均成本为：$(24 \times 250 + 36 \times 250) \div (250 + 250) = 30$（元/个）,那么销售成本为 $30 \times 250 = 7\ 500$（元）,存货余额为 7 500 元。

公司的存货水平取决于公司即将发生的销售额,因此,在公司存货管理中,必须首先预测公司即将发生的销售额,建立存货目标水平。

（2）存货审计对整个财务报表审计的影响。存货项目审计是整个财务报表审计的核心。存货项目审计的重要性取决于在具体环境下对错报金额和性质的判断,包括对数量和性质两个方面的考虑。所谓数量方面,是指错报的金额大小,性质方面则是指错报的性质。这一切都离不开存货项目这一重要因素。

存货项目的审计结论直接影响到整个财务报表审计的审计意见,审计意见类型的确定离不开审计人员对被审计单位存货项目审计的全面评估。

（3）存货审计的重要性还体现在存货审计的复杂性。存货审计,尤其是对年末存货余额的测试,通常是审计中最复杂也最费时的部分。对存货存在性和存货价值的评估常常十分困难。

导致存货审计复杂的主要原因包括：存货存放于不同的地点,这使得对它的实物控制和盘点都很困难;企业必须将存货存放于便于产品生产和销售的地方,但是这种分散也带来了审计的困难。存货项目的多样性也给审计带来了困难,例如,化学制品、宝石、电子元件以及其他的高科技产品。存货本身的陈旧以及存货成本的分配也使得存货的估价出现困难。允许采用的存货计价方法的多样性,也造成了存货审计的复杂性。

正是由于存货对于企业的重要性、存货问题的复杂性以及存货与其他项目密切的关联度要求审计人员对存货项目的审计应当予以特别的关注。相应地,要求实施存货项目审计的审计人员应具备较高的专业素质和相关业务知识,分配较多的审计工时,运用多种有针对性的审计程序。

三、生产与存货循环的风险评估

审计人员应当清楚被审计单位管理层管理生产与存货交易的关键因素和关键业绩指标,这些因素和指标将为识别潜在的重大错报风险提供线索。当生产流程得到良好控制时,审计人员可以将重大错报风险评价为中或低,并且,可以了解不同级别管理层收到例外报告的类型,所实施的不同监督活动,以及是否有证据表明,所选取控制的设计和运行是恰当的,是否能够保证管理层采取及时有效的措施来识别错误并处理舞弊。

本书第十二章有关采购与付款交易的固有风险和检查风险的讨论内容,对生产与存货交易基本上是适用的,不再赘述。当然,生产与存货交易也有其自身的特点,以制造类企业为例,影响生产与存货交易和余额的重大错报风险还可能包括:

(1) 交易的数量和复杂性,制造类企业交易的数量庞大,业务复杂,这就增加了错误和舞弊的风险。

(2) 成本基础的复杂性,制造类企业的成本基础是复杂的。生产与存货循环存在较高重大错报风险的账户是生产成本、应付职工薪酬和营业成本。原材料和直接人工等直接费用的分配比较简单,但间接费用的分配就可能较为复杂,并且,同一行业中的不同企业也可能采用不同的认定和计量基础。

(3) 员工变动或原材料价格变化,可能导致在各个会计期间将费用分配至产品成本的方法出现不一致。

(4) 产品的多元化,计量库存存货数量方法的不一致,可能要求聘请专家来验证其质量、状况或价值。例如,堆放的矿物、筒仓里的谷物或糖、养在池塘里的鱼、钻石或者其他贵重的宝石、化工品和药剂产品计量存储量的方法都可能不一样。这并不是要求审计人员每次清点存货都需要专家配合,如果存货容易辨认、存货数量容易清点,就无需专家帮助。

(5) 某些存货项目的可变现净值难以确认,特别是价格受全球经济供求关系影响的存货,其可变现净值难以确定,如石油,2008 年起油价攀上每桶 100 美元高位,最高点达到 147. 25 美元,2014 年下半年起开始持续下跌,至今在每桶 30～40 美元之间徘徊,将影响存货采购价格和销售价格的确定,并将影响审计人员对与存货计价认定有关风险进行的评估。

(6) 企业出售附有担保条款的商品,就会面临换货或者销售退回的风险,出口到其他国家的商品也有途中毁损的风险。

(7) 大型企业可能将存货存放在很多地点,并且可以在不同地点之间配送存货,将增加商品途中毁损或遗失的风险,或者存货在两个地点被重复列示,也可能导致产生转移定价的错误或舞弊的风险。

(8) 存货虽还存放在企业,但可能已经不归企业所有;反之,企业的存货也可能被寄存在其他企业。

审计人员应当了解被审计单位对生产与存货的管理程序。如果审计人员认为被审计单位的控制可能存在销售成本和存货的重大错报风险,就需要对已选取的控制活动的运行有效性进行测试,以证实计划依赖的认定层次上的控制已经在整个期间内运行了。

生产与存货重要交易类别是实物流转控制和价值流转控制。实物流转控制流程主要包括存货的收、发、存三个环节的实物流转;存货实物流转程序控制子系统围绕:

原材料→在产品→产成品的存货实物流转程序,内部控制制度涉及购货、验收、存储、发货、生产和发运等职能,关系到物资的订购、运输、验收入库、领用、生产、产品储存和产品发送等物资流转部门。其内部控制的内容主要是:各环节之间分工明确,不相容的职务不得兼任;各个环节中有相互衔接、相互监督、相互验证的监控制度,保证物资的顺利流通和有效控制;各个环节中有适当的验收、盘点和交接制度,保证物资的安全和节约使用。存货价值流转主要通过存货计量记录——永续盘存制和存货计价记录——成本会计控制来实现对存货从原材料到产品销售的全过程价值控制。

很显然,控制是否适当直接关乎其预防、发现和纠正错报的能力。预防性的控制经常在交易初期和记录过程中实施。作为管理层监督程序的组成部分,检查性控制通常在交易执行和记录过程之后实施,以便检查、纠正错误与舞弊。测试已选取的、涉及几项认定的监督控制,要比测试交易初期的预防性控制更有效。

审计人员对于生产过程和存货管理中的控制的了解,来自于观察控制活动执行情况,询问员工以及检查文件和资料。这些文件和资料包括以前年度审计工作底稿,原材料领料单上记录的各个生产流程的制造成本,人工成本记录和间接费用分配表,以及例外报告和所及时采取的相应的纠正行动。

审计人员应将认定层次的控制因素和其他因素相结合,评估认定层次的重大错报风险,以确定进一步审计程序的性质、时间、范围。

第二节　生产与存货循环控制测试

一、生产与存货循环按审计主要目标的关键控制和控制测试

1. 生产业务是根据管理层一般或特定的授权进行的,工薪账项均经正确批准

针对这一内部控制目标的关键内部控制为:生产指令的下达是否有授权批准;领料单的申领是否经过规定的审批手续;工薪的制定、增减、发放有无制度规定与批准手续。相应的内部控制测试是检查是否包含上述三个关键点的恰当审批。

通过审查人事档案;检查工时卡的有关核准说明;检查工薪记录中有关内部检查标记;检查人事档案中的授权;检查工薪记录中有关核准的标记来确认工薪账项:批准上工;工作时间,特别是加班时间;工资、薪金或佣金;代扣款项;工薪结算表和工资汇总表均经过特别审批或一般审批。

2. 记录的成本是真实的

通过检查有关成本的记账凭证是否附有生产通知单、领发料凭证、产量和工时记录、工薪费用分配表、材料费用分配表、制造费用分配表等原始凭证的顺序编号是否完整,用以确认企业的成本核算是以经过审核的生产通知单、领发料凭证、产量和工

时记录、工薪费用分配表、材料费用分配表、制造费用分配表为依据的。

检查企业是否使用生产记录钟记录工时；通过检查工时卡的核准说明；检查工时卡；复核人事政策、组织结构图来确认所有员工的工时卡均经领班核准，记录的工薪为真实的而非虚构。

3. 所有耗费均已反映在成本中

为确认企业的生产通知单、领发料凭证、产量和工时记录、工薪费用分配表、材料费用分配表、制造费用分配表均事先连续编号并已经登记入账，应检查生产通知单、领发料凭证，产量和工时记录、工薪费用分配表、材料费用分配表、制造费用分配表顺序编号的完整性。

审查工资分配表、工资汇总表、工资结算表、并核对员工工资手册、员工手册等来确认工薪分配表、工薪汇总表已完整反映已发生的工薪支出，所有已发生的工薪支出均已记录。

4. 成本和工薪均以正确的金额，在恰当的会计期间及时记录于适当的账户

为确认企业采用适当的成本核算方法和费用分配方法，并且前后各期一致；应选取样本测试各种费用的归集和分配以及成本的计算。对于企业采用的成本核算流程和账务处理流程是否适当；应测试是否按照规定的成本核算流程和账务处理流程进行核算和账务处理。并应作相应的内部核查，以确保成本核算方法、费用分配方法、成本核算流程和账务处理流程的正确性与一致性，以确认成本是以正确的金额，在恰当的会计期间及时记录于适当的账户。

选取样本测试工资费用的归集和分配；测试是否按照规定的账务处理流程进行账务处理，以证明企业已采用适当的工资费用分配方法，并且前后各期一致；企业采用的内务处理流程适当，证实工薪是以正确的金额，在恰当的会计期间及时记录于适当的账户。

5. 对存货实施保护措施，保管人员与记录、批准人员相互独立，人事、考勤、工薪发放、记录之间相互分离

为保证不相容职务相分离，应询问和观察存货与记录的接触以及相应的批准程序，以证实存货保管人员与记录人员职务相分离。

询问和观察各项职责执行情况来证实人事、考勤、工薪发放、记录等不相容职务相分离。

6. 账面存货与实际存货定期校对相符

经常定期进行存货盘点，通过询问和观察存货盘点程序，来保证账面存货与实际存货的一致性。

关于存货的内部控制，还需要作以下两个方面的说明：

一方面，如前所述由于生产与存货循环与其他业务循环的内在联系，生产与存货

循环中某些审计测试,特别是对存货的审计测试,与其他相关业务循环的审计测试同时进行将更为有效。例如,原材料的取得和记录是作为采购与付款循环的一部分进行测试的,而装运产成品和记录营业收入与成本则是作为销售与收款循环审计的一部分进行测试的。

另一方面,尽管不同的企业对其存货可能采取不同的内部控制,但从根本上说,均可概括为存货的数量和计价两个关键因素的控制。基于上述原因,对生产与存货循环的内部控制和相关控制测试的介绍,主要涉及成本会计制度及工薪两项。

二、成本会计制度及工薪的控制测试

1. 成本会计制度的控制测试

成本会计制度的测试,包括直接材料成本测试、直接人工成本测试、制造费用测试和生产成本在当期完工产品与在产品之间分配的测试四项内容。

(1) 直接材料成本测试。

① 采用定额单耗的企业。对采用定额单耗的企业,可选择并获取某一个成本报告期的若干种具有代表性的产品成本计算单,获取样本的生产指令或产量统计记录及其直接材料单位消耗定额,根据材料明细账或采购业务测试工作底稿中各该直接材料的单位实际成本,计算直接材料的总消耗量和总成本,与该样本成本计算单中的直接材料成本核对。

② 非采用定额单耗的企业。对非采用定额单耗的企业,可获取材料费用分配汇总表、材料发出汇总表(或领料单)、材料明细账(或采购业务测试工作底稿)中各该直接材料的单位成本,作如下检查:

成本计算单中直接材料成本与材料费用分配汇总表中该产品负担的直接材料费用是否相符,分配标准是否合理;将抽取的材料发出汇总表或领料单中若干种直接材料的发出总量和各该种材料的实际单位成本之积,与材料费用分配汇总表中各该种材料费用进行比较。

③ 采用标准成本法的企业。对采用标准成本法的企业,获取样本的生产指令或产量统计记录、直接材料单位标准用量、直接材料标准单价及发出材料汇总表或领料单,检查下列事项:

根据生产量、直接材料单位标准用量和标准单价计算的标准成本与成本计算单中的直接材料成本核对是否相符;直接材料成本差异的计算与账务处理是否正确,并注意直接材料的标准成本在当年度内有何重大变更。

(2) 直接人工成本测试。

① 采用计时工资制的企业。对采用计时工资制的企业,获取样本的实际工时统计记录、职员分类表和职员工薪手册(工资率)及人工费用分配汇总表,作如下检查:

成本计算单中直接人工成本与人工费用分配汇总表中该样本的直接人工费用核对是否相符;样本的实际工时统计记录与人工费用分配汇总表中该样本的实际工时核对是否相符;抽取生产部门若干天的工时台账与实际工时统计记录核对是否相符;当没有实际工时统计记录时,则可根据职员分类表及职员工薪手册中的工资率,计算复核人工费用分配汇总表中该样本的直接人工费用是否合理。

② 采用计件工资制的企业。对采用计件工资制的企业,获取样本的产量统计报告、个人(小组)产量记录和经批准的单位工薪标准或计件工资制度,检查下列事项:

根据样本的统计产量和单位工薪标准计算的人工费用与成本计算单中直接人工成本核对是否相符;抽取若干个直接人工(小组)的产量记录,检查是否被汇总计入产量统计报告。

③ 采用标准成本法的企业。对采用标准成本法的企业获取样本的生产指令或产量统计报告、工时统计报告和经批准的单位标准工时、标准工时工资率、直接人工的工薪汇总等资料,检查下列事项:

根据产量和单位标准工时计算的标准工时总量与标准工时工资率的乘积同成本计算单中直接人工成本核对是否相符;直接人工成本差异的计算与账务处理是否正确,并注意直接人工的标准成本在当年内有何重大变更。

(3) 制造费用测试。获取样本的制造费用分配汇总表、按项目分列的制造费用明细账、与制造费用分配标准有关的统计报告及其相关原始记录,作如下检查:

制造费用分配汇总表中,样本分担的制造费用与成本计算单中的制造费用核对是否相符;制造费用分配汇总表中的合计数与样本所属成本报告期的制造费用明细账总计数核对是否相符;制造费用分配汇总表所选择的分配标准(机器工时数、直接人工工资、直接人工工时数、产量数)与相关的统计报告或原始记录核对是否相符,并对费用分配标准的合理性作出评估;如果企业采用预计费用分配率分配制造费用,则应针对制造费用分配过多或过少的差额,检查其是否作了适当的账务处理;如果企业采用标准成本法,则应检查样本中标准制造费用的确定是否合理:计入成本计算单的数额是否正确,制造费用差异的计算与账务处理是否正确,并注意标准制造费用在当年度内有何重大变更。

(4) 生产成本在当期完工产品与在产品之间分配的测试。检查成本计算单中在产品数量与生产统计报告或在产品盘存表中的数量是否一致;检查在产品约当产量计算或其他分配标准是否合理;计算复核样本的总成本和单位成本,最终对当年采用的成本会计制度做出评价。

2. 工薪的控制测试

在测试工薪内部控制时,应选择若干月份工薪汇总表,作如下检查:计算复核每一份工薪汇总表;检查每一份工薪汇总表是否经授权批准;检查应付工薪总额与人工费用分配汇总表中的合计数是否相符;检查其代扣款项的账务处理是否正确;检查实发工薪总额与银行付款凭单及银行存款对账单是否相符,并正确过入相关账户。

从工资单中选取若干个样本(应包括各种不同类型人员),作如下检查:检查员工工薪卡或人事档案,确保工薪发放有依据;检查员工工资率及实发工薪额的计算;检查实际工时统计记录(或产量统计报告)与员工个人钟点卡(或产量记录)是否相符;检查员工加班加点记录与主管人员签证的月度加班费汇总表是否相符;检查员工扣款依据是否正确;检查员工的工薪签收证明;实地抽查部分员工,证明其确在本公司工作,如已离开本公司,需获得管理层证实。

第三节 生产与存货循环的实质性程序

对于一般的企业(尤其是制造业、商业等)来说,持有一定数量的存货是十分必要的。一方面,一定数量的存货有利于保障企业生产经营的顺利进行;另一方面,可以使企业生产与销售具有较大的机动性,适应市场不规则的突然变化,以免失去商机。

存货审计是指对存货增减变动及结存情况的真实性、合法性和正确性进行的审计。存货审计对财务状况的客观反映有直接影响,对于揭示存货业务中的差错弊端,保护存货的安全完整,降低产品成本和费用,提高企业经济效益等,都具有十分重要的意义。

存货审计主要把握数量和计价两个方面,前者主要通过存货的监盘来实现,后者主要通过存货的计价和截止测试来进行。

一、存货监盘

1. 存货监盘的含义和审计人员在存货监盘中的责任

(1) 存货监盘的含义。存货监盘是指审计人员现场观察被审计单位存货的盘点,并对已盘点的存货进行适当检查。由此可见,存货监盘有两层含义:一是审计人员应亲临现场观察被审计单位存货的盘点;二是在此基础上,审计人员应根据需要抽查已盘点的存货。

被审计单位存货的盘点一般会使用预先连续编号的某种格式的存货盘点标签或盘点表。

控制盘点标签或盘点表的目的在于确保所有的存货都已恰当地包括在最终的存货明细表之中。控制程序一般包括三个由被审计单位负责的检查点。

第一个检查点是在盘点结束时与盘点标签回收之前。巡视整个存货存放地,以确定所有需盘点的存货上均已贴有盘点标签。

第二个检查点是在监盘程序结束时进行的。此时客户代表或者盘点工作的其他有关负责人应确定所发出的盘点表或盘点标签均已收回,并按照已用、作废、未用等分别归类统计。

第三个检查点是在最终的存货明细表编制完成时进行的。此时存货明细表应和盘点标签或盘点表的控制表进行核对,以确定只有在实地盘点时使用过且有效的盘点标签或盘点表中所记录的信息才反映在最终的存货明细表中。

(2)审计人员在存货监盘中的责任。在20世纪30年代末以前,存货审计工作通常仅限于审查会计记录。当时的准则并不要求对存货进行观察和检查,审计人员并不承担证实存货实际存在的责任,并声称他们并无资格对被审计单位如此庞杂的存货进行确认。直到美国出现了麦克森-罗宾斯(McKesson-Robbins)公司调查案,这种情况才发生了改变。1939年,美国证券交易委员会(SEC)的听证会揭示,在纽约证券交易所上市的麦克森-罗宾斯公司已审计的财务报表虚增了1 900万美元的资产——约占资产总额的25%,其中虚增存货约为1 000万美元。受该案件的影响,注册会计师职业界不得不考虑承担证实存货实际存在的责任,否则将被视为并未尽到保护财务报表使用者的职责。因此,职业界规定,除非出现无法实施存货监盘的特殊情况,审计人员应当实施必要的替代程序,在绝大多数情况下都必须亲自观察存货盘点过程,实施存货监盘程序。

根据《中国注册会计师审计准则第1311号——对存货、诉讼和索赔、分部信息等特定项目获取审计证据的具体考虑》第4条的要求:"如果存货对财务报表是重要的,注册会计师应当实施下列审计程序,对存货的存在和状况获取充分、适当的审计证据:(一)在存货盘点现场实施监盘(除非不可行)。"

正如《中国注册会计师审计准则问题解答第3号——存货监盘》所述:定期盘点存货,合理确定存货的数量和状况是被审计单位管理层的责任。实施存货监盘,获取有关期末存货数量和状况的充分、适当的审计证据是审计人员的责任。

由此可见,实施存货监盘,获取有关期末存货数量和状况的充分、适当的审计证据是审计人员的责任,但这并不能取代被审计单位管理层定期盘点存货,合理确定存货的数量和状况的责任。

除存货的存在和状况外,审计人员还可能在存货监盘中获取有关存货所有权的部分审计证据。例如,如果审计人员在监盘中注意到某些存货已经被法院查封,需要考虑被审计单位对这些存货的所有权是否受到了限制。

需要指出的是,存货监盘本身并不足以供审计人员确定存货的所有权,审计人员可能需要执行其他实质性审计程序以应对所有权认定的相关风险。

2. 存货监盘应实施的工作

(1)制订存货监盘计划。在编制存货监盘计划时,审计人员应当实施下列审计程序。

① 编制存货监盘计划必须要考虑的因素:了解存货的内容、性质、各存货项目的重要程度及存放场所;了解与存货相关的内部控制;评估与存货相关的重大错报风险和重要性;查阅以前年度的存货监盘工作底稿;考虑实地察看存货的存放场所特别是金额较大或性质特殊的存货;考虑是否需要利用专家的工作或其他审计人员的工作;复核或与管理层讨论其存货盘点计划。

② 存货项目的重要程度。审计人员需要考虑:存货与其他资产和净利润的相对比率及内在联系;各类存货(原材料、在产品和产成品)占存货总数的比重;各存放地存货占存货总数的比重。考虑并评价存货项目的重要程度直接关系到审计人员如何恰当地分配审计资源。

③ 与存货相关的内部控制。在制订存货监盘计划时,审计人员应当了解被审计单位与存货相关的内部控制,并根据内部控制的完善程度确定进一步审计程序的性质、时间和范围。与存货相关的内部控制涉及被审计单位供、产、销各个环节,包括采购、验收、仓储、领用、加工、装运出库等方面,还包括存货数量的盘存制度。

被审计单位与存货实地盘点相关的内部控制通常包括:制定合理的存货盘点计划,确定合理的存货盘点程序,配备相应的监督人员,对存货进行独立的内部验证,将盘点结果与永续存货记录进行独立的调节,对盘点表和盘点标签进行充分控制。

④ 与存货相关的重大错报风险和重要性。存货通常具有较高水平的重大错报风险,影响重大错报风险的因素具体包括:存货的数量和种类、成本归集的难易程度、陈旧过时的速度或易损坏程度、遭受失窃的难易程度。由于制造过程和成本归集制度的差异导致制造企业的存货与其他企业(如批发企业)的存货相比往往具有更高的重大错报风险,对于审计人员的审计工作而言则更具复杂性。外部因素也会对重大错报风险产生影响。例如,技术进步可能导致某些产品过时,从而导致存货价值更容易发生高估。

根据对存货错报风险的评估结果,审计人员应当合理确定存货项目审计的重要性水平。

⑤ 查阅以前年度的存货监盘工作底稿。审计人员可以通过查阅以前年度的存货监盘工作底稿,了解被审计单位的存货情况、存货盘点程序以及其他在以前年度审计中遇到的重大问题。在查阅以前年度的存货监盘工作底稿时,审计人员应充分关注存货盘点的时间安排、周转缓慢的存货的识别、存货的截止确认、盘点小组人员的确定以及存货多处存放等内容。

⑥ 考虑实地察看存货的存放场所。《《中国注册会计师审计准则第 1311 号——对存货、诉讼和索赔、分部信息等特定项目获取审计证据的具体考虑〉应用指南》第 3 段提及,在计划存货监盘时,审计人员需要考虑的事项包括存货的存放地点(包括不同存放地点的存货的重要性和重大错报风险),以确定适当的监盘地点。

审计人员应当考虑实地察看被审计单位的存货存放场所,特别是金额较大或性质特殊的存货,这有助于审计人员熟悉在库存货及其组织管理方式,也有助于审计人员在盘点工作进行前发现潜在问题,如存在难以盘点的存货、周转缓慢的存货、过时存货、残次品以及代销存货。

审计人员应关注所有的存货存放地点,以防止被审计单位或自己发生任何遗漏,对存放大额存货的每一个地点尤其应当予以特别关注。

如果被审计单位的存货存放在多个地点,审计人员可以要求被审计单位提供一份完整的存货存放地点清单(包括期末库存量为零的仓库、租赁的仓库,以及第三方代被审计单位保管存货的仓库等),并考虑其完整性。

在获取完整的存货存放地点清单的基础上,审计人员可以根据不同地点所存放存货的重要性以及对各个地点与存货相关的重大错报风险的评估结果(例如,审计人员在以往审计中可能注意到某些地点存在存货相关的错报,因此在本期审计时对其予以特别关注),选择适当的地点进行监盘,并记录选择这些地点的原因。

例如,由于连锁商店的分店的数目可能很多,审计人员通常不会对零售连锁商店每一家分店实施监盘,而是选择一定数目的分店进行监盘,并使用分析程序等替代程序,或者利用内部审计人员的工作,以便对其他分店存货余额的准确性作出评价。

⑦ 利用专家的工作或其他审计人员的工作。审计人员可能不具备其他专业领域专长与技能,例如,在确定资产数量或资产实物状况(如矿石堆),或在收集特殊类别存货(如艺术品、稀有玉石、房地产、电子器件、工程设计等)的审计证据时,审计人员可以考虑利用专家的工作。

很多情况下,被审计单位组成部分的财务信息由其他审计人员审计并出具审计报告,这当然也包括了由其他审计人员负责对被审计单位该组成部分的存货实施监盘。如果审计人员计划利用其他审计人员的工作,则应根据其他审计人员承担的具体业务考虑其专业胜任能力。主审注册会计师应当在审计的初始计划阶段对双方的配合作出充分安排,并将有关重要事项告知其他审计人员,包括需要特别考虑的审计领域、识别被审计单位与组成部分之间交易的审计程序以及完成审计工作的时间安排等。

⑧ 复核或与管理层讨论其存货盘点计划。在复核或与管理层讨论其存货盘点计划时,审计人员应当考虑下列主要因素,以评价其能否合理地确定存货的数量和状况:盘点的时间安排、存货盘点范围和场所的确定、盘点人员的分工及胜任能力、盘点前的会议及任务布置、存货的整理和排列、对毁损、陈旧、过时、残次及所有权不属于被审计单位的存货的区分、存货的计量工具和计量方法及在产品完工程度的确定方法、存放在外单位的存货的盘点安排、存货收发截止的控制及盘点期间存货移动的控制、盘点表单的设计使用与控制、盘点结果的汇总以及盘盈或盘亏的分析、调查与

处理。

如果认为被审计单位的存货盘点计划存在缺陷,审计人员应当提请被审计单位调整。

(2)存货监盘计划的主要内容。存货监盘计划应当包括下列主要内容:

① 存货监盘的目标、范围及时间安排。存货监盘的目标是获取被审计单位资产负债表日有关存货数量和状况的审计证据,检查存货的数量是否真实完整,是否归属被审计单位,存货有无毁损、陈旧、过时、残次和短缺等状况。

存货监盘范围的大小取决于存货的内容、性质以及与存货相关的内部控制的完善程度和重大错报风险的评估结果。

对存放于外单位的存货,即由第三方保管或控制的存货,《中国注册会计师审计准则第 1311 号——对存货、诉讼和索赔、分部信息等特定项目获取审计证据的具体考虑》第 8 条规定,如果由第三方保管或控制的存货对财务报表是重要的,审计人员应当实施下列一项或两项审计程序,以获取有关该存货存在和状况的充分、适当的审计证据:(a)向持有被审计单位存货的第三方函证存货的数量和状况。(b)实施检查或其他适合具体情况的审计程序。

存货监盘的时间,包括实地察看盘点现场的时间、观察存货盘点的时间和对已盘点存货实施检查的时间等,应当与被审计单位实施存货盘点的时间相协调。

② 存货监盘的要点及关注事项。存货监盘的要点主要包括审计人员实施存货监盘程序的方法、步骤,各个环节应注意的问题以及所要解决的问题。

审计人员需要重点关注的事项包括盘点期间的存货移动、存货的状况、存货的截止确认、存货的各个存放地点及金额等。

③ 参加存货监盘人员的分工。审计人员应当根据被审计单位参加存货盘点人员分工、分组情况、存货监盘工作量的大小和人员素质情况,确定参加存货监盘的人员组成,各组成人员的职责和具体的分工情况,并加强督导。

④ 检查存货的范围。审计人员应当根据对被审计单位存货盘点和对被审计单位内部控制的评价结果确定检查存货的范围。审计人员在实施观察程序后,如果认为被审计单位内部控制设计良好且得到有效实施、存货盘点组织良好,可以相应缩小实施检查程序的范围。

3. 存货监盘程序

(1)观察程序。在被审计单位盘点存货前,审计人员应当观察盘点现场:确定应纳入盘点范围的存货是否已经适当整理和排列,并附有盘点标识,防止遗漏或重复盘点。

(2)对未纳入点范围的存货,审计人员应当查明未纳入的原因。对所有权不属于被审计单位的存货,审计人员应当取得其规格、数量等有关资料,确定是否已分别存放、标明，且未被纳入盘点范围。

即使在被审计单位声明不存在受托代存存货的情形下。审计人员在存货监盘时也应当关注是否存在某些存货不属于被审计单位的迹象，以避免盘点范围不当。

（3）关注存货状况。审计人员应特别关注存货状况，观察被审计单位是否已经恰当地区分所有毁损、陈旧、过时及残次的存货。

现场盘点时，观察被审计单位存货的外观，如是否锈迹斑斑，包装有无破损，是否积了一层厚灰等，同时向保管人员询问存货的购进时间，如有疑问，则作下一步审计的重点之一，届时通过抽查凭证检查有关入账原始依据是否真实有效。一般而言，如果存货出现上述情况，购进时间几年未动，该部分存货的品质状况就值得怀疑。

（4）检查程序。审计人员应当对已盘点的存货进行适当检查，将检查结果与被审计单位盘点记录相核对，并形成相应记录。

检查的目的既可以是为了确证被审计单位的盘点计划得到适当的执行（控制测试），也可以是为了证实被审计单位的存货实物总额（实质性程序）。如果观察程序能够表明被审计单位的组织管理得当，盘点、监督以及复核程序充分有效，审计人员可据此减少所需检查的存货项目。

检查的范围通常包括每个盘点小组盘点的存货以及难以盘点或隐蔽性较强的存货。

如果审计人员对被审计单位的有关程序不满意，或者审计人员未能观察到相当比重的存货盘点项目，审计人员应当实施实质性的盘点程序。

需要说明的是，审计人员应尽可能避免让被审计单位事先了解将抽取检查的存货项目。

抽查时，审计人员应当从存货盘点记录中选取项目追查至存货实物，以测试盘点记录的准确性；审计人员还应当从存货实物中选取项目追查至存货盘点记录，以测试存货盘点记录的完整性。

审计人员应当特别关注存货的移动情况，防止遗漏或重复盘点。

审计人员在实施检查程序时发现差异，很可能表明被审计单位的存货盘点在准确性或完整性方面存在错误。

由于检查的内容通常仅仅是已盘点存货中的一部分，所以在检查中发现的错误很可能意味着被审计单位的存货盘点还存在着其他错误。对此，应做到：

审计人员应当查明原因，并及时提请被审计单位更正；审计人员应当考虑错误的潜在范围和重大程度，在可能的情况下，扩大检查范围以减少错误的发生。审计人员还可要求被审计单位重新盘点。重新盘点的范围可限于某一特殊领域的存货或特定盘点小组。

（5）特殊监盘事项。对某些特殊类型的存货而言被审计单位通常使用的盘点方法和控制程序并不完全适用。这些存货通常或者没有标签,或者其数量难以估计,或者其质量难以确定,或者盘点人员无法对其移动实施控制。在这些情况下,审计人员需要运用职业判断,根据存货的实际情况,设计恰当的审计程序,对存货的数量和状况获取审计证据。

审计人员在审计实务中,应当根据被审计单位所处行业的特点、存货的类别和特点以及内部控制等具体情况,并在通用的存货监盘程序基础上,设计关于特殊类型存货监盘的具体审计程序。被审计单位通常使用的盘点方法和控制程序并不完全适用的情况如下:

① 由于存货的性质或位置而无法实施监盘程序。被审计单位存货的性质可能导致审计人员无法实施存货监盘,这样的情况包括:存货涉及保密问题,如产品在生产过程中需要利用特殊配方或制造工艺;存货系危害性物质,如辐射性化学品或气体。

对具有特殊性质的存货实施审计,通常需要依赖内部控制。审计人员应当复核采购、生产和销售记录,以获取充分、适当的审计证据。在通常情况下,还可以向能够接触到相关存货项目的第三方人员询证。

此外,审计人员还可以实施其他替代审计程序。例如,对于危害性物质,如果被审计单位对其生产、使用和处置存有正式报告,审计人员可通过追查至有关报告的方式确定此类危害性物质是否存在。

被审计单位存货的位置也可能导致审计人员无法实施存货监盘,如在途存货。如果此类项目仅占存货的一小部分,通常可以通过审查相关凭证加以查验。对于存放在公共仓库中的存货,可通过函证方式查验。

如果由于被审计单位存货的性质或位置等原因导致无法实施存货监盘,审计人员应当考虑能否实施替代审计程序。获取有关期末存货数量和状况的充分、适当的审计证据。审计人员实施的替代审计程序主要包括:检查进货交易凭证或生产记录以及其他相关资料;检查资产负债表日后发生的销货交易凭证;向顾客或供应商函证。

② 因不可预见因素导致无法在预定日期实施存货监盘或接受委托时被审计单位的期末存货盘点已经完成。

有时,由于不可预见因素而可能导致无法在预定日期实施存货监盘,比较典型的情况是:由于不可抗力,导致审计人员无法到达存货存放地实施存货监盘;由于恶劣的天气,导致审计人员无法实施存货监盘程序,或由于恶劣的天气无法观察存货,如木材被积雪覆盖。

对于上述情况,如果被审计单位存在良好的内部控制,审计人员可以考虑改变存货监盘日期,并对预定盘点日与改变后的存货监盘日之间发生的交易进行测试。对于无法亲临现场的情况,审计人员可考虑委托其他适当人员实施存货监盘。

如果接受委托时被审计单位的期末存货盘点已经完成,审计人员应当评估与存货相关的内部控制的有效性,并根据评估结果对存货进行适当检查或提请被审计单位另择日期重新盘点,同时测试检查日或重新盘点日与资产负债表日之间发生的存货交易。

如果因不可预见的因素导致无法在预定日期实施存货监盘或接受委托时被审计单位的期末存货盘点已经完成,审计人员应当评估与存货相关的内部控制的有效性,对存货进行适当检查或提请被审计单位另择日期重新盘点;同时测试在该期间发生的存货交易,以获取有关期末存货数量和状况的充分、适当的审计证据。

如果存货已被质押,审计人员应当向债权人询证与被质押存货有关的内容。对于此类存货,通常还应当检查被审计单位的相关会计记录和可能设置的备查记录。如果此类存货比较重要,审计人员应当考虑与被审计单位讨论其对委托代管存货或已作质押存货的控制程序,并考虑对此类存货实施监盘程序,或聘请其他审计人员实施监盘程序。

表13-2列举了被审计单位特殊存货的类型、通常采用的盘点方法与存在的潜在问题,以及可供审计人员实施的监盘程序。

表13-2

特殊类型存货的监盘程序

存货类型	盘点方法与潜在问题	可供实施的审计程序
木材、钢筋盘条、管子	通常无标签,但在盘点时会做上标记或用粉笔标识;难以确定存货的数量或等级	检查标记或标识 利用专家或被审计单位内部有经验人员的工作
堆积型存货(比如糖、煤、钢废料)	通常既无标签也不做标记 在估计存货数量时存在困难	运用工程估测、几何计算、高空勘测,并依赖详细的存货记录 如果堆场中的存货堆不高,可进行实地监盘,或通过旋转存货加以估计
使用磅秤测量的存货	在估计存货数量时存在困难	在监盘前和监盘过程中均应检验磅秤的精准度,并留意磅秤的位置移动与重新调校程序 将检查和重新称量程序相结合;检查秤量尺度的换算问题
散装物品(如贮窖存货、使用桶、箱、罐、槽等容器储存的液、气体、谷类粮食、流体存货等)	在盘点时通常难以加以识别和确定 在估计存货数量时存在困难 在确定存货质量时存在困难	使用容器进行监盘或通过预先编号的清单列表加以确定;使用浸蘸、测量棒、工程报告以及依赖永续存货记录;选择样品进行化验与分析,或利用专家的工作

存货类型	盘点方法与潜在问题	可供实施的审计程序
贵金属、石器、艺术品与收藏品	在存货辨认与质量确定方面存在困难	选择样品进行化验与分析，或利用专家的工作
生产纸浆用木材、牲畜	在存货辨认与数量确定方面存在困难 可能无法对此类存货的移动实施控制	通过高空摄影以确定其存在性，对不同时点的数量进行比较，并依赖永续存货记录

当首次接受委托未能对上期期末存货实施监盘，且该存货对本期财务报表存在重大影响时，如果已获取有关本期期末存货余额的充分、适当的审计证据，审计人员应当实施下列一项或多项审计程序，以获取有关本期期初存货余额的充分、适当的审计证据。

查阅前任审计人员工作底稿；复核上期存货盘点记录及文件；检查上期存货交易记录。运用毛利百分比法等进行分析。

（6）存货监盘结束时的工作。在被审计单位存货盘点结束前，审计人员应当：

① 再次观察盘点现场，以确定所有应纳入盘点范围的存货是否均已盘点。

② 取得并检查已填用、作废及未使用盘点表单的号码记录，确定其是否预先连续编号，查明已发放的表单是否均已收回，并与存货盘点的汇总记录进行核对。

审计人员应当根据自己在存货监盘过程中获取的信息对被审计单位最终的存货盘点结果汇总记录进行复核，并评估其是否正确地反映了实际盘点结果。

如果存货盘点日不是资产负债表日，审计人员应当实施适当的审计程序，确定盘点日与资产负债表日之间存货的变动是否已作正确的记录。在很多情况下，存货盘点日并不是资产负债表日，而有可能是在资产负债表日之后或之前甚至是在不同日期进行（例如循环盘点的情况）。在不同情况下，审计人员应当根据不同情况的特点实施程度不同的审计程序，以便确定被审计单位对于盘点日与资产负债表日之间的存货变动情况是否已作出了正确的记录。

如果被审计单位采用永续盘存制核算存货，审计人员应当关注永续盘存制下的期末存货记录与存货盘点结果之间是否一致。如果这两者之间出现重大差异。审计人员应当实施追加的审计程序查明原因，并检查永续盘存记录是否已作出了适当调整。如果认为被审计单位的盘点方式及其结果无效。审计人员应当提请被审计单位重新盘点。

4. 存货监盘结果对审计报告的影响

审计人员应当根据已获取的审计证据，形成有关期末存货数量和状况的审计结论，并确定对审计报告的影响。

存货监盘程序是存货审计的一个重要部分，审计人员应当根据已获取的相关审计证据，形成有关期末存货数量和状况的审计结论。需要指出的是，实施存货监盘程序并不能实现有关存货认定的所有审计目标，审计人员还应当结合其他存货审计程序，形成合理的审计结论。

（1）审计范围受到限制的情况。如果无法实施存货监盘，也无法实施替代审计程序以获取有关期末存货数量和状况的充分、适当的审计证据，审计人员应当考虑出具保留意见或无法表示意见的审计报告。

（2）被审计单位拒绝调整。如果通过实施存货监盘发现被审计单位财务报表存在重大错报，且被审计单位拒绝调整，审计人员应当考虑出具保留意见或否定意见的审计报告。

（3）首次接受委托。如果首次接受委托，按照规定实施审计程序后，仍未能获取有关本期期初存货余额的充分、适当的审计证据，审计人员应当考虑出具保留意见或无法表示意见的审计报告。

二、存货计价审计和截止测试

1. 存货计价测试

监盘程序主要是对存货的结存数量予以确认。为验证财务报表上存货余额的真实性，还必须对存货的计价进行审计，即确定存货实物数量和永续盘存记录中的数量是否经过正确地计价和汇总。

存货计价测试步骤如下：

（1）样本的选择。计价审计的样本，应从存货数量已经盘点、单价和总金额已经计入存货汇总表的结存存货中选择；选择样本时应着重选择结存余额较大且价格变化比较频繁的项目，同时考虑所选样本的代表性；抽样方法一般采用分层抽样法，抽样规模应足以推断总体的情况。

（2）计价方法的确认。存货的计价方法多种多样，被审计单位应结合企业会计准则的基本要求选择符合自身特点的方法，没有足够理由，计价方法在同一会计年度内不得变动。

（3）计价测试。进行计价测试时，审计人员首先应对存货价格的组成内容予以审核。然后按照所了解的计价方法对所选择的存货样本进行计价测试。测试时，应尽量排除被审计单位已有计算程序和结果的影响，进行独立测试。测试结果出来后，应与被审计单位账面记录对比，编制对比分析表，分析形成差异的原因。如果差异过大，应扩大测试范围，并根据审计结果考虑是否应提出审计调整建议。

2. 存货成本的计价测试

存货成本审计主要包括直接材料成本的审计、直接人工成本的审计、制造费用的审计等三部分内容。

(1) 直接材料成本的审计。直接材料成本的审计一般采用逆查法,应先从审阅材料和生产成本明细账入手,抽查有关的费用凭证,验证企业产品直接耗用材料的数量、计价和材料费用分配是否真实、合理。其主要审计程序通常包括:抽查产品成本计算单,检查直接材料成本的计算是否正确,材料费用的分配标准与计算方法是否合理和适当,是否与材料费用分配汇总表中该产品分摊的直接材料费用相符;检查直接材料耗用数量的真实性,有无将非生产用材料计入直接材料费用;分析比较同一产品前后各年度的直接材料成本,如有重大波动应查明原因;抽查材料发出及领用的原始凭证,检查领料单的签发是否经过授权,材料发出汇总表是否经过适当的人员复核,材料单位成本计价方法是否适当,是否正确及时入账;对采用定额成本或标准成本的被审计单位,应检查直接材料成本差异的计算、分配与会计处理是否正确,并查明直接材料的定额成本、标准成本在本年度内有无重大变更。

(2) 直接人工成本的审计。直接人工成本的主要审计程序通常包括:抽查产品成本计算单,检查直接人工成本的计算是否正确,人工费用的分配标准与计算方法是否合理和适当,是否与人工费用分配汇总表中该产品分摊的直接人工费用相符;将本年度直接人工成本与前期进行比较,查明其异常波动的原因;分析比较本年度各个月份的人工费用发生额,如有异常波动,应查明原因;结合应付职工薪酬的检查,抽查人工费用会计记录及会计处理是否正确;对采用标准成本法的被审计单位,应抽查直接人工成本差异的计算、分配与会计处理是否正确。并查明直接人工的标准成本在本年度内有无重大变更。

(3) 制造费用的审计。制造费用是企业为生产产品和提供劳务而发生的各项间接费用,即生产单位为组织和管理生产而发生的费用,包括分厂和车间管理人员的工薪等职工薪酬、折旧费、修理费、办公费、水电费、取暖费、租赁费、机物料消耗、低值易耗品摊销、劳动保护费、保险费、设计制图费、实验检验费、季节性和修理期间的停工损失等。

制造费用的主要审计程序通常包括:(a)获取或编制制造费用汇总表,并与明细账、总账核对相符,抽查制造费用中的重大数额项目及例外项目是否合理。(b)审阅制造费用明细账,检查其核算内容及范围是否正确,并应注意是否存在异常交易事项,如有,则应追查至记账凭证和原始凭证,重点查明被审计单位有无将不应列入成本费用的支出(如投资支出、被没收的财物、支付的罚款、违约金等)计入制造费用。(c)必要时,对制造费用实施截止测试,即检查资产负债表日前后若干天的制造费用明细账及其凭证,确定有无跨期入账的情况。(d)检查制造费用的分配是否合理,重点查明制造费用的分配方法是否符合被审计单位自身的生产技术条件,是否体现受益原则,分配方法一经确定,是否在相当时期内保持稳定,有无随意变更的情况;分配率和分配额的计算是否正确,有无以人为估计数代替分配数的情况。对按预定分配率分配费用的企业,还应查明计划与实际差异是否及时调整。(e)对于采用标准成本法的被审计单位,应抽查标准制造费用的确定是否合理,计入成本计算单的数额是否正确,制造费用的计算、分配与会计处理是否正确,并查明标准制造费用在本年度内有无重大变动。

3. 存货截止测试

(1) 存货截止测试概述。所谓存货截止测试,是指检查截止至 12 月 31 日,所购入并已包括在 12 月 31 日存货盘点范围内的存货。

在会计上,存货截止测试是指存货及其对应的会计科目是否一并计入当年财务报表内。

在测试中应注意与存货密切相关的三个日期:

一是销售方发票开具的日期或收到销售方发票时的日期,这一日期相对不太重要。

二是企业记账的日期,即企业确认购入存货并将该笔经济业务和相关负债记入单位账户的日期。

三是货物验收入库的日期,即验收部门和仓储部门开具验收单、入库单,并将货物验收入库的日期。

检查三者,特别是后两者存货正确截止的关键就是存货实物纳入盘点范围的时间与存货引起的借贷双方会计科目的入账时间是否都处于同一会计期间。

(2) 存货截止测试方法和程序。企业资产负债表上存货数字应当包括当年最后一天所购入并入库的存货,而不得包括其后购入和入库的存货;同样,企业年终前销售的存货,凡符合收入确认条件的,不管存货是否发出,都不能包括在当年企业存货数量中。

存货截止测试的主要方法是:

① 抽查存货盘点日期前后的购货发票与验收报告或入库单,如果企业拥有对该存货的所有权,则档案中的每张发票均应附有验收记录。

核对三者日期:抽查盘点日(或结账日)前后购货发票和验收单,如在同一时期,即截止期正确;反之,即很可能截止期错误:结账日前已开出验收单,但未见购货明细账有购货记录,可能低估购货;结账日购货明细账已有购货记录,但未见验收单和购货发票,可能高估购货。

② 审阅验收部门的业务记录,记录中如有年底购入的货物,其对应的购货发票应在同期入账。

凡是接近年底(包括次年年初)购入的货物,必须查明其对应的购货发票是否在同期入账,对于未收到购货发票的入库存货,是否将入库单分开存放并暂估入账;当然,审计人员对被审计单位资产负债表上的存货进行审计,应以结账日为界,审计需要获取结账日前后一段时间内存货收发的凭证,检查库存记录与会计记录截止是否正确,是否存在跨期事项;审计人员应当关注企业最后一张入库单和出库单,同时查实该号码之前的所有出、入库单均已入账,在结账日未开出的出库单和发票以及其后开出的出库单和发票,均不得作为结账日存货的减少;观察盘点现场,以确定所有应纳入盘点范围的存货是否均已盘点。

审计人员在必要时应考虑实施替代审计程序,主要包括:检查进货交易凭证或生产记录以及其他相关资料,检查资产负债表日后发生的销货交易记录,向客户或供应商函证;对被审计单位委托其他单位保管的或已作质押的存货,审计人员应当向保管人或债权人函证;审计人员在确定审计样本时,一般以截止日为界限,分别向前倒推或向后顺推若干日,按顺序选取较大金额购货业务的发票或验收报告做审计样本。

截止审计完成后,对于发现的错误应提请被审计单位作必要的账务调整。

关 键 术 语

生产与存货循环　生产指令　领发料凭证　产量和工时记录　材料费用分配表
工薪汇总表及工薪费用分配表　成本计算单　存货　实物流转控制　存货监盘
价值流转控制　存货计价审计　存货截止测试

案 例 剖 析 题

【案例剖析题 13-1】

注册会计师接受委托,对常年审计客户丙公司 2014 年度财务报表进行审计。丙公司为玻璃制造企业,存货主要有玻璃、煤炭和烧碱,其中少量玻璃存放于外地公用仓库。另有丁公司部分水泥存放于丙公司的仓库。丙公司拟于 2014 年 12 月 29 日至 12 月 31 日盘点存货,以下是注册会计师撰写的存货监盘计划的部分内容。

存货监盘计划。

一、存货监盘的目标

检查丙公司 2014 年 12 月 31 日存货数量是否真实完整。

二、存货监盘的范围

2014 年 12 月 31 日库存的所有存货,包括玻璃、煤炭、烧碱和水泥。

三、监盘的时间

存货的观察与检查时间均为 2014 年 12 月 31 日。

四、存货监盘的主要程序

(1) 与管理层讨论存货监盘计划。

(2) 观察丙公司盘点人员是否按照盘点计划盘点。

(3) 检查相关凭证以证实盘点截止到日前所有已确认为销售但尚未装运出库的存货均已纳入盘点范围。

(4) 对于存放在外地公用仓库的玻璃,主要实施检查货运文件,出库记录等替代程序。

要求:

(1) 指出存货监盘计划中目标、范围、时间存在的错误,并简要说明理由。

(2) 判断存货监盘计划中列示的主要程序是否恰当,若不恰当,请予以修改。

【题解】

存货监盘计划内容	目标、范围、时间中存在错误的理由(若没有错误写"正确",无须写理由) 主要程序不当的修改(若没有不当写"恰当",无须写理由)
一、存货监盘的目标	应该是获取丙公司 2010 年 12 月 31 日有关存货数量和状况的证据,检查存货的数量是否真实完整,是否归属被审计单位所有,存货有无毁损、陈旧、过时、残次和短缺等情况
二、存货监盘的范围	应该是 2010 年 12 月 31 日丙公司库存的玻璃、煤炭、烧碱,并不应该包括其他公司存放在本公司的水泥
三、存货监盘的时间	应该包括实地察看盘点现场的时间、观察存货盘点的时间和对已盘点存货实施检查的时间等,应当与被审计单位实施存货盘点的时间相协调,所以为 2010 年 12 月 29 日至 12 月 31 日
四、存货监盘的程序	
(1) 讨论	应该是与被审计单位管理层复核或讨论其存货盘点计划
(2) 观察	恰当
(3) 检查	应该是检查所有在截止日前已确认为销售但尚未装运出库的存货均未纳入盘点范围
(4) 替代	应该主要通过函证或利用其他审计人员工作等替代程序来进行查验

【案例剖析题 13-2】

新华有限公司成立于 2012 年 9 月 8 日,公司主要从事电脑机箱的生产与销售。2014 年 1 月 25 日,立信会计师事务所受托对其 2013 年度财务报表进行外勤审计。在审计过程中,注册会计师发现 12 月份的产品成本存在较为明显的问题。根据账面资料,12 月份生产完工产品 3 000 套,月末产成品为零,月末的在产品为 500 套,在产品的投料程度为 100%,加工程度为 30%。然后,注册会计师在监盘过程中发现,月末在产品的库存数应为 1 000 套,加工程度应为 80%,在产品投料程度和产成品数量正确。另外,12月份公司将在建工程(工会俱乐部)领用的 28 500 元原材料,计入当月生产费用。下面是该公司 2013 年 12 月的原材料总账、工资分配表和产品成本计算单。

2013 年 12 月原材料总账

单位:元

2013 年 月	日	凭证号	摘 要	借 方	贷 方	余 额
12	1		期初结余			15 000.00
	5	＃017	购 入	79 000.00		
	19	＃29	购 入	150 000.00		
	31	汇7	生产领用		159 500.00	
	31	汇8	生产领用(在建工程)		28 500.00	
12	31		本月发生额与月末余额	229 000.00	188 000.00	56 000.00

2013 年 12 月的工资分配表

单位:元

部 门	人员类别	生产成本	制造费用
生产车间	生产工人	27 800.00	
销售部门	门市部人员	2 555.00	
在建工程	在建工程人员		6 400.00
其 他			31 200.00
合 计		30 355.00	37 600.00

2013 年 12 月的产品成本计算表

单位:元

成本项目	月初在产品成本	本月生产费用	生产费用合计	产成品成本	月末在产品成本
直接材料	50 000.00	188 000.00	238 000.00	204 000.00	34 000.00
直接人工	6 500.00	30 355.00	36 855.00	35 100.00	1 755.00
制造费用	9 650.00	37 600.00	47 250.00	45 000.00	2 250.00
合 计	66 150.00	255 955.00	322 105.00	284 100.00	38 005.00

结合运用审计技术方法,要求:

(1) 根据上述资料指出被审计单位在原材料与工资核算中存在的问题。

(2) 重新编制审定后的产品成本计算单,填入下表中(写出计算过程)。

成本项目	月初在产品成本	本月生产费用	生产费用合计	产成品成本	月末在产品成本
直接材料	50 000.00				
直接人工	6 500.00				
制造费用	9 650.00				
合　计	66 150.00				

2013 年 12 月的产品成本计算表(审定后)　　　　　单位:元

(3) 考虑增值税(该企业适用的增值税税率为 17%)的影响,不考虑所得税费用的影响,编制审计调整分录(写出计算过程)。

【题解】

(1) 存在的问题如下:

① 在建工程领用的原材料 28 500 元不应该计入本期的生产成本,应计入在建工程。

② 在建工程人员的工资 6 400 元应在在建工程列支,不应作为制造费用。

③ 销售部门员工的工资 2 555 元不应计入本期的生产成本,应计入销售费用。

(2) 重新编制审定后的产品成本计算单。

2011 年 12 月的产品成本计算表(审定后)　　　　　单位:元

成本项目	月初在产品成本	本月生产费用	生产费用合计	产成品成本	月末在产品成本
直接材料	50 000.00	159 500.00	209 500.00	157 125.00	52 375.00
直接人工	6 500.00	27 800.00	34 300.00	27 079.00	7 221.00
制造费用	9 650.00	31 200.00	40 850.00	32 250.00	8 600.00
合　计	66 150.00	218 500.00	284 650.00	216 454.00	68 196.00

注:表格内的粗体数字为应填入的内容。

计算过程:

$$生产费用合计 = 月初在产品成本 + 本月生产费用$$
$$月末在产品成本 = 生产费用合计 - 产成品成本$$

审定后:① 直接材料的本月生产费用 = 原表的本月生产费用扣除在建工程领用的原材料 28 500 元,即 188 000.00 - 28 500 = 159 500.00(元)

② 直接人工的本月生产费用 = 原表的本月生产费用扣除销售部门员工的工资 2 555元,即 30 355.00 - 2 555 = 27 800.00(元)

③ 制造费用的本月生产费用 = 原表的本月生产费用扣除在建工程人员工资

6 400元,即 37 600.00－6 400＝31 200.00(元)

④ 生产费用合计:

直接材料的生产费用合计 ＝ 50 000.00＋159 500.00 ＝ 209 500.00(元)

直接人工的生产费用合计 ＝ 6 500.00＋27 800.00 ＝ 34 300.00(元)

制造费用的生产费用合计 ＝ 9 650.00＋31 200.00 ＝ 40 850.00(元)

⑤ 直接材料的产成品成本＝209 500÷(3 000×100％＋1 000×100％)×(3 000 ×100％)＝157 125(元)

直接材料的月末在产品成本＝209 500÷(3 000×100％＋1 000×100％)× (1 000×100％)＝52 375(元)

⑥ 直接人工的产成品成本＝34 300÷(3 000×100％＋1 000×80％)×(3 000× 100％)＝27 078.9＝27 079(元)

直接人工的月末在产品成本＝34 300÷(3 000×100％＋1 000×80％)×(1 000 ×80％)＝7 221.00＝7 221(元)

⑦ 制造费用的产成品成本＝40 850÷(3 000×100％＋1 000×80％)×(3 000× 100％)＝32 250(元)

制造费用的月末在产品成本＝40 850÷(3 000×100％＋1 000×80％)×(1 000 ×80％)＝8 600(元)

(3) 会计分录如下:

借:存货(在产品)   48 370

在建工程   39 745

销售费用   2 555

贷:营业成本   85 825

应交税费   4 845

计算过程:

存货(在产品)的增加应扣除原来的加工费用:

52 375－(1 755＋2 250) ＝ 48 370(元)

在建工程的增加＝在建工程领用的原材料＋在建工程人员工资＋应交增值税

＝ 28 500＋6 400＋4 845 ＝ 39 745(元)

(应交增值税 ＝ 28 500×17％ ＝ 4 845)

销售费用的增加即为销售门市部人员的工资转为销售费用的值:2 555(元)

营业成本 ＝ 48 370＋39 745＋2 555－4 845 ＝ 85 825(元)

应交税费 ＝ 28 500×17％ ＝ 4 845(元)

本章要点概览

本章主要介绍了生产与存货循环涉及的主要业务活动及其审计程序,其审计的主要目标是确定是否存在高估收入的情况。针对生产与存货循环的风险评估,介绍了生产与存货循环常见的重大错报风险及其产生这些重大错报风险的途径。

介绍了存货的特点、存货对企业的重要性、存货审计的重要性和复杂性、生产与存货循环按审计主要目标的关键控制和控制测试、成本会计制度的控制测试、工薪的控制测试。

生产与存货循环的实质性测试程序:存货监盘、存货监盘程序、存货计价审计和截止测试。

本章提供了两个案例分析。

第十四章 筹资与投资循环审计

学习目的与要求

本章旨在阐述筹资与投资循环审计内容与方法。通过本章学习,学生能够了解筹资与投资循环涉及的主要业务活动及对应的凭证和记录;熟悉筹资与投资循环的特点;了解筹资与投资循环常见的重大错报风险及其发生途径;掌握筹资与投资循环内部控制及相应的筹资控制测试和投资控制测试。

第一节 筹资与投资审计概述

筹资与投资循环包含了企业的两大经济业务筹资活动和投资活动。筹资活动主要由借款交易和股东权益交易组成,而投资活动则包括权益性投资交易和债权性投资交易。筹资是企业为寻求发展,扩大经营规模,以发行有价证券或吸收其他单位资金来扩充资金的一种融资行为。筹资是企业吸收资金,即通过贷款、借款、吸收投资等方式筹集生产经营活动所需资金。企业的筹资方式有吸收直接投资、银行借款、发行债券、发行股票、商业信用、融资租赁等。作为一个股份有限公司,普通股筹资、优先股筹资和盈余筹资是权益资本重要的筹资方式。普通股筹资是股份公司最主要的权益资本筹资方式,它具有以下特点:发行普通股筹措资本具有永久性,无到期日,不需归还;普通股筹资没有固定股利负担,股利的支付视公司有无盈利和经营需要而定,不存在不能偿付的风险;增加公司的举债能力,提高公司的信誉。公司发行股票并成功上市,其在市场上的地位会因此而提高。普通股作为公司最基本的资本来源,反映了公司的实力,可作为其他方式筹资的基础,尤其可为债权人提供保障,提高公司的信用价值,有效地增加公司的举债能力。而投资则是企业将自有或筹集的资金根据国家有关财政金融政策,以其资产购买有价证券或向其他单位以实物(包括现金和银行存款)、无形资产等注入资金并获取经济利益的一种经济行为。投资是企业对外投出资金,如对其他企业投入资本金等。

一、筹资与投资循环涉及的凭证与会计记录

1. 与财务报表项目的关系

筹资与投资循环的主要财务报表项目表如表14-1所示。

表 14-1

筹资与投资循环的主要财务报表项目表

业务循环	资产负债表项目	利润表项目
筹资与投资循环	交易性金融资产、应收股利、应收利息、其他应收款、其他流动资产、可供出售金融资产、持有至到期投资、长期股权投资、投资性房地产、递延所得税资产、其他非流动资产、短期借款、交易性金融负债、应付利息、应付股利、其他应付款、其他流动负债、长期借款、应付债券、专项应付款、预计负债、递延所得税负债、其他非流动负债、实收资本(或股本)、资本公积、盈余公积、未分配利润	财务费用、资产减值损失、公允价值变动损益、投资收益、营业外收入、营业外支出、所得税费用

2. 筹资活动的凭证与会计记录

(1) 债券。这是公司依据法定程序发行、约定在一定期限内还本付息的有价证券。

(2) 股票。这是公司签发的证明股东所持股份的凭证。

(3) 债券契约。这是一张明确债券持有人与发行企业双方所拥有的权利与义务的法律性文件,其内容一般包括:债券发行的标准;债券的明确表述;利息或利息率;受托管理人证书;登记和背书(如系抵押债券,其所担保的财产);债券发生拖欠情况如何处理,以及对偿债基金、利息支付、本金返还等的处理。

(4) 股东名册。

① 发行记名股票的公司应记载的内容一般包括:股东的姓名或者名称及住所;各股东所持股份数;各股东所持股票的编号;各股东取得其股份的日期。

② 发行无记名股票的,公司应当记载其股票数量、编号及发行日期。

(5) 公司债券存根簿。

① 发行记名公司债券应记载的内容一般包括:债券持有人的姓名或者名称及住所;债券持有人取得债券的日期及债券的编号;债券总额、债券的票面金额、债券的利率、债券还本付息的期限和方式;债券的发行日期。

② 发行无记名债券,应当在公司的债券存根簿上记载债券总额、利率、偿还期限和方式、发行日期和债券编号。

(6) 承销或包销协议。公司向社会公开发行股票或债券时,应当由依法设立的证券经营机构承销或包销,公司应与其签订承销或包销协议。

（7）借款合同或协议。公司向银行或其他金融机构借入款项时与其签订的合同或协议。

（8）有关记账凭证。

（9）有关会计科目的明细账和总账。筹资活动涉及的账户包括：短期借款、长期借款、应付债券、实收资本（或股本）、资本公积、财务费用、应付利息、应付股利、利润分配以及库存现金、银行存款等账户。

投资活动的凭证和会计记录：(a)股票。(b)债券。(c)债券契约。(d)经纪人通知书。(e)企业的章程及有关协议。(f)投资协议。(g)有关记账凭证。(h)有关会计科目的明细账和总账。

二、筹资与投资循环的主要活动

1. 筹资涉及的主要活动

（1）筹资活动的类别。筹资活动是指企业为满足生存和发展的需要，通过改变企业资本及债务规模和构成而筹集资金的活动。筹集企业所需的资金是企业生存和发展的重要基础，适时足额筹措资金构成了企业资产的重要来源。

筹资活动主要由负债筹资和权益筹资组成。通过改变企业资本及债务规模和构成来实现筹集资金的目的。负债筹资包括向金融机构贷款、应付往来单位账款、应付债券筹资，以及有关本金和利息的偿还等。权益筹资包括向所有者筹资（向发起人筹资或向股东筹资）、企业减资以及股利支付。

负债筹资方式主要包括：短期借款、长期借款、应付债券和长期应付款。借款是企业承担的一项经济义务，是企业的负债项目。

权益筹资是指以发行股票支付股息的方式筹集资金。权益资金是企业投资者的投资及其增值中留存企业的部分，是投资者在企业中享有权益和承担责任的依据，在企业账面上体现为权益资本。

（2）筹资活动的程序。筹资活动包括负债筹资活动和股东权益筹资活动。筹资活动的主要环节如图14-1所示。

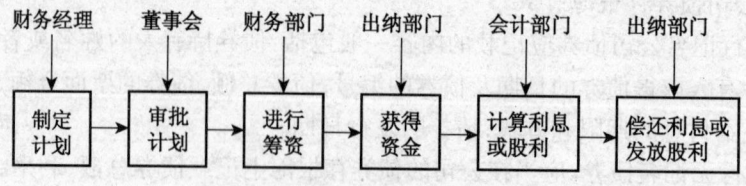

图 14-1 筹资活动的主要环节

筹资活动一般包括以下几个程序。

①审批授权。企业通过借款筹集资金需经管理当局的审批；债券的发行每次均要由董事会授权；企业发行股票必须依据国家有关法规或企业章程的规定，报经企业最高权力机构（如董事会）及国家有关管理部门批准。

②签订合同或协议。向银行或其他金融机构融资须签订借款合同，发行债券须签订债券契约和债券承销或包销合同。

③取得资金。企业实际取得银行或金融机构划入的款项或债券、股票的融入资金。

企业取得资金应做到：核对实际取得资金的金额是否正确；按筹资计划分配取得资金的用途，并备注说明该款项的还款方式、期限、数量，以保证企业有充足的现金；在具体还款日应与相应备注核对无误后还款。

④计算应付利息或股利。企业应按有关合同或协议的规定，及时计算利息或股利。

⑤偿还本息或发放股利。银行借款或发行债券应按有关合同或协议的规定偿还本息；融入的股本根据股东大会的决定发放股利。

2. 投资涉及的主要活动

（1）投资活动的类别。投资活动是指企业为享有被投资单位分配的利润，或为谋求其他利益，将资产让渡给其他单位而获得另一项资产的活动。会计准则将投资划分为金融资产投资、长期股权投资和投资性房地产等。

①金融资产投资。金融资产可分为：以公允价值计量且其变动计入当期损益的金融资产；持有至到期的投资；贷款和应收款项；可供出售的金融资产。

以公允价值计量且其变动计入当期损益的金融资产，包括交易性金融资产和直接指定为以公允价值计量且其变动计入当期损益的金融资产。满足以下条件之一的金融资产，应当划分为交易性金融资产：取得该金融资产的目的，主要是为了近期内出售；属于进行集中管理的可辨认金融工具组合的一部分，且有客观证据表明企业近期采用短期获利方式对该组合进行管理；属于衍生工具，主要指期权和期货。但被指定为有效套期保值工具的衍生工具、属于财务担保合同的衍生工具、与在活跃市场中没有报价且其公允价值不能可靠计量的权益工具挂钩并须通过交付该权益工具结算的衍生工具除外。上述三个条件表明，交易性金融资产具有以下两个特征：企业持有的目的是短期性的，即在初次确认时即确定其持有目的是为了短期获利。根据准则对长短期的划分，此处的短期也应该是不超过1年（包括1年）；该金融资产具有活跃的市场，其公允价值能够通过活跃市场获取；根据这两个特征可以看出，准则中的短期投资如果仅仅是为了随时通过出售获利，则应当属于交易性金融资产。

当金融资产满足以下条件之一时，应将其直接指定为以公允价值计量且其变动计入当期损益的金融资产：该指定可以消除或明显减少由于该金融资产或金融负债的计量基础不同所导致的相关利得或损失在确认或计量方面不一致的情况;企业风险管理或投资策略的正式书面文件已载明,该金融资产组合、该金融负债组合、或该金融资产和金融负债组合,以公允价值为基础进行管理、评价并向关键管理人员报告。在活跃市场中没有报价、公允价值不能可靠计量的权益工具投资,不得指定为以公允价值计量且其变动计入当期损益的金融资产。

持有至到期投资,是指到期日固定、回收金额固定或可确定,且企业有明确意图和能力持有至到期的非衍生金融资产。

贷款和应收账款项,是指在活跃市场中没有报价、回收金额固定或可确定的非衍生金融资产。比如,金融企业发放的贷款和其他债权。

可供出售的金融资产,准则规定:可供出售金融资产,是指初始确认时即被指定为可供出售的非衍生金融资产,以及除下列各类资产以外的金融资产:贷款和应收款项;持有至到期投资;以公允价值计量且其变动计入当期损益的金融资产。可出售金融资产具有以下特征:该资产有活跃市场,公允价值易于取得;该资产持有限期不定,即企业在初次确认时并不能确定是否在短期内出售以获利,还是长期持有以获利。也就是其持有意图界于交易性金融资产与持有至到期投资之间;由于可供出售金融资产可能是短期持有,也可能长期持有,为了保持计量的一致性,因此与交易性金融资产将公允价值变动计入当期损益不同,其公允价值变动计入"资本公积——其他资本公积"。

② 长期股权投资。长期股权投资是指通过投资取得被投资单位的股份。企业对其他单位的股权投资,通常是为长期待有,以期通过股权投资达到控制被投资单位,或对被投资单位施加重大影响,或为了与被投资单位建立密切关系,以分散经营风险。股权投资通常具有投资大、投资期限长、风险大以及能为企业带来较大的利益等特点。

长期股权投资是指企业持有的采用权益法或成本法核算的长期股权投资,具体包括:企业持有的能够对被投资单位实施控制的权益性投资,即对子公司的投资;企业持有的能够与其他合营方一同对被投资单位实施共同控制的权益性投资,即对合营企业的投资;企业持有的能够对被投资单位施加重大影响的权益性投资,即对联营企业的投资;企业对被投资单位不具有控制、共同控制或重大影响,且在活跃市场中没有报价、公允价值不能可靠计量的权益性投资。

③ 投资性房地产。是指为赚取租金或资本增值,或两者兼有而持有的房地产。投资性房地产应当能够单独计量和出售。投资性房地产包括:已出租的土地使用权;持有并准备增值后转让的土地使用权;已出租的建筑物。但下列各项不属于投资性房地产:自用房地产,即为生产商品、提供劳务或者经营管理而持有的房地产;作为存货的房地产。

(2) 投资活动的程序。投资活动主要包括权益性投资和债券性投资。投资活动的主要环节如图 14-2 所示。

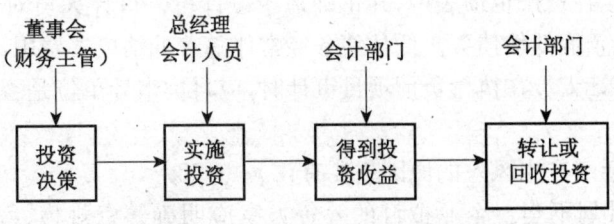

图 14-2　投资活动的主要环节

投资活动一般包括以下程序：

① 审批授权。每次投资业务涉及的金额都较大,因此投资业务应由企业的高层管理机构进行审批。

② 取得证券或其他投资。企业可以通过购买股票或债券进行投资,也可以通过与其他单位联合形成投资。

③ 取得投资收益。企业可以取得股权投资的股利收入、债券投资的利息收入和其他投资收益。

④ 转让证券或收回其他投资。企业可以通过转让证券实现投资的收回;其他投资已经投出,除联营合同期满,或由于其他特殊原因联营企业解散外,一般不得抽回投资。

三、筹资与投资循环的特点

筹资与投资循环与销售与收款循环、采购与付款循环相比具有如下特征：

(1) 对一般工商企业而言,每年筹资与投资循环涉及的交易数量较少,而每笔交易的金额通常较大。这就决定了对该循环涉及的财务报表项目,更可能采用实质性方案。

(2) 漏记或不恰当地对一笔业务进行会计处理,将会导致重大错误,从而对企业财务报表的公允反映产生较大的影响。对于从事投机性衍生金融工具交易的企业而言,尤其如此。公允价值的确定和交易记录的完整性等可能存在重大错报风险。

(3) 筹资活动必须遵守国家法律、法规和相关契约的规定。例如,债务契约可能限定借款人向股东分配利润,或规定借款单位的流动比率和速动比率不能低于某一水平。审计人员了解被审计单位的筹资活动,可能对评估财务报表舞弊的风险、从性质角度考虑审计重要性、评估持续经营假设的适用性等有重要影响。

四、筹资与投资循环的风险评估

1. 筹资活动的风险评估

在一般情况下,被审计单位不会高估负债,因为这样于自身不利,且难以与债权人的会计记录相互印证。为了正确反映企业的财务状况和经营成果,必须将企业的负债完整地列示在资产负债表中,并正确地予以计价。审计人员对于负债项目的审计,主要是防止企业低估债务。低估债务经常伴随着低估成本费用,从而高估利润的目的。所以,审计人员在执行负债项目审计时,应将被审计单位是否低估债务作为关注的要点。

企业筹资活动产生风险的原因主要有:

(1) 筹资计划不当。企业拟订的筹资方案应明确筹资规模、筹资用途、筹资结构、筹资方式和筹资对象,并对筹资时机选择、预计筹资成本、潜在筹资风险和具体应对措施以及偿债计划等做出安排和说明。企业拟订筹资方案,应当考虑企业经营范围、投资项目的未来效益、目标债务结构、可接受的资金成本水平和偿付能力。从而确保企业能以较低的筹资成本与风险获得足够的资金满足生产经营的需要。

如果筹资事先无计划,盲目筹资或筹资计划不当,就会产生筹资风险,影响企业的正常生产。筹资规模过多,将增加筹资成本;筹资规模过小,则无法满足企业的正常需要。筹资用途不明确,会造成企业的盲目开发,增加筹资风险。筹资时机选择不当,无法及时为企业的正常生产提供资金。这一切,均将增加重大错报风险。

(2) 筹资实施过程不符合规定。

① 企业筹资活动必须依照国家有关法规和企业章程的规定,筹资活动违反国家法律法规,可能遭受外部处罚、经济损失和信誉损失。

② 筹资活动未经适当审批或超越授权审批,可能因重大差错、舞弊、欺诈而导致损失。

③ 企业筹资活动没有筹资决策责任追究制度,企业的重大筹资方案,没有实行集体决策审批或者联签制度,可能存在决策失误,可能造成企业资金不足、冗余或债务结构不合理,增加重大错报风险。

(3) 资金使用不合理。在实际工作中,筹资的资金使用不当,不按规定的筹资用途使用筹资的资金,长期占用或挪用筹资的资金。

(4) 债务过高和资金调度不当,可能导致企业不能按期偿付债务。

(5) 筹资记录错误或会计处理不正确,可能造成债务和筹资成本信息不真实。

(6) 还本付息。

① 可能存在利息计算不正确、财务处理不规范,利用利息调节利润等行为。

② 借款归还不及时,甚至存有想坑害银行等债权人的心理现象,将损害企业的商誉。

(5) 各类筹资的舞弊风险。筹资包括短期借款、长期借款、应付债券、未分配利润等项目,各项目主要风险如下:

① 短期借款账户核算的风险与审计。短期借款账户核算的舞弊主要体现在:短

期借款利息处理不合理、短期借款业务程序和手续不完善或不合规、短期借款未按规定用途使用。

为确认短期借款利息处理是否恰当，应审阅短期借款明细账，进而审阅相关的记账凭证，查看短期借款的期限及支付利息金额、付息时间。并在此基础上再进一步审查利息支出的核算，看其是否按月预提利息，月预提利息的计算是否准确，预提利息记入对方什么账户，有无将预提利息集中在某一较长计算期或者不按规定进入当期损益的现象发生，以确定短期借款利息处理的合理性。如果还不能准确判断，则应更进一步审阅"财务费用"账户的明细记录或者记账凭证，从而确认企业是否按月预提了短期借款利息，并按月记入了"财务费用"账户，以证实短期借款利息处理的合理性。

为证实短期借款业务程序和手续的完善性和合规性，应审计企业的短期借款计划，检查企业是否编制了短期借款计划，该计划的内容是否全面，有关数字的计算是否准确，编制计划的依据是否科学、合理等。同时将计划的有关内容与企业现金流量表或筹资计划书核对，在调查了解有关实际情况的基础上予以证实。

为确认短期借款是否未挪作他用，应查阅短期借款有关明细账内的记录，以确定借款的具体种类及金额，然后追踪检查相应时期的会计资料，查证企业对其取得的有关短期借款是否按规定的用途在使用。

②　长期借款账户核算的风险与审计。长期借款账户核算的舞弊主要体现在：无计划或计划编制不合理、使用不合规、利息计算不正确、归还不及时等方面。

通过检查借款合同和授权批准，了解借款数额、借款条件、借款日期、还款期限、借款利率，并与相关会计记录相核对，来证明长期借款的计划性或合理性。将工程项目价值的增加与长期借款进行核对，并审查企业近期的重大支出，通过比较分析，来查明有无挪用借款或长期占用借款的现象，从而证实长期借款使用的合规性。通过计算长期借款在各月份的平均余额，结合利率计算利息支出，并与"财务费用""在建工程"的相关记录相核对，以判断是否高估或低估利息支出，以确认利息计算的正确性。检查年末有无到期未偿还的借款，逾期的借款是否办理了延期手续，分析计算逾期借款的金额、比例和期限，判断企业的资信程度和偿债能力。

③　应付债券账户核算的风险与审计。应付债券账户核算的舞弊主要体现在：债券利息计算有误、溢价发行长期债券只记债券面值、利息调整的核算不正确等方面。

通过检查发行债券的各项原始凭证，确定债券面值、实收金额、是折价发行还是溢价发行、应计利率等，复核计算债券的每期利息并与"应付债券"账户的记录进行核对，从而证实债券利息计算的正确性。在审查过程中，重点对"应付债券"账户的明细分类账进行检查审阅，并和相关的会计凭证进行核对，查看企业所发行的长期债券的入账价格是否正确，特别是溢价发行或折价发行的长期债券，其入账价格是否正确，账务处理是否符合现行会计制度的规定。通过复核债券每期的利息,检查债券利息、利息调整等账户的记录并与会计凭证进行核对,以确认利息调整核算的正确性。

④ 未分配利润账户核算的风险与审计。未分配利润账户核算的舞弊主要体现在:账户的形成不合规、分配不合理。

有些企业为了逃避所得税,将本应该计入当期损益的其他业务收入、营业外收入、汇兑损益、投资收益等直接计入未分配利润,造成未分配利润的不合规。为此,应将本期未分配利润账户余额的实际数与上期进行比较,分析有无异常情况,并对此作进一步的检查。还可通过下列公式检查未分配利润数额的正确性:

资产负债表上未分配利润的期末数=期初未分配利润+本期净利润-提取的各种盈余公积-本期已分配的利润+以前年度损益调整

对于未分配利润分配的不合理性,可通过查看企业的未分配利润和盈余公积的增减变化情况,追踪审阅企业的利润分配明细账,对相关的会计凭证进行审阅来证实未分配利润分配的合理性。

2. 投资活动的风险评估

投资活动的风险评估是指在投资活动中投资者不希望的结果出现的潜在可能性,或者说投资项目失败的可能性。产生投资活动风险的原因主要有:

(1) 投资计划不当。企业对外投资活动中常见的投资风险是盲目投资,投资效益差。

(2) 投资实施过程不符合规定。投资实施过程不符合规定主要有:(a)隐匿投资,保留账外资产。(b)投资收益移作他用,逃避税收。(c)投资证券保管不妥,账实不符。(d)投资会计处理错误,随意调节投资效益等。

(3) 长期股权投资会计处理方法不当。在股权投资效益或损失的会计处理方法上,不按企业会计制度的规定,随意采用成本法和权益法进行核算。按规定,权益法的适用范围为投资企业对被投资单位具有共同控制或重大影响的长期股权投资;应采用权益法的,企业却采用成本法核算。成本法的适用范围包括投资企业不能够对被投资单位实施控制的长期股权投资和投资企业对被投资单位不具有共同控制或重大影响并且在活跃市场中没有报价、公允价值不能可靠计量的长期股权投资;应采用成本法的,企业却采用权益法核算,致使企业造成投资效益或损失的会计不真实,会计处理不正确。

(4) 对投资收益处理不当。企业不按签订的合同或协议的规定,未及时足额地将投资收益记入"投资收益"账户。有的将部分或全部投资收益挂账在"其他应付款"账户,隐瞒收入;或干脆转移到账外账,形成"小金库",造成收入不实,私分投资收益等漏洞。

(5) 各类投资的舞弊风险。对于交易性金融资产,企业持有的目的是短期性的,即在初次确认时即确定其持有目的是为了短期获利。所以交易性金融资产存在的最大风险是入账价值错误，为此在审计中必须注意检查"交易性金融资产""应收股利""应收利息""其他货币资金""投资收益"等明细账，若发现疑点则进一步追查到相关的原始凭证。

此外，为防止交易性金融资产的舞弊风险，还应防止企业对股利、利息收入的处理不正确，以及出售交易性金融资产时账务处理不正确，应检查"投资收益""交易性金融资产""应收股利"等明细账，并与相关股票、债券的购入业务的原始凭证相核对，以发现重大错报风险。

持有至到期投资，是企业有明确意图和能力持有至到期的非衍生金融资产，这类投资的风险主要是持有至到期投资的计价不正确和持有至到期投资的收益计算、核算不正确，为此应审阅"持有至到期投资"项目下有关明细账中关于投资价值与摘要内容的记录，审阅债券登记簿，通过账证、证证核对，确定有关持有至到期投资的计价情况的正确性；审计人员还应了解被审计单位债券投资的付息时间，在规定的付息时间内调阅相关的记账凭证，了解投资收益的会计处理是否准确，投资收益的计算是否正确。

长期股权投资的重大错报风险主要体现在长期股权投资的入账价值不正确、核算方法是选择成本法还是权益法不正确、收益的确定不正确、减值准备计算不正确。为此应了解单位投资合同或协议，董事会的有关决议，查看单位在投资时是否发生了相关的手续费用，以此来判断入账价值是否正确；检查企业的投资项目，明确持股比例，是单独控制还是共同控制，以此来确定企业应采用权益法还是成本法；按照不同种类的股票，分别从公开发行信息查证各种股票的股利收入，核对"投资收益"账户，检查记录是否适当、正确；审查被审计单位的投资项目，通过市场资料来对比审核被审计单位减值准备计算的准确性。

第二节　筹资与投资循环控制测试

一、筹资与投资循环内部控制

1. 筹资活动内部控制

筹资活动主要由借款交易和股东权益交易组成。股东权益增减变动的业务较少而金额较大，审计人员在审计中一般直接进行实质性程序。企业的借款交易涉及短期借款、长期借款和应付债券，这些内部控制基本类似。因此，这里我们以应付债券为例说明筹资活动的内部控制和控制测试。

筹资活动的内部控制要点主要有：

（1）适当的授权与批准。

① 企业通过借款筹集资金必须经管理当局的授权与批准，应付债券的发行要有正式的授权程序，每次均要由董事会授权。

② 申请发行债券时，应履行审批手续，向有关机关递交相关文件。

③ 凡涉及投入资本的增减业务，都必须依据国家有关法规或企业章程的规定，报经企业最高权力机构和国家有关管理部门批准。

（2）签订合同或协议。

① 企业向银行或其他金融机构借款必须签订合同或协议，规定借款的数额、利率、用途、偿还期限、偿还方式以及违约责任等，其金额一般较大，且多附抵押条件、担保要求。每种债券发行都必须签订债券契约。

② 企业向社会公开发行股票或债券时，应当聘请独立的证券经营机构承销或包销，且必须与其签订承销或包销协议。

③ 上述合同或协议应由专人负责保管。

（3）严格保管未发行的证券。

① 对拟发行的证券必须预先连续编号，由专人保管或委托外部独立机构代为保管。

② 设立证券库存登记簿，详细记录发行证券的动用情况。

③ 已收回的到期债券必须及时戳废注销，以防不合法使用。

④ 独立检查人员必须定期审视在库债券的数量与保管情况。

（4）取得资金。

① 企业向银行或其他金融机构借入的款项，企业通过发行股票或债券所得款项应及时如数存入其开户银行。

② 投入资本必须经审计人员验资并出具验资报告。

（5）计算利息和股利。

① 企业应按有关合同、协议或债券契约的规定及时计算借款或债券利息。

② 根据公司章程和董事会决定计算应付股东的股利。

（6）偿还本息和发放股利。

① 对于银行借款或债券，应按有关合同、协议或债券契约的规定支付利息，到期偿还本金。

② 债券利息应委托外部独立机构代理发放。

③ 债券的偿还和购回业务要有董事会正式授权批准。

④ 股利发放业务可由企业自行办理，也可委托证券交易所和金融机构代理发放。

（7）建立健全的账簿体系和记录制度。

① 企业对筹资活动必须建立严密完善的账簿体系和记录制度,并定期检查。

② 对借款交易,应保持完整的会计记录,分户登记各种借款项目。

③ 如果企业保存债券持有人明细分类账(债券存根簿),由独立人员定期核对债券持有人明细分类账和总分类账,两者应核对相符;若这些记录由外部机构保存,则须定期同外部机构核对相符。

④ 记录应付债券业务的会计人员不得参与债券发行。

⑤ 企业发行债券,应设置债券登记簿和债券持有人名册,由专人负责登记。企业所有的债券必须预先统一连续编号,装订成登记簿;债券登记簿内的每张债券应附有存根,填有债券数、债券编号、债券持有人姓名、成交日期;发行债券必须按编号顺序签发,同时填写存根;有关部门负责人定期检查核对债券登记簿、债券持有人名册及债券数,以确保产权关系明确,保护投资者的合法权益。

2. 投资活动内部控制

一般来讲,投资内部控制的主要内容包括下列几个方面:

(1) 明确的授权和合理的职责分工。这是指合法的投资业务,应在业务的授权、业务的执行、业务的会计记录以及投资资产的保管等方面都有明确的分工,不得由一人同时负责上述任何两项工作。例如,投资业务在企业高层管理机构核准后,可由高层负责人员授权签批,由财务经理办理具体的股票或债券的买卖业务,由会计部门负责进行会计记录和财务处理,并由专人保管股票或债券。这种合理的分工所形成的相互牵制机制有利于避免或减少投资业务中发生错误或舞弊的可能性。

(2) 严格的记名登记制度。除无记名证券外,企业在购入股票或债券时应在购入的当日尽快登记于企业名下,切忌登记于经办人员名下,防止冒名转移并借其他名义牟取私利的舞弊行为发生。

(3) 健全的资产保管制度。企业对投资资产(指股票和债券资产)一般有两种保管方式:

一种是由独立的专门机构保管,如在企业拥有较大的投资资产的情况下,委托银行、证券公司、信托投资公司等机构进行保管。这些机构拥有专门的保存和防护措施,可以防止各种证券及单据的失窃或毁损,并且由于它与投资业务的会计记录工作完全分离,可以大大降低舞弊的可能性。

另一种方式是由企业自行保管,在这种方式下,必须建立严格的联合控制制度,即至少要由两名以上人员共同控制,不得一人单独接触证券。对于任何证券的存入或取出,都要将债券名称、数量、价值及存取的日期、数量等详细记录于证券登记簿内,并由所有在场的经手人员签名。

(4) 详尽的会计核算制度。企业的投资资产无论是自行保管还是由他人保管,都要进行完整的会计记录,并对其增减变动及投资收益进行相关会计核算。

具体而言,应对每一种股票或债券分别设立明细分类账,并详细记录其名称、面值、证书编号、数量、取得日期、经纪人(证券商)名称、购入成本、收取的股息或利息等。

对于联营投资类的其他投资,也应设置明细分类账,核算其他投资的投出及其投资收益和投资收回等业务,并对投资的形式(如流动资产、固定资产、无形资产等)、投向(即接受投资单位)、投资的计价以及投资收益等做出详细的记录。

(5)完善的定期盘点制度。对于企业所拥有的投资资产,应由内部审计人员或不参与投资业务的其他人员进行定期盘点,检查是否确为企业所拥有,并将盘点记录与账面记录相互核对以确认账实的一致性。

二、筹资与投资循环的控制测试

1. 筹资的控制测试

(1)了解筹资内部控制。对筹资内部控制的了解,一般可以通过编制流程图、撰写内部控制说明、设计问答式调查表等方式进行。以债券筹资为例,在了解债券内部控制时,一般应注意以下问题:

① 债券的发行是否根据董事会授权、是否履行审批手续、是否按有关法律规定进行。

② 债券发行收入是否立即存入银行,并记入恰当的账户。

③ 取得债券契约,检查被审计单位是否按照债券契约的规定及时支付债券利息或股利。

④ 检查债券入账的会计处理是否正确。

⑤ 债券业务涉及的账簿(债券持有人明细账)是否指定专人妥善保管,是否定期核对。

⑥ 债券的偿还和购回以及股利支付是否根据董事会授权办理。

如果前一年度该企业的审计工作是由同一会计师事务所进行的,审计人员应将调查重点放在企业内部控制制度的变动部分,掌握各项变动的原因和影响。如果在上一年度审计中,针对内部控制提出过管理建议,审计人员还应证实各项管理建议是否已得到落实,并弄清未予落实的原因。

(2)测试筹资业务的内部控制。

① 借款或发行股票经过授权审批,所有借款和所有者权益的账面余额是真实的。取得筹资业务的法律性文件,检查审批权限运用是否恰当,有无超越权限的发行事宜,并检查各种手续是否齐全,如检查债券发行是否经董事会授权、是否履行了适当的审批手续、是否符合法律的规定;索取借款合同或协议、债券契约、承销或包销协议,检查其合法性和真实性;检查借款合同或协议、债券契约、承销或包销协议等相关

法律性文件,以确定借款和所有者权益账面余额在资产负债表日确实存在,借款利息费用和已支付的股利是在被审计期间产生的,取得相关契约,检查企业是否根据契约的规定支付债务利息和发放红利。

② 不相容职务相分离。观察并描述其职责分工,筹资业务的会计记录、授权和执行等方面应明确职责分工;筹资业务明细账与总账的登记职务分离;观察上述职务是否分离。

③ 借款和所有者权益的增减变动及其利息和股利已登记入账。检查借款合同或协议是否由专人保管;了解债券持有人明细资料的保管制度,若企业自己保存债券持有人的明细资料,应同总分类账核对相符;如由外部机构保存,需定期同外部机构核对,检查被审计单位是否将其与总账或外部机构核对,以确认借款和所有者权益的增减变动及其利息和股利都已登记入账;检查企业筹资业务的收入是否立即存入银行。

④ 借款均为被审计单位承担的债务,所有者权益代表所有者的法定求偿权。检查借款合同或协议,确认借款均为被审计单位承担的债务,所有者权益代表所有者的法定求偿权,检查筹资业务入账的会计处理是否正确。

⑤ 借款和所有者权益的期末余额正确。建立严密完善的账簿体系和记录制度;核算方法符合会计准则和会计制度的规定;检查债券溢(折)价的会计处理是否正确;抽查筹资业务的会计记录,从明细账抽取部分会计记录,按原始凭证到明细账、总账顺序核对有关数据和情况,判断其会计处理过程是否合规完整。

⑥ 检查取得债券偿还和购回、股利支付时的董事会决议,检查债券的偿还和购回及股利支付是否按董事会的授权进行。

⑦ 筹资披露符合会计准则和会计制度的要求,借款和所有者权益在资产负债表上披露正确。

(3) 分析评价筹资业务内部控制制度。审计人员在完成上述程序后,应对企业筹资业务的内部控制进行分析、评价,以确定其在实质性测试工作中的影响,并针对薄弱环节提出改进建议。

2. 投资的控制测试

投资的控制测试一般包括如下内容:

(1) 了解投资内部控制制度。一般而言,应了解的内容包括:

① 投资项目是否经授权批准,投资金额是否及时入账。

② 是否与被投资单位签订投资合同、协议,是否获得被投资单位出具的投资证明。

③ 投资的核算方法是否符合有关财务会计制度的规定,相关的投资收益会计处理是否正确,手续是否齐全。

④ 有价证券的买卖是否经恰当授权,是否妥善保管并定期盘点核对。

⑤ 证券保管人员是否处理会计业务。

⑥ 证券投资是否以企业名义及时登记。

⑦ 是否建立投资证券的明细记录。

⑧ 是否提交投资业务的管理报告。

(2) 测试投资业务的内部控制。

① 投资经过授权审批,投资账面余额和投资收益(或损失)均是真实的。取得与被投资单位签订的合同、协议,并获取被投资单位出具的投资证明,检查投资业务是否经过授权审批;取得投资的授权批文,检查权限是否恰当,有无超越权限审批,手续是否齐全;取得投资合同或协议,检查是否合理有效;检查投资合同、协议等法律性文件,以确定投资账面余额为资产负债表日确实存在的投资,投资收益(或损失)是由被审期间实际事项发生而产生的。

② 不相容职务相分离。观察并描述业务的职责分工,投资业务的授权、投资业务的执行、投资业务的会计记录和投资资产的保管等方面都有明确的职责分工;投资明细账与总账的登记应职务分离。

③ 健全证券投资资产的保管制度,投资增减变动及其收益损失均已登记入账。了解证券投资资产的保管制度,是委托外部专门机构保管,或者由企业自己保存;若企业自己保存,应在内部建立至少两名人员以上的联合控制制度,证券的存取均需详细记录和签名;检查被审计单位自行保管时,存取证券是否进行详细的记录并由所有经手人员签字。

④ 投资的计价方法正确,期末余额正确。建立详尽的会计核算制度,按每一种证券分别设立明细账,详细记录相关资料;检查核算方法是否符合会计准则的规定;是否按期末成本与市价孰低的原则确定期末余额,并正确记录投资跌价准备;抽查投资业务的会计记录,从明细账抽取部分会计记录,按顺序核对有关数据和情况,判断其会计处理过程是否合规完整,期末余额是否正确。

⑤ 投资业务确认为被审计单位所有,审阅定期盘核报告。内部审计人员或其他不参与投资业务的人员应定期盘点证券投资资产,检查是否为企业实际拥有;了解企业是否定期进行证券投资资产的盘点并建立定期盘核的报告;审计人员应审阅内部审计人员或其他授权人员对投资资产进行定期盘核的报告,应审阅其盘点方法是否恰当、盘点结果与会计记录相核对情况以及出现差异的处理是否合规。如果各期盘核报告的结果未发现账实之间存在差异(或差异不大),说明投资资产的内部控制制度得到了有效执行。

⑥ 投资披露符合会计准则和会计制度的要求,投资在资产负债表上的披露正确。

（3）进行简易抽查。审计人员应抽查投资业务的会计记录和原始凭证,确定各项控制程序运行情况。例如,可从各类投资业务的明细账中抽取部分会计分录,按原始凭证到明细账、总账顺序核对有关数据和情况,以确定投资项目的名称、买卖日期、编号、购入成本和出售价格、项目持有人等有关数据和资料是否一致,判断其会计处理过程是否合规、是否完整,并据以核实上述了解的有关内部控制制度是否得到有效的执行。

（4）分析企业投资业务管理报告。对于企业的长期投资,审计人员应对照有关投资方面的文件和凭证,分析企业的投资业务管理报告,从而判断企业长期投资业务的管理情况。在作出长期投资决策之前,企业最高管理阶层(如董事会)需要对投资进行可行性研究和论证,并形成一定的纪要,如证券投资的各类证券,联营投资中的投资协议、合同及章程等。负责投资业务的财务经理须定期向企业最高管理层报告有关投资业务的开展情况(包括投资业务内容和投资收益实现情况及未来发展预测),即提交投资业务管理报告书,供最高管理层决策和控制。审计人员应认真分析这些投资业务管理报告的具体内容,并对照前述的文件和凭证资料,从而判断企业长期投资的管理情况。

（5）评价投资内部控制制度。审计人员完成上述各步骤后,取得了有关内部控制制度是否健全、有效的证据,并在工作底稿中标明了内部控制的强弱点,即可对内部控制制度进行评价,确认对长期投资内部控制制度的可依赖程度,进而确定实质性测试的程序和重点。

关 键 术 语

筹资与投资循环　筹资　筹资活动　投资　投资活动　金融资产投资
长期股权投资　投资性房地产　筹资活动内部控制　投资活动内部控制
筹资的控制测试　投资的控制测试

案 例 剖 析 题

【案例剖析题 14-1】

审计人员汪峰在对晨曦股份有限公司 2013 年年报审计过程中,在审查该公司的长期债权投资时发现:晨曦股份有限公司按面值认购了春申公司的若干债券,又按溢价认购了春申公司的部分债券,又按折价认购了春申公司的另一部分债券。

要求:在这三种情况下,晨曦股份有限公司应如何进行相关的会计处理,才能获得审计人员汪峰的认可?

【题解】

对于债券投资业务,会计处理的总原则是应以企业的实际支付的价款入账。

所以,对于按面值认购的债券,晨曦股份有限公司应按实际支付的价款入账,即借记"长期投资——长期债权投资"账户,贷记相关货币资金账户,金额均为实际支付的价款。若实际支付的价款中包含应计利息,由于债券的利息是到期一次还本付息,故应将应计利息借记"长期投资——应计利息"账户。

对于按溢价认购的债券,晨曦股份有限公司应按直线法或实际利率法予以摊销。但是每期摊销的溢价应扣除同期的债券应计利息,此时的每期投资收益应为当期应计利息与当期溢价摊销额之差。

对于按折价认购的债券,晨曦股份有限公司应按直线法或实际利率法予以摊销。但是每期摊销的折价应是对当期应计利息的追加,此时的每期投资收益应为当期应计利息与当期折价摊销额之和。

【案例剖析题 14-2】

审计人员在对某企业年报审计时,发现长期投资项目存在以下情况:

1. 审查应收账款时,发现某明细账户的年末余额与年初完全一样,疑为呆账。经核查,该结算户并非企业的销售客户。结果,企业出示了一份与其签署的借款协议:企业出借 100 000 元,年利率为 18%;借款期限为两年,借期以上年 7 月 1 日至明年 6 月 30 日止。

2. 审查"长期股权投资——其他投资"时发现,本年度企业有一笔对外投资230 000 元系"在建工程"结转。经查询,该新型项目开发工程事实上已经告吹。

3. 企业年末从二级市场上以每股 8.76 元的价格(每股面值 1 元)从市场上购得某公司的股票 10 000 股,且知每股中含有已宣布将要发放的红利 0.26 元,企业会计处理为借记长期股权投资——股票投资 87 600 元,贷记银行存款 87 600 元。

4. 12月份企业收到全资子公司汇来的利润 1 000 000 元,企业财务处理为借记"银行存款"账户,贷记"投资收益"账户,金额均为 1 000 000 元。

5. 本企业拥有某上市公司 15% 的股权(并未取得实质性的控股权),且从该上市公司在《证券报》上公布的年报中获悉,年度税后净利为 10 000 000 元。本年度企业分得股利为 600 000 元,企业会计分录为借记长期股权投资,贷记投资收益,金额均为 1 500 000 元。

6. 企业拥有下属子公司 80% 的股权,且知其年报的税后利润为 20 000 000 元,企业会计在账务处理时,借记"长期股权投资"账户,贷记"投资收益"账户,金额均为 30 000 000 元。

7. 企业于 10 月 1 日,以 108 元价格(票面 100 元)购入年息为 20% 的 2 年期金融债券 108 000 元,企业年末预计投资收益为借记"长期债权投资——应计利息"账户,贷记"投资收益"账户,金额均为 5 000 元。

8. 12 月份企业财务擅自将一笔联营期为 10 年的长期投资 10 000 000 元,转为短期投资。

9. 企业在提供其控股企业名单与目录时(为审计合并报表之需),将其控股 80% 的一家子公司,谎称其为 45% 的控股公司。

根据上述情况,试对企业可能存在的问题,作出合理的审计假设与推断。

【题解】

1. 可能是企业为了隐匿投资收益,或掩盖违反金融法规的行为,而采取的"技术处理",即将"长期债权投资"移花接木到"应收账款",致使当年收益少计 9 000 元。

2. 可能是企业没有足够的盈余承受开发失败的损失,不想让在建工程的损失影响其损益,而采取的"虚列"于"长期股权投资——其他投资"的策略。

3. 高计投资成本 2 600 元,企业"垫付"的红利应该在"应收股利"核算。

4. 对全资子公司的投资,应用权益法,而不能用成本法核算,即应借记"银行存款"账户,贷记"长期股权投资"账户,金额均为 1 000 000 元。存在企业重复确认投资收益的问题。

5. 对未拥有实质控股权,或低于规定控股比例的企业投资,应用成本法,而不应用权益法。即正确的会计分录为借记"银行存款"账户,贷记"投资收益"账户,金额均为 600 000 元。

6. 的确应该采用权益法核算。遗憾的是,企业并没有按照规定的控股比例及接受企业的净资产增加额来加以确认"投资收益"。存在两方面的可能:一是对方报表不实;二是本企业弄虚作假。

7. 没有按规定摊销溢价。如按直线法对溢价摊销,则投资收益减少 1 000 元。

8. 可能是为了"粉饰"报表项目的流动性,而提前在账户中作"艺术加工"。

9. 其目的是为了合并报表时(并表的要求是 50% 以上)不将其纳入并表范围。如果照企业缩小的范围去合并报表,这将引起合并报表的资产、权益虚增。

本章要点概览

本章的主要内容是筹资与投资循环的审计。本章的重点是筹资与投资循环的审计程序。

筹资与投资循环包含了企业的两大经济业务筹资活动和投资活动。分别介绍了筹资活动和投资活动涉及的凭证与会计记录,以及筹资涉及的主要活动和投资涉及的主要活动。

筹资活动包括负债筹资和权益筹资,筹资活动的程序;投资包括金融资产投资、长期股权投资和投资性房地产,投资活动的程序。介绍了筹资与投资循环的特点及其风险评估。

筹资与投资循环控制测试包括筹资活动内部控制和投资活动内部控制两部分内容。

筹资活动的内部控制包括适当的授权与批准、签订合同或协议、严格保管未发行的证券、取得资金、计算利息和股利、偿还本息和发放股利、建立健全的账簿体系和记录制度。筹资活动的内部控制测试程序。

投资活动内部控制包括明确的授权和合理的职责分工、严格的记名登记制度、健全的资产保管制度、详尽的会计核算制度、完善的定期盘点制度。投资活动的内部控制测试程序。

本章提供了两个案例分析。

第十五章 货币资金审计

────────── 学习目的与要求 ──────────

　　本章旨在阐述货币资金审计内容与方法。通过本章学习,学生能够理解货币资金与财务报表项目的关系;了解货币资金的主要业务活动及对应的凭证和记录;了解货币资金常见的重大错报风险及其发生途径;了解在货币资金审计中审计人员需保持警觉的情形;掌握货币资金内部控制及各项目的控制测试;掌握货币资金的实质性程序。

第一节 货币资金审计特性

　　货币资金,是可以随时用作购买手段和支付手段的资金,它是资金的一般形态;具有普遍的接受性和最强的流通性;是分析判断企业偿债能力和支付能力的重要指标。

　　根据货币资金存放地点及用途不同,货币资金分为库存现金、银行存款、其他货币资金。

一、货币资金审计涉及的凭证和会计记录

　　货币资金审计涉及的凭证和会计记录主要有:(a)原始凭证。(b)记账凭证。(c)现金日记账。(d)银行存款日记账。(e)现金盘点表。(f)银行对账单。(g)银行存款余额调节表。(h)有关科目的记账凭证(包括收款凭证、付款凭证和转账凭证三种)。(i)有关会计账簿(银行存款明细账、现金明细账、单位资金明细账也称单位存款明细账、备用金明细账)。(j)现金总账、银行存款总账。(k)其他货币资金账户(其他货币资金包括外埠存款、银行汇票存款、银行本票存款、信用证存款、信用卡存款、外埠存款、存出投资款和在途货币资金等,企业可根据实际需要开设账户)。(l)其他相关账户(与货币资金收取相关的账户〈收入账户、借款账户、投资者投入账户〉;与货币资金支出相关的账户〈费用账户、资本性支出账户、利润分配账户〉)。

二、货币资金与业务循环的关系

货币资金是指直接以货币形态存在的流动资产，是企业资产中流动性最强的资产。任何企业进行生产经营活动必须持有一定数额的货币资金，保证偿债和支付需要；同时又要充分利用货币资金，防止闲置浪费。

企业所涉及的货币资金业务主要是货币资金收入、支出、货币资金在其不同项目之间的流动以及零星备用金业务，企业货币资金这些业务和销售与收款循环、采购与付款循环、生产与存货循环、筹资与投资循环都有密不可分的关系。

企业货币资金收入业务，除筹资所得外，是指企业通过销售商品或提供劳务等方式取得货币资金的业务。该项业务主要有两种情形：一种是企业当期销售业务收回的货币资金和收回前期应收款项，此项业务是企业货币资金的主要收入业务；另外一种企业不经常发生的货币资金筹资业务。

企业货币资金支出的业务涉及的范围很广，主要包括：各项资产的购入、绝大多数费用的开支、向投资者支付的股息以及向国家缴纳各种税款。

货币资金在其不同项目之间的流动是从银行提取现金，现金交存银行，其他货币资金账户的开立、取消等业务导致货币资金在其不同项目之间的流动。

企业的全部经营活动都可看作是将各种资源转换成货币资金，并以货币资金支付各种费用和债务，因此，在资产负债表日，货币资金的余额可能并不大，甚至很可能低于审计人员确定的重要性水平。但是，货币资金同销售与收款循环、采购与付款循环、生产与存货循环、筹资与投资循环等都有着密切的业务对应关系，在有关账户特别是"银行存款"账户上，发生额会较为频繁出现。

三、货币资金的审计范围和内容

1. 货币资金的审计范围

(1) 企业的库存现金（包括人民币和外币）。

(2) 企业存入银行或其他金融机构的存款。

(3) 其他货币资金包括外埠存款、银行汇票存款、银行本票存款、信用证存款、信用卡存款、存出投资款和在途货币资金等。

2. 货币资金审计的内容

(1) 评审企业货币资金内部控制制度的健全性和有效性。通过良好的内部控制，确保企业库存现金安全，预防被盗窃、诈骗和挪用。

(2) 验证企业货币资金账面余额的真实性和正确性。即检查企业收到的货币是否已全部入账，预防私设"小金库"等侵占企业收入的违法行为出现。

(3) 审查企业货币资金收支业务的真实性、合法性和正确性。即检查货币资金取得、使用是否符合国家财经法规，手续是否齐备。

（4）审查企业外币业务的真实性、合法性和正确性。

四、货币资金风险评估

货币资金具有以下风险。

1. 货币资金受多个循环交易的影响，出错的可能大，货币资金内在风险大

企业在日常业务活动中，经常需要用货币资金来支付各种经营费用。如购置各类资产，偿还到期债务，开支零星费用等，与多个循环有关，是唯一能够转化成其他任何类型资产的资产，所以极易被盗窃、挪用、短缺或发生其他舞弊行为。从审计的角度来看，货币资金的挪用或盗窃，比其他资产的挪用或盗窃更难发现。

2. 货币资金贯穿企业生产经营活动的全过程，是企业资金活动的起点和终点

货币资金是企业资产的重要组成部分，是企业资产中流动性最强的一种资产。任何企业要进行生产经营活动必须拥有货币资金，企业生产经营活动的最终目的也是为了取得货币资金，持有货币资金是企业进行生产经营活动的基本条件。货币资金的流动是否合理和恰当，对企业的资金周转和经营成败影响极大。

3. 企业货币资金不合理的风险

企业必须保持充分的货币资金以满足生产经营活动的需要。企业只有保持一定量的货币资金，才能保证正常生产经营活动的运行。如果企业不能及时、足额地筹集到生产经营所需资金，从而导致企业放弃供应商提供的优惠商品折扣、低价甚至亏本出售存货和项目、无法及时清偿债务导致信用等级恶化、被迫破产重组或被收购等，将导致企业资金短缺的风险，企业将会陷入困境，甚至破产。如果将多余的资金存放在企业闲置不用，失去了将其投资于证券市场等各类投资领域的机会，从而影响了企业收益的提高，影响了资金利用率的提高，存在资金利用率不足的风险。

引发企业资金短缺风险的内部因素主要有：激进的筹资政策，片面追求生产规模和市场占有率，投资项目过多且周期较长，即过多地采用短期甚至临时性负债方式筹资以满足长期性流动资产的需要。宽松的信用政策，赊销过多且信用期限较长会产生大量的应收账款，一旦银根紧缩、经济衰退，客户不能及时足额偿还货款，企业资金链就极易断裂。

所以，企业必须采用科学的预测方法，结合未来生产经营规模发展的需要，推测未来企业货币资金的需求量，为合理地使用调度货币资金提供科学的依据。使企业既有充分的货币资金满足生产经营的需要，又能防止保持过量的货币资金而造成浪费，以最大限度地提高货币资金的使用效率。

4. 企业资金使用效率的风险

当一个企业既持有大量资金，又有巨额的银行借款时，若非行业特点和经营战略

所致,则很可能存在资金使用效率的风险。

5. 网络环境下货币资金的风险

随着网络经济的发展,网络会计也逐步形成。人们在网上交易,资金划转在网络中进行,网络会计虽然给人们带来了较大、快速经济效益,然而在网络这个虚幻的世界中,人们很难控制网络经济犯罪,尤其是货币资金具有流动性大的特点,因而会计核算中经常会出现假账、错账等现象。

6. 货币资金常见的错误和舞弊

货币资金常见的错误和舞弊有:截留各种现金收入,包括现销和应收账款的收现;挪用资金,虚报冒领;出借账号,非法违规出借货币资金,以及现金超额存放和白条抵库等。其最终目的大都是为了获取货币资金,谋取私利。

7. 在货币资金审计中注册会计师需要保持警觉的情形

《中国注册会计师审计准则问题解答第 12 号——货币资金审计》中指出,在实施货币资金审计的过程中,如果被审计单位存在以下事项或情形,注册会计师需要保持警觉:

(1) 被审计单位的现金交易比例较高,并与其所在的行业常用的结算模式不同。

(2) 库存现金规模明显超过业务周转所需资金。

(3) 银行账户开立数量与企业实际的业务规模不匹配。

(4) 在没有经营业务的地区开立银行账户。

(5) 企业资金存放于管理层或员工个人账户。

(6) 货币资金收支金额与现金流量表不匹配。

(7) 不能提供银行对账单或银行存款余额调节表。

(8) 存在长期或大量银行未达账项。

(9) 银行存款明细账存在非正常转账的"一借一贷"。

(10) 违反货币资金存放和使用规定(如上市公司未经批准开立账户转移募集资金、未经许可将募集资金转作其他用途等)。

(11) 存在大额外币收付记录,而被审计单位并不涉足外贸业务。

(12) 被审计单位以各种理由不配合注册会计师实施银行函证。

除上述与货币资金项目直接相关的事项或情形外,注册会计师在审计其他财务报表项目时,还可能关注到其他一些亦需保持警觉的事项或情形:

(1) 存在没有具体业务支持或与交易不相匹配的大额资金往来。

(2) 长期挂账的大额预付款项。

(3) 存在大额自有资金的同时,向银行高额举债。

(4) 付款方账户名称与销售客户名称不一致、收款方账户名称与供应商名称不一致。

（5）开具的银行承兑汇票没有银行承兑协议支持。

（6）银行承兑票据保证金余额与应付票据余额比例不合理。

货币资金流动性强，具有同其他经营业务的广泛联系，国家宏观管理要求严格。而且货币资金发生的频率高、吞吐量大，比较容易发生错误、盗窃、挪用、短缺和其他舞弊行为，因而，注册会计师需花费较长的时间，通过对各循环交易内部控制制度的测试评价结果，评价货币资金内部控制制度，确定货币资金风险水平。

第二节 货币资金控制测试

一、货币资金内部控制

由于货币资金是企业流动性最强的资产，是企业的血液，货币资金管理的好坏，直接关系到企业的命运。货币资金内部控制制度是企业内部控制制度的重要组成部分，一套健全的货币资金内部控制制度主要分为：收款内部控制、付款内部控制和余额内部控制三部分。

（一）收款内部控制

收款内部控制主要包括现金销售、电子销售、支票控制、锁箱系统和电子资金转账等。

1. 现金销售

用现金支付的销售业务，每笔交易必须同时由2个或2个以上的人员参与，单位不得由一人办理涉及现金业务的全过程。例如商场销售服装，买货开票发货是多个售货员，现金收取是一个固定的收款员。

2. 电子销售

电子销售最重要的是保持数据输入的正确性。销售人员对于售出的产品只需拿起电子检索仪去扫描产品上的条形码，然后由计算机根据产品的条形码来搜索已存储在计算机内的商品价目表，从而记录销售业务的发生情况，大大减少了销售人员计错产品价格和数量的风险，也便于管理层及时掌握产品的销售情况。

3. 支票控制

由于企业之间的收支主要是支票，少量才是现金。因此必须加强在收支两线的支票控制。

支票是存款人签发给收款人从其银行账户内支付款项的票据。支票分为现金支票和转账支票两种。签发支票，应注意以下问题：

（1）要严格做到"九不准"。不准更改签发日期；不准更改收款人名；不准更改大小写金额；不准签发空白支票，即签发超过银行存款账户余额的支票；不准签发远期支票;不准签发空白支票;不准签发有缺陷的支票;不准签发用途弄虚作假的支票;不准签发用途不真实的支票。

（2）要做到要素齐全、内容真实、数字准确、字迹清晰。

（3）支票保管、财务专用章和法人章的保管必须分别由专人严格保管，要设立"支票登记簿"，按支票号码逐一进行登记，已签发的支票要及时注销。

4. 对现金收入的锁箱控制

锁箱系统是通过承租多个邮政信箱，以缩短从收到顾客付款到存入当地银行时间的一种现金管理办法。采用锁箱系统可大大地缩短了企业办理收款、存款手续的时间。由于银行无权接触企业的会计记录，从而避免了企业货币资金被挪用的风险。采用锁箱系统主要缺点是需要支付额外的费用。企业是否采用锁箱系统要看节约资金给企业带来的收益与额外支出的费用哪个更小。如果增加的费用支出比收益小，则可采用该系统;反之，就不宜采用。

5. 电子资金转账

电子资金转账也叫电子资金划拨。电子资金转账是通过电子资金转账系统实现的。

电子资金转账系统的主要功能是提供电子付款服务，即当顾客在安装有 POS 机的商户消费或购物时，不必付现金，只需用能扣款的卡启动商家柜台上的 POS 机，直接将顾客在银行账户上的资金划拨到商家账户上，从而实现无现金消费。

（二）付款内部控制

企业主要采用支票和电子转账方式支付货币资金，很小额的支出也可用库存现金来支付。

1. 采用支票付款

（1）企业应当按照下列规定程序办理货币资金支付业务：支付申请、支付审批、支付复核、办理支付。

① 单位对于重要货币资金支付业务，应当实行集体决策和审批，并建立责任追究制度。

② 严禁未经授权的机构或人员办理货币资金业务或直接接触货币资金。

（2）企业支票支出还应包括以下各点：

① 所有支票必须预先连续编号，空白支票应存放在安全处，有权签署支票人员不得保管空白支票。

② 每项支票支出，都必须经过已获授权支票签署者的审批并签发;都必须经核准的发票或其他必要的凭证作为书面证据，在支票上必须明确地写明收款人和金额，签署支票后，加盖"已付讫"戳记。

③ 任何有文字或数字更改的支票应予作废。

④ 完全由计算机生成的支票,应特别注意签发的支票是否已被批准付款,金额较大(如超过1万元)的支票签发,应尽量由负责人手工签名。

2. 核对银行对账单

企业与银行之间由于凭证传递和双方入账时间的不同,往往会产生未达账,这些未达账项,应由企业将"银行存款日记账"与银行送来的"对账单"逐笔进行核对,除了对双方记账错误应各自加以改正外,对双方的未达账项可以通过编制"银行存款余额调节表"加以平衡。

银行存款余额调节表应由既不负责记账,又不掌管现金的职员编制,该银行存款余额调节表应报送主管人员复核和签字,可有效地对会计和出纳的行为进行制约。

3. 建立凭单制度

付款凭单制是控制货币资金支付业务的有效手段。在这一制度下,无论是赊销、现销、支付费用账单或其他任何导致货币资金支出的业务,一开始都要填制付款凭单。付款凭单制的基本原理可归纳如下:一切现金支付业务均须事先填制付款凭单;业务过程中,要以严格的凭证稽核工作为基础,有关经办人办理时都要在付款凭单上逐一签字。这样,在凭单制下所有的货币资金付款均需经过支付申请、支付审批、支付复核、办理支付等步骤,都经过恰当的授权和批准。

(三) 余额内部控制

货币资金余额内部控制主要包括:银行存款余额调节、现金盘点、备用金内部控制三个方面,其中银行存款余额调节尤为重要。

1. 银行存款余额调节

在月末对账时,常常会由于未达账项的存在,造成本单位银行存款日记账的余额与开户银行对账单的余额不一致。所谓的未达账项,是指因为单位与银行双方记账凭证在各自的传递过程中入账时间不一致造成的一方已入账,另一方尚未入账的款项。

2. 现金盘点

现金应进行定期或不定期的盘点清查,确保账面余额与库存现金实际余额相符。

3. 备用金内部控制

备用金内部控制制度主要包括以下方面:

(1) 企业对一些频繁发生的日常小额零星支出,可建立定额备用金制度加以控制。

(2) 备用金多少应根据企业的实际情况来确定。

(3) 要有专职的备用金保管人。

(4) 备用金的使用必须有发票等原始凭证来证实该笔支出。

(5) 当备用金金额在规定数额以下时,备用金保管人可将已支付凭证交财务部门批准后,由出纳按定额补足该备用金。

(6) 使用预先连续编号的零用现金凭单,并由有关管理人员对该类报销凭单进行审核批准。

(7) 企业财会部门应对备用金进行定期对账和突击抽查。

二、货币资金控制测试

当存在下列情形时,审计人员应当实施货币资金控制测试:

在评估认定层次重大错报风险时,预期货币资金内部控制的运行是有效的;仅实施实质性程序不足以提供认定层次充分、适当的审计证据。

货币资金控制测试主要包括以下几方面。

1. 调查了解货币资金内部控制制度

审计人员可以根据实际情况采用不同的方法实现对货币资金内部控制的了解。

(1) 注册会计师可以采用编制流程图的方法,来描述货币资金内部控制。审计人员在编制之前应通过询问、观察等调查手段收集必要的资料,然后根据所了解的情况编制流程图。

(2) 对中小企业,也可采用编写货币资金内部控制说明的方法。

(3) 若上年度审计工作底稿中已有以前年度的流程图,审计人员可根据调查结果加以修正,以供本年度审计之用。

一般地,通过了解货币资金内部控制,审计人员应当注意检查货币资金内部控制是否建立并严格执行。

2. 抽取收款凭证并进行审核

如果货币资金收款内部控制薄弱,很可能会发生贪污舞弊或挪用等情况。例如,在一个小企业中,出纳员同时记应收账款明细账。很可能发生多次挪用的情况。为测试货币资金收款的内部控制。审计人员应选取适当样本的收款凭证,进行如下检查:

(1) 核对收款凭证与存入银行账户的日期和金额是否相符。

(2) 核对库存现金、银行存款日记账的收入金额是否正确。

(3) 核对收款凭证与银行对账单是否相符。

(4) 核对收款凭证与应收账款等相关明细账的有关记录是否相符。

(5) 核对实收金额与销售发票等相关凭据是否一致等。

3. 抽取并检查付款凭证

为测试货币资金付款内部控制,审计人员应选取适当样本的货币资金付款凭证,进行如下检查:

(1) 检查付款的授权批准手续是否符合规定。

（2）核对库存现金、银行存款日记账的付出金额是否正确。

（3）核对付款凭证与银行对账单是否相符。

（4）核对付款凭证与应付账款等相关明细账的记录是否一致。

（5）核对实付金额与购货发票等相关凭据是否相符等。

4．抽取一定期间的库存现金、银行存款日记账与总账核对

首先，审计人员应抽取一定期间的库存现金、银行存款日记账，检查其有无计算错误，加总是否正确无误。如果检查中发现问题较多，说明被审计单位货币资金的会计记录不够可靠。其次，审计人员应根据日记账提供的线索，核对总账中的库存现金、银行存款、应收账款、应付账款等有关账户的记录。

5．抽取一定期间的银行存款余额调节表，查验其是否按月正确编制并经复核

6．检查外币资金的折算方法是否符合有关规定，是否与上年度一致

7．评价货币资金的内部控制

审计人员在实施上述测试之后，应对货币资金的内部控制进行评价。评价时，审计人员应首先确定货币资金内部控制可信赖的程度以及存在的薄弱环节和缺陷，然后据以确定在货币资金实质性程序中对哪些环节可以适当减少审计程序，哪些环节应增加审计程序，作重点检查，以减少审计风险。

第三节　库存现金审计

一、库存现金余额审计

企业的库存现金余额是企业根据现金管理制度规定留用的现款，是随时可用于单位日常开销的现金限额，包括人民币现金和外币现金。单位库存现金按规定一般为单位 3～5 天的日常零星开支所需要的现金。一个单位在几家银行开户的，由一家开户银行核定开户单位库存现金限额。独立核算的附属单位，由于没有在银行开户，如需要保留现金，也要核定库存现金限额，其限额可包括在其上级单位库存限额内；商业企业的零售门市部需要保留找零备用金，其限额可根据业务经营需要核定，但不包括在单位库存现金限额之内。库存现金限额的计算方式一般是：

库存现金＝前一个月的平均每天支付的数额（不含每月平均工资数额）×限定天数

对库存现金的实质性程序，主要包括对库存现金余额的审计和对现金收支业务真实性、合理性、合法性的审查。

库存现金余额的审计就是对出纳员所经营的现金进行清查，确定其实有金额，并将其与账面结存额进行核对，从而确定其是否一致，是否严格遵守现金管理制度，有

无超过库存限额、以白条抵库、私人借支、挪用公款、私设小金库、贪污舞弊等问题。库存现金的实质性测试如下。

1. 检查现金日记账

检查现金日记账，核对库存现金日记账与总账的余额是否相符，确定库存现金账面余额的正确性。审计人员测试现金余额的起点，是核对库存现金日记账与总账的余额是否相符。如果不相符，应查明原因，并做出适当调整。

2. 盘点库存现金

盘点库存现金是证实资产负债表中所列现金是否存在的一项重要程序。盘点库存现金的时间和人员应视被审计单位的具体情况而定，但必须有现金出纳员和被审计单位会计主管人员参加，并由审计人员进行监盘。盘点库存现金的步骤和方法主要有：

（1）制定库存现金盘点程序，实施突击性的检查。对库存现金的盘点最好实施突击性的检查，时间最好选择在上午上班前或下午下班时进行，盘点的范围一般包括被审计单位各部门经管的现金。在进行现金盘点前，应由出纳员将现金集中起来存入保险柜。必要时可加以封存，然后由出纳员把已办妥现金收、付手续的收付款凭证登入库存现金日记账。如被审计单位库存现金存放部门有两处或两处以上的，应同时进行盘点。人手不足时，可先予以封存，然后再逐一清点，以防拆东补西，影响盘点效果。

（2）审阅库存现金日记账并同时与现金收付凭证相核对。一方面检查库存现金日记账的记录与凭证的内容和金额是否相符；另一方面了解凭证日期与库存现金日记账日期是否相符或接近。

（3）由出纳员根据库存现金日记账加计累计数额，结出现金结余。

（4）盘点保险柜的现金实存数，同时由审计人员编制"库存现金盘点表"分币种、面值列示盘点金额。如有冲抵库存现金的借条，需在盘点表中加以说明。

例如，立信会计师事务所在2014年1月对晨曦公司2013年度财务报表进行审计，在审计时审计人员王敏负责审计货币资金项目。晨曦公司在总部和分公司均设有出纳部门。为顺利监盘库存现金，审计人员王敏在监盘前一天通知晨曦公司会计主管人员做好监盘准备。考虑到出纳日常工作安排，对总部和分公司库存现金的监盘时间分别定在上午十点和下午三点。监盘时，出纳把现金放入保险柜，并将已办妥现金收付手续的交易登入现金日记账，结出现金日记账余额；然后，审计人员王敏当场盘点现金，在与现金日记账核对后填写"库存现金盘点表"，并在签字后形成审计工作底稿。

要求：请指出上述库存现金监盘工作中有哪些不当之处，并提出改进建议。

现金监盘工作不当之处与改进建议如下：

① 提前通知晨曦公司会计主管人员做好监盘准备的做法不当，审计人员王敏应

当实施突击性的检查。

②没有同时监盘总部和分公司库存现金的做法不当,审计人员王敏应同时组织监盘总部和分公司的库存现金,若不能同时监盘,则应对后监盘的库存现金予以封存。

③盘点的时间不当,一般应选择在上午上班前或下午下班时进行库存现金的监盘。

④晨曦公司会计主管人员没有参与盘点的做法不当,盘点人员应包括出纳、会计主管人员和审计人员。

⑤现金盘点操作程序不当,库存现金应由出纳盘点,由审计人员监盘。

⑥"库存现金盘点表"签字人员不当,"库存现金盘点表"应由公司相关人员和审计人员共同签字。

(5)如果库存现金实际盘点是在资产负债表日后进行盘点时,应调整至资产负债表日的金额。具体计算公式如下:

资产负债表日库存现金实有额＝盘点日库存现金实有额＋资产负债表日至盘点日库存现金支出数－资产负债表日至盘点日库存现金收入数

(6)将盘点金额与库存现金日记账余额进行核对,如有差异,应查明原因,并做出记录或适当调整。

(7)若有冲抵库存现金的借条、未提现支票、未作报销的原始凭证、应在"库存现金盘点表"中注明或作出必要的调整。

3.检查外币资金的折算

4.检查库存现金是否在资产负债表上恰当披露

二、现金收支业务审计

对现金收支业务的审查,主要是通过审阅现金日记账和现金收付凭证进行,其目的是检查被审计单位是否认真执行了现金管理制度,有无违反结算纪律的情况。

1.对现金日记账的审查

现金日记账,各单位在启用时,首先要按规定内容逐项填写"账簿启用表"和"账簿目录表"。现金日记账通常由出纳人员根据审核后的现金收、付款凭证,逐日逐笔顺序登记。对现金日记账的审查,主要应注意下列事项:

(1)现金日记账的开设是否合理合法;一般地说,一个企业只应有一本现金日记账,当企业同时拥有人民币和外币时,应区分不同的币种开设明细账。

(2)验算加总额的准确性,如果验算发现较多差错,就要扩大验算范围。

(3)审阅现金日记账摘要栏,看其现金收付业务是否合法,有无超出规定的结算范围,有否属于非业务范围的大额资源。

(4)审阅现金日记账金额栏,看其现金收付金额是否过大,超过规定的限额,并抽查大额现金收支的原始凭证。

(5) 审阅对应科目栏,检查业务账务处理是否正确,会计科目使用得是否正确,应经审批的费用支出是否经过批准。

(6) 审阅库存现金每日余额,看其是否超过了规定的限额。对于超过库存限额的现金,是否及时存入银行。

(7) 现金收入是否全部解入银行,审查有无坐支现金现象。

(8) 现金收付业务是否按顺序入账以及现金账户的余额是否正常。

(9) 审查现金收支的准确截止日期,对决算日前后现金收支凭证审查,确定是否有跨期处理事项。

(10) 会计与出纳是否进行分工,是否职权分离,手续是否清楚。

(11) 审阅现金日记账并同时与现金收付凭证相核对。

① 检查现金日记账与现金收付凭证的内容和金额是否相符。

② 了解凭证日期与日记账日期是否相符或接近。

做到账证核对、账账核对、账实核对,确保现金收支业务的正确。

2. 现金收付款凭证的审查

现金收付款凭证是现金日记账的依据,包括原始凭证和记账凭证。

对现金收付款业务是否真实、合法的检查,重点是对原始凭证的检查,尤其是对现金支付的原始凭证的检查,包括形式上的审查和实质上的审查两方面:

(1) 对原始凭证形式上的审查,主要是检查凭证的内容是否完整、计算是否正确,是否具有法律上的证明力。

(2) 对原始凭证实质上的审查,所有现金收付凭证都要进行认真的核对:(a)审核现金收付是否符合现金管理制度规定。(b)审核经济业务是否真实,有无批准人、经办人签章。(c)进行原始凭证技术性审核,即规定项目是否填写齐全,数字是否准确,手续是否完备。

财会人员根据审核无误的现金收付原始凭证编制现金收付记账凭证。出纳人员根据审核无误的记账凭证或原始凭证办理现金收付业务,并在收付款凭证上加盖"收讫"或"付讫"戳记,表示款项已经收付,并据以登记账簿。

为了避免重复编制记账凭证和重复记账,从银行提取现金或将现金送存银行时,只编制以贷方为主的付款凭证,据以收付款和记账。例如,现金存入银行时,编制现金付款凭证,作会计分录为:

借记"银行存款"账户,贷记"库存现金"账户;从银行提取现金时,编制银行存款付款凭证,作会计分录为:借记"库存现金"账户,贷记"银行存款"账户。

3. 抽查大额的库存现金收支业务

审计人员主要审查:

（1）审查大额现金收支的原始凭证。大额现金收支的原始凭证是否齐全、是否完整、有无授权批准、记账凭证和原始凭证是否相符、账务处理是否正确等项内容。

（2）审查现金收支范围。根据规定，超过1 000元的现金收支业务应通过银行转账来进行结算。审计人员应审查"现金日记账"的记录，有无经常的大额现金收支记录，若有，应查明原因，并作相应记录。

（3）审查现金收支业务是否正常，是否与生产经营业务有关。审计人员在审计时应注意：企业的收入有无不入账、少入账或直接坐支现象；是否有以现金支付好处费、回扣、搞不正常的请客送礼；有无虚报、重复报销、冒领等问题；有无以涂改、伪造会计凭证来进行贪污。

4. 审查现金收支的正确截止

被审计单位资产负债表上的货币项目中的库存现金数额，应以结账日实有数为准。可以考虑对结账日前后一段时间内的现金收支凭证进行审计，以确定是否存在跨期事项（提前或滞后事项），是否应考虑提出调整建议。

5. 现金挪用测试

审查现金溢缺，尤其要关注现金挪用现象，审计人员采用的程序和方法有：

（1）检查原始凭证，如发票、收据等填制的日期与记账日期的差异，如果两者相差较大，则可能存在挪用现金的情况。

（2）检查"其他应收款"或"备用金"明细账，如果发现长期的个人借款未归还，则可能存在挪用现金的情况。

（3）盘点库存现金，如果发现有白条抵库现象，则也可能存在挪用现金的情况。

如果审计人员在审查过程中发现存在上述现象，则被审计单位可能存在挪用现金的舞弊行为，应进一步搜集证据，彻底查清问题。

第四节　银行存款审计

银行存款是指企业存放在银行或其他金融机构的各种款项。按照国家有关规定，凡是独立核算的企业都必须在当地银行开设账户。企业在银行开设账户以后，除按核定的限额保留库存现金外，超过限额的现金必须存入银行；除了在规定的范围内可以用现金直接支付的款项外，在经营过程中所发生的一切货币收支业务，都必须通过银行存款账户进行结算。

一、银行存款审计目标

银行存款的审计目标一般应包括：

（1）确定被审计单位资产负债表的货币资金项目中的银行存款在资产负债表日

是否确实存在,是否为被审计单位所拥有或控制。

(2)确定被审计单位在特定期间内发生的银行存款收支业务是否均记录完毕,有无遗漏。

(3)确定银行存款余额是否正确。

(4)确定银行存款是否已按照企业会计准则的规定在财务报表中作出恰当披露。

二、银行存款的控制测试

1. 银行存款内部控制概述

一般而言,一个良好的银行存款的内部控制同现金的内部控制一样。也应达到以下几点:

(1)银行存款收支与记账的岗位分离。

(2)银行存款收支要有合理、合法的凭据。

(3)全部收支及时准确入账,并且支出要有核准手续。

(4)按月编制银行存款余额调节表,以做到账实相符。

(5)加强对银行存款收支业务的内部审计。

按照我国现金管理的有关规定,超过规定限额以上的现金支出一律使用支票。因此,企业应建立相应的支票申领制度,明确申领范围、申领批准及支票签发、支票报销等。

对于支票报销和现金报销,企业应建立报销制度。报销人员报销时应当有正常的报批手续、适当的付款凭据有关采购支出还应具有验收手续。会计部门应对报销单据加以审核,出纳员见到加盖核准戳记的支出凭据后方可付款。

付款记录应及时登记入账,相关凭证应按顺序或内容编制会计记录的附件。

2. 银行存款的控制测试

(1)了解银行存款的内部控制。审计人员对银行存款内部控制的了解一般与了解现金的内部控制同时进行。审计人员应当注意的内容包括:

① 银行存款的收支是否按规定的程序和权限办理。

② 银行账户是否存在与本单位经营无关的款项收支情况。

③ 是否存在出租、出借银行账户的情况。

④ 出纳与会计的职责是否严格分离。

⑤ 是否定期取得银行对账单并编制银行存款余额调节表等。

(2)检查银行存款收款凭证。审计人员应选取适当的样本量,作如下检查:

① 核对收款凭证与存入银行账户的日期和金额是否相符。

② 核对银行存款日记账的收入金额是否正确。

③ 核对收款凭证与银行对账单是否相符。

④ 核对收款凭证与应收账款明细账的有关记录是否相符。

⑤ 核对实收金额与销货发票是否一致。

（3）检查银行存款付款凭证。为测试银行存款付款内部控制，审计人员应选取适当的样本量，作如下检查：

① 检查付款的授权批准手续是否符合规定。

② 核对银行存款日记账的付出金额是否正确。

③ 核对付款凭证与银行对账单是否相符。

④ 核对付款凭证与应付账款明细账的记录是否一致。

⑤ 核对实付金额与购货发票是否相符。

（4）抽取一定期间的银行存款日记账与总账核对。审计人员应抽取一定期间的银行存款日记账，检查其有无计算错误，并与银行存款总分类账核对。

（5）抽取一定期间银行存款余额调节表，查验其是否按月正确编制并经复核。为证实银行存款记录的正确性，审计人员必须抽取一定期间的银行存款余额调节表，将其同银行对账单、银行存款日记账及总账进行核对，确定被审计单位是否按月正确编制并复核银行存款余额调节表。

（6）检查外币银行存款的折算方法是否符合有关规定，是否与上年度一致。对于有外币银行存款的被审计单位。审计人员应检查外币银行存款日记账及"财务费用""在建工程"等账户的记录，确定有关外币银行存款的增减变动是否采用交易发生日的即期汇率，将外币金额折算为记账本位币金额，或者采用按照系统合理的方法确定的、与交易发生日的即期汇率近似的汇率折算为记账本位币，选择采用汇率的方法前后各期是否一致；检查企业的外币银行存款的余额是否采用期末即期汇率折算为记账本位币金额；折算差额的会计处理是否正确。

（7）评价银行存款的内部控制。审计人员在完成上述程序之后，即可对银行存款的内部控制进行评价。评价时，审计人员应首先确定银行存款内部控制可信赖的程度以及存在的薄弱环节和缺点。然后据以确定在银行存款实质性程序中对哪些环节可以适当减少审计程序，哪些环节应增加审计程序，作重点检查，以减少审计风险。

三、银行存款的实质性程序

银行存款的实质性程序一般包括以下：

第一，核对银行存款日记账与总账的余额是否相符。审计人员测试银行存款余额的起点，是核对银行存款日记账与总账的余额是否相符。如果不相符，应查明原因，并考虑是否应建议作适当调整。

第二，实施实质性分析程序。

（1）计算银行存款累计余额应收利息收入，分析比较被审计单位银行存款应收利息收入与实际利息收入的差异是否恰当，评估利息收入的合理性。

（2）计算定期存款占银行存款的比例，确认银行存款余额是否存在，利息收入是否已经完整记录，评估银行存款的完整性。

（3）了解被审计单位是否存在高息资金拆借。如存在高息资金拆借，应进一步分析拆出资金的安全性，检查高额利差的入账情况。

（4）计算存放于非银行金融机构的存款占银行存款的比例，分析这些资金的安全性。

第三，取得并检查银行存款余额对账单和银行存款余额调节表。取得并检查银行存款余额对账单和银行存款余额调节表是证实资产负债表中所列银行存款是否存在的重要程序。银行存款余额调节表通常应由被审计单位根据不同的银行账户及货币种类分别编制，其格式如表15-1所示。

表 15-1

银行存款余额调节表

年　月　日

编制人：　　　　日期：　　　　　　　　　索引号：

复核人：　　　　日期：　　　　　　　　　页次：

户别：　　　　　　　　　　　　　　　　　　币别：

项　目	
银行对账单余额（　　年　　月　　日）	
加：企业已收，银行尚未入账金额	
其中：1.＿＿＿＿＿＿＿元	
2.＿＿＿＿＿＿＿元	
减：企业已付，银行尚未入账金额	
其中：1.＿＿＿＿＿＿＿元	
2.＿＿＿＿＿＿＿元	
调整后银行对账单金额	
企业银行存款日记账金额（　　年　　月　　日）	
加：银行已收，企业尚未入账金额	
其中：1.＿＿＿＿＿＿＿元	
2.＿＿＿＿＿＿＿元	

减:银行已付,企业尚未入账金额

其中:1. _____元

　　 2. _____元

调整后企业银行存款日记账金额

经办会计人员:(签字)　　　　　　　　　　　　　　　　会计主管:(签字)

具体测试程序通常包括:

(1) 将被审计单位资产负债表日的银行存款余额对账单,与银行询证函回函核对,确认是否一致,抽样核对账面记录的已付票据金额及存款金额是否与对账单记录一致。

(2) 检查资产负债表日的银行存款余额调节中加计数是否正确,调节后银行存款日记账余额与银行对账单余额是否一致。

(3) 检查调节事项的性质和范围是否合理。

① 检查是否存在跨期收支和跨行转账的调节事项。编制跨行转账业务明细表,检查跨行转账业务是否同时对应转入和转出,未在同一期间完成的转账业务是否反映在银行存款余额调节表的调整事项中。

② 检查大额在途存款的日期,查明发生在途存款的具体原因,追查期后银行对账单存款记录日期,确定被审计单位与银行记账时间差异是否合理,确定在资产负债表日是否需审计调整。

③ 检查被审计单位的未付票据明细清单,查明被审计单位未及时入账的原因,确定账簿记录时间晚于银行对账单的日期是否合理。

④ 检查被审计单位未付票据明细清单中有记录,但截止资产负债表日银行对账单无记录且金额较大的未付票据,获取票据领取人的书面说明,确认资产负债表日是否需要进行调整。

⑤ 检查资产负债表日后银行对账单是否完整地记录了调节事项中银行未付票据金额。

(4) 检查是否存在未入账的利息收入和利息支出。

(5) 检查是否存在其他跨期收支事项。

(6) 如果被审计单位未经授权或授权不清支付货币资金的现象比较突出,检查银行存款余额调节表中支付给异常的领款(包括没有载明收款人)、签字不全、收款地址不清、金额较大票据的调整事项,确认是否存在舞弊。

例如,审计人员对 W 公司 2014 年 12 月 31 日的银行存款进行审查,取得由出纳编制的银行存款余额调节表一张,如表 15-2 所示。

表 15-2

银行存款余额调节表

2014 年 12 月 31 日　　　　　　　　单位:元

银行调节项目	金额	企业调节项目	金额
银行对账单余额	187 500	银行日记账余额	196 700
加:企业已收,银行未收		加:银行已收,企业未收	
1. 存入转账支票	46 000	1. 借款利息	3 700
2. 收到外地汇款	12 000	2. 存入转账支票	38 300
减:企业已付,银行未付		减:银行已付,企业未付	
1. 开出转账支票	84 800	1. 收到汇款	78 000
2.		2.	
实际存款余额	160 700	实际存款余额	160 700

查得银行存款日记账余额为 196 700 元,银行对账单余额为 187 500 元,并发现以下情况:

(1) 12 月 31 日银行从 W 公司银行存款中扣除借款利息 3 700 元,公司未入账。

(2) W 公司 12 月 28 日开出转账支票一张 84 800 元,银行未入账。

(3) 银行 12 月 29 日收到 B 公司汇来的货款 78 000 元,W 公司未入账。

(4) W 公司 12 月 29 日存入转账支票一张 46 000 元,银行未入账。

(5) 银行对账单上发现 12 月 20 日和 23 日收入和付出支票各一张,金额均为 65 800 元,W 公司银行存款日记账上无此记录。

要求:(1) 指出 W 公司编制的银行存款余额调节表存在的问题;

(2) 分析 W 公司在银行存款方面可能存在的问题。

从上述资料中可看出:

(1) W 公司编制的银行存款余额调节表存在的问题如下:

① 公司的银行存款余额调节表由出纳编制不符合职责分工控制。

② 有 2 笔未达账项为虚构:一笔未达账项收到外地汇款 12 000 元为虚构,另有 1 笔未达账项存入转账支票 38 300 元也为虚构。

③ 借款利息应为减法－3 700。

④ 收到汇款应为加法＋78 000。

⑤ 12 月 20 日和 12 月 23 日收入和支出支票各 1 张,金额为 65 800 元,A 公司银行存款日记账上无此记录,也未在调节表进行反映。

(2) 公司在银行存款方面可能存在的问题为:(a)个人贪污、挪用货款。(b)管理层隐瞒收入、偷漏税收。(c)出借银行账户。

第四，函证银行存款余额，编制银行函证结果汇总表，检查银行回函。

（1）向被审计单位在本期存过款的银行发函，包括零账户和账户已结清的银行，除非有充分证据表明某一借款及与金融机构往来的其他重要信息对财务报表不重要且与之相关的重大错报风险很低。

（2）确定被审计单位账面余额与银行函证结果的差异，对不符事项作出适当处理。银行存款函证是指审计人员在执行审计业务过程中，需要以被审计单位名义向有关单位发函询证，以验证被审计单位的银行存款是否真实、合法、完整。按照国际惯例，财政部和中国人民银行于 1999 年 1 月 6 日联合印发了《关于做好企业的银行存款、借款及往来款项函证工作的通知》（以下简称《通知》），《通知》对函证工作提出了明确的要求，并规定：各商业银行、政策性银行、非银行金融机构要在收到询证函之日起 10 个工作日内，根据函证的具体要求，及时回函并可按照国家的有关规定收取询证费用；各有关企业或单位根据函证的具体要求回函。

函证银行存款余额是证实资产负债表所列银行存款是否存在的重要程序。通过向往来银行函证，审计人员不仅可了解企业资产的存在，还可了解企业账面反映所欠银行债务的情况，并有助于发现企业未入账的银行借款和未披露的或有负债。

审计人员应向被审计单位在本年存过款（含外埠存款、银行汇票存款、银行本票存款、信用卡存款、信用证保证金存款）的所有银行发函，其中包括企业存款账户已结清的银行，因为有可能存款账户已结清，但仍有银行借款或其他负债存在。并且，虽然审计人员已直接从某一银行取得了银行对账单和所有已付支票，但仍应向这一银行进行函证。下面列示了银行询证函的参考格式，仅供参考。

银行询证函参考格式：

银行询证函

索引号：

编　号：

××（银行）：

　　本公司聘请的××会计师事务所正在对本公司××年度财务报表进行审计，按照中国注册会计师审计准则的要求，应当询证本公司与贵行相关的信息。下列信息出自本公司记录，如与贵行记录相符，请在本函下端"信息证明无误"处签章证明；如有不符。请在"信息不符"处列明不符项目及具体内容；如存在与本公司有关的未列入本函的其他重要信息，也请在"信息不符"处列出其详细资料。回函请直接寄至××会计师事务所。

　　回函地址：

　　邮编：　　　　电话：　　　　传真：　　　　联系人：

截至××年×月×日止,本公司与贵行相关的信息列示如下:

1. 银行存款

账户名称	银行账号	币种	利率	余额	起止日期	是否被质押或用于担保或存在其他限制	备注

除上述列示的银行存款外,本公司并无在贵行的其他存款。

注:"起止日期"一栏仅适用于定期存款,如为活期或保证金存款,可只填写"活期"或"保证金"字样。

2. 银行借款

账户名称	币种	余额	借款日期	还款日期	利率	其他借款条件	抵(质)押品/担保人	备注

除上述列示的银行借款外,本公司并无自贵行的银行借款。

注:此项仅函证截至资产负债表日本公司尚未归还的借款。

3. 其他事项

〈查询企业(单位)签章〉

　　　　　　　　　　　　　　　　　　　　　　　年　　月　　日

结论:1. 数据证明无误　　　　　　　　　〈银行签章〉　　年　　月　　日
　　　2. 数据不符,请列明不符金额及具体内容　〈银行签章〉　　年　　月　　日

第五,检查银行存单。编制银行存单检查表,检查是否与账面记录金额一致,是否被质押或限制使用,存单是否为被审计单位所拥有。

(1)对已质押的定期存款,应检查定期存单,并与相应的质押合同核对,同时关注定期存单对应的质押借款有无入账。

(2)对未质押的定期存款,应检查开户证实书原件。

(3)对审计外勤工作结束日前已提取的定期存款,应核对相应的兑付凭证、银行对账单和定期存款复印件。

第六,检查银行存款账户存款人是否为被审计单位,若存款人非被审计单

位,应获取该账户户主和被审计单位的书面声明,确认资产负债表日是否需要调整。

第七,关注是否存在质押、冻结等对变现有限制或存在境外的款项。是否已作必要的调整和披露。

第八,对不符合现金及现金等价物条件的银行存款在审计工作底稿中予以列明,以考虑对现金流量表的影响。

第九,审查1年以上定期存款或限定用途存款。

1年以上定期存款或限定用途存款、各种保证金和押金、保留专款、被封存冻结的银行存款,不属于企业的流动资产,应列于其他资产项目下。审计人员应查明情况,作出相应记录。

第十,抽查大额银行存款收支的原始凭证,检查原始凭证是否齐全、记账凭证与原始凭证是否相符、账务处理是否正确、是否记录于恰当的会计期间等项内容。检查是否存在非营业目的的大额货币资金转移,并核对相关账户的进账情况;如有与被审计单位生产经营无关的收支事项,应查明原因并作相应的记录。

第十一,检查银行存款收支的正确截止。

选取资产负债表日前后若干天的银行存款收支凭证实施截止测试,关注业务内容及对应项目,如有跨期收支事项,应考虑是否应提调整建议。

第十二,检查外币银行存款的折算是否符合有关规定,是否与上年度一致。

第十三,检查银行存款的披露是否恰当。

根据有关规定,企业的银行存款在资产负债表的"货币资金"项目中反映,所以,审计人员应在实施上述审计程序后,确定银行存款账户的期末余额是否恰当,进而确定银行存款是否在资产负债表上恰当披露。

第五节　其他货币资金审计

在企业的经营资金中有些货币资金的存款地点和用途与库存现金和银行存款不同,如外埠存款、银行汇票存款、银行本票存款、信用证保证金存款、信用卡存款、存出投资款等,这些资金在会计核算上统称为"其他货币资金"。

一、其他货币资金审计目标

其他货币资金的审计目标主要包括:

(1)确定被审计单位资产负债表的货币资金项目中的其他货币资金在资产负债表日是否确实存在,是否为被审计单位所拥有或控制。

(2)确定被审计单位在特定期间内发生的其他货币资金收支业务是否均记录完

毕,有无遗漏。

（3）确定其他货币资金余额是否正确。

（4）确定其他货币资金是否已按照企业会计准则的规定在财务报表中作出恰当披露。

二、其他货币资金的控制测试

一般而言,一个良好的其他货币资金内部控制同现金的内部控制一样,也应达到以下几点:(a)其他货币资金收支与记账的岗位分离。(b)其他货币资金收入、支出要有合理、合法的凭据。(c)全部收支及时准确入账,并且支出要有核准手续。(d)加强对其他货币资金收支业务的内部审计。

其他货币资金的控制测试包括以下内容。

1. 了解其他货币资金的内部控制

审计人员在对其他货币资金的内部控制进行了解时,应当注意的内容包括:

（1）其他货币资金的收支是否按规定的程序和权限办理。

（2）其他货币资金的记账依据是否充分、恰当。

（3）其他货币资金是否及时入账。

（4）出纳与会计的职责是否严格分离。

2. 检查收支凭证

审计人员应选取适当的样本量,作如下检查:

（1）检查授权批准手续是否符合规定。

（2）检查原始凭证是否充分、恰当。

（3）检查入账金额是否正确。

（4）检查入账时间是否及时。

3. 抽取一定期间的其他货币资金明细账与总账核对

审计人员应抽取一定期间的其他货币资金明细账,检查其有无计算错误,并与其他货币资金总分类账核对。

4. 评价其他货币资金的内部控制

审计人员在完成上述程序之后,即可对其他货币资金的内部控制进行评价。如果被审计单位的其他货币资金业务通常较少,审计人员可以直接实施其他货币资金的实质性程序。

三、其他货币资金的实质性程序

其他货币资金的实质性程序主要包括:

第一,获取或编制其他货币资金明细表。

（1）复核银行汇票存款、银行本票存款、信用卡存款、信用证保证金存款、存出投资款、外埠存款等加计是否正确，并与总账数和日记账明细账合计数核对是否相符。

（2）检查非记账本位币其他货币资金的折算汇率及折算是否正确。

第二，取得并检查其他货币资金余额调节表。

（1）取得被审计单位银行对账单。检查被审计单位提供的银行对账单是否存在涂改或修改的情况，确定银行对账单金额的正确性，并与银行回函结果核对是否一致，抽样核对账面记录的已付款金额及存款金额是否与对账单记录一致。

① 应将保证金户对账单与相应的交易进行核对。检查保证金与相关债务的比例和合同约定是否一致。特别关注是否存在有保证金发生，而被审计单位账面无对应的保证事项的情形。

② 若信用卡持有人是被审计单位职员，应取得该职员提供的确认书，并应考虑进行调整。

（2）获取资产负债表日的其他货币资金存款余额调节表，检查调节表中加计数是否正确，调节后其他货币资金日记账余额与银行对账单余额是否一致。

（3）检查调节事项的性质和范围是否合理，如存在重大差异应作审计调整。

第三，函证银行汇票存款、银行本票存款、信用卡存款、信用证保证金存款、存出投资款、外埠存款等期末余额，编制其他货币资金函证结果汇总表，检查银行回函。

第四，检查其他货币资金存款账户存款人是否为被审计单位，若存款人非被审计单位，应获取该账户户主和被审计单位的书面声明，确认资产负债表日是否需要调整。

第五，关注是否有质押、冻结等对变现有限制、或存放在境外、或有潜在回收风险的款项。

第六，选取资产负债表日前后若干张、一定金额以上的凭证，对其他货币资金收支凭证实施截止测试，如有跨期收支事项，应考虑是否进行调整。

第七，抽查大额其他货币资金收付记录。检查原始凭证是否齐全、记账凭证与原始凭证是否相符、账务处理是否正确、是否记录于恰当的会计期间等项内容。

第八，对不符合现金及现金等价物条件的其他货币资金在审计工作底稿中予以列明，以考虑对现金流量表的影响。

第九，检查其他货币资金的披露是否恰当。根据有关规定，企业的他货币资金在资产负债表的"货币资金"项目中反映，所以，审计人员应在实施上述审计程序后，确定其他货币资金的期末余额是否恰当，进而确定其他货币资金是否在资产负债表上恰当披露。

关 键 术 语

货币资金　货币资金审计　收款内部控制　付款内部控制　余额内部控制
库存现金　盘点库存现金　现金收支业务　银行存款　银行存款函证
银行存款收付业务审计

案 例 剖 析 题

【案例剖析题 15-1】

ABC 公司 2012 年 12 月 31 日银行存款账面余额 42 000 元,银行对账单金额为
47 000 元,2013 年 2 月 20 日,审计人员到 ABC 公司审查银行存款账目。由于对该
公司系初次审查,故选择 12 月份进行测试。经核对后,发现如下情况:

(1) 银行对账单上(存入):

12 月 10 日收存外地汇款	6 000 元
12 月 26 日存入现金	2 000 元
12 月 27 日转入存款利息	800 元
12 月 31 日存入外地托收款	1 000 元

(2) 银行对账单上(支出):

12 月 5 日开出现金支票	2 000 元
12 月 14 日开出转账支票	5 100 元
12 月 15 日开出现金支票	900 元
12 月 29 日开出现金支票	800 元

(3) 企业银行存款账面:

12 月 31 日开出转账支票 4 000 元,银行对账单上无记录。

(4) 12 月 20 日开出转账支票 1 200 元付给客户,因盖章戳记模糊被银行退票,
另以转账支票清讫,账面未作处理。

要求:根据上述资料:

(1) 编制审计工作底稿中的银行存款余额审核表。

(2) 提出审查意见。

【题解】

(1) 银行存款余额核表编制如下:

银行存款余额调节表

被审计单位:ABC 公司　　　　　　2012 年 12 月 31 日　　　　　　单位:元

银行调节项目	金额	企业调节项目	金额
银行对账单余额	47 000	银行日记账余额	42 000
加:企业已收,银行未收		加:银行已收,企业未收	
		1. 存入外地汇款	6 000
		2. 存入现金	2 000
		3. 转入存款利息	800
		4. 存入外地托收款	1 000
减:企业已付,银行未付		减:银行已付,企业未付	
1. 开出转账支票	4 000	1. 开出现金支票	2 000
2.		2. 开出转账支票	5 100
		开出现金支票	900
		开出现金支票	800
实际存款余额	43 000	实际存款余额	43 000

(2) 审查意见。

① 12 月 20 日开出转账支票 1 200 元付给客户,因盖章模糊被银行退票。后另开转账支票清讫,账面未作处理不妥。建议账面上应作必要表达,以备查考。

② 从审核表的余额来看,账面余额虽与对账单调节相符,但从内容来检查,从一进一出相互联系中可观察到一部分疑点或异点待查:

(1) 12 月 5 日开出现金支票 2 000 元,12 月 26 日存入现金 2 000 元,金额如此巧合,为何账面上无此记录。应查明有无挪用现金事情。可向出纳员查询情况,并要求其交出有关凭证。

(2) 12 月 10 日收存外地汇款 6 000 元,12 月 14 日开出转账支票 5 100 元,12 月 15 日又开出现金支票 900 元,账面为何无此记录,有可能代外地单位套购物资并收取好处费。应进一步审查支票存根,责成出纳员交出有关凭证。先向收款单位了解实情,而后派员或发出公函向外地单位征询事实经过,查实后再予以严肃处理。

(3) 12 月 27 日转入存款利息 800 元,但 12 月 29 日开出现金支票 800 元,未入账,属于异常情况,有可能存在贪污侵吞利息。应仔细审查支票存根,以明真相。

③ 根据审核测试结果,说明 ABC 公司银行存款内控制度较弱,银行存款账目的可信度较差,应进一步作深入的追踪审计。

【案例剖析题 15-2】

立信会计师事务所的注册会计师吴昂和谭敏接受委托,审计黎明公司 2014 年度的财务报表。由于该公司不是第一次审计,决定信赖该公司的内部控制制度,进行内部控制测试。在了解黎明公司的货币资金内部控制制度时,注册会计师吴昂和谭敏发现以下情况:

(1) 关于银行存款的内部控制:财务处长负责支票的签署,外出时其职责由副处长代为履行;副处长负责银行预留印鉴的保管和财务专用章的管理,外出时其职责由处长代为履行;财务人员乙负责空白支票的管理,仅在出差期间交由财务处长管理。负责签署支票的财务处长个人名章由其本人亲自掌管,仅在出差期间交由副处长临时代管。

(2) 关于货币资金支付的规定:部门或个人用款时,应提前向审批人提交申请,注明款项的用途、金额、支付方式、经济合同或相关证明;对于金额在 10 000 元以下的用款申请,必须经过财务副处长的审批,金额在 10 000 元以上的用款申请,应经过财务处长的审批;出纳人员根据已经批准的支付申请,按规定办理货币资金支付手续,及时登记现金和银行存款日记账;货币资金支付后,应由专职的复核人员进行复核,复核货币资金的批准范围、权限、程序、手续、金额、支付方式、时间等,发现问题后及时纠正。

请指出上述内控存在的问题并提出改进建议。

【题解】

(1) 关于银行存款的内部控制有严重缺陷:如果财务处长与财务人员乙同时出差,则空白支票、签署支票的个人名章、财务专用章、银行预留印鉴将全部落入财务副处长手里,不相容职务相分离形同虚设。同样的,若财务副处长与财务人员乙同时出差,空白支票、签署支票的个人名章、财务专用章、银行预留印鉴全部落入财务处长之手,全部支票业务均可由财务处长一人操作,难以防止银行存款被挪用、被贪污的情况发生。

建议:指定与货币资金支付无关的三个专门人员分别代财务处长、财务副处长、财务人员乙在其外出期间代他们掌管空白支票和印鉴。

(2) 货币资金支付制度同样存在严重缺陷:

① 未对财务处长的审批权限作任何限制,违反了"对重要货币资金支付业务,应当实行集体决策"的规定,无法防范货币资金被贪污、被侵占、被挪用的行为发生。

② 货币资金支付在先,复核在后,只能及时发现问题,而无法防止问题的发生。

建议：由董事会指定财务处长的审批权限，对超越权限的货币资金支付业务，实行集体决策；支付货币资金前，应由专职的复核人员进行复核，复核货币资金的批准范围、权限、程序、手续、金额、支付方式、时间等是否妥当。复核无误后再交出纳人员办理货币资金支付手续。

本章要点概览

本章的主要内容是货币资金审计。本章的重点是货币资金审计的库存现金审计、银行存款审计、其他货币资金审计。

本章介绍了货币资金审计涉及的凭证和会计记录，以及货币资金与业务循环的关系。货币资金的审计范围、审计目标及货币资金风险评估，特别提出了在货币资金审计中审计人员需要保持警觉的情形。

货币资金内部控制制度提出了货币资金管理的基本原则以及货币资金内部控制主要包括：收款内部控制、付款内部控制和余额内部控制三部分。货币资金控制测试包括：调查了解货币资金内部控制制度、分别抽取收款与付款凭证并进行审核、库存现金及银行存款日记账与总账核对、查验并复核银行存款余额调节表、检查外币资金的折算方法、评价货币资金的内部控制。

库存现金的实质性程序，主要包括对库存现金余额的审计和对现金收支业务真实性、合理性、合法性的审查。

对银行存款的审计，主要包括银行存款审计目标、银行存款的控制测试、银行存款的实质性程序。

其他货币资金的审计，主要包括其他货币资金的控制测试和实质性程序。

本章提供了两个案例分析。

第十六章 特殊项目的审计

────────学习目的与要求────────

　　本章旨在阐述特殊项目的审计内容与方法。通过本章学习,学生能够理解期初余额的审计,会计估计审计、现金流量表的审计、或有事项的审计、期后事项的审计、持续经营假设的审计,了解各特殊项目的审计常见的重大错报风险及其发生途径,理解期初余额审计方法,理解持续经营假设审计的审计方法,掌握会计估计审计和期后事项三个时段审计人员应采取的不同审计要求。

第一节　期初余额的审计

　　期初余额一般不需安排专门的审计,但首次审计业务,应该遵循《中国注册会计师审计准则第 1331 号——首次审计业务涉及的期初余额》第 6 条规定:"在执行首次审计业务时,审计人员针对期初余额的目标是,获取充分、适当的审计证据以确定。

　　(1) 期初余额是否含有对本期财务报表产生重大影响的错报。

　　(2) 期初余额反映的恰当的会计政策是否在本期财务报表中得到一贯运用,或会计政策的变更是否已按照适用的财务报告编制基础作出恰当的会计处理和充分的披露与披露。在对期初余额进行审计时必须遵循上述规定。

　　首次审计业务,是指在上期财务报表未经审计,或上期财务报表由前任注册会计师审计的情况下承接的审计业务。这包括两种情况:被审计单位首次接受审计;被审计单位更换会计师事务所,继任的会计师事务所也属于首次接受审计。

一、期初余额的含义

　　期初余额是指期初存在的账户余额。期初余额以上期期末余额为基础,反映了以前期间的交易和事项以及上期采用的会计政策的结果。期初余额也包括期初存在的需要披露的事项,如或有事项和承诺事项。

正确理解期初余额概念,需要把握以下三点。

1. 期初余额是期初已存在的账户余额

期初已存在的账户余额是由上期结转至本期的金额,或是上期期末余额调整后的金额。期初余额与上期期末余额是一个事物的两个方面。由于受上期期后事项、会计政策变更、前期会计差错更正等诸因素的影响,上期期末余额结转至本期时,有时需经过调整或重新表述。

2. 期初余额反映了以前期间的交易和上期采用的会计政策的结果

期初余额应以客观存在的经济业务为根据,是被审计单位按照上期采用的会计政策对以前会计期间发生的交易和事项进行处理的结果。

3. 期初余额与审计人员首次接受委托相联系

首次接受委托是指审计人员在被审计单位财务报表首次接受审计,或上期财务报表由前任审计人员审计的情况下接受的审计委托。

审计人员对财务报表进行审计,是对被审计单位所审期间财务报表发表审计意见,一般无须专门对期初余额发表审计意见,但因为期初余额是本期财务报表的基础,审计人员应以高度的责任感和慎重的态度,去判断期初余额对所审计财务报表的影响程度,要对期初余额实施适当的审计程序。审计人员应当根据期初余额对所审计财务报表的影响程度,合理运用专业判断,以确定期初余额的审计范围。

二、期初余额的审计目标和审计程序

(一) 期初余额的审计目标

在期初余额审计中,审计人员应当获取充分、适当的审计证据以确定下述审计目标:

(1) 确定期初余额是否含有对本期财务报表产生重大影响的错报。

(2) 确定期初余额反映的恰当的会计政策是否在本期财务报表中得到一贯运用,或会计政策的变更是否已按照适用的财务报告编制基础作出恰当的会计处理和充分的列报与披露。

在审计期初余额时,注册会计师应当按照《企业会计准则第 28 号 会计政策、会计估计变更和差错更正》的有关要求,评价被审计单位是否一贯运用恰当的会计政策,或是否对会计政策的变更作了正确的会计处理和恰当的列报。

(二) 期初余额的审计程序

(1) 认真阅读近期的财务报表和前任审计人员出具的审计报告(如有),获取与期初余额相关的信息,包括披露。

(2) 获取充分、适当的审计证据,以确定上期期末余额是否已正确结转至本期,或在适当的情况下已作出重新表述。

① 上期期末余额已正确结转至本期的标准。上期期末余额已正确结转至本期，主要是指：(a)上期账户余额计算正确。(b)上期总账余额与各明细账余额合计数或日记账余额合计数相等。(c)上期各总账余额和相应的明细账余额或日记账余额已经分别恰当地过入本期的总账和相应的明细账或日记账。

② 上期期末余额的结转原则。上期期末余额通常应直接结转至本期。但企业会计准则和相关会计制度的要求发生变化，上期期末余额存在重大的前期差错，则上期期末余额不应直接结转至本期，而应当作出重新表述。

(3) 获取充分、适当的审计证据，以确定期初余额是否反映对恰当会计政策的运用。审计人员应了解、分析被审计单位所选用的会计政策是否恰当，是否符合企业会计准则的要求，按照所选用会计政策对被审计单位发生的交易或事项进行处理，是否能够提供可靠、相关的会计信息；如果认定被审计单位所选用的会计政策恰当，应确认该会计政策是否在每一会计期间和前后各期得到一贯执行，有无变更。

(4) 会计政策发生变更的审查。审计人员应当获取充分、适当的审计证据，以确定期初余额反映的会计政策是否在本期财务报表中发生了变更，如果发现会计政策发生变更，应审核其变更理由是否充分，是否按国家有关规定要求予以变更，或者由于具体情况发生变化，会计政策变更能够提供更可靠、更相关的会计信息。会计政策的变更是否已按照适用的财务报告编制基础作出恰当的会计处理和充分的列报与披露。

如果被审计单位上期适用的会计政策不恰当或与本期不一致，审计人员在实施期初余额审计时应提请被审计单位进行调整或予以披露。

(5) 上期财务报表由前任审计人员审计情况下应查阅前任审计人员的审计工作底稿，以获取有关期初余额的审计证据。在首次接受委托的情况下，如果被审计单位上期财务报表已经前任审计人员审计，后任审计人员在对被审计单位本期财务报表进行审计时，就应当在征得被审计单位同意后，考虑通过查阅前任审计人员的工作底稿获取有关期初余额的充分、适当的审计证据，并考虑前任审计人员的独立性和专业胜任能力。

在查阅前任审计人员的工作底稿后未能获取有关期初余额的充分、适当的审计证据，未能对期初余额得出满意结论，审计人员应当根据期初余额有关账户的不同性质，实施相应的审计程序。

如果上期财务报表已由前任审计人员审计，并发表了非无保留意见，审计人员应当按照《中国注册会计师审计准则第 1211 号——通过了解被审计单位及其环境识别和评估重大错报风险》的规定，在评估本期财务报表重大错报风险时，评价导致对上期财务报表发表非无保留意见的事项的影响。

（6）考虑账户的性质和本期财务报表中的重大错报风险。期初余额涉及的各财务报表项目的性质不同,对本期财务报表中的重大错报风险的影响程度也不同。审计人员应当重点关注期初余额中性质重要、对本期财务报表中的重大错报风险产生较大影响的财务报表项目。

（7）考虑期初余额对于本期财务报表的重要程度。审计人员接受委托进行审计并发表审计意见的对象是被审计单位本期的财务报表而不是期初余额,如果期初余额本身并不重要,或者虽然对于上期财务报表是重要的,但由于本期被审计单位资产规模和经营规模的迅速扩大,期初余额对于本期财务报表而言已经变得不重要,则审计人员无需对其予以特别关注。只有期初余额对于本期财务报表是重要的,审计人员才需要对其予以特别关注,并实施专门的审计程序。

三、审计结论和报告

在对期初余额实施审计程序后,审计人员应当分析已获取的审计证据,区分不同情况形成对被审计单位期初余额的审计结论,在此基础上确定其对本期财务报表出具审计报告的影响。

1. 审计后无法获取有关期初余额的充分、适当的审计证据

如果实施相关审计程序后无法获取有关期初余额的充分、适当的审计证据,审计人员应当出具保留意见或无法表示意见的审计报告。

2. 期初余额存在重大错报对审计报告的影响

如果期初余额存在可能对本期财务报表产生重大影响的错报,审计人员应当告知管理层,并且应当实施适合具体情况的追加审计程序,以确定对本期财务报表的影响;如果上期财务报表由前任审计人员审计,审计人员还应当考虑提请管理层告知前任审计人员;如果错报的影响未能得到恰当的会计处理或适当的列报与披露,审计人员应当出具保留意见或否定意见的审计报告。

3. 会计政策变更对审计报告的影响

如果认为按照适用的财务报告编制基础与期初余额相关的会计政策未能在本期得到一贯运用,或者会计政策的变更未能得到恰当的会计处理或适当的列报与披露,审计人员应当出具保留意见或否定意见的审计报告。

4. 前任审计人员对上期财务报表出具了非标准审计报告

如果前任审计人员对上期财务报表发表了非无保留意见,审计人员应当考虑该审计报告对本期财务报表的影响。如果导致出具非标准审计报告的事项对本期财务报表仍然相关和重大,审计人员应当对本期财务报表出具非无保留意见。

第二节　会计估计的审计

一、基本定义

1. 会计估计

会计估计是指对结果不确定的交易或事项以最近可利用的信息为基础所作出的判断。

《中国注册会计师审计准则第 1321 号——审计会计估计（包括公允价值会计估计）和相关披露》对会计估计的定义：是"指在缺乏精确计量手段的情况下采用的某项金额的近似值"。

需要进行会计估计的项目通常有下述情况：(a)坏账是否会发生以及坏账的数额。(b)存货遭受损毁、全部或部分陈旧过时。(c)固定资产的使用年限和净残值大小。(d)无形资产的受益期。(e)长期待摊费用的摊销期。(f)或有损失和或有收益的发生以及发生的数额等。

2. 在会计核算中,会计估计是不可避免的

判断不确定交易或事项是否存在是进行会计估计的前提。

在会计核算中,有些经济业务本身具有不确定性,需要根据经验作出估计;同时,采用权责发生制原则编制财务报表这一事项本身,也使得有必要估计未来交易或事项的影响。可以说,在会计核算和信息披露过程中,会计估计是不可避免的。例如,企业按备抵法计提坏账准备时,需要根据债务单位的财务状况,运用以往经验,对坏账准备金额作出估计;确定固定资产折旧年限和净残值,需要根据固定资产消耗方式、性能、技术发展等情况进行估计等。

合理地进行会计估计,不仅有助于企业为会计信息使用者编制出客观、公允的财务报表,也有助于企业管理当局了解企业的真实情况,继而作出正确的经营决策。

二、审计目标和审计程序

（一）审计目标

会计估计的审计目标是获取充分、适当的审计证据以确定：

(1) 根据适用的财务报告编制基础,财务报表中确认或披露的会计估计（包括公允价值会计估计）是否合理。

(2) 根据适用的财务报告编制基础,财务报表中的相关披露是否充分。

（二）审计程序

不同类型的会计估计事项,审计人员所采取的审计程序也是各不相同的,对会计

估计进行审计的一般程序主要包括以下几个步骤。

第一，审计人员应当了解下列内容，作为识别和评估会计估计重大错报风险的基础。

（1）与会计估计（包括相关披露）相关的适用的财务报告编制基础的规定。

（2）管理层如何识别可能需要作出会计估计并在财务报表中确认或披露的交易、事项和情况。在进行了解时，审计人员应当向管理层询问可能导致新的或需要修改现有的会计估计的环境变化；审计人员对被审计单位及其环境的了解，包括对管理层作出会计估计的程序和方法的了解，有助于识别和评估会计估计的重大错报风险。

会计估计的审计风险与报表同其他项目相比有其特殊性：（a）固有风险较高。（b）控制风险较高。（c）检查风险较高。审计人员应认真计划其审计工作，保持高度的职业谨慎态度去实施会计估计的审计。

（3）管理层如何作出会计估计，以及会计估计所依据的数据。审计人员在初步了解管理部门有关会计估计事项的方针政策和工作程序后，可以通过被审计单位的外部资料来证明会计估计的合理性；可以对会计估计所依据的数据的准确性、完整性和相关性获得合理的确信：管理部门为进行会计估计所收集的数据资料是作了适当分析的，并且这些数据资料可以作为相应的会计估计的合理基础；审计人员应当研究被审计单位用于会计估计的主要假定是否有充分的基础；是否有任何重大的期后事项，以便能够确定会计估计的合理性或者其对用于会计估计的数据和假定的影响。

第二，复核上期财务报表中会计估计的结果，或者复核管理层在本期财务报表中对上期会计估计作出的后续重新估计（如适用）。

第三，识别和评估重大错报风险。

（1）通过了解被审计单位及其环境，识别和评估重大错报风险时，审计人员应当评价与会计估计相关的估计不确定性的程度。

当审计人员能以适当的证据证明某一事项的估计数据与包括在财务报表中的估计数据之间存在差异时，如果这种差异是企业财务报表的可容忍误差，那么它就是合理的。但是，如果审计人员认为这种差异是不合理的，则应要求管理部门将这些会计估计改正到可容许的数额。如果管理部门拒绝修改这些会计估计，那么这些会计估计和最接近合理的会计估计之间的差异，应当被认为是一种错报。审计人员应考虑这些错报的重要性以及其对财务报表的影响，继而发表恰当的审计意见。

（2）应当根据职业判断确定识别出的具有高度估计不确定性的会计估计是否会导致特别风险。审计人员还应注意，其所容许的合理的个别差异对企业整个财务报表的累积影响。在这种情况下，审计人员应重新考虑所采用的整个会计估计的合理性和适当性。

当审计人员对会计估计的适当性不能获得合理的确信，也不能获得审计证据来证明其他的会计估计事项时,他应当考虑是否在审计范围上存在着限制。如果是这样,那么审计人员应当根据会计估计事项对企业财务报表影响程度的大小,提出保留意见、否定意见或拒绝表示意见的审计报告。

第四,应对评估的重大错报风险。

审计人员应当确定:

(1) 作出会计估计的方法是否恰当,并得到一贯运用,以及会计估计或作出会计估计的方法不同于上期的变化是否适合于具体情况。

(2) 应对评估的重大错报风险时,审计人员应当考虑会计估计的性质,并实施下列一项或多项程序。

① 确定截至审计报告日发生的事项是否提供有关会计估计的审计证据。

② 测试管理层如何作出会计估计以及会计估计所依据的数据;在进行测试时,审计人员应当评价采用的计量方法在具体情况下是否恰当,以及根据适用的财务报告编制基础确定的计量目标,管理层使用的假设是否合理。

③ 测试与管理层如何作出会计估计相关的控制的运行有效性,并实施恰当的实质性程序。

④ 作出审计人员的点估计或区间估计,以评价管理层的点估计。

(3) 针对会计估计实施风险评估程序是审计人员设计和实施进一步审计程序的基础,评估的会计估计的重大错报风险水平将直接影响进一步审计程序的性质、时间和范围。

为此,审计人员可实施下列风险评估程序:(a)了解适用的会计准则和相关会计制度中有关会计估计的要求。(b)了解管理层如何识别需要作出会计估计的交易、事项和情况。(c)了解管理层会计估计的过程,包括作出会计估计依赖的假设、管理层是否及如何评价会计估计的不确定性造成的影响。(d)复核前期财务报表中作出的会计估计的结果,或对其进行重新估计。

第五,实施进一步实质性程序以应对特别风险。

(1) 评价管理层如何考虑替代性的假设或结果,以及拒绝采纳的原因,或者在管理层没有考虑替代性的假设或结果的情况下,评价管理层在作出会计估计时如何处理估计不确定性。

(2) 评价管理层使用的重大假设是否合理。

(3) 对导致特别风险的会计估计,审计人员应当获取充分、适当的审计证据,以确定下列方面是否符合适用的财务报告编制基础的规定:管理层对会计估计在财务报表中予以确认或不予确认的决策;作出会计估计所选择的计量基础。

第六,当管理层实施特定措施的意图和能力与其使用的重大假设的合理性或对适用的财务报告编制基础的恰当应用相关时,评价这些意图和能力。

第七，评价会计估计的合理性并确定错报。审计人员应当根据获取的审计证据，评价财务报表中的会计估计在适用的财务报告编制基础下是合理的还是存在错报。

审计人员应当复核和测试管理层作出会计估计的过程，在复核和测试管理层作出会计估计的过程时，审计人员应当按照下列步骤实施审计程序：评价会计估计依据的数据，考虑会计估计依据的假设；测试会计估计的计算过程；如有可能，将以前期间作出的会计估计与其实际结果进行比较；考虑管理层对会计估计的批准程序。

第八，与会计估计相关的披露。

(1) 审计人员应当获取充分、适当的审计证据，以确定与会计估计相关的财务报表披露是否符合适用的财务报告编制基础的规定。

(2) 对导致特别风险的会计估计，审计人员还应当评价在适用的财务报告编制基础下，财务报表对估计不确定性的披露的充分性。

(3) 审计人员在审计会计估计时，为获取充分、适当的审计证据，以判断特定环境下的会计估计是否合理，是否得以充分披露，应采取下列一种或多种审计程序：(a)复核和测试管理层作出会计估计的过程。(b)运用独立估计与管理层作出的会计估计进行比较。(c)复核能够证实会计估计合理性的期后事项。

第九，获取书面声明。审计人员应当向管理层和治理层(如适用)获取书面声明，以确定其是否认为在作出会计估计时使用的重大假设是合理的。

第十，形成审计工作底稿。审计人员应当就下列事项形成审计工作底稿：

(1) 对导致特别风险的会计估计的合理性及其披露的充分性，审计人员得出结论的基础。

(2) 可能存在管理层偏向的迹象。

第三节　现金流量表的审计

一、相关概念

现金是指企业库存现金以及可以随时用于支付的存款。

现金等价物是指企业持有的期限短、流动性强、易于转换为已知金额现金、价值变动风险很小的投资(是指初始到期日在 3 个月内〈包括 3 个月〉的短期投资，如 3 个月的短期国债)。

现金流量表是指反映企业在一定会计期间现金和现金等价物流入和流出的报表。

编制现金流量表的目的是为财务报表使用者提供企业一定会计期间内现金和现金等价物流入和流出的信息，以便于报表使用者了解和评价企业获得现金和现金等价物的能力,并据以预测企业未来的现金流量,从而对企业整体财务状况做出客观评价。

现金流量按其产生的原因和支付的用途不同,分为以下三大类:经营活动产生的现金流量、投资活动产生的现金流量、筹资活动产生的现金流量。

编制现金流量表时,披露经营活动现金流量的方法有两种,一是直接法,一是间接法。现金流量表应区分经营活动、投资活动、筹资活动,并分别按照现金流入和现金流出总额披露。

二、审计目标和审计程序

1. 审计目标

审计人员审计现金流量表的目标:

(1) 确定现金流量表的内容、性质和数额是否正确、合理、完整。

(2) 确定现金流量表有关项目数额与其他报表及附注的钩稽关系是否正确。

(3) 确定现金流量表各项目的披露是否恰当。

2. 审计程序

审计人员对现金流量表的审计程序主要包括:

(1) 获取编制现金流量表的基础资料:被审计年度和上年度的资产负债表、利润表和利润分配表以及上年度的现金流量表;被审计单位编制现金流量表的工作底稿(或"T"型账户)以及调整分录等资料;按现金流量项目设置的多栏式现金日记账和银行存款日记账;其他相关的总分类账户和明细分类账户资料;不涉及现金收支的投资和筹资活动的相关资料。

① 复校加计是否正确。

② 将基础资料中的有关数据和财务报表及附注、账册凭证、辅助账簿、审计工作底稿等核对相符,并进行详细分析,检查数额是否正确、完整,现金流量分类是否合理。

③ 根据审计调整分录对基础资料的有关数额作相应调整。

(2) 检查对现金及现金等价物的界定是否符合规定,界定范围在前后会计期间是否保持一致。

这里的现金是指企业库存现金以及可以随时用于支付的存款,包括现金、可以随时用于支付的银行存款和其他货币资金。这里的现金等价物是是指企业持有的期限短(一般是指从购买日起3个月内到期)、流动性强、易于转换为已知金额现金、价值变动风险很小的投资。

(3) 检查现金流量表编制方法。

① 了解现金流量表编制方法。如果被审计单位未利用计算机程序编制现金流

量表,应查明其是否专门为编制现金流量表设置辅助账簿记录,并取得现金流量表编制底稿;如果被审计单位利用计算机程序编制现金流量表,应对其计算机程序进行了解分析,必要时可聘请专家协助工作。

② 检查合并现金流量表编制方法,关注集团内部往来及购销业务是否已作抵销。

对本期存在收购子公司或部门以及出售子公司或部门的情况,检查是否已作正确处理。

③ 关注现金流量表编制过程中,对有关特殊事项的处理是否正确。

(4) 对现金流量表进行分析性复核,并检查:

① 主表与补充资料中的"现金及现金等价物净增加额"是否一致。

② 主表与补充资料中的"经营活动产生的现金流量净额"的钩稽关系是否合理。

③ 补充资料中的货币资金期末、期初余额与资产负债表的钩稽关系是否合理。

④ 现金流量表有关数据与审计后财务报表及附注的钩稽关系是否合理。

⑤ 是否存在金额异常的现金流量表项目,并作追查调整。

(5) 检查现金流量表补充资料中不涉及现金收支的投资和筹资活动各项目金额是否正确、合理、完整。

(6) 检查现金流量表各项目的披露是否恰当。应当注意,按照《企业会计准则第31号——现金流量表》的规定,企业应当在附注中披露将净利润调节为经营活动现金流量的信息。

① 至少应当单独披露对净利润进行调节的下列项目:资产减值准备、固定资产折旧、无形资产摊销、长期待摊费用摊销、待摊费用、预提费用、处置固定资产、无形资产和其他长期资产的损益、固定资产报废损失、公允价值变动损益、财务费用、投资损益、递延所得税资产和递延所得税负债、存货、经营性应收项目、经营性应付项目。

② 企业应当在附注中以总额披露当期取得或处置子公司及其他营业单位的下列信息:(a)取得或处置价格。(b)取得或处置价格中以现金支付的部分。(c)取得或处置子公司及其他营业单位收到的现金。(d)取得或处置子公司及其他营业单位按照主要类别分类的非现金资产和负债。

③ 对于不涉及当期现金收支,但影响企业财务状况或可能在未来影响企业现金流量的重大投资、筹资活动,也应在财务报表附注中加以说明,如企业以承担债务形式购置资产等。

④ 企业应当在附注中披露与现金和现金等价物有关的下列信息:(a)现金和现金等价物的构成及其在资产负债表中的相应金额。(b)企业持有但不能由母公司或集团内其他子公司使用的大额现金和现金等价物金额。

第四节　或有事项的审计

一、相关概念

企业在经营活动中有时会面临一些具有较大不确定性的经济事项,这些不确定事项对企业的财务状况和经营成果可能会产生较大的影响,其最终结果须由某些未来事项的发生或不发生加以决定。这种不确定事项在会计上被称为或有事项。

1. 或有事项

或有事项是指过去的交易或事项形成的,其结果须由某些未来事项的发生或不发生才能决定的不确定事项。

常见的或有事项主要包括:未决诉讼或仲裁、未决索赔、债务担保、产品质量保证(含产品安全保证)、承诺、票据贴现、背书转让、亏损合同、重组义务、环境污染整治等。

2. 或有事项的特征

(a)或有事项是由过去的交易或者事项形成的。(b)或有事项的结果具有不确定性。(c)或有事项的结果须由未来事项发生或不发生来决定。

3. 或有负债

或有负债是指过去的交易或事项形成的潜在义务,其存在须通过未来不确定事项的发生或不发生予以证实;或过去的交易或事项形成的现时义务,履行该义务不是很可能导致经济利益流出企业或该义务的金额不能可靠地计量。

一般情况下,或有负债比率越低,表明企业的长期偿债能力越强,所有者权益应对或有负债的保障程度越高;或有负债比率越高,表明企业承担的相关风险越大。

4. 或有资产

或有资产是指过去的交易或者事项形成的潜在资产,其存在须通过未来不确定事项的发生或不发生予以证实。例如,甲企业向法院起诉乙企业侵犯了其专利权。法院尚未对该案件进行公开审理,甲企业是否胜诉尚难判断。如果甲企业将来终审胜诉,获得的赔偿属于一项或有资产;若终审甲企业败诉,这项或有资产就消失了,更不可能形成甲企业的资产。所以,这项或有资产能否转化为真正的资产,取决于法院的判决结果。

5. 预计负债

与或有事项相关的义务同时满足下列条件的,应当确认为预计负债:(a)该义务是企业承担的现时义务。(b)履行该义务很可能导致经济利益流出企业。(c)该义务的金额能够可靠地计量。

预计负债计量与或有负债确认是紧密相关的,如一项或有事项产生的义务的金额不能可靠地计量,那么也就不能将其确认为负债。常见的"预计负债"有:产品售后服务保证、应付促销活动赠品等。

二、审计目标和审计程序

1. 审计目标

或有事项的审计目标:

(1) 确定或有事项是否存在和完整。

(2) 确定或有事项的确认和计量是否符合企业会计准则的规定。

(3) 确定或有事项的披露是否恰当。

2. 审计程序

在审计或有事项时,审计人员尤其要关注财务报表反映的或有事项的完整性。由于或有事项的种类不同,审计人员在审计被审计单位的或有事项时,所采取的程序也各不相同。但总结起来,针对或有事项的审计程序通常包括:

(1) 了解被审计单位与识别或有事项有关的内部控制。向被审计单位管理层询问其确定、评价与控制或有事项方面的有关方针政策和工作程序。

(2) 向被审计单位管理层索取下列资料,作必要的审核和评价:(a)被审计单位管理层声明书。(b)被审计单位现存的关于或有负债的文件和凭证。(c)被审计单位与银行间的往来函件。(d)被审计单位的债务说明书及对或有事项的说明。

(3) 向被审计单位的法律顾问或律师进行函证,以获取他们对被审计单位资产负债表日已存在的以及资产负债表日至复函日这一时期内存在的或有负债的确认证据。

(4) 检查与税务征管机构之间的往来函件和复核上期和本期税务机关的税收结算报告,以发现被审计期间有关纳税方面可能发生的税务纠纷。

(5) 向与被审计单位有业务往来的银行寄发含有要求银行提供关于被审计单位或有事项的询证函,以查找有关商业票据贴现、应收账款抵借、通融票据背书的情况,以及为其他单位的银行贷款提供担保等或有事项的证据。

被审计单位如果是上市公司,还应按照有关的监管要求及公司治理要求对担保事项予以关注。

(6) 审阅截至审计工作完成日止,被审计单位历次董事会纪要和股东大会会议记录,确定是否存在未决诉讼或仲裁、未决索赔、税务纠纷、债务担保、产品质量保证、财务承诺等方面的记录。

(7) 复核现存的审计工作底稿,寻找任何可以说明潜在或有负债的资料。

(8) 询问被审计单位对未来事项和协议的承诺。

(9) 确定或有事项的确认和计量是否符合规定,会计处理是否正确。

(10) 确定或有事项在财务报表上的披露是否恰当。

根据《企业会计准则第 13 号——或有事项》的规定,企业应当在附注中披露与或有事项有关的下列信息:(a)预计负债。(b)或有负债(不包括极小可能导致经济利益流出企业的或有负债)。(c)或有资产。(d)在涉及未决诉讼、未决仲裁的情况下,企业应当披露该未决诉讼、未决仲裁的性质,以及没有披露这些信息的事实和原因。

第五节 期后事项的审计

一、相关概念

1. 期后事项

根据《中国注册会计师审计准则第 1332 号——期后事项》第 3 条的规定:期后事项是指财务报表日至审计报告日之间发生的事项,以及审计人员在审计报告日后知悉的事实。

具体可将这一期间划分为三个时段,如图 16-1 所示。

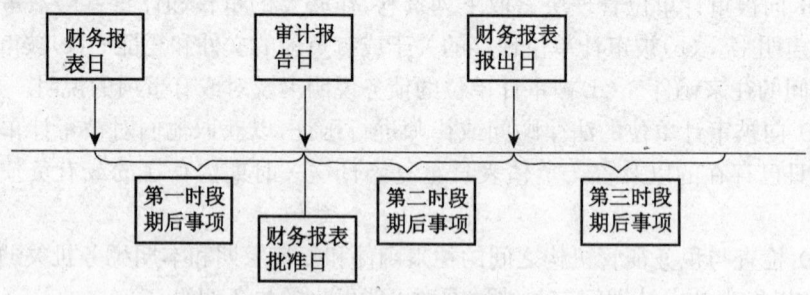

图 16-1 期后事项分段示意

(1) 财务报表日至审计报告日之间发生的事项属于第一时段期后事项。

(2) 审计人员在审计报告日后至财务报表报出日前知悉的事实属于第二时段期后事项。

(3) 审计人员在财务报表报出后知悉的事实属于第三时段期后事项。

2. 几个关键日期的概念

(1) 财务报表日。财务报表日是指财务报表涵盖的最近期间的截止日期。我国的会计年度采用公历年度,即 1 月 1 日至 12 月 31 日。因此,财务报表日是指每年的 12 月 31 日,就是原来的资产负债表日。

(2) 审计报告日。审计报告日是指审计人员按照《中国注册会计师审计准则第

1501 号——对财务报表形成审计意见和出具审计报告》的规定,在对财务报表出具的审计报告上签署的日期。

确定审计报告日应当考虑的因素有 3 个,分别是:(a)应当实施的审计程序已经完成。(b)应当提请被审计单位调整的事项已经提出,被审计单位已经作出调整或拒绝作出调整。(c)管理层已经正式签署财务报表。(d)审计人员已考虑其知悉的、截止审计报告日发生的事项和交易的影响。

(3) 财务报表报出日。财务报表报出日是指审计报告和已审计财务报表提供给第三方的日期。

(4) 财务报表批准日。财务报表批准日是指构成整套财务报表的所有报表(包括相关附注)已编制完成,并且被审计单位的董事会、管理层或类似机构已经认可其对财务报表负责的日期。

一般来说,签署审计报告的日期通常与被审计单位管理当局签署财务报表的日期为同一天,或晚于被审计单位管理当局签署财务报表的日期。也就是说,审计报告日与财务报表批准日为同一天,或晚于财务报表批准日。

管理当局声明书的日期通常应当与审计报告日期一致。但某些交易或事项的声明书日期,可以是审计人员获取该声明书的日期。

3. 期后事项的种类

期后事项包括调整事项和非调整事项两类:

(1) 调整事项。财务报表日后调整事项是指财务报表日后发生的、能对财务报表日已存在情况提供进一步证据的事项。这类事项的特点是:在财务报表日或以前就已显示了某种征兆,但最终结果需要在财务报表日予以证实。

企业发生的财务报表日后调整事项,通常包括下列各项:

① 财务报表日后诉讼案件结案,法院判决证实了企业在财务报表日已经存在现时义务,需要调整原先确认的与该诉讼案件相关的预计负债,或确认一项新负债。

② 财务报表日后取得确凿证据,表明某项资产在财务报表日发生了减值或者需要调整该项资产原先确认的减值金额。例如,本认为可以收回的大额应收款项;因财务报表日后债务人突然破产而无法收回。审计人员应考虑提请被审计单位计提坏账准备或者增加计提坏账准备,调整财务报表有关项目的数额。

③ 财务报表日后进一步确定了财务报表日前购入资产的成本或售出资产的收入。例如,被审计单位在财务报表日前购入一项固定资产,并投入使用。由于购入时尚未确定准确的购买价款,暂估后入账,并按规定计提固定资产折旧。如果在财务报表日后商定了购买价款,取得了采购发票,被审计单位就应该据此调整该固定资产原价。

④ 财务报表日后发现了财务报表舞弊或差错。利用期后事项审计确认被审计

单位财务报表所列金额时,应对财务报表日已经存在的事项和财务报表日后出现的事项严加区分,不能混淆。如果确认发生变化的事项直到财务报表日后才发生,就不应将财务报表日后的信息并入财务报表本身中去。

(2)非调整事项。非调整事项是指在财务报表日并不存在,是在此之后出现的情况。这类事项不影响财务报表日存在状况,但如不加以说明,会影响财务报告使用者作出正确估计和决策,故应当在会计报表附注中予以披露,这类事项即非调整事项。

二、审计目标和审计程序

1. 审计目标

审计人员对期后事项的审计目标是:

(1)获取充分、适当的审计证据,以确定财务报表日至审计报告日之间发生的、需要在财务报表中调整或披露的事项是否已经按照适用的财务报告编制基础在财务报表中得到恰当反映。

(2)恰当应对在审计报告日后审计人员知悉的、且如果在审计报告日知悉可能导致审计人员修改审计报告的事实。

2. 审计程序

(1)对于不同时段的期后事项,审计人员了解和识别的责任不同。

① 财务报表日至审计报告日之间发生的期后事项属于第一时段期后事项(主动识别第一时段期后事项)。

② 审计报告日后至财务报表报出日前发现的事实属于第二时段期后事项(被动识别第二时段期后事项)。

③ 财务报表报出日后发现的事实属于第三时段期后事项(没有义务识别第三时段的期后事项)。

(2)审计人员对期后事项的审计。审计人员对期后事项的审计,可以归纳为两类:一类是结合财务报表年末余额实施的实质性测试程序进行的审计;另一类是专为发现审计年度的期后事项实施的审计程序。

① 结合财务报表年末余额实施的实质性测试程序。审计人员在对财务报表项目实施实质性测试程序时,通常通过对各项目的截止期和估价测试等来确定被审计单位管理当局对其编制的财务报表项目的年末余额认定是否正确。尽管这些审计程序是针对年末余额实施的,本质上是财务报表年末余额实质性测试的一部分,但从实际效果上看,仍然不失为期后事项审计的一种有效程序。

② 专为发现审计年度的期后事项实施的审计程序。向被审计单位管理当局及有关人员询问;复查被审计单位财务报表日后编制的内部报表及其他相关管理报告;

复核被审计单位期后编制的日记账和分类账；检查被审计单位财务报表日后发布的董事会和股东大会的会议记录；获取被审计单位管理当局和其律师的声明书。

（3）截至审计报告日发生的期后事项的审计。对于这一时段的期后事项，审计人员负有主动识别的义务，应当尽量在接近审计报告日设计和实施必要的审计程序，获取充分、适当的审计证据，以确定截至审计报告日发生的、需要在财务报表中调整或披露的事项是否均已得到识别。进而确定是进行调整，还是披露。但是，审计人员并不需要对之前已实施审计程序并已得出满意结论的事项执行追加的审计程序。

审计人员要求管理层和治理层（如适用）提供书面声明，确认所有在财务报表日后发生的、按照适用的财务报告编制基础的规定应予调整或披露的事项均已得到调整或披露。

此外，如果被审计单位的分支机构、子公司等组成部分的财务信息由其他审计人员审计，审计人员还应当考虑其他审计人员对财务报表日后事项所实施的审计程序。

如果所知悉的期后事项属于调整事项，审计人员应当考虑被审计单位是否已对财务报表作出适当的调整。如果所知悉的期后事项属于非调整事项，审计人员应当考虑被审计单位是否在财务报表附注中予以充分披露。

（4）审计报告日后至财务报表报出日前发现的事实。审计报告日后至财务报表报出日前发现的事实属于"第二时段期后事项"，在审计报告日后，审计人员没有义务针对财务报表实施任何审计程序。在这一阶段，被审计单位的财务报表并未报出，管理层有责任将发现的可能影响财务报表的事实告知审计人员。

在审计报告日后至财务报表报出日前，如果知悉了某事实，且若在审计报告日知悉可能导致修改审计报告，审计人员应当：与管理层和治理层（如适用）讨论该事项；确定财务报表是否需要修改；如果需要修改，询问管理层将如何在财务报表中处理该事项。

如果管理层修改财务报表，审计人员应当：根据具体情况对有关修改实施必要的审计程序；并将审计程序延伸至新的审计报告日，并针对修改后的财务报表出具新的审计报告。相应地，审计人员应当将用以识别期后事项的审计程序（即《中国注册会计师审计准则第 1332 号——期后事项》第 9 条和第 10 条规定的审计程序）延伸至新的审计报告日，以避免重大遗漏。新的审计报告日期不应早于董事会或类似机构批准修改后的财务报表的日期。

针对修改后的财务报表出具新的审计报告，审计人员应当在新的或经修改的审计报告中增加强调事项段或其他事项段，提醒财务报表使用者关注财务报表附注中有关修改原财务报表的详细原因和审计人员提供的原审计报告。

如果管理层对财务报表的修改仅限于反映导致修改的期后事项的影响，审计人员应当选用"修改审计报告，针对财务报表修改部分增加补充报告日期，从而表明审计人员对期后事项实施的审计程序仅限于财务报表相关附注所述的修改";或者审计人员也可选用"出具新的或经修改的审计报告,在强调事项段或其他事项段中说明审计人员对期后事项实施的审计程序仅限于财务报表相关附注所述的修改"。

(5)财务报表报出后发现的事实。财务报表报出日后发现的事实属于第三时段期后事项,在财务报表报出后,审计人员没有义务针对财务报表实施任何审计程序。但是,并不排除审计人员通过媒体等其他途径获悉可能对财务报表产生重大影响的期后事项的可能性。

如果知悉管理层修改了财务报表,或不修改财务报表,审计人员应按第二时段期后事项所述规定处理。

如果审计人员已经通知管理层或治理层,而管理层或治理层没有采取必要措施,审计人员应当采取适当措施,以设法防止财务报表使用者信赖该审计报告。

第六节　持续经营假设的审计

一、相关概念

1. 持续经营假设的含义

根据《中国注册会计师审计准则第 1324 号——持续经营》第 2 条的规定:"在持续经营假设下,被审计单位被视为在可预见的将来会继续经营下去。""如果运用持续经营假设是适当的,则被审计单位对其资产和负债的记录是建立在正常经营过程中能够变现资产、清偿债务的基础上的。"

这里的可预见的将来,一般可理解为财务报表日后的 1 年内或超过 1 年的一个营业周期内。

2. 对持续经营假设含义的理解

理解持续经营假设的含义,需要把握以下三点:

(1)持续经营假设是管理层在编制财务报表时作出的一种假定。

(2)持续经营假设是企业进行会计确认、计量和披露的前提。

按照我国《企业会计准则——基本准则》的规定:企业会计确认、计量和报告应当以持续经营为前提。在持续经营假设下,企业所持有的资产将在正常的经营过程中被耗用、出售或转换,而其所担的债务,也将在正常的经营过程中被清偿。例如对于固定资产,企业在持续经营假设基础下,以历史成本计价,并在预计使用年限内对该项资产计提折旧。通过此方式,可将资产的成本分摊到不同期间的费用中去,据以核算各个期间的损益。如果这一假设不再成立,该项资产应以清算价格计价。

(3)被审计单位的持续经营能力存在重大不确定性,并不一定意味着以持续经营假设为基础编制财务报表是不适当的。

二、审计目标

持续经营假设的审计目标：

（1）就管理层编制财务报表时运用持续经营假设的适当性，获取充分、适当的审计证据。

（2）根据获取的审计证据，就可能导致对被审计单位持续经营能力产生重大疑虑的事项或情况是否存在重大不确定性得出结论。

（3）确定对审计报告的影响。

三、审计程序

持续经营假设审计的程序如下：

（1）分析被审计单位在财务、经营等方面是否存在影响企业持续经营能力的经营风险，评价管理层对被审计单位持续经营能力作出的评估，并考虑已识别的事项或情况对重大错报风险评估的影响。

① 被审计单位在财务方面存在的可能导致对持续经营假设产生重大疑虑的事项或情况主要包括：债务违约；无法继续履行重大借款合同中的有关条款；累计经营性亏损数额巨大；过度依赖短期借款筹资；无法获得供应商的正常商业信用；难以获得开发必要新产品或进行必要投资所需资金；资不抵债等。

② 被审计单位在经营方面存在的可能导致对持续经营假设产生重大疑虑的事项或情况主要包括：关键管理人员离职且无人替代；主导产品不符合国家产业政策；失去主要市场、特许权或主要供应商；人力资源或重要原材料短缺；过度依赖某个项目的成功；被审计单位所属行业发生重大变化；在经济不稳定地区（如高通胀国家、货币大幅贬值国家）有重大经营活动等。

③ 被审计单位在其他方面存在的可能导致对持续经营假设产生重大疑虑的事项或情况主要包括：严重违反有关法律法规或政策；异常原因导致停工、停产；有关法律法规或政策的变化可能造成重大不利影响；因自然灾害、战争等不可抗力因素遭受严重损失等。

需要说明的是，以上所列举的事项或情况不可能涵盖所有可能导致对被审单位持续经营假设产生重大疑虑的事项或情况；也不能认为当存在一项或多项所列举的事项或情况时，就必然导致被审单位无法持续经营。例如，被审单位可能无法按期归还到期债务，管理层可以通过处置资产、债务重组或采取其他方式进行融资，以保证企业正常经营所需的现金流量。在这种情况下，管理层仍然可以采用持续经营假设编制财务报表，审计人员不一定会得出被审单位无法持续经营的结论。

（2）如果识别出可能导致对持续经营能力产生重大疑虑的事项或情况，审计人员应当通过实施追加的审计程序（包括考虑缓解因素），获取充分、适当的审计证据，以确定是否存在重大不确定性。

这些程序应当包括：

① 提请管理层对持续经营能力作出书面评价。

② 在评价管理层作出的评估时，审计人员应当考虑管理层作出评估的过程、依据的假设以及拟采取的措施，以考虑管理层对持续经营能力的评价是否适当。

③ 评价管理层与持续经营评估相关的未来应对计划，这些计划的结果是否可能改善目前的状况，以及管理层的计划对于具体情况是否可行。

④ 当识别出可能导致对持续经营能力产生重大疑虑的事项或情况时，审计人员应当实施下列进一步审计程序：(a)复核管理层依据持续经营能力评估结果提出的应对计划。(b)通过实施必要的审计程序，包括考虑管理层提出的应对计划和其他缓解措施的效果，获取充分、适当的审计证据，以确认是否存在与此类事项或情况相关的重大不确定性。(c)向管理层获取有关应对计划的书面声明。

⑤ 审计人员应当询问管理层的应对计划，包括是否准备变卖资产、借款或债务重组、削减或延缓开支以及获得新的投资等。

⑥ 审计人员应当实施必要的审计程序，获取充分、适当的审计证据，以判断管理层提出的应对计划是否可行，以及应对计划的结果是否能够改善持续经营能力。

⑦ 如果管理层评估持续经营能力涵盖的期间少于自财务报表日起的 12 个月，审计人员应当提请管理层将其延伸至自财务报表日起的 12 个月。

⑧ 审计人员应当询问管理层是否存在超出评估期间的、可能导致对持续经营能力产生重大疑虑的事项或情况，以及这些事项或情况可能对审计人员考虑管理层运用持续经营假设编制财务报表的适当性产生重大影响。

⑨ 取得管理层有关应对计划的书面声明。

（3）分析最近的财务报表，确定企业的财务状况、经营成果和现金流量是否有好转的迹象。

（4）分析被审计单位盈利预测、现金流量预测及其他预测，确定是否科学合理。

（5）审核期后事项、财务承诺及或有事项，是否存在影响企业持续经营能力的因素。如期后发生的重组、重大投资、并购、大股东易位或变化、重大的财务承诺（如担保）、数额巨大的或有负债或损失等。

（6）检查企业重要会议中有关财务困境的记录有利于更好地掌握实际情况，分析企业所采取的措施的有效性。

（7）向被审计单位的法律顾问和律师了解企业有关诉讼、索赔情况。

（8）检查借款合同的履行情况。如无法履行有关条款，可能意味持续经营能力有问题。

（9）向被审计单位管理当局索取关于持续经营假设的书面声明，以明确会计责任和审计责任。

（10）检查应披露的有关持续经营能力的事项是否正确披露。

四、审计结论和报告

审计人员应当根据获取的审计证据，运用职业判断，确定可能导致对被审计单位持续经营能力产生重大疑虑的事项或情况是否存在重大不确定性，并考虑对审计报告的影响。

（1）被审计单位在编制财务报表时运用持续经营假设是适当的且已作充分披露。

① 个别事项或情况存在重大不确定性，审计人员应当出具带强调事项段的无保留意见。如果认为被审计单位在编制财务报表时运用持续经营假设是适当的，但可能导致对持续经营能力产生重大疑虑的事项或情况存在重大不确定性，如果财务报表已作出充分披露，审计人员应当发表无保留意见，并在审计报告中增加强调事项段，强调可能导致对持续经营能力产生重大疑虑的事项或情况存在重大不确定性的事实，并提醒财务报表使用者关注财务报表附注中对《中国注册会计师审计准则第1324号——持续经营》第17条所述事项的披露。

例如：强调事项。我们提醒财务报表使用者关注，如财务报表附注×所述。ABC公司在201×年发生亏损×万元，在201×年12月31日，流动负债高于资产总额×万元。ABC公司已在财务报表附注×中充分披露了拟采取的改善措施。但其持续经营能力仍然存在重大不确定性。可能无法在正常的经营过程中变现资产、清偿债务。本段内容不影响已发表的审计意见。

② 多个事项或情况存在重大不确定性，审计人员应当出具无法表示意见。当被审计单位存在多项可能导致对其持续经营能力产生重大疑虑的事项或情况存在重大不确定性时，如果审计人员难以判断财务报表的编制基础是否适合继续采用持续经营假设，应将其视为对审计人员的审计范围构成重大限制。在这种情况下，如果财务报表已作出充分披露，审计人员应当考虑出具无法表示意见的审计报告，而不是在意见段之后增加强调事项段。例如：导致无法表示意见的事项。ABC公司已连续三个会计年度发生巨额亏损，主要财务指标显示其财务状况严重恶化。巨额逾期债务无法偿还，且存在巨额对外担保。截至审计报告日，ABC公司管理层在其书面评价中表示已开始采取包括债务重组、资产置换在内的多项措施；但由于该等措施正处于实施初期，我们无法获取充分、适当的审计证据以确证其能否有效改善ABC公司的持续经营能力。因此，无法判断ABC公司继续按照持续经营假设编制201×年度财务

报表是否适当。

无法表示意见。由于导致无法表示意见的事项段所述事项的重要性，我们无法获取充分、适当的审计证据以为发表审计意见提供了基础，因此，我们不对 ABC 公司财务报表发表审计意见。

（2）如果财务报表未能作出充分披露，审计人员应当出具保留意见或否定意见。审计人员应当在审计报告中说明，存在可能导致对被审计单位持续经营能力产生重大疑虑的重大不确定性，并指明财务报表未对该事实作出披露。例如：导致保留意见的事项。ABC 公司的借款合同已经到期，按照合同规定，应于 201× 年 3 月 20 日偿还借款×××万元。截至审计报告日，ABC 公司尚未偿还该笔借款，也未获得该笔借款的展期协议或取得新的借款。这一情况表明 ABC 公司的持续经营能力存在重大不确定性，可能无法在正常的经营过程中变现资产、清偿债务。ABC 公司 201× 年度财务报表未充分披露上述情况。

保留意见。我们认为，除导致保留意见的事项段所述事项产生的影响外，ABC 公司财务报表在所有重大方面按照企业会计准则的规定编制，公允反映了 ABC 公司 201× 年 12 月 31 日的财务状况以及 201× 年度的经营成果和现金流量。

（3）被审计单位将不能持续经营，但财务报表仍然按持续经营假设编制。如果判断被审计单位将不能持续经营，但财务报表仍然按照持续经营假设编制，审计人员应当出具否定意见的审计报告。例如：导致否定意见的事项。ABC 公司已连续三个会计年度发生巨额亏损，主要财务指标显示其财务状况严重恶化，巨额逾期债务无法偿还，且存在巨额对外担保。截至审计报告日无任何证据表明 ABC 公司采取的各项措施能够有效改善公司的财务和经营状况。根据我们的判断 ABC 公司不具有持续经营能力。因此，ABC 公司继续按照持续经营假设编制 2013 年度财务报表是不适当的。

否定意见。我们认为，由于导致否定意见的事项段所述事项的重要性，ABC 公司的财务报表没有在所有重大方面按照企业会计准则的规定编制，未能公允反映了 ABC 公司及其子公司 2013 年 12 月 31 日的财务状况以及 2013 年度的经营成果和现金流量。

（4）被审计单位将不能持续经营，以其他基础编制财务报表。《企业会计准则第 30 号——财务报表披露》规定："以持续经营为基础编制财务报表不再合理的，企业应当采用其他基础编制财务报表。并在附注中披露这一事实。"因此，如果管理层认为持续经营假设作为财务报表的编制基础不再合理时，可以选用其他基础编制财务报表。

如果管理层认为编制财务报表时运用持续经营假设不再适当，选用了其他基础编制财务报表。在这种情况下，审计人员应当实施补充的审计程序。如果认为管理层选用的其他编制基础是适当的,且财务报表已做出充分披露,审计人员可以出具无保留意见的审计报告,并考虑在审计意见段之后增加强调事项段,提醒财务报表使用者关注管理层选用的其他编制基础。

（5）管理层拒绝对持续经营能力作出评估或评估期间未能涵盖自财务报表日起的 12 个月。当存在以下情况时,审计人员应当提请管理层对持续经营能力作出评估或将评估期间延伸至自财务报表日起的 12 个月：(a)管理层没有对持续经营能力作出评估。(b)管理层未就超出评估期间的事项或情况对持续经营能力的影响作出评估。(c)管理层评估持续经营能力涵盖的期间少于自财务报表日起的 12 个月。

对持续经营能力做出适当评估是管理层的责任。如果管理层拒绝审计人员的要求,审计人员应评价在管理层拒绝评估或延伸评估期间的情况下所取得的审计证据的充分性和适当性,判断审计范围受到限制的程度,并考虑出具审计报告的意见类型。例如：导致无法表示意见的事项。ABC 公司已连续两年亏损,巨额逾期债务无法偿还,管理层拒绝对公司的持续经营能力作出书面评价,且我们也无法通过其他程序就管理层运用持续经营假设编制财务报表的合理性获取充分、适当的审计证据。

无法表示意见。由于导致无法表示意见的事项段所述事项的重要性,我们无法获取充分、适当的审计证据以为发表审计意见提供了基础,因此,我们不对 ABC 公司财务报表发表审计意见。

（6）如果管理层在财务报表日后严重拖延对财务报表的签署或批准,审计人员应当考虑拖延签署或批准的原因。当拖延原因涉及与管理层评估持续经营能力有关的事项或情况时,审计人员应当根据获取的审计证据,考虑是否有必要实施追加的审计程序,确定可能导致对持续经营能力产生重大疑虑的事项或情况是否存在重大不确定性。

如果管理层不愿按照审计人员的要求作出评估或延长评估期间,审计人员应当考虑这一情况对审计报告的影响。

如果财务报表未作出充分披露,审计人员应当按照《中国注册会计师审计准则第 1502 号——在审计报告中发表非无保留意见》的规定,发表保留意见或否定意见。

五、治理层的沟通

审计人员应当与治理层就识别出的可能导致对被审计单位持续经营能力产生重大疑虑的事项或情况进行沟通,除非治理层全部成员参与管理被审计单位。

与治理层的沟通应当包括下列方面：
（1）这些事项或情况是否构成重大不确定性。
（2）在财务报表编制和披露中运用持续经营假设是否适当。

(3) 财务报表中的相关披露是否充分。

关 键 术 语

期初余额　会计估计　点估计　区间估计　独立估计　现金　现金等价物
现金流量表　或有事项　或有负债　或有负债比率　或有资产　预计负债
期后事项　财务报表日　审计报告日　财务报表报出日　财务报表批准日
调整事项　非调整事项　持续经营假设　治理层

案 例 剖 析 题

【案例剖析题 16-1】

在对会计估计进行审计时,审计人员应对被审计单位以前期间所作的会计估计
与其实际结果进行比较,以获取有关会计估计程序和方法总体可靠性的审计证据,并
考虑是否需要调整会计估计公式,必要时,对会计估计与实际结果之间的差异进行量
化,并作适当调整或披露。假设甲单位从 2012 年年初起开始生产并销售某类产品,
该类产品质量保证期为 3 年。2012 年至 2014 年该产品的销售收入及其发生的维修
费用如下表所示。

项目　　　　　年份	2012	2013	2014
销售收入(万元)	1 000	1 500	1 200
当年发生的维修费(万元)	(2012)8	(2013)18	(2014)18
第二年发生的维修费(万元)	(2013)11	(2014)20	(2015)尚未发生
第三年发生的维修费(万元)	(2014)9	(2015)尚未发生	(2016)尚未发生

假设甲单位在以上 3 年年末分别按照当年销售收入的 2% 计提产品质量保证
金。问:审计人员如何对该会计估计进行比较分析,并作出相应处理意见?

【题解】

(1) 计算甲单位已经计提的产品质量保证金:2012 年:1 000×2%=20(万元);
2013 年:1 500×2%=30(万元);2014 年:1 200×2%=24(万元)。

(2) 与实际结果进行比较:2012 年销售的产品所计提的产品质量保证金为 20 万
元,而 3 年实际发生的维修费用为 28 万元(8+11+9)。可以发现,该产品所计提的
产品质量保证金不能弥补其质量保证期内所发生的维修费用。

（3）进一步分析：在 2012 年至 2014 年间，每年发生的当年维修费用与销售收入比率分别为 8‰、12‰、15‰，呈逐年上升趋势；2013 年销售的产品已经发生的维修费用高达 38 万元，占当年收入的比重为 2.53%，已经超过被审计单位估计的 2% 水平，说明被审计单位会计估计存在过低的问题。

（4）建议：根据以上分析，审计人员应当提请被审计单位提高产品质量保证金的计提比例。

【案例剖析题 16-2】

ABC 公司公司 2014 年度财务报表的审计报告日是 2 月 25 日，在审计 ABC 公司公司 2014 年度财务报表的过程中，审计人员发现 ABC 公司公司发生了下列重大期后事项：

（1）2015 年 1 月 2 日，公司董事会决议通过所有职工每月工资普涨 5%，自 2014 年 10 月 1 日起开始补发。公司每月工资费用中计入生产成本的金额为 6 000 000 元，计入制造费用的金额为 300 000 元，计入营业费用的金额为 700 000 元，计入管理费用的金额为 800 000 元。

（2）2014 年 10 月 31 日，公司清查盘点成品仓库，发现 Q 产品短缺 40 万元，作了借记"待处理财产损溢"账户 40 万元，贷记"产成品"账户 40 万元的会计处理。2015 年 1 月，查清短缺原因，其中属于一般经营损失部分为 35 万元，属于非常损失部分为 5 万元，由于结账时间在前，公司未在 2014 年度财务报表中包含对这一经济业务相应的会计处理。

（3）2015 年 2 月 5 日，ABC 公司公司发行公司债券的申请获得政府有关部门的批准，公司准备在 5 月中旬按照面值发行 1 000 万元债券，期限为 3 年，年利率为 5%。

（4）ABC 公司因于 2014 年 10 月为 S 公司的巨额借款提供担保而受到要求连带赔偿的诉讼，索赔金额为 800 万元。2015 年 2 月 8 日，法院判决 S 公司和 ABC 公司分别赔偿原告方 200 万元和 600 万元。对此，ABC 公司已表示不再上诉，并作为资产负债表日后事项在 2014 年财务报表附注中进行了充分的披露。

（5）2015 年 2 月 20 日，ABC 公司公司的一个顾客 W 公司宣告破产。截至 2014 年 12 月 31 日，W 公司还欠 ABC 公司货款 500 000 元。ABC 公司与 W 公司的法律顾问联系后，确定大约 300 000 元货款将无法收回。2014 年 12 月 31 日，ABC 公司已经针对 W 公司的应收账款计提了 100 000 元坏账准备。审计人员于 2 月 21 日重新返回 ABC 公司，针对 2014 年坏账准备计提数的变动搜集审计证据。

要求：（1）分别说明上述事项属于哪一类型的期后事项？甲公司应在 2014 年度财务报表中如何反映这些事项？

（2）如果甲公司 2014 年度财务报表的审计报告日改为 2 月 15 日，财务报表报出日是 2 月 23 日；则审计人员对上述事项的审计责任有何不同？

【题解】

(1) 事项一、事项二、事项四、事项五属于第一时段期后事项的调整事项,需要调整 2014 年度财务报表的有关数据;事项三属于第一时段期后事项的非调整事项,不需要调整,但要在财务报表附注中予以披露。

① 事项(1)。

职工每月工资普涨 5%,自 2014 年 10 月 1 日起开始补发,其上涨金额为:(6 000 000 ＋300 000＋700 000＋800 000)×5%×3=1 170 000(元)。

因为职工每月工资普涨 5%,3 个月涨 15%,所以各类费用计入工资费用的金额也同步上涨 15%。

事项一的调整分录为:

借:生产成本	900 000
制造费用	45 000
营业费用	105 000
管理费用	120 000
贷:应付工资	1 170 000

② 事项二。

对于第(2)个事项,根据《企业会计准则——资产负债表日后事项》的规定,这类"已证实资产发生了减损"的事项属于"调整事项"。该事项影响利润总额 40 万元(35 万元＋5 万元),应建议公司调整。调整分录为:

借:管理费用	350 000
营业外支出	50 000
贷:待处理财产损溢	400 000

③ 事项四。

虽然诉讼判决发生在 2015 年,但诉讼事项的根源属于 2014 年,即 2015 年的诉讼和赔偿应是 2014 年担保的结果,因此 ABC 公司应将其作为影响财务报表反映的期后事项来相应调整 2014 年的财务报表,而不是在财务报表附注中进行披露。

借:营业外支出	6 000 000
贷:其他应付款	6 000 000

④ 事项五。

事项(5)的调整分录为:

借:管理费用	200 000
贷:坏账准备	200 000

（2）审计人员需要主动关注审计报告日前发生的期后事项，对于审计报告日后发生的期后事项，则属于被动关注。由于上述事项五的发生是在审计报告日之后，因此，审计人员应该增加补充报告日期，来限定其审计责任，即除了关于坏账准备的附注外，均为 2 月 15 日，关于坏账准备的附注为 2 月 21 日。

本章要点概览

本章的主要内容是特殊项目的审计。本章的重点是特殊项目审计中的期初余额审计、期后事项审计。

本章介绍了期初余额审计中期初余额的有关概念，期初余额审计的审计目标和审计程序，审计结论和报告。

会计估计审计中会计估计的有关概念，会计估计审计的审计目标和审计程序，会计估计中可能存在的管理层偏向。

现金流量表审计中现金流量的有关概念，现金流量表审计的审计目标和审计程序。

或有事项审计中或有事项的有关概念，或有事项审计的审计目标和审计程序。

期后事项审计中期后事项的有关概念，期后事项审计的审计目标和审计程序，特别是对于不同时段的期后事项，审计人员了解和识别的责任及相应的审计程序。

持续经营假设审计中持续经营假设的有关概念，持续经营假设审计的审计目标和审计程序，审计结论和报告，与治理层的沟通。

本章提供了两个案例分析。

第十七章 审计报告

————学习目的与要求————

　　本章旨在阐述审计完成阶段的最后工作。通过本章学习,学生能够理解审计完成阶段是审计的总结阶段,需要通过对前期审计工作总结基础上获取充分、适当的审计证据,得出合理的审计结论,以撰写审计报告。掌握审计报告的基本要素、审计意见的四种类型,能撰写简单的审计报告。

第一节　完成审计工作

　　完成审计工作是审计的最后阶段。审计人员按照业务循环完成各财务报表项目的审计测试和一些特殊项目的审计工作后,在审计完成阶段应汇总审计测试结果,进行更具综合性的审计工作,编制审计报告。

一、评价审计中的重大发现

　　重大发现涉及会计政策的选择、运用和一贯性的重大事项,包括相关的信息披露。重大发现具体主要包括以下三个方面。

　　(1) 在审计完成阶段,项目合伙人(或主任会计师)和审计项目组应对下列重大发现和事项进行评价:(a)中期复核中的重大发现及其对审计方法的相关影响。(b)涉及会计政策的选择、运用和一贯性的重大事项,包括相关披露。(c)就特定审计目标识别的重大风险,对审计策略和计划的审计程序所作的重大修正。(d)在与管理层和其他人员讨论重大发现和事项时得到的信息。(e)与审计人员的最终审计结论相矛盾或不一致的信息。

　　(2) 对已记录的审计程序进行评估。例如,对审计策略和计划的审计程序的重大修正,包括对重大错报风险评估水平的重要变动进行评估,以确定是否需采用进一步程序。

　　(3) 审计人员在审计计划阶段对重要性的判断,与其在评估审计差异时对重要性的判断是不同的。如果在审计评价阶段运用的重要性水平低于在计划阶段确定的重要性水平,审计人员需要考虑获取审计证据的充分性和适当性以及是否需要追加审计程序。重要性的任何变化都要求审计人员重新评估重大错报上限和审计策略。

二、汇总审计差异

对审计项目组成员在审计中发现的被审计单位的会计处理方法与企业会计准则的不一致,即审计差异。

对于审计差异,审计项目经理应根据审计重要性原则予以初步确定并汇总,并建议被审计单位通过汇总差异汇总表和试算平衡表进行调整,使经审计的财务报表所载信息能够公允地反映被审计单位的财务状况、经营成果和现金流量。

1. 编制审计差异调整表

审计差异内容按是否需要调整账户记录可分为核算错误和重分类错误。通常需要将这些建议调整的不符事项、重分类错误以及未调整不符事项分别汇总至"账项调整分录汇总表""重分类调整分录汇总表"与"未更正错报汇总表"。

2. 编制试算平衡表

试算平衡表是审计人员在被审计单位提供未审财务报表的基础上,考虑调整分录、重分类分录等内容以确定已审数与报表披露数的表式。

三、复核审计工作底稿和财务报表

1. 对财务报表总体合理性实施分析程序

在审计结束或临近结束时,审计人员运用分析程序的目的是确定经审计调整后的财务报表整体是否与对被审计单位的了解相一致,以证实财务报表中披露的所有信息与审计人员对被审计单位及其环境的了解的一致性、与审计人员取得的审计证据的一致性,是否具有合理性,以此来判断审计结论是否恰当以及财务报表的整体是否公允。

2. 评价审计结果

审计人员评价审计结果,主要是为了确定审计意见的类型以及在整个审计工作中是否遵循了审计准则。为此,审计人员必须完成两项工作:一是对重要性和审计风险进行最终的评价;二是对被审计单位已审计财务报表形成审计意见并草拟审计报告。

四、评价独立性和道德问题

《中国注册会计师审计准则第 1121 号——对财务报表审计实施的质量控制》要求项目合伙人应当考虑项目组成员是否遵守职业道德规范,在整个审计过程中对项

目组成员违反职业道德规范的迹象保持警惕,并就审计业务的独立性是否得到遵守形成结论。为此,项目合伙人应该:

(1)从会计师事务所获取相关信息,以识别、评价对独立性产生不利影响的情形。

(2)评价已识别的违反会计师事务所独立性政策和程序的情况,以确定是否对审计业务的独立性产生不利影响。

(3)采取适当的防护措施以消除对独立性产生的不利影响,或将其降至可接受的水平,对未能解决的事项,项目合伙人应当立即向事务所报告,以便事务所采取适当的行动。

(4)记录与独立性有关的结论,以及事务所内部支持这一结论的相关讨论情况。

在签署审计报告前,项目合伙人确信,审计过程中产生的所有独立性和道德问题已经得到圆满解决,并与《中国注册会计师审计准则第 1121 号——对财务报表审计实施的质量控制》和《中国注册会计师职业道德守则》的独立性要求一致。在跨国审计业务中,项目合伙人应当确保符合被审计单位或相关国家或地区规定的独立性要求。

五、书面声明

书面声明是指审计人员在财务报表审计中向管理层获取的书面声明,是管理层向审计人员提供的书面陈述,用以确认某些事项或支持其他审计证据。

(一)针对管理层责任的书面声明

《中国注册会计师审计准则第 1341 号——书面声明》第 9 条规定:

针对财务报表的编制,注册会计师应当要求管理层提供书面声明,确认其根据审计业务约定条款,履行了按照适用的财务报告编制基础编制财务报表并使其实现公允反映(如适用)的责任。

1. 管理层声明书的作用

管理层声明具有以下两个基本作用:

(1)明确管理层对财务报表的责任。《中国注册会计师审计准则第 1101 号——财务报表审计的目标和一般原则》指出:在被审计单位治理层的监督下,按照适用的会计准则和相关会计制度的规定编制财务报表是被审计单位管理层的责任。

被审计单位管理层应当在声明书中对提供给审计人员的有关资料的真实性、合法性和完整性作出正面陈述,并明确承认对财务报表负责。

(2)提供审计证据。被审计单位管理层声明书把管理层对审计人员的询问所做的答复以书面方式予以记录,可作为书面证据。

2. 管理层声明与其他审计证据相矛盾时的处理

《中国注册会计师审计准则第 1341 号——书面声明》第 16 条规定:"如果书面声

明与其他审计证据不一致,注册会计师应当实施审计程序以设法解决这些问题。如果问题仍未解决,注册会计师应当重新考虑对管理层的胜任能力、诚信、道德价值观或勤勉尽责的评估,或者重新考虑对管理层在这些方面的承诺或贯彻执行的评估,并确定书面声明与其他审计证据的不一致对书面或口头声明和审计证据总体的可靠性可能产生的影响。"

例如,如果管理层声明已向审计人员提供了所有与关联方及其交易相关的信息,并已对关联方和关联方交易作出充分披露。但在审计过程中,审计人员发现被审计单位还存在另一关联方,且与之存在重大关联方交易,而未予披露,该交易金额对被审计单位财务报表具有重大影响。在这种情况下,审计人员应当就此询问管理层。如果管理层不能对此作出合理解释,或所作的解释不充分,则表明管理层的诚信可能存在问题,这时,需要重新考虑管理层所作其他声明的可靠性。

如果认为书面声明不可靠,审计人员应当采取适当措施,按照《中国注册会计师审计准则第 1502 号——在审计报告中发表非无保留意见》的规定,确定其对审计意见可能产生的影响,确定是否发表非无保留意见的审计报告。

3. 管理层未履行按照适用的财务报告编制基础编制财务报表并使其实现公允反映(如适用)责任的处理

如果未从管理层获取确认其已履行的责任,审计人员在审计过程中获取的有关管理层已履行这些责任的其他审计证据是不充分的。

4. 管理层认可并理解在审计业务约定条款中提及的管理层的责任

基于管理层认可并理解在审计业务约定条款中提及的管理层的责任,审计人员要求管理层通过声明确认其已履行这些责任。审计人员可能还要求管理层在书面声明中再次确认其对自身责任的认可与理解。当存在下列情况时,这种确认尤为适当:(a)代表被审计单位签订审计业务约定条款的人员不再承担相关责任。(b)审计业务约定条款是在以前年度签订的。(c)有迹象表明管理层误解了其责任。(d)情况的改变需要管理层再次确认其责任。

与《中国注册会计师审计准则第 1111 号——就审计业务约定条款达成一致意见》的要求相一致,再次确认管理层对自身责任的认可与理解,并不限于管理层已知的全部事项。

(二)书面声明的日期和涵盖的期间

1. 书面声明的日期

书面声明的日期应当尽量接近对财务报表出具审计报告的日期,但不得在审计报告日后。通常管理层声明书标明的日期与审计报告日一致。但在某些情况下,审计人员也可能在审计过程中或审计报告日后就某些交易或事项获取单独的声明书。

2. 书面声明的涵盖期间

书面声明应当涵盖审计报告针对的所有财务报表和期间。

3. 签署人

管理层的书面声明通常由管理层中对被审计单位及其财务负主要责任的人员签署。

（三）书面声明的形式

书面声明应当以声明书的形式致送注册会计师。如果法律法规要求管理层就其责任作出书面公开陈述，并且审计人员认为这些陈述提供了要求的部分或全部声明，则这些陈述所涵盖的相关事项不必包括在声明书中。

（四）对书面声明可靠性的疑虑以及管理层不提供要求的书面声明

1. 对书面声明可靠性的疑虑

（1）对管理层的胜任能力、诚信、道德价值观或勤勉尽责存在疑虑。如果对管理层的胜任能力、诚信、道德价值观或勤勉尽责存在疑虑，或者对管理层在这些方面的承诺或贯彻执行存在疑虑，审计人员应当确定这些疑虑对书面或口头声明和审计证据总体的可靠性可能产生的影响。除非治理层采取适当的纠正措施，否则审计人员可能需要考虑解除业务约定（如果法律法规允许）。

（2）书面声明与其他审计证据不一致。如果书面声明与其他审计证据不一致，审计人员应当实施审计程序以设法解决这些问题。如果问题仍未解决，审计人员应当确定书面声明与其他审计证据的不一致对书面或口头声明和审计证据总体的可靠性可能产生的影响。

2. 管理层不提供要求的书面声明

审计人员应当与管理层讨论该事项；应采取适当措施，包括确定该事项对审计意见可能产生的影响。

第二节　审计报告概述

一、审计报告的含义

审计报告是指审计人员根据《中国注册会计师审计准则》的规定，在实施审计工作的基础上对被审计单位财务报表发表审计意见的书面文件。

审计报告是审计人员在完成审计工作后向委托人提交的最终产品，具有以下特征：(a)审计人员是按照《中国注册会计师审计准则》(以下简称《审计准则》)的规定执行审计工作。(b)审计人员在实施审计工作的基础上才能出具审计报告。(c)审计人员通过对财务报表发表意见履行业务约定书约定的责任。(d)审计人员应当以书面形式出具审计报告。

审计人员应当根据由审计证据得出的结论，清楚表达对财务报表的意见。无论是出具标准审计报告，还是非标准审计报告，审计人员一旦在审计报告上签名并盖章，就表明对其出具的审计报告负责。审计人员应当将已审计的财务报表附于审计报告后。

二、审计报告的作用

审计人员签发的审计报告，主要具有鉴证、保护和证明三方面的作用。

1. 鉴证作用

审计人员签发的审计报告，不同于政府审计和内部审计的审计报告，是以超然独立的第三者身份，对被审计单位财务报表合法性、公允性发表意见。这种意见，具有鉴证作用，得到了政府及其各部门和社会各界的普遍认可。

2. 保护作用

审计人员通过审计，可以对被审计单位财务报表出具不同类型审计意见的审计报告，以提高或降低财务报表信息使用者对财务报表的信赖程度，能够在一定程度上对被审计单位的财产、债权人和股东的权益及企业利害关系人的利益起到保护作用。

3. 证明作用

审计报告是对审计人员审计任务完成情况及其结果所做的总结，它可以表明审计工作的质量并明确审计人员的审计责任。因此，审计报告可以对审计工作质量和审计人员的审计责任起证明作用。通过审计报告，可以证明审计人员审计责任的履行情况。

三、审计意见的形成

审计人员应当按照《中国注册会计师审计准则第 1501 号——对财务报表形成审计意见和出具审计报告》的规定形成审计意见和出具审计报告。

审计人员应获取充分、适当的审计证据，以得出合理的审计结论，在得出结论时，审计人员应当考虑下列方面：

（1）按照《中国注册会计师审计准则第 1231 号——针对评估的重大错报风险采取的应对措施》的规定，是否已获取充分、适当的审计证据。

如果对重大的财务报表认定没有获取充分、适当的审计证据，审计人员应当尽可能获取进一步的审计证据。

（2）按照《中国注册会计师审计准则第 1251 号——评价审计过程中识别出的错报》的规定，未更正错报单独或汇总起来是否构成重大错报。审计人员应当累积审计过程中识别出的错报，除非错报明显微小。

在确定时,审计人员应当考虑:

① 识别出的错报的性质以及错报发生的环境表明可能存在其他错报,并且可能存在的其他错报与审计过程中累积的错报合计起来可能是重大的。

② 审计过程中累积的错报合计数接近按照《中国注册会计师审计准则第1221号——计划和执行审计工作时的重要性》的规定确定的重要性。

(3) 评价财务报表是否在所有重大方面按照适用的财务报告编制基础编制。

审计人员应当依据适用的财务报告编制基础特别评价下列内容:

① 财务报表是否充分披露了选择和运用的重要会计政策。

② 选择和运用的会计政策是否符合适用的财务报告编制基础,并适合被审计单位的具体情况。

会计政策是被审计单位在会计确认、计量和报告中采用的原则、基础和会计处理方法。被审计单位选择和运用的会计政策既应符合适用的财务报告编制基础,也应适合被审计单位的具体情况。此外,审计人员还应当关注下列重要事项包括重要项目的会计政策和行业惯例、重大和异常交易的会计处理方法、在新领域和缺乏权威性标准或共识的领域采用重要会计政策产生的影响、会计政策的变更等。

③ 管理层作出的会计估计是否合理。由于会计估计的主观性、复杂性和不确定性,管理层作出的会计估计发生重大错报的可能性较大。因此,审计人员应当判断管理层作出的会计估计是否合理,确定会计估计的重大错报风险是否是特别风险,是否采取了有效的措施予以应对。

④ 财务报表披露的信息是否具有相关性、可靠性、可比性和可理解性。财务报表反映的信息应当符合信息质量特征,具有相关性、可靠性、可比性和可理解性。审计人员应当根据《企业会计准则——基本准则》的规定,考虑财务报表反映的信息是否符合信息质量特征。

⑤ 财务报表是否作出充分披露,使财务报表预期使用者能够理解重大交易和事项对财务报表所传递的信息的影响。

⑥ 财务报表使用的术语(包括每一财务报表的标题)是否适当。

(4) 评价财务报表是否实现公允反映,审计人员应当考虑下列内容:(a)财务报表的整体披露、结构和内容是否合理。(b)财务报表(包括相关附注)是否公允地反映了相关交易和事项。

(5) 评价财务报表是否恰当提及或说明适用的财务报告编制基础。管理层和治理层(如适用)编制的财务报表需要恰当说明适用的财务报表编制基础。只有财务报表符合适用的财务报告编制基础(在财务报表所涵盖的期间内有效)的所有要求,声明财务报表按照该编制基础编制才是恰当的。

在某些情况下,财务报表可能声明按照两个财务报告编制基础(如某一国家或地区的财务报告编制基础和国际财务报告准则)编制。只有当财务报表分别符合每个财务报告编制基础的所有要求时,声明财务报表按照这两个编制基础编制才是恰当的。

四、审计报告的类型

审计人员出具的审计报告可以按不同的标准来划分种类,最典型的划分如下:

(1) 按审计报告使用目的可以分为对外公布的审计报告和非对外公布的审计报告。

① 对外公布的审计报告。对外公布的审计报告是指用于向被审计单位的所有者、投资者或债权人等非特定性质利害关系者公布的审计报告,这种审计报告必须附送财务报表。通常,标准审计报告是用于对外公布的审计报告。

② 非对外公布的审计报告。非对外公布的审计报告是指用于向经营者、合并或业务转让的关系人、提供信用的金融机构等具有特定目的关系人分发的审计报告。这类报告不对外公布,只送给特定的使用者。

(2) 按照措辞和内容可以分为标准审计报告和非标准审计报告。

① 标准审计报告。标准审计报告是指包含标准措辞的引言段、范围段和意见段,要素齐全,且不附加说明段、强调事项段、其他事项段或其他任何修饰性用语的无保留意见的审计报告。

② 非标准审计报告。非标准审计报告是指标准审计报告以外的其他审计报告,包括带强调事项段或其他事项段的无保留意见的审计报告和非无保留意见的审计报告。非无保留意见的审计报告包括保留意见的审计报告、否定意见的审计报告和无法表示意见的审计报告。

五、审计报告的基本内容

1. 审计报告的要素

审计报告应当包括下列要素:(a)标题。(b)收件人。(c)引言段。(d)管理层对财务报表的责任段。(e)注册会计师的责任段。(f)审计意见段。(g)注册会计师的签名和盖章。(h)会计师事务所的名称、地址及盖章。(i)报告日期。

2. 标题

审计报告的标题应当统一规范为“审计报告”。

3. 收件人

审计报告应当按照审计业务约定的要求载明收件人,按照业务约定书的要求致送审计报告的对象,通常为被审计单位的全体股东或董事会,审计报告应当载明收件人的全称。

4. 引言段

审计报告的引言段应当包括下列方面:(a)指出被审计单位的名称。(b)说明财务报表已经审计。(c)指出构成整套财务报表的每一财务报表的名称。(d)提及财务报表附注,包括重要会计政策概要和其他解释性信息。(e)指明构成整套财务报表的每一财务报表的日期或涵盖的期间。

5. 管理层对财务报表的责任段

(1) 审计报告应当包含标题为"管理层对财务报表的责任"的段落,用以描述被审计单位中负责编制财务报表的人员的责任。

(2) 管理层对财务报表责任段的内容。管理层对财务报表的责任段应当说明,编制财务报表是管理层的责任,这种责任包括:

① 按照适用的财务报告编制基础编制财务报表,并使其实现公允反映。

② 设计、执行和维护必要的内部控制,以使财务报表不存在由于舞弊或错误导致的重大错报。

6. 审计人员的责任段

(1) 审计报告应当包含标题为"审计人员的责任"的段落。

(2) 审计人员责任段的内容。审计人员的责任段应当说明下列内容:

① 注册会计师的责任是在执行审计工作的基础上对财务报表发表审计意见。

② 注册会计师按照中国注册会计师审计准则的规定执行了审计工作。中国注册会计师审计准则要求审计人员遵守中国注册会计师职业道德守则,计划和执行审计工作以对财务报表是否不存在重大错报获取合理保证。

③ 审计工作涉及实施审计程序,以获取有关财务报表金额和披露的审计证据。选择的审计程序取决于注册会计师的判断,包括对由于舞弊或错误导致的财务报表重大错报风险的评估。在进行风险评估时,注册会计师考虑与财务报表编制和公允披露相关的内部控制,以设计恰当的审计程序,但目的并非对内部控制的有效性发表意见。审计工作还包括评价管理层选用会计政策的恰当性和作出会计估计的合理性,以及评价财务报表的总体列报。

注:如果结合财务报表审计对内部控制的有效性发表意见,应当删除本段中"但目的并非对内部控制的有效性发表意见"的措辞。

④ 注册会计师相信获取的审计证据是充分、适当的,为其发表审计意见提供了基础。

(3) 按照《中国注册会计师审计准则第1101号——审计人员的总体目标和审计工作的基本要求》的规定,除非审计人员已遵守该准则以及与审计工作相关的所有其他审计准则,否则不得在审计报告中声明遵守了审计准则。

7. 审计意见段

(1) 总体要求。

① 审计报告应当包含标题为"审计意见"的段落。

② 审计意见段的内容。审计意见段应当说明,财务报表是否按照适用的会计准则和相关会计制度的规定编制,是否在所有重大方面公允反映了被审计单位的财务状况、经营成果和现金流量。

③ 如果对财务报表发表无保留意见,除非法律法规另有规定,审计意见应当使用"财务报表在所有重大方面按照[适用的财务报告编制基础(如企业会计准则等)]编制,公允反映了……"的措词。

8. 中国注册会计师的签名和盖章

审计报告应当由中国注册会计师签名并盖章。

中国注册会计师在审计报告上签名并盖章,有利于明确法律责任。《财政部关于中国注册会计师在审计报告上签名盖章有关问题的通知》(财会[2001]1035 号)明确规定:

"审计报告应当由两名具备相关业务资格的中国注册会计师签名盖章并经会计师事务所盖章方为有效。

(一) 合伙会计师事务所出具的审计报告,应当由一名对审计项目负最终复核责任的合伙人和一名负责该项目的中国注册会计师签名盖章。

(二) 有限责任会计师事务所出具的审计报告,应当由会计师事务所主任会计师或其授权的副主任会计师和一名负责该项目的中国注册会计师签名盖章。"

9. 会计师事务所的名称、地址及盖章

审计报告应当载明会计师事务所的名称和地址,并加盖会计师事务所公章。

审计人员在审计报告中载明会计师事务所地址时,标明会计师事务所所在的城市即可。

10. 报告日期

审计报告应当注明报告日期。审计报告的日期不应早于审计人员获取充分、适当的审计证据(包括管理层认可对财务报表的责任且已批准财务报表的证据),并在此基础上对财务报表形成审计意见的日期。

11. 标准的审计报告的参考格式

如果审计报告包含"按照相关法律法规的要求报告的事项"部分,审计报告应当区分为"对财务报表出具的审计报告"和"按照相关法律法规的要求报告的事项"两部分。上面提及的审计报告的基本构成要素属于第一部分,置于"对财务报表出具的审计报告"标题下;"按照相关法律法规的要求报告的事项"属于第二部分,置于"对财务报表出具的审计报告"部分之后。

参考格式 17-1　标准的审计报告参考格式

审 计 报 告

ABC 股份有限公司全体股东：

一、对财务报表出具的审计报告

我们审计了后附的 ABC 股份有限公司（以下简称 ABC 公司）财务报表，包括 201× 年 12 月 31 日的资产负债表，201× 年度的利润表、股东权益变动表和现金流量表以及财务报表附注。

（一）管理层对财务报表的责任

编制和公允披露财务报表是 ABC 公司管理层的责任，这种责任包括：(1)按照《企业会计准则》的规定编制财务报表，并使其实现公允反映；(2)设计、执行和维护必要的内部控制，以使财务报表不存在由于舞弊或错误导致的重大错报。

（二）注册会计师的责任

我们的责任是在执行审计工作的基础上对财务报表发表审计意见。我们按照中国注册会计师审计准则的规定执行了审计工作。中国注册会计师审计准则要求我们遵守中国注册会计师职业道德守则，计划和执行审计工作以对财务报表是否不存在重大错报获取合理保证。

审计工作涉及实施审计程序，以获取有关财务报表金额和披露的审计证据。选择的审计程序取决于注册会计师的判断，包括对由于舞弊或错误导致的财务报表重大错报风险的评估。在进行风险评估时，我们考虑与财务报表编制和公允披露相关的内部控制，以设计恰当的审计程序，但目的并非对内部控制的有效性发表意见。审计工作还包括评价管理层选用会计政策的恰当性和作出会计估计的合理性，以及评价财务报表的总体披露。

我们相信，我们获取的审计证据是充分、适当的，为发表审计意见提供了基础。

（三）审计意见

我们认为，ABC 公司财务报表已经按照企业会计准则和《××会计制度》的规定编制，在所有重大方面公允反映了 ABC 公司 201× 年 12 月 31 日的财务状况以及 201× 年度的经营成果和现金流量。

二、按照相关法律法规的要求报告的事项

（本部分报告的格式与内容，取决于相关附录法规对其他报告责任的规定。）

××会计师事务所	中国注册会计师：×××（签名并盖章）
（盖章）	中国注册会计师：×××（签名并盖章）
中国××市	201×年×月×日

六、审计报告的编制

1. 编制审计报告的步骤

审计报告一般由审计项目负责人编制,编制审计报告要经过的步骤如图 17-1 所示。

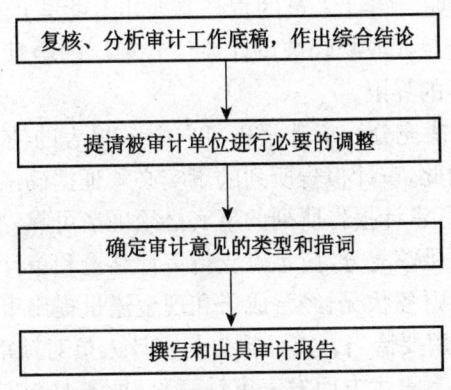

图 17-1 编制审计报告的步骤

(1) 整理分析审计工作底稿。审计项目负责人在对审计工作底稿进行复核、分析的基础上作出综合结论,并以书面形式加以记录。在审计过程中,审计人员积累的审计工作底稿是分散的、不系统的。在编写审计报告时,审计项目负责人应对全部审计工作底稿进行综合分析,去伪存真、去粗取精、由此及彼、由表及里的思考筛选,分清现象资料和本质资料,舍去无关紧要的资料;选择具有代表性的典型资料,形成初步的审计结论,作为编写审计报告的基础。

(2) 提请被审计单位调整财务报表。审计人员对在审计过程中发现的重要的需要调整的事项,需提请被审计单位进行调整。审计报告如用于公布目的的,审计人员应以调整后的财务报表作为审计报告的附件。

(3) 确定审计意见的类型和措词。审计人员应根据被审计单位对调整事项的调整情况以及审计的具体情况确定采取哪种审计意见。对于非标准审计意见,还应考虑如何措词。

(4) 撰写和出具审计报告。在实施以上工作的基础上,由审计项目负责人撰写审计报告。审计报告经会计师事务所的业务负责人复核并修改后,由审计人员和会计师事务所签章,然后送委托人。

2. 编制和使用审计报告的要求

(1) 内容要全面完整。所谓内容全面完整,是指审计报告的基本构成要素必须齐全完备,审计人员在编制审计报告时,应当明确地表明收件人、签发人、签发单位等有关内容,而且一定要按照"引言段""范围段""说明段"(标准审计报告可省略)和"意见段"的结构编制,以确保对审计对象、理由和结论等的明确表述。签署审计报告的日期应为审计人员完成审计工作的日期,不应早于审计人员获取充分、适当的审计证据(包括管理层认可对财务报表的责任且已批准财务报表的证据),并在此基础上对财务报表形成审计意见的日期。

(2)责任界限要分明。审计人员的责任是对审计报告的合法性和公允性负责。审计人员的责任并不能替代或减轻被审计单位管理层的会计责任,因此必须在审计报告中明确指出这两者的界限。

(3)审计证据要确凿充分。审计报告可向财务报表的使用者传递信息,并作为其进行决策的依据。因此,审计报告所列的事实必须证据确凿充分,才能发挥审计报告的鉴证作用。一方面,审计报告所列的事实必须确凿可靠,准确无误;另一方面,审计报告所列的事实必须足够充分,应足以支持审计结论和审计意见的形成,绝不能凭主观愿望对被审计单位财务状况、经营成果和现金流量提出审计意见。

(4)审计报告的使用要恰当。审计报告是审计人员对被审计单位特定时期内与财务报表反映有关的所有重大方面发表审计意见,而不是对被审计单位的全部经营管理活动发表审计意见。因此,审计报告的使用者必须明确这一点。

第三节　非标准审计报告

非标准审计报告是指标准审计报告以外的其他审计报告,包括带强调事项段或其他事项段的无保留意见的审计报告和非无保留意见的审计报告。

《中国注册会计师审计准则第 1501 号——对财务报表形成审计意见和出具审计报告》规定:根据获取的审计证据,得出财务报表整体存在重大错报的结论;或者无法获取充分、适当的审计证据,不能得出财务报表整体不存在重大错报的结论,在这两种情况下应当按照《中国注册会计师审计准则第 1502 号——在审计报告中发表非无保留意见》的规定,在审计报告中发表非无保留意见。

一、非无保留意见的审计报告

(一)非无保留意见的含义

非无保留意见,即保留意见、否定意见和无法表示意见。

《中国注册会计师审计准则第 1502 号——在审计报告中发表非无保留意见》第 3 条的规定:"注册会计师确定恰当的非无保留意见类型,取决于下列事项:(一)导致非无保留意见的事项的性质,是财务报表存在重大错报,还是在无法获取充分、适当的审计证据的情况下,财务报表可能存在重大错报;(二)注册会计师就导致非无保留意见的事项对财务报表产生或可能产生影响的广泛性作出的判断。"

当存在下列情形之一时,审计人员应当在审计报告中对财务报表清楚地发表非无保留意见。

1. 根据获取的审计证据,得出财务报表整体存在重大错报的结论

错报是指某一财务报表项目的金额、分类、列报或披露,与按照适用的财务报告编制基础应当列示的金额、分类、列报或披露之间存在的差异。财务报表的重大错报可能源于:

(1) 选择的会计政策的恰当性。凡是会计准则规定,可以选择运用会计政策的,在选择的会计政策的恰当性方面,当出现下列情形时,财务报表可能存在重大错报:

① 选择的会计政策与适用的财务报告编制基础不一致。管理层选用的会计政策不符合适用的会计准则和相关会计制度的规定;不符合具体情况的需要;没有按照适用的会计准则和相关会计制度的要求得到一贯运用;选用了不适当的会计政策,导致财务报表在所有重大方面未能公允反映被审计单位的财务状况、经营成果和现金流量。

② 财务报表(包括相关附注)没有按照公允披露的方式反映交易和事项。财务报告编制基础通常包括对会计处理、披露和会计政策变更的要求。如果被审计单位变更了重大会计政策,且没有遵守这些要求,财务报表可能存在重大错报。

(2) 对所选择的会计政策的运用。在对所选择的会计政策的运用方面,当出现下列情形时,财务报表可能存在重大错报:

① 管理层没有按照适用的财务报告编制基础的要求一贯运用所选择的会计政策,包括管理层未在不同会计期间或对相似的交易和事项一贯运用所选择的会计政策。

② 不当运用所选择的会计政策(如运用中的无意错误)。

(3) 财务报表披露的恰当性或充分性。

当出现下列情形时,财务报表可能存在重大错报:

① 财务报表没有包括适用的财务报告编制基础要求的所有披露。

② 财务报表的披露没有按照适用的财务报告编制基础列报。

③ 财务报表没有作出必要的披露以实现公允反映。

2. 无法获取充分、适当的审计证据,不能得出财务报表整体不存在重大错报的结论

如果审计人员能够通过实施替代程序获取充分、适当的审计证据,则无法实施特定的程序并不构成对审计范围的限制。

下列情形可能导致审计人员无法获取充分、适当的审计证据、也称为审计范围受到限制:

（1）超出被审计单位控制的情形。超出被审计单位控制的情形，例如：(a) 被审计单位的会计记录已被毁坏。(b) 重要组成部分的会计记录已被政府有关机构无限期地查封。

（2）与审计人员工作的性质或时间安排相关的情形。与审计人员工作的性质或时间安排相关的情形，例如：(a)被审计单位需要使用权益法对联营企业进行核算，审计人员无法获取有关联营企业财务信息的充分、适当的审计证据以评价是否恰当地运用了权益法。(b)审计人员接受审计委托的时间安排，使审计人员无法实施存货监盘。(c)审计人员确定仅实施实质性程序是不充分的，但被审计单位的控制是无效的。

（3）管理层施加限制的情形。管理层对审计范围施加的限制致使审计人员无法获取充分、适当的审计证据的情形，例如：(a)管理层阻止审计人员实施存货监盘。(b)管理层阻止审计人员对特定账户余额实施函证。

管理层施加的限制可能对审计产生其他影响，如审计人员对舞弊风险的评估和对业务保持的考虑。

（二）确定非无保留意见的类型

1. 确定非无保留意见的依据

审计人员确定恰当的非无保留意见类型，取决于下列事项：

（1）导致非无保留意见的事项的性质，是财务报表存在重大错报，还是在无法获取充分、适当的审计证据的情况下，财务报表可能存在重大错报。

（2）审计人员就导致非无保留意见的事项对财务报表产生或可能产生影响的广泛性作出的判断。

表 17-2 列示了对财务报表产生或可能产生影响的广泛性作出的判断，以及注册会计师的判断对审计意见类型的影响。

表 17-2

对财务报表产生或可能产生影响的广泛性作出的判断

导致发表非无保留意见的事项的性质	这些事项对财务报表产生或可能产生影响的广泛性	
	重大但不具有广泛性	重大且具有广泛性
财务报表存在重大错报	保留意见	否定意见
无法获取充分、适当的审计证据	保留意见	无法表示意见

2. 非无保留意见的类型

（1）发表保留意见。当存在下列情形之一时，审计人员应当发表保留意见：

① 在获取充分、适当的审计证据后，审计人员认为错报单独或汇总起来对财务报表影响更大，但不具有广泛性。

审计人员在获取充分、适当的审计证据后，只有当认为财务报表就整体而言是公允的,但还存在对财务报表产生重大影响的错报时,才能发表保留意见。如果审计人员认为错报对财务报表产生的影响极为严重且具有广泛性,则应发表否定意见。

② 审计人员无法获取充分、适当的审计证据以作为形成审计意见的基础,但认为未发现的错报(如存在)对财务报表可能产生的影响重大,但不具有广泛性。

审计人员因审计范围受到限制而发表保留意见还是无法表示意见,取决于无法获取的审计证据对形成审计意见的重要性。审计人员在判断重要性时,应当考虑有关事项潜在影响的性质和范围,以及在财务报表中的重要程度。只有当未发现的错报(如存在)对财务报表可能产生的影响重大但不具有广泛性时,才能发表保留意见。

(2) 发表否定意见。在获取充分、适当的审计证据后,如果认为错报单独或汇总起来对财务报表的影响重大且具有广泛性,审计人员应当发表否定意见。

(3) 发表无法表示意见。如果无法获取充分、适当的审计证据以作为形成审计意见的基础,但认为未发现的错报(如存在)对财务报表可能产生的影响重大且具有广泛性,审计人员应当发表无法表示意见。

在极其特殊的情况下,可能存在多个不确定事项。尽管审计人员对每个单独的不确定事项获取了充分、适当的审计证据,但由于不确定事项之间可能存在相互影响,以及可能对财务报表产生累积影响,审计人员不可能对财务报表形成审计意见。在这种情况下,审计人员应当发表无法表示意见。

(4) 确定非无保留意见的类型需注意的问题。在确定非无保留意见的类型时还需注意以下两点:

① 若管理层对审计范围施加了限制,则应要求管理层消除这些限制。在承接审计业务后,如果注意到管理层对审计范围施加了限制,且认为这些限制可能导致对财务报表发表保留意见或无法表示意见,审计人员应当要求管理层消除这些限制。

如果管理层拒绝消除限制,除非治理层全部成员参与管理被审计单位,审计人员应当就此事项与治理层沟通,并确定能否实施替代程序以获取充分、适当的审计证据。

如果无法获取充分、适当的审计证据,审计人员应当通过下列方式确定其影响:如果未发现的错报(如存在)可能对财务报表产生的影响重大,但不具有广泛性,应当发表保留意见。如果未发现的错报(如存在)可能对财务报表产生的影响重大且具有广泛性,以至于发表保留意见不足以反映情况的严重性,应当在可行时解除业务约定(除非法律法规禁止)。如果法律法规要求注册会计师继续执行审计业务,则注册会计师可能无法解除审计业务约定。如果在出具审计报告之前解除业务约定被禁止或不可行,应当发表无法表示意见。还需要在审计报告中增加其他事项段。

② 对财务报表整体发表否定意见或无法表示意见应注意的事项。如果认为有必要对财务报表整体发表否定意见或无法表示意见,审计人员不应在同一审计报告

中对按照相同财务报告编制基础编制的单一财务报表或者财务报表特定要素、账户或项目发表无保留意见。

（三）非无保留意见审计报告的格式和内容

1. 导致非无保留意见的事项段

（1）审计报告格式和内容的一致性。如果对财务报表发表非无保留意见，除在审计报告中包含《中国注册会计师审计准则第 1501 号——对财务报表形成审计意见和出具审计报告》规定的审计报告要素外，审计人员应当直接在审计意见段之前增加一个段落，并使用恰当的标题，如"导致保留意见的事项""导致否定意见的事项"或"导致无法表示意见的事项"，说明导致发表非无保留意见的事项。

审计报告格式和内容的一致性有助于提高使用者的理解和识别存在的异常情况。因此，尽管不可能统一非无保留意见的措辞和对导致非无保留意见的事项的说明，但仍有必要保持审计报告格式和内容的一致性。

（2）量化财务影响。如果财务报表中存在与具体金额（包括定量披露）相关的重大错报，审计人员应当在导致非无保留意见的事项段中说明并量化该错报的财务影响。举例来说，如果存货被高估，审计人员就可以在审计报告的导致非无保留意见的事项段中说明该重大错报的财务影响，即量化其对所得税、税前利润、净利润和股东权益的影响。如果无法量化财务影响，审计人员应当在导致非无保留意见的事项段中说明这一情况。

（3）存在与叙述性披露相关的重大错报。如果财务报表中存在与叙述性披露相关的重大错报，审计人员应当在导致非无保留意见的事项段中解释该错报错在何处。

（4）存在与应披露而未披露信息相关的重大错报。如果财务报表中存在与应披露而未披露信息相关的重大错报，审计人员应当：

① 与治理层讨论未披露信息的情况。

② 在导致非无保留意见的事项段中描述未披露信息的性质。

③ 如果可行并且已针对未披露信息获取了充分、适当的审计证据，在导致非无保留意见的事项段中应包含对未披露信息的披露，除非法律法规禁止。

④ 如果管理层还没有作出这些披露，或管理层已作出但审计人员不易获取这些披露；根据审计人员的判断，在审计报告中披露该事项过于庞杂；则在导致非无保留意见的事项段中也可不披露这些信息。

（5）无法获取充分、适当的审计证据。由此导致发表非无保留意见，审计人员应当在导致非无保留意见的事项段中说明无法获取审计证据的原因。

（6）披露其他事项。即使发表了否定意见或无法表示意见，审计人员也应当在导致非无保留意见的事项段中说明注意到的、将导致发表非无保留意见的所有其他事项及其影响。这些事项的披露可能与财务报表使用者的信息需求相关。

2. 审计意见段

（1）标题。在发表非无保留意见时,注册会计师应当对审计意见段使用恰当的标题,如"保留意见""否定意见"或"无法表示意见"。

（2）发表保留意见。当由于财务报表存在重大错报而发表保留意见时,审计人员应当根据适用的财务报告编制基础在审计意见段中说明:审计人员认为,除了导致保留意见的事项段所述事项产生的影响外,财务报表在所有重大方面按照适用的财务报告编制基础编制,并实现公允反映。

当无法获取充分、适当的审计证据而导致发表保留意见时,审计人员应当在审计意见段中使用"除……可能产生的影响外"等措词。

当审计人员发表保留意见时,在审计意见段中使用"由于上述解释"或"受……影响"等措词是不恰当的,因为这些措辞不够清晰或没有足够的说服力。

（3）发表否定意见。当发表否定意见时,审计人员应当在审计意见段中说明:审计人员认为,由于导致否定意见的事项段所述事项的重要性,财务报表没有在所有重大方面按照适用的财务报告编制基础编制,未能实现公允反映。

（4）发表无法表示意见。当发表无法表示意见时,审计人员应当在审计意见段中说明:由于导致无法表示意见的事项段所述事项的重要性,审计人员无法获取充分、适当的审计证据以为发表审计意见提供基础,因此,审计人员不对这些财务报表发表审计意见。

3. 非无保留意见对审计报告要素内容的修改

（1）发表保留意见或否定意见时对审计报告要素内容的修改。当发表保留意见或否定意见时,审计人员应当修改对注册会计师责任的描述,以说明:注册会计师相信,注册会计师已获取的审计证据是充分、适当的,为发表非无保留意见提供了基础。

（2）发表无法表示意见时对审计报告要素内容的修改。当由于无法获取充分、适当的审计证据而发表无法表示意见时,审计人员应当修改审计报告的引言段,说明注册会计师接受委托审计财务报表。

审计人员还应当修改对注册会计师责任和审计范围的描述,并仅能作出如下说明:"我们的责任是在按照中国注册会计师审计准则的规定执行审计工作的基础上对财务报表发表审计意见。但由于导致无法表示意见的事项段中所述的事项,我们无法获取充分、适当的审计证据以为发表审计意见提供基础。"

当拟在审计报告中发表非无保留意见时,注册会计师应当与治理层沟通导致拟发表非无保留意见的情况,以及拟使用的非无保留意见措词。

（四）非无保留意见的审计报告的参考格式

1. 保留意见的审计报告的参考格式

（1）名称。由于财务报表存在重大错报而发表保留意见的审计报告。

（2）背景信息。

① 对被审计单位管理层按照企业会计准则编制的整套通用目的财务报表执行审计。

② 审计业务约定条款中说明的管理层对财务报表的责任，与《中国注册会计师审计准则第 1111 号——就审计业务约定条款达成一致意见》的规定一致。

（3）存货存在错报，该错报对财务报表影响重大但不具有广泛性。

（4）除对财务报表实施审计外，注册会计师还承担法律法规要求的其他报告责任，且注册会计师决定在审计报告中履行其他报告责任。

参考格式 17-2　保留意见的审计报告的参考格式

审 计 报 告

ABC 股份有限公司全体股东：

一、对财务报表出具的审计报告

我们审计了后附的 ABC 股份有限公司（以下简称 ABC 公司）财务报表，包括 2014 年 12 月 31 日的资产负债表、2014 年度的利润表、现金流量表和股东权益变动表以及财务报表附注。

（一）管理层对财务报表的责任

编制和公允披露财务报表是 ABC 公司管理层的责任，这种责任包括：（1）按照《企业会计准则》的规定编制财务报表，并使其实现公允反映。（2）设计、执行和维护必要的内部控制，以使财务报表不存在由于舞弊或错误导致的重大错报。

（二）注册会计师的责任

我们的责任是在执行审计工作的基础上对财务报表发表审计意见。我们按照中国注册会计师审计准则的规定执行了审计工作。中国注册会计师审计准则要求我们遵守中国注册会计师职业道德守则，计划和执行审计工作以对财务报表是否不存在重大错报获取合理保证。

审计工作涉及实施审计程序，以获取有关财务报表金额和披露的审计证据。选择的审计程序取决于注册会计师的判断，包括对由于舞弊或错误导致的财务报表重大错报风险的评估。在进行风险评估时，注册会计师考虑与财务报表编制和公允披露相关的内部控制，以设计恰当的审计程序，但目的并非对内部控制的有效性发表意见。审计工作还包括评价管理层选用会计政策的恰当性和作出会计估计的合理性，以及评价财务报表的总体列报。

我们相信，我们获取的审计证据是充分、适当的，为发表保留意见提供了基础。

（三）导致保留意见的事项

ABC 公司 2014 年 12 月 31 日资产负债表中存货的列示金额为 × 元。管理层根据成本对存货进行计量,而没有根据成本与可变现净值孰低的原则进行计量,这不符合企业会计准则的规定。公司的会计记录显示,如果管理层以成本与可变现净值孰低来计量存货,存货列示金额将减少×元。相应地,资产减值损失将增加×元,所得税、净利润和股东权益将分别减少×元、×元和×元。

(四)保留意见

我们认为,除"(三)导致保留意见的事项"段所述事项产生的影响外,ABC公司财务报表在所有重大方面按照企业会计准则的规定编制,公允反映了ABC公司2014年12月31日的财务状况以及2014年度的经营成果和现金流量。

二、按照相关法律法规的要求报告的事项

(本部分报告的格式和内容,取决于相关法律法规对其他报告责任的规定。)

××会计师事务所	中国注册会计师:×××
(盖章)	(签名并盖章)
	中国注册会计师:×××
	(签名并盖章)
中国××市	二○一五年×月×日

2.否定意见的审计报告的参考格式

(1)名称。由于财务报表存在重大错报而发表否定意见的审计报告。

(2)背景信息。

① 对被审计单位管理层按照企业会计准则编制的整套通用目的财务报表执行审计。

② 审计业务约定条款中说明的管理层对财务报表的责任,与《中国注册会计师审计准则第1111号——就审计业务约定条款达成一致意见》的规定一致。

③ 财务报表中的长期股权投资未按企业会计准则的规定采用权益法核算,若按权益法核算,企业利润将减少,将由盈利变为亏损。

④ 除对财务报表实施审计外,注册会计师还承担法律、法规要求的其他报告责任,且注册会计师决定在审计报告中履行其他报告责任。

参考格式17-3 否定意见的审计报告的参考格式

审 计 报 告

ABC股份有限公司全体股东:

一、对合并财务报表出具的审计报告

我们审计了后附的ABC股份有限公司(以下简称ABC公司)的合并财务报表,包括2014年12月31日的合并资产负债表、2014年度的合并利润表、合并现金流量表和合并股东权益变动表以及财务报表附注。

（一）管理层对合并财务报表的责任

编制和公允披露合并财务报表是 ABC 公司管理层的责任，这种责任包括：（1）按照《企业会计准则》的规定编制合并财务报表，并使其实现公允反映。（2）设计、执行和维护必要的内部控制，以使合并财务报表不存在由于舞弊或错误导致的重大错报。

（二）注册会计师的责任

我们的责任是在执行审计工作的基础上对财务报表发表审计意见。我们按照中国注册会计师审计准则的规定执行了审计工作。中国注册会计师审计准则要求我们遵守中国注册会计师职业道德守则，计划和执行审计工作以对合并财务报表是否不存在重大错报获取合理保证。

审计工作涉及实施审计程序，以获取有关合并财务报表金额和披露的审计证据。选择的审计程序取决于注册会计师的判断，包括对由于舞弊或错误导致的合并财务报表重大错报风险的评估。在进行风险评估时，注册会计师考虑与合并财务报表编制和公允披露相关的内部控制，以设计恰当的审计程序，但目的并非对内部控制的有效性发表意见。审计工作还包括评价管理层选用会计政策的恰当性和作出会计估计的合理性，以及评价合并财务报表的总体列报。

我们相信，我们获取的审计证据是充分、适当的，为发表否定意见提供了基础。

（三）导致否定意见的事项

如财务报表附注 7 所述，ABC 公司的长期股权投资未按企业会计准则的规定采用权益法核算。如果按权益法核算，ABC 公司的长期投资账面价值将减少××万元，净利润将减少××万元，从而导致 ABC 公司由盈利××万元变为亏损××万元。

（四）否定意见

我们认为，由于"（三）导致否定意见的事项"段所述事项的重大影响，ABC 公司财务报表没有按照企业会计准则和《××会计制度》的规定编制，未能在所有重大方面公允反映 ABC 公司 2014 年 12 月 31 日的财务状况以及 2014 年度的经营成果和现金流量。

二、按照相关法律、法规的要求报告的事项

（本部分报告的格式和内容，取决于相关法律、法规对其他报告责任的规定。）

××会计师事务所	中国注册会计师：×××
（盖章）	（签名并盖章）
	中国注册会计师：×××
	（签名并盖章）
中国××市	二〇一五年×月×日

3. 无法表示意见的审计报告的参考格式

（1）名称。由于注册会计师无法针对财务报表多个要素获取充分、适当的审计证据而发表无法表示意见的审计报告。

(2)背景信息。

①对被审计单位管理层按照×国财务报告准则编制的整套通用目的财务报表执行审计。

②审计业务约定条款中说明的管理层对财务报表的责任,与《中国注册会计师审计准则第1111号——就审计业务约定条款达成一致意见》的规定一致。

③对财务报表的多个要素,注册会计师无法获取充分、适当的审计证据。例如,对被审计单位的存货和应收账款,注册会计师无法获取审计证据,这一事项对财务报表可能产生的影响重大且具有广泛性。

对于在境外分支机构的投资,注册会计师无法获取充分、适当的审计证据,这一事项对财务报表影响重大但不具有广泛性。

④除对财务报表实施审计外,注册会计师还承担法律法规要求的其他报告责任,且注册会计师决定在审计报告中履行其他报告责任。

参考格式17-4 无法表示意见的审计报告的参考格式

审 计 报 告

ABC股份有限公司全体股东:

一、对财务报表出具的审计报告

我们接受委托,审计后附的ABC股份有限公司(以下简称ABC公司)财务报表,包括2014年12月31日的资产负债表、2014年度的利润表、现金流量表和股东权益变动表以及财务报表附注。

(一)管理层对财务报表的责任

编制和公允披露财务报表是ABC公司管理层的责任,这种责任包括:(1)按照×国财务报告准则的规定编制财务报表,并使其实现公允反映。(2)设计、执行和维护必要的内部控制,以使财务报表不存在由于舞弊或错误导致的重大错报。

(二)注册会计师的责任

我们的责任是在按照中国注册会计师审计准则的规定执行审计工作的基础上对财务报表发表审计意见。但由于"(三)导致无法表示意见的事项"段中所述的事项,我们无法获取充分、适当的审计证据以为发表审计意见提供了基础。

(三)导致无法表示意见的事项

我们于2015年1月接受ABC公司的审计委托,因未能对ABC公司2014年初金额为×元的存货和年末金额为×元的存货实施监盘程序。此外,我们也无法实施替代审计程序获取充分、适当的审计证据。并且,ABC公司于2014年9月采用新的应收账款电算化系统,由于存在系统缺陷导致应收账款出现大量错误。截止审计报告日,管理层仍在纠正系统缺陷并更正错误,我们也无法实施替代审计程序,以对截止 2014 年 12 月 31 日的应收账款总额×元获取充分、适当的审计证据。因此,我们无法确定是否有必要对存货、应收账款以及财务报表其他项目作出调整,也无法确定应调整的金额。

(四)无法表示意见

由于"(三)导致无法表示意见的事项"段所述事项的重要性,我们无法获取充分、适当的审计证据以为发表审计意见提供了基础,因此,我们不对 ABC 公司财务报表发表审计意见。

二、按照相关法律、法规的要求报告的事项

(本部分报告的格式和内容,取决于相关法律、法规对其他报告责任的规定。)

××会计师事务所　　　　　　　　　　　中国注册会计师:×××

(盖章)　　　　　　　　　　　　　　　　　　(签名并盖章)

　　　　　　　　　　　　　　　　　　中国注册会计师:×××

　　　　　　　　　　　　　　　　　　　　(签名并盖章)

中国××市　　　　　　　　　　　　　二〇一五年×月×日

二、审计报告的强调事项段

审计报告的强调事项段是指注册会计师在审计意见段之后增加的对重大事项予以强调的段落。

1. 强调事项段的含义

《中国注册会计师审计准则第 1503 号——在审计报告中增加强调事项段和其他事项段》规定:强调事项段,是指审计报告中含有的一个段落,该段落提及已在财务报表中恰当列报或披露的事项,根据注册会计师的职业判断,该事项对财务报表使用者理解财务报表至关重要。

强调事项段用来强调:

(1)该事项已在财务报表中恰当列报或披露。

(2)审计人员根据职业判断认为该事项对财务报表使用者理解财务报表至关重要。

2. 强调事项应当同时符合下列条件

(1)可能对财务报表产生重大影响,但被审计单位进行了恰当的会计处理,且在财务报表中作出充分披露。

(2)不影响审计人员发表的审计意见。

(3)审计人员应当在强调事项段中指明,该段内容仅用于提醒财务报表使用者关注,并不影响已发表的审计意见。

从审计理论上讲,审计人员在审计意见段之前增加说明段,用来说明发表保留意见、否定意见和无法表示意见的理由;而在意见段之后增加强调事项段,只是增加审计报告的信息含量,提高审计报告的有用性,不影响发表的审计意见。

如果以强调事项段代替发表审计意见,就会导致审计报告类型出现混乱。

3. 增加强调事项段的情形

审计人员可能认为需要增加强调事项段的情形举例如下:(a)异常诉讼或监管行动的未来结果存在不确定性。(b)提前应用(在允许的情况下)对财务报表有广泛影响的新会计准则。(c)存在已经或持续对被审计单位财务状况产生重大影响的特大灾难。

由于增加强调事项段是为了提醒财务报表使用者关注某些事项,并不影响审计人员的审计意见,为了使财务报表使用者明确这一点,审计人员应当在强调事项段中指明,该段内容仅用于提醒财务报表使用者关注,并不影响已发表的审计意见。

4. 在审计报告中增加强调事项段

强调事项段的使用限制在财务报表已列报或披露的事项上。如果在审计报告中增加强调事项段,审计人员应当采取下列措施:(a)将强调事项段紧接在审计意见段之后。(b)使用"强调事项"或其他适当标题。(c)明确提及被强调事项以及相关披露的位置,以便能够在财务报表中找到对该事项的详细描述。(d)指出审计意见没有因该强调事项而改变。

5. 增加强调事项段不能代替的情形。

(1)根据审计业务的具体情况,审计人员需要发表保留意见、否定意见或无法表示意见。

(2)适用的财务报告编制基础要求管理层在财务报表中作出的披露。

6. 增加强调事项段时与治理层的沟通

如果拟在审计报告中增加强调事项段或其他事项段,审计人员应当就该事项和拟使用的措辞与治理层沟通。

7. 具有重大不确定事项的带强调事项段的无保留意见审计报告

参考格式17 5 具有重大不确定事项带强调事项段无保留意见审计报告参考格式

审 计 报 告

ABC股份有限公司全体股东:

一、对财务报表出具审计报告

我们审计了后附的ABC股份有限公司(以下简称ABC公司)财务报表,包括2014年12月31日的资产负债表、2014年度的利润表、股东权益变动表和现金流量表以及财务报表附注。

（一）管理层对财务报表的责任

编制和公允披露财务报表是 ABC 公司管理层的责任,这种责任包括:(1)按照《企业会计准则》的规定编制财务报表,并使其实现公允反映。(2)设计、执行和维护必要的内部控制,以使财务报表不存在由于舞弊或错误导致的重大错报。

（二）注册会计师的责任

我们的责任是在执行审计工作的基础上对财务报表发表审计意见。我们按照中国注册会计师审计准则的规定执行了审计工作。中国注册会计师审计准则要求我们遵守中国注册会计师职业道德守则,计划和执行审计工作以对财务报表是否不存在重大错报获取合理保证。

审计工作涉及实施审计程序,以获取有关财务报表金额和披露的审计证据。选择的审计程序取决于注册会计师的判断,包括对由于舞弊或错误导致的财务报表重大错报风险的评估。在进行风险评估时,我们考虑与财务报表编制和公允披露相关的内部控制,以设计恰当的审计程序,但目的并非对内部控制的有效性发表意见。审计工作还包括评价管理层选用会计政策的恰当性和作出会计估计的合理性,以及评价财务报表的总体列报。

我们相信,我们获取的审计证据是充分、适当的,为发表审计意见提供了基础。

（三）审计意见

我们认为,ABC 公司财务报表已经按照企业会计准则和《企业会计制度》的规定编制,在所有重大方面公允反映了 ABC 公司 2014 年 12 月 31 日的财务状况以及2014 年度的经营成果和现金流量。

（四）强调事项

我们提醒财务报表使用者关注,如财务报表附注 6 所述,2014 年 12 月 20 日,ABC公司被 Y 公司指控侵犯了专利权,要求其赔偿损失×万元。法院已经受理,但尚未审理。ABC 公司的法律顾问认为,ABC 公司很可能败诉。如果 ABC 公司败诉,停止使用专利权并赔偿 Y 公司损失将会对其财务状况、经营成果和现金流量产生重大影响。ABC 公司已经合理确认了相关损失。本段内容并不影响已发表的审计意见。

二、按照相关法律、法规的要求报告的事项

（本部分报告的格式和内容,取决于相关法律、法规对其他报告责任的规定。）

××会计师事务所 　　　　　　　　　　　中国注册会计师:×××

（盖章）　　　　　　　　　　　　　　　　　　（签名并盖章）

　　　　　　　　　　　　　　　　　　　　中国注册会计师:×××

　　　　　　　　　　　　　　　　　　　　　　（签名并盖章）

中国××市 　　　　　　　　　　　　　二〇一五年×月×日

8. 带强调事项段的保留意见的审计报告

(1) 名称。带强调事项段的保留意见的审计报告的参考格式。

(2) 背景信息。

① 对被审计单位管理层按照企业会计准则编制的整套通用目的财务报表执行审计。

② 审计业务约定条款中说明的管理层对财务报表的责任,与《中国注册会计师审计准则第1111号——就审计业务约定条款达成一致意见》的规定一致。

③ 异常的未决诉讼事项存在不确定性。

④ 由于违反企业会计准则的规定导致发表保留意见。

⑤ 除对财务报表实施审计外,注册会计师还承担法律法规要求的其他报告责任,且注册会计师决定在审计报告中履行其他报告责任。

参考格式17-6 带强调事项段的保留意见审计报告的参考格式

审 计 报 告

ABC股份有限公司全体股东:

一、对财务报表出具的审计报告

我们审计了后附的ABC股份有限公司(以下简称ABC公司)财务报表,包括2014年12月31日的资产负债表、2014年度的利润表、现金流量表和股东权益变动表以及财务报表附注。

(一)管理层对财务报表的责任

编制和公允披露财务报表是ABC公司管理层的责任,这种责任包括:(1)按照《企业会计准则》的规定编制财务报表,并使其实现公允反映。(2)设计、执行和维护必要的内部控制,以使财务报表不存在由于舞弊或错误导致的重大错报。

(二)注册会计师的责任

我们的责任是在执行审计工作的基础上对财务报表发表审计意见。我们按照中国注册会计师审计准则的规定执行了审计工作。中国注册会计师审计准则要求我们遵守中国注册会计师职业道德守则,计划和执行审计工作以对财务报表是否不存在重大错报获取合理保证。

审计工作涉及实施审计程序,以获取有关财务报表金额和披露的审计证据。选择的审计程序取决于注册会计师的判断,包括对由于舞弊或错误导致的财务报表重大错报风险的评估。在进行风险评估时,我们考虑与财务报表编制和公允披露相关的内部控制,以设计恰当的审计程序,但目的并非对内部控制的有效性发表意见。审计工作还包括评价管理层选用会计政策的恰当性和作出会计估计的合理性,以及评价财务报表的总体列报。

我们相信,我们获取的审计证据是充分、适当的,为发表保留意见提供了基础。

(三)导致保留意见的事项

ABC公司于2014年12月31日资产负债表中反映的交易性金融资产为×元,ABC公司管理层对这些交易性金融资产未按照公允价值进行后续计量,而是按照其历史成本进行计量,这不符合企业会计准则的规定。如果按照公允价值进行后续计量,ABC公司2014年度的利润表中公允价值变动损失将增加×元,2014年12月31日资产负债表中交易性金融资产将减少×元,相应地,所得税、净利润和股东权益将分别减少×元、×元和×元。

(四)保留意见

我们认为,除"(三)导致保留意见的事项"段所述事项产生的影响外,ABC公司财务报表在所有重大方面按照企业会计准则的规定编制,公允反映了ABC公司2014年12月31日的财务状况以及2014年度的经营成果和现金流量。

(五)强调事项段

我们提醒财务报表使用者关注,如财务报表附注×所述,截止财务报表批准日,XYZ公司对ABC公司提出的诉讼尚在审理中,其结果具有不确定性。本段内容不影响已发表的审计意见。

二、按照相关法律法规的要求报告的事项

(本部分报告的格式和内容,取决于相关法律法规对其他报告责任的规定。)

××会计师事务所	中国注册会计师:×××
(盖章)	(签名并盖章)
	中国注册会计师:×××
	(签名并盖章)
中国××市	二○一五年×月×日

三、审计报告的其他事项段

1. 其他事项段的含义

其他事项段是指审计报告中含有的一个段落,该段落提及未在财务报表中列报或披露的事项,根据审计人员的职业判断,该事项与财务报表使用者理解审计工作、审计人员的责任或审计报告相关。

2. 需要增加其他事项段的情形

需要在审计报告中增加其他事项段的情形包括:

(1)与使用者理解审计工作相关的情形。由于管理层对审计范围施加的限制导致无法获取充分、适当的审计证据,且可能产生的影响具有广泛性,而审计人员又不能解除业务约定。在这种情况下,审计人员可能认为有必要在审计报告中增加其他事项段,解释为何不能解除业务约定。

(2) 与使用者理解审计人员的责任或审计报告相关的情形。法律、法规或得到广泛认可的惯例可能要求或允许审计人员详细说明某些事项,以进一步解释审计人员在财务报表审计中的责任或审计报告。在这种情况下,审计人员以使用一个或多个子标题来描述其他事项段的内容。

但增加其他事项段不涉及以下两种情形:

① 除根据审计准则的规定有责任对财务报表出具审计报告外,审计人员还有其他报告责任。

② 审计人员可能被要求实施额外的规定的程序并予以报告,或对特定事项发表意见。

(3) 对两套以上财务报表出具审计报告的情形。审计人员可以在审计报告中增加其他事项段,说明该被审计单位根据另一个通用目的编制基础(如国际财务报告准则)编制了另一套财务报表以及审计人员对这些财务报表出具了审计报告。

(4) 限制审计报告分发和使用的情形(特殊目的的审计报告)。为特定目的编制的财务报表可能按照通用目的编制基础编制,因为财务报表预期使用者已确定这种通用目的的财务报表能够满足他们对财务信息的需求。由于审计报告旨在提供给特定使用者,审计人员可能认为在这种情况下需要增加其他事项段,说明审计报告只是提供给财务报表预期使用者,不应被分发给其他机构或人员或者被其他机构或人员使用。

3. 其他事项段的位置

其他事项段放置的位置取决于拟沟通信息的性质。

(1) 当增加其他事项段旨在提醒使用者关注与理解审计相关的事项,该段落需要紧接在强调事项段之后。

(2) 当增加其他事项段旨在提醒使用者关注与其他报告责任相关的事项时,该段落可以置于"按照相关法律法规的要求报告的事项"的部分内。

(3) 当其他事项段与审计人员的责任或使用者理解审计报告相关时,可以单独作为一部分,置于"对财务报表出具的审计报告"和"按照相关法律法规的要求报告的事项"之后。

4. 与治理层的沟通

如果拟在审计报告中增加强调事项段或其他事项段,审计人员应当就该事项和拟使用的措辞与治理层沟通。

关键术语

审计报告　书面声明　审计报告的要素　标准审计报告　非标准审计报告
无保留意见　保留意见　否定意见　无法表示意见　强调事项段　其他事项段

案例剖析题

【案例剖析题 17-1】

ABC 会计师事务所于 2014 年 12 月 30 日接受了×股份有限公司(以下简称×公司)的审计委托,该公司注册资本为 1 500 万元,审计前财务报表的资产总额为 3 500 万元。

ABC 会计师事务所委派审计人员 A 和 B 共同承担×公司的审计业务。他们在制定总体审计策略时确定的财务报表层次的重要性水平为 150 万元。审计项目组于 2015 年 2 月 15 日完成了对×公司整套财务报表的审计工作。×公司 2014 年度财务报告于 2015 年 2 月 17 日获董事会批准,并于同日报送证券交易所。在对×公司审计过程中,A 和 B 审计人员注意到以下事项:

(1)×公司 2014 年 12 月份因流动资金紧张,未能及时支付供应商材料款 50 万元。

(2)×公司在国外一家联营企业内据称有 675 万元的长期投资,2014 年投资收益为 175 万元,A 和 B 审计人员未能取得上面所述的联营企业经审计的财务报表,也未能采取其他程序查明此项长期投资和投资收益的金额是否属实。

(3)×公司于 2015 年年初更换了大股东,并成立了新的董事会。继任法定代表人以刚上任不了解以前年度情况为由,拒绝签署 2014 年度已审财务报表和提供管理层声明书。原法定代表人以不再继续履行职责为由,也拒绝签署 2014 年度已审财务报表和提供管理层声明书。

(4)×公司一项自行研发的无形资产,原值 500 万元、预计使用年限为 10 年,采取直线法已计提摊销 150 万元。因竞争对手推出更领先技术,导致该无形资产尚可使用年限缩短为 3 年。经批准,×公司决定自 2015 年起改变计提摊销的时间,并将该事项在 2014 年财务报表附注中进行了披露。

(5)2015 年 2 月 16 日,A 和 B 审计人员发现×公司在财务报表文件中的其他信息中虚报企业 2014 年度投资收益 160 万元。

(6)×公司根据合同使用乙公司专利技术生产产品,该合同于 2014 年 1 月到期后双方没有续签。2014 年 3 月,乙公司因×公司在合同期满后没有停止使用该专利技术而起诉×公司技术侵权,此案正在受理中。×公司按规定在 2014 年财务报表附注中进行了披露。

(7) ×公司占资产总额的 60％的产品存放于某公共仓库,2014 年 12 月该仓库发生火灾,截止审计外勤日结束无法估计损失,也无法实施监盘程序和通过其他程序获取证据。

(8) 2015 年 2 月 3 日,×公司收到退回 2014 年度销售的 A 产品,并且收到税务部门开具的进货退出证明单。该批产品原以 100 万元的售价(不含增值税)销售,A 产品销售成本 60 万元,货款已结算。×公司调整了 2014 年度的主营业务收入和主营业务成本和增值税销项税额。

要求:

如果考虑审计重要性水平,假定被审计单位分别只存在资料的 8 个事项中的 1 个事项,并且拒绝接受审计人员针对各事项提出的审计调整建议(如果有),在不考虑其他条件的前提下,请指出审计人员应当针对该 8 个独立存在的事项分别出具何种意见类型的审计报告。

【题解】

事项	审计意见类型	事项	审计意见类型
(1)	标准无保留意见	(5)	加其他事项的无保留意见
(2)	保留意见	(6)	加强调事项的无保留意见
(3)	无法表示意见	(7)	无法表示意见
(4)	标准无保留意见	(8)	标准无保留意见

【案例剖析题 17-2】

上海东方会计师事务所审计人员李云、张华对 W 股份有限公司 2014 年度财务报表进行审计,确定财务报表层次的重要性水平为 40 万元。审计工作结束日是 2015 年 3 月 28 日。W 股份有限公司 2014 年度审计前财务报表反映的资产总额为 9 000 万元,股东权益总额为 3 600 万元,利润总额为 800 万元。在审计中发现该公司存在以下事项:

(1) 2013 年年末和 2014 年年末应收账款余额分别为 1 300 万元和 1 700 万元,公司的坏账核算方法一直采用备抵法,但将其坏账比例由 2013 年的 5‰变更为 2014 年的 3‰。

(2) 2014 年 7 月 1 日,公司为增加营运资金按面值发行 3 年期,面值为 400 万元,票面利率为 3％的企业债券,当日筹足了资金并按规定作了会计处理(债券发行费用忽略不计)。但当年未计提债券利息。

(3) 2014 年 11 月 30 日,公司清查成品仓库,发现×产品短缺 50 万元,作了借记"待处理财产损溢"账户 50 万元,贷记"产成品"账户 50 万元的会计处理。2015 年 3 月,查清短缺原因,其中属于一般经营损失部分 40 万元,属于非常损失部分 10 万元,由于结账时间在前,公司未在 2014 年度财务报表包含对这一经济业务相应的会计处理。

(4) 2014 年 1 月,公司购买价格为 40 万元的管理部门用轿车一辆并已入账,当月启用,但当年未计提折旧,该类固定资产预计使用年限为 5 年,预计净残值率为 5%,按直线法计提折旧。

(5) 2015 年 1 月 16 日,公司原材料仓库因火灾造成原材料毁损 300 万元,公司于当月按规定进行了相应的会计处理。

要求:

(1) 假定不考虑审计重要性水平,分别针对审计发现的上述五个事项,审计人员李云、张华应提出何种处理建议?若需要提出调整建议,应列示审计调整分录(不考虑审计调整分录对税费、期末结转损益及利润分配的影响)。

(2) 如果 W 股份有限公司拒绝接受审计人员针对审计发现的五个事项所提出的相应的处理意见,审计人员应当出具何种意见类型的审计报告?并简要说明理由。

(3) 如果 W 股份有限公司只存在上述第(4)和第(5)这两个事项,并且接受审计人员对第(5)个事项提出的相应处理意见,审计人员应当出具何种意见类型的审计报告?并简要说明理由。

(4) 如果 W 股份有限公司只存在上述第(3)、第(4)、第(5)这三个事项,并且接受审计人员对第(5)个事项提出的相应处理意见,但拒绝接受对第(3)和第(4)个两个事项的处理意见,请代审计人员编一份审计报告。

【题解】

(1) 针对第一种情况:

审计发现的上述第①个事项属于《企业会计准则——会计政策和会计估计》中的会计估计变更的内容,应建议公司在财务报表附注中披露会计估计的内容和理由,以及会计估计变更的影响。

针对第二种情况:

审计发现的上述第②个事项影响利润总额 6 万元 $\left(400 \times 3\% \times \dfrac{6}{12} = 6\right)$,应建议公司调整,审计调整分录为:

借:财务费用　　　　　　　　　　　　　　　　　　　　60 000
　贷:应付债券——应计利息　　　　　　　　　　　　　　　　60 000

第三种情况:

审计发现的上述第③个事项属于《企业会计准则——资产负债表日事项》规定的资产负债表日后事项中的调整事项,该事项影响利润总额 50 万元,应建议公司调整,审计调整分录为:

借：管理费用　　　　　　　　　　　　　　　　　　　　　　　400 000

　　营业外支出　　　　　　　　　　　　　　　　　　　　　　100 000

　　贷：待处理财产损溢　　　　　　　　　　　　　　　　　　　500 000

第四种情况：

审计发现的上述第④个事项影响（虚增）利润总额为 6.97 万元（40×（1−5%）÷ 5× $\frac{11}{12}$ ＝69 666 ≒ 69 700），应建议调整

借：管理费用　　　　　　　　　　　　　　　　　　　　　　　69 700

　　贷：固定资产——累计折旧　　　　　　　　　　　　　　　　69 700

第五种情况：

审计发现的上述第⑤个事项属于资产负债表日后非调整事项，应建议公司在财务报表附注中予以披露。

（2）如果 W 股份有限公司拒绝接受审计人员针对审计发现的五个事项所提出的相应的处理意见，审计人员应当出具保留意见的审计报告。因为：上述公司未调整或未披露的第①、第②、第③、第④、第⑤这五个事项，均属于不符合国家颁布的《企业会计准则》和相关会计制度的规定，但没有达到出具否定意见的程度。

（3）如果 W 股份有限公司只存在上述第（4）和第（5）这两个事项，并且接受审计人员对第（5）个事项提出的相应处理意见，审计人员应当出具无保留意见的审计报告。因为：第（4）个事项仅影响利润总额 6.97 万元，远远小于财务报表层次的重要性水平为 40 万元，所以，仅就该事项而言，审计人员应出具无保留意见的审计报告。

（4）如果 W 股份有限公司只存在上述第（3）、第（4）、第（5）这三个事项，并且接受审计人员对第（5）个事项提出的相应处理意见，但拒绝接受对第（3）和第（4）这两个事项的处理意见，审计人员应出具保留意见的审计报告。因为：第（3）和第（4）这两个事项影响利润总额 56.97 万元，超过了财务报表层次的重要性水平 40 万元，故财务报表存在重大错报，应出具保留意见的审计报告。

审 计 报 告

W 股份有限公司全体股东：

一、对财务报表出具的审计报告

我们审计了后附的 W 股份有限公司（以下简称 W 公司）2014 年度财务报表，包括 2014 年 12 月 31 日的资产负债表，2014 年度的利润表、现金流量表和股东权益变动表以及财务报表附注。

（一）管理层对财务报表的责任

编制和公允披露财务报表是 W 公司管理层的责任，这种责任包括：（1）按照《企

业会计准则》的规定编制财务报表,并使其实现公允反映;(2)设计、执行和维护必要的内部控制,以使财务报表不存在由于舞弊或错误导致的重大错报。

（二）审计人员的责任

我们的责任是在执行审计工作的基础上对财务报表发表审计意见。我们按照中国审计人员审计准则的规定执行了审计工作。中国审计人员审计准则要求我们遵守中国审计人员职业道德守则,计划和执行审计工作以对财务报表是否不存在重大错报获取合理保证。

审计工作涉及实施审计程序,以获取有关合并财务报表金额和披露的审计证据。选择的审计程序取决于审计人员的判断,包括对由于舞弊或错误导致的财务报表重大错报风险的评估。在进行风险评估时,审计人员考虑与财务报表编制和公允披露相关的内部控制,以设计恰当的审计程序,但目的并非对内部控制的有效性发表意见。审计工作还包括评价管理层选用会计政策的恰当性和作出会计估计的合理性,以及评价财务报表的总体披露。

我们相信,我们获取的审计证据是充分、适当的,为发表保留意见提供了基础。

（三）导致保留意见的事项

2014年11月30日,公司清查成品仓库,发现×产品短缺50万元。2015年3月,查清短缺原因,其中属于一般经营损失部分40万元,属于非常损失部分10万元,由于结账时间在前,公司未在2014年度财务报表包含对这一经济业务相应的会计处理。这将使×产品库存商品减少50万元,导致资产减少50万元,从而使该公司利润减少50万元。

2011年1月,公司购买价格为40万元管理部门用轿车一辆并已入账,当月启用,但当年未计提折旧,从而使该公司虚增利润6.97万元。

（四）保留意见

我们认为,除"（三）导致保留意见的事项"段所述事项产生的影响外,ABC公司财务报表在所有重大方面按照企业会计准则的规定编制,公允反映了ABC公司2014年12月31日的财务状况以及2014年度的经营成果和现金流量。

二、按照相关法律、法规的要求报告的事项

（本部分报告的格式和内容,取决于相关法律、法规对其他报告责任的规定。）

东方会计师事务所   中国审计人员:李云

（盖章）   （签名并盖章）

                                        中国审计人员:张华

                                        （签名并盖章）

中国上海市   二〇一五年三月二十八日

本章要点概览

　　本章的主要内容是完成审计工作,撰写审计报告。本章的重点是撰写标准审计报告和非标准审计报告。

　　审计完成阶段是审计的总结阶段,需要评价审计中的重大发现、汇总审计差异、复核审计工作底稿和财务报表、评价独立性和道德问题、取得管理层的书面声明。

　　审计报告是指审计人员根据中国审计人员审计准则的规定,在实施审计工作的基础上对被审计单位财务报表发表审计意见的书面文件。

　　本章介绍了审计报告的作用、审计意见的形成、审计报告的类型、审计报告的基本内容、审计报告的编制及如何撰写审计报告等。

　　审计报告包括标准审计报告和非标准审计报告。非标准审计报告,是指标准审计报告以外的其他审计报告,包括带强调事项段或其他事项段的无保留意见的审计报告和非无保留意见的审计报告。非无保留意见,即保留意见、否定意见和无法表示意见。介绍了标准审计报告、带强调事项段无保留意见审计报告、保留意见审计报告、否定意见审计报告和无法表示意见审计报告的多个范例。

　　本章提供了两个案例分析。

第十八章　计算机审计

───────学习目的与要求───────

　　本章旨在阐述计算机审计内容与方法。通过本章学习,学生能够理解采用计算机审计的重要性与迫切性,理解计算机审计的含义、特征;了解计算机审计的产生和发展;熟悉计算机审计的作业模式、基本方式和技术方法,掌握计算机舞弊常用手法,计算机审计面临的重大错报风险。

第一节　信息技术环境下的审计概述

一、计算机审计的提出

　　随着信息技术的发展,企业会计电算化不断普及,特别是电子商务和企业资源计划(ERP)系统的广泛应用,给传统审计方法带来极大挑战。企业所有的人、财、物及生产经营业务等,都被纳入一个庞大的系统里面。审计人员在审计一个庞大企业系统时,往往感到难以驾驭。这时,仅能看懂财务报表是不够的,如果无法了解和评价产生财务报表的系统是否安全和可靠,就很难出具真实、公允的审计报告。

　　在计算机应用越来越广泛的情况下,审计的风险控制措施也发生了很大变化。传统审计的风险控制,比如总账和分类账要分离。但在计算机环境下,新的风险控制措施大不一样,比如计算机密码、病毒保护、数据备份、意外间断的处理恢复等。

　　计算机技术给传统审计方法带来了空前挑战:一是内部控制环节的变化,许多传统的控制手段已经失去意义,评价和改进内部控制必须以信息系统的运转为基础;二是管理的风险增加,由于企业经营越来越依赖于信息系统,除了传统意义上的经营风险、控制风险和财务风险之外,企业信息系统安全性导致的信息风险日益增长;三是对复合型高级人才的需求骤增,要求管理者、审计人员和咨询人员必须精通管理和专业的同时还要熟悉信息系统和网络技术。

　　随着计算机技术和通信技术的飞速发展,人类社会已迈入信息社会。审计工作由此面临着来自两方面的压力：(a)审计人员需要利用计算机辅助审计工作,提高工作效率和工作质量。(b)越来越多地被审计单位利用计算机处理财务会计数据和业务数据,迫使审计人员必须掌握计算机技术,对电算化财会系统及其电子账数据进行审计。另一方面,随着审计工作的不断深入,审计部门内部的各项管理工作和档案、报表、信息处理、预测、决策等工作也逐渐地实现了计算机化,为实施计算机审计提供了可能。计算机审计便应运而生了。

二、实施计算机审计的意义

现代审计应该采用计算机审计,实施计算机审计的意义在于以下几个方面。

1. 计算机审计是各个行业计算机管理的客观要求

管理与监督是并行存在的。管理信息系统尤其是会计信息系统的广泛采用,作为一种新的管理工具参与各个行业管理,即计算机管理,非常需要有一种监督体系来保障计算机在各个行业的推广应用。它需要有严密的管理体系来维持其正常运转,同时,各个行业作为国民经济中的一个部门,在账务关系和管理上各行其是,计算机的使用打破了过去的一些常规管理方式,为了适应这种发展的需要,也要求加强对各个行业计算机管理的审计监督,保障各个行业账务安全。

2. 计算机审计是各个行业计算机应用客观实际的要求

一方面,在计算机应用的过程中,出现了盗用对公存款,盗用资金、融资、管理存款,计算机诈骗,利用计算机伺机作案的犯罪案例,为了保障各个行业工作的顺利开展,防止犯罪,审计工作就显得非常重要。另一方面,由于计算机办理业务的隐蔽性,工作中的许多差错一时难以发觉,为了防止给工作带来重大损失,也要求加强计算机审计。随着计算机深入到各个行业业务的各个领域,审计工作的重点将由手工账务的审计转移到对机器账务的审计上来,计算机审计将成为各个行业审计的一项重要内容。

3. 计算机审计是计算机应用安全性的要求

计算机在各个行业应用,有其自身特点。计算机设备是高新技术产品,设备安全不仅要求防盗、防火、防腐,而且在技术上也有很高的要求,目前,各行业制定了许多制度来维护计算机设备的安全。计算机的基本存储设备是磁性介质和光介质,各种软件程序和数据就贮存在磁盘、磁带或光盘、U盘上,这种存贮在磁盘、磁带或光盘、U盘上的数据除了磁性介质设备与光媒介设备本身要防止破坏之外,还要考虑到它具有易于复制,便于拷贝、携带方便、通用的特点。目前的计算机系统普遍采取了联网技术,实行资源共享,联网使得数据传输速度大大提高,资源利用率加强,但一个用户的破坏性行为却会影响其他用户的数据安全和正常运转。因此,数据安全显得极为重要。数据安全给审计工作提出了新的要求。账务安全也是审计的重要方面。

4. 计算机审计是其他业务工作发展的需要

随着业务工作的不断发展,各个行业计算机应用的领域也将日益扩大,计算机管理工作也将成为一项综合管理工作,其内部分工将越来越细,各专业领域与各个行业对应业务部门关系也将日趋紧密,这种情况将对计算机管理提出更高的要求,因此,计算机审计工作必然要适应这种发展需要,不断得到发展。

5. 计算机审计是审计工作发展的必然规律

在计算机应用初期,计算机业务的发展与传统审计业务范围的缩小同时存在,这种状况几乎将各个行业审计工作逼到了"死胡同",只有加强计算机审计,才是审计工作主动出击,克服困难,巩固业务领域,扩大审计成果的必然的正确选择。

第二节　计算机审计的含义、特征与发展过程

一、计算机审计的含义

1. 关于计算机审计含义的三种说法

对于"计算机审计"的确切含义目前尚未形成统一的认识。有观点认为,它是以电子数据处理系统(electronic data processing system, EDP)为对象进行的审计,又称其为EDP审计;也有人认为,它是以会计信息系统为对象进行的审计,并称其为会计信息系统审计;还有人认为,计算机审计是以电子计算机为技术手段所进行的审计。

前两种说法强调计算机审计的对象是电算化信息系统,而不管计算机审计的技术、方法和手段是电算化还是人工的;第三种说法正好相反,它强调计算机审计的技术、方法和手段是电算化的,而不管计算机审计的对象是电算化信息系统还是手工信息系统。

2. 计算机审计的定义

本教材认为,计算机审计可定为:计算机审计是以被审计单位计算机信息系统和底层数据库原始数据为切入点,在对信息系统进行检查测评的基础上,通过对底层数据的采集、转换、清理、验证,形成审计中间表,并运用查询分析、多维分析、数据挖掘等多种技术和方法构建模型进行数据分析,发现趋势、异常和错误,把握总体,突出重点,精确延伸,从而收集审计证据,实现审计目标的审计方式。

显然,计算机审计的这一定义是强调计算机审计的技术、方法和手段必须是电算化的,同时也指出计算机审计的对象是计算机信息系统和底层数据库原始数据。计算机审计是基于计算机、通信和网络技术进行的审计活动,主要包括数据审计和系统审计两个方面。

(1) 数据审计。数据审计是对计算机管理的数据进行检查,通常是财务数据审

计,必要时也对业务数据和管理数据进行审计。与手工审计相比,计算机数据审计基本的审计目标与审计范围是相同的,只是审计的方法和技术发生了改变,主要是审计人员和被审计单位双方都利用计算机作为作业的工具,即一方用计算机记录财务会计核算和经营管理数据,另一方用计算机进行审计。

（2）系统审计。系统审计又称信息系统审计,是对管理数据的计算机系统进行检查,通常是对与被审计单位经营活动密切相关的信息系统的安全性、可靠性和有效性进行检查评估。系统审计的主要目标是发现并揭示计算机信息系统设计、运行、管理和维护中存在的问题与风险,明确置信程度,促使其安全有效运行,正确处理业务,提供可靠的财务会计信息。

系统审计的主要内容包括检查、测试计算机软件在合法性、正确性、安全性等方面是否存在漏洞和缺陷,有无非法和错误的处理和控制等;查处利用计算机应用软件进行欺诈与舞弊的问题。

更高一级的系统审计是信息系统生命周期审计,即对信息系统规划、分析、设计、编码、测试、运行和维护等系统生命周期的各个阶段进行审计。

3. 计算机数据审计的对象

计算机审计中,数据审计的对象不再是纸质的账目凭证等,而是存储在计算机中的电子数据。由于这些电子数据通过计算机信息系统进行输入、处理和输出,所以计算机信息系统本身也要纳入审计范围。

二、计算机审计的特征

1. 计算机审计是以系统论为指导的各个行业审计的一项重要内容

计算机审计就是要从系统论的高度来研究的新的审计方式,它把审计对象作为一个系统,使被审计单位的信息都在审计监督范围之内。审计人员到一个单位去,一进去就掌握整个资料,通过系统分析、对照、比较,选择其中最薄弱环节作为重点,找出核心问题所在,从总体上予以把握。同时,各个行业审计在长期实践中形成的一套审计程序,审计理论,取得的一些理论和实践成果对于计算机审计仍然具有较强的指导意义。

2. 计算机审计审计取证的切入点是信息系统和底层电子数据

采用电算化记账方式,除了传票数据输入仍然由手工办理之外,结算处理,内部业务处理,账、册、打印输出报表均由机器来完成,"账簿"也由手工账簿变成了机器中的文件,存放在磁性介质或光媒介质中。

过去的计算机审计往往只关注对数据的审计,而忽略或绕过对信息系统的测试和审计。事实上,非底层的电子数据产生于信息系统,如果不对信息系统进行测试和审计,我们就无法评价这些电子数据的真实性,在此基础上建立的审计模型和数据分析结果的可靠性也将大大降低。在现实的经济活动中,利用计算机作弊,进行违法犯罪活动越来越多,信息系统本身存在的漏洞给社会的商品经济造成直接经济损失的事例时有发生,并有随着信息化的发展越演越烈的趋势。因此,现在的计算机审计应将被审计单位的信息系统作为审计取证的切入点,评价其合法性、可靠性、安全性、有效性。

计算机审计另一个切入点是底层电子数据,原始凭证(资料)是底层电子数据,只有对底层电子数据进行分析,根据审计需要组合生成各类信息,从而对审计对象实际发生的经济活动、在活动中实际产生的数据进行的检查,才是真实的。和传统审计一样,底层电子数据既包括被审计单位的内部数据,又包括与被审计单位经济活动相关的外部数据;内部数据也包括财务数据和非财务数据。

3. 计算机审计是一项综合性很强的审计活动

开展计算机审计,要求审计人员要懂得计算机专业知识和各个行业业务。如果没有计算机知识,将无法开展计算机审计工作。如果只有计算机知识而不懂得各个行业业务,特别是各个行业业务实际,也无法开展审计工作。因此,作为计算机审计人员,必须掌握计算机知识和各个行业业务,并将二者有机地结合起来。

4. 计算机审计在服务上具有内向性

计算机审计人员既是计算机审计任务的承担者,又是各个行业领导在各个行业电子化管理方面的参谋。通过审计,向各个行业领导提供各个行业应用计算机的情况信息,以便于领导决策、指导工作。

5. 创建审计中间表,构建审计信息系统

审计中间表是面向审计分析的数据存储模式,它是将转换、清理、验证后的被审计单位及其相关外部单位的原始数据,按照提高审计分析效率、实现审计目的的要求进一步选择、整合而形成的数据集合。以审计中间表为中心,组合审前调查获取的信息、审计数据库和审计项目管理及其他信息,构建审计信息系统,作为审计项目资源的共享和管理平台。

6. 构建模型进行数据分析

构建模型,用构建模型对数据审计进行分析,而不是依靠个人的经验判断来进行分析,是计算机审计的又一特征。审计分析模型是按照审计事项应该具有的性质或数量关系,由审计人员通过设定计算、判断或者限制条件建立起来的,用于验证审计事项实际的性质或数量关系,从而对被审计单位的经济活动的真实、合法及效益情况作出科学判断。

三、计算机审计的产生和发展

1. 计算机审计的萌芽

随着计算机的迅速发展,利用计算机处理的业务越来越广泛。计算机在企业的应用,使企业的经营过程、思想意识和方法等产生了显著的变化。在计算机审计的萌芽阶段,人们称之为电子数据处理审计(electronic data processing auditing)或计算机审计,它是作为传统审计业务的扩展发展起来的。

在这一时期,计算机审计是作为传统审计业务的一部分,利用计算机系统处理的数据为审计人员的判断提供技术支持。

2. 计算机审计的发展

(1) 传统财务审计业务的一种辅助工具。随着计算机在财务会计领域的应用而产生的早期的计算机审计业务主要关注对被审计单位电子数据的取得、分析、计算等数据处理业务,它只是传统财务审计业务的一种辅助工具,对客户的电子化会计数据进行处理和分析,为财务报表审计人员提供服务。

(2) 信息系统审计的概念的出现。随着计算机技术应用范围的不断扩展,计算机对被审计单位各个业务环节的影响越来越大,计算机审计所关注的内容也从单纯的对电子数据的处理,延伸到对计算机系统的可靠性、安全性进行了解和评价。在制度基础审计的模式下,计算机审计的业务内容已经扩展到了控制测试领域。风险基础审计模式的采用以及信息技术在被审计单位的各个领域的广泛应用,信息系统的安全性、可靠性与其所服务的组织所面临的各种风险的联系越来越紧密,并且直接或间接地影响到财务报表的真实、公允。纯电子数据这一概念已经不能反映这一业务的全部内涵,信息系统审计的概念随之出现。

(3) 信息系统审计发展。由于社会信息化程度的提高,发达国家大力发展信息产业,加上计算机与通信技术的结合,使计算机的应用更加普及,同时也导致了利用计算机犯罪的比率上升,在社会上引起了强烈的反响,使人们日益关注包括会计信息系统在内的所有信息系统的安全性、可靠性,及其与组织目标的一致性。信息系统审计的必要性逐渐凸显。如今的信息系统审计的业务已经超出了为财务报表审计提供服务的范围,为财务报表审计提供服务只占信息系统审计部门业务内容很小的一部分。与信息安全相关的防火墙审计、安全诊断、信息技术认证以及企业资源计划(ERP)相关的新型咨询业务也不断涌现。"未来审计行业和审计技术的发展动力将主要来自于信息系统审计的发展"。

我国的信息系统审计工作目前还处于探索阶段,还没有形成一套成形的专业规范,也没有形成一支能够全面开展信息系统审计业务的人才队伍。这一现状使得我国的审计人员行业在与国外大型会计公司的竞争中处于不利地位。

日本的系统审计是从八十年代开始,1983 年通产省公开发表了《系统审计标准》,并在全国软件水平考试中增加了"系统审计师"一级的考试,着手培养从事信息系统审计的骨干队伍。近几年东南亚各国也开始制定电子商务法规,成立专门机构开展信息系统审计业务,并制定技术标准。我国在 1999 年颁布了《独立审计准则第

20号——计算机信息系统环境下的审计》。但是我国信息系统审计才刚起步,审计技术、审计规范、制度等都有待研究。随着我国信息化水平的提高,对信息系统的有效控制与审计将逐渐成为研究热点。

3. 我国计算机审计发展的三个阶段

我国的计算机审计始于20世纪80年代中期,计算机审计从无到有、从简单到复杂、从局部探索到逐步走向普及,已取得一定成绩。其发展过程大致可分为如下三个阶段。

第一阶段:报表检查阶段。

在20世纪80年代以前,计算机主要应用于人民银行全国联行对账和专业统计工作中,主要任务是用来对账,汇总统计报表,并及时地将统计数字传到上级机关。计算机在报表统计工作中的应用主要是数据的录入,平衡项目的检查,数据汇总及报表打印输出,数据传送等工作。到目前为止,统计业务仍然是计算机在各个行业应用的一个重要方面。

这个阶段的稽查基本上是由计算机应用的业务部门和科技部门负责,主要对象是数据正确性、报表平衡关系,是否及时上报,设备安全,程序安全等方面是监督检查工作,这种监督检查工作只是计算机核查的萌芽,还不具备计算机审计的性质。

第二阶段:程序功能审计阶段。

20世纪80年代后期,计算机开始应用于各个行业业务的各个领域,期间也出现了一些地方利用计算机犯罪的案例,如银行里面盗用联行资金,盗用对公存款,利用办理资金、融资、管理业务之便盗用储户资金、融资、管理存款。在这种情况下,计算机审计也就应运而生,有些行业在审计部门开始设置计算机审计机构,更多的行业单位则是培训审计人员或专业人员学习计算机知识,承担计算机监督检查的任务。计算机审计尚未形成独立的体系,尚缺乏理论升华。

第三阶段:全面网络审计阶段。

进入21世纪,计算机审计工作在各行业各业已经得到了普遍的重视。计算机的应用给审计工作提出了新的课题,各个行业审计作为各个行业内部的一项监督检查工作在长期的实践过程中积累了丰富的经验,范围也涉及各个行业工作的各个领域。随着计算机应用领域的逐渐扩大,应用范围的逐渐深入,审计工作越来越跟不上各个行业电子化事业发展的需要。这种局面如果不加改变,审计工作将在很多领域失去作用。在这种情况下,许多行业单位的审计部门开始配备计算机审计人员,或从事计算机专业人员中聘请兼职审计员,或选派审计人员学习计算机技术知识,开始了积极的计算机审计工作。现在,计算机审计已经成为各个行业审计的重要组成部分。

4. 电子政务与"金审"工程

随着计算机及通信技术的发展,人类已进入信息社会。电子政务建设就是信息化工作的一个重要内容。

2002年8月,国家正式批准实施"金审"工程。2002年10月底,"金审"工程建设项目正式开工。

按照中办发[2002]17号文件的要求,"金审"工程属于新建业务系统,是依托国家电子政务网的审计信息化网络平台。

(1) 依托政务内网的审计内网,连接省级以上审计机关,传输涉密审计信息;连接可以接入政务内网的副省级以上政府机关,开展联网审计。

(2) 依托政务外网的审计专网,连接县级以上审计机关,开展无纸化办公,审计管理,传输审计业务信息和专用信息;连接可以接入政务外网的重点被审单位,开展联网审计;通过电话网,与审计现场连接,指挥、监控审计作业。

(3) 因特网接入网,为审计机关工作人员提供因特网接入服务;省级以上审计机关建立门户网站,向社会公布审计结果,实行政务公开。

"金审"工程的总体目标是:用若干年时间,建成对依法接受审计监督的财政收支或财务收支的真实性、合法性、效益性实施有效监督的国家审计信息系统。

"金审"工程实施"预算跟踪+联网核查"的审计模式,逐步实现审计监督的"三个转变",即从单一的事后审计转变为事后审计与事中审计相结合;从单一的静态审计转变为静态审计与动态审计相结合;从单一的现场审计转变为现场审计与远程审计相结合。增强审计机关在信息网络环境下查错纠弊、规范管理、揭露腐败、打击犯罪的能力,维护经济秩序,促进廉洁高效政府的建设,更好地履行审计法定监督职责。

按"金审"工程总体目标和总体框架的要求,"金审"工程包括六个方面的建设内容:应用系统、信息资源、网络系统、安全系统、运行服务体系、人员培训等。

第三节 计算机审计的基本框架和流程

一、计算机审计的基本框架

1. 计算机审计的对象

计算机审计的对象是电算化信息系统,即客观反映被审计单位财政财务收支及有关的经济活动的会计信息系统。

(1) 从应用过程上来分,计算机审计包括如下五个方面:

① 对计算机应用程序的审计。它主要包括审计应用程序的正确性、严密性、完整性、方便性。检查应用程序是否符合各个行业的各项规章制度和核算要求,是否完整地体现了有关各个行业核算的规定,是否结构清楚,方便用户。

② 对计算机在一项具体业务上的应用推广的过程进行审计。主要审计上机前

系统的安装,调试是否正常,移植业务的账务组织是否符合要求,移植过程是否正确无误,移入计算机的账务是否核算平衡,是否与原来手工账务核对无误。

③ 对计算机应用的日常工作过程的审计。检查营业组织是否合理,传票传递是否有序,记账是否正确,结账是否无误,各种输出报表是否正确并妥为保管,特殊处理是否有领导批准。

④ 数据备份及安全维护工作是否完全符合要求。

⑤ 计算机机器系统及网络是否一直处于良好运行状态。

(2)从应用领域上来分,可包括如下几方面:

对银行业务来说,审计对象有:会计业务应用系统;资金、融资、管理业务应用系统;资金、融资、管理事后监督应用系统;出纳业务应用系统;办公自动化应用系统。

对商业企业来说,例如大型商场,审计对象有:商品销售应用系统;商品库存管理系统;商品进货系统;商品调拨系统;商品折算系统。

还有一些其他的应用系统。

(3)从管理人员来区分,审计对象有如下几类:计算中心主任、系统管理员(包括网络主机管理员)、终端操作员(包括记账员、复核员、出纳员、综合员)、软件编制或维护人员、硬件维修或维护人员、营业部(或分公司)主任。

还有一些其他人员,依分工不同而要求不同。

(4)从管理角度来区分,审计对象有以下两类:对各个行业计算机应用内部控制制度的审计;对计算机应用过程中各种制度执行情况进行审计。

(5)从计算机网络设备上来区分,审计对象有七类:主机系统、终端系统、供电系统、通信系统、机房系统、软件系统、数据库系统。

总之,随着计算机应用领域扩大,审计对象也将不断扩大。

2. 计算机审计的作业模式

计算机审计的作业模式如表 18-1 所示。

表 18-1

计算机审计作业模式

计算机审计作业模式	硬件设备	优点	适用范围
现场单机审计模式	台式机或笔记本电脑	灵活方便,易独立开展工作	小规模企业
现场网络审计模式	小型局域网、专用服务器、工作站	信息共享、利于信息化管理	大规模企业
远程网上审计	审计服务器、审计远程网	实时审计	实时连接审计远程网的企业

(1)脱机审计模式。脱机审计模式又称绕过计算机审计模式,是指不审查计算

机程序和文件,只审查输入数据、打印输出资料及其管理制度,如图18-1所示。

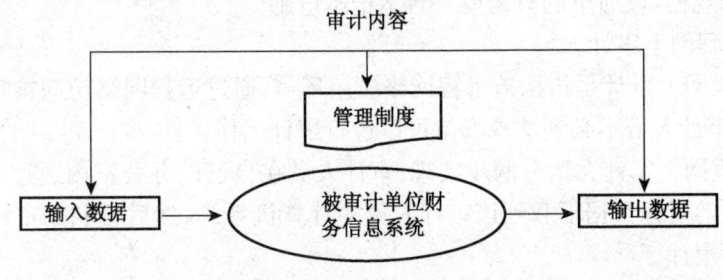

图 18-1 脱机审计模式

一般直接将被审计单位财务信息系统的数据、记录打印出来,供审计人员审查。审计人员只需对系统的输入和输出进行审查评价,不必了解系统内部结构和处理过程。其致命缺点是无法保证被审计单位打印出来的财务数据是完整的和真实的。

(2)现场单机审计模式。审计人员使用台式机或笔记本电脑,一个个均分别与被审计单位的单机信息系统或网络系统相连,根据审计要求,从被审计单位的信息系统中读出所需的审计数据。

被审计单位所使用的计算机模式为本地计算机模式(单用户数据库系统),其特点是数据和应用程序的存储、计算均在本地计算机上进行,数据量一般都不大;大多采用 Dbase、FoxPro、Access 等单机数据库管理系统,数据一般直接存储在应用软件的安装运行目录中。获取数据的方法为在本地机上找到需要的数据文件,然后拷贝即可,如果数据进行了安全设置,可通过与被审计单位技术人员或软件开发商合作,获取用户名、密码或解密程序。

这种方式灵活方便,但仅适用于被审计单位的规模较小,审计数据量较少的情况。

(3)现场网络审计模式。

① 审计系统采用计算机接口技术,将被审计单位的信息系统与审计应用软件直接连接,根据审计要求,从被审计单位的信息系统中读出指定时间段、指定范围内的审计数据。

② 如果被审计单位的信息系统规模较大、数据量大,现场需要组建局域网,接入到被审计单位信息网络。

③ 为保证被审计单位的会计信息系统的正常运行,审计系统只能有读取数据的权限,而没有增删数据的权限。

④ 还有一种情况,即可以不与被审计单位网络连接,直接通过存储载体(如硬盘)采集数据,或仅在数据采集时联网,一旦完成数据采集后,就与被审计单位网络断

开连接,此时网络主要用于共享审计资源,协同完成审计任务。可根据任务大小来决定现场组网规模,最简单的只需要一台笔记本电脑。

(4) 远程网上审计。

① 远程网上审计是指构造远程网络应用环境,通过远程网络访问被审计单位远程数据库,审计人员不必到达现场就可以进行审计工作。

② 远程网上审计大致分两步实现:审计人员在自己的办公室内通过 Internet 将被审计单位的财务数据下载到该审计人员的计算机系统,然后再利用审计软件对会计数据进行审计。

③ 网上实时审计的具体联网方式主要有:

一种是网络互联:审计机关作业网络与集中会计核算、集中资金管理的数据库,集中的信息系统进行联网,例如,审计机关对企业集团、行政事业单位结算中心的联网等。另一种是点对点联网:即在审计机关与被审计单位之间建立点对点连接的实时审计系统。

3. 计算机审计的基本方式

财务报表、账簿、凭证及相关资料是反映财政财务收支活动的载体。在报表、账簿、凭证这三个要素中,凭证是最基本的要素,账簿是根据一定的规则由凭证组合生成的,报表又是根据账簿提供的信息生成的。因此,审计人员在进行计算机审计时的基本方式是:

(1) 从分析凭证数据入手。对没有经过组合的凭证数据展开查询、多维(即采用 JOIN 命令进行连接)、挖掘分析,从中找出趋势、异常和错误,从而把握总体、锁定重点、精确延伸,从对凭证数据的分析中筛选出问题,必要时再核对账簿或报表。

(2) 根据审计人员审计认定后的凭证数据独立生成账簿和报表,与被审计单位提供的资料相对照,从中得出结论。

4. 计算机审计的技术方法

计算机审计的基本方法可归纳为三种:绕过计算机(auditing around the computer)审计、通过计算机(auditing through the computer)审计、利用计算机(auditing with the computer)审计。

(1) 绕过计算机审计。绕过计算机审计是指审计人员不审查机内程序和文件,只审查输入数据和打印输出资料及其管理制度的方法。这种审计方法的理论基础是"黑箱原理",审计时,审计人员追查审计线索直到输入计算机,然后核对计算机的输入与输出,如果输入与输出不匹配,则可以肯定计算机的处理过程是错误的。

绕过计算机审计适用于较简单的系统,其优点是审计技术简单;较少干扰被审系统的工作。缺点是只有打印文件充分时才适用;要求输入与输出联系较密切;审计结果不太可靠。

（2）通过计算机审计。通过计算机审计是指除了审查输入和输出数据外，还要对计算机内的程序和文件进行审查。这种审计方法是以计算机系统为基础的审计，计算机系统成了审计的对象。通过对系统的处理和控制功能的审查，确定凭证和账务文件审查的范围和数量。

通过计算机审计适用于复杂的系统，其优点是审计结果较为可靠；审计独立性较强。缺点是审计技术较复杂；审计成本较高。

（3）利用计算机审计。利用计算机审计是指利用计算机的设备和软件进行审计。计算机是一种先进的电子设备，被审计单位可以利用计算机处理经济业务，审计人员也可以利用计算机进行审计。因此，计算机对审计的影响并不只是增加了审计的难度，在审计人员掌握了计算机技术后，还可以大大提高审计效率。利用计算机审计的优缺与通过计算机审计的优缺点基本相同。

通过和利用计算机审计是密切相关的，因为通过计算机审计往往也利用计算机的硬件和软件，因此，第三种方法也可以看作第二种方法的延伸。对于今天的计算机审计来说，只有通过计算机审计和利用计算机审计这两种方法才能确保计算机审计的正确性。

5. 计算机审计的质量控制模型

对一个计算机审计项目，按进行的前后逻辑顺序，可划分为相对独立的部分，称为过程；比过程低一级的审计业务活动，称为流程；流程又是通过一系列更细致的审计业务活动来完成，称为任务。

针对流程制定控制标准，针对任务提出控制目标，并列举有效的技术与方法，就形成了一种分层控制的模型。

为了保证计算机审计人员的工作质量，也要对计算机审计工作进行控制和检查。控制和检查只要有以下形式：

（1）责任控制。在制定审计计划时，将审计项目分工落实到每个审计人员，项目中每个细节都应在审计方案中列示明确，以便检查。审计部门负责人应该按照审计任务书对各个审计人员完成任务情况进行全面检查。

（2）内部检查。计算机审计机构为了保证审计人员的工作质量，应在审计人员汇报情况的基础上，定期或不定期地对审计工作进行检查，作出正确的评价，并提出改进审计工作的方案和改进措施，克服审计工作中的缺点和困难。

（3）外部监督。计算机审计人员的工作情况也要受上级审计机构的监督、指导，审计部门也应听取被审计单位意见。

为了作好计算机审计工作，提高审计工作质量，也要对审计人员经常进行业务技术培训，帮助提高审计工作能力。

二、计算机审计的流程

计算机审计的流程如图 18-2 所示。

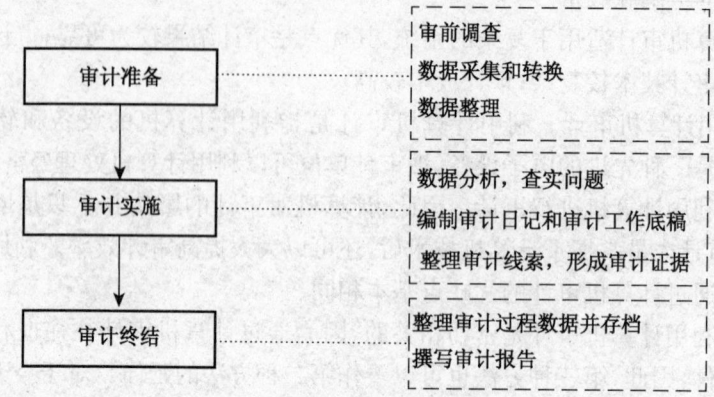

图 18-2　计算机审计的流程

1. 开展审前调查,获取必要和充分的信息

审前调查以审计目的为依据进行。在进行调查时,首先应对被审计单位组织结构和计算机信息系统总体设置情况进行了解,在此基础上对计算机信息系统的硬件、操作系统、应用软件、数据库管理系统和数据的组织与存储等进行深入的调查,根据审计目的确定要审查和访问的数据。对被审计单位的信息系统进行初步评价,评价信息系统的合法性、可靠性、安全性和有效性,完成审前调查报告(包括两个独立附件:信息系统初步评价和数据需求说明书),并据此开展计算机审计。

2. 采集数据,全面收集资料,撰写数据采集报告

审计处理不能直接在被审计单位的数据库进行。在审前调查提出的数据需求基础上,审计人员要按照审计目标,采用适当的工具和方法,对被审计单位信息系统中的数据文件进行采集,以备审计处理用,数据采集是计算机数据审计的基础。

3. 对采集的数据进行转换、清理和验证,并撰写转换、清理和验证工作报告

计算机审计要面对不同的信息系统,数据转换技术必须解决对被审计单位不同类型数据库格式的识别问题,将具有各种不同形式的数据转换成审计软件处理所需的形式相对统一的数据。另外,数据转换还要解决对采集到的原始数据的含义进行识别的问题,明确地标识出每张表、每个字段的经济含义及其相互之间的关系。数据转换还包括:数据类型转换、日期时间格式转换、代码转换和必要的表表合并等。

数据采集后,审计人员必须对从被审计单位获得的原始电子数据进行清理,解决数据的不完整、不一致和出现异常值等问题。数据清理可以在数据转换之前进行,也

可在数据转换之后进行。

数据验证是要确认被审计单位提供的源数据、审计人员采集的电子数据的真实性、正确性和完整性,验证电子数据对被审计单位实际经济业务活动的真实反映程度,排除被审计单位有意识隐瞒、修改部分数据的可能性。还要检查数据在采集过程中是否发生遗漏,确认数据的正确性、完整性。数据验证的具体技术和方法主要包括:核对记录数据、核对总金额、检查借贷平衡等。

4. 创建审计中间表

为方便对被审计单位数据库中的数据进行审计分析,必须对清理、转换、验证后的原数据按审计目的进行"再加工",构成能适用于审计分析的数据表———审计中间表,就是运用系统论的观点,把相关的信息按审计的目的有机组织在一起。

5. 构建系统和类别分析模型,把握总体,锁定重点,选择突破口

采用多维分析的方法构建系统和类别分析模型。

多维分析的方法是充分利用电子数据的特点和规律,对海量数据进行切片、切块、旋转、钻取、挖掘等多角度立体分析处理,以发现数据的趋势和异常的一种技术。运用多维分析技术有利于对审计对象进行总体把握,分析后要撰写数据分析报告。数据分析报告要对被审计单位的经营状况和财务核算作出科学的评价,揭示出问题的主要线索,指导下一步的延伸取证。

6. 形成数据分析报告

把握总体情况、锁定审计重点之后,进一步利用对相关法律法规的把握、对数据间钩稽关系的认识、对被审计单位业务处理逻辑的认知、对外部数据与内部数据间关联关系的分析以及审计实践中不断积累的审计经验,建立起不同的个体分析模型,对锁定的审计重点进行进一步的深入分析,以达到核查问题或筛选线索的目的,从而为延伸取证提供明确具体的目标,完成数据分析报告。

7. 对发现的问题线索逐一延伸落实,取得审计证据

通过建立审计分析模型进行数据分析,有可能直接发现、落实问题,也有可能只发现问题的线索。针对不同的情况,审计人员在延伸时可以采取直接或进一步核查的方式取证,验证问题、落实问题。

第四节　　计算机舞弊

随着科技的不断进步,会计信息处理电算化日趋普及,利用计算机作假的会计事件也接踵而来,作假犯罪的概率也随之增大。所谓计算机作假是指利用计算机或对计算机系统实施的舞弊行为。主要包括偷窃、伪造、盗用、挪用及其他欺骗行为。这也迫切要求审计人员能识别这类舞弊行为。

一、计算机舞弊常用手法

1. 自行开发会计软件的常见作假手法

（1）设置"特别"程序。如有的系统,账户试算平衡时,将借方总数直接移到贷方,造成借贷永远平衡的假象,有的系统,固定资产为负数时,仍旧可以提取折旧。这样,无论怎样检查,会计核算的结果却永远"正确"。

（2）设置账套选择开关。根据不同的目的要求,设置选择开关。例如对外公开的报表和内部使用的报表设置不同的选择开关,以达到造假的目的。

2. 应用软件使用中常见的作假手法

在使用一些会计应用软件时,主要的过程就是输入会计数据,经过计算机处理,生成用户需要的信息,所涉及的作假方面主要在输入、输出和程序上。

（1）篡改输入数据。这是计算机作假中最简单、最安全、最常见的方法。数据一般要经过采集、记录、传递、编码、检查、转换等环节进入计算机系统,任何与之有关的人员,或能够接触处理过程的人员都有可能篡改数据,篡改会计数据主要有下列几种方式:

① 输入虚假的会计数据。某企业 2014 年年底为了完成计划利润,便在 12 月份的会计核算时,直接以虚假的数据输入计算机,以达到其虚增利润的目的。

② 修改数据。这种方式往往是绕过计算机会计系统,直接对会计数据文件进行修改。1986 年我国首例计算机舞弊案,即大连市工商银行某办事处计算机会计系统管理员伙同他人利用计算机修改账目文件,截留企事业单位的贷款利息,以达到贪污的目的。

③ 删除数据。有些单位的操作员串通数据库管理人员,从存货系统中删除某个存货数据,然后再设法从仓库取走已删除的存货数。

（2）修改输出数据。有些企业直接在输出的结果上做文章。

如某企业 2012 年度根据计算机会计系统生成的报表出现了亏损,该企业为了体现良好的公司业绩,就直接对报表数据进行了修改,以此来达到盈利的目的。

（3）在程序方面存在的作假手法。

① 木马计。这是在计算机程序中最常用的一种欺骗破坏方法。木马计主要是借用了公元前 1200 年古希腊战争中,把士兵隐藏在木马腹中进入敌方城堡,出其不意而攻占城堡的故事,来表示以程序为基础进行欺骗的方法。在计算机程序中,暗地编进指令,使之执行未经授权的功能。木马计并不影响计算机会计系统的正常进行,只是在系统的运行到某一特定部位时,执行特殊指令后返回源程序,继续执行后续命令,以达到舞弊目的。例如,某企业是外商投资性生产企业,生产经营期限 20 年,并且属于高新技术产业,根据国家税法规定,享受"二免三减"的所得税优惠政策。该企

业2004年成立,至2010年已满"二免三减"优惠期,需要缴纳企业所得税。于是该企业在电算化程序中编进指令,令其自动在年底将利润生成"负数",以达到逃税的目的。

② 越级法。这种应用程序仅限于系统程序员和操作系统维修人员使用,当计算机出现故障,运转异常时用来干预计算机系统的程序,它能越过所有控制,修改或暴露计算机内容。这种功能不排除被不法分子利用,以达到其不法目的。

③ 截尾术。从大量资财中窃取一小部分,这种手法称为截尾术。只对构成总数的明细项目进行调整,而保持总数不变,以达到取走一部分而又不会在总体上被发现的目的,有时也称为"意大利香肠术"。

例如,某电话总机,对用户话费精确至"分","分"后面的数字采取"四舍五入"的方法处理,从而形成尾差。在计算机不断"四舍五入"的运算过程中,有些账户系统余额就会比正确的近似值多1分或少1分,而所有账户的总数仍将保持平衡,该总机就是采用这种方法,为部门积累可观的钱财。

④ 逻辑炸弹。逻辑炸弹是植入计算机系统中的一种计算机程序,在满足触发条件或定期的情况下,促发未经授权的有害事件的发生。逻辑炸弹被编入程序后,可根据引发的具体条件对数据产生破坏行为。如某企业工资核算系统的程序员在系统中安放了一颗逻辑炸弹,一旦他的名字从工资文件中取消(被解雇),该程序就会自动触发,从而将全部工资文件被擦除干净。

⑤ 活动天窗。活动天窗是一种由计算机会计系统程序编制人员有意安排的指令语句。开发大型计算机应用系统,一般要加入一些调试手段,即在密码中加进空隙,以便日后修改密码并使之具有中期输出能力。在正常情况下,程序交付使用时应取消这些天窗,但常被忽视,或有意留下,以备将来接触、修改之用。有些不道德的程序员为了以后损害计算机系统,会有意插入天窗。

⑥ 陷阱术。陷阱术是指在程序中设立一个秘密的未说明的进入程序模块的入口方法,这个秘密的入口即为陷阱。设立陷阱的意图是在系统正式投入运行之后,能让设立陷阱的程序员有访问系统的入口。

(4) 其他。

① 冒名顶替。冒名顶替主要是指用别人的身份,通过非法获取他人口令的做法来实施舞弊。例如,某单位各部门实行承包责任制,规定部门经理如能在年底完成承包任务,即可获得奖励。到年底,有一部门由于经营失误不能完成承包任务额,该部门经理找领导帮忙遭拒绝,便去找财务科的操作员,套取进入会计信息系统的口令,该部门经理对所在部门的一些会计数据进行篡改,一夜之间,该部门就"起死回生"了。

② 拾遗。拾遗是计算机完成一项作业后,将遗留在计算机系统内或附近的信息

收集起来,包括从废纸篓中搜寻废弃的计算机清单、复印件,及搜寻留在计算机中的数据。美国一位电子工程系的学生,无意在废纸堆中发现了某公司的计算机会计系统的程序说明,这些说明是因为系统修改后编制了新的说明而被丢掉的。该学生利用自己的专业知识,通过电话进入该公司会计系统,在两年时间里,他得到了该公司价值 100 万美元的供货而不需付 1 分钱。

③ 乘虚而入。联机系统中的用户使用终端时,身份由计算机自动验证,根据口令进入系统。如果某隐藏的终端通过设备与同一线路连接,并在合法用户没有使用终端前,乘虚而入先行运行,从而实施舞弊。

④ 数据泄露。从计算机系统或计算机设施中取走数据,以便造假或实施舞弊。

⑤ 仿造与模拟。在个人计算机上仿造其他计算机工作程序,或对作案计划方法进行模拟试验,以确定成功的可能性,然后实施造假或舞弊。这是计算机作假常用的行为。

⑥ 通信窃取。通信窃取主要是指在网络系统上通过设备从系统通信线路上直接截取信息,或接收计算机设备和通信线路辐射出的电磁波信号来实施舞弊。

⑦ 计算机的病毒。计算机病毒是隐藏在计算机系统的一种特殊的程序。计算机病毒已经成为破坏会计数据的较严重的办法,其运行对于计算机会计系统具有巨大的危害和破坏性。有些不法分子就利用传播计算机病毒,使一些单位部门的计算机系统遭到破坏,以满足其私欲。

二、计算机审计风险

随着知识经济时代的到来,会计电算化的普及,审计手段已经由传统的手工查账逐渐向计算机审计过渡。计算机审计在带来审计环境、审计线索、审计对象和内容、审计技术和方法的改变的同时,也带来了新的审计风险。

计算机审计风险是指审计人员不能正确合理运用相关计算机审计技术去合理跟踪审计轨迹及审计相关内容,导致审计结果与客观事实不符,从而发表错误的审计意见,给审计人员和审计组织造成损失的可能性。

计算机审计所面临的风险包括以下方面。

1. 系统环境风险——固有风险

系统环境风险是指会计信息系统本身所处的环境引起的风险。它分为软件环境风险和硬件环境风险。

目前通过评审的会计电算化软件,基本上符合财政部颁发的《会计核算标准基本功能规范》,但从基本功能模块的划分到数据库文件的设置,从采用工作平台到使用的计算机开发语言,从单项开发到系统开发,从单纯使用关系型数据库到应用大型数据库资源,可以说是千姿百态,各有千秋。由于计算机数据处理系统的复杂性,使得文件记录和系统操作都缺乏标准和规范,从而产生系统环境风险。

信息技术的高速发展,使会计系统不再是孤立的和独立的,病毒、黑客的入侵随时可以威胁会计信息系统的安全。审计的系统环境风险增大。由于计算机硬件设备的千差万别,对会计电算化系统的运行带来影响,也产生了审计风险。

2. 系统控制风险——控制风险

系统控制风险是指会计信息系统的内部控制不严密造成的风险,它属于审计的控制风险。在手工记账条件下,内部财务的控制机制完全是人与人之间的互相监督和控制。使用会计信息系统,这种监督和控制主要表现为人和机器的双重控制,而且以对机器的控制为主。网络条件下还要建立许多全新的控制,这些控制除了包括企业内部的管理制度和企业财务系统的程序控制外,还包括外部网及网上交易的安全控制,控制风险加大。

3. 财务数据风险——控制风险

财务数据风险是指电磁性或光介质财务数据被篡改的可能,它属于审计的控制风险。由于审计线索的改变,在电算化系统中可人为篡改数据而不留痕迹。电算化系统数据来源、公式定义、编制结果、打印格式均采用机内文件的形式,如果有人篡改公式,编制失真的财务报表,然后再将篡改的公式等予以复原,这样很难判定报表数据的正确与真实性,审计风险增加。

4. 审计软件风险——检查风险

审计软件风险是指计算机审计软件本身缺陷原因造成的风险,它属于审计的检查风险。信息技术的高速发展,使得电子软件更新换代的速度加快。从 Dbase 系列数据库,到 FoxBASE、Visual FoxPro 等数据库,新的编程工具的不断出现以及会计软件的进一步成熟和深化,会计软件有了更多选择,如 Microsoft ACCESS、Informix、Sybase 等。而审计软件跟不上形势,采取的升级措施相对滞后,影响了审计效率和审计质量。审计软件风险还表现在软件的开发过程中,由于审计人员对开发工具的了解不够和技术人员对审计、会计业务的不熟悉,造成审计软件自身的不完善,运行不稳定或审计计算、分析的偏差。审计软件风险已成为影响计算机审计检查风险的重要因素。

5. 人员操作风险——检查风险

人员操作风险是指计算机审计系统的操作人员、技术人员和开发人员等在工作中由于主观或客观原因造成的风险。

在进行计算机审计时,审计人员应当对约定的计算机硬件、软件和处理系统有充分的了解,并且要了解电子数据对内部控制的研究与评价和对审计程序的施行有怎样的影响,包括计算机审计技术,避免因业务不熟或者知识不够,遗漏审计证据,出现审计风险。

系统环境风险、系统控制风险、财务数据风险均是构成重大错报风险的成因,审计软件风险、人员操作风险是造成现代审计风险理论的检查风险的主因,它们均是计算机审计风险的始作俑者,我们应通过识别这些风险,来提高抵御审计风险的能力。

关 键 术 语

计算机审计　数据审计　系统审计　审计中间表　金审工程　脱机审计模式
现场单机审计模式　现场网络审计模式　远程网上审计　绕过计算机审计
通过计算机审计　利用计算机审计　计算机作假　计算机审计风险

案 例 剖 析 题

【案例剖析题 18-1】

计算机审计与传统审计的区别有哪些?

【题解】

传统的手工审计是指在手工操作下对手工信息系统所进行的审计,计算机审计则是随着计算机的产生及其在审计中的应用以及数据处理电算化的发展而出现的。计算机审计与传统的手工审计并没有本质的区别,其审计的目的与职能并没有改变。

计算机审计与传统审计的区别主要表现在:

(1) 审计对象不同。

传统审计的审计对象是各级行政、企事业单位的财政、财务收支及有关的经营管理活动。《审计法》第二条指出"国务院各部门和地方各级人民政府及其各部门的财政收支,国有的金融机构和企业事业组织的财务收支,以及其他依照本法规定应当接受审计的财政收支、财务收支,依照本法规定接受审计监督"。

计算机审计的审计对象不仅包括各级行政、企事业单位的财政、财务收支及有关的经营管理活动,而且也包括被审计单位的计算机信息系统。对信息系统审计的审计对象是以计算机为处理手段的信息系统,不仅包含电算化会计信息系统,也包括其他计算机信息系统和网络系统等,同时也包括系统从开发、实施、运行、维护、风险控制、灾难恢复等各个阶段。

(2) 审计目标不同。

传统审计的审计目标是对被审计单位的财政财务收支真实、合法、效益实施审计监督。

计算机审计的审计目标不仅是对被审计单位的财政财务收支真实、合法、效益实施审计监督,而且是对被审计单位的财务信息系统的安全性、可靠性、有效性发表审计意见或提供管理咨询服务。

(3) 审计内容不同。

传统审计的内容依据《审计法》而定,一般分为财政财务审计、财经法纪审计和经济效益审计三个方面,其主要是财务数据和业务数据。

计算机审计的审计内容不仅包括传统审计的内容,还包括信息系统审计业务的内容,一般包括:硬件及环境审计;系统管理审计、应用软件审计、网络安全审计、商业连续性审计、数据完整性审计,即财务信息系统的系统资源、运行环境及系统生命周期的全过程。

(4) 审计依据不同。

传统审计的审计依据国家相关审计法规、会计法、财务制度和其他法规、财务活动事实等,而计算机审计不仅要依据国家相关审计法规、会计法、财务制度和其他法规、财务活动事实等,还要依据国际注册信息系统审计委员会(1SACA)颁布的一系列准则、信息系统的各种管理制度、条例和法规、财务信息系统的实际运行情况等。

(5) 审计时间不同。

传统审计以事后审计及定期审计为主,而计算机审计不仅能进行事后审计及定期审计而且能事前审计和事中审计兼有。

(6) 审计人员不同。

传统审计侧重于财务会计与审计技能,并掌握一定计算机知识的审计人员,而计算机审计要求侧重于掌握信息技术,并熟悉会计与审计知识的信息系统审计人员。

【案例剖析题 18-2】

在 200×年某航空公司审计项目中,审计人员采集了该公司航班生产管理系统的飞行任务数据,该数据记录了每架航班的起飞降落时间、机组人员、每个航班的总飞行时间、夜航时间、空中时间等信息。通过分析,飞行数据应具下述特点和规律:

(1) 在同一天内,航班号是唯一的。

(2) 航班的起飞时间先于降落时间。

(3) 同一架飞机在一天内的起飞时间,航班的夜航时间小于空中时间。

审计人员通过编写 SQL 语句进行查询验证,发现存在不符合上述特点和规律的以下几类错误记录:

(1) 在同一天内,航班号不是唯一的。

(2) 航班的起飞时间晚于降落时间。

(3) 同一架飞机在一天内的起飞时间,航班的夜航时间大于空中时间。

要求:请运用数据分析验证上述数据的可靠性,若不正确请分析产生问题的原因,并提出应如何保持数据的正确性。

【题解】

【数据分析】(1) 数据来源的可靠性：审计人员直接从航空公司信息系统的后台数据库下载，可靠性较高，不可能是航空公司提供虚假信息。

(2) 分析产生问题的原因。

通过抽查存在上述错误信息记录的飞行任务书，发现在录入过程中，存在如下问题。

① 延误航班的航班号未作特殊标记，是造成产生在同一天内航班号不唯一的原因。

② 航班飞行时间采用的时间有北京时间和国际标准时间的混用，两者相差 8 小时，是造成航班的起飞时间晚于降落时间的原因。

③ 飞行时间录入错误导致航班的夜航时间大于空中时间。

【解决方法】审计人员将错误的航班信息记录提交给该航空公司相关人员，要求其根据原始飞行任务书——进行核实和修正，保证输入的正确性，延误航班的航班号应作特殊标记，统一采用国际标准时间，从而可保证数据的正确性。

本章要点概览

本章的主要内容是计算机审计。本章的重点是数据审计、信息系统审计。

本章介绍了提出计算机审计的重要性与迫切性，实施计算机审计的意义及方法。介绍了计算机审计的含义、特征与发展过程。

计算机审计的基本框架中计算机审计的对象，计算机审计的作业模式，计算机审计的基本方式，计算机审计的技术方法，计算机审计的质量控制模型，计算机审计的操作规则等。

计算机舞弊中计算机舞弊常用手法及计算机审计风险。

本章提供了两个案例分析。